ROTENBERG · BERLINER DEMOKRATIE

SCHRIFTEN DER

HISTORISCHEN KOMMISSION ZU BERLIN

BAND 5

Haude & Spener

Berlin 1995

DIRK ROTENBERG

BERLINER DEMOKRATIE ZWISCHEN EXISTENZSICHERUNG UND MACHTWECHSEL

Die Transformation der Berlin-Problematik 1971 bis 1981

Mit einem Geleitwort von

OTTO BÜSCH †

Haude & Spener

Berlin 1995

Die Schriftenreihe der Historischen Kommission zu Berlin erscheint mit Unterstützung des Senators für Wissenschaft und Forschung, Berlin

Lektorat

Christian Schädlich
Thomas Revering

Die Deutsche Bibliothek – CIP-Einheitsaufnahme

Rotenberg, Dirk:
Berliner Demokratie zwischen Existenzsicherung und Machtwechsel : die Transformation der Berlin-Problematik 1971 bis 1981 / Dirk Rotenberg. – Berlin : Haude und Spener, 1995
(Schriften der Historischen Kommission zu Berlin ; Bd. 5)
Zugl.: Berlin, Freie Univ., Diss., 1991
ISBN 3-7759-0371-2
NE: Historische Kommission <Berlin>: Schriften der Historischen …

Satz und Umbruch: SiB Satzzentrum in Berlin GmbH
Gesamtherstellung: WB-Druck, Rieden
ISBN 3-7759-0371-2
Printed in Germany

GELEITWORT

Der Autor der vorliegenden Studie hat bereits mit einem Aufsatz aus dem Jahr 1988 über den Regierungswechsel von 1981 im Land Berlin (West) und einer Portraitskizze über den Regierenden Bürgermeister Klaus Schütz seine besondere Kompetenz für die Deutung der Grundlagen und Zusammenhänge erkennbar werden lassen, die der Entwicklung der politischen Kultur im freiheitlich-demokratischen Nachkriegsberlin seit 1950 und besonders seit der Regelung der Verhältnisse des Landes Berlin nach dem Vier-Mächte-Abkommen des Jahres 1971/72 ihr Gepräge gegeben haben.[1] In der nun vorgelegten Untersuchung über das Jahrzehnt vom Vier-Mächte-Abkommen bis zum „Drei-Bürgermeister-Jahr" 1981 der sich ablösenden Stadtoberhäupter Dietrich Stobbe, Hans-Jochen Vogel und Richard von Weizsäcker, dem „Jahr der demokratischen Premieren" bestätigt der Verfasser die in den Vorstudien gewonnene Erkenntnis, daß Regierungsstürze, plebiszitäre Bewegungen und Machtwechselprozesse von der Sozialdemokratie zur christlich-demokratischen Regierung in Stufen und unter spektakulären Begleitumständen keinesfalls als eine krisenhafte Entwicklung der Berliner Selbstverwaltungsdemokratie, sondern im Gegenteil als ein Resultat der im Selbstbehauptungskampf von Jahrzehnten herangereiften demokratischen Mündigkeit der Berliner Bevölkerung gedeutet werden muß. Das Werk entstand im Rahmen eines am Fachbereich Geschichtswissenschaften der Freien Universität Berlin durchgeführten Forschungsprojektschwerpunktes zur Geschichte Berlins als Teil eines mehrgliedrigen Vorhabens zur „Berliner Demokratie 1919 bis 1983", dessen erste Ergebnisse über die Entstehung der demokratischen Selbstverwaltung der preußischen und

[1] Dirk Rotenberg, *Der Regierungswechsel von 1981 im Land Berlin als Ergebnis demokratischer Mündigkeit*, in: Otto Büsch (Hrsg.), *Beiträge zur Geschichte der Berliner Demokratie 1919–1933/1945–1985*, Berlin 1988, und *Klaus Schütz*, in: Wolfgang Ribbe (Hrsg.), *Berliner Stadtoberhäupter. Biographien Berliner Bürgermeister im 19. und 20. Jahrhundert*, Berlin 1992.

deutschen Hauptstadt Berlin nach dem Ersten und nach dem Zweiten Weltkrieg bereits vorliegen.[2]

Der Autor, ausgebildeter Historiker und Jurist, legte in der Zeit seiner Tätigkeit als Wissenschaftlicher Mitarbeiter und Forschungsbeauftragter in der „Sektion für Sozial- und Wirtschaftsgeschichte der neueren und neuesten Zeit" der Historischen Kommission zu Berlin nicht zuletzt mit zahlreichen Interviews führender politischer Zeitzeugen, darunter leitender Persönlichkeiten der Berliner Landesregierung der von ihm studierten Berliner Jahre, einen wichtigen zeithistorischen Quellenfundus im Sinne einer *oral history* an. Durch die Abgabe an die einschlägigen Archive sind diese Ergebnisse auch für kommende Forschungsvorhaben öffentlich verfügbar. Während seines Studien- und Forschungsaufenthaltes an der „Hoover Institution on War, Revolution and Peace" an der Stanford University in Kalifornien hat der Autor eine Vielzahl von Gesprächen mit amerikanischen Politikern, Diplomaten und Militärs geführt und damit jene bedeutenden Kenntnisse über das Jahrzehnt von 1971 bis 1981 gesammelt, die zu dessen gehaltvoll detaillierter Behandlung befähigt haben. Zusätzlich haben Erhebungen und Auswertungen einer Fülle von gedruckten und ungedruckten Primärquellen aus einer Reihe von Archiven in Bonn und Berlin, St. Augustin und Gummersbach sowie in den USA dazu beigetragen, seinen immerhin empfindlich in die Gegenwart hineinwirkenden Untersuchungen eine archivalisch und bibliographisch relativ gesicherte Grundlage zu verleihen, wenn auch das international noch überwiegend geheimgehaltene Aktenmaterial einstweilen nicht zur Benutzung freigegeben ist.

Der von Dirk Rotenberg untersuchte Abschnitt der Berliner Nachkriegsgeschichte ist dementsprechend von der Forschung bisher erst ansatzweise und auf vorläufiger Quellenbasis behandelt worden, wodurch die vorliegende Studie ihren besonderen Reiz und herausragenden Wert erhält. Indem der Autor die politischen Entwicklungen auf den drei Ebenen der Welt-, der Deutschland- und der Lokalpolitik in ihren wechselseitigen Abhängigkeiten deutlich werden läßt, kann er zeigen – wie er selbst es ausdrückt –, wie sich das „Berlin-Problem" für Deutschland und die Welt in der Folge des Vier-Mächte-Abkom-

[2] Andreas Splanemann, *Die Entstehung der Berliner Demokratie nach dem Ersten Weltkrieg*, Phil. Diss. FU Berlin, Berlin 1991; Arthur Schlegelmilch, *Hauptstadt im Zonendeutschland. Die Entstehung der Berliner Nachkriegsdemokratie 1945–1949*, Berlin 1993.

mens in „Probleme für Berlin" im Nachkriegsdeutschland umwandelten. Dem Autor gelingt die Analyse der Ursachen jener bedeutsamen „Machtverschiebung der Regierungsverantwortung in Berlin von der 1971 mit absoluter Mehrheit alleinregierenden Sozialdemokratie zur CDU" im Jahr 1981, nach einem Jahrzehnt, in dem die Entspannungspolitik ihren Höhepunkt längst überschritten hatte und die Frontlinie des Kalten Krieges durch das geteilte Deutschland verlief. Die Berliner Demokratie offenbarte zwischen 1971 und 1981 zugleich – wie gerade der Vergleich zur Bundespolitik belegt – nicht nur nachholende, sondern auch vorgreifende Tendenzen und erwies sich auch im hier betrachteten Zeitraum erneut als Seismograph künftiger Machtverschiebungen in der Bundesrepublik Deutschland. Der Autor, der mit seinem Thema wie mit seiner Fragestellung geschichtswissenschaftlich in ein Neuland vorgestoßen ist, legt mit seinem Band, indem er die Bedeutung der von der Entwicklung der Berliner Demokratie ausgehenden Impulse auch für die Welt- und Deutschlandpolitik des späten 20. Jahrhunderts in das Bewußtsein der Historiker hebt, eine zu Dankbarkeit Anlaß gebende Pionierleistung vor.

Prof. Dr. Otto Büsch
Leiter der Sektion
für Sozial- und Wirtschaftsgeschichte
der Historischen Kommission zu Berlin

Berlin-Nikolassee (im „Mittelhof"),
im März 1994

DANKSAGUNG

Die vorliegende Studie verdankt ihre Entstehung der Unterstützung zahlreicher Berater, Förderer und Freunde.

Mein akademischer Lehrer Herr Universitätsprofessor Dr. Otto Büsch, der stets mit Rat und Förderung hilfreich war, hat das Erscheinen dieses Bandes nicht mehr erlebt. Ihm werde ich ein ehrendes Angedenken bewahren.

Mein besonderer Dank gilt den Herren Professor Dr. Arnulf Baring und Professor Dr. Gordon A. Craig, denen ich Anregung, Kritik und Hilfestellung ebenso verdanke wie Herrn Professor Dr. James J. Sheehan, Herrn Professor Dr. Wolfgang Ribbe und Herrn Professor Dr. Georg Kotowski. Das Land Berlin, der Deutsche Akademische Austauschdienst und die FAZIT-Stiftung der Frankfurter Allgemeinen Zeitung haben die Forschungen mit großzügigen Stipendien ermöglicht.

Neben diesen danke ich meinen Eltern und den zahlreichen Helfern und Freunden, insbesondere Mrs. Agnes F. Peterson, Frau Almuth Klumker, Frau Annette Axthelm und Herrn Roland Frinken sowie den Kolleginnnen und Kollegen des „Forschungsprojektschwerpunktes Geschichte Berlins" der Freien Universität Berlin. Besondere Anerkennung verdient Herr Christian Schädlich, nimmermüder Leiter der Lektoratsabteilung der Historischen Kommission zu Berlin, ohne dessen Einsatz dieser Band nicht entstanden wäre.

Bonn, im Frühjahr 1994 *Dirk Rotenberg*

INHALTSÜBERSICHT

INHALT

ABKÜRZUNGSVERZEICHNIS

AL	Alternative Liste für Demokratie und Umweltschutz
BFD	Bund Freies Deutschland
BVerfGE	Entscheidungen des Bundesverfassungsgerichts (amtliche Sammlung)
ICC	Internationales Congress-Centrum Berlin
KSZE	Konferenz über Sicherheit und Zusammenarbeit in Europa
MBFR	Mutual Balanced Forces Reductions
NATO	North Atlantic Treaty Organisation
NJW	*Neue Juristische Wochenschrift*
SALT	Strategic Arms Limitations Talks
W.P.	Wahlperiode
WUB	Wählergemeinschaft Unabhängiger Bürger

EINLEITUNG

Drei charakteristische Züge prägten die Berliner Demokratie und das politische Schicksal der Berliner in dem Jahrzehnt nach dem Vier-Mächte-Abkommen: Sie wurden durch politische Entscheidungen auf drei Ebenen bestimmt, von der politischen „Großwetterlage", vom Engagement der Bundesregierung im Verhältnis zur DDR und zur Stadt sowie von der innerstädtischen Entwicklung selbst.

Mit dem Viermächte-Abkommen der alliierten Siegermächte des Zweiten Weltkrieges vom September 1971, das im Juni 1972 in Kraft trat, würde Berlin aus dem Fadenkreuz des Ost-West-Konflikts gerückt. Die weltpolitische Stabilisierung der Berlin-Frage ging einher mit der Entspannung zwischen den antagonistischen Lagern angehörenden beiden deutschen Staaten, die namentlich im Vertrag über die Grundlagen ihrer Beziehungen von 1973 Ausdruck fand. Die Berliner und an ihrer Spitze der Regierende Bürgermeister erhielten so eine „neue Grundlage für die Berliner Landespolitik".[1] Der Spielraum der Berliner Demokratie, der durch die erreichte Festschreibung des *status quo* gewonnenen wurde, blieb gleichwohl abhängig, abhängig vom politischen Willen der Siegermächte und dessen Wandlungen ebenso wie vom nationalen Bekenntnis der Bundesrepublik zu Berlin. Klaus Schütz, Regierender Bürgermeister von 1967 bis 1977, bekannte: „Wir sind auf unseren eigenen Wunsch weiterhin ein besetztes Gebiet und wollen es bleiben."[2]

Das Ziel der vorliegenden Studie besteht in der Darstellung und Analyse der politischen Neuorientierung im Land Berlin nach dem Vier-Mächte-Abkommen. So viel kann hier schon gesagt werden: Das Abkommen stellte einen neuen Vertragstyp dar. Die Partner einigten

[1] Georg Kotowski, *Vom Vorposten der westlichen Demokratie zur Stadt des Vier-Mächte-Abkommens 1963–1985*, in: ders./Hans Joachim Reichhardt, *Berlin als Hauptstadt im Nachkriegsdeutschland und Land Berlin 1945–1985* (= Berliner Demokratie 1919–1985, Bd. 2), Berlin-New York 1987, S. 265.

[2] Klaus Schütz, *Plenarprotokoll des Abgeordnetenhauses von Berlin*, 6. Wahlperiode, 6. Mai 1971, S. 44.

sich darauf, sich nicht einigen zu können: man bekannte sich dazu, in bestimmten Fragen keinen Konsens finden zu können, und vereinbarte gleichwohl praktische Regelungen. Die strittigen Positionen wurden allerdings nur während der Verhandlungen ausgeklammert, anschließend sollten sie den mit der praktischen Umsetzung der Regelungen betrauten deutschen Stellen durchaus Probleme bereiten, die hier dargestellt werden.

Die Studie überprüft dabei eine These Otto Hintzes, der während des Ersten Weltkrieges in Anlehnung an J. Robert Seeley konstatierte:

„Das Maß von politischer Freiheit, das in den Regierungseinrichtungen gestattet sein kann, muß vernünftigerweise umgekehrt proportional sein dem militärisch-politischen Druck, der auf den Grenzen des Staates lastet."[3]

Unzweifelhaft ist auch für den freien Teil Berlins die geographische Lage inmitten der DDR schicksalhaft gewesen. Unter dem Eindruck des Chruschtschow-Ultimatums im Herbst 1958 sah sich der Regierende Bürgermeister Willy Brandt trotz des überragenden Wahlsieges seiner SPD bei den Wahlen zum Abgeordnetenhaus im Dezember des gleichen Jahres veranlaßt, eine Große Koalition mit der einzigen anderen im Parlament vertretenen Partei, der CDU, fortzusetzen. Das demokratische Regularium von Regierung und Opposition war mit dieser Allparteienregierung außer Kraft gesetzt. 1981 hingegen wurde mit Richard von Weizsäcker ein Vertreter einer Partei zum Regierenden Bürgermeister gewählt, dessen Fraktion im Abgeordnetenhaus von Berlin nicht über die Mehrheit verfügte und keine Koalition einging. Der sogenannte Minderheitensenat bedurfte der Duldung durch oppositionelle Parlamentarier. Darin gipfelte ein Jahrzehnt hektischer innerer Betriebsamkeit, geprägt von einem „demokratischen Nachholbedarf" der Berliner.

Im Mittelpunkt der Untersuchung steht dieser Wechsel der Regierungsverantwortung in Berlin von den 1971 mit absoluter Mehrheit alleinregierenden Sozialdemokraten zur CDU 1981. Dabei wird gezeigt, wie sich die politischen Entwicklungen auf den drei Ebenen der Welt-, der Deutschland- und der Lokalpolitik auf die demokratische Selbstverwaltung Berlins (West) auswirkten. Die Arbeit kennzeichnet den behandelten Zeitraum als einen Abschnitt der Berliner

[3] Otto Hintze, *Deutschland und das Weltstaatensystem*, in: *Deutschland und der Weltkrieg*, hrsg. von Otto Hintze, Friedrich Meinecke, Hermann Oncken und Hermann Schumacher, Bd. 1, 2. Aufl., Berlin 1916, S. 6.

Nachkriegsgeschichte, in dem erstmals der „antikommunistische Schulterschluß" der Berliner Demokratie aufgegeben werden konnte und abgelöst wurde durch die Betonung der „Machtverleihung auf Zeit", manifestiert durch den ersten durch die Wähler herbeigeführten Wechsel von Regierung und Opposition im Nachkriegs-Berlin im Frühjahr 1981.

Die Untersuchung der Wandlungen der Probleme Berlins vor dem Hintergrund des sich wandelnden Berlin-Problems soll die Frage nach den Folgen der Entspannungspolitik zu Beginn der siebziger Jahre für die politische Szenerie in der Stadt beantworten. Bestimmte bis zu diesem Punkt die Bedrohung der Stadt durch das feindlich gestimmte Umfeld das politische Klima, so mußte auch das Ausbleiben des Drucks Folgen haben für die Stadt der großen Krisen, weltweit beachtet insbesondere während der Blockade 1949/49 und in den Tagen des Mauerbaus im August 1961.

So wie 1961 mit dem Bau der Mauer ein *status quo* geschaffen wurde, der die für ein weltweites Gleichgewicht verantwortlichen Supermächte akuter Sorgen enthob, rückte die Stadt auch 1971 aus den Schlagzeilen, ohne daß deshalb auch Ruhe innerhalb Berlins einkehrte. Diese Beruhigung auf der internationalen Ebene hatte im Gegenteil weitreichende Aufregungen in der Stadt zur Folge: „Die erzwungene Außenfixierung wurde durch eine fast explosive kommunalpolitische Aktivierung abgelöst, mit zunächst nicht nur positiven Begleiterscheinungen."[4]

Doch profitierte auch die Bundesrepublik von den vertraglichen Regelungen der Beziehungen zu den östlichen Nachbarn. Ihr Einfluß auf internationaler Bühne wuchs. In den sechziger Jahre als „wirtschaftlicher Riese", aber „politischer Zwerg" eingeschätzt, verhalf die Ostpolitik von Bundeskanzler Willy Brandt als Ergänzung der Westpolitik Konrad Adenauers der zweiten Republik zu Ansehen und Mitspracherecht. Doch wie wirkte sich die Ausklammerung der deutschen Frage und des Berlin-Problems aus der Tagespolitik auf die frühere Haupt- und Frontstadt aus? Wurde mit dem Vier-Mächte-Abkommen ein Abschnitt der Stabilität der Berliner Nachkriegsgeschichte eingeleitet oder waren die folgenden Aufgeregtheiten Manifestationen einer Dauerkrise?

[4] Arnulf Baring, *Die Rolle Berlins nach dem Zweiten Weltkrieg*, in: *Jahrbuch für die Geschichte Mittel- und Ostdeutschlands*, Bd. 34 (1985), S. 28.

In Anlehnung an den Titel einer Studie Kurt L. Shells über das Berlin nach dem Mauerbau sollen hier „Führung und Bevölkerung ohne Berlin-Krisen" betrachtet werden.[5] Es war keineswegs selbstverständlich, daß das politische System, für das der Ausnahmezustand zum Normalfall geworden war, jetzt ohne Schwierigkeiten im Windschatten der großen Politik würde bestehen können. Trotz des Dissenses in Statusfragen wurde 1971 ein veritables Abkommen geschlossen, denn zu diesem Zeitpunkt waren alle vertragschließenden Seiten an einem Kompromiß interessiert. Bis 1981 war diese Entspannungseuphorie blankem Pragmatismus auf seiten der Westmächte gewichen, dies konnte nicht ohne Folgen für die Stadt bleiben.

Es gab keine Garantie, daß das Interesse am Ausgleich fortbestehen würde, wenn sich die Rahmenbedingungen änderten. Die siebziger Jahre mußten zeigen, ob Berlin auch ohne Krise lebensfähig war. Da das antikommunistische Selbstverständnis nicht mehr allein seligmachend war, mußte sich die Berliner Demokratie neu bewähren. Die Gefahr einer neuen Berlin-Krise konnte von dem Abkommen nicht gebannt werden, sondern hing weiterhin von den politischen Opportunitätsüberlegungen der sowjetischen Führung ab. Auch nach dem Vier-Mächte-Abkommen wurde Berlin nicht zur normalen Stadt.

Die Existenzsicherung wurde durch das Abkommen der vier Siegermächte des Zweiten Weltkrieges besiegelt. Bei dessen Analyse wird deutlich, daß es nicht die Berliner waren, die die Festschreibung des *status quo* verlangen konnten, daß gleichwohl aber das Abkommen der Stadt auch nicht in den Schoß gelegt wurde. Eine wechselseitige Beratung und Beeinflussung gipfelte in einem Junktim deutscher Interessen mit denen der vier Siegermächte.

Den USA als Gegenüber der Sowjetunion wird hier der breiteste Raum eingeräumt, sie waren der unbestrittene Gegenspieler in den Verhandlungen mit der anderen Supermacht: „Zuvorderst wurde mit einer Supermacht, danach mit deren Klientelstaaten verhandelt ... andere Größen, die allein oder gemeinsam nicht in der Lage sind, auch nur die Balance zur Sowjetunion zu halten, helfen beim Austarieren der Gegebenheiten wenig."[6] Eine separate Berlin-Politik betrieben weder England noch Frankreich, dessen Außenminister Maurice

[5] Kurt L. Shell, *Bedrohung und Bewährung. Führung und Bevölkerung in der Berlin-Krise*, Köln 1963.

[6] Benno Zündorf, *Die Ostverträge. Die Verträge von Moskau, Warschau, Prag, das Berlin-Abkommen und die Verträge mit der DDR*, München 1979, S. 17.

Schumann anläßlich der Unterzeichnung des Abkommens betonte, daß im Laufe der Zeit die Rechte „vor allem zu Pflichten" geworden seien.[7] Gegenüber dem ehemaligen Verbündeten Sowjetunion aus der Anti-Hitler-Koalition trat man weitestgehend geschlossen auf. Bundeskanzler Brandt, neun Jahre lang Regierender Bürgermeister von Berlin,[8] mußte diese Führungsrolle der USA genauso akzeptieren wie sein Nachfolger. Brandt wußte, daß das Mißtrauen gegenüber seiner Politik in Washington am größten war.[9] Auf der östlichen Seite gab es keinen Dissens in der Berlin-Frage, da der Warschauer Pakt hierarchisch gegliedert war und das Abkommen von der UdSSR geschlossen wurde. Ihre Interpretation war danach für alle befreundeten Staaten verbindlich.

Welchem Wandel unterlag der Stellenwert Berlins auf der Agenda der Großmächte zwischen 1971 und 1981? Berlin wurde als Testfall der Entspannung angesehen, an Berlin vorbei war keine Kooperation zu erzielen. Doch wie stand es um die Stadt, als Ende der siebziger und Anfang der achtziger Jahre die USA sich angesichts des militaristischen Gebarens der Sowjetunion zu einer Beendigung der Entspannungspolitik veranlaßt sahen?[10]

Welche Rolle spielte die Stadt noch während der Konflikte am Yom Kippur, um Afghanistan, anläßlich der Verhängung des Kriegsrechts in Polen? Berlin wahrte seine besondere Rolle: Die Berliner mochten ihre alltäglichen Errungenschaften der Entspannung nicht internatio-

[7] Dokumentation der Verlautbarung in: *Deutschland Archiv,* (1972), S. 874. Auf die Frage, ob Frankreich nach dem Abkommen weiterhin in das Berlin-Problem involviert bleiben solle oder ob man dies nicht Amerikanern, Russen und Deutschen überlassen solle, sprachen sich nur 50% der befragten Franzosen für ein weiteres Engagement aus, 28% plädierten für die Überlassung an die Supermächte und die Deutschen, 22% hatten keine Meinung. *The Gallup International Public Opinion Polls, France, 1944–1975,* Vol. 2, S. 948.

[8] Vgl. dazu Dirk Rotenberg, *Willy Brandt,* in: *Stadtoberhäupter. Biographien Berliner Bürgermeister im 19. und 20. Jahrhundert,* hrsg. von Wolfgang Ribbe, Berlin 1992.

[9] Brandt erinnert sich: „Man muß nicht Kissingers Erinnerungen gelesen haben, um zu wissen, daß in den westlichen Hauptstädten ein nur mühsam verborgenes Mißtrauen lauerte – nach meiner Wahrnehmung am wenigstens in London; in Paris mit erheblichen Schwankungen zwischen sanftem Verständnis und wilder Spekulation; in Washington lagen die Dinge so einfach, wie es Nixons Sicherheitsberater meinem prominenten Mitarbeiter Paul Frank 1970 sagte: ‚Wenn schon Entspannung mit der Sowjetunion, dann machen wir sie'", Willy Brandt, *Erinnerungen,* Berlin 1989, S. 189.

[10] Vgl. dazu das Nachwort von Ernst Nolte, *Ein neuer „Kalter Krieg" in den achtziger Jahren?,* in: ders., *Deutschland und der Kalte Krieg,* 2. Aufl., Stuttgart 1985.

nalen Dissonanzen opfern. Diese Haltung sollte im westlichen Lager zu Dissonanzen führen.

Der Ost-West-Konflikt war auch in den siebziger Jahren entscheidend vom Verhältnis zwischen den USA und der Sowjetunion geprägt. Beide Supermächte waren in Berlin vertreten, die eine als bedeutendste Schutzmacht des freien Westteils, die andere ebenfalls kraft eigenen Besatzungsrechtes und mit dem Anspruch, die Geschikke der DDR mitzubestimmen. Auch wenn die Supermächte an anderen Plätzen der Welt ihre Kräfte maßen oder gar in Stellvertreterkriege verwickelt wurden, mitten durch Berlin verlief doch die Grenzlinie der beiden Blöcke, die sich nicht nur militärisch, sondern auch gesellschaftlich als Gegner betrachteten. Folglich mußte die Lage Berlins auch im Rahmen der Verhandlungen der Konferenz für Sicherheit und Zusammenarbeit in Europa von großem Einfluß sein. Die Würdigung der Schlußakte als eines völkerrechtlichen Vertrages hätte die Grenzen in Europa festgeschrieben, einen vom Osten vehement geforderten Friedensvertrag ersetzt. Konnte dies im Hinblick auf die Lage Berlins hingenommen werden?

Kein Bundeskanzler konnte den Interessen Berlins zuwider handeln, und die Berliner Interessen wurden eben auch von den Schutzmächten bestimmt.[11] Zum Charakter dieser geliehenen Demokratie gehört die Abhängigkeit, die auch nach dem Abkommen weder von der Regierung noch von der Opposition – bis zum Auftreten der Alternativen Liste – in Frage gestellt wurde. Da Berlin das Nadelöhr bildete, durch das alle bundesdeutsche auswärtige Politik hindurchgefädelt werden mußte, bot sich hier auch eine Gelegenheit zur Einflußnahme der Alliierten auf die Bundespolitik.

Die Verantwortung aller vier Siegermächte des Zweiten Weltkrieges war mit dem Abkommen bestätigt und gegenseitig verbrieft worden. Damit war vor allem die Gefahr gebannt, die Sowjetunion könne weitergehende Befugnisse an die Regierung in Ost-Berlin abtreten. Aber auch die Westmächte waren nach wie vor in der Pflicht. Hier soll daher der Vorwurf von Gordon Craig und Alexander George überprüft werden, die der amerikanischen Haltung gegenüber der „Deutschen Frage“ zumindest in den siebziger Jahren ein Moment der Unaufrichtigkeit bescheinigten, da die amerikanischen Sonntagsreden, das

[11] Für Kissinger blieb Berlin die amerikanische „Trumpfkarte“, gerade auch für eine Kontrolle der Bonner Akteure, Henry A. Kissinger, *Memoiren 1968–1973*, München 1979, S. 567.

verbale Bekenntnis, an der Wiederherstellung der Einheit mitzuwirken, keine aktive, konkrete Entsprechung im politischen Handeln fand.[12]

Keiner der auftretenden Verstöße gegen das Abkommen veranlaßte die Westmächte, die Sowjetunion an den Tisch der Verhandlungen zurückzurufen. Ließen die Schutzmächte die Berliner allein, den Schikanen der DDR und der Sowjetunion ausgeliefert? Interessengegensätze zwischen den Berlinern in ihren Alltagsnöten und den für ein weltweites Gleichgewicht der Kräfte verantwortlichen USA traten jetzt hervor. Mit dem schwindenden Gefühl der Bedrohung wuchsen Ressentiments auch gegen die Präsenz der Schutzmächte, die von diesen als Undankbarkeit aufgefaßt wurden. Die Alliierten mußten sich die Frage stellen, ob sie nicht in dem Moment, in dem sie die Existenz der Berliner mit dem Abkommen gesichert hatten, ihre eigene Position schwächten.

Hatte es offenen Anti-Amerikanismus schon während der Proteste gegen den Vietnamkrieg in der Stadt gegeben, so war die in allen Bevölkerungsgruppen, selbst im Senat, geführte Debatte um den Fortbestand alliierter Rechte ein Novum, eines unter vielen nach Abschluß des Abkommens. Nach der Freisetzung der Berliner Demokratie durch das Abkommen fällt für das bearbeitete Jahrzehnt ein Nachholbedarf an praktizierter Demokratie auf. Geprüft wird hier, in welchem Maße die Sicherung der Existenz der Stadt durch das Abkommen ursächlich war für diese Erweiterung des demokratischen Spielraums. Zwischen 1971 und 1981 kam es zu einer Vielzahl von Premieren demokratischer Machtausübung. So führte eine Wahlanfechtungsklage zweier Berliner Bürger 1975 zur Aufhebung des jahrzehntelang praktizierten Wahlverfahrens und zu einer Wahlwiederholung. Über die Station der Bezirksparlamente begannen sich die aufkommenden Bürgerinitiativen in der Partizipation politischer Macht zu üben. Und immer mehr Berliner schlossen sich zu neuen, wenn auch kleinen Parteien am rechten und linken Rand des politischen Spektrums zusammen. Die Integrationskraft der großen Parteien ließ nach. Auch die Legislative besann sich auf ihre bis dahin wenig oder gar nicht wahrgenommenen Rechte: es kam nicht nur zu zahlreichen Rücktritten von Senatoren aufgrund immer häufiger ans Tageslicht tretender politischer Skandale, sondern auch zur Nichtbestellung von Senatorenkandidaten durch Abgeordnete aus den eigenen Reihen. Da die Verfassung von Berlin dem Regierenden Bürgermeister nicht das Recht auf

[12] Gordon A. Craig/Alexander L. George, *Force and Statescraft. Diplomatic Problems of Our Time*, New York 1983, S. 134.

Ernennung seiner Senatoren einräumte, führte solch verfassungskonformes, parteipolitisch betrachtet aber illoyales Verhalten zum Eklat, als sich die seit 1975 regierende sozialliberale Koalition am 15. Januar 1981 anläßlich eines Versuches der Senatsumbildung selbst demontierte. Die Berliner Bevölkerung schickte sich daraufhin an, den von der Verfassung seit 1974 gewährten Volksentscheid zur Auflösung des Abgeordnetenhauses erstmals zu praktizieren. Zwei Unterschriftensammlungen zur Einleitung des Verfahrens verliefen so erfolgreich, daß sich das Berliner Parlament gleich selbst aufzulösen beschloß – und dabei bemerkte, daß die vorgesehenen Regelungen gar nicht praktikabel waren, es bedurfte einer Verfassungsänderung. Auch diese demokratische Premiere – die Auflösung des Parlaments durch den „Druck von der Straße" – stellt vor dem Hintergrund der Erfahrungen der Weimarer Zeit eine Besonderheit dar, ist doch eine vergleichbare Regelung auf Bundesebene noch immer nicht möglich. Dies geschah zu einer Zeit, da das Klima zwischen den Supermächten wegen der Invasion der Roten Armee in Afghanistan deutlich unterkühlt war. Die Führung der amerikanischen Streitkräfte in Europa beobachtete mit Sorge die Truppenbewegungen der Sowjetischen Streitkräfte rund um Polen, auch in der DDR, da eine militärische Niederschlagung der Unabhängigkeitsbestrebungen der Gewerkschaft „Solidarität" nicht auszuschließen war. Berlin leistete sich gleichwohl die erste vorgezogene Wahl im Mai 1981, die nicht nur keine klaren Mehrheiten mehr ergab – das Wort von der Unregierbarkeit der Stadt kam auf –, sondern daneben auch mit dem Einzug der Alternativen Liste das vorläufige Ende des Drei-Parteien-Parlamentes mit sich brachte. Mit der Alternativen Liste hatte zudem eine Partei die Fünfprozenthürde übersprungen, die elementare Pfeiler des demokratischen Konsenses wie die Anwesenheit der Schutzmächte in der Stadt und die Rechtseinheit mit dem Bundesgebiet durch strikte Gesetzesübernahme in Frage stellte.

Was führte dazu, daß sich zunehmende Teile der Bevölkerung nicht länger durch die in Jahrzehnten bewährten Parteien SPD, CDU und FDP vertreten sehen mochten? Aus welchen Gründen entstanden neue Bewerber um die Gunst der Wähler, der „Bund Freies Deutschland", die „Wählerinitiative Unabhängiger Bürger" oder die „Alternative Liste für Demokratie und Umweltschutz"?

Die Berliner beschränkten sich nicht länger auf die Wahlgänge zur Beteiligung an der Entwicklung ihres Gemeinwesens. Gleichwohl boten die Wahlen Gelegenheit zu Bestandsaufnahmen. Der Wahlgang von 1975 bot dem Bürger erstmals die Chance zur Stellungnahme zu dem Abkommen *und* dessen Folgen. Bei den Wahlen von 1979 wurde über die Hinwendung zur Stadtpolitik abgestimmt, auch das neu erstrittene Wahlrecht und die neue Partei „Alternative Liste" mußten sich bewähren. Die Wahlen vom 10. Mai 1981 schließlich, die ersten vorgezogenen Wahlen der Berliner Nachkriegsdemokratie, waren deutlicher Ausdruck des Aufbegehrens der Bevölkerung, ihr Termin wurde von den Wählern erstritten.

Nicht zuletzt gaben die führenden Persönlichkeiten, ihr Kommen und Gehen, dem Wandel Ausdruck. Klaus Schütz, politisch geprägt vom Freiheitskampf Berlins gegen die umliegende Sowjetische Besatzungszone,[13] räumte seinen Stuhl für jüngere und für zugereiste Nachfolger. Und ein wesentliches Merkmal – geradezu ein immanentes Dilemma – der Gemütslage der Berliner war ja der Anspruch, auf der einen Seite möglichst weitgehend eingegliedert in die Kompetenzen des Bundes oder sogar der Alliierten zu sein und von dort vertreten zu werden, auf der anderen Seite aber doch auch das Flair des Besonderen zu pflegen, die „Extrawurst" zu erhalten. Anhand der Personalpolitik der Berliner Parteien läßt sich dies dokumentieren: man war froh über jeden populären Bundespolitiker, der seine Kräfte Berlin zur Verfügung stellen mochte, und glaubte doch, selbst die besten Leute im Stall zu haben, eben solche, die von Berlin mehr verstanden. Ob dies wirklich zutraf, wird hier gezeigt werden. Die Parteien werden gemessen am Erfolg ihrer Bemühungen, „für eine ständige lebendige Verbindung zwischen dem Volk und den Staatsorganen zu sorgen" und „zur Übernahme öffentlicher Verantwortung befähigte Bürger heranzubilden".[14] Zehn Jahre nach der Existenzsicherung durch das Abkommen kam es zum Machtwechsel unter nie dagewesenen Umständen, gipfelnd im „Drei-Bürgermeister-Jahr" 1981.

Nur vordergründig wird daher die historische Analyse der Verlagerung der politischen Priorität vom Berlin-Problem auf die Probleme Berlins zwischen 1971 und 1981 zur „Heimatkunde".[15] So wie die Geschichte der Stadt im Zeichen äußerer Bedrohung analysiert wurde, so müssen auch die Auswirkungen des Ausbleibens dieses Druckes untersucht werden.

[13] D. Rotenberg, *Klaus Schütz*, in: *Stadtoberhäupter...* (s.o. Anm. 8).

[14] § 1 Abs. I des Gesetzes über die politischen Parteien.

[15] Siehe zur Methode auch das Plädoyer Martin Broszats für eine „vorläufige Geschichtsdeutung" in dessen Aufsatz *Voreilige Geschichtsschreibung*, in: *Der schwierige Umgang mit unserer Geschichte*, München 1987, S. 245.

ERSTER TEIL

Die Sicherung der Existenzbedingungen der Berliner Demokratie: Das Vier-Mächte-Abkommen von 1971/72

ERSTES KAPITEL

Berlin als Testfall der Entspannungspolitik

Berlin wurde in langen Jahren nach dem Krieg Schauplatz des Wechselspiels von Ursache und Wirkung der Dissonanzen zwischen den beiden Militärblöcken – geprägt vom Kalten Krieg. Hier nahm die Auseinandersetzung auch durchaus „heiße" Züge an, wurde scharf auf Flüchtlinge geschossen und die Lebensfähigkeit der Stadt substantiell bedroht. Diese Infragestellung der Existenz beschränkte sich nicht nur auf die Jahre der Blockade, sondern blieb ständig virulent, wenn etwa Güterlastwagen so lange festgehalten wurden, daß Lebensmittel verdarben. Die Berliner Demokratie der siebziger Jahre sollte indes von der exponierten Lage profitieren: die Lebensfähigkeit der Stadt wurde durch ein Abkommen zwischen den antagonistischen Lagern geregelt. Berlin diente auch hier – einmal konstruktiv – als Demonstrationsobjekt. Demonstriert werden sollte die Kooperations- und Kompromißbereitschaft. Die Voraussetzung der Entfaltungsmöglichkeiten der Berliner und ihrer Repräsentanten auf dem Gebiet der politischen Mitsprache wurde mithin nicht „autark" erarbeitet, sondern von den vier Siegermächten eingeräumt. So wie deren Meinungsverschiedenheiten das Gemeinwesen Berlin – etwa die gesamtstädtische kommunale Selbstverwaltung – schwer beschädigt hatten, sollten dem freien Westteil der Stadt jetzt auch zuerst die Früchte des Entspannungswillens zugute kommen. Das Interesse der früheren Partner der Anti-Hitler-Koalition richtete sich zwar inhaltlich auf die Verbesserung der Existenzbedingungen der Stadt, die Verständigungsbereitschaft basierte aber namentlich bei den beiden Supermächten auf weitergehenden Interessen, die hier aufgezeigt werden, um die Tragweite internationaler Beziehungen für den Alltag in der Stadt zu belegen.

„If we cannot agree to take the humanitarian step of lowering barriers between two halves of a city, what hope is there for the two halves of the European continent?“[1] Diese Frage des britischen Außenministers Sir Alec Douglas-Home auf der UNO-Generalversammlung 1970 rückte Berlin in den Mittelpunkt des Weltinteresses.

Seit 1969 war die Sowjetunion daran interessiert, eine öffentliche Parteinahme der USA und ihrer NATO-Verbündeten im Ussuri-Konflikt zwischen der UdSSR und China zu vermeiden. Das Schisma im kommunistischen Lager mußte die Sowjetunion dazu veranlassen, in Europa Ruhe zu halten. Bestmöglich schien ihr dies natürlich durch eine Anerkennung der Grenzen gewährleistet. Noch hatte sich die Empörung über die Zerschlagung des Prager Frühlings mit Militärgewalt nicht gelegt. Die Amerikaner hatten der Sowjetunion zu verstehen gegeben, daß es nach der Intervention in der CSSR und vor den Verhandlungen über die Strategischen Waffen (SALT) einer echten Geste guten Willens bedurfte und Berlin eine gute Gelegenheit zu einer solchen darstellte.[2] Den Berlinern boten die USA damit seit der „Tatenlosigkeit“ des August 1961 endlich eine echte Initiative. Die sowjetische Führung entschloß sich, das „defensive“ Ziel der Konsolidierung und Legitimierung des eigenen Herrschaftsbereiches nunmehr über das „offensive“ Ziel der Sprengung des westlichen Bündnisses durch Isolierung der Bundesrepublik und Berlins anzuvisieren – in der Erwartung, daß die Bundesrepublik ihr daraufhin beim Erreichen des ersten Zieles behilflich sein würde.[3]

Der Ort, der als Zielscheibe östlicher Repressionen gedient hatte, bot sich wegen seiner besonderen Rechtsposition an: hier hatten die Siegermächte unmittelbare Verantwortung. Von hier aus hatte der neu gewählte amerikanische Präsident Nixon am 27. Februar 1969 an die Sowjetunion appelliert, die Konfrontationen um Berlin beizulegen.[4] Moskau versuchte dies zunächst auf kurzem Wege, dem direkten Kontakt mit Bonn.

[1] Zitiert nach *Berlin and East/West Relations*, ed. by Central Office of Information Reference, Pamphlet 157, London 1978, S. 7.

[2] Der amerikanische Diplomat Jonathan Dean im Rückblick 1981, *The Quadripartite Agreement on Berlin in the Context of Past and Future East-West Relations*, in: *Living with the Wall. West Berlin 1961–1985*, hrsg. von Richard L. Merritt und Anna J. Merritt, Durham 1985, S. 80.

[3] Richard Löwenthal, *Vom Kalten Krieg zur Ostpolitik*, in: ders./Hans Peter Schwarz, *Die zweite Republik. 25 Jahre Bundesrepublik Deutschland – Eine Bilanz*, Stuttgart 1974, S. 680.

[4] Abdruck der Rede in: *Europa-Archiv*, 25. 3. 1969, S. D129 f.

Anläßlich der im Frühjahr 1969 anstehenden Wahlen eines neuen Bundespräsidenten hatte die Sowjetunion Konzessionen signalisiert für den Fall, daß die Wahl durch die Bundesversammlung nicht in Berlin stattfinden würde.[5] Der sowjetischen Regierung war die Bundesversammlung in der Stadt ein Dorn im Auge, belegte sie doch die Zusammengehörigkeit des Westteils mit der Bundesrepublik. Trotz der Verärgerung der Sowjetunion über die Wahl Gustav Heinemanns am 5. März 1969, die sich in Verkehrsbehinderungen und Fluglärm über der Stadt manifestierte, wurden die Zeichen bald darauf auf Kooperation gestellt: am 17. März 1969 wiederholten die Staaten des Warschauer Paktes in ihrem „Budapester Appell" genannten Kommuniqué nicht nur ihren Wunsch nach einer übergreifenden Konferenz über die Sicherheit in Europa, sondern verzichteten auch auf die Forderung nach einer völkerrechtlichen Vorabanerkennung der DDR.[6]

Am 10. Juli 1969 betonte der sowjetische Außenminister Gromyko die Linie der östlichen Politik, „die normale Existenz West-Berlins als einer selbständigen politischen Einheit" zu gewährleisten.[7] Diese „Normalität" lehnten nicht nur die Berliner, sondern auch die westlichen Staaten grundsätzlich ab. Ein *status quo minus* erschien zu keinem Zeitpunkt akzeptabel. In derselben Rede vor dem Obersten Sowjet wünschte sich Gromyko aber von den westlichen Siegermächten eine Diskussion über die europäischen Sicherheitsinteressen – das hieß nach seiner Lesart die Anerkennung der Grenzen und Blöcke – und versprach dafür die „Bereitschaft zum Meinungsaustausch darüber..., wie Komplikationen um West-Berlin jetzt und in Zukunft vermieden werden können."[8] An konkrete Regelungen war dabei noch nicht gedacht, wie die bei Verhandlungsbeginn zunächst starre Hal-

[5] Willy Brandt berichtet über die Bereitschaft Bundeskanzler Kiesingers, im Tausch gegen eine Besuchsregelung für Ost-Berlin auf den Wahlort Berlin zu verzichten, verschweigt aber, daß dieses Geschäft auf amerikanische Intervention nicht zustande kam; W. Brandt, *Erinnerungen*, Berlin 1989, S. 230. Kiesinger bemühte am 1. März 1969 die „nationale Würde", die der Verständigungsbereitschaft Grenzen setze, *Dokumente zur Berlin-Frage 1967–1985*, hrsg. von Hans Heinrich Mahnke, München 1987, Dok. Nr. 64. Die Verärgerung der USA über derlei bilaterale, mithin von den Schutzmächten abgekoppelte Kontakte zwischen Bonn und der Sowjetunion beschrieb Nelson Ledsky vom State Department dem Verfasser in einem Gespräch am 21. August 1989.

[6] Abdruck in: *Europa-Archiv*, 10. 4. 1969, S. D151 ff.

[7] Auszug aus der Rede Gromykos in: *Dokumente zur Berlin Frage 1967–1986...* (s.o. Anm. 5), Dok. Nr. 101.

[8] *Ebda.*

tung der sowjetischen Unterhändler zeigen sollte, doch auch die Amerikaner hatten noch kein Konzept.[9]

Bereits seit dem Mauerbau hatte die Politik der Loslösung des Westteils der Stadt von der Bundesrepublik die Taktik des Ostens bestimmt. Das Ultimatum Chruschtschows hatte noch die Vertreibung der westlichen Truppen aus Berlin in den Mittelpunkt gestellt. Dieses Ziel trat im Lauf der sechziger Jahre immer stärker zurück. Nach der Auseinandersetzung am Rande eines Krieges um die Raketenstationierung in Kuba hatten sich die beiden Führungsmächte mit jeweils einer Insel im Machtbereich des anderen Militärbündnisses eingerichtet – West-Berlin auf dem Gebiet der DDR, Kuba in der nordamerikanischen Interessensphäre.[10] Hatte Präsident Kennedy 1961 mit der Beschränkung seiner Sicherheitsgarantie auf die drei Westsektoren der Stadt den Ostteil *de facto* in sowjetische Herrschaft – und darauf folgend in die der DDR – entlassen, so mußten die Berliner rasch merken, daß es keine Gegenleistung derart gab, daß der Westteil nun „in Ruhe“ gelassen wurde, denn das konnte schon gar nicht im Interesse der DDR liegen. Aber die Fronten waren seit 1961 geklärt. Und durch die Stabilisierung der DDR nach dem 13. August konnte die Bundesrepublik einer Debatte über die Regelung ihrer Beziehungen zur DDR nicht länger aus dem Weg gehen.

Die Verknüpfung des sowjetischen Wunsches nach einer Sicherheitskonferenz – inklusive Beteiligung einer gleichberechtigten DDR – mit westlichen Gegenforderungen rückte Berlin in den Mittelpunkt des Interesses: „Die wichtigste westliche Gegenbedingung für einen Modus vivendi auf der Basis des territorialen Status quo in Europa mußte also die Anerkennung des westlichen Status quo in Berlin durch den Osten sein, der freilich nur in Viermächteverhandlungen erfolgen konnte.“[11]

[9] So räsonnierte etwa der Experte George F. Kennan noch unmittelbar vor der Aufnahme der Gespräche: „If the price of assured communications to West Berlin, and to Berlin generally, was the internationalization of the city, I think we should study that very carefully ... Almost anything, it seems to me, would be better than the present situation.“ 11. 3. 1970, *United States Relations with Europe in the Decade of the 1970's, Hearings before the Subcommittee on Europe of the Committee on Foreign Affairs*, House of Representatives, 91. Congress, Washington 1970, S. 173.

[10] Keineswegs darf dabei übersehen werden, daß das amerikanische Engagement in Berlin sich auf originäre Rechte begründete, während die sowjetische Präsenz in Kuba Ergebnis sozialistischer Expansionspolitik war.

[11] R. Löwenthal, *Vom Kalten Krieg zur Ostpolitik...* (s.o. Anm. 3), S. 679.

Drei Wochen nach Gromykos Signal überreichten die Westmächte in Moskau gleichlautende Noten, die durchaus bescheiden waren[12] und die ihre Gesprächsbereitschaft und auch die der Bundesregierung zum Ausdruck brachten. Mit der Anerkennung von „zwei Staaten in Deutschland“ in der ersten Regierungserklärung vom 28. Oktober 1969 und mit der Unterzeichnung des Atomwaffensperrvertrages am 22. November desselben Jahres hatte die neue Bundesregierung unter Führung des früheren Berliner Regierenden Bürgermeisters Willy Brandt und seines liberalen Außenministers und Vizekanzlers Walter Scheel die Zeichen auf Kooperation gestellt: „Die Ostpolitik der Regierung Brandt/Scheel war weniger Reflex oder Reaktion auf die Entspannungspolitik der Nixon-Administration, sondern vor allem Ausdruck eines neuen Selbstbewußtseins der Bundesrepublik Deutschland, die, nach der Aussöhnung mit dem Westen und der Wiedergutmachung gegenüber Israel, mit der Normalisierung gegenüber den osteuropäischen Staaten und der DDR Eigenständigkeit im Rahmen des westlichen Bündnisses beanspruchte und praktizierte.“[13]

Zunächst galt es, einen adäquaten Ort für die Vier-Mächte-Verhandlungen zu finden. Die Lösung ist charakteristisch für das gesamte Vorhaben und verdient hier skizziert zu werden: Unterschiedliche Auslegungen ermöglichten eine praktikable Einigung. Mit einer Note vom 16. Dezember 1969 hatten die drei Westmächte vorgeschlagen, die Verhandlungen in beiden Teilen der Stadt abzuhalten, um so die gemeinsame Verantwortung aller vier Mächte für ganz Berlin zu demonstrieren. Dieser Wunsch wurde mit dem Antwortschreiben vom 10. Februar 1970 von der Sowjetunion abgelehnt.[14] Es wurde vereinbart, die Botschaftergespräche in dem Gebäude zu veranstalten, in dem der alliierte Kontrollrat aller vier Siegermächte seinen Sitz hatte; für die UdSSR ein Zeichen der Beschränkung auf West-Berlin, für die Westmächte im Gegenteil ein Beleg der Anknüpfung an die gemeinsam ausgeübte Verantwortung.

[12] Benno Zündorf, *Die Ostverträge. Die Verträge von Moskau, Warschau, Prag, das Berlin-Abkommen und die Verträge mit der DDR*, München 1979, S. 125: Nicht gefordert wurden eine Statuskorrektur, der Ausbau der Bindungen zur Bundesrepublik, die Außenvertretung West-Berlins durch den Bund oder Fortschritte bei der Freizügigkeit.

[13] Christian Hacke, *Die Ära Nixon-Kissinger 1969–1974. Konservative Reform der Weltpolitik*, Stuttgart 1983, S. 158.

[14] Dennis L. Bark, *Agreement on Berlin. A Study of the 1970–72 Quadripartite Negotiations*, Washington 1974, S. 41 mit weiteren Nachweisen.

Der Regierende Bürgermeister Schütz und Bundeskanzler Willy Brandt sahen sich am Ziel ihrer Bestrebungen: Nach dem Scheitern der Verhandlungen über Besuchsmöglichkeiten von Berlinern im Ostteil der Stadt und der DDR sollten die Siegermächte selbst wieder an einem Tisch zusammenfinden, um über die Stadt zu sprechen. Schütz war Ende 1969 noch bei einem Staatsbesuch in Paris abgeblitzt, als er für verstärkten eigenen, West-Berliner, Kontakt mit Ost-Berlin warb, gerade die Franzosen räumten den alliierten Gesprächen höchste Priorität ein.[15]

Nun trafen zwei Entwicklungen zusammen, um die Bereitschaft zur Zusammenkunft der Alliierten zu wecken: das bereits erwähnte Bemühen der UdSSR um Rehabilitierung und eben jenes Verlangen von Brandt, jetzt mit dem Gewicht des neuen Amtes. Mit dem Programm der neuen Bundesregierung, die Beziehungen zu den östlichen Nachbarstaaten, zur DDR und zur UdSSR auf vertragliche Grundlagen der Kooperation zu stellen, waren deutsch-sowjetische Gespräche zur Pflicht erklärt worden. Seit dem Amtsantritt Brandts kam Bewegung in die Nachkriegsordnung: „Nicht mehr Wandel durch Annäherung, sondern *Sicherheit durch Normalisierung* wurde so die wirkliche Losung der zweiten Phase der neuen Ostpolitik."[16]

Jede deutsche Verständigung mit Moskau mußte aber zwangsläufig das Berlin-Problem berühren, denn das Verhältnis Bonns zur UdSSR wie zur DDR konnte nicht besser sein als die Umstände in und um Berlin. Den Berlinern waren die Schikanen anläßlich der Tagung der Bundesversammlung zur Wahl Gustav Heinemanns jüngster Beleg für ihr Ausgeliefertsein an Opportunitätsüberlegungen und Launen des Ostens. Deshalb stand die Sicherung der Stadt ganz oben auf der Liste der Ziele, die es im Austausch für Zugeständnisse einzuhandeln galt. Für Berlin waren jedoch immer noch die vier Siegermächte zuständig.

[15] Andreas Wilkens, *Der unstete Nachbar. Frankreich, die deutsche Ostpolitik und die Berliner Vier-Mächte-Verhandlungen 1969–1974*, München 1990, S. 82.

[16] R. Löwenthal, *Vom Kalten Krieg zur Ostpolitik*... (s.o. Anm. 3), S. 679; dies schien auch in Hinblick auf die Sicherheit Berlins notwendig: „Je zweifelhafter aber die Wirkung immer neuer Appelle an die amerikanischen Verbündeten zum Schutz gegen die in Prag erneut erwiesene Aggressivität der Sowjets erschien, um so mehr mußte die Bereitschaft, durch Aushandlung eines Modus vivendi auf der Basis des territorialen Status quo ein von den Sowjets garantiertes Viermächteabkommen über den Berliner Status quo zu ermöglichen, als der dauerhafteste Weg auch zur Erhaltung der amerikanischen Garantie erscheinen." *Ebda.*

Daher hatte Präsident Nixon Brandt schon im April 1969 zur Ordnung gerufen, nicht separat die Verständigung mit Moskau zu suchen.[17] Die USA und auch die Sowjetunion hielten ihre Rüstungskontrollgespräche für absolut vorrangig: „Mit ihnen, mit SALT 1, sollte die von Richard Nixon und Henry Kissinger verkündete *Ära der Verhandlungen* großartig einsetzen."[18] Der Unwille im Weißen Haus resultierte aus der Unsicherheit über die Motive der Deutschen, die eines Irredentismus verdächtigt wurden. Außerdem traute man der kleinen Bundesrepublik, die gerade wegen Berlin in ihrem Spielraum eingeschränkt war, nicht ohne weiteres zu, die Sowjetunion richtig behandeln zu können.[19] Angesichts der raschen Verhandlungsführung durch Egon Bahr im Jahr 1970 verstärkte sich die Furcht, die Kontrolle über die Kontakte der Deutschen mit der Sowjetunion zu verlieren und so auch im Bestand der eigenen Rechte beeinträchtigt zu werden.[20]

Ein Jahr nach seinem Amtsantritt vollzog Nixon anläßlich seines ersten *Annual Report on Foreign Policy* die öffentliche Wende zur Ära der Kooperation.[21] Vom 16. April 1970 an wurde bilateral mit der UdSSR in Wien verhandelt, und die ursprüngliche Skepsis und das Mißtrauen gegenüber der Bundesregierung wichen der gewohnten Übernahme der Führung des Prozesses in Europa.[22] Für Frankreich und England bestand die größte „Gefahr" in dem Verlust eigener internationaler Bedeutung. Wenn die Supermächte aufeinander zugin-

[17] Brandt im Rückblick: „Im Klartext: Washington wollte das entscheidende Sagen behalten, die Handschrift Henry Kissingers war klar erkennbar." Willy Brandt, *Erinnerungen*, Berlin 1989, S. 181.

[18] Arnulf Baring in Zusammenarbeit mit Manfred Görtemaker, *Machtwechsel. Die Ära Brandt/Scheel*, Stuttgart 1982, S. 283.

[19] David Klein 1981 in *Living with the Wall...* (s.o. Anm. 2), S. 89. Dieses Mißtrauen ist ein langlebiges Phänomen. Zum einen glaubten manche Amerikaner, nur sie könnten als Supermacht mit den Russen vernünftige Geschäfte abschließen, zum anderen hielten sich die Europäer für sachkundiger und „näher an der Sache dran".

[20] J. Dean, *The Quadripartite Agreement...* (s.o. Anm. 2), S. 80 u. 86. Für Frankreich bestätigt dies auch A. Wilkens, *Der unstete Nachbar...* (s.o. Anm. 15), S. 60 f.

[21] *First Annual Report to the Congress on United States Foreign Policy for the 1970's*, 18. 2. 1970, in: *Public Papers of the Presidents of the United States – Richard M. Nixon*, Band 1970, Washington 1971.

[22] Zum Mißtrauen gegenüber Bonns Tempo in der Ostpolitik siehe – neben Kissingers und Brandts Memoiren – Martin Hillenbrand, damals im State Department, im Rückblick, in: *Living with the Wall...* (s.o. Anm. 2), S. 86. C. Hacke, *Die Ära Nixon-Kissinger...* (s.o. Anm. 13), S. 158, mit weiteren Nachweisen und für Paris A. Wilkens, *Der unstete Nachbar...* (s.o. Anm. 15), S. 59 f.

gen und Bonn und Ost-Berlin nun mit dem Segen Washingtons den Dialog suchten, mußten die früheren Großmächte um ihren Besitzstand an Mitspracherechten bangen. Andererseits hatte gerade Frankreich schon unter de Gaulle dezidiert eine Versöhnung oder zumindest Verständigung zwischen West- und Osteuropa angestrebt. Brandt, Bahr und Schütz kam es in der innenpolitischen Debatte durchaus zupaß, sich namentlich in der Frage der Anerkennung der Oder-Neiße-Linie als Grenze auf Paris berufen zu können.

Ende 1970 war das Ausmaß des Komplexes und der gegenseitigen Abhängigkeiten sichtbar. Die Verhandlungen mit Moskau und Warschau waren erfolgreich verlaufen, auch die CSSR hatte ihren Wunsch nach vertraglicher Regelung der Beziehungen bestätigt. Nun wurden die Gespräche mit Ost-Berlin aufgenommen. Brandt hatte die Forderung nach Unterstützung der vier Sieger bei der Suche nach einer Berlin-Regelung durch beide deutsche Regierungen vor dem Bundestag zu einem seiner Gesprächspunkte für das Zusammentreffen mit dem Vorsitzenden des DDR-Ministerrates Stoph in Erfurt erhoben und in den „Zwanzig-Punkte-Katalog" für das Treffen in Kassel am 21. Mai 1970 aufgenommen.[23]

Am 27. November 1970 hatte Egon Bahr sein erstes Gespräch mit DDR-Unterhändler Kohl geführt, dabei dem von der DDR vorgetragenen Wunsch nach Regelung auch solcher Materie wie der Zugangsrechte nicht entsprochen. Für die Berliner stellte sich die Kleiderordnung der Verhandlungen als schwer überschaubar dar. Während die kooperative Atmosphäre bei den Verhandlungen mit Moskau und Warschau jetzt auch Fortschritte in Sachen West-Berlin bei Verhandlungen mit „Pankow" versprach, galt es zunächst, den westlichen Schutzmächten das Wort über Berlin zu geben. Von Bonn aus wurde aber ein Junktim durch den Bundeskanzler am 18. September 1970 im Bundestag hergestellt: Ohne zufriedenstellende Berlin-Regelung sollte die ausgehandelte Einigung mit Moskau nicht in die Tat umgesetzt werden.[24] Im November nahm Scheel den Vertrag mit Polen in dieses

[23] Abdruck der Ausführungen Brandts mit dem 20-Punkte-Katalog von Vorstellungen, den Inhalt eines Grundvertrages betreffend, in: *Zehn Jahre Deutschlandpolitik. Die Entwicklung der Beziehungen zwischen der Bundesrepublik Deutschland und der Deutschen Demokratischen Republik 1969–1979. Bericht und Dokumentation*, hrsg. vom Bundesministerium für innerdeutsche Beziehungen, Bonn 1980, Dok. Nr. 13.

[24] Brandt hatte Nixons Zustimmung zu einem solchem Vorgehen bereits im April 1970 eingeholt, C. Hacke, *Die Ära Nixon-Kissinger...* (s.o. Anm. 13), S. 154, mit

Junktim auf, im Dezember folgte die NATO mit ihrer Einwilligung in KSZE-Verhandlungen dieser Taktik.[25] So wurden die bilateralen Verhandlungen der Bundesregierung mit den Vier-Mächte-Verantwortlichkeiten verknüpft, obwohl Bonn gar kein Mitspracherecht in der Berlin-Frage beanspruchen konnte.[26] Brandt und Scheel folgten mit der Verknüpfung noch einer zweiten Intention: Mit einer positiven Berlin-Regelung sollte der Opposition im Bundestag die Zustimmung zu den Ostverträgen schmackhaft gemacht werden. Auch dieser innenpolitische Schachzug – wer würde schon offen einer Verbesserung der Berliner Situation zu widersprechen wagen – stieß bei den Verbündeten auf Skepsis. Der frühere amerikanische Außenminister Dean Acheson sprach daraufhin von Brandt's „mad race to Moscow", denn Brandt hatte mit dem Junktim nicht nur die Ostverträge, sondern sein politisches Schicksal an ein Berlin-Abkommen geknüpft.[27]

Damit hatten sich die Bundesregierung in Bonn und der Senat von Berlin dem Verhandlungstempo der Alliierten der früheren Anti-Hitler-Koalition zu unterwerfen. Diese aus dem Junktim folgende Konsequenz erschien manchem als Schattenseite, nachgerade als Beleg für die mangelhafte Souveränität Bonns.[28] So forderte der SPD-Fraktionsvorsitzende im Bundestag Herbert Wehner, lieber die Ostverträge vorab als Zeichen deutschen Entspannungswillens unter Dach und Fach zu bringen.[29] Auch der bewegliche Egon Bahr tendierte zuweilen aus Verärgerung über zuwenig Fortschritt in den Vier-Mächte-

weiteren Nachweisen. Außenminister Scheel hatte am 15. Juli 1970 in der *FAZ* in seinem Artikel *Die deutsche Politik des Gewaltverzichts* bereits öffentlich die Zustimmung zum Moskauer Vertrag von einer Berlin-Regelung abhängig gemacht.

25 Abdruck des NATO-Kommuniqué vom 3./4. Dezember 1970 in: *Dokumente zur Berlin-Frage 1967–1986...* (s.o. Anm. 5), Dok. Nr. 6. Auch diese NATO-Verlautbarung präzisierte die Anliegen des Westens: 1. die Sicherung der Zugangswege, 2. die Verbesserungen der innerstädtischen Verbindungen und drittens die Stärkung der Bindungen der Westsektoren an die Bundesrepublik. Daneben wurde auch die Notwendigkeit einer Regelung der innerdeutschen Beziehungen betont.

26 Der Begriff „Junktim" ist nicht korrekt, da die Vertragspartner nicht identisch sind, *de facto* lief es aber darauf hinaus.

27 D. L. Bark, *Agreement on Berlin...* (s.o. Anm. 14), S. 64 mit weiteren Nachweisen.

28 Kissinger urteilt im Rückblick: „Ostpolitik was being embedded in a matrix of negotiations that enhanced the bargaining position of the Federal Republic but also set limits beyond which it could not go without an allied concensus", *White House Years*, Boston 1979, S. 411.

29 Vgl. *FAZ*, 5., 6. u. 8. Januar 1971 und ausführlich D. L. Bark, *Agreement on Berlin...* (s.o. Anm. 14), S. 66 ff.

Verhandlungen dazu, auch über solche für die Stadt lebenswichtigen Fragen wie die nach unbehinderter Einreise mit seinen DDR-Partnern ohne Vier-Mächte-Ermächtigung zu verhandeln.[30]

Klaus Schütz beeilte sich daher, Brandt und Bahr an die Dringlichkeit einer praktischen Lösung für Berlin zu erinnnern. Schütz und sein Bundessenator Horst Grabert sahen in dem zügigen Fortschreiten der Verhandlungen der Bundesregierung mit der Sowjetunion und Polen die Gefahr, daß mit der greifbaren Nähe des Abschlusses dieser Verträge von historischer Dimension die Alltagsprobleme der Berliner an Interesse verlieren würden. Schütz nimmt für die Berliner – sich selbst, den Senat und das Abgeordnetenhaus – in Anspruch, auf die Bundesregierung in dem Sinne der Schaffung des Junktims eingewirkt zu haben, daß die Unterzeichnung der Ostverträge auf einen Zeitpunkt nach Erreichen einer Berlin-Regelung hinausgezögert wurde.[31]

Der Wunsch der Bundesregierung nach rasch vorzeigbaren Erfolgen stand somit der von den Berlinern gewünschten sorgfältigen Ausarbeitung eines tauglichen Rahmenvertrages der vier Siegermächte entgegen. Und alle vier wußten auch um ihren Einfluß auf das Schicksal der Bundesregierung. Henry Kissinger nannte Berlin die „Trumpfkarte", mit der die Amerikaner die Zügel in den Händen behalten wollten, den Franzosen erschien ihr Mitspracherecht in Berlin als eine Art „Notleine, die im äußersten Fall gezogen werden konnte, falls die Bundesrepublik in ihrer ostpolitischen Öffnung zu weit gehen sollte".[32] Denn eines war allen Beteiligten klar: „Der Moskauer Vertrag war für den Gesamtkomplex der Verhandlungen grundlegend, doch

[30] Vgl. die bei A. Wilkens, *Der unstete Nachbar...* (s.o. Anm. 15), geschilderte Kritik der Franzosen am Drängen Bahrs, der nach ihrer Ansicht dem deutsch-deutschen Dialog Priorität vor den Vierer-Gesprächen einräumte.

[31] Schütz während einer Diskussion 1981 in: *Living with the Wall...* (s.o. Anm. 2), S. 87. Auf die Frage, ob die Berliner Bundeskanzler Brandt das Junktim abringen mußten, antwortete Schütz: „Ob Abringen lasse ich dahingestellt. Es war jedenfalls ein Störfaktor für ihn und für andere." (Gespräch mit dem Verf. am 9./10. Oktober 1989, Protokoll im Archiv der sozialen Demokratie der Friedrich-Ebert-Stiftung, Sammlung „Personalia", S. 18.) Diese Position wurde von Dietrich Spangenberg, dem langjährigen Vertrauten Brandts, Schütz' und Bahrs und damals als Staatssekretär des Bundespräsidenten Teilnehmer an den Kabinettsitzungen, am 4. Mai 1990 im Gespräch mit dem Verf. bestätigt.

[32] Henry A. Kissinger, *Memoiren 1968–1973*, München 1979, S. 567; A. Wilkens, *Der unstete Nachbar...* (s.o. Anm. 15), S. 89.

das Berlin-Abkommen der vier Mächte würde für das Gelingen des Ganzen entscheidend sein.“[33]

Die Verhandlungen in Berlin: Annäherung trotz kontroverser Ausgangspositionen

Die Berliner wünschten den Konsens mit der Sowjetunion in drei Hauptaspekten: der Anerkennung der alliierten Garantien für West-Berlin, der offen proklamierten Zusicherung der Sicherheit des Zuganges und der ökonomischen, sozialen und kulturellen Bindungen an die Bundesrepublik.

Diese westliche Verhandlungsposition war eine defensive, denn „the existing situation“ war ja Ergebnis zahlreicher Verstöße der UdSSR und der DDR gegen den Vier-Mächte-Status von Groß-Berlin. „As a practical matter they have illegally frozen us out of any control in East Berlin“, beurteilte Botschafter Rush das Verhalten der östlichen Seite.[34]

Das hauptsächliche Ziel der Sowjetunion bestand in der Reduzierung des Zusammenhaltes, der Bindungen zwischen der Bundesrepublik und West-Berlin.[35] Lange Zeit forderten die sowjetischen Unterhändler den *status quo minus*, vor allem eine Reduzierung der Bundespräsenz in der Stadt. Am 26. März 1970 begannen die Gespräche der Botschafter der vier Siegermächte – sie agierten in ihrer Funktion als Hohe Kommissare – in West-Berlin im Kontrollratsgebäude.

Aus zwei Gründen verdienen die Gespräche hier eine ausführliche Würdigung. Zum einen wird in der Beschreibung der komplizierten Verhandlungsstruktur deutlich, wie stark Berlin in übergeordnete

[33] R. Löwenthal, *Vom Kalten Krieg zur Ostpolitik*... (s.o. Anm. 2), S. 686.

[34] „We do not think, and we feel very strongly, that East Berlin is just as subject to four-power-control as West Berlin“, 8. 4. 1970, *United States Relations with Europe in the Decade of the 1970's. Hearings before the Subcommittee on Europe of the Committee on Foreign Affairs*, House of Representatives, 91. Congress, Washington 1970, S. 396.

[35] Angesichts der derzeitigen Quellenlage müssen Angaben über die Motive der sowjetischen Unterhändler Interpretationen folgen. Ob etwa die noch in der Note vom 12. 9. 1969 geforderte Verantwortung der DDR für den Berlin-Verkehr einen konkreten Wunsch oder nur eine zur Disposition stehende Maximalforderung oder auch nur eine Äußerung zur Beruhigung Ost-Berlins bedeutete, kann noch nicht geklärt werden.

Interessen der Beteiligten eingebunden war. Die hier angestrebte Regelung des Berlin-Problems mit allen – aufzuzeigenden – Folgen für das demokratische System der Halbstadt war Produkt einer Vielzahl gegenläufiger und sich ergänzender Interessen. Die Existenzsicherung der Berliner Demokratie in der Form des ausgehandelten Abkommens war abhängig von diesen Interessen und der daraus resultierenden Kompromißbereitschaft der Siegermächte wie auch der Bundesregierung. Zum letztenmal vor 1990 konzentrierten sich die Siegermächte auf West-Berlin: diesmal glücklicherweise nicht als Zankapfel, sondern als Testfall. Auch wenn der Wunsch, die Lage der Berliner Bevölkerung zu verbessern, ein Hauptmotiv aller Beteiligten war, so ist auch dieses Ergebnis ein Fall der besonderen Daseinsbedingungen der Berliner Demokratie: die Abhängigkeit vom Willen von vier ausländischen und zwei deutschen Staatsregierungen.

Das Zusammenkommen am Verhandlungstisch war für die Westmächte nicht ganz ohne Risiko. Sollte etwa der Eindruck entstehen, man ließe über die eigenen originären Rechte mit sich reden, nur weil es der Sowjetunion gefallen hatte, ihrer DDR-Regierung so manche Anmaßung zu gestatten? Namentlich die Franzosen waren nicht sehr begeistert von der Aussicht, Konzessionen machen zu müssen, wenn denn schon das Thema der Vier-Mächte-Verantwortung auf die Tagesordnung kam.[36] Unter Gesichtspunkten des Status war für die Westmächte nicht viel herauszuholen und den Verlust jeglichen Einflusses auf den Ostteil der Stadt wollte man nicht noch schriftlich zugestehen müssen.

Im *State Department* in Washington wurde eine Liste von vier möglichen Ergebnissen der Verhandlungen – die zunächst nur Besprechungen genannt wurden – erstellt. Danach konnte es zu kleineren Verbesserungen der praktischen Lebensbedingungen, beispielsweise im Telephonverkehr, kommen – ohne Einigung in politischen Dingen. Oder zu einer ergebnislosen Beendigung der Gespräche angesichts unüberbrückbarer Differenzen ohne größeres Aufheben. Die dritte Möglichkeit bestand in einem Abbruch der Gespräche mit Aplomb und damit verbundenen ansteigenden Spannungen. Und als viertes blieb die Vision, wirklich elementare Verbesserungen auf bedeutenden Feldern wie Transit und Bewegungsfreiheit der Bürger erreichen zu können. Eines der beiden erstgenannten Resultate schien den Beamten

[36] A. Wilkens, *Der unstete Nachbar...* (s.o. Anm. 15), S. 129.

am wahrscheinlichsten.[37] Und dabei waren die Beamten durchaus positiver als die Politiker gegenüber den bundesdeutschen Bemühungen eingestellt, weil sie als Fachleute über eine größere Kenntnis der Chancen und Risiken verfügten als so mancher Politiker, der mit Ressentiments operierte.

Die Struktur der Verhandlungen war nicht unkompliziert. Im Rahmen der NATO-Ministerratstagungen kam es regelmäßig zweimal im Jahr zu einer Besprechung der Berliner und deutschen Angelegenheiten zwischen Außenminister Scheel und seinen Kollegen William Rogers, Maurice Schumann und dem Briten Michael Stewart, der Mitte 1970 durch Alec Douglas Home abgelöst wurde. Die drei Botschafter der Westmächte, Kenneth Rush für die USA, Sir Roger Jackling für das Vereinigte Königreich und Jean Sauvagnargues, der im Mai 1970 François Seydoux als Botschafter Frankreichs in Bonn abgelöst hatte, mußten sich nicht nur vor Ort untereinander, sondern vorab mit ihren Regierungen und den NATO-Sachverständigen abstimmen. Dazu traten dann die Kontakte mit den deutschen Vertretern, den Staatssekretären im Auswärtigen Amt Ferdinand Duckwitz und von Mitte 1970 an Paul Frank, an deren Treffen auch Egon Bahr zuweilen teilnahm. Streng vertraulich tagten die Direktoren aus den vier Außenministerien, Berndt von Staden und von 1971 an Günther van Well aus Bonn, Claude Arnaud aus Paris, David Bendall aus London und Martin J. Hillenbrand aus Washington.[38] Das „wichtigste operative Feinabstimmungsorgan" bildete aber die „Bonn Group", die als einzige Institution zu festen Terminen tagte, in der Schlußphase der Verhandlungen fast täglich. Hier trafen sich die Botschaftsräte der Bonner Botschaften, hochkarätige Deutschlandexperten: Jonathan Dean für die USA, Richard Hanbury-Tenison, später Christopher Auckland für Großbritannien und René Lustig für Frankreich. Hier fand die Detailabstimmung mit den deutschen Experten statt. Günther van Well tagte regelmäßig mit, hinzu kamen bei Bedarf die Beamten Hans Otto Bräutigam und Hermann von Richthofen. Den Entschluß, die Botschaftsräte unmittelbar an den Verhandlungen zu beteiligen, hatten die Botschafter zu einem Zeitpunkt gefaßt, als sich abzeichnete, daß die Gespräche den Charakter von echten Verhand-

[37] James Sutterlin/David Klein, *Berlin. From Symbol of Confrontation to Keystone of Stability*, New York 1989, S. 96.

[38] Wilkens nennt drei Treffen am 8./9. Mai 1970, 18./19. September 1970 und 17./18. Mai 1971, *a.a.O.*, S. 75 f.

lungen annehmen würden, nämlich am 30. September 1970.[39] Sowjetisches Gegenüber war hier Juli Kvitsinski, von einigen Beteiligten als „der eigentlich wichtige Mann" bezeichnet.[40] Beide sowjetischen Botschafter in Deutschland, der in Bonn akkreditierte Valentin Falin und der in Ost-Berlin ansässige Pjotr Abrassimow waren an der Ausarbeitung einer Regelung beteiligt. Später griffen auch der sowjetische Botschafter in den USA, Dobrynin, und Außenminister Gromyko persönlich in die Verhandlungen ein.

Die ohnehin schwer überschaubare Verhandlungsstruktur der vier Mächte untereinander wurde durch die Beratungen mit den jeweils verbündeten Deutschen nicht nur langwieriger, sondern gewann insbesondere durch das Junktim mit den Ostverträgen eine neue Dimension. Denn während die deutschen Stellen dankbar sein durften, in Sachen Berlin konsultiert zu werden, hatten Brandt und Bahr klargestellt, daß sie in der Frage der bilateralen Ostverträge ihre Verbündeten nur mehr zu informieren gedächten.[41] Da diese bundesdeutschen Verträge mit Moskau und Warschau nun zur Verhandlungsmasse der vier Mächte gehörten, hatte sich die Bundesregierung ein ihr *de iure* nicht zustehendes Gewicht in den Berlinverhandlungen verschafft. Die Westmächte waren nun von der Bundesregierung zu Konzessionen bezüglich ihrer eigenen Berlinrechte zu bewegen, wollten sie nicht mit dem Makel leben, die Aussöhnung der Deutschen mit ihren östlichen Nachbarn verhindert zu haben.[42]

In welcher Form wurde nun den Berlinern Mitsprache und Einflußmöglichkeit gewährt? Für den Senat war es selbstverständlich, geradezu ein vorweggenommenes Ziel der Verhandlungen, daß Berlin eben nicht als selbständige politische Einheit auftreten mußte. Andererseits konnte auf die Sachkenntnis und die Erfahrung, das Wissen um die Bedürfnisse und Wünsche der Berliner nicht verzichtet werden. Neben den zahlreichen informellen Gesprächsebenen vor allem mit den Vertretern der Missionen in Berlin gab es zwei offizielle Kontakte. Der Leitende Senatsrat beim Senator für Bundesangelegenhei-

[39] *A.a.O.*, S. 133.

[40] *A.a.O.*, S. 134.

[41] Brandt im Januar 1971 in den USA, *New York Times* vom 29. 1. 1971.

[42] Der amerikanische Präsident räumte im Sommer 1973 ein: „The treaty reached between West Germany and the Soviet Union in August 1970 had changed the character and significance of the Berlin negotiations among the Four Powers." *Department of State Bulletin*, Nr. 1771 vom 4. Juni 1973, S. 718–834 (Zitat: S. 731 f.).

ten Günther Meichsner nahm an den mit Berlin befaßten Tagungen der „Bonn Group" teil. Und die drei westlichen Botschafter trafen nach jedem offiziellen Gespräch mit ihrem Kollegen Abrassimow im Kontrollratsgebäude mit dem Regierenden Bürgermeister zu Kaffee und Kuchen oder zum Abendessen zusammen. Mit seinen alten Berliner Mitstreitern Brandt und Bahr stand Schütz natürlich die ganze Zeit über in Kontakt, um die Interessen der Berliner angemessen in die notwendigerweise als Kompromiß betrachteten Lösungsvorschläge einzubringen. Für Schütz galt es dem Risiko zu begegnen, daß die Kompromißbereitschaft der sowjetischen Diplomaten und Experten wohl zu einer Einigung mit den westlichen Partnern führen könnte, für den Alltag der Berliner anschließend gleichwohl die praktische Politik der DDR relevant sein würde. Die DDR demonstrierte ihren Unwillen über die Verständigungsbereitschaft auf harsche Weise: Zwischen dem 14. August 1970 und dem 31. März 1971 kam es an 25 Tagen zu Verkehrsbehinderungen, einundzwanzigmal zu Schüssen auf Fliehende an der Berliner Mauer und hohen Zahlen von Verhafteten und Zurückgewiesenen auf den Zugangsautobahnen.[43] Die westlichen Unterhändler erfuhren von ihren sowjetischen Gesprächspartnern über deren Schwierigkeiten mit der DDR-Führung, die durchaus nicht in den globalen Termini der sowjetischen Strategen dachte, sondern starr auf der eigenen Souveränitat auf den Transitstrecken beharrte und als Fernziel auf der Einbeziehung West-Berlins in die DDR bestand.[44]

Zunächst aber war von Kompromißbereitschaft wenig zu spüren gewesen. Der Disput über die Fragen des Status der Stadt ließ die Gespräche fast das gesamte erste Jahr lang stagnieren. Kurz gesagt: Man konnte sich nicht einigen, worüber man sich eigentlich unterhalten wollte, über Berlin oder über West-Berlin unter Vier-Mächte-Status. Auf den Tag genau ein Jahr nach der Aufnahme der Gespräche, am 26. März 1971, sprachen die sowjetischen Vertreter in ihren Vorschlägen von „dem betreffenden Gebiet", die Formel für den Erfolg

[43] D. L. Bark, *Agreement on Berlin*... (s.o. Anm. 14), S. 81 f.

[44] J. Dean in: *Living with the Wall*... (s.o. Anm. 2), S. 91. Der zuständige amerikanische Botschafter Kenneth Rush nennt das halsstarrige Verhalten Ulbrichts gegenüber den sowjetischen Vertretern in der Frage der Berlin-Regelungen ausschlaggebend für die Betreibung seiner Ablösung als Erster Sekretär durch Erich Honecker, was ihm Valentin Falin bestätigt habe. Rush im Gespräch mit dem Verfasser am 9. 9. 1989, Transcript in Box 27, „Kenneth Rush Papers", Hoover Institution Archives, S. 15.

der Verhandlungen war damit gefunden, das größte Statusproblem ausgeklammert – für den Rest der Verhandlungen wohlgemerkt, nicht für die Jahrzehnte danach. Vorausgegangen war ein Vorschlag der westlichen Unterhändler, der einen Ausweg aus der Klemme der gegensätzlichen Grundsatzpositionen bot: Die Rechtspositionen sollten ausgeklammert werden und statt dessen praktische Verbesserungen der Lage der Berliner Bevölkerung erzielt werden.[45] Dies allerdings nicht sofort durch innerdeutsche Kontakte, sondern im Rahmen einer Dreiteilung der Vereinbarungen: Zunächst sollte ein Vertrag der vier Siegermächte vereinbart werden, der die deutschen Stellen ermächtigte, auf der Grundlage der alliierten Maßgabe eigene praktische Regelungen zu treffen, die dann der anschließenden Genehmigung durch die Vier in einem Schlußprotokoll bedürfen sollten. Es waren die Franzosen, die darauf bestanden, daß den Deutschen erst offiziell ein Mandat zu eigenen Gesprächen erteilt werden müsse. Bahr hätte gern schon mit Michael Kohl über Einzelheiten etwa bei der Verkehrsabwicklung gesprochen, wenn er nur gedurft hätte. Die Bevölkerung stand hinter dieser Struktur der Verhandlungen.[46] Meinungsumfragen in Berlin hatten signalisiert, daß die Mehrzahl der Bevölkerung direkten Vertragsverhandlungen mit der DDR über den Zugang nach Berlin eher zustimmend gegenüberstand.[47]

Das Verfahren erforderte Disziplin von allen Beteiligten. Für die Berliner war dies nicht leicht, wenn scheinbar greifbare, spürbare Verbesserungen nicht zum falschen Zeitpunkt in Anspruch genommen werden durften. So mußten die Annäherungsversuche der DDR-

[45] Siehe ausführlich zum westlichen Entwurf vom 5. Februar 1971 und dessen Entstehung A. Wilkens, *Der unstete Nachbar...* (s.o. Anm. 15), S. 145 ff.

[46] In einer Umfrage vom April 1970 wurde nach möglichen Zugeständnissen an den Osten gefragt: die Anerkennung der Oder-Neiße-Linie wollten 33% der Befragten befürworten und weitere 25% vielleicht befürworten (ablehnend 18%, eher ablehnend 19%); die DDR anzuerkennen befürworteten 23%, 24% der Berliner vielleicht (ablehnend 26%, eher ablehnend 24%). Anders lagen die Mehrheiten bei der Zustimmung zu einer Lockerung der Bindungen an den Bund (befürworten wollten dies 11%, weitere 11% vielleicht, auf jeden Fall ablehnen aber 40% und eher ablehnen weitere 33%), und der Herauslösung aus dem Militärpakten mochten nur jeweils 8% zustimmen oder eher zustimmen, 49% der Befragten wollten dies auf jeden Fall, weitere 29% der Befragten eher ablehnen. Infas (Hrsg.), *Berlin-Barometer 1970*, Bonn 1971, S. 51.

[47] Die Zahl der Befürworter eines Abschlusses mit der DDR stieg von 37% der Voten im Juli/August 1968 über 56% im Juli/August 1969 auf 71% im Winter 1969/70, nach dem Antritt der neuen Bundesregierung, die Zahl der Gegner sank entsprechend von 39% über 24% auf 13%, Infas, *Berlin-Barometer 1969*, Bonn 1970, S. 12.

Regierung im Frühjahr 1971 scheitern, von der sich Klaus Schütz und die Berliner eine Passierscheinregelung für Besuche während der Osterfeiertage versprochen hatten, weil die DDR Zusagen zum Zugangsrecht ohne vorherige Autorisierung durch die Schutzmächte verlangte.[48] Zu einer Besuchsregelung kam es erst ein Jahr später. Klaus Schütz wurde bei seinem Besuch in Washington im Dezember 1970 kühl bedeutet, es sei an der Sowjetregierung, sich zu bewegen, wenn Breschnew wirklich so dringend ein Abkommen vor seinem KPDSU-Parteitag im März 1971 brauchte, wie es Brandt und Bahr gegenüber den Amerikanern behauptet hatten.[49]

Etliche Faktoren beeinflußten den Verhandlungsablauf von außen. So wurden die Berichte vom Tage nach jeder Vier-Mächte-Sitzung auch innenpolitisch instrumentalisiert. Mehrmals wurden die Botschafter ausdrücklich gebeten, von Fortschritt bei ihren Verhandlungen zu sprechen. Einmal vom deutschen Vertreter in der *Bonn Group*, als die Bundesregierung wegen des Moskauer Vertrages unter Beschuß stand, ein weiteres Mal von Kvitsinsky, der seine Kollegen um ein solches Statement nach der Sitzung vom 4. November 1970 bat, da die Regierungsparteien im hessischen Landtagswahlkampf etwas vorzuweisen haben sollten.[50] Klaus Schütz blieb es dabei überlassen, die durch solche Taktik geweckten Erwartungen bei den Berlinern aufzufangen.

Umstritten blieb der Einfluß eines weiteren Nebenschauplatzes: der geheimen Gespräche, die zwischen Henry Kissinger, Kenneth Rush und Egon Bahr und den sowjetischen Botschaftern in Washington, Dobrynin, in Bonn, Falin, und in Ost-Berlin, Abrassimow, geführt wurden. Über einen von *CIA* und *State Department* nicht zu kontrollierenden „secret channel" der *Navy Communications Facilities* tauschte sich Rush mit Sicherheitsberater Kissinger aus, um weitergehende Instruktionen als die, die er mit seinen alliierten Partnern besprach, zu erhalten.[51] Rushs Nachfolger als Botschafter in der Bun-

[48] *Deutschland Archiv* (1971), S. 336 u. 447 und D. L. Bark, *Agreement on Berlin...* (s.o. Anm. 14), S. 74 f.

[49] J. Sutterlin/D. Klein, *Berlin...* (s.o. Anm. 37), S. 129.

[50] *A.a.O.*, S. 126, leider verschweigen die Autoren, ob der sowjetische Beamte von Deutschen darum gebeten wurde.

[51] Mitte 1970 hatte Rush ein Angebot Abrassimows, unter vier Augen zu verhandeln – also neben Frankreich und Großbritannien auch die Bundesregierung von den Verhandlungen auszuschließen –, abgelehnt. J. Sutterlin/D. Klein, *Berlin...* (s.o. Anm. 37), S. 128.

desrepublik Martin Hillenbrand, während der Verhandlungen im State Department beschäftigt, rügte die geheimen Kontakte im nachhinein auch öffentlich als wenig hilfreich, irritierend und verwirrend. James Sutterlin und David Klein, in Washington und Berlin unmittelbar mit der Abstimmung beschäftigt, sprechen von einem „enormous communication gap".[52] Auch von französischer Seite wird den Geheimkontakten ein weit geringerer Stellenwert als von Kissinger und Rush eingeräumt. Nach seiner Analyse der französischen Verhandlungsführung kommt Wilkens zu dem Ergebnis, daß den Kontakten Bahrs mit den drei westlichen Botschaftern die entscheidende Bedeutung bei der Ausarbeitung eines tragfähigen Kompromisses zukommt. Der französische Botschafter unterstrich diese Ansicht natürlich.[53]

Die Einflußnahme des Sicherheitsberaters Kissinger erlaubte die faktische, gleichwohl den Briten und Franzosen vorenthaltene Einordnung der Berlin-Verhandlungen in die Gesamtkonzeption der amerikanischen Außenpolitik. So konnte auf den Gleichschritt mit den parallellaufenden SALT-Verhandlungen geachtet werden. Kissinger ließ US-Botschafter Rush am 19. Mai 1971 eine Vier-Mächte-Sitzung wegen Komplikationen bei den SALT-Gesprächen absagen, um der Sowjetunion Härte zu demonstrieren.[54] Ein weiteres Mal verzögerte Rush den Fortgang der Berliner Gespräche vorsätzlich: während Kissingers heimlichen Besuchs in Peking im Juli 1971. Rush betrachtete die „chinesische Karte" als Trumpf der Amerikaner: „The China thing had a very serious impact on the whole process."[55]

Andererseits schuf die von den Beamten der vier Mächte ausgearbeitete Verhandlungsgrundlage, insbesondere die westliche Vorlage vom 5. Februar 1971 und die sowjetische Antwort vom 26. März dieses Jahres, erst die Basis für solche Geheimgespräche. Ohne die Vorarbeit bei der Herstellung zunächst eines innerwestlichen, dann eines pragmatischen Konsenses mit den sowjetischen Partnern hätten die Geheimgespräche nicht ihre Bedeutung gewonnen.

[52] Martin J. Hillenbrand, *Twenty Years of Berlin History*, in: *Living with the Wall...* (s.o. Anm. 2), S. 119–135 (126). J. Sutterlin/D. Klein, *Berlin...* (s.o. Anm. 37), S. 110.

[53] A. Wilkens, *Der unstete Nachbar...* (s.o. Anm. 15), S. 131–135. Sauvagnargues äußerte, „alle wichtigen Punkte" seien auf Botschafterebene ausgehandelt worden, *a.a.O.*, S. 135.

[54] H. Kissinger, *Memoiren...* (s.o. Anm. 32), S. 881.

[55] Im Gespräch mit dem Verfasser am 9. 9. 1989, Box 27, „Kenneth Rush Papers", Hoover Institution Archives, S. 1 und S. 9.

Der Disput zwischen Kissinger und Rush auf der einen Seite und Außenminister Rogers und seinen Beamten auf der anderen rührte daher, daß beide Instruktionen des Präsidenten folgten – allerdings widersprüchlichen. Außenminister Rogers rief Botschafter Rush nach der Sitzung am 18. August 1971 nach Washington zurück, weil er gegen seinen Auftrag verstoßen habe. Rush erreichte aber eine umgehende „Absolution" durch den Präsidenten.[56]

Die Kritikpunkte von Rogers, der sich noch nach den offiziellen Maximen des Präsidenten richtete, erlauben die Feststellung der Abweichungen Rushs, die in den Geheimgesprächen verhandelt worden sein müssen und die die amerikanischen Konzessionen darstellen:

1. Rogers kritisierte das Fehlen der Bezeichnung „Berlin" im Abkommen; es werde nicht deutlich, daß nicht nur West-Berlin betroffen sei.
2. Die Formel: „Taking into account the existing situation" sollte eigentlich vermieden werden, da sie einer Anerkennung der Teilung und der Mauer nahekomme.
3. Der Erfolg, „unimpeded access" im Abkommen vereinbart zu sehen, werde durch den Hinweis auf „international practise" im Annex wieder eingeschränkt.
4. Die Einwilligung zur Errichtung eines Generalkonsulates der UdSSR in West-Berlin tauchte im Text und im Annex des Abkommens auf. Ursprünglich sollte ein solches Generalkonsulat nicht im Abkommen selbst verbrieft werden, sondern lediglich beim Stadtkommandanten angemeldet werden, um es im Falle eines Mißbrauches, ohne daß das Abkommen tangiert würde, wieder schließen zu können.
5. Die Formulierungen betreffend die „ties" schienen Rogers Raum für früheren Instruktionen widersprechende Interpretationen zu bieten.[57]

Die Einigung darüber, daß eine Regelung gefunden werden müsse, die Auslegungsspielraum für beide Seiten ließ – bis hin zu wider-

[56] K. Rush, *a.a.O.*, S. 6: „I had this very stormy session with Rogers and Martin Hillenbrand and Jim Sutterlin, where they were taking a position that I had violated my orders." Sutterlin bestätigt diesen Disput und die anschließende Deckung des Verhaltens von Rush durch den Präsidenten. Gespräch mit dem Verfasser, 16. September 1989, S. 5.

[57] J. Sutterlin/D. Klein, *Berlin*... (s.o. Anm. 37), S. 147.

sprüchlichen Interpretationen – ist das herausragende Ergebnis der Kontakte über den geheimen Gesprächskanal.[58]

Durch die Mitteilung des Inhalts der Geheimgespräche an Bahr und Brandt blieben die Interessen der Bundesregierung stets berücksichtigt. Klaus Schütz allerdings wurde nicht eingeweiht.[59] Kissinger und sein Berliner Statthalter arbeiteten mit Brandt und Bahr ausgerechnet mit denjenigen deutschen Vertretern zusammen, die selbst das größte Interesse an einem raschen Fortgang der Verhandlungen hatten. Gerade im Zusammenhang mit dem Generalkonsulat hatte Schütz sich ja gegen Bahrs Zustimmung ausgesprochen, da ihm an einer demonstrativen Ausdehnung sowjetischer Präsenz in West-Berlin nicht gelegen sein konnte. Er befürchtete – neben allen Bedenken eines Mißbrauches für nachrichtendienstliche Zwecke – vor allem, die Berliner könnten die Erlaubnis zur Errichtung eines solchen Konsulats als Verhandlungsniederlage ansehen: „Mein Problem als Regierender Bürgermeister war, daß die Bevölkerung sehr skeptisch war gegenüber den Verhandlungen in Bonn, nicht gegenüber denen der Alliierten. Da gab es Skepsis, daß die Bonner dort etwas ‚verkaufen'."[60] Auch nur die Idee einer Vier-Mächte-Verantwortung lediglich für West-Berlin erschien ihm gefährlich, und er teilte diese Bedenken im Namen Berlins den drei westlichen Botschaftern mit.[61] Diese Ausweitung der sowjetischen Präsenz in West-Berlin bei gleichzeitiger Reduzierung hoheitlicher Bundesakte wurde von den amerikanischen Unterhändlern zur Chef-, das heißt Präsidentensache erklärt. Rush benutzte zu seiner Verteidigung denn auch ein Schreiben Brandts, in dem dieser das Ergebnis voll begrüßte und ein Protokoll der Sitzung der *Bonn*

[58] Die über die Gespräche in Unkenntnis gelassenen Beamten zeigten sich überrascht, als ihre Instruktionen geändert wurden: für die amerikanische Zustimmung bedurfte es jetzt nicht länger der ausdrücklichen Zustimmung zur Vier-Mächte-Verantwortung, sondern lediglich „that the language and format of the agreement could be in such as to in no way prejudice the Western interpretation of the quadripartite rights and responsibilities as they relate to Berlin". J. Sutterlin/D. Klein, *Berlin...* (s.o. Anm. 37), S. 134.

[59] Schütz im Rückblick: „Ich habe davon immer nur am Rande mal etwas gehört ... Diese Kontakte haben nicht gestört, ganz im Gegenteil." Gespräch mit dem Verfasser, (s.o. Anm. 31), S. 19.

[60] *A.a.O.*, S. 20.

[61] J. Sutterlin/D. Klein, *Berlin...* (s.o. Anm. 37), S. 136. Der Dissens mit Egon Bahr entstand, als dieser sich nach Ablehnung des Konsulats noch im April 1971 schließlich doch einverstanden erklärt hatte. Schütz erfuhr aber nicht gleichzeitig, daß Kvitsinsky und Abrassimow das Konsulat zur *conditio sine qua non* erhoben hatten.

Group vom 21. August, in dem sich Walter Scheel dafür aussprach, es beim Erreichten zu lassen und nicht länger daran herumzudoktern.[62]

Geheim blieb auch die Tatsache, daß die bundesdeutschen Experten um Günther van Well mit den alliierten Botschaftsräten in der Endphase im ehemaligen „Allied Travel Office“ des Berliner Kontrollratsgebäudes nahezu täglich zusammentrafen. Öffentlich wurde dies nicht bekannt, da man der Sowjetunion nicht einen Vorwand zu ähnlicher Aufwertung der DDR oder gar zu deren Anwesenheit liefern mochte.

Am 3. September 1971 wurde das Abkommen schließlich von den vier Botschaftern unterzeichnet. Inkrafttreten sollte es nach dem erfolgreichen Abschluß der innerdeutschen Verhandlungen über die praktischen Fragen und der daraufhin erfolgenden Abfassung eines Schlußprotokolls durch die Außenminister der verantwortlichen vier Siegermächte. Der Unterzeichnung des Abkommens ging eine anstrengende Aushandlung einer verbindlichen deutschen Fassung des Vertragstextes voraus. Der amerikanische Botschafter Rush bestand – im Gegensatz zu seinem Kollegen Sauvagnargues – beharrlich auf einer solchen Übersetzung. Dabei spielte auch ein wenig sein schlechtes Gewissen mit, in seinen heimlichen Gesprächen mit den sowjetischen Vertretern eben wegen jener Geheimhaltung keinen amerikanischen Dolmetscher bei sich gehabt und dadurch der sowjetischen Seite Spielraum bei der Verwendung von Begriffen eingeräumt zu haben. Für die Berliner war eine solche Übersetzung von besonderer Bedeutung, sollte sie doch die Grundlage für die innerdeutschen Gespräche bilden. Eine eindeutige Fassung sollte den Spielraum für alle Seiten gleichmäßig begrenzen. Drei Schlüsselbegriffe blieben schwierig: „ties“ zwischen der Bundesrepublik und Berlin: sollte es „Bindungen“ oder nur „Verbindungen“ heißen? Berlins Qualität nicht als „constituent part“ der Bundesrepublik zu bezeichnen und die Autobahnregelung „as provided by international practise“ blieben bei den nächtlichen Verhandlungen der deutschen Beauftragen auf der Liste der Probleme.[63] Jetzt rächte sich die Verhandlungsführung Rushs, der den Russen ihre Begriffe hatte durchgehen lassen. Die DDR-Übersetzung stellte nämlich eine korrekte Übertragung der russischen Version dar. Als dennoch eine den westlichen Positionen angenäherte Fassung vollendet wurde – auch weil Rush eine solche

[62] *A.a.O.*, S. 148.

[63] Siehe ausführlich Kapitel 10: *Language as a Substantive Problem*, in: J. Sutterlin/ D. Klein, *Berlin*... (s.o. Anm. 37).

zur *conditio sine qua non* für seine Unterzeichnung gemacht hatte[64] –, veröffentlichte *Neues Deutschland* unmittelbar nach der Abschlußzeremonie eine deutsche Fassung in der DDR-genehmen Form, in der nur von „Verbindungen" die Rede war und Berlin als kein „Bestandteil" der Bundesrepublik bezeichnet wurde. Der Senat von Berlin sah die Probleme, die sich aus solch unbotmäßigem Verhalten ergeben sollten, voraus. Allein, der Wunsch der Bundesregierung nach sofortiger Aufnahme der innerdeutschen Verhandlungen schwächte die Berliner Position. Der DDR-Unterhändler Michael Kohl bewies den längeren Atem. Egon Bahr bestand zunächst vor der Aufnahme der Gespräche auf einer gemeinsamen Übersetzung. Doch die DDR-Regierung, ohnehin nicht begeistert von den Zugeständnissen, die ihre „Schutzmacht" den Westmächten eingeräumt hatte, ließ ihren Vertreter die Sache aussitzen. Der Druck auf das Tempo, den Brandt und Bahr auf die Siegermächte ausgeübt hatten, wendete sich nun gegen sie selbst. Kohl verließ sich darauf, daß Brandt und Bahr die Aufnahme der Gespräche nicht an der fehlenden deutschen Vertragsfassung scheitern lassen würden – und behielt Recht. Auf die Berliner kam damit eine Flut von Protesten und Maßregelungen von seiten Ost-Berlins wegen angeblicher Verstöße gegen das Abkommen zu.

Der Inhalt des Abkommens: Die Beibehaltung des status quo als Fortschritt?

Wie der Bau der Mauer veränderte der Abschluß des Vier-Mächte-Abkommens vieles im Alltag der Berliner – und zwar diesmal zum besseren –, nicht aber den Status der Stadt. Nichts Neues wurde geschaffen, sondern das Bestehende geregelt.[65]

[64] Rush im Rückblick: „To my astonishment the French agreed with the Soviet Union that we should not have a common German translation ... Sauvagnargues and I had a very stormy meeting and he was very weird about it. I said I would not sign the Agreement without a common German translation." (Gespräch mit dem Verfasser am 9. 9. 1989, S. 6, Box 27 der „Kenneth Rush Papers", Hoover Institution Archives.)

[65] Die ausführlichsten Analysen und Würdigungen des Abkommens liefern B. Zündorf, *Die Ostverträge...* (s.o. Anm. 12), in seinem Abschnitt *Das Abkommen (im engeren Sinne)*, S. 127–174, und Ernst R. Zivier im dritten Teil seines Bandes *Der Rechtsstatus des Landes Berlin*, 3. Aufl., Berlin 1977, S. 173–270. Aus der Sicht der Unterzeichnerstaaten äußern sich Pjotr Abrassimow, *Westberlin – gestern und heute*, Berlin 1981, S. 56–111 und J. S. Sutterlin/D. Klein, *Berlin...* (s.o. Anm. 38), S. 139–172.

Neu war die Forderung nach Abmachungen, die die Deutschen selbst treffen sollten. Und es waren diese Regelungen, die im folgenden Jahrzehnt zu Schwierigkeiten führen sollten. Grund zur Freude hatten die Berliner genug: die Schikanen auf den Autobahnen versprach das Abkommen zu unterbinden, auch das Reisen in ferne Länder mit einem Bundesreisepaß sollte möglich sein. Und die Möglichkeit, die Mauer wenigstens von West nach Ost zu überwinden, erlaubte den Menschen ein Zusammenkommen nach vielen Jahren.

Damit waren aber auch die Grenzen der neuen Freizügigkeit bezeichnet. Das Abkommen brachte nämlich keine Lösung der Berlin-Frage, es schrieb sie im Gegenteil weiterhin fest. Dies allerdings mit einem *modus vivendi*, für den die Berliner den Alliierten dankbar sein konnten, denn die Sicherheit der Stadt wurde erhöht und damit die Angst vor der schleichenden Einverleibung der Stadt in den Hoheitsbereich der DDR verringert.

Das Vier-Mächte-Abkommen stellte das schriftliche Eingeständnis dar, sich in wichtigen Fragen nicht verständigen zu können. Solch Vertrag wurde für die folgenden Abkommen auch zwischen den deutschen Stellen geradezu typisch. Der Konsens über das Fortbestehen des Dissenses („agree to disagree") in den grundsätzlichen Positionen verhinderte nicht länger die angestrebten Verbesserungen. Aber dieser Konsens hatte sich auf die Verhandlungsführer und auf die Dauer der Gespräche beschränkt. Die „Drei Essentials" Kennedys wurden verbrieft. Aber darüber hinaus wurden auch die Bindungen zwischen dem Bundesgebiet und der Stadt bestätigt und ihre Weiterentwicklung ausdrücklich gestattet. Das Abkommen erlaubte zwei Lesarten. Mit ihm – und den innerdeutschen Folgeverträgen – wurde die Teilung festgeschrieben, ihre tagtägliche Handhabung instrumentalisiert, die Hoffnung auf eine Wiedervereinigung vertagt. Andererseits barg diese Einsicht auch eine Chance: Analog zur Hinnahme des Mauerbaus eröffnete das Abkommen keine Aussichten auf eine Überwindung der Teilung, sicherte aber immerhin die Existenz des Westteiles der Stadt.

Die Siegermächte hatten Rechtspositionen durchgesetzt, die nicht neu waren, aber in den Jahrzehnten seit Kriegsende von der Sowjetunion und in ihrem Fahrwasser von der DDR bestritten worden waren. Nach Jahrzehnten der Leugnung bekannte sich die Sowjetunion wieder zu ihrer und der drei Westmächte Verantwortung. Die Drohung, durch separate Verträge zwischen UdSSR und DDR die Rechte aus den Kriegs- und Nachkriegsvereinbarungen der Alliierten aufzuheben, war damit vom Tisch. Die Westmächte hatten ihrerseits keine

Probleme damit, ihre Position weiterhin aufrechtzuerhalten: daß Berlin nämlich kein konstitutiver Bestandteil der Bundesrepublik sei – allen Auslegungsversuchen der obersten Bundesgerichte in Sachen „Bundesland Berlin“ zum Trotz. Eine echte Rücknahme ausgeübter Praxis bestand in dem Verzicht auf die Tagungen von Bundesorganen. Die Schikanen anläßlich der Tagung der Bundesversammlung im Frühjahr 1969 ließen eine Wiederholung ohnehin nicht ratsam erscheinen. Zu Recht konnten die westlichen Unterhändler daher von einem Erfolg sprechen.[66]

Im Vier-Mächte-Abkommen wurde erstmals von den Westmächten die DDR namentlich mit der von ihr beanspruchten Staatsbezeichnung genannt, was die DDR ihrerseits ebenso richtig als Erfolg herausstellen konnte. Die „existing situation“ – Mauer und Schießbefehl – in Rechnung zu stellen, fiel nicht allen Berlinern leicht. Immerhin hatte man hier aber die Realitäten schon zur Kenntnis genommen, als in Bonn noch über „Phänomene“ philosophiert wurde. Zur Bekräftigung der Fürsorge für die Berliner stellte die Bundesregierung klar: „Das Vier-Mächte-Abkommen hat das rechtliche Grundverhältnis zwischen der Bundesrepublik Deutschland und Berlin (West) nicht geändert. Dieses Grundverhältnis wird nach wie vor nicht nur durch deutsches Verfassungsrecht, sondern auch durch alliierte Vorbehaltsrechte bestimmt.“[67] Die Ausklammerung des Versuches, jedwede mögliche Entwicklung vorauszusehen und im vorhinein zu regeln, und die Praxis, die alltäglichen Probleme den Deutschen beider Lager zu überlassen, entsprach den Intentionen der westlichen Seite. In der Tat wäre eine abschließende Festschreibung jedweder denkbarer Komplikationen aussichtlos und damit hinfällig gewesen. Der Verzicht darauf hatte aber eine wesentliche Folge: Damit wurde der

[66] Kenneth Rush beurteilte das Ergebnis so: „On the constituent part the Soviet Union had insisted that we say that West Berlin was not a Land of the Federal Republic and Brandt and Bahr came out with the idea that they would accept the ‚constituent part‘, which we had already said before in our instructions to the FRG, that Berlin was not such a constituent part, and it had to continue not to be a constituent part. So there was no change in our position. We also got in that the ties will be maintained and developed, and we got everything we wanted with regard to access and the Soviet Union agreed it would guarantee this under the Agreement. We got really far more than we had asked for in our own draft agreement back in February.“ (Gespräch mit dem Verfasser, S. 5 f., Box 27, „Kenneth Rush Papers“, Hoover Institution Archives.)

[67] *Bulletin des Presse- und Informationsamtes der Bundesregierung*, 1971, S. 1359.

„Schwarze Peter" – nämlich „der Teufel im Detail" – elegant von der alliierten Ebene an die Deutschen weitergereicht.

Formell hatten die Siegermächte auch Verantwortung für die Abkommen der deutschen Stellen übernommen, denn im Schlußprotokoll vom 3. Juni 1972 wurde ein Konsultationsmechanismus eingerichtet, der Vier-Mächte-Konsultationen bei Schwierigkeiten mit jedem der Bestandteile vorsah. Wie sich zeigen sollte – und hier dargestellt werden wird – blieb diese Regelung aber unwirksam.

Gewinner und Verlierer: Der Preis für das Abkommen

Die Auswirkungen des Abkommens auf Berlin und sein demokratisches System werden als Ergebnis dieser Studie zu Tage liegen. Zuvor bedarf es einer Momentaufnahme zum Zeitpunkt der Unterzeichnung. Auf den ersten Blick wird dabei deutlich, daß die westlichen und die östlichen Zugeständnisse sich in ihrer Qualität deutlich unterscheiden.

Richard Merritt markiert zu Recht drei Dimensionen des Vier-Mächte-Abkommens für die Siegermächte: die Klarstellung der gemeinsamen Verantwortung für Berlin; das Eingeständnis, daneben durchaus unterschiedliche Ansichten und Auslegungen zu vertreten, und drittens die Bereitschaft zur Stabilisierung des *status quo* in Berlin, um politische Ziele auf anderen Gebieten leichter zu erreichen.[68] Der amerikanische Unterhändler bezeichnete die westliche Erlaubnis, ein sowjetisches Generalkonsulat einzurichten, als einziges echtes Zugeständnis, daß der Westen im Vier-Mächte-Abkommen gemacht habe.[69] In der Tat brachten die Westmächte kein großes Opfer, Frankreich und Großbritannien schätzten es darüber hinaus, daß ihnen verbrieft wurde, in Zukunft ihr Mitspracherecht in Sachen Deutschland und Berlin nicht länger von der Sowjetunion in Frage gestellt zu sehen.

Die Sowjetunion war bereit, sich für die Einleitung einer echten Entspannungspolitik mit dem Westen über die Interessen der DDR hinwegzusetzen. Die Zustimmung zum Vier-Mächte-Abkommen

[68] R. L. Merritt, *Living with the Wall*, in: *Living with the Wall...* (s.o. Anm. 2), S. 191–218 (S. 206).

[69] „The Berlin Agreement – an Assessment", Address, S. 8, „Kenneth Rush Papers", Box 8, Hoover Institution Archives.

wurde von ihr erteilt, um ihre größeren Ziele der Ostverträge und der KSZE zu erreichen: die Festschreibung der europäischen Grenzen. Auch das sowjetische Interesse an den Abrüstungsverhandlungen MBFR (*mutual balance reduction in forces*) nährte die Bereitschaft zum Entgegenkommen. Der Wunsch nach Stabilisierung des eigenen Bereiches und die Aussicht auf bessere wirtschaftliche Unterstützung durch den Westen ließen der Moskauer Regierung die Konzessionen – für die DDR sogar ein Rückschritt – in Sachen West-Berlin gerechtfertigt erscheinen.

Die Qualität des Abkommens wurde von beiden Lagern gleichwohl unterschiedlich eingeschätzt. Von westlicher Seite aus stellte das Abkommen lediglich die Bestätigung der weiteren Gültigkeit der Kriegs- und Nachkriegsvereinbarungen dar. Mit ihrer Unterschrift war die Sowjetunion selbst von ihrer Behauptung aus dem Chruschtschow-Ultimatum abgerückt, wonach diese Abkommen zu gelten aufgehört hätten. Die Sowjetunion versuchte nun, dem neuen Abkommen konstitutiven Charakter zu geben, mit dem Abkommen gleichsam das Recht auf Anwesenheit der Alliierten zu begründen. Dazu diente die These, Berlin liege ganz auf dem Gebiet der DDR. Mit einer Aufkündigung des Vier-Mächte-Abkommens hätte man so rasch die Präsenz der Westmächte in der Stadt als unberechtigt verurteilen können.

Den eigentlichen Preis jedoch entrichteten die beiden deutschen Staaten. Aber es waren ja auch die Deutschen, die am meisten davon profitierten, daß West-Berlins Fortbestehen in der bekannten freiheitlichen Form gesichert war, daß der Zugang einfacher und sicherer und die Mauer zumindest in einer Richtung durchlässiger wurde.

Die DDR mußte sich von ihren Wünschen verabschieden. Die Formel von der selbständigen politischen Einheit West-Berlin setzte sich nicht durch, statt dessen wurde die Vier-Mächte-Verantwortung unter Berufung auf die Vereinbarungen aus der unmittelbaren Nachkriegszeit für Berlin und Deutschland als Ganzes erneut dokumentiert. Die Aussicht auf einen separaten Friedensvertrag zwischen der Sowjetunion und der DDR vermochte nicht mehr zu schrecken, hatte die DDR doch nicht einmal das letzte Wort in Sachen Transit eingeräumt bekommen. Mit dieser festgeschriebenen Einschränkung ihrer Souveränität bezahlte die DDR den Preis nicht nur für ihre Anerkennung, sondern auch für den Moskauer Vertrag. Der Ausbau der Bindungen zwischen Berlin und der Bundesrepublik war vereinbart worden, die

Attraktivität der Stadt auch für die DDR-Bürger blieb so gewährleistet.[70]

Mit ihrer Einwilligung in das Abkommen setzte sich die sowjetische Regierung über die Interessen der DDR hinweg. Der Wunsch Ulbrichts, West-Berlin in der DDR aufgehen zu sehen, entsprach nicht zwangsläufig den Interessen der Sowjetunion. Denn der *status quo* barg für die Sowjetunion auch handfeste Vorteile: solange sie hier originäre Mitspracherechte ausübte, konnte sie sich der Rücksichtnahme jedweder Bundesregierung gewiß sein. Der Vier-Mächte-Status schränkte die Souveränität jeder deutschen Außenpolitik – eben auch der DDR – ein. Die Sowjetunion brauchte nicht zu fürchten, daß der Westen sie einvernehmlich würde pressen können, denn die Rolle der Stadt als Faustpfand konnte jederzeit wiederbelebt und instrumentalisiert werden.

Die Bundesregierung und der Senat waren bereit zum Abschluß der Ostverträge und zu einer weitgehenden Anerkennung der DDR. Ohne diese Bereitschaft wäre dieses Abkommen nicht erreicht worden, nicht nur wegen des beschriebenen Drucks auf die Siegermächte, sondern vor allem wegen des von Bonn und Berlin genauso wie von Washington und Moskau angestrebten Interessenausgleichs. Ein psychologisches Moment mußte allerdings von den Berlinern und Bundesbürgern in Kauf genommen werden: die Bedeutung der Stadt als potentielle Hauptstadt eines zu vereinigenden Deutschlands verlor mit der Festschreibung und der gründlichen Organisation der Teilungsfolgen an Bedeutung. Es waren diese Zugeständnisse, die in Berlin die Debatte um das Berlin-Abkommen bestimmen sollten. Die Gemüter der Berliner und ihrer politischen Repräsentanten sollten sich trotz aller Freude über dieses erste Ost/West-Abkommen in Sachen Berlin seit der Aufhebung der Blockade erhitzen.

[70] Auch bei den folgenden Vereinbarungen mußte die DDR zurückstecken: weder erreichte sie eine volle völkerrechtliche Anerkennung *vor* der Normalisierung und Formalisierung der Beziehungen der Bundesrepublik zu den anderen Warschauer Pakt-Staaten noch gelang ihr der Beitritt zur Charta der Vereinten Nationen *vor* einer Regelung der Beziehungen zwischen den beiden deutschen Staaten.

ZWEITES KAPITEL

Die Berliner Debatte über die Verhandlungen

In Berlin wurde die Diskussion über Inhalt und Form des Vier-Mächte-Abkommens nach dem parteipolitischen Streitritual ausgetragen.

Auch hier wirkte sich die besondere Position der Stadt ursächlich für die Art der Auseinandersetzung aus, konnte es doch lediglich um begleitende Kommentare, nicht aber um Änderungen des materiellen Inhalts des Abkommens gehen. Die persönlichen Ambitionen und spezifischen Wünsche der Berliner Parteien mußten dem Vertretungsanspruch durch die Bundesregierung untergeordnet werden – daß von Bonn aus für Berlin mitgesprochen wurde, war ja gerade eine Grundforderung. Und zumindest offiziell wurde selbst der Bundesregierung nur der Status einer Beraterin der drei Westmächte zuerkannt.

Kennzeichnend für die Berliner Debatte waren die Auseinandersetzungen über die Informationspolitik des Senats und dessen Versuch der Einbindung eines originären Vorhabens der Siegermächte des Zweiten Weltkrieges in die Tagespolitik der Berliner Regierung, namentlich nach den Wahlen zum Abgeordnetenhaus am 14. März 1971.

Der Regierende Bürgermeister Klaus Schütz verband die öffentliche Proklamation der Forderungen, die er an eine „befriedigende Berlin-Regelung" stellte, mit seiner Regierungserklärung zu Beginn der 6. Wahlperiode vor dem Abgeordnetenhaus von Berlin am 29. April 1971: „Wir erwarten von den Verhandlungen der Vier Mächte über Berlin, erstens, daß die West-Berliner in den Ostteil der Stadt gehen und daß sie ihre Verwandten und Freunde in der DDR besuchen können; zweitens, daß West-Berlins gewachsene Bindungen an den Bund – seine Zugehörigkeit vor allem zur Wirtschafts-, Finanz- und Rechtsordnung der Bundesrepublik Deutschland sowie die außenpolitische Vertretung durch den Bund – auch von der Sowjetunion und ihren Verbündeten anerkannt werden; drittens, daß wir einen Zugang auch zu Lande von und nach Berlin bekommen, auf dem sich jede Person unbehindert bewegen kann und auf dem jede Ware unbehindert befördert wird.

Diese Ergebnisse würden wir eine befriedigende Berlin-Regelung nennen.«[1]

Durch die Verknüpfung dieser existentiellen Frage mit den übrigen gemäß Artikel 43 Absatz II der Verfassung von Berlin zustimmungsbedürftigen Richtlinien der Regierungspolitik, die Schütz dem Parlament geschlossen vorschlug, sah sich die Opposition der Gefahr ausgesetzt, öffentlich des Widerstandes gegen die beschriebenen Anforderungen geziehen zu werden. „Es gibt", hatten daher die Oppositionsparteien zunächst versichert, „nicht den geringsten Zweifel daran, daß es eine gemeinsame Basis der im Abgeordnetenhaus vertretenen Parteien über den Inhalt einer befriedigenden Berlinregelung gibt."[2]

Der CDU-Landesvorsitzende Peter Lorenz warf Schütz vor, mit dessen öffentlicher Proklamation vom bisherigen Konsens abgewichen zu sein: „Sie haben immer erklärt, daß eine solche Äußerung unzweckmäßig sei, weil man sich möglicherweise über die Formulierungen nicht einigen könne, weil dann Unsicherheit entstehen könne über unseren Standpunkt auch gegenüber denen, die verhandeln, und weil es infolgedessen besser sei, man versuche in vertraulichen Besprechungen eine mögliche Übereinstimmung herzustellen. Und vor allem könne die Sozialdemokratische Partei nicht darauf verzichten, in einem solchen Zusammenhang auch eine Wertung des Moskauer Vertrages vorzunehmen und eine Stellungnahme zu der Ostpolitik der Bundesregierung abzugeben, und da Sie wüßten, daß wir darüber vermutlich keine Einigkeit herstellen könnten – was ja richtig ist –, solle man lieber versuchen, hier von einer öffentlichen Meinungsäußerung des Parlamentes abzusehen.«[3]

Das alliierte Verhandlungsergebnis: Ein Grund für Optimismus?

Das Junktim zwischen der Unterzeichnung des Moskauer Vertrages und dem Abschluß eines Berlin-Abkommens schränkte den politischen Spielraum der CDU in Berlin wie in Bonn erheblich ein. Eine

[1] Klaus Schütz, *Plenarprotokoll,* 6. W.P., 29. 4. 1971, S. 20.
[2] Hermann Oxfort, *Plenarprotokoll,* 6. W.P., 6. 5. 1971, S. 32.
[3] Peter Lorenz, *Plenarprotokoll,* 6. W.P., 6. 5. 1971, S. 60.

völlig legitime Opposition gegen die Politik des Senates, insbesondere aber gegen die Politik der Bundesregierung in den Fragen der Ostverträge, stellte nun zugleich einen Widerspruch gegen eine von allen gewünschte Verbesserung der Lage Berlins durch ein Abkommen dar, das gerade nicht von der Bundesregierung oder dem Senat, sondern von den drei befreundeten Schutzmächten mit der Sowjetunion ausgehandelt wurde.

Schütz nutzte dieses Dilemma, als er seinen Anforderungskatalog zu einem Zeitpunkt vorstellte, zu dem dieser nicht mehr als Präjudizierung der Verhandlungen gelten konnte, nach der Unterbreitung der westlichen Vorlage vom 5. Februar. Die Bundesregierung oder gar die drei westlichen Unterhändler durch öffentliche Forderungen von seiten des Senats oder des Berliner Parlamentes unter Druck zu setzen, war stets als Gefährdung des Fortgangs der Verhandlungen verworfen worden, „in den vertraulichen Gesprächen interfraktioneller Art konnte in diesem Hause zwischen den Fraktions- und Parteivorsitzenden und der Regierung eine gemeinsame politische Basis in dieser entscheidenden Frage hergestellt werden".[4] Wenn nun der Regierende Bürgermeister diese gemeinsame Haltung aufgab, geriet die kleinere der beiden Berliner Oppositionsparteien, die FDP, in eine besondere Lage. Zum einen war sie bis zum Wahltag in einer sozialliberalen Koalition in Berlin an der Regierung beteiligt gewesen und hatte grundsätzlich die Politik der Bundesregierung unterstützt, zum anderen sah sie sich eben wegen ihres Bundesvorsitzenden und Außenministers Walter Scheel, des Protagonisten der Ostpolitik neben Brandt und Bahr, auch weiterhin veranlaßt, den von Schütz gelobten Kurs der Bundesregierung gleichfalls zu begrüßen.[5] Der Fraktionsvorsitzende der FDP im Abgeordnetenhaus Hermann Oxfort distanzierte sich also zunächst von der CDU, indem er die Meinung vertrat, daß „die Außenpolitik der Bundesregierung (und damit Walter Scheels – D. R.) alle Unterstützung verdient" und dies auch die Ratifizierung der Ostverträge einschließe. Daneben aber unterließ er nicht den Versuch, Schütz und das Bonner Gespann Brandt/Scheel gegeneinander auszuspielen, indem er die Zustimmung

[4] Hans Günter Hoppe, *Plenarprotokoll*, 6. W.P., 6. 5. 1971, S. 47.

[5] Hoppe berichtete im FDP-Landesvorstand, die Ausführungen Schütz' in dessen Richtlinien seien zum Teil beim Auswärtigen Amt abgeschrieben, eine Ablehnung würde die Berliner FDP also in Konflikt mit Scheel bringen, Protokoll der Klausurtagung vom 1. 5. 1971, S. 2, Akte 10889, Archiv des Deutschen Liberalismus, Gummersbach.

seiner Fraktion zum Inhalt des Abkommens an die Bedingung knüpfte, daß diese „die ausdrückliche Billigung der verantwortlichen Minister der Bundesregierung hat".[6] Bei einer getrennten Abstimmung seiner Richtlinien erhielt Schütz die Mehrheit für seine inhaltlichen Anforderungen an ein Berlin-Abkommen bei neun Enthaltungen.[7]

Gleichwohl blieb das Thema virulent. In einer von der CDU beantragten „Aktuellen Stunde" im Abgeordnetenhaus am 10. Juni 1971 über eine gemeinsame Haltung der Parteien in der Berlin-Frage kritisierten die Vertreter der CDU, daß die Bundesregierung den Umfang der Präsenz von Bundesorganen den Alliierten zur Disposition freigegeben hätten und proklamierten: „Wir jedenfalls, die CDU, sind nach wie vor der Auffassung, daß die Anwesenheit des Deutschen Bundestages und seiner Ausschüsse und seiner Fraktionen in Berlin zu den unverzichtbaren Rechten der Bundespräsenz in unserer Stadt gehört und auch in Zukunft gehören muß."[8] Die Empfindlichkeiten der Berliner Abgeordneten, in den Wochen der letzten Umarbeitungen des Vertragstextes von Informationen ferngehalten zu werden, die Befürchtung, „daß die Berliner eines Tages vor vollendete Tatsachen gestellt würden",[9] verursachten immer wieder Debatten im Abgeordnetenhaus, bei denen dem Regierenden Bürgermeister widersprüchliche Auskünfte vorgeworfen wurden.[10]

Dabei hatte sich der Landesvorsitzende der CDU Peter Lorenz in Interviews stets verständig gezeigt und die Kompetenz der Alliierten nicht bezweifelt, auch wenn er das Aufgeben des Rechts auf den Erlaß von Verfassungsakten der Bundesorgane in Berlin durch sie bedauerte.[11] Nachdem insbesondere von Vertretern der CSU Kritik an den Ergebnissen der Botschaftergespräche geäußert worden war, mahnte Lorenz zur Mäßigung: „Ich hätte es allerdings für besser gehalten, wenn Meinungsäußerungen führender Unions-Politiker erst nach genauer Prüfung abgegeben worden wären."[12]

[6] Hermann Oxfort, *Plenarprotokoll,* 6. W.P., 6. 5. 1971, S. 33.

[7] *Plenarprotokoll,* 6. W.P., 6. 5. 1971, S. 61.

[8] Peter Lorenz, *Plenarprotokoll,* 6. W.P., 10. 6. 1971, S. 125.

[9] H.-J. Boehm, *Plenarprotokoll,* 6. W.P., 8. 7. 1971, S. 238.

[10] Vgl. Aktuelle Stunde, *Plenarprotokoll,* 6. W.P., 8. 7. 1971.

[11] Peter Lorenz, *Echo des Tages, WDR,* 12. 8. 1971 (zitiert nach der Kommentarübersicht des Bundespresseamtes); vgl. auch das Interview im *WDR-Mittagsmagazin* vom 10. 8. 1971.

[12] Peter Lorenz im Interview mit dem *Spiegel* vom 6. 9. 1971.

Am 7. September 1971 debattierte das Abgeordnetenhaus von Berlin über das Abkommen, das die Vertreter der vier Siegermächte signiert hatten. Das Verhandlungsergebnis wurde von allen Parteien begrüßt, unterschiedlich bewertet wurde dagegen die erst noch abzuwartende Praxis nach dem Inkrafttreten der Regelungen. Der Regierende Bürgermeister begrüßte das Abkommen voller Optimismus: „Wir haben den *status quo plus*."[13] Besondere Betonung legte Schütz auf die Verbindlichkeit der Einigung der Alliierten, der die noch ausstehenden deutsch-deutschen Regelungen nachgeordnet seien: „Man braucht also nicht so zu tun, meine Damen und Herren, als müßte mit einer Aussage abgewartet werden, bis die deutschen Verhandlungen zu Ende sind. Das ist sogar objektiv nicht korrekt, weil damit unterstellt wird, die deutschen Seiten könnten über Gelingen oder Nichtgelingen des Berlin-Abkommens noch oder überhaupt entscheiden. Dem ist nicht so – es ist bereits entschieden."[14] Zu diesem Zeitpunkt erkannte Schütz noch nicht „den Teufel im Detail", der die innerdeutschen Verhandlungen mehr als einmal an den Rand des Abbruchs führen sollte.

Die Opposition zeigte sich in dieser Diskussion gespalten, konnte doch der Abschluß des Berlin-Abkommens als erster Erfolg auch der sozialliberalen Politik in Bonn gelten. Hermann Oxfort erteilte daher namens der FDP-Fraktion ausdrückliches Lob für das Erreichte, die FDP stimmte danach mit der Regierungsfraktion dem Entschließungsantrag der SPD zu. Die Unionsfraktion blieb so mit ihrer Betonung der „schwerwiegenden Zugeständnisse",[15] die von westlicher Seite gemacht worden seien, in der Minderheit. Fraktionschef Heinrich Lummer legte den Finger bereits in der ersten Debatte in die Wunde: „Die Vereinbarung kam zustande trotz unterschiedlicher Rechtsstandpunkte; darum ist sie so gut wie der gute Wille der Beteiligten. Darum kann sie ein böser Wille zerstören."[16] Gewiß anerkannten auch Lorenz und Lummer die weitreichenden Chancen, die den Deutschen von den Siegermächten eingeräumt wurden; der guten

[13] Klaus Schütz, *Plenarprotokoll*, 6. W.P., 7. 9. 1971, S. 259.

[14] *Ebda.*

[15] Peter Lorenz: „Für die verbesserte Zugangsregelung etwa gaben wir einen Teil der Bundespräsenz, für den innerstädtischen Verkehr einen langfristigen Funktionsverlust und eine Aufwertung Ost-Berlins", im Interview mit dem *Spiegel* vom 6. 9. 1971.

[16] Heinrich Lummer, *Plenarprotokoll*, 6. W.P., 7. 9.1971, S. 263.

Hoffnung des Regierenden Bürgermeisters[17] wurde aber eine Skepsis entgegengebracht, die zunächst etwas spielverderberisch wirkte, gleichwohl die kommenden Probleme voraussah.[18] Daß aber der praktische Nutzen wegen der ausstehenden innerdeutschen Regelungen auch von den Bürgern noch nicht richtig eingeschätzt werden mochte, belegt eine Umfrage, nach der 41 Prozent der Befragten im Oktober 1971 noch keine Angabe über ein Überwiegen von Vor- oder Nachteilen machten.[19]

Allen am Zustandekommen Beteiligten in West und Ost mußte klar sein, daß das Vier-Mächte-Abkommen nicht die Lösung der Berlin-Frage mit sich brachte, sondern lediglich zur Regelung des Alltags beitrug.

Die Zustimmung zum Abkommen konnte aus der Sicht der CDU nicht zu positiv ausfallen, da dann die Zustimmung auch zum Moskauer Vertrag der naheliegende Schluß war – war doch eine befriedigende Berlin-Regelung als Voraussetzung gefordert worden. Klaus Schütz hatte nämlich neben dem Dank an die Schutzmächte an die überregionale Bedeutung des Abkommens erinnert: „Der Vertrag von Moskau ist die eigentliche Grundlage dieser Berlin-Regelung."[20] Peter Lorenz beeilte sich daher – wie vor ihm der CDU-Bundesvorsitzende

[17] Schütz äußerte etwa euphorisch: „Es wird keine Querelen mehr geben, wenn West-Berliner und Westdeutsche gemeinsam auftreten, sei es bei sportlichen oder kulturellen oder anderen Veranstaltungen, wo immer sie auch stattfinden mögen." *Plenarprotokoll*, 6. W.P., 7. 9. 1971, S. 258.

[18] Heinrich Lummer in der Debatte am 7. 9. 1971: „Was wir gaben oder im Moskauer Vertrag geben sollen, ist, wenn es einmal gegeben wurde, unwiederbringlich. Was wir vor allem erhalten sollen – die immer noch rationierte Menschlichkeit –, kann nach einer anfänglich honorigen Praxis verdünnt, weiter dosiert und schließlich gar ausgehöhlt werden, ohne daß wir in der Lage wären, angemessen zu reagieren oder unsere Konzessionen zurückfordern könnten." Lummer beklagte auch da schon, daß man die Sowjetunion (und damit mittelbar ihren Partner) habe stärker in die Pflicht nehmen können, indem einer Schlichtungsstelle bei auftretenden Meinungsverschiedenheiten Kompetenzen eingeräumt worden wären. *Plenarprotokoll*, 6. W.P., 7. 9. 1971, S. 262.

[19] *Infas-Repräsentativerhebung* 757, Okt. 1971. Die Frage lautete: „Wenn Sie die Vorteile und Nachteile der Vier-Mächte-Verhandlungen gegeneinander abwägen: Überwiegen dann die Vorteile oder die Nachteile?" Antworten: Die Vorteile: 41%, Die Nachteile: 18%; Keine Angabe: 41%. Gleichwohl zeigte sich eine Stimmungsverbesserung, Erwartungen waren also geweckt, Infas, *Berlin-Barometer 1971*, S. 11.

[20] Schütz im Rundfunkinterview mit dem Schweizer Sender *Beromünster*, 30. 8. 1971 (zitiert nach der Kommentarübersicht des Bundespresseamtes).

Kiesinger[21] –, ein CDU-Votum für den Moskauer Vertrag zusätzlich von weiteren Erleichterungen „für alle Deutschen, nicht nur für die West-Berliner" abhängig zu machen.[22] Praktisch hätte dies für die Bundesregierung bedeutet, den angestrebten Grundlagenvertrag zwischen beiden deutschen Staaten nachträglich zur Vorbedingung für die Ratifizierung des Moskauer Vertrages zu erklären; ein Unterfangen, daß Egon Bahr verwerfen mußte.[23]

Die politische Debatte über das Berlin-Abkommen zwischen der Unterzeichnung durch die Botschafter am 3. September 1971 und dem Inkrafttreten durch das Schlußprotokoll der vier Außenminister am 3. Juni 1972 läßt sich in zwei Etappen gliedern.

Zunächst wurde um die Interpretations- und Auslegungsmöglichkeiten und die Durchführung der den deutschen Stellen im Abkommen auferlegten Verhandlungen gestritten. Diese führten zu Verträgen zwischen der Regierung der DDR und der Regierung der Bundesrepublik sowie des Senats von Berlin (also noch nicht zwischen den Staaten), welche am 11. Dezember 1971 paraphiert wurden. Im Jahr 1972 geriet das Vier-Mächte-Abkommen in den Sog der höchst emotionalisierten Debatte über den Gesamtkomplex der Ostverträge und wurde im Rahmen dieser „Zerreißprobe" der Bundespolitik für den jeweiligen „Hausgebrauch" von den politischen Gegnern instrumentalisiert.

Die innerdeutschen Verhandlungen im Parteienstreit: „Der Teufel im Detail"

Vor dem Inkrafttreten des Abkommens der Siegermächte waren nun gemäß den Schlußbestimmungen des Teil III des Abkommens die Deutschen zuständig: „Dieses Vier-Mächte-Abkommen tritt an dem Tage in Kraft, der in einem Viermächte-Schlußprotokoll festgelegt

[21] Kiesinger: „Für uns ist kein Junktim da. Der Moskauer Vertrag ist eine Sache für sich, die aus sich selbst bewertet werden muß", in: Interview in *Heute, ZDF,* 24. 8. 1971 (zitiert nach der Kommentarübersicht des Bundespresseamtes).

[22] Lorenz im Interview mit dem *Spiegel*, 6. 9. 1971.

[23] Egon Bahr im Interview mit dem *Spiegel*, 31. 8. 1971. Bahr wollte durch eine solche Verbindung weder der DDR eine „Schiedsrichterfunktion" für einen Vertrag zwischen Bonn und Moskau zugestehen, noch das zeitliche Inkrafttreten der Ostverträge und damit der Berlinregelung von den innerdeutschen Verhandlungen über einen Grundlagenvertrag abhängig machen.

wird, das abzuschließen ist, sobald die in Teil II dieses Vier-Mächte-Abkommens und in seinen Anlagen vorgesehenen Maßnahmen vereinbart worden sind.“ Damit waren die deutschen Stellen in beiden Staaten offiziell in die Verantwortung genommen, eine besondere Genugtuung für das vormalige „Phänomen“ DDR.

Da bei den Verhandlungen weder eine Korridorlösung für den Zugang nach West-Berlin noch echte Freizügigkeit im gesamten Stadtgebiet eingeräumt worden waren, standen zunächst die notwendigen Transit- und Besucherregelungen auf dem Programm. Außerdem sollten Fragen des Gebietsaustauschs geklärt werden.

Noch am Tage der Unterzeichnung forderten die drei westlichen Botschafter in einem Schreiben an den Bundeskanzler: „Unsere Regierungen bitten, daß die vorgesehenen Verhandlungen zwischen Behörden der Bundesrepublik Deutschland, die auch im Namen des Senats handeln, und Behörden der Deutschen Demokratischen Republik nunmehr stattfinden.“[24] Dieser Auftrag sollte aber nur für die Verhandlungen über die Transitregelung gelten. Über die Besuchsmöglichkeiten für „Personen mit ständigem Wohnsitz in den Westsektoren Berlins“, die Verbesserung der Kommunikation der Stadt mit ihrem Umfeld und den Gebietsaustausch mit West-Berlin sollte der Senat von Berlin selbständig verhandeln. Mit Schreiben vom 3. September 1971, BKC/L (71)1, wurde der Senat von der Alliierten Kommandantur „aufgefordert und ermächtigt“, entsprechende Verhandlungen zu führen.[25] Damit war zwar der Senat von Berlin veranlaßt, selbst mit einer Staatsregierung zu verhandeln, diesmal aber mit ausdrücklicher, öffentlicher Ermächtigung und ohne sich dem Verdacht des Separatismus *à la* „selbständige Einheit“ auszusetzen, wie es etwa zuletzt Willi Stoph mit seinem Angebot zu Verhandlungen über Besuche in der DDR „einschließlich ihrer Hauptstadt“ noch im Februar 1971 zu provozieren versucht hatte.[26] Der Kontakt, der zwischen Senat und DDR-Beauftragten seit Anfang des Jahres bestand,[27] wurde nun enger.

[24] Schreiben der Botschafter der drei Westmächte an den Bundeskanzler vom 3. September 1971, in: *Dokumente zur Berlin-Frage 1967–1985*, hrsg. von Hans-Heinrich Mahnke, München 1987, Dok. Nr. 123, S. 216.

[25] BKC/L (71) 1, in: *a.a.O.*, Dok. Nr. 133, S. 245.

[26] Schreiben des Vorsitzenden des Ministerrates Willi Stoph an Klaus Schütz, in: *Dokumente der Außenpolitik der Deutschen Demokratischen Republik*, Bd. XIX (1971), 2. Halbband, Berlin 1974, S. 913. Stoph forderte in diesem Angebot an den Senat nicht mehr – wie noch am 4. 2. 1971 – Verhandlungen über eine Transitregelung.

[27] Schütz wies wegen des Vorwurfs der Hast darauf hin, daß nicht erst am 3. Sep-

Bundesregierung und Senat kamen überein, ihre Verhandlungen parallel zu führen und erst nach Einigung auf beiden Ebenen zur Paraphierung zu schreiten, um den größtmöglichen Zusammenhalt zwischen ihnen zu demonstrieren. Am 14. Dezember 1971 gingen zwei Briefe an die Alliierten. Einmal teilte Bundeskanzler Brandt den drei Botschaftern der Westmächte mit, daß Egon Bahr und Michael Kohl am 11. Dezember das „Abkommen zwischen der Regierung der Bundesrepublik Deutschland und der Regierung der Deutschen Demokratischen Republik über den Transitverkehr von zivilen Personen und Gütern zwischen der Bundesrepublik Deutschland und Berlin (West)" paraphiert hatten.[28] Zum anderen meldete Klaus Schütz dem Herrn Vorsitzführenden Stadtkommandanten, daß sein Senatsdirektor Ulrich Müller und dessen DDR-Verhandlungspartner Günter Kohrt am 11. Dezember folgende Dokumente paraphiert hätten: „Die Vereinbarung über Erleichterungen und Verbesserungen des Reise- und Besucherverkehrs, den dazugehörigen Briefwechsel betreffend die Öffnung von Übergangsstellen und 2 dazugehörige Protokollvermerke; die Vereinbarung über die Regelung der Frage von Enklaven durch Gebietsaustausch und den dazugehörigen Protokollvermerk; den Protokollvermerk über die Verbesserung von Kommunikationen."[29] Beide Entwürfe fanden das Wohlwollen der Alliierten, nach ihrer Auffassung standen sie mit dem Viermächte-Abkommen „in Einklang".[30]

In Berlin wurde naturgemäß über die Arbeit der eigenen Regierung nicht nur besonders heftig diskutiert, die vom Senat zu führenden Verhandlungen berührten auch besonders sensible Gebiete. Das Öffnen der Grenze für Besucher aus Berlin (West) barg nicht abzuschätzende Risiken für das politische Klima in der DDR: „...da kommen eben Menschen von hier mit denen von drüben in Ostberlin und in

tember mit den Verhandlungen begonnen worden war; *Interview der Woche, DLF,* 12. 12. 1971 (zitiert nach der Kommentarübersicht des Bundespresseamtes).

[28] Brief des Bundeskanzlers an die Botschafter der drei Westmächte vom 14. Dezember 1971, in: *Dokumente zur Berlin-Frage 1967–1986...* (s.o. Anm. 24), Dok. Nr. 126, S. 220.

[29] Schreiben des Regierenden Bürgermeisters von Berlin an die Alliierte Kommandantur vom 14. Dezember 1971, in: *a.a.O.*, Dok. Nr. 134, S. 245 (S. 246).

[30] Vgl. Schreiben der Botschafter der drei Westmächte an den Bundeskanzler vom 16. Dezember 1971, in: *a.a.O.*, Dok. Nr. 127, S. 221, für das Transitabkommen und BKC/L (71)2 vom 16. Dezember 1971, in: *a.a.O.*, Dokument Nr. 135, S. 246, für die Vereinbarungen des Senats.

der DDR zusammen, sie sehen sich wieder, sie sprechen nicht nur miteinander, sie sprechen sich aus und sie verstehen sich besser."[31]

Zudem waren die Vorgaben der Alliierten für die Verhandlungen auf Berliner Ebene im Vier-Mächte-Abkommen deutlich vager als für die Transitregelung geblieben. Schütz bekannte nach Abschluß der Vereinbarungen: „Bei den Verhandlungen sind wir offenbar nicht selten an der Grenze des Äußersten gewesen. Ich selbst habe – nicht zuletzt in den vergangenen zehn Tagen – erwogen, ob wir nicht unseren Verhandlungsauftrag an die drei Berliner Schutzmächte würden zurückgeben müssen."[32] Nachdem durchgesickert war, daß sich Bahr und Kohl bereits einig waren, hatte sich der Druck auf die Berliner zuletzt noch verstärkt.[33] Gleich dreimal war das Abgeordnetenhaus innerhalb einer Woche, am 8., 9. und 11. Dezember 1971, zusammengetreten, um über den jeweiligen Stand der Dinge zu diskutieren, obwohl allen Abgeordneten klar war, daß vor einem Abschluß des Abkommens Vertraulichkeit herrschen mußte.[34] Vorausgegangen war der hektische Austausch von Entwürfen. Schütz hatte wegen einer von der DDR verweigerten Regelung für Sofortbesuche noch am ersten Wochende des Dezembers die Beratungen stoppen lassen[35] und sorgte für große Aufregung bei der Opposition, als er sich veranlaßt sah, persönlich einen Brief an den Ministerratsvorsitzenden Stoph zu schreiben, um sich des in der Nacht vom 7. zum 8. Dezember in den Verhandlungen Erreichten zu versichern.[36] Die darin unter anderem angestrebte Besuchsregelung für die Weihnachtstage 1971 wurde jedoch nicht erreicht.[37] Einer der West-Berliner Unterhändler schil-

[31] Klaus Schütz in seiner Rede vor dem Abgeordnetenhaus anläßlich der Paraphierung der Vereinbarungen, *Plenarprotokoll*, 6. W.P., 11. 12. 1971, S. 557.

[32] Schütz, *Plenarprotokoll*, 6. W.P., 11. 12. 1971, S. 557.

[33] Der *Spiegel* meldete bereits in der Ausgabe vom 6. Dezember 1971, S. 23, daß die Verhandlungen über den Transitverkehr abschlußreif seien und das Bundeskabinett bereits zugestimmt habe.

[34] Schütz hatte die CDU, deren Landes- und Fraktionsvorsitzenden er genauso wie die der FDP über die Verhandlungen vertraulich informiert hatte, sogar – vergeblich – gebeten, die Aktuelle Stunde am 8. Dezember um einen Tag zu verschieben.

[35] Schütz im Abgeordnetenhaus, *Plenarprotokoll*, 6. W.P., 8. 12. 1971, S. 475.

[36] Vgl. dazu die Debatten in den *Plenarprotokollen*, 6. W.P., 9. 12. 1971 und 11. 12. 1971 und *Der Spiegel* vom 13. 12. 1971.

[37] Schütz mußte einräumen, daß wohl die Auseinandersetzungen und Mißverständnisse in der letzten Phase der Verhandlungen einen Vorwand geliefert haben könnten, die zunächst in Aussicht gestellte Weihnachtsbesuchsregelung absagen zu können. Schütz im Interview des *Münchner Merkurs* vom 18. 12. 1971.

dert die Problematik: „Was im Abkommen nicht konstituiert wurde, waren Sofort-Besuche von West-Berlinern in der DDR. Und in diesem Punkt tat sich die DDR bis zum letzten Tag ungemein schwer. Als DDR-Staatssekretär Peter Florin, der Kohrt bei den Verhandlungen abgelöst hatte, in der entscheidenden Nacht gegen 3.30 Uhr die Sofort-Besuche für West-Berliner an jedem Tag der Woche praktisch zugestand und diese Zusage wenige Wochen später zurückziehen mußte, war spätestens deutlich geworden, mit welcher Konsequenz ein Teil der DDR-Führung falschverstandenes Sicherheitsdenken in den Vordergrund stellte."[38]

Der Senat gab sich anschließend mit einer Erklärung Florins zufrieden, im Rahmen der Kapazitäten der Besucherbüros würden auch ohne Dringlichkeit Sofortbesuche gestattet werden. Daß dieses Zugeständnis nicht in den Vertragstext aufgenommen wurde, sollte sich bereits am ersten Tag der Geltung des Vier-Mächte-Abkommens und der damit zusammenhängenden Vereinbarungen rächen.[39]

Der Regierungschef bat, das Erreichte mit den bisherigen Verhältnissen zu vergleichen, denn er mußte einräumen, daß die Reisevereinbarungen „unvollkommen nach dem Ideal hin, befriedigend nach der Wirklichkeit hin" seien.[40] Auf Nachfrage bekannte er, er halte das Ergebnis für ein Optimum des Erreichbaren.[41]

Bei der Beurteilung des Erreichten spiegelte sich erneut die politische Position Berlins in ihrem Verhältnis zur Bundesregierung und damit zum Komplex der Ostverträge wider. Während die SPD dem Senat und der Bundesregierung zu den Ergebnissen der Verhandlungen gratulierte, versuchte die FDP, zwischen den Ergebnissen auf Bundes- und auf Berliner Ebene zu unterscheiden: „Das Ergebnis ist nicht so gut, wie der Senat uns weismachen will. Wir haben allerdings auch nicht jene Katastrophe als Ergebnis vor uns, von der die CDU spricht."[42] Die Berliner Liberalen, Parteichef Lüder und der Fraktionsvorsitzende Oxfort, hatten über ihren Außenminister Scheel auf

[38] Günter Struve, *Menschliche Kontakte*, in: Rolf Heyen (Hrsg.), *Die Entkrampfung Berlins oder Eine Stadt geht zur Tagesordnung über*, Reinbek 1972, S. 37.

[39] Siehe dazu ausführlich unten den Abschnitt zur Durchführung des Vier-Mächte-Abkommens.

[40] Schütz, *Plenarprotokoll*, 6. W.P., 11. 12. 1971, S. 557.

[41] Schütz im Interview mit *Heute, ZDF*, 8. 12. 1971 (zitiert nach der Kommentarübersicht des Bundespresseamtes).

[42] Hans Günther Hoppe, *Plenarprotokoll*, 6. W.P., 11. 12. 1971, S. 570.

die Verhandlungen auf beiden Ebenen einzuwirken versucht und namentlich die Senatsvertreter vor überhastetem Einlenken gewarnt.[43]

Die CDU sah die Vereinbarungen als nicht befriedigend an und ließ das Abgeordnetenhaus über eine Aufforderung zum Weiterverhandeln namentlich abstimmen, die ihr aber keine Stimme von SPD oder FDP einbrachte.[44]

Die inhaltliche Kritik richtete sich vor allem auf Details der Verträge, deren Praktikabilität nicht vorhersehbar war und einer gewissen Willkür der DDR-Behörden unterlag. Problematisch war die Tatsache, daß der Tatbestand des „Mißbrauches“ der Transitwege allein von den DDR-Behörden definiert werden sollte. Hier bot sich der DDR die Chance, die vergeblich verlangte volle Souveränität beim Zugang nach West-Berlin, die ihr vom Vier-Mächte-Abkommen vorenthalten worden war, auf kaltem Wege durch das Recht zur Zurückweisung von Transitreisenden wieder wettzumachen. Sowohl bei der Diskussion über den Transitvertrag als auch über die Reiseregelung sahen die Kritiker die Geltung der DDR-Gesetzgebung für die Durch- oder Einreisenden als Unsicherheitsfaktor an, namentlich aufgrund der politischen Straftatbestände, insbesondere der „Republikflucht“. Schütz beeilte sich zu versichern, daß eine Festnahme von Besuchern – mit Ausnahme von Straftätern, deren Tat sich gegen das Leben gerichtet hatte – ausgeschlossen worden war: „wer die Einreise bekommt, bekommt auch die Ausreise.“[45] Allerdings hatte sich die DDR das Recht der Einreiseverweigerung vorbehalten. Die Papierform ließ etliche Probleme, die bei der Umsetzung auftauchen sollten, am Tage der Paraphierung nicht erkennen. Den in Artikel 8 vorgesehenen „Beauftragten“, denen die Klärung von Meinungsverschiedenheiten oblag, sollte es beispielsweise nicht gelingen, die beiden größten Beeinträchtigungen des Besuchsverkehres, die zweimalige Erhöhung des Zwangsumtauschsatzes 1973 und 1980, zu beseitigen. Wie unten dargelegt werden wird, ließ sich die DDR in diesem Fall

[43] Innerhalb der Berliner FDP gab es einen Streit über die verschiedenen Haltungen von Landesvorstand und Fraktion. So wollte die Fraktion eine Regelung ohne jegliche Befristung und Kontingentierung zur *conditio sine qua non* erklären. Vgl. die Protokolle der Landesvorstandssitzungen der FDP am 3. und 4. 12. 1971, Akte 10891, Archiv des Deutschen Liberalismus, Gummersbach.

[44] Namentliche Abstimmung, *Plenarprotokoll*, 6. W.P., 11. 12. 1971, Anlage 22, S. 581 f.

[45] Schütz, *Plenarprotokoll*, 6. W.P., 11. 12. 1971, S. 558.

von einer Opportunität leiten, die durchaus die Verletzung der Abmachungen in Kauf nahm.

Einen Vorwurf konnte der Regierende Bürgermeister nicht entkräften, daß nämlich eine Kontingentierung (auf 30 Besuchstage pro Jahr) nicht hatte verhindert werden können. Gegenüber der Fraktion bezeichnete Schütz die Hinnahme der Kontingentierung als den Preis, den der Senat für das Erreichen der Einreiseregelungen, gerade auch in das Gebiet der DDR, zu entrichten gehabt habe.[46] Schütz äußerte seine Bedenken öffentlich: „Hier gibt es ein paar schwierige Punkte. Die 30-Tage-Regelung ist schwierig und bestimmte Beschränkungen für Flüchtlinge etwa, die, die erst nach dem Bau der Mauer gekommen sind; bestimmte Probleme der Gebühren. Bei den Personenkraftwagen ist nicht alles, was wir wollten, durchgesetzt worden – sehr viel, aber nicht alles", und folgerte: „Der ganze Vorgang ist sicherlich noch risikobeladen."[47]

Die Kritik der CDU an einer Ungleichbehandlung von West-Berlinern und Westdeutschen beim Besuch in der DDR[48] allerdings bestätigte lediglich den legalistischen Standpunkt der Opposition, die keine Annäherung an die Standpunkte der östlichen Vertragspartner zulassen mochte. Die Alliierten hatten in Teil II des Abkommens bestimmt, daß die Einreise für West-Berliner zu regeln sei „unter Bedingungen, die denen vergleichbar sind, die für andere in diese Gebiete einreisenden Personen gelten". Die dem Wort „vergleichbar" immanente Auslegungsfähigkeit führte nicht nur zum Dissens zwischen Senat und Ost-Berlin, sondern nach Abschluß des Abkommens auch zur Kritik der CDU am Senat. Natürlich nährte diese Unterscheidung in der Behandlung die von Ost-Berlin aufrechterhaltene These von der „selbständigen Einheit Westberlin", ebenso wie die West-Berliner im Transitverkehr ihre behelfsmäßigen Personalausweise statt ihrer Reisepässe benutzen mußten. Die Verhandlungskommission hatte aber den praktischen Nutzen für die Bevölkerung zu Recht höher eingeschätzt. Während dem Bundesbürger der Weg in den Ost-

[46] Hans-Jürgen Heß, *Innerparteiliche Gruppenbildung. Macht- und Demokratieverlust einer politischen Partei am Beispiel der Berliner SPD in den Jahren von 1963 bis 1981*, Bonn 1984, S. 199.

[47] Schütz im *Interview der Woche, DLF,* 12. 12. 1971 (zitiert nach der Kommentarübersicht des Bundespresseamtes).

[48] Heinrich Lummer: „Ein Westdeutscher bedarf für den Zugang zum Ostsektor keines Visums, ein West-Berliner wird das in Zukunft vorlegen müssen." *Plenarprotokoll,* 6. W.P., 11. 12. 1971, S. 561.

sektor Berlins ohne vorherige Anmeldung möglich war, blieb dessen Bewegungsfreiheit aber auf eben diesen Ostteil der Stadt begrenzt. Die West-Berliner konnten dagegen die Einreise in alle Bezirke der DDR beantragen, eine Ungleichbehandlung, die als vorteilhaft für die Bewohner der ummauerten Stadt gelten konnte.

Die Verhandlungen über den Gebietsaustausch und bestimmte Begradigungen an den Demarkationslinien waren nicht Objekt parteipolitischer Auseinandersetzungen, obwohl auch hier nicht alle Wünsche des Senats erfüllt worden waren. Schütz bezeichnete die Regelung als „das bare Minimum, das das Vier-Mächte-Abkommen fordert".[49]

Zur Jahreswende 1971/72 konnten die Berliner Spitzenpolitiker die ihre Stadt betreffenden Regelungen sowohl hoffnungsfroh als auch mit begründeter Skepsis bewerten.[50] Als es zur ersten Probe aufs Exempel kam – die DDR bot am 23. Februar 1972 eine Oster- und Pfingstbesuchsregelung als Test der Praktikabilität an[51] – war die politische Atmosphäre längst bestimmt durch die „Schicksalsfrage" der Ratifizierung des Moskauer und des Warschauer Vertrages.

Diese Verbindung trat folgerichtig aufgrund des Junktims[52] ein, das Bundesaußenminister Scheel an die Ostverträge geknüpft hatte und das von dessen sowjetischem Kollegen Gromyko umgekehrt wurde.[53]

[49] Schütz im *Interview der Woche, DLF*, 12. 12. 1971 (zitiert nach der Kommentarübersicht des Bundespresseamtes).

[50] Klaus Schütz: „Mit diesem Start sind alle Möglichkeiten zu weiteren Verbesserungen gegeben"; Heinrich Lummer: „Die DDR hat nach wie vor einen so weiten Ermessensspielraum, sie kann jederzeit erschweren, verzögern, verhindern", im gemeinsamen Interview mit dem *Münchner Merkur* vom 18. 12. 1971.

[51] Vgl. „Verordnung über die zeitweilige Einreise von Personen mit ständigem Wohnsitz in Berlin (West) in die Deutsche Demokratische Republik vom 23. Februar 1972", in: *Neues Deutschland* vom 23. 2. 1972.

[52] Diese Maßnahme war sehr populär. Auf die Frage: „Halten Sie es für richtig, daß die Gültigkeit dieses (i. e. des Moskauer) Vertrags von Verbesserungen der Lage Berlins abhängig gemacht wird oder sollte das keine Rolle spielen?" stimmten 78% der befragten Berliner und 60% der befragten Bundesbürger für diese Abhängigkeit, dagegen sprachen sich nur 9% der Berliner und 17% der Bundesbürger aus. Nur 13% Berliner, aber 23% der befragten Westdeutschen war dies gleichgültig, bzw. sie machten keine Angaben. Infas (Hrsg.), *Meinungen und Tendenzen in und über Berlin. Eine Analyse des bis zum Jahre 1970 erhobenen Materials in Berlin und Westdeutschland* (= Berlin-Barometer), Bonn-Bad Godesberg (Febr.) 1971, S. 70.

[53] Wenige Wochen nach der Signierung des Verhandlungsergebnisses in Berlin und Brandts Besuch bei Breschnew vom 16. – 18. 9. auf der Krim bedeutete Gromyko

Hatte es zunächst geheißen, daß eine befriedigende Berlinregelung unabdingbar für die Ratifikation des Moskauer Vertrages sei, so wurde nach dem Abschluß der innerdeutschen Verhandlungen im Dezember 1971 das Vier-Mächte-Abkommen eben nicht, wie es seinem Text entsprochen hätte, in Kraft gesetzt, sondern nun umgekehrt zunächst die Ratifizierung der Ostverträge durch die gesetzgebenden Körperschaften der Bundesrepublik gefordert. Möglich wurde dies der Sowjetunion durch die als notwendig betrachtete Abfassung eines Vier-Mächte-Schlußprotokolls, deren Zeitpunkt sie auf den Abschluß der Ratifikation legte.[54]

Diese Politik des „do, ut des" war konstitutiv für die gesamte Ostpolitik der Regierung Brandt/Scheel und ihrer Anhänger. Nicht verwunderlich war daher, daß dieses Verfahrens vom Regierenden Bürgermeister akzeptiert und vom Fraktionschef der CDU Heinrich Lummer abgelehnt wurde.[55] Der Streit um das Vier-Mächte-Abkommen über Berlin wird nur im Zusammenhang mit den Auseinandersetzungen über die Ostverträge verständlich. Selbst Lummer bekannte nämlich: „Ich würde in der Tat sagen, die Berlin-Verhandlungen ohne die Konsequenz der Ostverträge könnte ich fast befriedigend nennen. Ich wäre jedenfalls viel zufriedener."[56]

Folgerichtig wurde eine „Entschließung der Berliner CDU zur Deutschland- und Ostpolitik" verabschiedet, deren Tenor lautete: „Der Landesausschuß der Berliner CDU fordert die Mitglieder des Deutschen Bundestages auf, die Verträge von Moskau und Warschau abzulehnen."[57] Neun „schwerwiegende Bedenken" wurden geltend gemacht. Erstens wurde beklagt, Artikel 3 des Moskauer Vertrages bringe die völkerrechtliche Anerkennung der DDR mit sich, zweitens wurde die Anerkennung der Spaltung als zusätzliche Gefährdung

Scheel am 27. 9. 1971 in New York, daß eine Inkraftsetzung erst nach der Ratifikation der Ostverträge in Frage komme.

[54] Bundesaußenminister Walter Scheel akzeptierte dieses Verhalten notgedrungen, obwohl es sein Konzept umwarf, mit der Erklärung, die Sowjetunion „hat mit diesen drei Partnern eine Regelung gefunden, die es ihr ermöglicht, mit der Unterzeichnung des Schlußprotokolls zu warten, und zwar so lange, bis es gleichzeitig unterzeichnet werden kann mit der Ratifizierung des Vertrages mit der Sowjetunion", in: *Pro und Contra, ARD,* 6. 1. 1972 (zitiert nach der Kommentarübersicht des Bundespresseamtes).

[55] Vgl. Protokoll der Sendung *Pro und Contra, ARD*, 6. 1. 1972.

[56] Lummer in *Pro und Contra, ARD,* 6. 1. 1972 (zitiert nach der Kommentarübersicht des Bundespresseamtes).

[57] Abdruck in: *Berliner Rundschau* vom 24. 2. 1972.

Berlins empfunden, drittens sah die CDU die Zusammengehörigkeit Berlins mit dem Bund als Folge einer Anerkennung der DDR als gefährdet an, sie monierte viertens das Fehlen eines Friedensvertragsvorbehaltes, prognostizierte fünftens Einmischungen Moskaus aufgrund zu befürchtender Interpretationsdifferenzen. Angesichts des Schießbefehls fand die CDU den Titel „Gewaltverzichtserklärung" verfehlt und bemängelte die nicht verankerte angestrebte Freizügigkeit. Achtens wurde die Anerkennung auch der anderen Grenzen der UdSSR und damit deren Vormachtstellung als nicht notwendig bemängelt und schließlich die Beibehaltung der möglichen Intervention Moskaus gemäß den Feindstaatenklauseln aus den Artikeln 53 und 107 der UN-Charta kritisiert.

Bereits auf dem 50. Landesparteitag der Berliner CDU am 5. und 6. Mai hatte Peter Lorenz aber Vorsorge getroffen, nicht den „schwarzen Peter" der Verhinderer ans CDU-Revers gesteckt zu bekommen: „Wir sind überzeugt, daß Moskau – wie auch immer die Abstimmung der Verträge ausgeht – entgegen allen anderslautenden Propagandabehauptungen das Schlußprotokoll unter das Berlinabkommen unterschreibt und daß die Berlinregelung in Kraft tritt."[58] Solche Demonstration der Unabhängigkeit kann jedoch als reines Mutmachen gelten. Gerade in Berlin war man sich auch in den Reihen der CDU bewußt, welche Wirkung eine Ablehnung der Verträge für die Partei hätte haben können: „Eine Union, die in dieser Situation die Ostverträge zu Fall gebracht hätte, wäre auch für das westliche Ausland als konkrete Alternative zur gegenwärtigen Bundesregierung stark abgewertet worden."[59] Und dabei war die Berliner Situation noch gar nicht ins Kalkül gezogen, war die Auswirkung einer Enttäuschung der Berliner nach den glücklichen Oster- und Pfingstbesuchen auf die kommenden Berliner Wahlen noch gar nicht berücksichtigt.

Anläßlich der Abstimmung über die Ostverträge und die gemeinsame Entschließung des Bundestages flüchtete die Berliner CDU in eine defensive Position: „Wenn trotz der Entschließung die CDU/CSU-Bundestagsfraktion es nicht für möglich hielt, den Vertragstexten ausdrücklich zuzustimmen, trägt dafür ausschließlich die Bundesregierung die volle Verantwortung ... Die Bundesregierung und ebenso der Senat von Berlin sind durch ihr Verhalten gegenüber dem Osten so sehr ins Zwielicht geraten, daß die letzten Tage nicht ausreichen, das

[58] Zitiert nach *Berliner Rundschau* vom 11. 5. 1972.
[59] *Berliner Rundschau* vom 25. 5. 1972.

seit 18 Monaten angehäufte Mißtrauen auszuräumen."[60] Trotz aller parteipolitischer Überlegungen und Rücksichtnahmen, trotz parlamentarischer Taktik beschränkten sich die Diskussionen nicht auf das Abkommen als solches, sondern umfaßten die Zukunft der Stadt und ihres demokratischen Systems angesichts der neugeschaffenen Sicherheit.

[60] Abdruck in: *Berliner Rundschau* vom 25. 5. 1972.

DRITTES KAPITEL

Die Diskussion über die Zukunft der Stadt: Funktionsgewinn versus Funktionsverlust

„Berlin – was wird aus dieser Stadt?" wurde anläßlich des Abschlusses des Abkommens gefragt.[1] „Eine Stadt geht zur Tagesordnung über" erklärten die Optimisten.[2] Doch diese Richtungsangabe taugte nicht für den Alltag, denn es gab im Nachkriegs-Berlin noch keine Tagesordnung, auf die man hätte zurückgreifen mögen. Die Entwürfe, Perspektiven und Prognosen häuften sich und waren zunächst in eher optimistische und mehr skeptische Stimmen zu teilen, zumeist verlief die Trennlinie parallel zu der zwischen Befürworten und Gegnern der Regelungen.

Mit einem Problem hatten die Alliierten die Berliner allein gelassen: Mit dem Verschwinden Berlins aus den Schlagzeilen der Weltpresse hatten die Siegermächte ihr Ziel erreicht. Für die Berliner begründete dies eine Diskussion über ihr Selbstverständnis, denn die Funktion als „Hauptstadt im Wartestand" bedurfte der Revision. Die Festschreibung des *status quo*, die Anerkennung der entstandenen Situation, bedeutete für die Berliner auch einen Abschied von der Hoffnung, in absehbarer Zeit das Ziel der Wiedervereinigung erreichen zu können.

Hier wird diese Debatte über die Zukunft Berlins nachgezeichnet, um nach der Analyse der tatsächlichen Entwicklung eine Bilanz ziehen zu können. Wie wurden Chancen dargestellt, wie vor welchen Risiken gewarnt, welche Vorhaben konnten tatsächlich verwirklicht werden?

[1] Vgl. das Diskussionsforum der *Welt am Sonntag*, unter der ominösen Überschrift „Es geht nicht nur ums Überleben der Stadt. Es geht vor allem darum, ob Berlin noch eine Zukunft hat", 7. 11. 1971. S. auch *Die Zeit* vom 4. 8. 1972: *Eine Stadt sucht ihre Zukunft.*

[2] Rolf Heyen (Hrsg.), *Die Entkrampfung Berlins oder Eine Stadt geht zur Tagesordnung über*, Reinbek 1972.

Eine Frage konnte von niemandem beantwortet werden: Würde das Interesse der östlichen Seite an einem Ausgleich in Europa, an einer entspannten Lage anhalten, nachdem die Festschreibung des *status quo* ihre Wünsche erfüllt haben würde? Würde sich der in den Berlin-Verhandlungen erkämpfte Kompromiß, das oben beschriebene Eingeständnis des Dissenses in grundlegenden Fragen zum Zwecke der Erreichung einer praktischen Regelung erhalten lassen, wenn die mit den Ostverträgen und der KSZE-Schlußakte erreichte Konsolidierung der östlichen Position andere politische Ziele in den Vordergrund rükken ließe?

In Berlin mußten sich das Interesse und die Planung auf die Gestaltung der erreichten Lage konzentrieren, und auch dabei waren durchaus kontroverse Haltungen anzutreffen. Als verantwortlicher Regierungschef zeigte Klaus Schütz kein überragendes Interesse an der Festschreibung utopischer Fernziele, an denen gemessen zu werden im Ergebnis nur ungünstig hätte ausfallen können. Er betonte: „Wir brauchen jetzt Berlin nicht neu zu entdecken. Wir brauchen jetzt nicht aufgeregt nach neuen Perspektiven zu suchen. Wir gehen nicht unvorbereitet in diese neue Phase der Entwicklung unserer Stadt.“[3]

Bereits während seiner ersten Amtsperiode als Regierender Bürgermeister hatte Schütz erklärt, er sehe „die Zukunft Berlins wie die einer normalen und aktiven Metropole in einem Europa, das zu einer Situation des gerechten und auch dauerhaften Friedens zurückgekehrt ist.“[4] Dieses politische Fernziel wurde bereits vor der Fixierung der äußeren Bedingungen durch das Abkommen avisiert.

In seiner Regierungserklärung vom 29. April 1971 hatte Klaus Schütz die Parole ausgegeben: „West-Berlin wird ausgebaut zum Modell einer modernen Großstadt in allen Bereichen des Lebens.“[5] Schütz hatte den Reformgeist der sozialliberalen Koalition in Bonn eingesogen: „Wir sind darauf aus, dem Bund sozialpolitisch – wenn möglich – etwas voraus zu sein.“[6] Doch bald sah sich der Senat der grundsätzlichen, nicht nur eine Legislaturperiode dauernden Debatte

[3] Schütz vor dem Abgeordnetenhaus, *Plenarprotokoll*, 6. W.P., 8. 6. 1972, S. 1015.

[4] Im Interview mit *Radio Luxemburg* am 27. 2. 1969 (zitiert nach: Kommentarübersicht des Bundespresseamtes).

[5] Auch diese Formulierung war bereits älter, sie stammt aus dem Programm „Wir schaffen das Berlin der Zukunft. Das Berlin-Programm der sozialdemokratischen Partei Deutschlands“ vom Herbst 1970, Landesarchiv Berlin, Zeitgeschichtliche Sammlung, Rep. 240, Acc. 1978, Mappe „Landesverband der SPD“, Nr. 15, S. 5.

[6] Siehe zu Schütz' Programm auch unten das Kapitel zur Senatsarbeit.

über die Perspektive der Stadt ausgesetzt: „Heute werden viele besorgte Fragen an uns herangetragen: Was macht ihr denn eigentlich, ihr armen Berliner – nicht mehr im Rampenlicht der Weltöffentlichkeit, keine Schlagzeilen mehr, keine Krisen – was macht ihr also?“[7]

Als besonders problematisch stellte sich die Phase zwischen dem Abschluß des Abkommens im September 1971 und dem Inkrafttreten des gesamten Vertragskomplexes dar, weil die praktischen Verbesserungen zunächst die Bevölkerung nicht erreichten. In dieser Zeit blühte daher die spekulative Auseinandersetzung, ob der Berlin-Regelung ein „Funktionsverlust“ oder ein „Funktionsgewinn“ folgen werde.

Wenn auch auf der Seite der Optimisten eine Menge Wunschdenken mitspielte, sollte andererseits den Skeptikern nicht das Motiv der „self-fulfilling prophecy“ unterstellt werden. Wer aber die Ostverträge ablehnte, mußte auch die Verbesserungen der Situation Berlins als so bescheiden wie möglich charakterisieren, die interpretationsbedürftigen Teile der Abmachungen skeptisch auslegen. Der Disput über den Gesamtkomplex der Ostverträge wirkte sich auch auf den bis dahin sprichwörtlichen Zusammenhalt der Berliner Parteien in grundsätzlichen Fragen aus. Die Polarisierung der beiden großen Parteien erfaßte auch Berlin und rief eine „deutliche Unsicherheit“ in der Bevölkerung hervor.[8]

Die Position des Senates war eindeutig auf die Umsetzung des Regierungsprogramms aus der Zeit vor dem Abkommen ausgerichtet. Klaus Schütz versuchte im Frühjahr 1972 sogar, die Bedeutung des Abkommens für seine Stadtpolitik herunterzuspielen: „Der 3. September 1971 tastet die Kontinuität unserer Arbeit überhaupt nicht an, wohl aber verschafft er uns erweiterte Möglichkeiten.“[9] Auf die Kritik, der Senat komme über den kommunalpolitischen Horizont nicht hinaus, reagierte Schütz dann aber doch mit größerem Interesse für die Berlin-Pläne, die von den Parteien, Institutionen und einzelnen Publizisten vorgelegt wurden.[10] Die Absurdität der geographischen

[7] Klaus Schütz in: *Der Spiegel* vom 3. 1. 1972.

[8] Klaus Riebschläger, *Nach dem Berlin-Abkommen*, in: *Deutschland-Archiv* 1972, S. 244–248.

[9] Klaus Schütz in einem eigenen Beitrag in: *Die Welt* vom 15. 2. 1972.

[10] „Während Klaus Schütz noch im Februar sagte, er sei nicht einmal sicher, ob er alle Vorschläge zur Berlin-Politik überhaupt lesen werde, meinte er vier Monate später im Abgeordnetenhaus: ‚Ich füge betont hinzu: alle diese Vorstellungen müssen von uns sorgfältig geprüft und – wo immer möglich – beachtet werden.‘“ J. Nawrocki in: *Die Zeit* vom 4. 8. 1972.

Lage West-Berlins hatte sich ja nicht geändert, sie war Teil der damaligen Lage der Stadt. Wenn schon von der „Aufgabe", Frontstadt zu sein, Abschied genommen werden mußte, blieb doch die Notwendigkeit, die eigene Existenz zu begründen: „Der Widersinn muß einen Sinn bekommen."[11]

Zunächst hatte sich der Regierende Bürgermeister weitreichende Gedankenspiele verboten, um „aufs Nächstliegende zu sehen und über das Naheliegende nachzudenken".[12] Eine doppelte Aufgabenstellung nahm er in Angriff: die Erweiterung der Bindungen an den Westen, auch an die Europäische Gemeinschaft, und auf dieser Grundlage die Erweiterung der Beziehungen zum Osten: „Berlin als der Ort, an dem Osten und Westen ihre Verständigungsbereitschaft bewiesen haben, wird Menschen anziehen, und die Wirtschaft und der Handel werden zunehmend erkennen, welche Chancen Berlin ihnen bietet."[13]

Neun Schwerpunkte seiner Arbeit betonte Schütz in einer Regierungserklärung anläßlich des Inkrafttretens des Abkommens: 1. Die finanziellen Leistungen durch den Bund, die es zu entwickeln gelte, 2. die Beibehaltung des Gesetzes zur Förderung der Berliner Wirtschaft, um die Attraktivität der Stadt zu erhöhen, 3. die Einbeziehung der Stadt in die internationalen Verkehrsnetze, insbesondere des Luftverkehrs, 4. den inneren Ausbau zur modernen Großstadt, 5. die Entwicklung der Bedeutung als Konferenzort, insbesondere durch Einbeziehung östlicher Teilnehmer, 6. den Ausbau der Stadt zum Kulturzentrum, 7. die Verbesserung der Beziehungen zum Umfeld über Reise- und Kommunikationsabkommen, 8. den Ausbau der Bundespräsenz durch Kongresse und Ansiedlung neuer Behörden des Bundes und 9. die Beteiligung der Stadt an Entscheidungen des Bundestages und des Bundesrates.[14]

In ihrer Antwort bekannte sich auch die Opposition dazu, die Attraktivität der Stadt auf den Gebieten der Kultur, der Wissenschaft, der Kongresse, der Kommunikation und der Weiterentwicklung der Bindungen zum Bund steigern zu wollen. Statt einer Infragestellung der Ziele des Senates beklagte man Fehlendes.

[11] Peter Bender, *West-Berlin: Westdeutscher Sackbahnhof oder Europäisches Zentrum?*, in: *Deutschland-Archiv* (1972), S. 701–703.

[12] Klaus Schütz, *Der langfristige Funktionsgewinn*, in: R. Heyen (Hrsg.), *Die Entkrampfung Berlins...* (s.o. Anm. 2), S. 72–79 (79).

[13] *A.a.O.*, S. 79.

[14] *Plenarprotokoll* des Abgeordnetenhauses, 6. W.P., 8. 6. 1972, S. 1016 f.

Ohne die Gefahr, für die Umsetzbarkeit verantwortlich gemacht werden zu können, hatte die CDU den Wunschkatalog „Thesen und Forderungen für die Weiterentwicklung Berlins" vorgelegt, der sich weniger im Inhalt als in der Diktion von der Aufgabenstellung des amtierenden Senates abhob.[15] Von seiten der Opposition wurde die Kompensation eines Verlustes angemahnt, als Peter Lorenz erklärte: „Wir haben keine Hauptstadtfunktion, auch keine Hoffnung auf Hauptstadt mehr; infolgedessen müssen wir sehen, daß wir andere Aufgaben bekommen."[16]

Auch der Fraktionschef Heinrich Lummer sagte einen Funktionsverlust Berlins voraus: „Das Gewöhnliche wird Berlin demnächst bedrohen, das allzu Profane: Keine Hauptstadt mehr, keine ‚offene Wunde' mehr, keine Aussicht auf Wiedervereinigung. Berlins Zukunft ist nur noch aufs Überleben gerichtet ohne übergreifende Aufgabe."[17] Lummer betonte den für ihn unzureichenden Ersatz nationaler Aufgaben durch die Versuche, Institutionen der Vereinten Nationen und der Europäischen Gemeinschaft nach Berlin zu holen: „Der Verlust einer nationalen Funktion soll durch internationale Trostpflaster ersetzt werden." Daneben wies er auf den Reputationszuwachs Ost-Berlins als Hauptstadt der DDR hin, neben der sich der Westteil als „Glitzerding der westlichen Welt" weiterentwickeln werde: „Nicht die Politik, das Vergnügen wird dominieren. Weniger Bewohner und vielleicht mehr Besucher."[18]

[15] Beispielsweise wurde betont: „Jene Institutionen des Bundes und der Länder, denen es nicht verboten ist, in Berlin zu tagen, sollten dieses Recht optimal ausschöpfen." Auch die Forderungen nach dem Stimmrecht für die Berliner Bundestagsabgeordneten, nach der Einrichtung eines Verfassungsgerichtshofes und der Einrichtung eines „Nationalwerks Deutsche Hauptstadt" wurden forsch vorgebracht, daneben auch die Errichtung eines Kernkraftwerkes in Berlin nicht grundsätzlich ausgeschlossen. Abdruck in: *Berliner Rundschau* vom 8. 6. 1972.

[16] Peter Lorenz im *Mittagsmagazin* des *WDR*, 21. 6. 1972 (zitiert nach der Kommentarübersicht des Bundespresseamtes). Lorenz forderte eine „erheblich verstärkte Förderung des Dienstleistungsbereiches" und eine Ansiedlung namentlich der mit Entwicklungshilfe befaßten Stiftungen in Berlin. Auch die Rückkehr des leitenden Managements Berliner Konzerne in die Stadt sollte angestrebt werden.

[17] Heinrich Lummer, *Der langfristige Funktionsverlust*, in: R. Heyen (Hrsg.), *Die Entkrampfung Berlins...* (s.o. Anm. 2), S. 79–88 (S. 81).

[18] *A.a.O.*, S. 87. Vgl. dazu auch ein Interview der *Neue Ruhr Zeitung* mit Klaus Schütz vom 5. 2. 1972 unter der Überschrift „Wird Westberlin ein St. Pauli des Ostens?"

Wie äußerte sich die kleinere Oppositionspartei, die im Bund in der Regierungsverantwortung stand? „Die Berliner FDP warnt davor", so lautete ein Beschluß des Landesparteitages Anfang Juni 1972, „neue Illusionen aufzubauen und mit Schlagworten wie ‚Modell einer modernen Großstadt' vage Versprechungen zu machen, die nicht erfüllt werden können."[19] Auch hier bewegte sich die FDP zwischen den Positionen der beiden großen Parteien. So verteidigte der Landesvorsitzende Lüder nach der Kritik an Schütz die Politik der Bundesregierung und konstatierte an die Adresse der CDU gerichtet, „daß die Hauptstadtfunktion Berlins schon längst zur Hauptstadtfiktion geworden ist".[20]

Die Sozialdemokraten überließen es den Vertretern der Partei, die nicht wie der Senat mit der Bundesregierung über Subventionen zu verhandeln hatten, den Wettstreit mit dem Ostteil zu proklamieren. So durfte der junge Abgeordnete Klaus Riebschläger fordern, die neue Politik in Berlin „wird von Selbstbescheidung als oberstem Grundsatz frei sein müssen".[21] Diese Angst vor der Zweitrangigkeit der Stadt, vor einer Provinzialisierung, stellte das bedeutendste psychologische Problem nach der Unterzeichnung des Abkommens dar. Der Regierende Bürgermeister traf mit seinem Pragmatismus – „Wir suchen nicht krampfhaft nach besonderen Bestimmungen für die Stadt"[22] – nicht nur auf Gegenliebe. Im Einklang mit der Bundesregierung und der schon seit der Passierscheinregelung vorherrschenden Motivation, trotz aller Unzulänglichkeiten und trotz der Teilung und des Schießbefehls den Bürgern West-Berlins einen geregelten Lebensalltag zu verschaffen, hatte Schütz nach Erreichen der Regelung den inneren Ausbau der Stadt zur obersten Priorität erklärt; ihm war „dieses sogenannte Materielle unendlich viel wichtiger als aufgeblasene Funktionen für Berlin, die in den Sternen stehen".[23]

[19] Punkt 1.3. des Antrags 1: Pluspunkte für Berlin, Akte des 27. Landesparteitages am 3./4. Juni 1972.

[20] *A.a.O.*, Protokoll, S. 5.

[21] K. Riebschläger, *Nach dem Berlin-Abkommen*, in: *Deutschland-Archiv* (1972), S. 244–248, hier: S. 246.

[22] Klaus Schütz in: *Welt am Sonntag* vom 7. 11. 1971. Die Zeitung hatte geklagt: „Wie aber soll die politische Zukunft Berlins aussehen? Wo ist seine Chance, die es davor bewahrt, politisch neutralisiert und in den Konservierungsmitteln der Regelungen ‚eingemottet', nur noch materiell zu überleben?", *ebda.*

[23] Schütz in: *Welt am Sonntag* vom 7. 11. 1971; Schütz konkretisierte: „Berlin braucht Funktionen, aber, wenn ich das so sagen darf, irdische: Solche, die mit europäischen Interessen zusammengehen. Und: Die Wirtschaft muß wachsen, die Arbeits-

Die Vermittlung dieser politischen Zielsetzung verlief jedoch bisweilen unglücklich und bezog die in den Jahren der Bedrohung geprägte Mentalität eines Großteils der Berliner Bevölkerung nicht immer adäquat ein. Gelegenheit zu Mißverständnissen boten angesichts der weiterhin bestehenden Umstände beim Betreten und Verlassen der Stadt, der besatzungsrechtlichen Auflagen, der anhaltenden Subventionierung Aussagen wie diese: „Wir müssen wieder eine normale Großstadt werden. Ich würde sogar sagen: normaler als die anderen Großstädte."[24]

Mit der vom Senat propagierten „Normalität", glaubten die Kritiker, werde die östliche Strategie der Herabwürdigung Berlins zur „selbständigen politischen Einheit" genährt. Der beklagte Verlust der Hauptstadtfunktion der Westsektoren war aber nicht erst mit dem Vier-Mächte-Abkommen eingetreten, dessen Regelungen hatten lediglich erstmals die seit Ende des Krieges eingetretene Lage ins Kalkül gezogen. Daher versprach die Aufrechnung verpaßter Chancen kein neues Konzept, statt dessen waren Perspektiven nötig. Die Liste der Ziele auf nationaler und internationaler Ebene war überaus lang: „KSZE, Umweltschutzkonferenz, Welthandelskonferenz, Kontaktstelle EWG-Comecon, Consulting-Börse, wissenschaftliches Kommunikationszentrum, Dokumentationszentrum, Kooperationszentrale, Kongresse, Tagungen, Ausstellungen, Einbeziehung in west-östlichen Energieverbund, Schnittpunkt von Verkehrswegen zu Lande und in der Luft, Schaltzentrale für Rundfunk- und Fernsehen (Eurovision-Intervision), Sport- und Kulturaustausch und manches andere mehr."[25] Dazu sollte ein neuerliches Engagement der Bundesrepublik treten: „Neue Behörden wie ein Bundesamt für Umweltschutz oder das bereits für Berlin bestimmte Bundeszentralregister ... Auch die Zentralisierung öffentlicher Dienstleistungen von Bund,

plätze müssen sicher sein, der Handel muß florieren, die Ausbildungs- und Fortbildungsmöglichkeiten müssen vorzüglich sein, die Wissenschaften und die Künste eine Heimat haben, die Menschen sicher und ihrem Willen entsprechend leben können, die älteren Mitbürger in die Gesellschaft einbezogen sein, kurz: Alle sollen eine bejahenswerte Existenz führen können."

[24] Schütz im Interview mit dem *Spiegel* vom 3. 1. 1972.

[25] Joachim Nawrocki, *Versuch einer Berlin-Futurologie,* in: *Deutschland-Archiv* (1972), S. 238–242, und *Eine Stadt sucht ihre Zukunft*, in: *Die Zeit* vom 4. 8. 1972. Zu diesem Zeitpunkt war der Plan, in Berlin ein Osthandelsbüro der Europäischen Gemeinschaft einzurichten, den Schütz in Brüssel vorgetragen hatte, bereits gescheitert.

Ländern und Gemeinden, die durch elektronische Datenverarbeitung geleistet werden können, ist vorgeschlagen worden, ebenso die Ansiedlung von Gemeinschaftseinrichtungen der Bundesländer wie eine Bund-Länder-Kommission für die Gebietsveränderungen oder ständige Büros der Innenminister und der Kultusminister. Wichtiger noch ist, daß Berlin auch von nicht-staatlichen Organisationen der Parteien, Gewerkschaften, Berufsgruppen und der Wirtschaft selbstverständlicher als bisher in alle Überlegungen einbezogen wird. Politiker der SPD wie der CDU haben zum Beispiel gefordert, daß die politischen Bildungseinrichtungen der Parteien – Friedrich-Ebert-Stiftung, Konrad-Adenauer-Stiftung und Friedrich-Naumann-Stiftung – ihre Aktivitäten in Berlin verstärken oder gar ihren Sitz hierher verlegen ... Das gleiche gilt auch für die Bildungseinrichtungen der Gewerkschaften und Verbände. Auch das Angebot an wissenschaftlichen Einrichtungen in Berlin kann – über die bereits erwähnten Institutionen hinaus – noch erweitert werden. Seit langen wird für eine Stiftungsuniversität in Berlin plädiert. Das Wissenschaftszentrum Berlin soll weiter ausgebaut werden, und auch eine Akademie für ärztliche Fortbildung ist vorgeschlagen worden. Wichtig für die weitere Entwicklung West-Berlins, für Wanderungsbilanz und Bevölkerungsstruktur wird es auch sein, ob es gelingt, private und öffentliche Unternehmen dazu zu bewegen, wieder mehr Führungskräfte in Berlin arbeiten zu lassen."

Die Spannbreite dieser Wünsche war widersprüchlich: zum einen sollte die Zugehörigkeit zum Bund durch verstärkte Präsenz und Repräsentation in der Stadt betont werden, um den auf Eis gelegten Hauptstadtanspruch halbwegs ausgleichen zu können, zum anderen wollte man gleichzeitig in Konkurrenz zu Genf, Wien und Helsinki treten. Das „Flagge-Zeigen" – nämlich der bundesrepublikanischen Flagge – und die Aufnahme in den Kreis der neutralen Plätze, die Betonung der nationalen Besonderheit wie der europäischen Vorreiterrolle, mußten bei den osteuropäischen Nachbarn Irritation hervorrufen. Mitgliedsländer des Warschauer Paktes für die Teilnahme an internationalen Veranstaltungen in einem gleichsam über dem allgemeinen Ost-West-Gegensatz schwebenden Berlin zu gewinnen, mußte ungleich schwieriger werden, wenn gleichzeitig demonstrativ an der „besonderen nationalen Aufgabe" der ehemaligen Hauptstadt festgehalten werden sollte.

Wie weit die Zuversicht reichte, verrät folgende Frage „Die Vereinten Nationen beschäftigen in Wien 2000 Menschen; warum soll ähnliches nicht in Berlin möglich sein?“[26] Wien war aber anders als Berlin gerade nicht zu *dem* Symbol des Kalten Krieges geworden. Wie hätte eine UN-Tagung auf Schüsse an der Mauer reagiert, reagieren können?

Gleichzeitig für europäische und für Bundesbehörden attraktiv zu sein, dieser Widerspruch blieb bis 1989 offizielle Vorgabe.[27] Doch die Verfolgung zweier widersprüchlicher Ziele, um die Aufwertung Berlins zu erreichen, war durchaus plausibel und politisch vertretbar. Der potentielle Schaden war ja auf eine mögliche Enttäuschung der Berliner, mit den bekannten Konsequenzen am Wahltag, begrenzt.

[26] J. Nawrocki, *Eine Stadt sucht ihre Zukunft*, in: *Die Zeit* vom 4. 8. 1972.

[27] S. die kritischen Anmerkungen von Peter Bender, *West-Berlin: Westdeutscher Sackbahnhof oder Europäisches Zentrum?*, in: *Deutschland-Archiv* (1972), S. 701–703.

ZWEITER TEIL

Auf der Suche nach einer neuen Perspektive: Das Syndrom der „normalen Stadt“. Berliner Demokratie 1972 bis 1975

VORBEMERKUNG

Bei den Wahlen zum Abgeordnetenhaus und zu den Bezirksverordnetenversammlungen am 2. März 1975 hatte der Souverän die erste Möglichkeit, über das Erreichte ein Urteil zu fällen. Das Abkommen der Siegermächte stand nicht zur Abstimmung, gleichwohl zwang der Wahltag zur Bestandsaufnahme. Wie bot sich Berlin dem Wähler im Frühjahr 1975 dar? Und inwiefern hatten sich die Prioritäten bei Wünschen, Befürchtungen und Problemen der Berliner gewandelt?

Eine Bilanz der für Berlin bestimmenden Ereignisse zwischen 1972 und 1975 muß differenzieren zwischen Wünschen und Entwürfen und der Umsetzung der Ideen. Wie zuvor lag diese Umsetzung nicht allein in den Händen der Berliner, weder der Regierung noch der Bevölkerung. Die Zukunft Berlins war Thema von Utopien wie von Kassandra-Rufen. Die Diskussion über die Rolle, die Aufgabe, die Position, die Chancen der Stadt war das Hauptcharakteristikum der Berliner Demokratie in den ersten Jahren nach dem Inkrafttreten des Abkommens. Diese Diskussion stand zur politischen Entwicklung – zu Erfolgen und Rückschlägen – der Stadt in einem Wechselverhältnis. Zum einen wurden Planungen erarbeitet und zu realisieren versucht, namentlich die Regierung versuchte, „die Zukunft zu gestalten". Zum anderen aber zwangen die Praxis des Abkommens und die alltäglichen Probleme bei der Ausführung und Anwendung des Vereinbarten zum Reagieren, zwangen den Senat zum Teil in die Defensive und gaben insoweit den Skeptikern recht.

Auch die Debatte über die Zukunftschancen der Stadt wurde maßgeblich geprägt von der Entwicklung auf allen drei politischen Ebenen. Der Wandel der Position Berlins in der vom Ost-West-Antagonismus bestimmten Weltpolitik muß daher ebenso einbezogen werden wie die Fortsetzung der Ost- und Deutschlandpolitik der Bundesregierung und die eigenen, vom Senat unterhaltenen Kontakte mit dem Nachbarn DDR. Dazu tritt die Bilanz der Durchführung des Vier-Mächte-Abkommens, die Arbeit der Regierung und die Entwicklung des Parteiensystems. Die Bilanz, die die Berliner Anfang 1975 ziehen konnten, hatte auf allen drei politischen Ebenen erhebliche Veränderungen zu verzeichnen.

VIERTES KAPITEL

Die Wandlung der Rolle Berlins in den internationalen Beziehungen 1972 bis 1975

Der folgende Abschnitt beschreibt die Rolle Berlins im Verhältnis zu den Siegermächten sowie die Bedeutung der Stadt in den Beziehungen der Mächte untereinander. Damit soll gezeigt werden, in welcher Form auch nach dem Abkommen von außen auf die Entwicklung der Berliner Demokratie eingewirkt worden ist.

Mit dem Abschluß des Abkommens hatten die vier Siegermächte einen *modus vivendi* angestrebt, der es erlauben sollte, trotz weiterhin bestehender Meinungsverschiedenheiten in der rechtlichen Beurteilung des Status der Stadt diese aus dem Ost-West-Antagonismus auszugliedern. Das Abkommen wurde zur Basis des westlichen Vorgehens: „Mit dem Berlin-Abkommen wurde die amerikanische Entspannungspolitik gegenüber der Sowjetunion beschleunigt, aber gleichzeitig durch die Zusammenarbeit mit den anderen Westmächten und der Bundesrepublik Deutschland auch europäisiert. Umgekehrt erhielt die Ostpolitik der Bundesrepublik mit dem Berlin-Abkommen Substanz und wurde in die Entspannungsbemühungen des atlantischen Bündnisses fest eingebettet.“[1]

Zunächst stand die Erfüllung eines Herzenswunsches der DDR-Regierung auf dem Programm: der Eintritt des SED-Staates in die Staatengemeinschaft der Vereinten Nationen.

Berlin und der Beitritt beider deutscher Staaten zu den Vereinten Nationen: Die Anerkennung der Teilung?

Für den Westteil Berlins stellte der Beitritt beider deutscher Staaten zur Charta der Vereinten Nationen den weiteren Ausbau der Vertretung durch die Bundesrepublik dar. Die andere Folge bestand im Voll-

[1] Christian Hacke, *Die Ära Nixon-Kissinger 1969–1974. Konservative Reform der Weltpolitik*, Stuttgart 1983, S. 154.

zug der Anerkennung der DDR als autonomer Staat und damit *de facto* des Ostteils der Stadt als Hauptstadt der DDR durch die internationale Staatengemeinschaft. Darüber hinaus gab es keine speziellen Einflußnahmen auf die Berliner Situation: weder die „Deutsche Frage" noch das „Berlin-Problem" wurden von einer der beiden deutschen Delegationen zum Anlaß von Debatten der Generalversammlung gemacht. Berlin war in den siebziger Jahren kein Thema für die Vereinten Nationen.

Gleichwohl war, vergleichbar mit dem KSZE-Prozeß, der wichtigste Beitrag der Stadt zuvor erbracht worden: Erst durch das Vier-Mächte-Abkommens und die dazugehörigen Vereinbarungen waren neben den formellen auch die politischen Voraussetzungen für den Beitritt der beiden deutschen Staaten erfüllt.[2] Außenminister Scheel hatte mit seiner „Scheel-Doktrin" die „Hallstein-Doktrin" auch dahingehend entschärft, daß er die Mitgliedschaft der deutschen Staaten nur noch auf Zeit von der Bedingung der Regelung der deutsch-deutschen Beziehungen abhängig machte.[3] Die Isolierung der DDR drohte in eine Isolierung der Bundesrepublik, insbesondere durch Staaten der sogenannten Dritten Welt, umzuschlagen. Daß aber die internationale „Salonfähigkeit" der DDR erst *nach* der Regelung der innerdeutschen Beziehungen und der Entspannung in und um Berlin durch „Mitgliedschaft und Mitarbeit in internationalen Organisationen" zu regeln sei, hatte Bundeskanzler Brandt schon beim Treffen mit dem Vorsitzenden des Ministerrats der DDR in Kassel im Mai 1970 im Zwanzigsten der sogenannten „20 Kasseler Punkte" betont.[4] Unmittelbar nach den Paraphierung des Grundlagenvertrages und der

[2] Gemäß Artikel 4 I der Charta der Vereinten Nationen muß der Antragsteller ein friedliebender Staat im Sinne des Völkerrechtes sein. Gemäß Artikel 4 II bedarf es darüber hinaus der Empfehlung von 9 der 15 Mitglieder des Sicherheitsrates, darunter aller fünf ständigen Mitglieder (USA, UdSSR, Frankreich, Großbritannien und VR China). Das Veto nur eines der ständigen Mitglieder – etwa auf Bitte der Bundesregierung – vermochte den Beitritt eines Antragstellers zu blockieren.

[3] In der Frage der „Konsequenzen", die sich aus der Aufnahme offizieller Beziehungen zur DDR ergeben sollten, hatte bereits die Große Koalition die flexiblere Position der individuellen Prüfung von Sanktionen eingenommen.

[4] Abdruck in: *Zehn Jahre Deutschlandpolitik. Die Entwicklungen der Beziehungen zwischen der Bundesrepublik Deutschland und der Deutschen Demokratischen Republik 1969–1979,* hrsg. vom Bundesministerium für innerdeutsche Beziehungen, Bonn 1980, Dok. Nr. 13, S. 139. Benno Zündorf, *Die Ostverträge,* München 1979, S. 286, weist darauf hin, daß diese Bedingung „nicht von ungefähr" erst der letzte der Punkte war.

Bundestagswahl im November 1972 wurde der DDR am 20. November 1972 der erste Beitritt zu einer Sonderorganisation, der *UNESCO*, gestattet. Weiter hatte die DDR mit ihrer Forderung, bereits zu Beginn der Verhandlungen über die Grundlagen der Beziehungen den UNO-Beitritt und den Austausch von Botschaftern zu vollziehen, nicht durchzudringen vermocht. Am 3. März 1966 war ein Antrag der DDR auf Mitgliedschaft im Sicherheitsrat abgelehnt worden, unter Hinweis auf den Alleinvertretungsanspruch der Bundesrepublik und die „Nichtstaatlichkeit“ der DDR.

Die Vier Mächte hatten als Ergebnis der Verhandlungen ihrer Botschafter in Berlin in einer am 5. November beschlossenen und am 9. November 1972 – also am Tag nach der Paraphierung des Grundlagenvertrages – veröffentlichten Erklärung die gemeinsame Zustimmung zu den Anträgen der beiden deutschen Staaten auf Mitgliedschaft mitgeteilt, die lediglich den Vorbehalt der Nichtbeeinträchtigung der Rechte und Verantwortlichkeiten der Vier Mächte postulierte.[5] Der Wunsch Bonns, die Selbständigkeit zweier deutscher Staaten durch einen gemeinsamen Antrag zu kaschieren, wurde von der DDR abgelehnt. Die Siegermächte hatten sich mit der Form des Verfahrens auseinanderzusetzen.[6] Auch in dieser Angelegenheit hatte Henry Kissinger in bilateralen Gesprächen mit Gromyko und Dobrynin eine Vorab-Klärung der Formulierungen versucht. Wiederum waren es aber die Franzosen, die auf einer engen Auslegung

[5] Abdruck in: *Dokumente zur Berlin-Frage 1967–1986*, hrsg. von Hans Heinrich Mahnke, München 1987, Dok. Nr. 259. B. Zündorf, *Die Ostverträge*... (s.o. Anm. 4), weist auf die Problematik dieses „Souveränitätsdefektes“ hin: „Die Erklärung der Vier Mächte vom 9. November 1972 bindet die ‚Unterstützung‘ der beiden Beitrittsanträge, d. h. den Verzicht auf das Veto, an das ‚In-keiner-Weise-Berührt-Werden‘ der Viermächte-Verantwortung“ und erinnert an den Status Weißrußlands und der Ukraine, die trotz der Unterstellung unter die Sowjetunion „zu im übrigen vollberechtigten VN-Mitgliedern geworden“ sind, *a.a.O.*, S. 288 f.

[6] Viktor Belezki, *Die Politik der Sowjetunion in den deutschen Angelegenheiten in der Nachkriegszeit*, Berlin (Ost) 1977, S. 365, berichtet über diese Gespräche zwischen dem 23. Oktober und dem 5. November 1972: „Um die Verhandlung zu erleichtern, verglichen die Verhandlungspartner in einem Arbeitsdokument ihre Standpunkte, wobei die strittigen Fragen ausgeklammert wurden ... Die Westmächte verzichteten auf jegliche Erwähnung ‚Berlins‘ und einer ‚Friedensregelung‘. Da auch das Wort ‚Deutschland‘ aus dem Text herausgenommen wurde, kam die sowjetische Seite am 4. November 1972 den Westmächten ebenfalls einen Schritt entgegen und erklärte sich bereit, den Terminus ‚Fragen der‘ (Rechte und Verantwortlichkeiten – d. Verf.) zu streichen und das Wort ‚Praxis‘ aufzunehmen.“

bestanden: die Rechte der vier Sieger sollten unberührt bleiben, nicht nur die „Frage der Rechte“, wie der amerikanisch-sowjetische Vorab-Beschluß gelautet hatte.[7] Die Amerikaner vertrat jetzt Botschafter Martin Hillenbrand, der wie sein Vorgänger Rush die Aufgabe übernehmen mußte, den westlichen Partnern bilateral erlangte Kompromißformeln schmackhaft zu machen. Ihre Note vom 9. November stellt das erste offizielle Dokument der vier ehemaligen Alliierten dar, in dem Bundesrepublik und DDR gleichberechtigt nebeneinander stehen.

Die Debatte um den Beitritt

Der Zeitpunkt des Beitrittes war nicht allein von der Bundesregierung zu bestimmen, sondern lag wegen der gemäß Artikel 59 II des Grundgesetzes gebotenen Abstimmung beim bundesdeutschen Parlament. Somit gehörte auch dieser Aspekt in die Debatte über den Gesamtkomplex der Regelungen: „Einem VN-Beitritt ohne Grundlagenvertrag und ohne menschliche Erleichterungen hätte der Bundestag nie zugestimmt.“[8]

Bevor am 10. Juni 1973 gleichzeitig das Ratifikationsgesetz zum Grundlagenvertrag und das Gesetz zum Beitritt der Bundesrepublik Deutschland zu den Vereinten Nationen in Kraft traten, bedurfte es einer Regelung für die Einbeziehung Berlins in die Vertretungskompetenz der Bundesrepublik. In einer Note vom 21. Dezember 1972 protestierte die Sowjetunion bei den Westmächten gegen die erklärte Absicht der Bundesregierung, in den Gesetzentwürfen eine Ausdehnung des Geltungsbereiches auf das „Land Berlin“ einzusetzen.[9] Der darauffolgende Notenwechsel brachte keine Annäherung der Standpunkte.

Der östliche Protest begrenzte sich bezüglich Berlins auf diese Einrede, denn im Teil B der Anlage IV zum Vier-Mächte-Abkommen

[7] James S. Sutterlin/David Klein, *Berlin – From Symbol of Confrontation to Keystone of Stability*, New York 1989, S. 174 und Andreas Wilkens, *Der unstete Nachbar. Frankreich, die deutsche Ostpolitik und die Berliner Vier-Mächte-Verhandlungen 1969–1974*, München 1990, S. 116 f.

[8] B. Zündorf, *Die Ostverträge...* (s.o. Anm. 4), S. 293.

[9] Abgedruckt in: *Dokumente zur Berlin-Frage 1967–1986...* (s.o. Anm. 5), Dok. Nr. 260.

hatte die Sowjetunion den Regierungen der drei Westmächte ja bereits eingeräumt, unter der Voraussetzung, daß Angelegenheiten der Sicherheit und des Status nicht berührt werden, keine Einwände gegen die Vertretung der Interessen der „Westsektoren Berlins" durch die Bundesrepublik in internationalen Organisationen zu haben. In einer Erklärung vom 5. Juni 1973 hatte die Botschaft der UdSSR in der DDR diese Position erneut bekräftigt.[10] Da die Bundesregierung zudem die zweifelsfreie Miteinbeziehung Berlins mit Ausnahme der genannten Einschränkung zur unbedingten Voraussetzung für den Beitritt der Bundesrepublik gemacht hatte, blieben Verhandlungen über diesen Punkt aus.

Nach der Zuleitung des Gesetzentwurfes an die Alliierte Kommandatura in Berlin erklärte diese dem Regierenden Bürgermeister, keine Einwände „gegen die Annahme der in der Charta der Vereinten Nationen enthaltenen Rechte und Verantwortlichkeiten auch in bezug auf die Westsektoren von Berlin durch die Bundesrepublik Deutschland" zu haben und stimmte auch „der Vertretung der Interessen der Westsektoren von Berlin in den Vereinten Nationen und deren untergeordneten Organisationen durch die Bundesrepublik" zu.[11] Jetzt fehlte nur noch die Zustimmung des Bundestages und des Bundesrates.

Bei der Debatte stand nicht Berlin im Mittelpunkt des Parteienstreits. Bedenken seitens der oppositionellen CDU richteten sich nämlich grundsätzlich weniger gegen den Beitritt der Bundesrepublik als vielmehr gegen den gleichzeitigen Beitritt der DDR. Außenminister Scheel nannte die beiden gleichzeitig debattierten Gesetze – zum UNO-Beitritt und zur Zustimmung zum Grundlagenvertrag – die „zwei Seiten einer Medaille".[12] Der Oppositionsführer im Bundestag, Karl Carstens, der als Berichterstatter des Auswärtigen Ausschusses den Beitritt der Bundesrepublik grundsätzlich gutgeheißen hatte, wollte diesen Automatismus nicht gelten lassen, und in der Tat kam es bei den getrennten Abstimmungen zu unterschiedlichen Ergebnissen.

[10] Abdruck in: *Das Vierseitige Abkommen über Westberlin und seine Realisierung. Dokumente 1971–1977*, hrsg. vom Ministerium für Auswärtige Angelegenheiten der DDR und dem Ministerium für Auswärtige Angelegenheiten der UdSSR, Berlin (Ost) 1978, Dok. Nr. 67.

[11] BKC/L (73) 1 vom 13. 4. 1973, abgedruckt in: *Dokumente zur Berlin-Frage 1967–1986...* (s.o. Anm. 5), Dok. Nr. 261.

[12] Scheel im Bundestag, 7. W.P., 30. Sitzung vom 10. 5. 1973, S. 1544 A.

Die die Regierung unterstützenden Parteien schätzten die Zugeständnisse der DDR im Grundlagenvertrag als so hoch ein, daß sie die „Belohnung“ der DDR durch die Einwilligung zum Beitritt beider deutscher Staaten in die UNO als gerechtfertigt ansahen. Für die CDU war das Problem der Abwägung offenkundig: ein Votum für den Beitritt unterstützte den Wunsch der DDR nach Darstellung der Zweistaatlichkeit, ein Votum gegen den Beitritt beider Staaten hätte die Gefahr drohender Isolierung weltweit genährt. Bereits zum zwanzigsten Jahrestag der DDR konnte Ost-Berlin die Ansiedlung von siebzehn Botschaften, dreizehn Konsulaten und dreißig Handelsvertretungen feiern. Noch 1969/70 anerkannten sieben Staaten das Regime, 1971/72 nahmen weitere 28 Staaten diplomatische Beziehungen zur DDR auf.[13] Hier traf die sowjetische Analyse einmal zu: „Die Hallsteindoktrin krachte in allen Nähten.“[14]

Trotz der Beteuerung der Bundesregierung, weder die Zustimmung zum Grundvertrag noch der Beitritt zur UNO werde die völkerrechtliche Anerkennung der DDR bedeuten, wurde die im Verlauf der siebziger Jahre eintretende Anerkennung der DDR auf internationaler Ebene vorhergesehen: Franz Josef Strauß mahnte, die Augen nicht davor zu verschließen, „daß nicht nur der kommunistische Vertragspartner, sondern die Welt darum herum – mit Ausnahme der Offiziellen bei NATO-Kommuniqués –, diese Verträge etwas anders auslegen. Alles andere ist Selbsttäuschung“.[15]

Die Situation in Berlin – insbesondere der Schießbefehl – und die weiterhin verweigerte Freizügigkeit für die Bürger der DDR bekräftigten daneben die Befürchtung, die DDR wolle nur die Prestigegewinne aus der Mitgliedschaft in den Vereinten Nationen feiern, nicht aber der Bevölkerung die verbrieften Rechte einräumen. Auch nachdem die DDR demonstrativ Ende März 1973 die UNO-Menschenrechtskonventionen unterzeichnet hatte, blieb Skepsis begründet.

Das Gewicht der Mitgliedschaft der Deutschen in der UNO – zum Teil in der später enttäuschten Hoffnung, auf diesem Forum einer Lösung der deutschen Frage näherkommen zu können – erschien dennoch auch zahlreichen Abgeordneten der Opposition so hoch, daß bei der namentlichen Abstimmung über das Gesetz zum Beitritt am

[13] V. Belezki, *Die Politik der Sowjetunion...* (s.o. Anm. 6), S. 369.

[14] *Ebda.*

[15] F. J. Strauß im Bundestag am 9. 5. 1973, *Stenographische Berichte,* 7. W.P., 29. Sitzung, S. 1448 D.

11. Mai 1973 nicht geschlossen wie bei der Ablehnung der Gesetzes zur Zustimmung zum Grundlagenvertrag votiert wurde.[16] Allerdings waren sich alle Berliner Bundestagsabgeordneten der CDU in der Ablehnung beider Gesetze einig.

Nach der Zustimmung des Bundesrates am 25. Mai 1973 wurde das Gesetz mit seinem Artikel 2 zur Ausdehnung auf Berlin am 6. Juni 1973 verkündet,[17] am 12. Juni stellte die DDR ihren Antrag, dem der bundesrepublikanische einen Tag später folgte. Außenminister Scheel nahm dies zum Anlaß, ein Schreiben an den UNO-Generalsekretär als offizielles Dokument bei den Vereinten Nationen zirkulieren zu lassen, in dem er ausdrücklich auf den Vertretungsanspruch der Bundesrepublik hinsichtlich der Interessen Berlins und die alliierte Ermächtigung dafür hinwies.[18] Die hier wie im Vier-Mächte-Abkommen verwandte Formel von der Vertretung des Interessen Berlins drückte „deutlich aus, daß die Wahrnehmung der Interessen von Berlin (West) im internationalen Verkehr nicht über ein völkerrechtliches Vertretungsverhältnis abgewickelt werden soll, welches die Stadt zwangsläufig in die Rolle eines durch die Westmächte oder die Bundesrepublik Deutschland vertretenen selbständigen Völkerrechtssubjekts gedrängt hätte". Gegenstand der Ermächtigung schon im Vier-Mächte-Abkommen war vielmehr „nicht die teilweise Abtretung des Vertretungsrechts, sondern nur die Befugnis, dieses Recht auszuüben".[19]

[16] Von 486 + 22 (Berliner) Stimmen wurden 364 + 13 mit Ja und 121 + 9 mit Nein gezählt. Zum Vergleich: am selben Tag stimmten von 485 + 22 mit Ja: 268 + 13 und mit Nein: 217 + 9 beim Votum zum Grundlagenvertrag; *Stenographische Berichte*, 11. 5. 1973, 7. W.P., 31. Sitzung, S. 1651–1655.

[17] *BGBl.* 1973 II, S. 430.

[18] Schreiben Scheels vom 13. 6. 1973, abgedruckt in *Dokumente zur Berlin-Frage 1967–1986...* (s.o. Anm. 5), Dok. Nr. 263. Der Ständige Vertreter der UdSSR bei den Vereinten Nationen ging in einem Schreiben an den Generalsekretär der Vereinten Nationen vom 26. 6. 1973 dahingehend – zustimmend – darauf ein, daß er auf die Vier-Mächte-Vereinbarung hinwies, *a.a.O.*, Dok. Nr. 264. Auch anläßlich des Beitritts legten alle vier Siegermächte erneut Wert auf die ausdrückliche Dokumentierung ihrer Vorbehaltsrechte, vgl. das Schreiben der Westmächte an den Generalsekretär vom 7. Dezember 1973 (*a.a.O.*, Dok. Nr. 265) und des sowjetischen Vertreters vom 20. Dezember 1973 (*Das Vierseitige Abkommen über Westberlin...* [s.o. Anm. 10], Dok. Nr. 88).

[19] Günther van Well, *Berlin und die Vereinten Nationen*, in: *Vereinte Nationen* (1983), Heft 5, S. 142–146 (143).

Der Sicherheitsrat plädierte am 22. Juni einstimmig für die Aufnahme der beiden deutschen Staaten als 133. und 134. Mitgliedsstaat in die UNO, welche am 18. September 1973 per Akklamation der 28. Generalversammlung vollzogen wurde.[20]

Das Berlin-Problem auf der Bühne der Vereinten Nationen

Die Vertretung Berlins durch die Bundesrepublik war durch den Geltungsbereich im Artikel 2 des Gesetzes, mit dem der Beitritt beschlossen wurde, und den Brief des Außenministers klargestellt: West-Berlin wurde kein selbständiges Mitglied der Vereinten Nationen.

Aus bundesdeutscher Sicht konnte man zufrieden sein, daß die Lage um und in Berlin den UNO-Beitritt nicht länger verhinderte. Für die DDR hatte mit ihrer Aufnahme in die UNO die Nachkriegsperiode – vermeintlich – ihren Abschluß gefunden, das heißt sie sah ihren Bestand als gesichert, den *status quo* der Nachkriegszeit als gewährleistet an. In der Tat herrschte zum Zeitpunkt des feierlichen Beitritts beider deutscher Staaten zur Charta das Klima der Entspannung – trotz des Yom-Kippur-Konfliktes – zumindest in Europa vor. Doch nicht nur war die Ost-West-Konfrontation hier in den Hintergrund gerückt, allein die numerische Dominanz der Entwicklungsländer diktierte die Hauptbeschäftigung der Vereinten Nationen: die Suche nach vernünftigen Regelungen in der „Nord/Süd-Dimension".

Eine Zwischenbilanz anläßlich der Berliner Wahlen im Frühjahr 1975 ließ bereits den Trend erkennen, der sich während der siebziger Jahre fortsetzte: Berlin und das Berlin-Problem waren seit der Mitgliedschaft der Deutschen für die Weltorganisation kein Thema mehr!

Auch hierfür war der Grund das Vier-Mächte-Abkommen. Die aus ihm resultierenden Streitigkeiten hinsichtlich der Auslegung – siehe dazu ausführlich unten das Kapitel über die Durchführung des Abkommens – lagen unterhalb der Schwelle der Bedrohung des Weltfriedens und der internationalen Sicherheit und waren daher für die

[20] Wortlaut der Resolution der Vollversammlung in: *Texte zur Deutschlandpolitik*, hrsg. vom Bundesministerium für innerdeutsche Beziehungen, Reihe II, Bd. 1, Bonn 1975, S. 141.

Generalversammlung, den Sicherheitsrat oder die Sonderorganisationen nicht „problemlösungsträchtig".[21]

Lediglich in zwei Zusammenhängen stellte Berlin einen Streitpunkt dar: bei der Versicherung ihrer unterschiedlichen Standpunkte zur Endgültigkeit der Teilung Deutschlands durch die beiden deutschen Delegationen und der von der DDR und zum Teil von der Sowjetunion angezettelten Diskussionen über die Zugehörigkeit Berlins zum Bund. Der Standpunkt der DDR hinsichtlich der Vertretung der Interessen Berlins war so eindeutig wie anmaßend; im schönsten Gedenken an die Atlantikcharta definierte DDR-Außenminister Otto Winzer die Ziele der UNO: „Die Grundaufgabe der Vereinten Nationen ist die Gewährleistung von Frieden und Sicherheit. Aber dabei kann die BRD Westberlin ebensowenig vertreten wie in Fragen der friedlichen Beilegung von Streitigkeiten, der Abrüstung, der Ergreifung von Zwangsmaßnahmen u. a. m. Demzufolge kann die Bundesrepublik Westberlin in allen wesentlichen Fragen der UNO-Politik nicht vertreten. In anderen, untergeordneten Fragen ist das vielleicht möglich."[22]

Den Anspruch der Bundesrepublik hatte Scheel in seinem Schreiben an den Generalsekretär bereits bei der Antragstellung angemeldet; am 18. September 1973 ließ er in New York auf der ersten Generalversammlung die Proklamation der bundesrepublikanischen Lesart folgen, als er sich auf den „Brief zur deutschen Einheit" berief, der schon zum Abschluß des Moskauer wie des Grundlagenvertrages das Bonner Ziel der Wiedervereinigung deutlich gemacht hatte. Auch in der Betonung der Selbstbestimmung, der Menschenrechte und der Grundfreiheiten unterschied sich Scheel von seinem Vorredner Winzer, ohne allerdings Vorwürfe oder Forderungen an die DDR zu richten. Auch Bundeskanzler Brandt vermied in seiner Rede am 26. September 1973 jegliche Offensive in Sachen Berlin und Deutschland als Ganzes: „Wir sind nicht hierhergekommen, die Vereinten Nationen als Klagemauer für die deutschen Probleme zu betrachten oder um Forderungen zu stellen, die hier ohnehin nicht erfüllt werden können."[23] Obwohl eine Selbstverständlichkeit, wurde der Bundes-

[21] Wilhelm Bruns, *Die Uneinigen in den Vereinten Nationen...* (s.o. Anm. 2), S. 101.

[22] Winzer am 8. 11. 1973, zitiert nach W. Bruns, *Die Uneinigen in den Vereinten Nationen...* (s.o. Anm. 2), S. 103.

[23] Abdruck der Rede in: *Texte zur Deutschlandpolitik...* (s.o. Anm. 20), S. 168–179 (168).

kanzler für diese schlichte Äußerung vom Oppositionsführer im Bundestag Carstens wegen zu geringer Schärfe gescholten.[24] Die Aufforderung, Berlin nicht zum Zankapfel bei den Vereinten Nationen zu machen, wurde der Bundesregierung nicht vergolten. Die DDR ließ mehrfach – im Jahr 1974 siebenunddreißig, im Jahr 1975 sieben – Protestnoten zirkulieren, die die Vertretungsmacht der Bundesrepublik für Berlin bestritten.[25]

Gemeinsam mit der Sowjetunion wurde insbesondere die Behandlung Berlins im „Demograpischen Jahrbuch der Vereinten Nationen" kritisiert. In einem Schreiben des sowjetischen Ständigen Vertreters bei den Vereinten Nationen an den Generalsekretär vom 26. März 1974 wurde die Praxis der Uno gerügt, die die beiden Teile Berlins betreffenden Daten den beiden deutschen Staaten zuzuordnen.[26] Östlicherseits beschränkte sich die Kritik natürlich auf die Einbeziehung West-Berlins, die Subsumierung der Ostberliner Daten bei der DDR fand keine Erwähnung. Die DDR schloß sich mit einer eigenen Note ihres Ständigen Vertreters am 10. April 1974 an und betonte ihren Exklusivitätsanspruch die Bezeichnung „Berlin" betreffend.[27] Die drei Westmächte nahmen in einer moderaten Entgegnung Stellung. Der Betonung, daß keine Rechtfertigung dafür vorliege, „den Ostsektor Berlins auf eine Art und Weise zu behandeln, die eine Anerkennung des Anspruchs, er sei die Hauptstadt oder ein Teil des Territoriums der Deutschen Demokratischen Republik, beinhalten könnte", folgte die Erklärung, keine Einwände dagegen zu erheben, „daß die Deutsche Demokratische Republik statistische Angaben für den Ostsektor Berlins liefert".[28] Deutlich war das Bemühen, das „Demographische Jahrbuch" nicht zum Streitobjekt werden zu lassen: „Ganz zweifellos können die erwähnten Angaben nicht als Ausdruck von rechtlichen oder politischen Ansichten oder Schlußfolgerungen angesehen werden, und es können keine Rechte aufgrund irgendwelcher Daten, Angaben oder Behauptungen in dem Jahrbuch geschaffen oder

[24] Karl Carstens am 3. Oktober 1973, *Stenographische Berichte*, 7. W.P., S. 2986 AB.

[25] W. Bruns, *Die Uneinigen in den Vereinten Nationen...* (s.o. Anm. 2), S. 103. Eine Vielzahl der Noten ist abgedruckt in: *Das Vierseitige Abkommen über Westberlin und seine Realisierung...* (s.o. Anm. 10).

[26] Abdruck der Note *a.a.O.*, Dok. Nr. 96.

[27] Abdruck *a.a.O.*, Dok. Nr. 98.

[28] Schreiben vom 1. Mai 1974, Abdruck in: *Dokumente zur Berlin-Frage 1967–1986...* (s.o. Anm. 5), Dok. Nr. 268.

beansprucht werden.“ Die Bundesregierung schloß sich dieser Position an.

Die UdSSR nutzte die Diskussion dann noch zu einer Verbriefung des Anspruchs der DDR auf ihre Hauptstadt: „Nach der bestehenden rechtlichen und ‚de-facto‘-Situation ist Berlin die Hauptstadt der Deutschen Demokratischen Republik und stellt einen Bestandteil ihres Territoriums dar.“[29] Dieser „Notenkrieg“[30] wurde erst Ende Juni 1975 nach weiteren Deklarationen beider Seiten durch eine Regelung bei der Abfassung des „Demographischen Jahrbuchs“ beigelegt, die ‚Berlin‘ zweimal aufführt, bei beiden deutschen Staaten am Ende der Liste der Städte und versehen mit der Fußnote, daß alle Angaben unter Berücksichtigung der Vereinbarungen des Vier-Mächte-Abkommens geliefert wurden. Eine separate Rubrik „Berlin“ gleich nach „Belgien“ in UN-Dokumenten konnte so verhindert werden.

Diese Dispute um Berlin berührte lediglich die sechs unmittelbar mit Berlin befaßten Staaten und deren Ständige Vertretungen in New York, während der Generalversammlungen reduzierte sich die Zahl der Stellungnahmen zur Berlin-Frage gar auf die Redner der beiden deutschen Staaten. Auf der 29. Generalversammlung im September 1974 erklärte der gerade ins Amt berufene Bundesaußenminister Genscher die Entspannung um Berlin und die Bewährung des Vier-Mächte-Abkommens in allen seinen Teilen zu einem Maßstab der Entspannungspolitik.[31] Die Haltung der Bundesregierung trug in ihrer Bescheidenheit zur Vermeidung eines Konflikts in bezug auf die Themen „Berlin-Problem“ und „Deutsche Frage“ bei. Eingedenk der Erfahrung, nach der über die Ansiedlung von UN-Institutionen nur im Konsens mit allen Mitgliedstaaten entschieden wird, wurde eine Debatte um eine solche Ansiedlung in Berlin vermieden. Der Ehrgeiz des Senates und der Berliner, in unmittelbare Konkurrenz zu Genf und Wien zu treten, blieb in dieser Hinsicht unerfüllt. Lediglich Tagungen von Unterorganisationen fanden in Berlin statt, die Sitzung

[29] Note der UdSSR an den Generalsekretär vom 14. Juni 1974, abgedruckt in: *Dokumente zur Berlin-Frage 1967–1986*... (s.o. Anm. 5), Dok. Nr. 270.

[30] G. van Well, *Berlin und die Vereinten Nationen*... (s.o. Anm. 19), S. 145.

[31] Abdruck der Rede in: *Texte zur Deutschlandpolitik*... (s.o. Anm. 20), R. II, Bd. 2, S. 252–254. Auch sein DDR-Kollege Fischer nannte das „vierseitige Abkommen über Westberlin“ ausdrücklich als Entspannungsfaktor, betonte aber vor allem die Endgültigkeit des *modus vivendi*, *a.a.O.*, S. 255–256.

des Sonderausschusses gegen Apartheid in Ost-Berlin und Tagungen der Deutschen Stiftung für internationale Entwicklung unter Beteiligung der UNO in Berlin-West.

Die grundsätzliche Aufwertung der Bundesrepublik durch die Aufnahme in die Staatengemeinschaft kam also auch den Berlinern zugute. Einen möglichen psychologischen „Nachteil" mag der eine oder andere in der Quasi-Einebnung der Berlinproblematik bei diesem Forum gesehen haben. Nach dem Beitritt der beiden Staaten wurde hier das Berlin-Problem weniger diskutiert als zuvor. Anders als die Vertagung der Hauptstadtfunktion auf unabsehbare Zeit hat aber dieser Verlust an „Besonderheit" zu keinem Zeitpunkt die Gemüter der Berliner erhitzt. Johann Baptist Gradl sprach unter Hinweis darauf, daß die UNO den Alleinvertretungsanspruch Pekings anerkannt und Taiwan vom Beitritt ausgeschlossen hatte, davon, „daß internationale Politik heute wie immer Macht- und Interessenpolitik ist".[32] Beide Supermächte und die Militärblöcke waren daran interessiert, daß Ruhe zu den bestehenden Konditionen in Europa einkehrte – eine bessere Alternative gab es für sie nicht. Die Vorteile der vereinbarten Interessenvertretung durch die Bundesrepublik wog solche Bedenken auf – obgleich konzediert werden muß, daß die gesamte Thematik der UN-Mitgliedschaft die Mehrzahl der Bürger wenig interessiert haben dürfte.

Die Haltung der Siegermächte nach dem Abkommen

Nach den oben geschilderten Gesprächen der vier Botschafter im Gebäude des Kontrollrats anläßlich des Antrags auf Beitritt beider deutscher Staaten zur Charta der Vereinten Nationen ist es bis zum Dezember 1989 in Berlin nicht mehr zu offiziellen Treffen der Botschafter der vier Mächte in Sachen Berlin gekommen. Welche Rolle spielte Berlin für sie noch?

Anläßlich der zweimal jährlich stattfindenden Ministertagung der NATO-Mitgliedsstaaten, bei denen die drei Schutzmächte Berlins mit dem Bundesaußenminister jeweils eine Sitzung über Deutschland und

[32] Johann Baptist Gradl, *Gespalten in den Vereinten Nationen*, in: *Deutschland Archiv*, (1973), S. 130–133, auch hier lautete die Hauptsorge, die Weltöffentlichkeit würde annehmen, die Deutschen hätten sich mit ihrer Teilung und der Lage Berlins abgefunden.

Berlin abhielten, wurde die strikte Einhaltung und volle Anwendung des Vier-Mächte-Abkommens gefordert, die Lage Berlins mit der Entspannung verknüpft und damit insgesamt eine Berlin-Garantie der NATO regelmäßig erneuert.[33]

Die bis 1975 auftauchenden Schwierigkeiten bei der Durchführung des Abkommens und der eingeschlossenen Regelungen erreichten so auch nur einmal die Dringlichkeit der direkten Einrede der drei Schutzmächte bei der Sowjetunion. Bei der Debatte über die Errichtung eines Umweltbundesamtes der Bundesrepublik in Berlin hatte die Sowjetunion auf zwei Ebenen eingegriffen: zum einen kam es zu einem Notenwechsel mit den Regierungen der drei Mächte und zum anderen zu einem mit ihr abgestimmten Einsatz der DDR auf der innerdeutschen Ebene. Der DDR wurde dabei sogar der Vertragsbruch gestattet, um der sowjetischen Position auf untergeordneter, allerdings praktisch einschneidenderer Ebene Nachdruck zu verleihen, ohne daß Moskau in unmittelbaren Konflikt mit den Westmächten zu geraten brauchte.

Bei allen übrigen Meinungsverschiedenheiten ließen sich die drei Westalliierten zwar von der Bundesregierung und dem Senat konsultieren, die Schwierigkeiten wurden jedoch als nicht ernst genug bewertet,[34] um die Einberufung von Vier-Mächte-Konsultationen zu rechtfertigen, die im Punkt vier des Vier-Mächte-Schlußprotokolls vom 3. Juni 1972 vorgesehen war.[35] Geleitet war diese Politik von der

[33] Abdruck der Kommuniqués der Tagungen vom Dezember 1971, Mai 1972, Dezember 1972, Juni 1973, Dezember 1973, Juni 1974 und Dezember 1974 in *Dokumente zur Berlin-Frage 1967–1986...* (s.o. Anm. 5), Dok. Nr. 8–15.

[34] David Anderson, von 1971–1975 an der amerikanischen Botschaft in Bonn beschäftigt und von 1978–1981 U.S. Minister in Berlin kommentiert zurückblickend die Haltung der Amerikaner wie folgt: „The general feeling of the three Western capitals was – and I am phrasing that undiplomatically – : Whatever does not threaten the structure of the agreement itself, such as exchange requirements or perhaps even changes in the checkpoints, the general feeling was: leave it to Bonn. Let them negotiate and in essence – although I do not think anybody ever said that to them –: Let them pay! If it is a matter of money they can buy off the GDR." Gespräch mit dem Verfasser am 18. 10. 1989, Transkript, S. 3.

[35] Kenneth Rush, zum *Deputy Secretary of State* avanciert, hatte noch am 13. März 1973 mitgeteilt: „In the unlikely event that there should be a violation of the agreement, we have provisions in the agreement, which call for consultation by the four Powers designed to correct any such violation, and we would certainly resort to those provisions if at any time we felt there were a violation of the agreement." *Department of State Bulletin*, Nr. 1762, S. 384.

Haltung, nicht durch Einberufung offizieller Vier-Mächte-Verhandlungen das gesamte, unter so großen Schwierigkeiten austarierte „Paket" an Einigungsformeln völlig neu „aufschnüren" zu lassen.[36] In der Tat hatte sich die Position der Sowjetunion im Vergleich zu der Zeit der Verhandlungen im Jahr 1970 und 1971 ja grundlegend verändert: Die Ostverträge waren in Kraft, Nixons Besuch in Moskau hatte die Verantwortung der Sowjetunion für Europa ebenso bestätigt wie die offizielle Partnerschaft und Gleichberechtigung bei den MBFR-Verhandlungen und den Vorbereitungen der KSZE. Auch die damals in die Pflicht genommene und von der Sowjetunion nicht zufriedengestellte DDR hätte bei Neuverhandlungen des Vier-Mächte-Abkommens dank der inzwischen durch den Beitritt zu den Vereinten Nationen erreichten internationalen Anerkennung und der im Lande weilenden Botschafter auch der drei Westmächte ohne größeres Risiko Begehrlichkeiten anmelden können. Der Konsultationsmechanismus blieb daher stumpf und wurde vom Regierenden Bürgermeister bei Meinungsverschiedenheiten mit der östlichen Seite zwar ins Feld geführt und auch von der Opposition in Berlin angefordert, gleichwohl mußten Nachbesserungen und Proteste, wie unten dargelegt werden wird, auf deutscher Ebene verhandelt werden.

Die Verknüpfung mit der globalen *policy of détente* der US-Regierung, die das Abkommen möglich gemacht hatte, wirkte sich für Berlin in den nächsten Jahren als Zwang zur Defensive aus. Das Berlin-Problem sollte von der Liste der obersten Prioritäten gestrichen werden. Nun war auch der Preis zu entrichten, daß nicht jede Verletzung der getroffenen Regelungen, etwa die Erhöhung des Zwangsumtausches im November 1973, die Weltmächte wieder an einen Tisch führen sollte.

Die Sowjetunion, obwohl selbst an Ruhe in und um Berlin interessiert, nützte gleichwohl die Defensivposition der Westmächte aus: Sie erlaubte der DDR eine Politik des kalkulierten Vertragsbruchs, stets unterhalb der Ebene der Intervention der Westmächte, aber mit zuweilen bitteren Auswirkungen für die Berliner, wie hier dargelegt werden wird.

[36] So übereinstimmend US-Botschafter Martin Hillenbrand und Major General William W. Cobb, amerikanischer Stadtkommandant von 1971 bis 1974, in Gesprächen mit dem Verfasser am 30. August bzw. 27. August 1989.

Die sowjetische Interpretation der Vereinbarungen

Seit dem Mauerbau war das erste Angriffsziel sowjetischer Berlin-Politik nicht mehr die Anwesenheit der Westmächte, sondern die Bindungen Berlins an die Bundesrepublik gewesen. Diese Politik wurde auch nach dem Vier-Mächte-Abkommen weiterverfolgt. Da die Bereiche „Zutritt" und „Zugang" in den Regelungsbereich der deutschen Stellen fielen, engagierte sich die Sowjetunion in Sachen „Zugehörigkeit".

Der hauptsächliche Streitpunkt bestand in der Interpretation eines einzigen Wortes im Absatz 1 der Anlage II des Abkommens, der Erklärung der vier Sieger, „that the *ties* between the Western Sectors of Berlin and the Federal Republic of Germany will be maintained and developed."[37] Der oben geschilderte Streit über die deutsche Übersetzung als „Bindungen" oder lediglich „Verbindungen" hatte erst den Auftakt dargestellt. Die Entwicklung dieser Bindungen stellte den Zankapfel für die sowjetische West-Berlin-Politik dar. Hier bekamen die Berliner zu spüren, daß der Dissens eben nur für die Dauer der Botschaftergespräche ausgeklammert worden war.

Die Ausführungen des amerikanischen Unterhändlers Kenneth Rush am 22. September 1971 wurden von der Sowjetunion alsbald in Frage gestellt. Rush hatte das Ergebnis der Verhandlungen die Bindungen betreffend wie folgt dargestellt: „In exercise of their supreme authority, the Western Powers have over the years permitted the establishment of special ties between the Western Sectors and the Federal Republic. The Quadripartite Agreement gives official recognition to these ties, from the USSR as well as the Western Allies. For the first time, these ties are no longer questioned in any quarter."[38]

Die sowjetische Lesart des Vier-Mächte-Abkommens klang da deutlich anders: „Das Abkommen legt vor allem fest, daß Westberlin nicht zur BRD gehört, und sieht den Abbau ihrer illegalen politischen Tätigkeit in dieser Stadt vor, die die Hauptursache für die Spannungen in diesem Gebiet bildete."[39]

[37] Originaltext in den drei verbindlichen Vertragssprachen abgedruckt in: *Dokumente zur Berlin-Frage 1967–1986*... (s.o. Anm. 5), Dok. Nr. 118 (S. 203). Die französische Übersetzung von ‚ties' lautet ‚liens', die russische ‚svasi'. Die bundesdeutsche Fassung spricht von ‚Bindungen', die der DDR von ‚Verbindungen'.

[38] „The Berlin Agreement – an Assessment", Address, S. 8, „Kenneth Rush Papers", Box 8, Hoover Institution Archives.

[39] V. N. Belezki, *Die Politik der Sowjetunion*... (s.o. Anm. 6), S. 350.

Die seit dem Chruschtschow-Ultimatum betriebene Kampagne mit der Behauptung, Berlin (West) stelle ein eigenständiges Völkerrechtssubjekt dar, wurde auch nach dem Abkommen wiederholt. Daneben trat die explizite Forderung nach Abbau der bestehenden Bundespräsenz.[40] Seit einem Kommuniqué des Generalsekretärs der KPdSU Breschnew anläßlich dessen Besuchs in der DDR im Mai 1973 unmittelbar vor der Weiterreise zu seinem ersten Aufenthalt in Bonn war die lückenhafte, die Bindungen Berlins an den Bund ignorierende Interpretation „gewissermaßen zur offiziellen ‚Arbeitsformel' des Ostens erhoben worden".[41]

Der langjährige Botschafter der UdSSR in der DDR, Pjotr Abrassimow, versuchte, die Interventionen der UdSSR als Reaktion auf „Aktivitäten" der bundesdeutschen und West-Berliner Stellen auszugeben, welche als Vertragsverletzungen anzusehen seien und die er wie folgt kategorisierte: „Verallgemeinert sind Angriffe der BRD und des Westberliner Senats gegen das Vierseitige Abkommen vor allem in zwei Richtungen zu beobachten:

1. Einseitige Interpretation des Abkommens. Dabei werden einzelne Bestimmungen willkürlich herausgegriffen, isoliert betrachtet und anderen Bestimmungen gegenübergestellt, darunter auch der grundlegenden Bestimmung, daß Westberlin nicht zur BRD gehört.

2. Umgehung des Abkommens. Dabei wird versucht, die praktische Politik auf jene Punkte zu konzentrieren, die von dem Vierseitigen Abkommen unzureichend geregelt werden, weil die jeweiligen Probleme nicht in das Abkommen einbezogen oder wegen ihrer Spezifik überhaupt nicht erörtert worden sind."[42]

Die Rechtsauffassung der Bundesregierung, des Senates und des Bundesverfassungsgerichtes ließ – trotz aller Unterschiede zur Ansicht der Schutzmächte – gemeinsam mit den drei westlichen Signatarstaaten eine geregelte Zugehörigkeit zur Bundesrepublik zu. Der Vorwurf der „Umgehung des Abkommens" ging ohnehin ins Leere, da der Charakter des Vier-Mächte-Abkommens darin bestand und nach der Intention seiner Urheber auch bestehen sollte, daß eine

[40] Z. B. Wadim Sagladin im *Spiegel*-Interview vom 12. November 1973, und das Mitglied des ZK der SED Verner in *Neues Deutschland* vom 22. Oktober 1972.

[41] Ernst Levy in der *FAZ* vom 3. Juni 1975. Abdruck des Kommuniqués in Auszügen in: *Das Vierseitige Abkommen über Westberlin und seine Realisierung...* (s.o. Anm. 10), Dok. Nr. 62.

[42] Pjotr Abrassimow, *Westberlin – gestern und heute*, Berlin (Ost) 1981, S. 134.

konkrete Regelung aller denkbaren praktischen Schritte wegen der ihr immanenten Unzulänglichkeit und Unvollständigkeit unterbleiben sollte.

Auf Berliner Seite mußte die Lesart des Abkommens klar lauten: Was nicht verboten ist, ist erlaubt. Die Sowjetunion und Ost-Berlin dagegen interpretierten restriktiv: Nur ausdrücklich gestattete Zusammenarbeit – etwa in der UNO – sollte unter den Auflagen der vier Siegermächte praktiziert werden dürfen. Wie oben dargestellt, hatte die Reduzierung der bundesrepublikanischen Amtsakte, insbesondere der Verzicht auf die Wahl des Bundespräsidenten durch die Bundesversammlung in Berlin, den Hauptbestandteil der deutschen Verhandlungsmasse dargestellt. Punkt 2 der Anlage II des Vier-Mächte-Abkommens untersagte ausdrücklich Verfassungs- und Amtsakte von Bundespräsident, Bundesregierung, Bundesversammlung, Bundesrat und -tag, einschließlich ihrer Ausschüsse und Fraktionen „sowie sonstiger staatlicher Organe der Bundesrepublik". Senat und Bundesregierung hatten sich aber nach der Auslegung der Westmächte zu richten, die im Brief der Botschafter der drei Westmächte an den Bundeskanzler vom 3. September 1971 niedergelegt war: „Der Satz in Anlage II Absatz 2 des Vier-Mächte-Abkommens, der lautet: ‚...werden in den Westsektoren Berlins keine Verfassungs- oder Amtsakte vornehmen, die den Bestimmungen von Absatz 1 widersprechen' ist so auszulegen, daß darunter Akte in Ausübung unmittelbarer Staatsgewalt über die Westsektoren Berlins verstanden werden."[43] Darin sahen die deutschen Stellen die Einwilligung, geradezu die Aufforderung zur Ausübung immerhin mittelbarer Staatsgewalt, so daß sie den Aufgabenbereich der gemäß Absatz 3 der Anlage II des Abkommens einzurichtenden „ständigen Verbindungsbehörde" möglichst weit zu fassen suchte und deren Kompetenz den „politischen Erfordernissen" genügen sollte. In Berlin war man darauf bedacht, den Abbau der Bundespräsenz auf das Maß der ausdrücklich untersagten Amts- oder Verfassungsakte zu begrenzen.[44]

[43] *Dokumente zur Berlin-Frage...* (s.o. Anm. 5), Dok. Nr. 121.

[44] In der ersten Debatte im Abgeordnetenhaus über das Ausmaß der Bundespräsenz wurde daher die Beibehaltung des bestehenden Charakters einiger in Berlin tätiger Referate der Bundesministerien gefordert. Konkreter Anlaß war die mit dem Vier-Mächte-Abkommen eintretende Umstrukturierung der zehn in Berlin tätigen Dienststellen der Bundesregierung, die nun gemäß dem Abkommen unter einer Verbin-

Die Regierung der UdSSR verfolgte daher in Abstimmung mit der DDR eine mehrgleisige Politik. Zum einen wandte sich das sowjetische Außenministerium in etlichen Noten an die Botschafter der drei Westmächte, zum anderen richtete die DDR gleichlautende Proteste an die Bundesregierung oder den Senat. Zugleich betrieb sie eine Taktik der Nadelstiche – bis hin zur versuchten Demütigung der Vertreter Berlins – durch die restriktive Haltung, Vereinbarungen und Kooperationsverträge an der Einbeziehung Berlins scheitern zu lassen. Bei den Protesten gegenüber den Westmächten handelte es sich – neben den oben dargelegten hinsichtlich der Mitgliedschaft in den Vereinten Nationen – überwiegend um die Mitteilung, die UdSSR betrachte die Einbeziehung Berlins als „Land Berlin" in Gesetze und Verträge der Bundesrepublik Deutschland als in Widerspruch zum Vier-Mächte-Abkommen stehend. Gerade die Einbeziehung Berlins in solche Verträge der Bundesregierung, die ohne direkte Auswirkung für die Stadt waren – etwa einen deutsch-niederländischen Grenzübergang betreffend –, die für die bundesdeutsche Seite zweifellos demonstrativen Charakter hatten und dem Gebot der möglichst großen Rechtsgleichheit folgten, wurden von der Sowjetunion als Provokation aufgefaßt. Die „Land Berlin"-Klausel wurde von der Bundesregierung ungeachtet der Bestimmungen des Vier-Mächte-Abkommens weiterhin angewendet, wo immer der Vertragspartner dies zuließ, namentlich auch in Abkommen mit den drei westlichen Siegermächten.[45]

In einer grundsätzlichen Note der Botschaft der USA in Moskau hatten die Amerikaner ihr Einverständnis mit der Anwendung erklärt, ohne auf Zustimmung der UdSSR zu stoßen.[46] In dieser Note wurde das ganze Lavieren des Manövers deutlich, die Unstimmigkeiten nur während der Vier-Mächte-Verhandlungen, nicht aber bei dessen

dungsstelle, dem „Bevollmächtigten der Bundesregierung in Berlin" firmieren mußten. Ein Protest der Ost-Berliner Botschaft der UdSSR im Februar 1973 bestätigte, daß sich an der Bundesvertretung auch unter anderen Namen „so gut wie überhaupt nicht geändert" habe, *FAZ* vom 3. 6. 1976.

[45] In: *Dokumente zur Berlin-Frage 1967–1986...* (s.o. Anm. 5), Dok. Nr. 234 findet sich in Fußnote 3 eine Reihe von Verträgen, die die Formel enthalten: „Dieser Vertrag (oder: Abkommen) gilt auch für das Land Berlin, sofern nicht die Regierung der Bundesrepublik Deutschland gegenüber der Regierung ... innerhalb von drei Monaten nach Inkrafttreten des Vertrages (oder Abkommens) eine gegenteilige Erklärung abgibt."

[46] Abdruck der amerikanischen Note und der sowjetischen Antwort in: *Das Viierseitige Abkommen über Westberlin...* (s.o. Anm. 10), Dok. Nr. 60.

anschließender Realisierung auszublenden: „Die Regierung der Vereinigten Staaten von Amerika ist der Ansicht, daß die Verwendung des Begriffs Land Berlin nicht der Tatsache widerspricht, daß Berlin kein Land der Bundesrepublik ist. Darüber hinaus haben die Seiten bei Abschluß des Vierseitigen Abkommens erklärt, daß sie ‚unter Berücksichtigung der bestehenden Lage' und ‚unbeschadet ihrer Rechtspositionen' handeln werden." Dieser Freundschaftsdienst für die Bundesregierung hatte natürlich auch eine Kehrseite: Proteste der Westmächte etwa gegen Militärparaden der Nationalen Volksarmee der DDR in Ost-Berlin mußten ohne Erfolg bleiben.

Für Verträge mit Vertragspartnern der Bundesregierung, die nicht in die „Land Berlin"-Klausel einwilligten, also Mitgliedsstaaten des Warschauer Pakts, wurde eine spezielle Formel entwickelt, die nach ihren beiden Initiatoren Frank-Falin-Klausel genannt wurde: „Entsprechend dem Viermächte-Abkommen vom 3. November 1971 wird dieses Abkommen in Übereinstimmung mit dem festgelegten Verfahren auf Berlin (West) ausgedehnt."

Nicht nur die Einbeziehung Berlins in Abkommen der Bundesrepublik mittels der „Land Berlin"-Klausel, sondern auch Abkommen mit in den Augen der Sowjetunion sicherheitsrelevantem Inhalt und die Ausdehnung der Jurisdiktion betreffend wurden östlicherseits bei den Westmächten gerügt.[47] Der Legislative der Bundesrepublik gelang die Einbeziehung Berlins auch in zweifellos Sicherheitsbelange berührende Verträge, etwa in das Abkommen über die Nichtweiterverbreitung von Kernwaffen. Dies hatte eine sowjetische Protestnote vom 18. April 1974 zur Folge. Bundestag und Bundesrat hatten aber die Einwilligung der Westmächte durch die Hinzunahme des Satzes erlangt, daß „die Rechte und Verantwortlichkeiten der Alliierten, einschließlich solcher, die die Entmilitarisierung betreffen, unberührt bleiben". In einer Note der drei Westmächte an das sowjetische

[47] Gegen die Absicht der Bundesregierung, das Einführungsgesetz zum Strafgesetzbuch auch in Berlin anzuwenden, protestierte das sowjetische Außenministerium mit einem Aide-mémoire vom 23. Juli 1973 (abgedruckt in: *Das Vierseitige Abkommen über Westberlin...* (s.o. Anm. 10), Dok. Nr. 73. Gegen die Einbeziehung Berlins in die internationale Konvention über zivile und politische Rechte am 15. November 1973 protestierte das Außenministerium am 18. Januar 1974, und führte unter anderem an, daß die Bundesregierung beispielsweise nicht das in Artikel 4 dieser Konvention vorgesehene Recht auf Einschränkung persönlicher Rechte aufgrund eines Notstandes in Berlin anwenden dürfe, da hier Fragen der Sicherheit und des Status betroffen seien (Abdruck *a.a.O.*, Dok. Nr. 91).

Außenministerium vom 16. Juli 1974 bestätigten sie der UdSSR, daß dieser Satz „eine Folge der von den drei Mächten bei der Erteilung der oben genannten Zustimmung gestellten Bedingungen" sei. Das „festgelegte Verfahren" sah dabei eine Konsultation über die von Berlin zu übernehmenden Gesetze vor deren Veröffentlichung vor, so daß sie von den Schutzmächten gedeckt werden konnten.[48]

Für die Bevölkerung Berlins und die Stimmungslage in der Stadt waren diese Notenwechsel der Siegermächte – abgesehen von den Vorfällen um die Errichtung des Umweltbundesamtes, die daher unten eingehend analysiert werden – von ungleich geringerer tagespolitischer Brisanz als die restriktive Auslegung der Kooperationsbereitschaft der sowjetischen Regierung in praktischen Dingen. So machte die Sowjetunion etwa im Januar 1973 ihre Teilnahme an der „Grünen Woche", einer beliebten Publikumsmesse für Landwirtschaft, davon abhängig, daß im Ausstellerkatalog der Berliner Veranstalter die Bundesrepublik wie die ausländischen Teilnehmer als Gastland geführt werden sollte. Als dieses Verlangen abgelehnt wurde, blieben die *Comecon*-Länder unter Hinweis auf die Schirmherrschaft des Bundespräsidenten der „Grünen Woche" fern. Auch eine geplante Zusammenarbeit des „Senders Freies Berlin" mit dem sowjetischen Staatlichen Rundfunk- und Fernsehkomitee scheiterte im Frühjahr 1973, da die Zugehörigkeit des Berliner Senders zur ARD, der Arbeitsgemeinschaft der Rundfunkanstalten der Bundesrepublik, nicht akzeptiert wurde. Bereits in der Debatte über die Ratifizierung des Grundlagenvertrages zwischen der Bundesrepublik und der DDR am 9. Mai 1973 im Bundestag konnte der Berliner CDU-Abgeordnete Franz Amrehn weitere Fälle mangelnden sowjetischen Kooperationswillens nennen, so die separate Präsentation Berliner Verleger auf der Moskauer Buchmesse; die Drohung, ein Reitturnier in Berlin zu boykottieren, falls die Bundesregierung als Schirmherrin auftrete; die Ausklammerung Berlins aus den Tourneeplänen östlicher Künstler und den Flaggenstreit bei der sowjetischen Industrie- und Handelsausstellung.[49] Die

[48] Abdruck der genannten Dokumente *a.a.O.*, Nr. 99 und 115. Dies ist der beste Beleg für die Möglichkeit der Einflußnahme der Schutzmächte auf die bundesdeutsche Gesetzgebung: ein Gesetz mußte vor der Verabschiedung in eine Form gebracht werden, der die Alliierten zustimmen mochten, da für Bundestag und -regierung eine Übernahme nach Berlin außer Frage stand.

[49] Franz Amrehn im Bundestag am 9. 5. 1973, *Stenographische Berichte*, S. 1470–1477. Vgl. in diesem Zusammenhang auch das Verhalten Rumäniens Ende Juni 1972 –

Sowjetunion hatte verlangt, daß vor den Berliner Messehallen zur Eröffnung ihrer Ausstellung die Fahne der Bundesrepublik nicht aufgezogen werden solle. Der Regierende Bürgermeister verhinderte daraufhin, daß allein der „Berliner Bär“ neben „Hammer und Sichel“ gezeigt wurde; statt dessen hatte er eingewilligt, daß nur die sowjetische Flagge aufgezogen wurde. Dieser Vorgang bewegte die Berliner Öffentlichkeit stark und brachte Schütz die Kritik aller im Abgeordnetenhaus vertretenen Parteien ein. Am 10. Mai 1973 erklärte er dort: „In der Weigerung der Sowjetunion, bei der Eröffnung der Ausstellung neben der Berliner Fahne auch die Bundesflagge zu zeigen, und in dem Bemühen einiger sowjetischer Beamter, den parlamentarischen Staatssekretär des Bundeswirtschaftsministeriums, Rohwedder, während des Eröffnungsrundganges aus dem Blickfeld der Öffentlichkeit zu verdrängen, sieht der Senat einen Versuch, das Schwergewicht der genannten Festlegung des Viermächte-Abkommens auf den letzten Teil zu verlagern“ (gemeint war der Status Berlins als nicht konstitutiver Teil der Bundesrepublik).[50] „Es hätte lieber keine sowjetische Ausstellung geben dürfen als zu solchen entwürdigenden Bedingungen!“ rügte der Chef der Oppositionsfraktion, und der Regierende Bürgermeister räumte ein, „daß ich es im nachhinein für eine Fehlentscheidung halte, der sowjetischen Seite das alleinige Aufziehen der Sowjetfahne am Eröffnungstage zu konzedieren“.[51] Dem Ende Mai 1973 vom sowjetischen Generalkonsul vorgebrachten Wunsch, anläßlich seines Antrittsbesuches beim Regierenden Bürgermeister die Bundesfahne vom Rathaus Schöneberg zu entfernen, wurde dann nicht entsprochen. Derlei Diskriminierungen erschwerten es dem Senat, für die weitere Zusammenarbeit mit der Sowjetunion und der DDR zu werben.

Eine Unzumutbarkeit stellte auch die sowjetische Einladung des Regierenden Bürgermeisters nach Moskau vom November 1972 dar, solange dieser Gefahr laufen mußte, dort als Staatsoberhaupt empfangen zu werden. Es kam während Schütz' gesamter Amtszeit – und bis zur Wiedervereinigung der Stadthälften 1990 – nicht zu einem solchen

unmittelbar nach Inkrafttreten des Abkommens – einen zugesagten Start rumänischer Boxer auf einer Veranstaltung in Berlin wegen angeblicher Visa-Schwierigkeiten abzusagen unter gleichzeitiger Versicherung, ein Start in der Bundesrepublik sei zum selben Zeitpunkt möglich, *Plenarprotokolle*, 6. W.P., 6. Juli 1972, S. 1150.

[50] *Plenarprotokolle*, 6.W.P., 10. Mai 1973, S. 1779.

[51] *A.a.O.*, S. 1783 (Lummer) u. 1784 (Schütz).

Besuch, denn Schütz hatte die Bedingungen klar formuliert: „Ich habe die Einladung gerne angenommen. Und ich hoffe, bald fahren zu können. Aber ich kann erst fahren, wenn zweifelsfrei ist, daß die Bundesrepublik Deutschland von allen akzeptiert, und zwar auch in Moskau, auch den Regierenden Bürgermeister in Moskau vertritt."[52]

Bis zum Wahltermin im Frühjahr 1975 belief sich die Gesamtzahl sowjetischer Proteste seit dem 3. Juni 1972 nach Kenntnis des Auswärtigen Amtes auf über siebzig.[53] Den schwerstwiegenden Konflikt stellte im gesamten Zeitraum die Debatte über die Errichtung eines Umweltbundesamtes der Bundesrepublik in Berlin dar. Im September 1973 hatte die Sowjetunion erstmals in offizieller, diplomatischer Form gegen die Tätigkeit eines Verfassungsorgans, die geplante Sitzung des Innenausschusses des Bundestags, protestiert. Dieser Vorgang kann als Auftakt eines Kurses verschärfter Ablehnung der Bindungen der Stadt an den Bund gelten, der in der Auseinandersetzung um das Umweltbundesamt gipfelte. Der Konflikt erforderte im Herbst 1973 die Stellungnahme aller am Vier-Mächte-Abkommen und den dazugehörenden Verträgen Beteiligten, der vier Mächte, der DDR- wie der Bundesregierung und des Senats.

Der Streit um die Errichtung des Umweltbundesamtes: „Ist erlaubt, was nicht verboten ist?"

Mit der Errichtung eines Bundesamtes für Umweltschutz in Berlin wollte der Hauptunterhändler der Ostverträge, Bundesminister Egon Bahr, die Tauglichkeit der Verhandlungsergebnisse demonstrieren. Noch bevor Bahrs Idee in Moskau vertraulich hatte diskutiert werden können, hatten der oberste Dienstherr der geplanten Behörde, der Innenminister Hans Dietrich Genscher, und der Regierende Bürgermeister von Berlin die Sache zu ihrer Angelegenheit gemacht. Nach einer gemeinsamen Unterredung verkündeten Genscher und Schütz am 27. August 1973 auf einer Pressekonferenz, daß man unter 38 Bewerbern Berlin ausgewählt habe: „Wir haben diese Entscheidung aus sachlichen Gründen gefällt, weil Berlin eine Reihe guter Vorausset-

[52] Schütz in *Heute, ZDF*, 27. 4. 1973 (zitiert nach der Kommentarübersicht des Bundespresseamtes).

[53] So O. Hennig, *Die Bundespräsenz in West-Berlin. Entwicklung und Rechtscharakter*, Köln 1976, S. 107.

zungen für die Arbeit des Amtes bietet, aber vor allem aus politischen Gründen, mit dem Ziel, die Lebensfähigkeit der Stadt weiter zu stärken und von den Möglichkeiten des Vier-Mächte-Abkommens Gebrauch zu machen, die Bindungen Berlins zum Bund zu entwickeln."[54]

Mit dieser öffentlichen Ankündigung hatte man sich festgelegt, ein Abrücken von diesen Plänen war von diesem Zeitpunkt an innen- und deutschlandpolitisch nicht mehr vertretbar, wäre als „Einknicken vor dem Osten" verstanden worden. Diese erste echte Ausweitung der Bundespräsenz in Berlin rief umgehend den Protest der Sowjetunion hervor. Sie, die während der Vier-Mächte-Verhandlungen ihre Forderung nach Abbau der bereits bestehenden Bundespräsenz hatte aufgeben müssen, sah in dieser zusätzlichen Bundespräsenz eine Herausforderung, und auch im Westen wurde von einer „Belastungsprobe" des Abkommens gesprochen. Obwohl das Umweltamt keinerlei Exekutivbefugnisse eingeräumt bekommen sollte, erblickte Botschafter Abrassimow in dessen Status als Bundesoberbehörde im Geschäftsbereich des Bundesinnenministers eine „demonstrative politische Provokation".[55]

In einer Erklärung an die Adresse der drei Westmächte vom 10. September 1973 forderte der Botschafter die Regierungen in Washington, Moskau und Paris auf, „die notwendigen Maßnahmen (zu) treffen, um nicht zuzulassen, daß in den Westsektoren Berlins eine zentrale Regierungsbehörde der BRD, um die es sich bei dem Umweltbundesamt handelt, eingerichtet wird".[56] Die erste Antwortnote der Westmächte hielt sich ebenfalls im Rahmen des Gewohnten: Wiederum wurde der Dissens in der Auslegung von Bindungen-Verbindungen vorgebracht und betont, daß auf der Grundlage der Verantwortung der vier Mächte „die Etablierung dieses Amtes in den Westsektoren Berlins nicht im Widerspruch zu den Bestimmungen des Vier-Mächte-Abkommens" stehe. Die Sowjetunion mochte sich in diesem Fall aber nicht mit dem Austausch unterschiedlicher Anschauungen begnügen, in einer weiteren Demarche wies das Außenministerium die westliche Ansicht zurück und griff erstmals zu einer Drohung. Für den Fall, daß die Westmächte das Amt nicht verhinderten, stellte es Sanktionen in Aussicht: „Anderenfalls müßte die westliche Seite die Verantwortung für alle Folgen eines solchen mit dem Viersei-

[54] Zitiert nach der Kommentarübersicht des Bundespresseamtes.

[55] P. Abrassimow, *Westberlin – Gestern und Heute...* (s.o. Anm. 42), S. 140.

[56] Abgedruckt in: *Dokumente zur Berlin-Frage 1967–1986...* (s.o. Anm. 5), Dok. Nr. 321.

tigen Abkommen nicht zu vereinbarenden Schrittes übernehmen."[57] In abgestimmten Antworten vom 29. Dezember 1973 wiesen die drei Westmächte auch diese Position zurück, so daß der Bundeskanzler in seiner Erklärung zur Lage der Nation am 24. Januar 1974 vor dem Bundestag konstatieren konnte: „Ich sage in aller Offenheit: Befänden wir uns hier nicht in voller Übereinstimmung mit den drei Westmächten, dann wäre unser Beschluß überprüft worden." Die DDR mischte sich mit eigenen Noten an die Bundesregierung und den Berliner Senat in die Diskussion der vier Signatarstaaten ein. An die Adresse der Bundesregierung gerichtet wiederholte sie die Drohung der Sowjetunion.

Erich Honecker hatte am 1. November im *Neuen Deutschland* den Abbau der Bundespräsenz gefordert und ließ mit der Zwangsumtauschverdoppelung vom 5. November 1973 eine harsche Verschlechterung der Bewegungsfreiheit der Berliner Bevölkerung folgen. Das entspannungsfeindliche Verhalten gegenüber Berlin erreichte einen Höhepunkt seit dem Inkrafttreten des Abkommens. Nachdem drei Vermittlungsversuche kein Einlenken der östlichen Seite hatten bewirken können, faßte das Bundeskabinett am 23. Januar 1974 den Beschluß über den Standort Berlin. Zwei Tage später begann die DDR mit schikanösen Kontrollen auf den Transitwegen nach Berlin, offiziell bekannte sie sich aber nicht zum Sanktionscharakter dieser Maßnahme. Die Westmächte protestierten an die Adresse Moskaus gegen diesen Verstoß gegen das Transitabkommen. Die von Abrassimow angeführte Begründung des Protestes: „Die Errichtung des Bundesamtes für Umweltschutz in Westberlin ist indessen keine Entwicklung der Verbindungen zwischen der BRD und Westberlin, sondern eine Bindung Westberlins an die Bundesrepublik",[58] mußte die westliche Seite aber an der empfindlichsten Stelle treffen, insofern konnte kein Pardon gegeben werden. Die Planung wurde in Bonn und Berlin zur Gewissensfrage stilisiert. Die Überlegung, auf die Nennung des „Bundes" im Namen der Behörde zu verzichten, wurde etwa mit scharfer Kritik der Industrie- und Handelskammer zu Berlin bedacht.[59]

[57] Erklärung des Ministeriums für Auswärtige Angelegenheiten der UdSSR vom 29. Oktober, abgedruckt in: *Das Vierseitige Abkommen über Westberlin...* (s.o. Anm. 10), Nr. 81.

[58] *Die Welt* vom 6. 2. 1974.

[59] „Eine Umbenennung müßte in der Berliner Wirtschaft Mißverständnisse über die Bindungen zwischen West-Berlin und dem Bund aufkommen lassen und könnte die langfristige Investitionsbereitschaft beeinträchtigen", in: *Die Welt* vom 21. 1. 1974.

Anders als beim schon vor dem Abkommen von 1971 ansässigen Bundesgesundheitsamt wurde die Bezeichnung der Behörde mit „Umweltbundesamt" festgelegt.[60] Als Helmut Schmidt im Mai 1974 das Bundeskanzleramt übernahm, hatte auch er, der den langjährigen Beauftragten der Bundesregierung Egon Bahr von seinem Posten entfernen ließ, wegen des persönlichen Engagements seines Vorgängers und der bereits geleisteten Zusagen keinen Bewegungsspielraum.[61] Schmidt mußte es als denkbar ungünstig empfinden, seine ersten amtlichen Kontakte mit der Sowjetunion durch ein Berliner Problem belastet zu sehen. Er wußte aber, daß er es innenpolitisch nicht vertreten konnte, die Einrichtung des Amtes aufzugeben, da ihm Willfährigkeit gegenüber dem Kreml nachgesagt worden wäre. Eine zeitliche Verzögerung der parlamentarischen Behandlung sollte daher die Wogen der östlichen Empörung glätten helfen. Der Regierende Bürgermeister hatte da andere Interessenprioritäten, nicht zuletzt mußte er an den Berliner Wahlkampf für die Wahlen Anfang März 1975 denken. In einer Sitzung mit Kanzler Schmidt und Vertretern der Koalitionsfraktionen in Bonn erreichte er die Zusage einer abschließenden Behandlung des Gesetzes vor der Sommerpause. Nachdem das Gesetz über die Errichtung eines Bundesumweltamtes von Bundestag und Bundesrat beschlossen und vom neuen Bundespräsidenten Scheel unterzeichnet worden war, trat es am 25. Juli 1974 in Kraft. Am Tage der Verkündung, dem 24. Juli, hatten sich die Westmächte aufgrund einer Drohung gegen die Transitberechtigung von Bediensteten der neuen Behörde durch die DDR vom 20. Juli nochmals zu einer Erklärung veranlaßt gesehen, in der sie die Sowjetunion an deren Verant-

[60] Der CSU-Vorsitzende Strauß kommentierte: „Den Namen Umweltbundesamt kann ich nur mit Ironie vernehmen. Da werden wir dann in Zukunft sagen Kanzlerbundesamt statt Bundeskanzleramt. Damit hat man schon den ersten Rückzieher gemacht, und wo immer man einen Rückzieher macht, wird die andere Seite nach den Grundsätzen der Salamitaktik nicht aufhören, bis sie ihr Ziel erreicht hat", im Interview mit der *Berliner Morgenpost* vom 31. 3. 1974.

[61] *Der Spiegel* vom 5. August 1974 nannte Egon Bahr als Urheber des Vorschlags, das Amt westlicherseits verbieten zu lassen. Conrad Ahlers berichtete in der *Wirtschaftswoche* vom 26. Juli 1974, es sei nach Schmidts Amtsantritt in Bonn erwogen worden, die Westmächte um ein Verbot des Umweltbundesamtes zu bitten, um die lästigen Auseinandersetzungen mit der Sowjetunion umgehen zu können, die Schutzmächte hätten sich aber geweigert, als Prügelknabe aufzutreten. Von Sprechern der Bundesregierung wurde dies jedoch dementiert. Zit. nach O. Hennig, *Die Bundespräsenz in West-Berlin...* (s.o. Anm. 53), S. 103, insb. Anm. 663.

wortung für die Reibungslosigkeit des Transitverkehrs erinnerten.[62] Während die Sowjetunion nämlich in ihrer Erklärung durch das Außenministerium am 20. Juli noch lediglich von nicht näher bestimmten „entsprechenden Maßnahmen", die es vorzunehmen gelte, sprach und betont hatte, sie suche „keinerlei Spannungen in den Westberliner Angelegenheiten", hatte die DDR konkrete Sanktionen angekündigt, indem sie den Mitarbeitern des Umweltbundesamtes das Recht zur Durchreise absprach. Vom 26. Juli 1974 an sorgten Grenzbedienstete der DDR für Abfertigungsverzögerungen und Behinderungen, die in der Zurückweisung eines Bediensteten der neuen Behörde am 29. Juli gipfelten. Während die westliche Seite wortreich diesen erneuten Vertragsbruch geißelte, hatte sich die Sowjetunion der unmittelbaren Zugriffsgewalt der DDR-Grenzer bedient. Sie erklärte sich mit den Maßnahmen der DDR einverstanden: „Die Schritte der DDR, von denen in der Erklärung der drei Mächte die Rede ist, sind die Antwort auf die Verletzung des Vierseitigen Abkommens. An ihrer Rechtmäßigkeit besteht keinerlei Zweifel. Die Sowjetunion unterstützt und teilt die Handlung der DDR."[63] Damit gestattete die Sowjetunion der DDR die Einmischung in Vier-Mächte-Rechte.

Die Westmächte sprachen der DDR das Recht ab, über die Form der Bundespräsenz in den Westsektoren mitzusprechen, und erinnerten die Sowjetunion nochmals an ihrer Transitgarantie aus dem Teil II, A, des Vier-Mächte-Abkommens.[64] Diese Mahnung wurde aber an den Vertragspartner Sowjetunion gerichtet, die rechtswidrige Zuständigkeit, die sich die DDR als Faustrecht mit ihren Grenzkontrollen angemaßt hatte, wurde von den Westmächten, die es vermieden, sich direkt an die DDR zu wenden, nicht anerkannt. Eine konkrete politische Konsequenz zogen die Amerikaner zusätzlich. Das amerikanische Außenministerium nutzte den zufälligen Termin der Ende Juli 1974 abgeschlossenen Verhandlungen über die Aufnahme diplomatischer Beziehungen zwischen den USA und der DDR, um diese an eine „zufriedenstellende Lösung des Problems" der Transit-

[62] Die Stellungnahmen sind abgedruckt in *Dokumente zur Berlin-Frage 1967–1986...* (s.o. Anm. 5), Dok. Nr. 329 (Regierung der DDR vom 20. 7. 1974) und Nr. 332 (Erklärung der drei westlichen Botschaften vom 24. Juli 1974).

[63] Aus der Erklärung der sowjetischen Regierung vom 15. 8. 1974, abgedruckt *a.a.O.*, Dok. Nr. 339; zuvor auch schon in der Erklärung der sowjetischen Botschaft in der DDR vom 1. August 1974, abgedruckt *a.a.O.*, Dok. Nr. 335.

[64] Erklärung der drei Westmächte vom 5. August 1974, abgedruckt in: *Dokumente zur Berlin-Frage 1967–1986...* (s.o. Anm. 5), Dok. Nr. 337.

behinderungen zu knüpfen.[65] Die Beziehungen wurden offiziell am 4. September 1974 aufgenommen.

Die Sowjetunion war zu diesem Zeitpunkt wie die Westmächte nicht nur nicht an einer ernsthaften Berlin-Krise, sondern auch an keiner aufgeregten Diskussion interessiert, da die Vorbereitungen für die Konferenz über Sicherheit und Zusammenarbeit in Europa in Genf vor dem Abschluß standen. Die Form der Proteste der Westmächte war auf der untersten Ebene angesiedelt, und in ihrer letzten Note vom 15. August betonte auch die Sowjetunion erneut ihr Interesse an Ruhe um Berlin, die Transitkontrollen waren zuvor schon eingestellt worden. Die UdSSR hatte daneben noch handfeste wirtschaftliche Interessen, namentlich an einer Zusammenarbeit mit der Bundesrepublik, deren neuer Kanzler einen Besuch in Moskau im Herbst 1974 angekündigt hatte. Der Grad des Entgegenkommens auf diesem Gebiet war denn auch das einzig verfügbare Pfand, mit dem die Bundesregierung über die Rückkehr zu geordneten Verhältnissen auf den Transitstrecken verhandeln konnte. Eigentliche Sanktionen gegen den Bruch des Transitabkommens durch die DDR standen ihr nicht zur Verfügung. Dem sowjetischen Vorwurf, das Abkommen verbiete eine derartige Entwicklung der Bindungen der Stadt an den Bund, mußte aber widersprochen werden. Diese Politik verhinderte eine Diskussion über die politische Opportunität des Vorhabens, bei der eine mögliche Verständigung der Siegermächte nicht ausgeschlossen gewesen wäre. Der Unmut über den demonstrativen Ausbau der Bindungen herrschte auch bei den Westalliierten vor, wenn auch offiziell die Unterstützung des Bonner Projektes betrieben werden mußte. Der Vorgang, durch Vorpreschen deutscher Stellen zu Auseinandersetzungen mit der Sowjetunion gezwungen zu sein, sollte sich auf Wunsch der Amerikaner nicht wiederholen.[66]

[65] So der Sprecher des *State Department*, Robert Anderson, zitiert nach: *Die Welt* vom 1. 8. 1974.

[66] Eine Notiz des stellvertretenden US-Außenministers Rush über sein Gespräch mit Außenminister Kissinger vom 20. Februar 1974 verdeutlicht den Unwillen über das Vorgehen der Bundesregierung: „We discussed the Berlin situation, and it was agreed that we must require consultation of the FRG with the Four Powers prior to any further actions concerning installation of Federal agencies in West Berlin. At the same time, we must work with the FRG to lower the profile of visits by Governments and Party groups to Berlin and otherwise keep the demonstrative actions of the FRG in West Berlin at an acceptable level." *Kenneth Rush Papers*, Box 15, Acc. Nr. 85019.906, Hoover Institution Archives.

Die Beteiligten auf westdeutscher Seite beeilten sich denn auch zu versichern, daß ihnen keineswegs an weiteren Kraftproben dieser Art gelegen sei. Egon Bahr hatte sich nach seinen Gesprächen in Moskau bereits im Herbst 1973 angesichts der drohenden Protestwelle in der Defensive gezeigt und die Bestandswahrung gelobt.[67] In einem Brief an den Senat bat Willy Brandt noch vor seinem Rücktritt vom Amt des Kanzlers den Regierenden Bürgermeister, in Zukunft auf weitere zusätzliche Installation von Bundespräsenz zu verzichten. Und auch Bundeskanzler Schmidt bekannte anläßlich seines Besuches in Moskau im Oktober 1974 seinen sowjetischen Gastgebern: „Ich weiß, daß man im Leben gelegentlich einen Unterschied zwischen der Verfechtung von Rechtsstandpunkten und der politischen Zweckmäßigkeit machen muß. Ich versichere Ihnen, soweit mein Einfluß reicht, werde ich verhindern, daß in Zukunft erneut ähnliche Streitigkeiten entstehen."[68] Prominentestes Opfer dieser Politik wurde das von Bundeskanzler Willy Brandt seit dem Bericht zur Lage der Nation vom 14. Januar 1970 anvisierte Projekt einer Deutschen Nationalstiftung, die erst 1993 gegründet wurde. Nach der restriktiven Haltung hinsichtlich der Bundespräsenz erhob die Sowjetunion auch Einwände gegen den Ausbau der Tätigkeit der Europäischen Gemeinschaft in Berlin. Begründet wurde dies mit der Beschränkung der deutschen Mitgliedschaft lediglich auf die Bundesrepublik, nicht aber auf die Westsektoren Berlins. Der Ministerrat der Europäischen Gemeinschaft beschloß am 20. Januar 1975, in Berlin ein Europäisches Zentrum für die Förderung der Berufsbildung einzurichten, und hielt dabei eine Konsultation der Sowjetunion für nicht erforderlich.

Anders als die DDR, die jede Chance des Protests zu nutzen suchte, um sich ihrer eigenen Wichtigkeit zu versichern, hatte die Sowjetunion bis dahin nicht gegen die Aktivitäten der EG, etwa Tagungen oder Beratungsveranstaltungen, in Berlin protestiert. Da die Mitgliedschaft West-Berlins, die seit der Gründung der Gemeinschaft bestand, nicht bestritten worden war, hatten die Siegermächte bei den Verhand-

[67] In einem Interview am 11. 11. 1973 im *ZDF* nannte er den *status quo* einen Erfolg: „Es war eines der wesentlichen Ergebnisse des Abkommens, daß als Ergebnis eben keine einzige Bundesbehörde sich aus Berlin herausbewegen mußte oder herausbewegen wird." (Zitiert nach der Kommentarübersicht des Bundespresseamtes.)

[68] Helmut Schmidt, *Menschen und Mächte*, Berlin 1987, S. 58 f. Schütz bezeichnete es später als „Skandal", wie sich „eine Reihe von Leuten, die alle dem zugestimmt hatten, sich zu distanzieren versuchte". Gespräch mit dem Verf. am 10. 10. 1989, Archiv der sozialen Demokratie der Friedrich Ebert Stiftung, Sammlung „Personalia", S. 22.

lungen 1971/72 keine diesbezüglichen Regelungen angestrebt. Auch dies sollte sich nun rächen. Am 6. Februar 1975 sprach ein Botschaftsrat der sowjetischen Botschaft in Ost-Berlin in der amerikanischen Militärmission von einer Verletzung des Vier-Mächte-Abkommens: „Bekanntlich wurde die politische Integration der Mitgliedstaaten zum Endziel der EWG erklärt. Dieses Ziel ist unvereinbar mit dem Status der Westsektoren Berlins."[69] Die DDR schloß sich dem Protest mit einer an die Bundesregierung gerichteten Note an. Da gleichzeitig eine Delegation der Europäischen Kommission in Moskau Kontakte zwischen EG und Comecon zu knüpfen versuchte, blieb dieser Protest bescheiden. Es kam lediglich zu weiteren Kommentaren in den Medien der UdSSR und der DDR, ohne daß die Rede von Sanktionen war. Nachdem am 9. April per BK/O(75)3 die Westalliierten mitgeteilt hatten, daß sie keine Einwände gegen die Errichtung des Zentrums in Berlin erheben mochten,[70] bildete das Thema keinen Streitpunkt in der öffentlichen Diskussion. Am 11. Juni 1975 erneuerte die Botschaft der UdSSR in Ost-Berlin den Vorwurf und sparte jetzt auch nicht an Versicherungen, daß sie sich das Recht vorbehalten wolle, „die Maßnahmen zu ergreifen, die sie für erforderlich hält".[71] Im unmittelbaren Vorfeld des KSZE-Treffens in Helsinki unterblieben aber jedwede Aktivitäten, insbesondere die Durchführung von Repressalien gegen die Bevölkerung seitens der Sowjetunion und der DDR. Erst anläßlich der ersten Direktwahlen zum Europäischen Parlament 1976 sollte die Frage, ob sich die bundesrepublikanische Mitgliedschaft in der EG auch auf West-Berlin erstreckte, wieder für Protest sorgen.

Die Kampagne für die Erweiterung des Stimmrechtes der Berliner Bundestagsabgeordneten

Ein besonderes Vorhaben des Senats von Berlin, die Bindungen der Stadt zu verstärken, schlug fehl. Der Regierende Bürgermeister setzte sich zur Jahreswende 1972/73 für die Ausweitung des Stimmrechts der Berliner Abgeordneten im Deutschen Bundestag ein. Die neuge-

[69] Abdruck der Protesterklärung in: *Das Vierseitige Abkommen über Westberlin...* (s.o. Anm. 10), Nr. 132.

[70] *GVBl.*, 1975, S. 132.

[71] Abdruck der Protesterklärung in: *Das Vierseitige Abkommen über Westberlin...* (s.o. Anm. 10), Nr. 151.

wählte Präsidentin des Bundestages, Annemarie Renger, unterstützte diese Pläne einer Angleichung des Stimmrechtes der Berliner Abgeordneten.[72] Klaus Schütz schien diese Forderung durchaus vertretbar, denn an der üblichen Praxis der Übernahme von Bundesgesetzen durch das Berliner Abgeordnetenhaus wollte er nicht rühren, auch wenn Berliner Bundestagsvertreter an solchen Gesetzen mitgewirkt haben sollten. Er berief sich ausdrücklich auf den Begriff der Weiterentwicklung der Bindungen an den Bund, wie es im Abkommen der Siegermächte hieß – gemäß der Devise, daß erlaubt sei, was darin nicht verboten wurde.

Das Stichwort „Angleichung" rief allerdings sogleich die sowjetische Führung auf den Plan. In einer Note der Botschaften der UdSSR in den drei westlichen Hauptstädten an die Außenministerien vertrat die Regierung die „Auffassung, daß jede Erweiterung der Rechte der Westberliner Vertreter im Parlament der BRD dem vierseitigen Abkommen vom 3. September 1971 und besonders der Anlage II,1 des Abkommens widersprechen würde".[73] Am 8. Januar wandte sich die DDR-Regierung mit einem entsprechenden Protest an den Senat, zwei Tage später auch an die Bundesregierung. Vorerst *ad acta* gelegt wurde der Berliner Wunsch aber, weil Schütz keine Rückendeckung aus dem eigenen Lager erhielt. Auch die Westmächte hatten Bedenken. Präsident Nixon persönlich hatte schon zu Beginn der Verhandlungen im Frühjahr 1970 Wert darauf gelegt, nicht zu stark in innenpolitische Auseinandersetzungen der sozialliberalen Bundesregierung hineingezogen zu werden. Daher hatten es die amerikanischen Unterhändler auch abgelehnt, die Stimmrechtserweiterung zum Gegenstand der Vier-Mächte-Verhandlungen zu machen.

Schütz erhielt angesichts dieses Strebens nach Ruhe selbst vom Bundestag nicht die gewünschte Unterstützung.[74] Für den Senat trat denn auch Bundessenator Stobbe bald den Rückzug an, indem er Schütz' Initiative zum „Denkanstoß" degradierte: „Ich muß darauf hinweisen, daß die Alliierten seit Jahren Vorbehalte geltend gemacht

[72] In einem Interview sprach Frau Renger von einem „unerträglichen Zustand, daß die Berliner Abgeordneten des Bundestages von der vollen Mitwirkung ausgeschlossen sind"; *Berliner Stimme* vom 6. 1. 1973.

[73] *Das Vierseitige Abkommen über Westberlin...* (s.o. Anm. 10), Nr. 56.

[74] Schütz urteilt im Rückblick: „Ich habe ja selbst Initiativen über das Stimmrecht verfolgt und bin jämmerlich auf den Hintern gefallen, weil sich alle, übrigens auch die CDU und Herr Barzel, abgewandt haben." Gespräch mit dem Verfasser (s.o. Anm. 68), S. 20.

haben, so daß Grenzen von Anfang an sichtbar waren und diese auch in die aktuelle Diskussion einbezogen werden müssen."[75] Der politische Spielraum hatte sich in Berlin erweitert, gleichwohl gab es Grenzen, die die Alliierten zogen, was zu diesem Anlaß ins Gedächtnis zurückgerufen wurde. Die Alliierten griffen durchaus ein, wenn sie ihre Belange berührt sahen, so schon im Oktober 1971, als dem Bundestagsinnenausschuß die Tagung in Berlin untersagt wurde, weil gleichzeitig der Haushaltsausschuß in der Stadt tagte. Im Frühjahr 1974 verboten die Schutzmächte der Berliner Justiz, die Akten im Fall Ingrid Brückmann an das Bundesverfassungsgericht abzugeben: In Karlsruhe sollte nicht über Berliner Belange geurteilt werden.

Diese Eingriffe rechtfertigen den Schluß: „Was in Berlin geschieht, das ist nicht nur zulässig und vertragskonform in den Augen der Westmächte, es ist in aller Regel auch bis ins Detail mit ihnen abgestimmt."[76] Daher konnte der Senat eigentlich gar nicht Adressat von Vorwürfen bezüglich einer Verletzung des Abkommens sein.

Die Einbindung Berlins in die Ostpolitik der Bundesregierung: Die Stadt bleibt Zankapfel

Welche Rolle konnte Berlin in der Ostpolitik der Bundesrepublik noch spielen, nachdem das Vier-Mächte-Abkommen die Verträge von Moskau und von Warschau sowie den Grundlagenvertrag möglich gemacht hatte? Hatte die Stadt als „Zankapfel", als „Stolperstein" auf dem Weg zu einem geregelten Verhältnis der Bundesrepublik zu ihren östlichen Nachbarn ausgedient?

Berlin und der Vertrag mit der Tschechoslowakei

Ein Baustein der Ostpolitik der Bundesrepublik stand noch aus: ein Vertrag mit der Tschechoslowakei. Und Berlin sollte trotz und sogar wegen des Vier-Mächte-Abkommens für Dissonanzen sorgen.

[75] Interview in der *Berliner Stimme* vom 20. 1. 1973. Stobbe äußerte darin sogar Skepsis, „ob man durch eine solche öffentliche Diskussion die Realisierungschancen verbessert hat".

[76] Joachim Nawrocki, *Schwierigkeiten mit den «drei Z». Die DDR und das Viermächte-Abkommen über Berlin*, in: *Deutschland Archiv*, (1974), S. 582–595 (589).

Die Sondierungsgespräche mit der Regierung in Prag waren bereits nach der Unterzeichnung des Moskauer Vertrages im Oktober 1970 aufgenommen worden, zu Verhandlungen kamen die Außenminister aber erst am 7. Mai 1973 zusammen, um das Ergebnis am 20. Juni 1973 zu paraphieren. Bis zum Inkrafttreten sollte noch einige Zeit ins Land gehen, da bis zur Unterzeichnung durch die Regierungschefs am 11. Dezember 1973 die Einbeziehung Berlins geklärt werden mußte und es danach noch in der Bundesrepublik zu heftigen Auseinandersetzungen kam, ehe der Bundestag am 10. Juli 1974 das Abkommen ratifizierte. Die Ursache für die äußerst schwierige Verhandlungsführung resultierte aus einer Hinterlassenschaft des Dritten Reiches: der Abtretung des Sudetenlandes durch das Münchner Abkommen.[77] Obwohl die Bundesrepublik nie Gebietsansprüche an die Tschechoslowakei gestellt hatte, war sie andererseits auch nicht zu einer Regelung wie der des Artikels 7 im Freundschafts- und Beistandsvertrag zwischen Ost-Berlin und Prag vom März 1967 bereit gewesen, in der es heißt, „daß dieses Abkommen von Anfang an ungültig war, mit allen sich daraus ergebenden Folgen".[78] Die CSSR beharrte auf dieser Forderung, das Münchner Abkommen *ex tunc* für null und nichtig zu erklären.[79] Im „Vertrag über die gegenseitigen Beziehungen" wurde ihr in dieser Uneingeschränktheit nicht stattgegeben, die Nichtigkeit des Münchner Abkommens wurde nur „nach Maßgabe dieses Vertrages" erklärt. Die CSSR hatte eingelenkt, um nicht leer auszugehen:

[77] Willy Brandt beurteilt den Vorgang rückblickend: „Nach den Wahlen Ende 1972 ergab sich, daß die Schwierigkeit im Verhältnis zur Tschechoslowakei nicht in irgendeiner materiellen Frage lag, sondern allein in dem psychologisch beladenen Problem des Münchner Abkommens aus dem Jahre 1938. Die Unbeweglichkeit der Prager Unterhändler hatte aber zweifellos mit Schwierigkeiten der Regierung und der sie tragenden Partei zu tun, die auch mehrere Jahre nach dem August 1968 noch nicht überwunden waren", *Begegnungen und Einsichten. Die Jahre 1960–1975*, Hamburg 1976, S. 543 (Taschenbuchausg.).

[78] B. Zündorf, *Die Ostverträge...* (s.o. Anm. 4), S. 100. Bundeskanzler Kiesinger hatte im Mai 1967 noch die bundesdeutsche Position bekräftigt, man solle es bei dem „Nicht-mehr-Gültig" bewenden lassen.

[79] Zündorf schildert ausführlich die Komplikationen und Risiken, die eine Erfüllung dieser Forderung in sich barg, „die staats, straf- und zivilrechtlichen Konsequenzen einer rückwirkenden Nullifizierung (Staatsangehörigkeit und Strafbarkeit der Sudetendeutschen, Wirksamkeit von Hoheitsakten, insbesondere von Personenstandsakten etc.) waren kaum abzusehen; während die Ostpolitik Realpolitik sein sollte, wurde hier die juristische Aufhebung einer Realität verlangt, die Jahre hindurch Bestand gehabt hatte". *A.a.O.*, S. 101.

„Ein Symptom für die Schwächung der CSSR-Position durch Zeitablauf war dann die Bereitschaft, schon zur Unterzeichnung des Vertrages, als niemand sein Inkrafttreten garantieren konnte, die deutscherseits immer wieder gewünschten diplomatischen Beziehungen aufzunehmen."[80]

Da auch der Vertrag mit Prag ähnlich wie der Grundlagenvertrag Folgeabkommen vorsah, mußte eine Einbeziehung Berlins in solche vorab geklärt werden. In einem Briefwechsel zu dieser Frage lautete die Formel, auf die man sich hatte einigen können: „Die Bundesrepublik Deutschland und die Tschechoslowakische Sozialistische Republik nehmen in Aussicht, die Erstreckung der Verträge, die sich aus der Verwirklichung des Artikels V dieses Vertrages ergeben werden, entsprechend dem Vier-Mächte-Abkommen vom 3. September 1971 in Übereinstimmung mit den festgelegten Verfahren auf Berlin (West) in jedem einzelnen Falle zu vereinbaren."[81] Die Musterfunktion der zuvor mit anderen Ostblockstaaten geschlossenen Verträge hatte aber auch eine Schwierigkeit deutlich werden lassen: die Formel zur Regelung der Rechtshilfe hatte Interpretationsmöglichkeiten offengelassen, die von den Vertragspartnern der Bundesregierung im Hinblick auf Gerichte in Berlin restriktiv angewendet wurden.[82] „Ohne Not ließ es Bonn zu, daß eine vergleichsweise zweit- oder gar drittrangige Frage zu einer Art Haupt- und Staatsaktion wurde", urteilten selbst wohlmeinende Kritiker angesichts des Auslegungsstreits.[83]

Der Zentralismus des Warschauer Paktes ließ sich aber von Bundesaußenminister Scheel dahingehend nutzen, daß er bei einem Besuch in Moskau eine Einigung mit der Sowjetunion erzielen konnte, die er der Regierung in Prag als Muster anbot.[84] Der Einbeziehung der West-

[80] *Ebda.*

[81] Abdruck der beiden Briefe der Außenminister vom 11. Dezember 1973, in: *Dokumente zur Berlin-Frage 1967–1986...* (s.o. Anm. 5), Dok. Nr. 232 a und b.

[82] Die konsularische Betreuung von juristischen Personen des öffentlichen Rechts aus Berlin, die nicht wortwörtlich in die Anlage IV des Vier-Mächte-Abkommens von den Westmächten hatte eingebracht werden können, wurde von den östlichen Staaten verweigert, die Rechtshilfeersuchen von West-Berliner Gerichten sollten ausgeklammert werden.

[83] Dettmar Cramer, *Kritische Zwischenbilanz*, in: *Deutschland Archiv*, (1974), S. 1–3.

[84] In der Verbalnote der Handelsvertretung der Bundesrepublik Deutschland in der CSSR wurde die von Scheel während des Moskau-Besuches vom 31. Oktober bis zum 3. November 1973 ausgehandelte Formel vorgestellt und die CSSR um die Mitteilung gebeten, ob sie zu einer entsprechenden Regelung – die direkten Rechtshilfeverkehr

Berliner Gerichte konnte sich die CSSR somit nicht mehr widersetzen und signalisierte in der Antwortnote, die Frage der Gewährung von Rechtshilfe nach Unterzeichnung des Vertrages „in vollem Einklang mit der in dieser Frage in Moskau in den Tagen vom 31. Oktober bis zum 3. November 1973 erreichten Vereinbarung zu regeln".[85] Diese „Einsicht" der Prager Regierung resultierte allerdings wohl aus dem Moskauer Druck und nicht in erster Linie aus den Verhandlungskünsten der Bonner Vertreter. In Berlin kritisierte die oppositionelle CDU den Abschluß vor der detaillierten Niederlegung der Richtlinien für die Rechtshilfepraxis, während die hier ebenfalls oppositionelle FDP ihren Außenminister Scheel lobte und der Regierende Bürgermeister die noch ausstehende Regelung für juristische Personen des öffentlichen Rechts hinter das Erreichte zurücktreten lassen wollte.[86] Der Aufnahme diplomatischer Beziehungen zwischen der Bundesrepublik Deutschland und der CSSR stand jedenfalls Berlin nun nicht mehr im Wege.

Der Streit um die Bulgarien-Flüge

Ein weiteres Mal beeinflußte die Lage Berlins die außenpolitische Bewegungsfreiheit der Bundesrepublik. Das Problem bestand in dem Begehren der Sowjetunion, daß von Berlin nicht *nonstop* nach Bulgarien geflogen werden sollte. Daraus folgte im Januar 1973 ein Landeverbot für aus Berlin kommende Flugzeuge in Bulgarien. Politisch begründete die Sowjetunion dies mit der Behauptung, die Luftkorridore dürften nur der Verbindung der Bundesrepublik mit Berlin dienen. Das Motiv bestand aber in dem Versuch, die Attraktivität des Flughafens Schönefeld für West-Berliner Bulgarienurlauber zu steigern.

Bedeutsam für das hier behandelte Thema war der sich daraus ergebende Disput – weniger zwischen deutschen und bulgarischen Stellen, als vielmehr zwischen Berlin und Bonn. Parlament und Regierung in Berlin befürchteten in dem Verbot der Direktflüge nach Sofia einen Präzedenzfall für die Isolation Berlins vom internationalen Flugver-

zwischen bundesdeutschen und auch West-Berliner Gerichten vorsah – bereit sei. Abdruck in: *Texte zur Deutschlandpolitik...* (s.o. Anm. 20), R. II, Bd. 1, S. 354.

[85] *A.a.O.*, S. 355.

[86] Aktuelle Stunde im Abgeordnetenhaus, 6. W.P., 12. 12. 1973, *Plenarprotokoll* S. 2353–2359.

kehr. Zur Rücknahme des Landeverbotes hatte der Regierende Bürgermeister scharfe Gegenmaßnahmen für angemessen gehalten und dabei auch die Verweigerung aller Landerechte für Flugzeuge der *Bul-Air*, der staatlichen Luftlinie Bulgariens, im gesamten Bundesgebiet als Vergeltung ins Auge gefaßt. Solch deutliches Wort wurde auch von der Berliner CDU geschätzt, die das Abgeordnetenhaus nun veranlassen wollte, einstimmig die Bundesregierung zu Sanktionsmaßnahmen gegen Bulgarien aufzufordern.[87]

War die Bundesregierung aber noch bereit, wegen solcher Berliner Angelegenheit die internationalen Beziehungen zu Bulgarien und auch der Sowjetunion zu belasten? Nach einer Intervention des sowjetischen Botschafters in Bonn hatte die Frage der Verweigerung der Landerechte in der Bundesrepublik erheblich an Gewicht und Risiko gewonnen. Der sowjetische Vertreter pochte auf die Auslegung, die Luftkorridore zwischen Berlin und dem Bund seien nur für diese Flüge gedacht – einem Flug von Berlin nach Bulgarien habe daher eine Zwischenlandung auf bundesdeutschem Boden vorauszugehen. Noch vor der Sitzung des Abgeordnetenhauses wurde Bundessenator Stobbe in Bonn daher bedeutet, daß die Bundesregierung und auch die Alliierten sich wegen der drohenden internationalen Komplikationen gegen jene Sanktion aussprachen.[88] Die Berliner FDP forderte ihren Bundesvorsitzenden und Außenminister Walter Scheel zu Sanktionen auf, mußte jedoch hinnehmen, daß das Auswärtige Amt nach Abwägung dem Bundeskanzler riet, von derlei scharfen Maßnahmen angesichts drohender internationaler Irritationen abzusehen.[89] Für Schütz gestaltete sich die Rücknahme seiner starken Ankündigung im Abgeordnetenhaus peinlich, Oppositionsführer Lummer nutzte die Gelegenheit, auf Schütz' rückläufige Durchsetzungsfähigkeit in Bonn hinzuweisen, und tadelte: „Die Bundesregierung hat die Reifeprüfung in solidarischem Verhalten für Berlin nicht bestanden."[90]

[87] Siehe den Antrag und die Debatte im Abgeordnetenhaus, 6. W.P., 18. 1. 1973, *Plenarprotokoll*, S. 1543–1552.

[88] So Stobbe auf der 47. Fraktionssitzung am 16. 1. 1973, Protokoll in der Akte 575, Bestand „Abgeordnetenhaus Fraktion" beim Archiv der sozialen Demokratie.

[89] Darüber beklagten sich die FDP-Vertreter in der *Berliner Liberalen Zeitung* vom 16. 1. 1973.

[90] *Plenarprotokoll*, 6. W.P., 18. 1. 1973, S. 1544.

Wegen der öffentlichen Ankündigungen von Schütz wurde die Entscheidung der Bundesregierung als Abweichung deutlich. So kurz nach dem Inkrafttreten des Abkommens wurden Berliner Irritationen in bezug auf die internationalen Beziehungen auch in Bonn möglichst gedämpft. Die Schutzmächte, wegen der Korridore ebenfalls betroffen, trugen diese Politik mit. Die Benutzung der Luftkorridore war nicht Gegenstand der Vier-Mächte-Verhandlungen gewesen und sollte auch jetzt nicht zu neuen Debatten führen. Die Folge war, daß die meisten Bulgarien-Urlauber auf den DDR-Flughafen Schönefeld auswichen.

Berlin in den Verträgen zwischen der Bundesrepublik und der Sowjetunion

Das neue Gespann von Bundeskanzler Schmidt und Außenminister Genscher bemühte sich, die unmittelbar nach ihrem Amtsantritt aufgetretenen Schwierigkeiten um das Umweltamt rasch vergessen zu machen. Eine Gelegenheit bot die Reise beider nach Moskau im Oktober 1974, in deren Rahmen Abkommen über technisch-wissenschaftliche Zusammenarbeit, Rechtshilfe und kulturellen Austausch geschlossen wurden. Wegen Fragen der Einbeziehung Berlins waren die Verhandlungen seit Jahresfrist festgefahren gewesen. Schmidt fürchtete die Vertreter der reinen Lehre in beiden Lagern: „Aus innenpolitischen Gründen konnten weder Breschnew noch ich den Versuch einer politischen Einigung wagen.“[91]

Dennoch verfolgte Bundeskanzler Schmidt Berlin betreffend eine eigene Linie. Ihm ging es um eine Verbindung des sowjetischen Interesses an mehr Wirtschaftshilfe und dem deutschen Interesse an der Entwicklung der Bindungen Berlins an den Bund. Er wies Breschnew darauf hin, daß das sowjetische Verhalten gegenüber Berlin die Behandlung der Wirtschaftsfragen erleichtern oder erschweren könne: „Ich war zu dem Eindruck gelangt, daß nur eine dynamische Erweiterung des deutsch-sowjetischen Wirtschaftsaustausches uns über die von beiden Seiten als lästig empfundenen Streitigkeiten über Berlin und das Viermächteabkommen hinweghelfen konnte; so bemühte ich mich sehr, einzelne Großprojekte voranzubringen.“[92] Dazu gehörte vor allem die Energieversorgung durch Abnahme von sowjetischem

[91] H. Schmidt, *Menschen und Mächte...* (s.o. Anm. 68), S. 79.
[92] *A.a.O.*, S. 57.

Strom und Erdgas. Einen Erfolg für Berlin stellte es daher dar, daß Moskau sich im Abkommen vom Oktober 1974 bereit erklärte, eine Stromtrasse in die Bundesrepublik so anzulegen, daß Energie unmittelbar auch in das West-Berliner Stromnetz eingespeist werden konnte – das heißt ohne Verfügungsgewalt von DDR-Stellen. Ein wichtiger Punkt angesichts des Traumas, die DDR könnte Berlin den – sowjetischen – Strom abdrehen, wenn es ihr paßte.

Schmidt unterwarf sich nicht den rechtlichen Feinheiten, sondern wucherte mit dem Pfund der bundesdeutschen Wirtschaftskraft, während er andererseits Berlin zum Faustpfand machte.[93] Im Abgeordnetenhaus waren die berlinpolitischen Ergebnisse der Moskaureise Gegenstand einer aktuellen Stunde. Der SPD-Fraktionsvorsitzende Haus bezeichnete das Ergebnis als „in der Tat befriedigend" und lobte: „Die in Moskau unterschriebene Kooperationsvereinbarung, die diese Berlin-Einbeziehung enthält, ist sage und schreibe das 18. Abkommen, das die sozial-liberale Bundesregierung mit einer ausdrücklichen Berlin-Klausel geschlossen hat."[94] Die Opposition verwies darauf, daß echte Erfolge erst nach mehreren Jahren vorgewiesen werden könnten. Bundeskanzler und Außenminister hatten aber bewiesen, daß sie Berliner Belange nicht zu vernachlässigen gewillt waren. Dieser Verdacht hatte ja insbesondere den Nachfolger Willy Brandts getroffen. Und die Regierung der Sowjetunion hatte erneut unter Beweis gestellt, daß auch sie bei Abwägungen zugunsten Berlins einlenken konnte, wenn es ihr vorteilhaft erschien.

Wachsende Spannungen im Ost-West-Verhältnis: Berlin bleibt erstmals ausgeklammert

Eine weitere, wichtige Folge des Abkommens stellte das Ausbleiben unmittelbarer Folgen aus der Verschlechterung der Beziehungen zwischen den USA und der Sowjetunion dar.

1972 war nicht nur das Jahr des Vier-Mächte-Abkommens gewesen, sondern hatte auch das SALT 1-Abkommen und den Besuch des US-

[93] Seine Vorstellung von einer Instrumentalisierung der Berlin-Probleme ging soweit, daß er – in der Erwartung, abgehört zu werden – in seiner Unterkunft in Moskau mit Außenminister Genscher lautstark den Abbruch des Besuches wegen des Berlin-Zwistes erwog, um Druck auf die Verhandlungspartner auszuüben. *A.a.O.*, S. 58.

[94] *Plenarprotokoll*, 6. W.P., 14. 11. 1974, S. 3051.

Präsidenten Nixon in Moskau und damit die Anerkennung der Sowjetunion als gleichberechtigter Supermacht mit sich gebracht. Nicht nur die amerikanisch-chinesische Annäherung sollte aber wenig später für Irritationen sorgen. Vor allem die kriegerischen Auseinandersetzungen im Nahen Osten während des Yom-Kippur-Krieges vom 6. bis zum 24. Oktober 1973 sahen die beiden Führungsmächte in gegnerischen Lagern. Die hier entstehenden Dissonanzen schlugen nicht auf Mitteleuropa und auch nicht auf Berlin durch. Auch wegen der Vorbereitung der KSZE-Konferenz und der MBFR-Truppenvereinbarungen waren beide Supermächte nicht an Unruhe um Berlin interessiert. Bis 1975 entstanden aus dem internationalen Gegenspiel der Blöcke keine Spannungen und Bedrohungen Berlins. Insbesondere war Berlin nicht mehr Schauplatz eines Kräftemessens, Zentraleuropa diente nicht länger als Ort von Stellvertreterkonflikten.

FÜNFTES KAPITEL

Die Wandlung der Rolle Berlins in der Deutschlandpolitik 1972 bis 1975

Das Viermächte-Abkommen ermöglichte die Erfüllung eines seit Gründung im Oktober 1949 gehegten Wunsches der DDR. Berlin verhinderte nicht länger die Anerkennung der DDR als souveräner Staat durch die westlichen Siegermächte und die Bundesrepublik.

Das Abkommen der vier Sieger und der damit verbundene Auftrag, auf deutscher Seite zu praktischen Regelungen ihrer Beziehungen zu kommen, hatte die DDR noch ohne die Durchsetzung ihres Wunsches nach formaler Anerkennung hinnehmen müssen. Aber die offizielle Politik der Bundesregierung, die Entspannung in Europa herbeizuführen und gutnachbarliche Beziehungen zu pflegen, ließ die DDR-Führung von ihrem bisherigen Ziel Abschied nehmen, von „der Durchsetzung ihrer völkerrechtlichen Anerkennung durch die internationale Staatenwelt unter Umgehung der Bundesrepublik".[1] Der Konsens der Siegermächte vergrößerte den Spielraum der Bundesregierung auch bei der Regelung ihrer eigenen Angelegenheiten: „So ist es verständlich, daß nach Unterzeichnung des Berlinabkommens und nach dessen Inkrafttreten die amerikanische Kritik an der Ostpolitik abnahm. Die anfängliche Zurückhaltung und Ambivalenz der Aussagen der Nixon-Administration zur Ostpolitik wichen seit diesem Zeitpunkt einer deutlicheren Unterstützung."[2]

[1] Johannes Kuppe, *Phasen der Außenpolitik der DDR*, in: *Drei Jahrzehnte Außenpolitik der DDR. Bestimmungsfaktoren, Instrumente, Aktionsfelder*, hrsg. von Hans-Adolf Jacobsen, Gert Leptin, Ulrich Scheuner, Eberhard Schulz, München-Wien 1979, S. 178–200, hier: S. 175.

[2] Christian Hacke, *Die Ära Nixon-Kissinger 1969–1974. Konservative Reform der Weltpolitik*, Stuttgart 1983, S. 153.

Jetzt galt es für den Berliner Senat, den größtmöglichen Gewinn aus der veränderten Lage zu ziehen. Die Bundesregierung nutzte das Klima der Verständigung dahingehend, daß bereits vor der Unterzeichnung der Schlußakte des Viermächte-Abkommens der Verkehrsvertrag vom 26. Mai 1972 – anders als noch das Transitabkommen – nicht mehr lediglich zwischen den Regierungen, sondern erstmals von der „Bundesrepublik Deutschland" und der „Deutschen Demokratischen Republik" geschlossen wurde.[3] Bei der Abstimmung im Bundestag fand diese Premiere sogar die Zustimmung der Opposition, die sie bei der Abstimmung über den Grundlagenvertrag verweigerte. Beide „Vertragsstaaten" erklärten bei der Unterzeichnung das Einvernehmen, die Bestimmungen des Vertrages auch „in Übereinstimmung mit dem Vier-Mächte-Abkommen" (Staatssekretär Michael Kohl bestand auf der Formulierung: „in Übereinstimmung mit dem Vierseitigen Abkommen") auf Berlin anzuwenden. Die Alliierte Kommandatura erhob dagegen keine Einwände, betonte aber wie stets, daß alliierte Rechte nicht berührt werden dürften.[4] Die in einem Briefwechsel ebenfalls am 26. Mai von Kohl angekündigten Reiseerleichterungen wurden dagegen nicht auf Berlin ausgedehnt, da hier bereits – wie oben dargelegt – eine für die West-Berliner vorteilhafte „Ungleichbehandlung" vom Senat im Dezember 1971 ausgehandelt worden war.

Danach lassen sich die Auswirkungen der Deutschlandpolitik auf Berlin zwischen dem Inkrafttreten des Vier-Mächte-Abkommens und dem Wahltag im Frühjahr 1975 wie folgt festhalten:

An erster Stelle steht der Grundlagenvertrag zwischen den beiden deutschen Staaten, der mit der Unterzeichnung im Dezember 1972 die Zweistaatlichkeit Deutschlands anerkannte, damit aber auch die Position Berlins als „Hauptstadt im Wartestand" auf absehbare Zeit obsolet machte. Die Chancen, die sich aus den angestrebten „normalen, gutnachbarlichen Beziehungen" gerade auch für Berlin (West) ergaben, mußten sich an den Schwierigkeiten bei der Erfüllung der Verträ-

[3] Der Text ist abgedruckt z. B. in: *Zehn Jahre Deutschlandpolitik. Die Entwicklungen der Beziehungen zwischen der Bundesrepublik Deutschland und der Deutschen Demokratischen Republik 1969–1979*, hrsg. vom Bundesministerium für innerdeutsche Beziehungen, Bonn 1980, Dok. Nr. 38. Gegenstand des Vertrages war gemäß Artikel 1 „der gegenseitige Wechsel- und Transitverkehr auf Straßen, Schienen- und Wasserwegen mit Transportmitteln, die im Geltungsbereich dieses Vertrages zugelassen oder registriert sind", also der noch nicht vom Transitabkommen vom Dezember 1971 erfaßte Verkehr.

[4] BK/O (72) 11 vom 16. Oktober 1972, abgedruckt in: *GVBl.* (1972), S. 2103.

ge, messen lassen. Auch das Vier-Mächte-Abkommen mußte sich auf dieser innerdeutschen Ebene bewähren. Die Durchführung des Vier-Mächte-Abkommens als des bedeutsamsten neuen Vertrages für Berlin war nicht länger Sache der Siegermächte, da die Regelung der Praxis von den vier Kriegsalliierten den deutschen Stellen übertragen worden war.

Des weiteren werden die in diesem Zeitraum neu abgeschlossenen Verträge in ihrer Wirkung auf Berlin bilanziert werden, sowohl diejenigen, die von der Bundesregierung unter Einbeziehung Berlins abgeschlossen wurden, als auch diejenigen, bei denen der Senat von Berlin selbst zeichnete. Dabei werden insbesondere Probleme mit der Abstimmung sowohl mit Bonn, als auch mit den drei Schutzmächten berücksichtigt.

Berlin und der Grundlagenvertrag: Nutznießer trotz Nichteinbeziehung

Der Grundlagenvertrag zwischen der Bundesrepublik und der DDR ist nicht auf Berlin ausgedehnt worden. „Unser Grundvertrag ist das Vier-Mächte-Abkommen", hatte Klaus Schütz vorab getröstet.[5] Ursächlich dafür waren die Vorbehaltsrechte der drei westlichen Schutzmächte hinsichtlich der Sicherheit und des Status der Stadt, wie sie in Anlage IV zum Vier-Mächte-Abkommen bekräftigt worden waren. Gleichwohl ist die Unterzeichnung des Grundlagenvertrages auch für Berlin von großer Bedeutung gewesen.[6] Der Regierende Bürgermeister Schütz bezeichnete schon die Paraphierung am 8. Novem-

[5] Schütz in der *Tagesschau* am 26. 10. 1972 (zitiert nach der Kommentarübersicht des Bundespresseamtes).

[6] Mit Artikel 2 des Vertragsgesetzes zum Grundlagenvertrag vom 6. Juni 1973 strebte der Bundesgesetzgeber auch die weitestmögliche Erstreckung auf Berlin an: „Diese Gesetz gilt, soweit sich die Regelungen des Vertragswerkes auf das Land Berlin beziehen, auch im Land Berlin, sofern das Land Berlin die Anwendung dieses Gesetzes feststellt", *BGBl.*, (1973 II), S. 421. Das Abgeordnetenhaus übernahm das Vertragsgesetz mit Wirkung vom 10. Juni 1973, *GVBl.*, (1973), S. 105. Diese – so Schütz – „spezielle Berlinklausel" war nötig wegen des umfassenden Regelungscharakters des Grundlagenvertrages und hatte die sonst übliche Klausel: „Dieses Gesetz gilt auch im Land Berlin, sofern das Land Berlin die Anwendung dieses Gesetzes feststellt", ersetzen müssen. Vgl. *Dokumente zur Berlin-Frage 1967–1986*, hrsg. von Hans Heinrich Mahnke, München 1987, Dok. Nr. 205, 206.

ber 1972 als „das bedeutendste Ereignis zwischen den beiden Staaten in Deutschland seit ihrem Bestehen".[7]

Das Rahmenabkommen der Siegermächte, das die Möglichkeit, trotz gegensätzlicher Meinungen in Grundsatzfragen zu praktikablen Ergebnissen zu kommen, vorgezeichnet hatte, machte den Grundlagenvertrag erst möglich. Auch der Grundvertrag wurde von Kritikern als „kein besonders ehrlicher Vertrag" bezeichnet, da auch hier Meinungsverschiedenheiten übertüncht wurden.[8] Mit der Unterzeichnung des Vier-Mächte-Abkommens war nämlich zugleich der Rahmen des den beiden deutschen Staaten eingeräumten Spielraumes abgesteckt worden. Die Bundesregierung konnte sich unter Hinweis auf die erneut beanspruchte Zuständigkeit der Siegermächte für Berlin und Deutschland als Ganzes aus der Affäre ziehen und brauchte nicht dem Wunsch der DDR nachzukommen, die Beziehungen zwischen beiden deutschen Staaten auf ein allein auf völkerrechtlichen Prinzipien beruhendes Verhältnis zu reduzieren.[9]

Noch am Tage der Unterzeichnung des Grundlagenvertrages, dem 21. Dezember 1972, teilten die beiden Unterhändler einander und den Siegermächten mit, daß „die Rechte und Verantwortlichkeiten der Vier Mächte und die entsprechenden diesbezüglichen vierseitigen Vereinbarungen, Beschlüsse und Praktiken durch diesen Vertrag nicht berührt werden können".[10] Zwar verzichtete man der DDR zuliebe auf den Terminus „Verantwortung für Deutschland als Ganzes", dessen Fortbestehen war aber besiegelt. Eine völkerrechtliche Anerkennung, die die DDR und die Bundesrepublik füreinander zum Ausland gemacht hätte, wurde damit ausgeschlossen. Seit dem 16. August 1972, fast schon zwei Jahre nach dem ersten offiziellen Kontakt Egon

[7] *Plenarprotokoll des Abgeordnetenhauses*, 6. W.P., 9. 11. 1972, S. 1285.

[8] Wilhelm Kewenig, *Die Bedeutung des Grundvertrages für das Verhältnis der beiden deutschen Staaten*, in: *Europa Archiv*, (1973), S. 37–46 (46).

[9] Vgl. Benno Zündorf, *Die Ostverträge*, München 1979, S. 214 f., der aus dem Anspruch der Siegermächte folgert: „Die Vier Mächte werden also mit dem Scheidungsrichter verglichen, der allein die Befugnis hat, die Eheleute, selbst wenn sie schon zwanzig Jahre getrennt leben, auch rechtlich voneinander zu befreien."

[10] Vgl. die Schreiben von Bahr und Kohl vom 21. 12. 1972, abgedruckt in: *Dokumente zur Berlin-Frage...* (s.o. Anm. 6), Dok. Nr. 203 u. 204. Diese Erklärungen resultierten unmittelbar aus Art. 9 des Grundlagenvertrages, in dem auch die DDR die Existenz und die fortwährende Geltung „sie betreffender zweiseitiger und mehrseitiger internationaler Verträge und Vereinbarungen" – mithin eine eingeschränkte Souveränität – bestätigt hatte.

Bahrs mit Michael Kohl am 27. November 1970, lautete der Auftrag dieser beiden Unterhändler nun offiziell, zu verhandeln sei über einen „Vertrag über die Grundlagen der Beziehungen zwischen der DDR und der BRD und andere Fragen von gegenseitigem Interesse".

Die Verhandlungspositionen der Unterhändler waren durchaus unterschiedlich. Welche Ziele verfolgten beide Vertreter? Welcher Nutzen und welche Selbstbescheidung würden sich für Berlin ergeben? Durch die im Zusammenhang mit dem Berlin-Abkommen geschlossenen Verträge hatte die Bundesregierung bereits praktische Verbesserungen, namentlich beim Transit und bei Besuchsreisen, verbuchen können. Jetzt versuchte sie, die Gunst der Stunde für zukünftige weitere Verbesserungen der Lage zu nutzen. Derlei Absichtserklärungen, deren Verwirklichung erst im Verlauf von mehreren Jahren deutlich werden würde – also erneut auf das „Prinzip Hoffnung" zu setzen –, erschienen weniger spektakulär als der eindeutige Wunsch der DDR: ein „beinahe monomanes Verlangen nach internationaler Anerkennung".[11] Nach bewährtem Muster wurde daher erneut eine Koppelung der wechselseitigen Interessen vereinbart. Die bundesdeutsche Einwilligung zum gleichzeitigen Beitritt beider deutscher Staaten zur Charta der Vereinten Nationen sollte mit dem Zustandekommen eines Grundlagenvertrages verknüpft werden.

Nachdem das Berlin-Abkommen auch den Weg zur Aufnahme der Verhandlungen über die KSZE frei gemacht hatte, nahm die DDR seit dem Herbst 1972 an der Vorbereitungskonferenz teil, die internationale Anerkennung war nicht mehr aufzuhalten. Das Ziel der Bundesregierung bestand daher in dem Wunsch, noch vor der allgemeinen Anerkennung der DDR, deren deutlichster Ausdruck der Beitritt zweier deutscher Staaten zu den Vereinten Nationen sein würde, eine Vereinbarung über den besonderen Charakter der Beziehungen der beiden deutschen Staaten zueinander zu erreichen. Die Westmächte selbst hatten die Sowjetunion zu Verhandlungen der vier Sieger parallel zu denjenigen zwischen der DDR und der Bundesrepublik aufgefordert, um vor allem die „andere Seite der Medaille" – den UNO-Beitritt – kontrollieren zu können. Die Verbindung des Beitritts zur UNO mit der Regelung der innerdeutschen Beziehungen wurde von den drei Westverbündeten unterstützt, sie erklärten der Sowjetunion im Oktober 1972, „daß die Verhandlungen zwischen der DDR und

[11] Wolfgang Wagner, *Aussichten der Ostpolitik nach dem Abschluß der Berlin-Verhandlungen*, in: *Europa-Archiv*, (1972), S. 79–86, hier: S. 85.

der BRD nur dann erfolgreich abgeschlossen werden könnten, wenn eine Erklärung über die Verantwortlichkeit der UdSSR, der USA, Frankreichs und Großbritanniens hinsichtlich der deutschen Angelegenheiten vereinbart würde".[12] Da die Hallstein-Doktrin bereits durch die sogenannte Scheel-Doktrin entschärft worden war, die nur noch für begrenzte Zeit eine offizielle Kontaktaufnahme anderer Länder mit der DDR auf Wunsch Bonns hatte verhindern können, verlangte die Bundesregierung nun ihrerseits, daß die DDR den mit ihr befreundeten Staaten deren Außenbeziehungen zur Bundesrepublik freigeben solle. Ein weiteres Ziel bestand in dem Wunsch, von der DDR die Berechtigung zur Außenvertretung Berlins zugestanden zu bekommen.[13]

Der Grundlagenvertrag trat in der Bundesrepublik am 7. Juni 1973, in der DDR am 21. Juni 1973 in Kraft. Zugleich mit dem Gesetz zum Grundlagenvertrag verabschiedete der Bundestag am 6. Juni 1973 das Gesetz zum Beitritt der Bundesrepublik Deutschland zur Charta der Vereinten Nationen.[14] Paraphiert worden war der Grundlagenvertrag

[12] Victor Belezki, *Die Politik der Sowjetunion in den deutschen Angelegenheiten in der Nachkriegszeit*, Berlin (Ost) 1977, S. 365.

[13] Bundesaußenminister Walter Scheel hat die Intentionen, die die Bundesregierung mit dem Abschluß des Vertrages verband, wie folgt gekennzeichnet: „Der Grundvertrag dient einem dreifachen Ziel. Erstens. Er soll die Verbindung und das Gespräch zwischen den Menschen in Deutschland erleichtern. Er soll damit die Härte der Teilung mildern und das Bewußtsein der nationalen Zusammengehörigkeit aller Deutschen lebendig erhalten. Zweitens. Er soll die Voraussetzung einer Zusammenarbeit zwischen den beiden deutschen Staaten auf vielen Gebieten schaffen. Kontakte, die in den vergangenen Jahren immer schwieriger und spärlicher wurden oder ganz abgerissen sind, sollen neu geknüpft werden. Drittens. Er soll den gegenwärtigen Zustand der Teilung als Konfliktherd in der Mitte Europas entschärfen, ohne daß wir auf das Ziel der Überwindung der Teilung verzichten." *Stenographische Berichte des Bundestages* vom 10. 5. 1973, S. 1546 D f.

[14] Vgl. die Abstimmungsergebnisse im Bundestag über beide Gesetze am 11. 5. 1973, *Stenographische Berichte*, S. 1651–1653. Von den abgegebenen 485 plus 22 Berliner Stimmen bei der Abstimmung über das Gesetz über den Grundlagenvertrag wurden 268 plus 13 Berliner Ja-Stimmen gezählt, da die Unionsabgeordneten Walter L. Kiep, Norbert Blüm, Karl Heinz Hornhues und Josef Klein (Stolberg) für die Zustimmung votierten. Von den Berliner CDU-Abgeordneten mochte sich niemand dazu verstehen, die Zahl der Nein-Stimmen betrug 217 plus 9 Berliner. Bei der Abstimmung über das Gesetz über den Beitritt der Bundesrepublik zur Charta der UNO lautete das Ergebnis nach der Auszählung von 486 plus 22 Stimmen: 364 und 13 Berliner Ja-, 121 und 9 Berliner Nein-Stimmen. Auch hier waren alle Berliner CDU-Abgeordneten bei ihrer ablehnenden Haltung geblieben.

bereits am 8. November 1972, unmittelbar vor den Bundestagswahlen. Noch vor der Erklärung der Vier Mächte, in der sie einem Antrag beider Staaten auf Mitgliedschaft in den Vereinten Nationen am 9. November zustimmten, wurde bereits – ebenfalls am 8. November – der Briefwechsel über Arbeitsmöglichkeiten für Journalisten in Kraft gesetzt.[15] Für Berlin bedeutsam war daran speziell die am 8. November durch mündliche Vereinbarung – nach dem Muster der Regelungen des Verkehrsvertrages – erreichte Ausdehnung der Vereinbarung auch auf die Stadt. Durch die Erklärung des Einvernehmens anläßlich der Unterzeichnung des Briefwechsels kam auch Berlin in den Genuß dieser Vorabregelung.

Der Grundlagenvertrag stellte eine wichtige Basis der Bewegungsfreiheit und Sicherheit auch für die Berliner dar. Obwohl der Vertrag sich nicht auf Berlin erstreckte, mußte sich der Senat von Klaus Schütz die Ergebnisse und Auswirkungen auf Berlin zurechnen lassen, denn, so Schütz: „Kein Schritt ist ohne unsere Zustimmung gegangen worden. Kein Teil des Vertrages ist ohne auch unser Ja mit der anderen Seite vereinbart worden."[16] Schütz lobte den Unterhändler Bahr wegen dessen enger und vertrauensvoller Kontakte zum Senat. Schütz' persönliches Verhältnis zu Egon Bahr war allerdings zu diesem Zeitpunkt kein regelrecht freundschaftliches und bestehende Meinungsverschiedenheiten wurden vom Regierenden Bürgermeister unter Hinweis auf höhere Ziele hintangestellt.[17] Nach dem Vertragsabschluß verkündete er, alle drei Erwartungen des Senates hinsichtlich der Verhandlungen seien als eingelöst anzusehen: „Erstens. Die Rechte und Verantwortlichkeiten der Vier Mächte müßten angemessen

[15] Abdruck des Briefwechsels in: *Zehn Jahre Deutschlandpolitik...* (s.o. Anm. 3), Dok. Nr. 51. Zur inhaltlichen Diskussion, insbesondere zum Wunsch der DDR, ihre Journalisten durch den „Verein der ausländischen Presse" repräsentiert zu sehen, vgl. B. Zündorf, *Die Ostverträge...* (s.o. Anm. 9), S. 298 f.

[16] Klaus Schütz vor dem Bundestag am 9. 5. 1973, *Stenographische Berichte*, S. 1443 D.

[17] So wurde im Fraktionsvorstand der SPD in Berlin durchaus kontrovers über die Notwendigkeit der Einbeziehung Berlins in den Grundvertrag debattiert, als Marschroute galt dann aber der Beschluß, auf keinerlei Maßnahmen zu bestehen, die den Eindruck erwecken konnten, der Senat befinde sich in einem Gegensatz zur Bundesregierung – d. h. zu dem um seine Wiederwahl kämpfenden Kanzler Willy Brandt. Siehe Protokoll der 23. Sitzung des Fraktionsvorstandes vom 3. 10. 1972, S. 2 in der Akte 553 des Bestandes des Abgeordnetenhauses von Berlin im Archiv der Friedrich-Ebert-Stiftung, Bonn.

berücksichtigt werden. Zweitens. Bestimmungen des Grundgesetzes der Bundesrepublik Deutschland müßten ohne Einschränkungen beachtet werden. Drittens müßte die Einbeziehung des Landes Berlin in dem Sinne zweifelsfrei sein, daß alle Abmachungen, Vereinbarungen und Abkommen, die sich praktisch daraus ergeben würden, diese unsere Stadt voll einbeziehen."[18]

Die positive Bilanz verschleierte allerdings die Problematik des Vertragsabschlusses. Die genannten Punkte eins und zwei waren bare Selbstverständlichkeiten, die gar nicht zur Disposition der Unterhändler Bahr und Kohl standen. Die Vier Mächte behielten ohnehin das letzte Wort, und die Vereinbarkeit des Vertrages mit dem Grundgesetz sollte vom Bundesverfassungsgericht auf Antrag der bayerischen Staatsregierung überprüft werden. Die Einbeziehung Berlins in die Folgeverträge in Form einer „Kann-Regelung" war außerordentlich umstritten. Jedenfalls eröffnete sie der östlichen Seite die Möglichkeit, bei jedem einzelnen angestrebten Vertrag zu behaupten, daß der Inhalt Sicherheit und Status der Stadt berühre.

Hier wird die Analyse des Grundlagenvertrages und seiner Entstehung auf die konkreten Bezüge zu Berlin beschränkt. Die beiden für Berlin wichtigsten Ergebnisse finden sich nicht im Vertragstext. Sie wurden in Form von Erklärungen verbrieft, in denen die Bundesrepublik Deutschland erklärte: „Staatsangehörigkeitsfragen sind durch den Vertrag nicht geregelt worden."[19] Damit blieb es bei der im Bereich des Grundgesetzes geltenden *einen* deutschen Staatsbürgerschaft, eine gesonderte Behandlung der Bewohner West-Berlins, namentlich die Gefahr einer Ausgliederung der Stadt, war abgewendet. Eine zweite Erklärung wurde ebenfalls am 21. Dezember 1972, diese von beiden Seiten, abgegeben. Damit hatte die DDR zumindest teilweise die Zuständigkeit der Bonner Unterhändler anerkannt, die Erklärung wurde nicht mit dem Senat von Berlin, sondern mit Bonn vereinbart und muß hier wiedergegeben werden: „Es besteht Einvernehmen, daß die Ausdehnung von Abkommen und Regelungen, die im Zusatzprotokoll zu Artikel 7 vorgesehen sind, in Übereinstimmung mit dem

[18] Klaus Schütz vor dem Bundestag am 9. 5. 1973, *Stenographische Berichte*, S. 1443 B.

[19] Am 21. Dezember 1972; abgedruckt in: *Zehn Jahre Deutschlandpolitik*... (s.o. Anm. 3), Dok. Nr. 53 (S. 207). Dort auch die Replik der DDR, die niemals praktische Bedeutung erlangte: „Die Deutsche Demokratische Republik geht davon aus, daß der Vertrag eine Regelung der Staatsangehörigkeitsfragen erleichtern wird."

Viermächte-Abkommen vom 3. September 1971 auf Berlin (West) im jeweiligen Fall vereinbart werden kann. Die ständige Vertretung der Bundesrepublik Deutschland in der Deutschen Demokratischen Republik wird in Übereinstimmung mit dem Viermächte-Abkommen vom 3. September 1971 die Interessen von Berlin (West) vertreten. Vereinbarungen zwischen der Deutschen Demokratischen Republik und dem Senat bleiben unberührt."

Diese „Kann-Regelung" erregte Mißmut nicht nur bei der Opposition, sondern auch bei der FDP. Der Berliner CDU-Bundestagsabgeordnete Franz Amrehm geißelte die fehlende feste Einbeziehung Berlins in jeden Folgevertrag als „fundamentales Manko des Grundvertrags" und folgerte: „Ein Grundvertrag, der dieses vitale Interesse der Bundesrepublik, West-Berlin in die Verträge einzubeziehen, nicht regelt, verdient nicht den Namen ‚Grundvertrag'."[20] Dieses Beharren auf der Maximalforderung wurde dem Verhandlungsergebnis nicht gerecht – von Nicht-Regelung konnte nicht die Rede sein –, doch auch der FDP-Abgeordnete Hoppe kritisierte: „Die Einbeziehung Berlins in das Vertragswerk hätte man sich anders vorstellen können. Es ist nicht vermessen, zu sagen, daß zwingendere Lösungen denkbar sind ... Allerdings räumt die verpflichtende Erklärung der Bundesregierung, daß sie mit der DDR keine Folgeverträge ohne Einbeziehung Berlins – sofern die Alliierten zustimmen – schließen wird, die möglichen Bedenken aus."[21] Eine solche Selbstverpflichtung lediglich einer Regierung, nicht der Bundesrepublik für alle Zukunft – wie ja der Grundvertrag selbst keine Befristung oder eine Kündigungsklausel enthielt –, mußte als rein politische Willensäußerung auf den Widerspruch der Opposition stoßen. Die Bayerische Staatsregierung, die als einzige im Bundesrat gegen den Vertrag gestimmt hatte, beantragte am 29. Mai 1973 beim Bundesverfassungsgericht die Feststellung der Unvereinbarkeit des Vertragsgesetzes zum Vertrag mit dem Grundgesetz. In seiner Entscheidung vom 31. Juli 1973 urteilte das Bundesverfassungsgericht denn auch über diese Willenserklärung, sie sei Ausdruck grundgesetzlicher Pflichten: Die „Kann"-Formel der Erklärung – so das Gericht – „schränkt in keiner Weise die grundgesetzliche Pflicht der für die Bundesrepublik Deutschland handelnden Organe ein, bei *jedem* Abkommen und bei *jeder* Vereinbarung mit der Deut-

[20] Franz Amrehm vor dem Bundestag, *Stenographische Berichte* vom 9. 5. 1973, S. 1476 B u. 1477 A.

[21] *A.a.O.*, S. 1463 D.

schen Demokratischen Republik, die ihrem Inhalt nach auf das Land Berlin und seine Bürger ausgedehnt werden können, auf der Ausdehnung auf Berlin zu bestehen und nur abzuschließen, wenn der Rechtsstand Berlins und seiner Bürger gegenüber dem für den Geltungsbereich des Grundgesetzes geltenden Rechtsstand – vorbehaltlich des für Berlin geltenden alliierten Vorbehaltes und ,in Übereinstimmung mit dem Viermächte-Abkommen vom 3. September 1971' – nicht verkürzt wird."[22]

Dabei beschränkte sich das Gericht auf die Verträge mit der DDR. Bundesminister Bahr hatte seine Formel aber auch mit den Interessen der Siegermächte verteidigt: „Eine Mußvorschrift über die Einbeziehung wäre nicht mit originären Rechten der Drei Mächte und auch nicht mit der Souveränität anderer Staaten zu vereinbaren. Die Vier Mächte können nicht verbindlich für fünfte oder sechste Staaten beschließen, daß diese in ihre Verträge mit uns West-Berlin einzubeziehen haben."[23] Gemäß Anlage IV zum Vier-Mächte-Abkommen war zudem auf der Einhaltung der Verfahrensweise zu bestehen, nach der jeder potentielle Vertragstext nach der Ausarbeitung zunächst den Westalliierten vorgelegt werden mußte, bevor die deutschen Stellen eine Ausdehnung vornehmen durften. Bahr hatte stets mit Recht darauf verwiesen, daß die dortige Kann-Regelung als Vorbild gedient habe.

Ihre Entschlossenheit, die Position Berlins nicht zugunsten anderer Verbesserungen schwächen zu lassen, untermauerte die Bundesregierung auch durch Satz 2 der Erklärung: Der ständigen Vertretung der Bundesrepublik wurde das Recht auf Vertretung der Interessen auch von Berlin (West) zugestanden.[24] Diese Materie war so diffizil, der Charakter des Präzedenzfalles so offenkundig, daß die Bundesregierung auf der ausdrücklichen Nennung in der Erklärung bestand, daß sie diese Außenvertretung also gerade nicht der einvernehmlichen Kann-Regelung aus Satz 1 der Erklärung überlassen mochte.

[22] BVerfGE, 36, 1 (32).

[23] Egon Bahr vor dem Bundestag, 10. 5. 1973, S. 1623 D. Bahr gab in der Debatte Beispiele, die eine Muß-Vorschrift verhindert hätten: „Sollten wir eines Tages – wie andere Staaten der NATO – mit Staaten des Warschauer Pakts Militärattachés austauschen, so werden diese nicht die Interessen West-Berlins vertreten; denn Sicherheit und Status bleiben direkt in der Zuständigkeit der Drei Mächte."

[24] Die übliche Formel, daß der entsendende Staat vertreten wird, wurde durch die Umschreibung „Interessen von" ersetzt, um die Einbeziehung Berlins zu ermöglichen.

Erfolgreich war so der Ost-Berliner Wunsch nach Aufnahme diplomatischer Beziehungen abgewehrt worden. Die in Artikel 8 des Grundlagenvertrages vorgesehene Errichtung und die praktischen Regelungen der Einrichtung der ständigen Vertretungen sollten noch einige Zeit in Anspruch nehmen, bevor am 14. März 1974 ein Protokoll zwischen beiden deutschen Regierungen über die Errichtung Ständiger Vertretungen unterzeichnet werden konnte, das im dazugehörigen Briefwechsel die Eröffnung auf den 2. Mai 1974 terminierte.[25] Vorausgegangen war die Ausarbeitung eines Gesetzes über Erleichterungen, Vorrechte und Befreiungen für die Ständige Vertretung der Deutschen Demokratischen Republik vom 28. September 1973, das durch Verordnung der Bundesregierung am 2. Mai 1974 in Kraft trat. Mit diesem Gesetz betonte die Bundesregierung den besonderen Charakter der Missionen, sie umging damit die für diplomatische Beziehungen vorgesehene unmittelbare Anwendung des Wiener Übereinkommens über diplomatische Beziehungen vom 18. April 1961. In Berlin hatte sich die Alliierte Kommandatura durch BK/O (73)7 vom 28. September 1973 und (74)6 vom 19. Juni auch im Zusammenhang mit der Geltung dieses Gesetzes das Recht auf „alle Maßnahmen", welche sie im Hinblick auf die Vorrechte und Befreiungen für notwendig erachte, vorbehalten.[26]

Einen Einwand konnte die Regierung allerdings nicht entkräften, den der Berliner CDU-Fraktionsvorsitzende so formuliert hatte: „Der Grundvertrag wird nun eine – wenn Sie so wollen – weltweite Anerkennungswelle auslösen und Ostberlin praktisch zur Hauptstadt werden lassen."[27]

Die Abgrenzungspolitik der DDR gegenüber Berlin

In den Jahren nach dem Abschluß des Grundlagenvertrages verstärkte die DDR ihre Abgrenzungspolitik gegenüber der Bundesrepublik und Berlin. Nach dem Erreichen der weltpolitischen Anerken-

[25] Abdruck des Protokolls, der Protokollvermerke und des Briefwechsels in: *Zehn Jahre Deutschlandpolitik*... (s.o. Anm. 3), Dok. Nr. 78.

[26] Abdruck in: *Dokumente zur Berlin-Frage 1967–1986*... (s.o. Anm. 6), Dok. Nr. 211, 212.

[27] Lummer vor dem Abgeordnetenhaus am 9. Nov. 1972, *Plenarprotokoll*, 6. W.P., S. 1287.

nung als Staat durch den Beitritt zur Charta der Vereinten Nationen folgte auch im Innern eine Politik der Unterbrechung jedweder Kontinuität einer gesamtdeutschen Vergangenheit, die die Regierung entdecken konnte. So mußten etwa auf Anordnung des Innenministeriums die Kraftfahrzeuge anstelle des bis dahin zulässigen „D"-Schildes nun „DDR" als Nationalitätenkennzeichen führen. Eliminiert wurden mit dem „Gesetz zur Ergänzung und Änderung der Verfassung der Deutschen Demokratischen Republik vom 7. Oktober 1974" die Bezüge auf eine deutsche Nation in der Verfassung. An ihrem Umgang mit den Berlinern, die sich zum Betreten und Verlassen der Stadt auf DDR-Hoheitsgebiet begeben mußten, ließ sich der jeweilige Grad der Kooperationsbereitschaft oder zumindest eines friedlichen Nebeneinanders ablesen. Und für die Berliner hing der praktische Nutzen, die echte Verbesserung der Lebensqualität von eben diesem Verhalten der DDR-Stellen ab.

Die Durchführung des Vier-Mächte-Abkommens: Vertragsbrüche und Verstöße gegen Zugang, Zutritt und Zugehörigkeit

Zur Wahl im März 1975 mußte auch die Bilanz von zweieinhalb Jahren praktischer „Durchführung des Vier-Mächte-Abkommens" – dies ein Terminus des Senats von Berlin – gezogen werden. Keine Geringeren als der Generalsekretär der KPdSU Leonid Breschnew und Bundeskanzler Willy Brandt hatten anläßlich des Staatsbesuches Breschnews in Bonn am 21. Mai 1973 die Formel verkündet, es gelte „die strikte Einhaltung und volle Anwendung des Abkommens" zu gewährleisten.[28] Damit sollte das sowjetische Interesse, die „strikte Einhaltung", mit dem deutschen Interesse, der „vollen Anwendung", verknüpft werden. Diese Formel[29] vermochte gleichwohl nicht einen

[28] Gemeinsame Erklärung über den Besuch Breschnews, in: *Zehn Jahre Deutschlandpolitik...* (s.o. Anm. 3), Dok. Nr. 58. Diese Formel stellt eine Erweiterung der eine Woche zuvor von Breschnew in der DDR proklamierten Politik lediglich der „strikten Einhaltung" dar, die Brandt trotz des Einwandes, der Bundesrepublik stehe keine Interpretation des Abkommens zu, Breschnew abzutrotzen verstand.

[29] Von Kritikern der östlichen Praxis wurde diese „Allerweltsformel" (Dettmar Cramer, *Berlin – von Bonn aus gesehen*, in: *Deutschland Archiv*, [1975], S. 708) mit Galgenhumor persifliert: „Strikt einwenden – voll anhalten"; sie hielt sich gleichwohl hartnäckig in west- wie östlichen Verlautbarungen.

ständigen Disput über Auslegungen und Interpretationen zu verhindern, es kam sogar zu mehreren Vertragsbrüchen der östlichen Seite. Bis zum Frühjahr 1975 hatte die DDR bereits deutlich gemacht, daß sie die Ziele ihrer Abgrenzungs- und Machtpolitik keineswegs Verträgen unterzuordnen bereit war: Es hatte „Schwierigkeiten mit den ‚drei Z'"[30] gegeben. Der Zugang war durch neuerliche Schikanen auf den Transitautobahnen eingeschränkt worden, der Zutritt für West-Berliner in die DDR und Ost-Berlin war verzögert und durch die Erhöhung des Zwangsumtausches erschwert worden. Und die Zugehörigkeit Berlins zum Bund, insbesondere die Bundespräsenz in der Stadt, war häufig, am massivsten gelegentlich der Installierung des Umweltbundesamtes, in Frage gestellt worden. Die Meinungsverschiedenheiten erreichten jedoch im Zeitraum bis 1975 und auch später nicht die Ebene von Vier-Mächte-Konsultationen, sondern wurden von den Siegermächten den deutschen Stellen überlassen.

Wie oben im Abschnitt über Berlin in den internationalen Beziehungen dargelegt, kam es lediglich zum Austausch von Protestnoten, nicht zum offenen Streit zwischen den vier Siegermächten über die Entwicklungen in Berlin bis 1975. Allerdings verfügte eine der Mächte über ein zusätzliches Interventionsinstrument. Die Sowjetunion konnte die DDR-Regierung zu Sanktionen bis hin zum Vertragsbruch veranlassen und damit Auseinandersetzungen auf der deutschen Ebene austragen lassen. Der Berliner Senat und die Bundesregierung überließen dagegen ihren Schutzmächten der Rechtslage entsprechend die Aufgabe, gegen Verstöße der DDR innerhalb Berlins, etwa die Abhaltung von Militärparaden in Ost-Berlin, zu protestieren. Die DDR-Regierung zog ihrerseits gegen den Senat und die Bundesregierung zu Felde, wenn sie das Vier-Mächte-Abkommen als verletzt betrachtete, obwohl dies Aufgabe der Signatarmacht UdSSR gewesen wäre.

Wenn das Zusammenleben im Frühjahr 1975 sich wieder freundlicher zu gestalten versprach, hatte dies Ursachen unterschiedlicher Natur. Zum einen stand das KSZE-Treffen unmittelbar bevor, zum anderen war es im Zusammenhang mit der Unterzeichnung eines neuen „Swing"-Kredites am 6. Dezember 1974 zum Einlenken der DDR gegenüber langgehegten Forderungen der westlichen Seite gekommen. Am 9. Dezember war die DDR darüber hinaus mit einem 9-Punkte-*Aide-Memoire* an den sich im Wahlkampf befindenden Ber-

[30] So der Titel des Aufsatzes von Joachim Nawrocki in: *Deutschland Archiv*, (1974), S. 582–595.

liner Senat herangetreten, dessen Angebote zwar zum Teil problematisch waren, aber doch als neuer Ausdruck des Kooperationswillens gelten konnten. Noch vor Weihnachten wurde mit dem Abschluß zweier Verträge über die Müllverbringung am 11. Dezember und über die Abwasserbeseitigung am 12. Dezember die Bereitschaft zum geregelten Miteinander zwischen Senat und Ost-Berlin bekundet.[31] Zuvor hatte es aber zahlreiche Probleme gegeben.

Schwierigkeiten mit dem Recht auf Zutritt zu Ost-Berlin und zur DDR

Zwischen dem Inkrafttreten des Abkommens und dem Wahltermin im Frühjahr 1975 ist es sowohl zu harschen Meinungsverschiedenheiten als auch zu einem eklatanten Vertragsbruch der ostdeutschen Seite gekommen.

Dabei hatte alles so schön angefangen. In einseitiger Verfügung hatte die DDR bereits vor dem Inkrafttreten des Abkommens einen Probelauf für die Oster- und Pfingstfeiertage 1972 zugestanden. Auch wenn die Opposition in Berlin nicht ohne Grund darin den Versuch einer „politischen Einflußnahme auf die Diskussion in der Bundesrepublik Deutschland" über den Grundlagenvertrag sehen mochte,[32] nutzten mehr als eine Million Berliner die Gelegenheit zum langersehnten Besuch in der DDR beziehungsweise Ost-Berlin. Doch bereits mit dem Inkrafttreten der unbefristeten Dauerregelung des Vier-Mächte-Abkommens inklusive aller innerdeutschen Vereinbarungen am 4. Juni 1972, 0.00 Uhr, glaubte sich die DDR zum erstenmal ein nicht vertragskonformes Verhalten leisten zu können. Anlaß dazu gab die schon im Dezember 1971 bei den Verhandlungen heftig umstrittene Regelung für Sofortbesuche von West-Berlinern im anderen Teil der Stadt und in der DDR. Die vom Senat in Aussicht gestellte sofortige Ausgabe von Einreiseberechtigungsscheinen wurde gleich am ersten Tag in den Büros für Reise- und Besuchsangelegenheiten von den DDR-Bediensteten verweigert. Damit unterschied sich die Behandlung der Berliner erheblich von der der Bundesbürger, die

[31] Vgl. dazu in: *Dokumente zur Berlin-Frage 1967–1986...* (s.o. Anm. 6), Dok. Nr. 406 und 409.

[32] Heinrich Lummer vor dem Abgeordnetenhaus, *Plenarprotokoll,* 6. W.P., 24. 2. 1972, S. 742.

unmittelbar am Grenzübergang den Zutritt – allerdings nur nach Ost-Berlin – erlaubt bekamen. In der ersten Sitzung des Abgeordnetenhauses nach der Unterzeichnung der Schlußakte durch die Siegermächte am 3. Juni, von Schütz noch mit den Worten: „Es gibt kein Datum in der jüngeren Geschichte Berlins, das uns mit mehr Befriedigung erfüllen könnte als dieser Tag", eingeleitet, geriet der Regierende Bürgermeister sofort in die Defensive.[33] Er bekannte sich zur Verantwortung für die Verhandlungen und mußte sich daher zurechnen lassen, daß die DDR die festgelegten und vom Senat signierten Regelungen nun restriktiv handhabte.[34] Schütz war nach Abschluß der Verhandlungen öffentlich davon ausgegangen, daß diese Regelungen ausreichend präzise seien, um nicht nur in dringenden Familienangelegenheiten einen Anspruch auf die sofortige Ausstellung einer Einreiseberechtigung zu begründen, und mußte sich von der Presse und der Opposition im Abgeordnetenhaus Kritik daran gefallen lassen, nicht effektiv genug verhandelt und zu große Erwartungen geschürt zu haben. Schütz mochte zunächst nur von nicht vertragskonformem Verhalten der DDR, nicht jedoch von Vertragsbruch sprechen, da er im Wortlaut der unterschriebenen Verträge keine Handhabe dafür sah und deshalb an Treu und Glauben appellieren mußte.

Die Schwierigkeiten resultierten zum Teil aus den Kapazitätsgrenzen in den Besucherbüros, zum Teil aber aus grundsätzlichen sicherheitspolitischen Überlegungen der DDR, deren Kontrollbedürfnis – etwa der Vergleich der Daten der Antragsteller mit den Fahndungslisten der Staatssicherheit – während der Verhandlungen unterschätzt worden war. Auch als die Bediensteten in den Büros seit August 1972 zu einer großzügigeren Auslegung der Dringlichkeit übergingen,

[33] *Plenarprotokoll*, 6. W.P., 8. 6. 1972, S. 1014.

[34] Materiell ging es um Artikel 5 II Satz 2 der Vereinbarung über Erleichterungen und Verbesserungen des Reise- und Besucherverkehrs vom 20. Dezember 1971 (abgedruckt in: *Dokumente zur Berlin-Frage*... [s.o. Anm. 3], Dok. Nr. 136), in dem es heißt: „Die Büros stellen Berechtigungsscheine aus und übersenden sie den Empfängern auf dem Postwege oder händigen sie den Antragstellern direkt aus." Im Protokollvermerk zu dieser Vereinbarung (*a.a.O.*, Dok. Nr. 137) heißt es in Punkt 4 c): „Die Anträge können auf dem Postweg oder persönlich gestellt werden. Sie werden unverzüglich bearbeitet. Ausgestellte Berechtigungsscheine werden dem Antragsteller auf dem Postwege übersandt oder sofort ausgehändigt." Darauf stützte der Senat seine Lesart, es bestehe ein Anspruch aller Berliner auf Sofortbesuche. Die DDR berief sich dagegen auf Punkt 6 Satz 3 des Protokollvermerks, der lautet: „Zur Bearbeitung der Anträge werden in der Regel 6 Tage benötigt."

blieb der Regierende Bürgermeister in der Defensive: „Das ist eine ganz entscheidende Verbesserung gegenüber dem bisherigen Zustand, das ist eine Verbesserung auf den Zustand hin, den wir unserer Meinung nach vereinbart haben."[35] Aus der Diskussion geriet das Thema erst, als der DDR-Vertreter Mitdank zur völligen Überraschung des Senates und zur Freude der Berliner am 2. Oktober 1972 eine neue Praxis der Mehrfachberechtigungsscheine mit sofortiger Wirkung ankündigte. Mit dem Ergebnis zeigte sich Schütz völlig zufrieden, dabei stellte die Verfügung ein reines Entgegenkommen der DDR dar, das auch genauso leicht widerrufen werden konnte.

Den Wünschen der Bevölkerung war somit Rechnung getragen, gleichwohl bestätigte dieser Auftakt die Berliner, die der Einhaltung der Verträge durch die DDR pessimistisch gegenübergestanden hatten. Die Freizügigkeit der West-Berliner blieb weiterhin von den politischen Opportunitätsüberlegungen der DDR abhängig, von der „Freizügigkeit" der Ost-Berliner ganz zu schweigen. Weitere Probleme beim Zutritt hatte es durch die Verweigerung der Einreise für bestimmte Personen und Personengruppen, namentlich frühere DDR-Bewohner oder vormals in der DDR straffällig gewordene Personen, gegeben. Aufgrund der Amnestie anläßlich des Staatsgeburtstages am 6. Oktober 1972 und des Staatsbürgerschaftsgesetzes der DDR vom 17. Oktober 1972 trat eine wesentliche Erleichterung ein, da nun der Mehrzahl der ehemaligen Flüchtlinge die Einreise erlaubt wurde. Die Größenordnung der Einreiseverweigerungen lag bei jährlich 250 bis 300 Beschwerdefällen. In Gesprächen der Besuchsbeauftragten beider Seiten wurden die Anträge der Abgewiesenen einzeln überprüft, so daß die Zahl weiter abgebaut werden konnte.

Ein weiterer Versuch der DDR, im eigenen politischen Interesse die Abmachungen zu brechen, konnte erfolgreich vom Senat abgewendet werden. Die DDR-Führung hatte aus Angst vor zu vielen Kontakten Jugendlicher, insbesondere solcher mit mißliebiger politischer Orientierung, eine Einreiseeinschränkung für die Dauer der Weltjugendfestspiele, die vom 28. Juli bis zum 5. August 1973 in Ost-Berlin stattfanden, erlassen wollen. Unter Hinweis auf ein angeblich ausgeschöpftes Kontingent, auf bereits ausgegebene 156 000 Einreiseberechtigungen, hatten die Büros für Reise- und Besuchsangelegenheiten bis Mitte Juni

[35] Schütz am 22. 8. 1972 im *WDR* (zitiert nach der Kommentarübersicht des Bundespresseamtes).

etwa 150 Antragsteller abschlägig beschieden. Von westlicher Seite wurde die Vertragswidrigkeit einer solchen Kontingentierung angeprangert, und schließlich kehrte die DDR zur üblichen Praxis zurück. Gleichwohl blieb dieser „Test" der „Strapazierfähigkeit der Berlinvereinbarungen" eine Warnung für den Senat, zumal die amtliche Nachrichtenagentur ADN zusätzlich drohte: „Es ist wirklich ein Glück für die Einwohner von Berlin (West), daß die Mitarbeiter der Grenz- und Zollorgane der DDR fast Übermenschliches leisten, um den großzügigen Besucher- und Reiseverkehr zu bewältigen, ohne daran zu denken, daß sie auch die Möglichkeit hätten, den Dienst nach Vorschrift zu verrichten."[36]

Eine eklatante, weitaus einschneidendere Verletzung der Besuchsvereinbarung erfolgte im November 1973, also kurz nach dem Erreichen eines „Herzenswunsches", dem Beitritt zur Charta der Vereinten Nationen, und gekoppelt mit einer spektakulären Berichterstattung über Fluchthelferprozesse zum Zwecke der Einschüchterung sowie mit Angriffen gegen die Bundespräsenz. Die Abgrenzungpolitik Ost-Berlins erreichte jetzt einen ersten Höhepunkt und wurde massiv vorangetrieben. Mit der „Anordnung über die Durchführung eines verbindlichen Mindestumtausches von Zahlungsmitteln" vom 5. November 1973,[37] in Kraft seit dem 15. November, wurde die gleichlautende Anordnung vom 4. Juni 1972 außer Kraft gesetzt. Damit wurde der Zwangsumtausch auf 10 DM pro Besuchstag in Ost-Berlin und 20 DM pro Besuchstag in der DDR verdoppelt, verschärfend kam die Einbeziehung der bisher ausgenommenen Rentner hinzu. Nach Auskunft des Senates hatte die Regelung einen Besucherrückgang von rund 35 Prozent bei den Tagesbesuchen und 56 Prozent bei Mehrtagesbesuchen zur Folge.[38] Insbesondere für die sozial schwächere Gruppe der Rentner stellte diese Maßnahme eine enorme Belastung dar.

Das Motiv der DDR-Führung lag in dem Wunsch nach einer deutlichen Verringerung der Zahl der Kontakte zwischen Besuchern und Besuchten, verbunden mit der Einnahme möglichst vieler Devisen.

[36] Zitiert nach: *Die Zeit* vom 20. Juli 1973.

[37] Abgedruckt in: *Dokumente zur Berlin-Frage 1967–1986...* (s.o. Anm. 6), Dok. Nr. 340.

[38] *Bericht über die Durchführung des Vier-Mächte-Abkommens und der ergänzenden Vereinbarungen zwischen dem 1. Juni 1974 und dem 31. Mai 1974* (= *Drucksache*, 7. W.P., Nr. 115), S. 7.

Klaus Schütz griff in einer Erklärung vor dem Abgeordnetenhaus zu drastischen Worten, nannte den Vorgang „eine Maßnahme aus dem Arsenal frühkapitalistischer Geldschneiderei" und folgerte: „Wer jetzt also diese Anordnung einseitig ändert – und das tut die DDR jetzt – und wer dazu den Partner der Vereinbarung weder unterrichtet noch um seine Meinung fragt, der verstößt gegen mehr als den Geist des Abkommens der Vier Mächte über Berlin."[39] Zumindest für die Modalitäten der Besuche von West-Berlinern, die anders als bei Bundesbürgern in der Reise- und Besuchsvereinbarung zwischen Senat und DDR-Regierung geregelt worden waren, stellte dies aber doch mehr dar, nämlich einen Verstoß gegen den Buchstaben, waren doch diese Regelungen Bestandteil des Abkommens geworden. Schütz hätte beim Beharren auf dieser Position der Berliner, deren Umtauschsatz eben nicht wie der der Bundesbürger dem innerstaatlichen Recht der DDR und damit deren Autonomie unterlag, aber zugeben müssen, daß sein Senat zwei vorangegangene einseitige Änderungen der Vertragsbedingungen durch die DDR nicht gerügt hatte. Zum einen war mit der Anordnung über den Mindestumtausch vom 4. Juni 1972, also vom ersten Tag der Geltung, die entsprechende Regelung aus der Erklärung der Regierung der DDR zur Durchführung des Reise- und Besucherverkehrs vom 20. Dezember 1971 verschlechtert worden.[40] Im Zusammenhang mit der Aufregung über die nicht funktionierende Sofortbesuchsregelung war dieser vertragswidrige Akt nicht diskutiert worden,[41] er fand nicht einmal Eingang in den ersten „Bericht über die Durchführung des Vier-Mächte-Abkommens und der ergän-

[39] *Plenarprotokoll*, 6. W.P., 8. 11. 1973, S. 2257 f. Der Fraktionsvorsitzende Haus sprach vom „bösartigen Eintrittszoll", *a.a.O.*, S. 2264.

[40] Die Erklärung der DDR vom 20. Dezember 1971 zur Durchführung des Reise- und Besucherverkehrs hatte einen Mindestumtausch von 5 DM für einen Tag Aufenthalt in Ost-Berlin und der DDR, bei einem Aufenthalt von zwei Tagen in Höhe von 10 DM, bei Besuchen von drei und mehr Tagen 10 DM pro Tag vorgesehen (Abdruck in: *Dokumente zur Berlin-Frage...* [s.o. Anm. 6], Dok. Nr. 137a). Seit dem 4. Juni 1972 waren die Sätze auf 5 DM für Besuche in Ost-Berlin und 10 DM für solche in die DDR, und zwar pro Tag, also auch bei nur einem Tag Dauer, erhöht worden.

[41] Auf Anfrage antwortete der Regierende Bürgermeister am 29. Juni 1972: „Der Senat hat der Regierung der DDR durch seinen Beauftragten am 12. Juni 1972 sein Befremden über die Änderung des Mindestumtausches ausgedrückt ... Über die Höhe des Mindestumtausches hat der Senat keine Vereinbarungen mit der DDR getroffen. Die Änderung der Umtauschsätze stellt deshalb weder eine Vertragsverletzung der DDR dar, noch hat der Senat eine Möglichkeit, auf eine erneute Änderung hinzuwirken." *Plenarprotokoll*, 6. W.P., Sitzung 32, S. 1095. Diese Beschönigung eines Verhandlungs-

zenden Vereinbarungen".[42] Auch eine zweite einseitige Abweichung hatte der Senat durchgehen lassen. Am 10. September 1972 war mit der „19. Durchführungsverordnung zum Zollgesetz" die Freigrenze bei der Ein- und Ausfuhr zugunsten der Besucher erhöht worden. Der Senat hatte eine Verbesserung inkonsequent als einseitige Veränderung hingenommen und hier noch nicht, sondern erst nach der Verdoppelung des Zwangsumtausches im November 1973 Protest eingelegt und sich auf die Verbindlichkeit der Erklärung vom Dezember 1971 berufen.

Da aber die neue Anordnung für Bundesbürger und Berliner gleichermaßen galt und auch Bundesminister Egon Bahr keine Chance sah, die DDR zur Rücknahme der Erhöhung zu bewegen, konnte Schütz nur auf die Aktivierung aller Kontakte verweisen, ohne eine echte Handhabe zu haben. Die Möglichkeit zur Einberufung der vier Mächte wurde von ihm zwar ausgesprochen, um seine Position gegenüber der östlichen Seite zu stärken, es blieb aber bei Konsultationen des Senats mit den drei Schutzmächten.[43] Zwar stimmte die Opposition der Feststellung zu, daß die neue Situation Folge der „Böswilligkeit der anderen Seite" sei, charakterisierte sie aber zutreffend als Ergebnis der „Eilfertigkeit" und „Leichtfertigkeit" der Verhandlungskommission im Herbst 1971.[44]

Bereits unmittelbar nach der Erhöhung des Zwangsumtausches wurde eine Verknüpfung mit der Fortführung des von Bonn der DDR eingeräumten zinslosen Verrechnungskredits „Swing" in der damals erreichten Höhe von 640 Millionen DM diskutiert. Der seit Mai 1974 amtierende Bundeskanzler Schmidt band die Verlängerung dieses Abkommens an die Rücknahme der Umtauscherhöhung. Dies verdient besondere Betonung, denn bei der zweiten Erhöhung durch die DDR-Regierung, im Oktober 1980, fand sich Schmidt dazu nicht mehr bereit. Nachdem am 5. November 1974 durch eine neue Anord-

fehlers wagten die Regierenden Bürgermeister angesichts der einschneidenden Verschlechterungen durch die Umtauscherhöhungen von 1973 und vor allem von 1980 nicht zu wiederholen.

[42] Der Bericht ist publiziert als *Drucksache*, 6. W.P., Nr. 1013, und umfaßt den Berichtszeitraum zwischen dem 3. Juni 1972 und dem 31. Mai 1973.

[43] Nach Besuchen in Paris und London hatte Bundessenator Stobbe festgestellt: „Die im Viermächteabkommen vorgesehenen Konsultationen der Alliierten werden vorläufig nicht in Gang gebracht." *Berliner Stimme* vom 24. 11. 1973.

[44] Heinrich Lummer vor dem Parlament, *Plenarprotokoll* 6. W.P., 8. 11. 1973, S. 2261.

nung über die Durchführung eines verbindlichen Mindestumtausches die Regelung vom 5. November 1973 außer Kraft gesetzt, und der Satz von 10 DM auf 6,50 DM für einen Tagesbesuch in Ost-Berlin und von 20 auf 13,50 DM für einen Tagesbesuch in der DDR gesenkt worden war, dankte Schütz dem Kanzler für seine Standfestigkeit: „Er hatte recht, als er darauf bestanden hat, daß vor der Regelung von Fragen der Wirtschaft und als Voraussetzung zu ihrer Lösung die DDR zuerst und vor allem die Geschäftsgrundlage der Reise- und Besuchervereinbarung, die der Senat mit ihr vereinbart hat, wiederherstellen sollte."[45]

Vorausgegangen waren intensive, auch von den Schutzmächten unterstützte Bemühungen von Senat und Bundesregierung. Im Mai 1974, zum Zeitpunkt der Amtsübernahme des neuen Bundeskanzlers, hatte die DDR ein Einlenken signalisiert; die teilweise Rücknahme der Maßnahme vollzog sich dann in zwei Schritten: zunächst in der Reduzierung des Zwangsumtauschsatzes vom 15. November an und dann, nach Abschluß der Verhandlungen zwischen Bonn und dem Ost-Berliner Außenhandelsministerium über die Verlängerung des Swing, auch in der Befreiung der Rentner vom Umtausch mit Wirkung vom 20. Dezember 1974.

Diese Regelung half der DDR, ihr Gesicht zu wahren, konnte sie doch von einer Neufestsetzung der Umtauschsätze sprechen, statt davon, die Forderung nach einer Rückkehr zum Stand der Erklärung vom Dezember 1971 erfüllt zu haben. Zum Ausgleich bot die DDR an, unbegrenzt Personenkraftwagen zuzulassen, also die Erlaubnis der Mitnahme eines Fahrzeugs für jeden Besucher. Auch jetzt bestanden Senat und Bundesregierung nicht auf der Einhaltung des gebotenen *Procedere*, denn auch diese Maßnahme hätte als Abweichung vom Vier-Mächte-Abkommen und der darin eingebundenen Regelungen formell in einem Protokollvermerk der deutschen Stellen und der Alliierten festgehalten werden müssen. Daß die DDR-Führung gleichwohl nicht ihre Prinzipien verkauft hatte, sondern lediglich aufgrund einer Abwägung der Vor- und Nachteile zum Einlenken bereit war, sollte sich im Herbst 1980 zeigen, als die dann verfügte Verdoppelung des Umtauschsatzes auch nicht im Zuge fälliger Verhandlungen über die Verlängerung des Swing-Kredites rückgängig gemacht wurde.

[45] Schütz am 9. 12. 1975 im Interview mit der *Deutschen Welle* (zitiert nach der Kommentarübersicht des Bundespresseamtes).

Störungen des Rechtes auf freien Zugang nach Berlin

Die Sicherheit der Transitautobahnen als Lebensadern der Stadt war von höchster politischer, psychologischer und praktischer Bedeutung für Berlin (West). Der freie Zugang zu Berlin hatte nach den Erfahrungen der Blockadezeit als „essential" stets oberste Priorität. Die UdSSR war als Signatarmacht des Vier-Mächte-Abkommens in die Pflicht genommen, die einfachste und schnellste Weise der Abfertigung zu gewährleisten. Jegliche Störung oder auch nur Irritation des reibungslosen Verkehrsablaufs sollte durch die Ausführungsvereinbarungen der deutschen Behörden ausgeschlossen werden. Die Zahl der auf dem Landwege nach und von Berlin Reisenden stieg denn auch rasant an.[46] Gleichwohl griff die DDR bis 1975 mehrfach zum Mittel der Verkehrsbeeinträchtigung, um ihren Unmut über das politische Verhalten Bonns und des Senates auszudrücken. Damit verließ die Ost-Berliner Führung die Ebene des politischen Dialoges und wandte mittelbar Gewalt gegen die Bevölkerung der Stadt beziehungsweise deren Besucher an.

Am 9. Mai 1973 war es erstmals zu einer vorübergehenden Sperrung auf der Transitautobahn gekommen. Am 25. und 26. Januar 1974 führte die DDR scharfe, zum Teil schikanöse Kontrollen im Transitverkehr durch, die erhebliche Verzögerungen zur Folge hatten. Zur Rechtfertigung berief sie sich auf eigene Souveränitätsrechte, namentlich die Suche nach Verbrechern, und auf das Völkerrecht. Der Senat entgegnete, daß das Vier-Mächte-Abkommens als völkerrechtliches Dokument die DDR in ihren Hoheitsrechten konkret beschränkt habe.[47] Die von der Bundesregierung gestellte Transitkommission, der auch ein Vertreter des Senats angehörte, protestierte gegen dieses nicht von den Regelungen gedeckte Verhalten. Eine Sanktion bot sich allerdings nicht an. Klaus Schütz erwog zwar erneut die mögliche Einschaltung der Schutzmächte, versuchte aber den Vorfall herunterzuspielen, indem er insbesondere einen Zusam-

[46] „Gegenüber dem vergleichbaren Zeitraum in den Vorjahren haben von Juni 1972 an ca. 40% mehr Personen die Straßenverbindungen benutzt. Im Eisenbahnverkehr, der schneller und dichter geworden ist, wurden 1973 etwa 15% Personen mehr befördert", Bericht über die Durchführung des Vier-Mächte-Abkommens vom 1. August 1973 (= *Drucksache*, 6. W.P., Nr. 1013), S. 10.

[47] Bericht über die Durchführung des Vier-Mächte-Abkommens vom 25. 6. 1974 (= *Drucksache*, 6. W.P., Nr. 1454), S. 7.

menhang mit dem Protest der Sowjetunion und der DDR gegen die geplante Errichtung des Umweltbundesamtes in das Reich übermäßiger, unnötiger Sorge verwies.[48] Daß diese Ansicht mehr einem Wunschdenken der westlichen Seite entsprungen war, wurde deutlich, als wenig später DDR-Außenminister Nier ankündigte, die Bediensteten des geplanten Umweltbundesamtes könnten vom Transitverkehr ausgeschlossen werden. Schütz betonte, ein solches Vorgehen „würde auf unserer Seite alle Beteiligten in größte Alarmbereitschaft setzen".[49]

Nachdem Bundestag und Bundesrat das am 22. Juli 1974 verkündete Gesetz über die Errichtung eines Umweltbundesamtes beschlossen hatten und die Alliierte Kommandatura per BK/O (74)8 keine Einwände gegen die Übernahme des Gesetzes durch das Abgeordnetenhaus von Berlin bekundet hatte, führten die Kontrollorgane der DDR vom 26. Juli 1974 an massive Kontrollen im Transitverkehr durch. Die DDR maßte sich ein Sanktionsrecht gegenüber der Bundesregierung an: „Wenn die BRD die Verpflichtungen nicht einhält, die sich für sie aus dem Vierseitigen Abkommen ergeben, so kann dies nicht ohne Folgen bleiben ... Die Durchreise von Mitarbeitern diese Bundesamtes der BRD sowie die Beförderung entsprechenden Eigentums und entsprechender Dokumentationen auf den Kommunikationen der DDR wird als ungesetzlich betrachtet."[50]

So wurden Transitreisende nach ihrem Beruf und LKW-Fahrer etwa nach dem Verwendungszweck geladener Waschmaschinen gefragt. Am 29. Juli 1974 wurde einem auf der Einreise befindlichen Beamten des Umweltbundesamtes die Durchreise verweigert. Die Bundesregierung beantragte daraufhin eine Sondersitzung der Transitkommission, der von der DDR nur mit Verzögerung stattgegeben wurde. In dieser Sitzung kamen die Unterhändler jedoch über den Austausch der bekannten, entgegengesetzten Rechtspositionen nicht hinaus. Als nach der Intervention der Westmächte in Moskau die vertragswidrige Praxis der Befragung und Behinderung eingestellt und eine weitere Eskalation sowohl in Bonn wie in Moskau und bei den

[48] Schütz im Interview des *Hessischen Rundfunks*, 28. 1. 1974 (zitiert nach der Kommentarübersicht des Bundespresseamtes).

[49] Schütz im Interview mit der *Berliner Morgenpost* vom 31. 3. 1974.

[50] Erklärung der Regierung der DDR vom 20. Juli 1974, abgedr. in: *Dokumente zur Berlin-Frage 1967–1986...* (s.o. Anm. 6), Dok. Nr. 329.

Schutzmächten zu vermeiden versucht wurde, hielt Klaus Schütz die für die Berliner bedeutungsvollste Erfahrung fest: „Ich halte hier für das Wichtigste, daß sich die DDR-Führung offiziell zur Vertragsverletzung bekannt hat und offenbar offiziell auch sagt, daß sie es für möglich hält, daß das Transitabkommen besteht und daneben sie einfach Mitarbeiter eines Bundesumweltamtes am Transit hindern kann."[51]

Klaus Schütz als bestellter Vertreter der Interessen der Berliner, äußerte, auch im Hinblick auf den kommenden Wahlkampf, eine prononciertere Meinung als die eine Beruhigung anstrebenden Regierungen in Bonn, Paris, London, Washington und Moskau. Während Egon Bahr schon nach den ersten Kontrollen Anfang 1974 vollmundig verkündet hatte: „Eine einmalige Sache!",[52] wählte Schütz klarere Worte: „Das Transitabkommen ist unsere Rechtsgrundlage. Wer sie bricht ist ein Rechtsbrecher und muß so bezeichnet werden und darf sich hinter nichts und niemandem verstecken: auch nicht hinter das, was er Völkerrecht nennt."[53] Aber auch er mußte sich der Politik der Zurückhaltung der Bundesregierung beugen. Die Diskussion über das von Willy Brandt gewünschte Projekt einer Deutschen Nationalstiftung belegt, daß nach den Vorfällen um das Umweltbundesamt zunächst nicht mehr an die Installation weiterer Bundeseinrichtungen in Berlin zu denken war. Bundeskanzler Schmidt betonte am 14. August 1974, er wolle nach dem Umweltbundesamt nicht „weitere Streitfälle" in die Welt setzen.[54] Und der Berliner Bürgermeister Neubauer wurde „zurückgepfiffen", nachdem er sich zunächst dafür ausgesprochen hatte, mit der Einrichtung einer Nationalstiftung „die Haltbarkeit des Vier-Mächte-Abkommens zu testen". Die Opposition im Bundestag wie im Abgeordnetenhaus versuchte die Regierungen in Bonn und Berlin in dieser Sache unter Druck zu setzen, da eine ablehnende Haltung der Sowjetunion aber seit Juni 1974 bekannt war, spielte dies auch eine innenpolitische Rolle. Die Regierung, namentlich der um seine Wiederwahl kämpfende Regierende Bürgermeister Schütz, mußte den

[51] Schütz im Interview im *Bayerischen Rundfunk* am 10. 8. 1974 (zitiert nach der Kommentarübersicht des Bundespresseamtes).

[52] Im Interview mit der *Berliner Stimme* vom 16. 3. 1974.

[53] Im Interview mit dem *Spandauer Volksblatt* vom 24. 2. 1974.

[54] Schmidt im Interview mit: *Die Welt* vom 14. 8. 1974.

Eindruck vermeiden, als ließe man sich im Berlin-Engagement von der Opposition übertreffen.

Der Streit über die Zugehörigkeit Berlins zum Bund

Wie dargelegt, hatte sich die Ost-Berliner Regierung bereits in der Frage der Übersetzung des Textes des Vier-Mächte-Abkommens in diesem Punkt der westlichen Lesart widersetzt – in Übereinstimmung mit dem, was als authentischer russischer Text unterschrieben worden war. In der Folge kritisierte auch die DDR jedwede Betonung und auch Ausweitung der Zugehörigkeit des Westteils der Stadt zur Bundesrepublik Deutschland. Zumeist verlautbarte die Regierung ihre Kritik in Noten, die in der Diktion denen der Sowjetunion angepaßt waren. Wegen dieser internationalen Implikationen ist über die Bekräftigung sowjetischer Kritik durch die DDR bereits im obigen Abschnitt über die Haltung der Sowjetunion berichtet worden.[55]

Die praktischen Sanktionen wurden am Beispiel der Autobahnschikanen aus Anlaß der Errichtung des Umweltbundesamtes dargestellt. Damit wird auch die unmittelbare Beeinträchtigung der Freizügigkeit der West-Berliner deutlich. Die Reaktion der DDR auf die westliche Interpretation der Bindungen und ihrer Erweiterungen unterschied sich damit deutlich und schmerzhaft von der der UdSSR. Während sich nämlich die Sowjetunion auf den Notenwechsel mit den Westmächten beschränkte, verfügte sie in Abstimmung mit der DDR in deren tatsächlicher Hoheitsgewalt über Möglichkeiten der Mißfallenskundgebung und Nötigung, die für alle Berliner spürbar wurden. Und dies, obwohl der DDR als Nicht-Signatarmacht gar nicht das Recht zustand, über diesen Teil des Abkommens der Siegermächte zu befinden. Daneben trat die politische Instrumentalisierung der Rechtsprechung in der DDR. Mit zum Teil schweren Strafen wurden Fluchthelfer dann bedacht und ihre Urteile öffentlich herausgestellt, wenn die DDR die Bewohner Berlins einzuschüchtern gedachte. Allein während der Debatte über die Errichtung des Umweltbundesamtes wurden zwischen dem 11. Juli und dem 11. August 1974 vierzig Fluchthelferurteile bekanntgegeben.

[55] Die Noten der DDR-Regierung an Bundesregierung und Senat sind aufgeführt in der Ost-Berliner Dokumentensammlung *Das Vierseitige Abkommen über Westberlin und seine Realisierung*, Berlin (Ost) 1978.

Die Politik des Senates gegenüber der DDR-Regierung. Dissonanzen mit Bonn: Die freiwillige Selbstbescheidung des Senats

Gab es bis zu den Wahlen von 1975 eine Deutschlandpolitik des Senats von Berlin? Eine separate, der Bonner Regierungslinie gar widersprechende? Versuchte der Senat unter dem Regierenden Bürgermeister Klaus Schütz über Kontakte zur Regierung in Ost-Berlin mehr für seine Berliner „herauszuholen"? Dies muß verneint werden.

Schütz hatte bereits vor dem Abkommen Verlockungen aus Ost-Berlin widerstanden, zugunsten von Passierscheinen für die Berliner aus den Verpflichtungen gegenüber den Westmächten auszubrechen. Welchen Spielraum aber hatte ein Regierender Bürgermeister? Die Diskussionen über das Treffen des Regierenden Bürgermeisters Richard von Weizsäcker mit dem DDR-Staatsratsvorsitzenden Erich Honecker 1983 und über dessen Einladung zu den Feierlichkeiten aus Anlaß der 750-Jahr-Feier Berlins im Jahre 1987 durch den Regierenden Bürgermeister Eberhard Diepgen haben gezeigt, wie gering der Bewegungsspielraum eines Regierenden Bürgermeisters hinsichtlich einer Politik war, die unabhängig von den Alliierten und der Bundesregierung in deutschland- und berlinpolitischen Fragen vom Rathaus Schöneberg betrieben werden konnte. Vor jedem Kontakt mit Ost-Berliner Stellen mußten die Vertreter des Senats die Einwilligung der Schutzmächte erbitten.[56] Einer ausdrücklichen Ermächtigung der Alliierten Kommandatura bedurfte es sowohl vor Beginn jedweder Verhandlung mit DDR-Stellen als auch erneut vor der Vereinbarung einer jeden Regelung. Um nicht die östliche These, Berlin sei eine selbständige politische Einheit, zu stützen, wurden direkte Verhandlungen zwischen dem Senat und der DDR-Staatsregierung betont pragmatisch auf lokale Fragen begrenzt. Die DDR-Regierung trat als solche auf, auch wenn Berliner Fragen betroffen waren und der Senat natürlich lieber den Ost-Berliner Oberbürgermeister als Partner gehabt hätte.

Dennoch kam es zu vielen Gesprächen mit dem Ziel praktischer Lösungen lokaler Fragen, die von Beauftragten des Senats oder Vertretern einzelner Senatsbehörden geführt wurden. Der Regierende

[56] I. D. Hendry/Michael C. Wood, *The Legal Status of Berlin*, Cambridge 1987, S. 225.

Bürgermeister selbst griff nicht mehr persönlich in Verhandlungen ein und begab sich zu Gesprächen nach Ost-Berlin nur auf Einladung des sowjetischen Botschafters, nicht zu offiziellen Kontakten mit der DDR-Regierung. Die Verhandlungsgegenstände bildeten Wünsche des Senates, die durch die faktische Abschottung der Stadt entstanden waren, wie die Verbringung des Mülls der Großstadt, Probleme der Wasserwirtschaft, der Abwasserversorgung, der Wasserwege und die Nutzung des der Reichsbahndirektion in Ost-Berlin unterstehenden Südgeländes des Güterbahnhofs im West-Berliner Stadtbezirk Schöneberg.

Bis zu den Wahlen im Frühjahr 1975 kam es nach zahlreichen Gesprächsrunden zu ersten Abmachungen. Die Alliierte Kommandatura ermächtigte den Senat zum Abschluß solcher Vereinbarungen, die lediglich technischer Natur und dazu geeignet waren, Berlin wirtschaftliche Vorteile zu verschaffen. Konkret hieß dies, der Senat durfte über das Reichsbahngelände verhandeln und den Müll und die Abwässer gegen Bezahlung in die DDR verbringen.[57] Gerade die Beseitigung von Müll und Abwasser jenseits der Stadtgrenzen stellte eine echte Erleichterung dar, gegen eine geplante Müllverbrennungsanlage hatten Anwohnern bereits heftigen Protest angemeldet. Diese Verbringung war nicht neu, Ost-Berlin hatte aber darauf bestanden, die Vergütung neu zu berechnen – also zu erhöhen.

Am 9. Dezember 1974 offerierte Joachim Mitdank dem Regierenden Bürgermeister ein Neun-Punkte-*Aide-mémoire* mit „Vorschlägen der Regierung der DDR an den Senat von Berlin (West)".[58] Da es ebensolche Vorschläge für „die Regierung der BRD" gab, mußte der Senat auf der Hut sein. Andererseits war der Monat Dezember 1974 ein durchaus entspannungsfreundlicher Zeitraum. Nach dem Kooperationsabkommen der Bundesrepublik mit der Sowjetunion, in das

[57] So ermächtigte die Kommandatura den Senat mit BK/L (74) 6 vom 20. 2. 1974 zu der Grundsatzvereinbarung vom 21. 2. 1974 über die Umgestaltung von Verkehrsanlagen im Südbereich von Berlin, abgedruckt in: *Dokumente zur Berlin-Frage...* (s.o. Anm. 6), Dok. Nr. 403; mit BK/L (74) 43 vom 10. 12. 1974 zum Abschluß der Vereinbarung über die Ableitung und Behandlung von Abwässern aus Berlin-West vom 12. 12. 1974, *a.a.O.*, Dok. Nr. 406, und mit BK/L (74) 44 vom 10. 12. 1974 zum Entwurf des Vertrages über die Verbringung von Abfällen durch zwei private Firmen und einen diesen betreffenden Briefwechsel zwischen der Senatsbehörde für Finanzen und einem Beauftragten der DDR-Regierung vom 11. 12. 1974, *a.a.O.*, Dok. Nr. 409.

[58] Abdruck der „Vorschläge" für den Senat und die Bundesregierung in: *Zehn Jahre Deutschlandpolitik...* (s.o. Anm. 3), Dok. Nr. 102 u. 103.

Berlin einbezogen wurde, war die Verlängerung des „Swing"-Kredites ausgehandelt worden. Die DDR reagierte mit der Teilrücknahme der Zwangsumtauscherhöhung. Das Angebot sah vor, über praktische Verbesserungen mit dem Senat zu verhandeln, so über die Öffnung des Teltow-Kanals, der seit dem Mauerbau gesperrt war, und die Einrichtung einer weiteren Schleusenkammer in Spandau. Auch die Schienenwege sollten ausgebaut werden, um die Interzonenzüge schneller passieren lassen zu können. Und im Bereich des Straßenverkehrs sollte eine Autobahn zwischen Berlin und Hamburg auf einer schon vor dem Zweiten Weltkrieg geplanten Trasse gebaut werden.

Über ein Rettungsabkommen bei Zwischenfällen in Grenzgewässern, ein Angebot von Stromlieferungen aus der DDR, eine erhöhte Abnahme von Waren aus Berlin sollten Verhandlungen geführt werden und über den nichtkommerziellen Zahlungsverkehr sollte ebenfalls verhandelt werden.

Die Probleme für den im Wahlkampf stehenden Senat, der sich erfreut über das Angebot zeigte,[59] lagen auf der Hand: die Kosten und die Zuständigkeit. Im Text des *Aide-mémoire* hieß es offen in Sachen Verbesserung der Verkehrswege: „Dabei geht die DDR natürlich davon aus, daß Lösungen gefunden werden, die der DDR keine zusätzlichen ökonomischen Belastungen bringen." Die Nutzung der Autobahnen und der neuen Schienentrassen sollte aber auch der DDR-Bevölkerung zugute kommen. Nicht nur konnte der Senat keine Autobahn nach Hamburg bezahlen, er mochte auch gar nicht dafür zuständig sein. Die Bundesregierung hatte mit der DDR-Regierung den Verkehrsvertrag geschlossen und war allein für die Transitstrecke zuständig. Und auch in Sachen Teltowkanal mußte die Zuständigkeit erst geklärt werden.

Nach den Schikanen im Sommer 1974 aus Anlaß der Errichtung des Umweltbundesamtes schien den Berlinern ob dieser Angebote Zukunftsmusik in den Ohren zu klingen. Schütz ließ noch vor Weihnachten mitteilen, daß man bereit sei, den Dialog aufzunehmen. Die DDR äußerte auch eigene Wünsche an die Adresse des Senates. So schlug im Juni 1973 der Abteilungsleiter im DDR-Außenministerium, Joachim Mitdank, dem Regierenden Bürgermeister persönlich im Rathaus Schöneberg vor, Verhandlungen über den Bau einer Erdölpipeline von Schwedt an der Oder nach West-

[59] Vgl. das Interview Schütz' in der *Tagesschau* vom 21. 12. 1974.

Berlin aufzunehmen. Im Oktober desselben Jahres folgte das Angebot von Verhandlungen über Fragen des Gesundheitswesens, das der Senat unter Hinweis auf die Zuständigkeit des Bundesgesundheitsministeriums ablehnte.

Ein trauriges Kapitel der besonderen Beziehungen des Senats zur DDR-Regierung darf hier nicht unerwähnt bleiben: die Todesschüsse der Grenzposten auf Menschen, die von Ost-Berlin nach West-Berlin zu fliehen versuchten. Der Senat äußerte in solchen Fällen nicht nur seinen Abscheu vor dieser Praxis, sondern er mußte auch die psychologische Wirkung bei der Bevölkerung berücksichtigen. So wie Ende August 1961 das Angebot der DDR zu Passierscheinverhandlungen brüsk abgelehnt worden war, da man sich mit den Mauererrichtern nicht an einen Tisch setzen mochte, galt es auch weiterhin, die Tagesordnung mit Ost-Berlin nicht unbeeinflußt von brutalen Grenzzwischenfällen aufrechtzuerhalten. Die Erklärungen der Senatssprecher sowie der Schutzmächte zu „Westlichen Protesten gegen Schüsse an der Mauer" sind in den *Dokumenten zur Berlin-Frage 1967–1986* abgedruckt. Ein Schnellfeuergewehrangriff auf einen Flüchtling in der Nacht vom 7. zum 8. Juli 1973 hatte – in den Worten der französischen Militärregierung – „die Empörung der Berliner hervorgerufen, die in der gleichen Nacht spontan zum Ausdruck brachten, wie sehr sie diese unmenschliche Haltung verurteilen". In der Protestnote der DDR an den Senat hieß dies dann „schwere Provokation an der Staatsgrenze der DDR zu Berlin (West)".[60] Den Vorwurf, nicht durch einen Polizeieinsatz für Ruhe und Ordnung gesorgt zu haben, konnte der Senat zurückweisen, die Tragik allerdings war nicht zu verdrängen, trotz aller Fortschritte bei der Zusammenarbeit auf der Beamtenebene.

Geboten war daneben eine Rücksichtnahme auf die Bundesregierung, nicht nur rechtlich auf den Gebieten der konkurrierenden Gesetzgebung, sondern auch politisch, nachdem man ja die möglichst weitgehende Vertretung durch die Bonner Regierung, insbesondere auch durch den ständigen Vertreter in Ost-Berlin, gefordert und erreicht hatte.

Dabei traten zweierlei Probleme auf. Einerseits waren nicht alle Vereinbarungen tauglich, sich gegen östliche Restriktionen zu behaupten. Die Regelung, auch Berliner mit einem Reisepaß der Bun-

[60] *Dokumente zur Berlin-Frage...* (s.o. Anm. 6), Dok. Nr. 308a und b.

desrepublik Deutschland auszustatten, hatte nicht die erwünschte Gleichstellung zur Folge, da die Sowjetunion und die mit ihr verbündeten Staaten dieses Dokument mit dem Stempel des Polizeipräsidenten von Berlin einfach nicht anerkannten und weiterhin für die Erteilung von Einreise- und Durchreisevermerken den „Behelfsmäßigen Personalausweis" verlangten, der die Berliner zumindest bei Reisen in den sogenannten Ostblock doch wieder als besondere Spezies auswies, zusätzlich betont durch separate Abfertigungsschalter. Die Bonner Fürsorge konnte praktische Hilfe nur insofern anbieten, als das Bonner Innenministerium jenen Berlinern auf Wunsch einen Paß ausstellte, die sich einen solchen auch für Ostreisen geeigneten Ausweis nicht über einen zweiten Wohnsitz in der Bundesrepublik ausstellen lassen konnten.

Zum anderen gab es Meinungsverschiedenheiten über die Probleme Berlins. Oben ist im Abschnitt über die Rolle Berlins in den internationalen Beziehungen schon die Meinungsverschiedenheit zwischen Berlin und Bonn über die richtige Antwort auf das Direktflugverbot von Berlin-Tegel nach Bulgarien dargestellt worden. Die Bundesregierung mochte nicht dem Drängen des Senats und der Opposition nach scharfen Sanktionen folgen.

Auch in deutschlandpolitischen Fragen gab es nicht immer eine gemeinsame Haltung von Senat und Bundesregierung. Zu einer ernsthaften Auseinandersetzung kam es im Februar 1973, als der Zwang zum Sparen die Bundesregierung veranlaßte, gegen die Stimme des Ministers für innerdeutsche Beziehungen zu beschließen, die Visa-Pauschale für Reisen von West-Berlinern in die DDR und nach Ost-Berlin vom 1. Juli 1973 an nicht mehr zu erstatten. Bis zu diesem Zeitpunkt war nach Rechnungslegung die Gebühr für die Besuchsvisa der West-Berliner von der Bundesregierung an die DDR-Regierung überwiesen worden; bei einer Einstellung dieser Gepflogenheit wäre die Belastung auf den Landeshaushalt oder auf die einzelnen Besucher, zusätzlich zum Zwangsumtausch, zugekommen. Der Regierende Bürgermeister nannte diesen Vorschlag seines früheren Rivalen um das Amt des Regierenden Bürgermeisters und amtierenden Bundesfinanzministers Helmut Schmidt einen „sinnlosen Schlag" gegen den innerdeutschen Personenverkehr, CDU-Chef Lorenz sprach von einem „Schlag gegen den kleinen Mann".[61] Die mangelhafte Konsul-

[61] *Welt am Sonntag* vom 18. 2. 1973.

tation zwischen dem Rathaus Schöneberg und dem Bonner Kabinett lag offen zutage. Schmidt hatte zwar gleichzeitig einer Erhöhung der Berlinhilfe um rund 500 Millionen DM auf 4,455 Milliarden DM zugestimmt, dennoch nahm man ihm in Berlin den Coup übel. Wegen der psychologischen Seite des Signals, nun werde auch an Berlin gespart und die Berliner würden alleingelassen, wurde die Sparmaßnahme auch in den Medien kritisiert.[62] Mit diesem Rückenwind wurden Schütz und Bundessenator Stobbe in Bonn aktiv und erreichten nach zahlreichen Verhandlungen im Bundeskanzleramt und mit dem Minister für besondere Aufgaben Egon Bahr die Rücknahme des Kabinettsbeschlusses einer Streichung der Gelder. Im Bundestag und im Abgeordnetenhaus versuchten die Regierungsvertreter, den Konflikt herunterzuspielen.[63]

Intern aber wußte es die Führungsriege besser. In der nicht öffentlichen Sitzung des Vorstandes der Abgeordnetenhausfraktion sprach der Abgeordnete Wolfgang Haus von der Gefahr, einen „Pyrrhussieg" davongetragen zu haben. Er habe in Gesprächen mit dem Bundeskanzler und Egon Bahr erfahren, daß die Verärgerung über den Berliner Widerstand erheblich war. Für die Bundesregierung sei der konzertierte Widerspruch Berlins ein „Urerlebnis" gewesen.[64] Er stellte fest, in Zukunft werde berücksichtigt werden müssen, „daß bei entscheidenden Leuten in Bonn gewisse Verstimmungen zurückgeblieben" seien. Eine dieser Personen sollte ein Jahr später Bundeskanzler werden.

Der Regierende Bürgermeister zeigte sich daher zufrieden, daß die Berlinhilfe für 1973 bereits unter Dach und Fach war, denn auch er mochte zukünftige Meinungsverschiedenheiten nicht ausschließen. Für Klaus Schütz persönlich war sein Disput mit Willy Brandt ein besonderes Erlebnis: „Beiderseits ist die Erkenntnis zurückgeblieben,

[62] *Bonns Haltung zu Berlin gerät ins Zwielicht*, in: *Die Welt* vom 19. 2. 1973. Auch *Der Tagesspiegel* vom 20. 2. 1973 mochte nicht länger ausschließen, daß Bonn an einer Verringerung des Besucherstromes als Entgegenkommen an Ost-Berlin interessiert sein könnte. Die *FAZ* vom 20. 2. 1973 sprach von einem „üblen Eindruck" und Unglaubwürdigkeit der Bundesregierung.

[63] Vgl. auch Schütz im Interview im Fernsehmagazin *Kontraste*, 22. 2. 1973: „Ich sehe das nicht als einen Erfolg, ich sehe das auch nicht als ein ‚Durchsetzen', sondern hier ging es darum, etwas verständlich zu machen."(Zitiert nach der Kommentarübersicht des Bundespresseamtes.)

[64] 32. Sitzung des Fraktionsvorstandes, 27. 2. 1973, Akte 575, Bestand „SPD-Fraktion Abgeordnetenhaus", S. 1.

daß man untereinander nicht alles machen könne."[65] Schütz mußte hier als oberster Repräsentant der Berliner Demokratie erfahren, daß zwar nicht der Status der Stadt, wohl aber sein eigener sich mit dem Abkommen verändert hatte.

Kleinere Dissonanzen in deutschlandpolitischen Fragen folgten. So wollte der Senat die Treuhandstelle für den Interzonenhandel im Gegensatz zu Plänen der Bundesregierung im Oktober 1973 in Berlin behalten. Der Bundesregierung erschien dies als bloße Bestandswahrung eines Relikts aus der Zeit vor dem Abkommen und pochte auf dem von Berlin regelmäßig vorgebrachten Wunsch nach möglichst weitgehender Vertretung durch Bonner Stellen. Als Anlaufstelle für die Wirtschaft blieb die Treuhandstelle aber in Berlin erhalten. Für mehr Erregung sorgte – nicht zufällig – ein Auftritt des Vorsitzenden der SPD-Bundestagsfraktion, Herbert Wehner, der während der oben analysierten schwierigen Verhandlungen mit der Prager Regierung im September 1973 ausgerechnet während eines Besuches in Moskau festgestellt hatte, der Senat und die Bundesregierung überzögen und unterliefen das Berlin-Abkommen. Dem widersprachen sowohl der Regierende Bürgermeister als auch die Bundesminister Bahr und Franke, die keine Zweifel an ihrer Absicht aufkommen lassen wollten, die Bindungen zwischen Berlin und dem Bund weiterzuentwikkeln. Wehner hatte Schütz' Stimmrechtskampagne, die Ansiedlung des Umweltbundesamtes, die Verzögerung des Vertragabschlusses mit Prag wegen der Einbeziehung Berlins und Pläne zur Verlegung von Teilen des Entwicklungsdienstes des Bundes in die Stadt getadelt. In Bonn bemühte sich der Bundeskanzler um Schadensbegrenzung, er korrigierte Wehner dahingehend, daß man nicht von überziehen reden könne, gestand aber besondere Rücksichtnahme auf sowjetische Empfindlichkeiten zu. Die Opposition beeilte sich naturgemäß, Wehners Äußerungen als Zustimmung zur östlichen Auslegung des Vier-Mächte-Abkommens zu brandmarken: Wehner sei „der Bundesregierung und der Berliner Bevölkerung in den Rücken gefallen".[66]

Solche Eskapaden verdichteten bei den Berliner regierenden Sozialdemokraten, aber auch bei der Bevölkerung den Eindruck, Berlin solle an die kurze Leine genommen werden. Im Frühjahr 1975 galt, was Klaus Schütz intern schon zugegeben hatte. Ein Erfolg der Berlin

[65] *A.a.O.*, S. 2.

[66] Zitiert nach: *Frankfurter Rundschau* vom 3. 10. 1973.

betreffenden Regelungen war es eben auch, „daß Berlin in Bonn nicht mehr in dem Maße im Mittelpunkt stehe, wie dies früher der Fall war“.[67]

[67] Protokoll der Sitzung der Gesamtfraktion am 6. 3. 1973, Akte 575, Bestand „SPD-Fraktion Abgeordnetenhaus“, Archiv der sozialen Demokratie, S. 5.

SECHSTES KAPITEL

Die politische Entwicklung Berlins auf der kommunalen Ebene 1972 bis 1975

Neue Herausforderungen für alle Akteure der Demokratie

Die Siegermächte hatten mit dem Abkommen ihr Soll erfüllt. Mit der Umsetzung ließen sie die Stadt allein. Welche Probleme entstanden infolge des Abkommens in Berlin? Nicht nur das Berlin-Problem, die Probleme Berlins galt es vor Ort anzupacken. Vermochte das in den Jahren des Kalten Krieges gewachsene demokratische System die neuen Herausforderungen anzunehmen? Welche Reaktionen kamen zu welchem Zeitpunkt von den bestellten Vertretern des Volkes?

Wie stellten sich die Parteien dem Wähler im Frühjahr 1975, welche Bilanz und welche Perspektiven konnten sie den Berlinern anbieten? Wie begegneten sie der zunehmenden Konzentration auf die Entwicklung in der Stadt?

Der Senat von Berlin: erstmals eine Alleinregierung

Die Tätigkeit des Senats von Berlin während der 6. Wahlperiode war von einer Premiere geprägt: Erstmals in der Berliner Nachkriegsdemokratie übernahm eine Partei allein die Regierungsverantwortung. Der Regierende Bürgermeister Klaus Schütz hatte die seit 1963 bestehende sozialliberale Koalition nicht verlängert, sondern alle Senatorenposten mit Sozialdemokraten besetzt. Bereits zum Zeitpunkt der Bildung des Kabinetts wurde deutlich, daß die Idee, mit der Übertragung der gesamten Regierungsverantwortung auf die eigene Fraktion nicht nur diese in die Pflicht zu nehmen, sondern die Partei insgesamt zu befrieden, auch ihre Schattenseiten hatte: Stärker als erwartet wurde Schütz den Forderungen der innerparteilichen Gruppierungen ausgesetzt. Die Analyse der Senatstätigkeit ist daher auf das engste mit der Entwicklung innerhalb der SPD verknüpft. Der den Parteikreisen vom Berliner Wahlgesetz eingeräumte Einfluß auf die Entsendung der Abgeordneten verhalf den Parteifunktionären darüber hinaus zu zusätzlichem Einfluß auf die Fraktion.

Die Entscheidung der SPD zur alleinigen Regierung 1971

Mit der Parole „Wir bestimmen die Politik“ hatte Schütz angesichts der 50,4% für die SPD nach den Wahlen seinen Führungsanspruch angemeldet.[1] Nach einem scharfen Wahlkampf, in dem die FDP die Fortsetzung der Zusammenarbeit vom Verlust der absoluten Mehrheit der Sozialdemokraten abhängig gemacht hatte, verspürte Schütz wenig Neigung, eine Neuauflage der Koalition mit dem FDP-Vorsitzenden Oxfort und dessen Parteifreunden auszuhandeln.[2] Problematisch war allein die öffentliche Präsentation der Alleinregierung. Zu dieser Zeit regierten Sozialdemokraten und Liberale gemeinsam nicht nur den Bund, sondern auch die Länder Nordrhein-Westfalen, Hessen, Hamburg und Bremen. Eine Aufkündigung der Berliner Gemeinsamkeit wurde als Belastung gedeutet, weshalb sich Bundeskanzler Brandt und Staatssekretär Bahr für eine Fortsetzung des Bündnisses bei Schütz stark machten. Am 16., 17. und 23. März 1971 wurden zwischen Vertretern beider Parteien Konsultationsgespräche geführt, in denen über programmatische Ziele anhand des 39-Punkte-Wahlprogrammes der FDP, aber auch über Personalia gesprochen wurde.[3] Die FDP gab sich mit ihrem einen Senatorenamt nicht länger zufrieden und forderte deren drei für den Fall, daß der Senat nicht verkleinert werde, zudem sechs Senatsdirektorenposten und einen Sprecher im Direktorenrang. In einem für Oxfort „unerwarteten und ungewöhnlichen“ Schreiben vom 24. März sandte Schütz in seiner

[1] Schütz in seinem Artikel in der *Berliner Stimme* vom 20. 3. 1971.

[2] Hans-Jürgen Heß, Mitglied der Fraktion, berichtet von Schütz’ Position, daß er „die FDP mit Hermann Oxfort partout nicht in seinem Senat haben wollte“, *Innerparteiliche Gruppenbildung. Macht- und Demokratieverlust einer politischen Partei am Beispiel der Berliner SPD in den Jahren von 1963 bis 1981*, Bonn 1984, S. 168.

[3] Vermerk Wolfgang Lüders über diese drei Gespräche in: Akte „Wahlkampf 14. März 1971“ beim Berliner Landesverband der FDP.

Funktion als Landesvorsitzender der SPD ein Schreiben an den FDP-Vorsitzenden, in dem er die Sollbruchstellen markierte.[4] Daraufhin kam es gar nicht erst zu echten Koalitionsverhandlungen, Schütz' Schreiben wurde eher als Kapitulations- denn als Koalitionsangebot von der FDP empfunden. Am 31. März 1971 beschlossen Landes- und Fraktionsvorstand der SPD, den Senat künftig allein zu führen.[5]

Die sich anbahnenden Erfolge der Verhandlungen der vier Botschafter und die Einbettung der Berlin-Frage in die Entspannungspolitik zwischen Ost und West traf also in Berlin nicht auf eine Administration, die sich auf eine möglichst breite Basis – etwa eine Große Koalition – stützte. Die Hoffnung, durch die Verteilung weiterer Posten nunmehr die eigene Klientel befriedigen zu können, trog Schütz allerdings. Er mußte dies noch vor der Senatsvereidigung erkennen. Die Bescheidung auf die eigenen Abgeordneten – 73 Sozialdemokraten trafen im Abgeordnetenhaus auf 54 Vertreter der CDU und 11 Liberale – machte eine weit größere Solidarität in den Reihen der SPD notwendig, als es bei einem komfortablen Polster von Mandaten im Rahmen einer sozialliberalen Koalition nötig gewesen wäre.

Die Entscheidung, allein zu regieren, sollte deshalb zur Bewährungsprobe des Regierenden Bürgermeisters werden: Gelang Klaus Schütz die Zusammenführung der Flügel der Partei oder geriet er in eine solche Abhängigkeit von einzelnen Abgeordneten, daß ihm die Ziele des Regierens von Minderheiten in der Fraktion diktiert werden konnten? Das Angewiesensein auf jeden einzelnen Mandatsträger geriet Schütz zum *Vabanque*-Spiel. Unmittelbar nach der Absage an die FDP meldete sein großer Gegenspieler der vergangenen und kommenden Jahre, der Exponent und intellektuelle Anführer des linken Flügels des Landesverbandes, Harry Ristock, erste Machtansprüche

[4] Kopie des Briefes *a.a.O.*, S. 2: Schütz lehnte Kompromisse auf folgenden Gebieten ab: Ein Ja der SPD sei nicht zu erwarten bei der Forderung der Liberalen, die Mietermitbestimmung auf den gemeinnützigen Wohnungsbau zu begrenzen, die Kirchensteuereinziehung durch den Staat aufzukündigen, den Null-Tarif für die U-Bahn einzuführen, die Ladenschlußzeiten zu lockern, das Gesetz über unmittelbaren Zwang zu ändern und die Kripo der Staatsanwaltschaft einzugliedern. Daneben bot Schütz 2 Senatorenämter und 4 Senatsdirektorenposten an, verweigerte aber den Sprecherposten. Zusätzlich verlangte er die Garantie, „daß die FDP-Fraktion nicht in Fragen durch Gesetzes- oder Sachanträge initiativ wird, die zwar im Wahlprogramm der FDP, nicht aber im Regierungsprogramm niedergelegt sind".

[5] Protokoll der Sitzung von Fraktion und Landesausschuß am 31. 3. 1971 in Akte 552, Bestand „Fraktion Berlin" beim Archiv der Sozialen Demokratie.

an. Im Namen der „Vereinigten Linken" innerhalb der Berliner SPD weinte Ristock zunächst der FDP einige Krokodilstränen nach, bevor er deutlich wurde: „Es ist eine Illusion zu glauben, die entscheidenden politischen Funktionen in Fraktion, Senat und in der Partei von der Mehrheitsgruppe zu besetzen und damit die Politik in dieser Stadt allein zu bestimmen und von der Minderheit blinde verantwortungslose Loyalität zu erwarten."[6] Die Mehrheit, das war zu diesem Zeitpunkt der rechte Flügel der Berliner SPD, der in langen Regierungsjahren von Pragmatismus geprägt worden war. Die Minderheit stellte der wachsende linke Flügel, jene Sozialdemokraten, die auch sozialistischen Utopien zuneigten. Mit dieser Ankündigung Ristocks war der Tenor vorgegeben, der die Entwicklung der Berliner sozialdemokratischen Partei in den siebziger Jahren prägen sollte und der im Frühjahr 1981 zum Verlust der Regierungsmehrheit führte.

Zur ersten öffentlichen Machtprobe kam es anläßlich der Bestellung der Senatoren, und diese Machtprobe endete für Schütz wenn nicht mit dem Auftakt zur Demontage, so doch mit einem Dressurakt. Des Regierenden Bürgermeisters Pochen auf das alleinige Vorschlagsrecht fand seine Beschränkung in Artikel 41 der Verfassung von Berlin, die dem Regierungschef kein Ernennungsrecht der Minister einräumte, sondern die Wahl jedes einzelnen Senators durch das Abgeordnetenhaus vorschrieb. Erstes Opfer der neuen Machtverteilung zwischen Schütz und der Fraktion wurde Gesundheitssenator Klaus Bodin, den Schütz zu seinem Bedauern nicht zur Wiederwahl vorzuschlagen wagte, da für ihn keine Mehrheit seitens der Abgeordneten signalisiert wurde.[7] Die Kandidatenliste, die Schütz sich von der Fraktion am 2. April bestätigen ließ, blieb gleichwohl nicht unverändert, da die „Vereinigte Linke" von Schütz eine „Überprüfung" verlangte.[8] Ristock hatte geglaubt, das ursprünglich der FDP gebotene Postenkontingent auf die Linke übertragen zu können, und für sich selbst das Schulressort sowie für Ilse Reichel das Amt einer Senatorin für Jugend, Familie und Sport gefordert. Schütz, der die in Berlin beson-

[6] Ristock in seinem Artikel *Konzentration der Kräfte*, in: *Berliner Stimme* vom 3. 4. 1971.

[7] Protokoll der Fraktionssitzung am 2. 4. 1971, Akte 552, Bestand „Fraktion Berlin" beim Archiv der sozialen Demokratie, S. 2.

[8] So Schütz vor der Fraktion am 19. 4. 1971, Protokoll *a.a.O.* Schütz leugnete, „verhandelt" zu haben, es sei lediglich um die „Verdeutlichung von Standpunkten" gegangen.

ders progressiven Liberalen ausgesperrt hatte, sah sich nun bei der Auseinandersetzung mit den eigenen Linken zum erstenmal mit der Kehrseite der Alleinregierung konfrontiert. Die fünfzehn sich der Linken zugehörig erklärenden Abgeordneten hatten zwar die Kandidatenkür in der Fraktion hinnehmen müssen, es reichte aber die Stimmverweigerung von nur vier Sozialdemokraten, um einen Kandidaten im Parlament durchfallen zu lassen. Schütz reagierte auf diese Gefahr mit der Rücknahme des für das Ressort Jugend, Familie und Sport vorgesehenen Dietrich Stobbe. Anstelle Stobbes rückte Ilse Reichel in den Senat ein, Ristock selbst begnügte sich mit dem Posten des Senatsdirektors in der Schulverwaltung.

Obwohl Schütz eine Befriedung angestrebt und vorerst erreicht hatte, galt er seither als erpreßbar. Und deutlich wurde für alle Beobachter der Berliner Szene: Der Senat von Berlin stützte sich auf eine Koalition besonderer Art, die Koalition zwischen den beiden SPD-Flügeln.

Der Spielraum des Senatschefs: Umbesetzungen des Kabinetts

Der Senat wurde während der Legislaturperiode mehrfach umbesetzt. Die personellen Veränderungen geben Aufschluß über den politischen Spielraum des Regierenden Bürgermeisters im Umgang mit seiner Partei wie mit dem Abgeordnetenhaus, räumte ihm doch die Berliner Verfassung nur ein Vorschlagsrecht ein. Außerdem lassen die Kabinettsumbesetzungen Rückschlüsse auf den Stellenwert des politischen Schauplatzes Berlin zu – galt ein Engagement noch als karrierefördernd? Und auch die Debatten über Skandale und die „Verfilzung“ in der Stadt fanden in Rücktritten von Senatoren ihre öffentlichen Höhepunkte.

Da der langgediente Bausenator Rolf Schwedler zu den Bundestagskandidaten für die vorgezogene Wahl vom 19. November 1972 gehörte und deshalb seinen Posten räumte, konnte Klaus Riebschläger von Schütz betraut werden. Riebschläger, bis dahin als Antreiber des Parteivorstandes bei der Profilierung gegenüber dem Senat aufgefallen, sah nun plötzlich keine Quelle von Spannungen in seinem Engagement als stellvertretender Landesvorsitzender der Partei und einer gleichzeitigen Einbindung in die Kabinettsdisziplin. Auf der 44. Fraktionssitzung am 28. November 1972 wurde er als Kandidat bestätigt und schnitt doch bei der anonymen Wahl im Abgeordnetenhaus am

8. Dezember 1972 schlecht ab. Bei Riebschlägers Kandidatur hatte der Fraktionschef noch nicht vorab die Frage gestellt, ob jemand im Plenum nicht mitstimmen werde; dies sollte seither zur festen Vorgehensweise der SPD-Fraktion werden, um Unstimmigkeiten nicht erst im Abgeordnetenhaus, also öffentlich, zu registrieren. Ursache für die Verweigerung der Gefolgschaft war die Kritik an der mangelhaften Kooperation zwischen Senatsspitze und Fraktion.

Eine weitere Nominierung für den Senat war weniger umstritten. Horst Grabert wechselte nach Bonn, um das Amt des Staatssekretärs im Bundeskanzleramt zu übernehmen, und räumte daher den Senatorensessel in der Senatsverwaltung für Bundesangelegenheiten. Nun war die Reihe an Dietrich Stobbe. Sein Verzicht zugunsten des Flügelproporzes ein Jahr zuvor zahlte sich jetzt aus. Statt des damals vorgesehenen Amtes als Schulsenator erhielt Stobbe nun das wichtigere Amt des Bundessenators, das ihm zahlreiche Kontakte auf Bonner Ebene einbrachte und das ihm – wie zuvor Klaus Schütz – helfen sollte, den Posten des Regierenden Bürgermeisters zu erringen. Die Nominierung Stobbes durch die Fraktion, als deren Geschäftsführer er sich Respekt erdient und verdient hatte, erhielt große Zustimmung,[9] die Wahl erfolgte am 18. Januar 1973. Innerhalb weniger Wochen hatte der Regierende Bürgermeister mit Dietrich Stobbe und Klaus Riebschläger zwei junge, ehrgeizige Nachwuchsleute in den Senat eingebunden. Mit ihrer Kooperation wie mit ihrer Rivalität sollten beide das Bild der SPD und des Senates in den kommenden Jahren prägen.

Der Trend zur Abwanderung nach Bonn hielt jedoch an. Schütz erhielt am 13. März 1973 Kenntnis von der Absicht seines Senators für Gesundheit und Umweltschutz Hans-Georg Wolters, als beamteter Staatssekretär ins Bundesgesundheitsministerium zu wechseln. Schütz und auch die Fraktion waren über diese Abwerbung ungehalten,[10] der keine direkte Fühlungnahme zwischen der Bundesregierung und Schütz vorausgegangen war. Daß die Staatssekretärsposten seinen Senatoren als Karriereschritt attraktiv waren, hatte für Schütz indes

[9] Das Protokoll der 46. Fraktionssitzung vom 9. 1. 1973 verzeichnet 61 Ja-, 4 Neinstimmen und 2 Enthaltungen, Akte 575, Bestand „Berlin Fraktion", Archiv der sozialen Demokratie, S. 5.

[10] Protokoll der 52. Fraktionssitzung am 20. 3. 1973, Akte 575, Bestand „Berlin Fraktion", Archiv der sozialen Demokratie, S. 2, 3.

den Beigeschmack der Herabsetzung der Berliner Posten und erschien als ein weiteres Indiz für die Provinzialisierung Berlins.

Bei der Bestellung des Nachfolgers zahlte Schütz den Tribut, der die SPD ihre Glaubwürdigkeit kosten sollte. Statt eines Mediziners wurde Erich Pätzold, bis dahin tätig als Senatsdirektor beim Finanzsenator, als neuer Gesundheitssenator vorgeschlagen. Als Qualifikation für das neue Amt galt Schütz neben der Verwaltungserfahrung vor allem Pätzolds Posten als einer der führenden Kräfte des rechten Parteiflügels. Die Vorabstimmung in der Fraktion erbrachte 13 Nein-Stimmen für Pätzold. Die Opposition nutzte die Dissonanzen in der SPD-Fraktion, befahl strengste Präsenzpflicht für ihre eigenen Abgeordneten und beantragte erstmals in der Geschichte des Abgeordnetenhauses Wahlkabinen, um SPD-Abweichlern die Gelegenheit zu einem unbeobachteten Votum zu geben. Am 10. Mai 1973 erreichte Pätzold sein Ziel mit dem denkbar knappsten Ergebnis: 67 Abgeordnete stimmten für ihn und 65 gegen ihn.[11] Mit dem gesundheitspolitischen Sprecher der Fraktion und dem Vorsitzenden des Gesundheitsausschusses traten zwei SPD-Abgeordnete aus Protest wegen der Wahl eines Nichtmediziners sogar von diesen Ämtern zurück. Die Parteiräson hatte obsiegt. Öffentlich zu Protokoll gegeben waren damit die Schwierigkeiten, die Klaus Schütz mit „seinen" sozialdemokratischen Abgeordneten hatte. Das Risiko von Senatsumbildungen sollte in den kommenden Jahren steigen – bis zum Scheitern der Koalition 1981.

Bilanz der Senatstätigkeit: Die langsame Einleitung der Neuorientierung

Der Verzicht auf einen Koalitionspartner hatte zumindest in der Sacharbeit eine deutlichere Handschrift der SPD versprochen. Mit seiner Vorliebe für Statistiken und Übersichten hatte sich Schütz zu einer transparenten Darstellung seiner Regierungsvorhaben entschlossen. Erstmals wurde zur Regierungserklärung am Beginn der Legislaturperiode eine umfangreiche Liste von „Materialien zur Regierungserklärung" veröffentlicht.[12] Ergänzt wurde dieses Programm durch den „Bericht über die Ergebnisse der Tätigkeit des Senats in der ersten

[11] *Plenarprotokoll*, 6. W.P., 10. 5. 1973, S. 1824.

[12] Abgedruckt als *Drucksache*, 6. W.P., Nr. 40.

Hälfte der Wahlperiode 1971 bis 1975" und Ende 1974 durch die „Leistungsbilanz. Wort gehalten Punkt für Punkt".[13] Die Auflistung und Gegenüberstellung des Angekündigten und Erreichten trug gleichwohl nur scheinbar zur Versachlichung einer Beurteilung der Senatsarbeit bei, zu groß blieben die Unterschiede bei der politischen Einschätzung des Erreichten. Wenn etwa die SPD stolz die Zahl von 30 000 in der Legislaturperiode fertiggestellten Wohnungen herausstellte, konnte die Opposition genauso darauf verweisen, was die Regierungspartei trotz solcher Erfolge verschwieg, daß nämlich 17 000 dieser Wohnungen allein im Märkischen Viertel, einer Trabantenstadt „auf der grünen Wiese", errichtet worden waren und die innenstädtische Sanierung nur schleppend vorankam.

Zur Leistungsbilanz sollte auch die dreitägige Debatte über den Halbzeitbericht dienen. Die Opposition kritisierte vor allem die zögerliche Verwirklichung der Vorhaben: „Es gibt keinen Stadtentwicklungsplan, wir haben weder ein Fernverkehrskonzept noch ein Nahverkehrskonzept, wir haben kein Konzept über eine weitgesteckte Energieversorgung, es fehlt der Hochschulentwicklungsrahmenplan."[14] Der ressortübergreifende Stadtentwicklungsplan war bereits im Februar 1972 vom Senat angefordert worden und mehrfach bedurfte es einer Fristverlängerung. Gerade das Ausbleiben dieses Entwurfes machte es der Opposition leicht, die handfesten Ergebnisse der Verwaltungsarbeit – von der Steigerung der Zahl der Kindergärtenplätze und der Verlängerung der U-Bahnlinie 7 bis zur Zahl von mehr als 40 neuangesiedelten Produktionsbetrieben – als begrüßenswert zu bezeichnen und zugleich über fehlende Perspektiven zu klagen.[15] Erst im Oktober 1974 sah sich der Senat in der Lage, den am 10. Februar 1972 dem Abgeordnetenhaus zugesagten Stadtentwicklungsplan vorzulegen.[16] Sogleich stieß er auf berechtigte Kritik: „Ein Bilderbuch mit Absichtserklärung."[17] Auf 200 Seiten, davon die Hälf-

[13] Der Halbzeitbericht liegt vor als *Drucksache,* 6. W.P., Nr. 922 vom 1. 6. 1973, die Bilanz der Legislaturperiode erschien als SPD-Wahlbroschüre, Landesarchiv Berlin, Zeitgeschichtliche Sammlung, Rep. 240, Acc. 2288, Mappe SPD-Landesverband, Nr. 65.

[14] *Plenarprotokoll,* 6. W.P., 7. 6. 1973, S. 1928 f.

[15] Die Debatte über den Halbzeitbericht in allen Bestandteilen wurde in der 52., 53. und 54. Sitzung der 6. Wahlperiode am 7. 6., 28. 6. und 4. 7. 1973 geführt.

[16] Presse- und Informationsamt des Landes Berlin (Hrsg.), *Perspektiven der Stadtentwicklung,* Berlin 1974.

[17] Der FDP-Abgeordnete Vetter am 5. 12. 1974, *Plenarprotokoll,* 6. W.P., S. 3297.

te Abbildungen, wurde zwar Berlin als zukunftsträchtige Stadt gepriesen, gleichwohl blieb der eigentliche Ansatz unerfüllt: weder eine Ressourcenermittlung noch eine Personal- oder Bodenbedarfsanalyse wurden veröffentlicht, dazu blieb auch der wichtigste Faktor – die Finanzierung – zu unpräzise: „im Rahmen der finanziellen Möglichkeiten“. Schütz verteidigte die Beschränkung auf „Perspektiven“ und argumentierte mit fehlender Legitimation, die Geschicke der Stadt für Jahrzehnte im voraus festzulegen. Er selbst bezeichnete die vorgelegte Broschüre lediglich als Hilfsmittel.[18]

Die größte Sorge verursachte die ungleiche Entwicklung in den einzelnen Berliner Bezirken: „Noch immer sind die Lebensbedingungen und die individuellen Entwicklungschancen innerhalb der verschiedenen Berliner Bezirke teilweise extrem ungleich. Trotz aller Bemühungen der Vergangenheit ist es bisher nicht gelungen, den Menschen in unserer Stadt auch nur annähernd gleiche Chancen zu bieten.“[19] Wenn in Steglitz für 8000 Jugendliche 25 Freizeitheime existierten, im Wedding für die gleiche Zahl aber nur sechs, wenn der Besuch einer nur freiwilligen Vorschule abhängig vom Bildungsgrad der Eltern war, wenn die Mittel für die kostenlose Abgabe von Schulbüchern sich nicht nach dem Einkommen der Eltern richteten, blieb das Gefühl der Benachteiligung in einzelnen, besonders bevölkerungsreichen Bezirken nicht aus – mit den entsprechenden Folgen für den innerstädtischen Umzug. Die Wohnungsdichte und -beschaffenheit in den Innenstadtbezirken, insbesondere aber der Zuzug von Ausländern in einige wenige Bezirke hatten die Unterschiede in den Lebensbedingungen noch verschärft. Politische Entscheidungen der Hauptverwaltung, die zu einer Ungleichbehandlung der Bezirke führten, mußten in Zukunft auf den Widerstand der Bezirksbürgermeister stoßen. Die Notwendigkeit einer solchen Politik setzte sich gleichwohl weiter durch und fand auch Eingang in die Aussagen der Regierungspartei im Wahlprogramm für die Wahlen im Frühjahr 1975. Die vom Regierenden Bürgermeister Dietrich Stobbe nach seinem Amtsantritt 1977 forcierte „Hinwendung zur Stadtpolitik“ ist demnach nicht erst zu diesem Zeitpunkt gefordert worden. Die politische Diskussion über

[18] In der Debatte über die „Perspektiven der Stadtentwicklung“ im Abgeordnetenhaus, *Plenarprotokoll*, 6. W.P., 10. 10. 1974, S. 2960.

[19] Peter Sötje, *Eine ungleiche Stadt*, in: *Berliner Stimme* vom 17. 11. 1973. Mit diesem Beitrag wurde in der *Berliner Stimme* eine Diskussion eröffnet, die sich vor allem um den Weg zu einer Angleichung der bezirklichen Infrastruktur drehte.

die Stadtentwicklung hatte nach dem Vier-Mächte-Abkommen eingesetzt, als die Lage der Stadt unter den neuen Existenzbedingungen analysiert wurde. Es dauerte aber eben fünf Jahre, bis diesem Anliegen höchste politische Priorität eingeräumt wurde.

Als wichtigste politische Aufgabe auf innerstädtischer Ebene hatte der Regierende Bürgermeister Schütz die Fortentwicklung und Sicherung der wirtschaftlichen Verhältnisse der Stadt genannt. Auch hier wollte der Senat das Vier-Mächte-Abkommen nicht als Bruch ansehen. Wirtschaftssenator König verkündete anläßlich der Debatte um den 10. Bericht über die Lage der Berliner Wirtschaft, „daß das Berlinförderungsgesetz in seiner jetzigen Form auch nach Inkrafttreten des Viermächte-Abkommens weiterbestehen" bleiben solle.[20] Zusätzlich zu den regelmäßig erstellten Berichten über die Lage der Wirtschaft legte der Senat am 9. November 1972 seine „Leitvorstellungen für die Berliner Wirtschaftspolitik" angesichts der mit dem Abkommen eingetretenen neuen Situation vor.[21] Die CDU-Opposition verlangte dagegen Strukturveränderungen, insbesondere eine Intensivierung der Berlinhilfe auf dem Wirtschafts- und Steuersektor mit dem Ziel, die Anziehungskraft der Stadt für jüngere Leute von außerhalb zu erhöhen.[22]

Am Ende der Legislaturperiode wurde dann Bilanz gezogen. Während der 1. Lesung zum Haushalt für 1975 trug die CDU ihre Kritikpunkte vor: „1. Das vorgelegte Wohnungsbauförderungsprogramm ist unzureichend. 2. Die Vermehrung der Stellen im reinen Verwaltungsbereich ist unzumutbar. 3. Die Rationalisierung der Eigenbetriebe muß jeglichen Tariferhöhungen vorausgehen. 4. Schulen sollten aus dem Haushaltsplan und nicht durch Anmietung geschaffen werden; beim Kongreßzentrum müßte es umgekehrt sein. 5. Wir wünschen immer noch einen Beschluß, das Kongreßzentrum zumindest kleiner zu bauen, um die Belastung der späteren Jahre zu reduzieren." [23]

[20] *Plenarprotokoll*, 6. W.P., 9. 3. 1972, S. 803. Dort betonte König auch fünf konkrete Bereiche der Bemühungen des Senats: den Ausbau Berlins zum überregionalen Dienstleistungszentrum, zur Messe- und Kongreßstadt, die Verstärkung des wirtschaftlichen Austausches mit der Umgebung, die Einbeziehung in Transportwege (Luftkreuz) und die längerfristige Energieversorgung.

[21] *Drucksache des Abgeordnetenhauses*, 6. W.P., Nr. 612.

[22] *Plenarprotokoll*, 6. W.P., 9. 11. 1972, S. 1313.

[23] *Plenarprotokoll*, 6. W.P., 26. 9. 1974, S. 2909.

Auch die Industrie- und Handelskammer Berlin sah sich veranlaßt, ein „Plädoyer für ein Schwerpunktprogramm" unter dem Titel „Investitionen für Berlins Zukunft" vorzustellen. In zwölf Punkten wurde hier das aufgeführt, was stets die Zustimmung aller Freunde der Stadt fand: Forderungen an die Bundesregierung, etwa nach Beibehaltung der Berlinförderung in Konkurrenz zu anderen regionalen Anreizen im Bundesgebiet, nach Verbesserung der Verkehrswege für Menschen und Güter und der Einbindung Berlins in den Ost-West-Energieverbund. Vom Senat wurde verlangt, mehr Industriegelände anzubieten, den Ausbau Berlins als Messe- und Kongreßstadt voranzutreiben, überregionale Dienstleitungen anzuziehen, die Zusammenarbeit zwischen Wirtschaft und Wissenschaft zu fördern und Aus- und Fortbildungschancen verstärkt überregional anzupreisen.

Da traf es sich zumal für den wahlkämpfenden Regierenden Bürgermeister glücklich, daß der neue Bundeskanzler am 16. Dezember 1974 eine erste „Berlin-Konferenz" im Schloß Bellevue mit Vertretern der Wirtschaft aus dem Bundesgebiet und Berlin abhielt. Von der Industrie- und Handelskammer als „hoffnungsvoller Auftakt"[24] bezeichnet, diente dieses Zusammentreffen der „Seelenmassage" der Wirtschaftskapitäne. Berlin sollte ihnen weiterhin als nationale Aufgabe ans Herz gelegt werden. Mit dieser Geste wollte Bundeskanzler Schmidt einer Stimmung entgegenwirken, die als Folge der Entspannungspolitik aufgekommen war: Berlin gehe es ja nun besser, besondere Beatmung und Engagement seien nicht länger notwendig. Dem Bundeskanzler war daran gelegen, selbst politisch und mit öffentlichen Mitteln im Hintergrund zu bleiben, um nicht ein Politikum aus der Angelegenheit werden zu lassen und die östliche Seite nicht zu provozieren. So war die Idee, in Berlin als Ort der Begegnung zwischen Ost und West eine Kontaktstelle zwischen EWG und *Comecon* einzurichten, schon im Frühstadium daran gescheitert, daß die Sowjetunion Berlin gar nicht zur EWG zählen mochte. In ganzseitigen Anzeigen verbreitete der Senat im Anschluß an die Adventsveranstaltung die Ergebnisse, die sich zunächst in vollmundigen Absichtserklärungen und Statements erschöpften, das Vier-Mächte-Abkommen habe die Basis für die Wirtschaftsentwicklung sicherer gemacht. Der Bundeskanzler erhielt Lob für seine Erklärung, Bundesfördermaßnahmen fortzusetzen und den Schritt, in Moskau Berlin an den Ener-

[24] IHK Berlin (Hrsg.), *Jahresbericht 1974*, Berlin 1975, S. 18.

gieverbund angeschlossen zu haben. Die Wirtschaftsvertreter und die Gewerkschaftsabgesandten versicherten ihrerseits, sich in Zukunft „noch stärker für und in Berlin“ zu engagieren. Forschungs- und Entwicklungseinrichtungen sowie Dienstleistungsangebote in Berlin sollten stärker in Anspruch genommen, das industrielle Potential wegen des Mangels an Grund und Boden noch effektiver durch Technologieeinsatz genutzt werden.

Die Herren verabschiedeten sich mit der Versicherung, in ihren Unternehmen jeweils einen Berlin-Beauftragten zu benennen, der sich um Optimierung des Berlin-Engagements zu kümmern hatte, und Arbeitsgruppen einzurichten.[25] Schöne Absichten, doch die Aussichten waren trüber. Im Frühjahr 1975 befand sich die Berliner Wirtschaft in einer Phase rezessiver Entwicklung, allerdings kennzeichnete dies in stärkerem Maße auch die wirtschaftlichen Verhältnisse in der Bundesrepublik.[26]

Der Senat wurde aber nicht wegen der allgemein schwierigen Situation angegriffen. Auch die Opposition wollte ihm nicht die Schuld an Problemen wie der Ölkrise zuschieben. Viel schwerer wogen die hausgemachten Probleme und Skandale: „Sie haben sich an dem Traum vom Modell einer modernen Großstadt berauscht und sich in Wahrheit in teure und teilweise skandalöse politische Abenteuer gestürzt.“[27] In der Tat spielte das Wort von der „Filzokratie“ und von der Ämterpatronage eine zunehmend wichtigere Rolle in der Diskussion über die kommunale Politik: „Der Regierungsbonus, den jede Partei in der Regierungsverantwortung normalerweise nutzen kann, kehrte sich so in sein Gegenteil um.“[28] Diese Stimmung traf vor allem Klaus Schütz, der in der Gunst der Berliner stets vor seiner Partei gelegen hatte.

An erster Stelle ist hier der Bauskandal zu nennen, der als „Steglitzer Kreisel“ berühmt-berüchtigt wurde, ja sogar „symbolhaft für fehlerhafte Bauplanung, für vergeudete Steuermittel in Millionenhöhe und für die Vermengung von öffentlichen und privaten wirtschaftli-

[25] Abdruck der Information des Presse- und Informationsamtes z. B. in: *Berliner Liberale Zeitung* vom 10. 1. 1975.

[26] Vgl. *Die Lage der Berliner Wirtschaft im Frühsommer 1975*, in: *Deutsches Institut für Wirtschaftsforschung*, Wochenbericht, 25, 1975, S. 197–200.

[27] Der FDP-Abgeordnete Rasch in der Haushaltsdebatte am 5. 12. 1974, *Plenarprotokoll*, 6. W.P., S. 3279.

[28] H.-J. Heß, *Innerparteiliche Gruppenbildung...* (s.o. Anm. 2), S. 243.

chen Interessen".[29] Die Untersuchungen und Debatten des zur Kontrolle bestellten Parlamentes gipfelten in diesem Fall in zwei Mißtrauensanträgen gegen den gesamten Senat von Berlin und den Senator für Finanzen. In der Affäre um die Errichtung eines Hochhauses im Bezirk Steglitz, genannt „Steglitzer Kreisel", verbanden sich allerlei Besonderheiten der Berliner Praxis: die Vergabemodalitäten öffentlicher Gelder, die Kontrollmechanismen bei Landesbürgschaften, mangelhafte Wirtschaftlichkeitsberechnungen und verschwiegene Nebenkosten. Die Auswirkungen der unmittelbaren räumlichen Nähe aller in Berlin ansässigen privaten Bauträger und öffentlichen Planer, das Thema Parteispenden, selbst zwischenmenschliche Beziehungen spielten hinein.

Das Abgeordnetenhaus nahm sich selbst der Klärung der zum Konkurs der Bauträger führenden Umstände an und bildete einen Untersuchungsausschuß aus Vertretern aller drei im Parlament vertretenen Parteien, der nach mehr als siebenmonatiger Arbeit seinen Bericht vorlegte.[30] Die Erwartungen persönlicher Konsequenzen aus den aufgedeckten Verfehlungen wichen dann aber in gewohnter Parteimanier voneinander ab. In namentlicher Abstimmung scheiterte sowohl der Antrag der CDU, dem Senat das Mißtrauen auszusprechen, als auch der von der FDP allein gegen den Finanzsenator gerichtete Mißtrauensantrag in der Sitzung am 3. Juli 1974. Die Regierungspartei hatte ihre Reihen um den Senat geschlossen, ein politisch legitimer Akt, der gleichwohl das Schlagwort vom „Filz" nährte. Dieser Stimmung nachzugeben hätte natürlich die Opferung eines Senators nicht gerechtfertigt – Klaus Schütz stand also vor dem Dilemma, daß angesichts jahrzehntelanger Verzahnung seiner Partei mit dem öffentlichen Dienst jede Entscheidung gegen ihn und die SPD ausgelegt worden wäre. Zwar sollte in den nächsten Jahren eine Teilsanierung des Steglitzer Kreisels gelingen, der Eindruck, daß vor den Augen des Senats und hinter dem Rücken des Abgeordnetenhauses gepfuscht worden war, blieb jedoch bestehen. Er hielt sich über

[29] *Ebda.*

[30] Der „Bericht des 2. Untersuchungsausschusses – 6. Wahlperiode –" ist als *Drucksache des Abgeordnetenhauses*, 6. W.P., Nr. 1438 veröffentlicht und in der 76. Sitzung am 27. 6. 1974 debattiert worden, *Plenarprotokoll*, S. 2747–2769. Siehe zur Einsetzung die Anträge *Plenarprotokoll*, 6. W.P., 59. Sitzung vom 25. 10. 1973, S. 2244–2249 und die Großen Anfragen zum Thema Verantwortung des Senates in der 58. Sitzung, 11. 10. 1973, S. 2167–2178, und 71. Sitzung, 25. 4. 1974, S. 2545–2554.

die nächsten Wahlen hinweg, bis ein weiterer Bürgschaftsskandal im Winter 1980/81 zum Ende der Regierungsverantwortung der SPD führen sollte.

Ein weiteres Großprojekt wurde zum Dauerstreitobjekt: das Internationale Kongreßzentrum ICC und dessen Finanzierung. Preise und Verträge, die enge Verknüpfung der öffentlichen Aufträge mit der gewerkschaftseigenen „Neuen Heimat" und die wiederholt vom Parlament eingeforderte Nachbewilligung von Mitteln hielten das Prestigevorhaben in den Schlagzeilen. Insbesondere die CDU-Fraktion zweifelte wiederholt die Notwendigkeit der Ausmaße des ICC an, sowohl wegen der entstehenden Kosten als auch wegen des prognostizierten Bedarfs, den sie für geringer als die Regierung hielt.[31] Die dem ganzen Vorhaben wohlwollender gegenüberstehende oppositionelle FDP erhielt auf ihre Anfrage im Mai 1974 die Antwort des Finanzsenators, die Kosten würden 330 Millionen DM für den Hochbau und weitere 67,7 Milllionen DM für den Tiefbau betragen.[32] Nach Vollendung des Baus waren die Kosten gerade noch unter der Milliardengrenze zu halten gewesen.

Noch vor der Jahreswende zum Wahljahr 1975 rückten aber drei Themen in den Mittelpunkt, die von einer Abrechnung mit dem Senat ablenkten: die innere Sicherheit, das Verhältnis zur DDR und deren Verhältnis zu den Berlinern sowie die Wirtschaftslage. Ein terroristischer Mordanschlag, der Angebotskatalog der DDR und die genannte Wirtschaftskonferenz mit dem Bundeskanzler sorgten für Aufsehen.

Nach dem selbstverursachten Tod des Inhaftierten Holger Meins durch Hungerstreik war es in Berlin zu blutigen Straßenschlachten auf dem Kurfürstendamm gekommen. Die Reaktion der Terroristen auf den Tod von Meins gipfelte in der Ermordung des Präsidenten des Berliner Kammergerichts Günter von Drenkmann. Am 22. November 1974 versammelten sich 20 000 Berliner vor dem Rathaus Schöneberg, jenem Platz, von dem aus so eindrucksvoll gegen die früheren Bedrohungen der Sicherheit der Stadt protestiert worden war, zu einer Gedenkveranstaltung Mit der Ermordung des Kammergerichtspräsidenten wurde die Berliner Demokratie erstmals mit den Verbrechen

[31] Vgl. die Anfrage der CDU in der 49. Sitzung des Abgeordnetenhauses am 10. 5. 1973, *Plenarprotokoll*, S. 1791–1802.

[32] *Plenarprotokoll*, 6. W.P., 9. 5. 1974, S. 2580 f.

von sich selbst als „politisch motiviert“ betrachtenden Kriminellen konfrontiert.[33] Rivalitäten der Demokraten traten hier zurück.

Hoffnung versprach dagegen ein *Aide-Memoire* der DDR an die Adresse des Senats. Es erfolgte nicht nur unmittelbar vor den Wahlen und damit – insbesondere durch die Reduzierung des Zwangsumtauschs – hilfreich für den Senat, sondern unmittelbar nach dem Einlenken Breschnews bezüglich der KSZE, nach dem Abschluß des Vertrages über die Wirtschaftsbeziehungen zwischen der Sowjetunion und der Bundesrepublik und in Zusammenhang mit der Verlängerung des zinslosen Überziehungskredits für die DDR im Interzonenhandel. Die Stimmung in der Stadt verbesserte sich dadurch zum Ende der Legislaturperiode nochmals deutlich. Die Exekutive konnte so allerlei Verfehlungen vergessen machen, die Versäumnisse waren noch nicht erkannt worden.

Das Abgeordnetenhaus von Berlin

Die Grenzen der Gewaltenteilung: Die Kontrolle einer absoluten Regierungsmehrheit

Neben den Aufgaben der Gesetzgebung und der Übernahme der Bundesgesetze durch Berlin sowie der Kontrolle der Verwaltung durch die Mitarbeit in den Ausschüssen regelten die Abgeordneten des Berliner Parlaments auch zwei elementare Bereiche der Berliner Demokratie neu. Neue Formen der Bürgerbeteiligung an Wahlen mußten ebenso gefunden werden wie praktikable plebiszitäre Elemente. Das Parlament debattierte und beschloß in der 6. Wahlperiode die unmittelbare Beteiligung der Bürger an der Machtverteilung durch ein erweitertes Wahlrecht und die Einräumung der Möglichkeit eines Plebiszits, wie es auf Bundesebene nicht vorgesehen war.

Wegen des Zusammenschlusses von Wählergemeinschaften mußte das Recht auf eine Kandidatur bei den Berliner Wahlen neu geregelt werden. Zu Beginn der fünfziger Jahre war ein Parteienmonopol installiert worden, um von der SED gesteuerte Massenorganisationen von den Wahlen ausschließen zu können. Nun galt es, die Wahlgesetzgebung den neuen Anforderungen anzupassen. Ein Antrag der SPD-

[33] S. dazu die Erklärungen im Abgeordnetenhaus, *Plenarprotokoll*, 6. W.P., 14. 11. 1974, S. 3039–3042.

Fraktion sah eine Zulassung von Wählergemeinschaften nur bei den Bezirksparlamenten vor, nicht aber beim Abgeordnetenhaus. Ein Antrag der FDP-Fraktion auf Einführung eines Zwei-Stimmen-Wahlrechts mit je einer Stimme für einen Direktbewerber und für die Parteiliste fand noch nicht die nötige Mehrheit.[34] Die Wahlen von 1975 wurden daher nach den vermeintlich bewährten Regeln durchgeführt. Die Sensibilität der großen Parteien im Hinblick auf andere Partizipationsformen der Bürger sollte erst nach einer gerichtlichen Intervention wachsen. Eine Klage gegen das geltende Wahlrecht folgte dem Wahltag auf dem Fuß – und hatte Erfolg.

Auch die Regelung des Volksbegehrens und des Volksentscheides stellte die Volksvertreter und den Senat vor ein spezielles Problem der Berliner Demokratie. Der Wunsch, der Bevölkerung auch zwischen den Wahlterminen unmittelbare Beteiligungs- und Gestaltungsmöglichkeiten bei der Kommunalpolitik einzuräumen, stand dem Ziel der Rechtseinheit Berlins mit dem Bund entgegen. Die Kompetenz zur Änderung oder Aufhebung der übernommenen Bundesgesetze sollte nicht aus der Hand gegeben werden. Bürgermeister Neubauer erklärte für den Senat, „daß die Rechtseinheit mit dem Bund als elementare Grundlage der Lebensfähigkeit unserer Stadt jedes andere Interesse bei weitem überragt".[35] Aus demselben Grunde war ja bereits die Einrichtung eines Verfassungsgerichtshofs vertagt worden.

Mit der Zustimmung der drei Fraktionen im Abgeordnetenhaus wurde daher der Inhalt eines Volksbegehrens mit anschließend möglichem Volksentscheid auf den Antrag auf Auflösung des Abgeordnetenhauses beschränkt. Die interfraktionellen Gespräche waren unter dem Titel „Bereinigung der Berliner Verfassung von plebiszitären Komponenten" geführt worden. Während die Sozialdemokraten jegliches Volksvotum außerhalb der Wahlgänge abgeschafft sehen wollten, bestand die CDU auf der Möglichkeit eines Volksbegehrens einzig zum Zwecke der Auflösung des Abgeordnetenhauses. Dieses Beharren sollte sich 1981 für die CDU auszahlen, als sie mit einer Einleitung des Volksbegehrens die ersten vorgezogenen Neuwahlen veranlaßte. Einstimmig verabschiedete das Berliner Parlament am 14. November 1974 die Aufhebung des Artikels 49 der Verfassung, die nun gemäß Artikel 39 ein Volksbegehren auf das Ziel der Auflösung des Abgeordnetenhauses begrenzte. Einzige andere Möglichkeit der

[34] *Plenarprotokoll*, 6. W.P., 10. 10. 1974, S. 2947 ff.
[35] *Plenarprotokoll*, 6.W.P., 26. 9. 1974, S. 2897.

vorzeitigen Beendigung der Wahlperiode blieb das Selbstauflösungsrecht des Parlaments. Einer qualifizierten Mehrheit der Mandatsträger und einem Quorum der Bevölkerung standen also jeweils ein Weg offen, die Volksvertretung aufzulösen, beides Rechte, die auf Bundesebene nicht vorgesehen waren. Anläßlich der Umstände des Rücktritts des Regierenden Bürgermeisters Klaus Schütz mußte die CDU-Führung im Mai 1977 feststellen, daß die beschlossenen gesetzlichen Regelungen so lange Fristen vorsahen, daß eine politische Reaktion auf Vorgänge mit Hilfe des Rechts auf ein Volksbegehren ins Leere zu laufen drohten. Im Dezember 1977 wurde daher eine Korrektur mit dem Ziel der Verkürzung des Verfahrens vorgenommen (näheres dazu unten). 1981 sollte sich zudem zeigen, daß auch die andere Variante der Lösung von 1974, das Selbstauflösungsrecht des Parlaments, nicht völlig praxisgerecht war und in eine Regelung zur vorzeitigen Beendigung der Legislaturperiode umgewandelt werden mußte, um eine parlamentslose Übergangszeit zu vermeiden. All dies belegt, daß sich das Berliner Abgeordnetenhaus schwer tat mit der Aufarbeitung vernachlässigter Komponenten der Berliner Demokratie.

Vor den Wahlen von 1975 machte sich die FDP gleichwohl zum parlamentarischen Fürsprecher der Anliegen der an Popularität gewinnenden Bürgerinitiativen und forderte, „in wichtigen kommunalen Angelegenheiten“ – also außerhalb der Gesetzgebungskompetenz – Bürgerbegehren zuzulassen, ein Antrag, der mit den Stimmen der großen Parteien jedoch abgelehnt wurde.[36] Auch hier zeigte sich die Selbstzufriedenheit des Abgeordnetenhauses deutlich. Die Frage, ob eine Organisationsform, die sich während der Jahre des Kalten Krieges als fähig erwiesen hatte, die Freiheit zu erhalten, in Zeiten der Entspannung an Integrationskraft verlieren könnte, stellten sich weder Senat noch Abgeordnete.

Statt dessen wurde verwaltet – dies aber unter wachsender Kritik. Zweimal nahm das Abgeordnetenhaus von Berlin in der sechsten Wahlperiode das Recht auf die Einsetzung eines Untersuchungsausschusses wahr. Neben dem „Steglitzer Kreisel“ waren die Zustände an der Freien Universität der Anlaß, auch dies ein Dauerthema der siebziger Jahre.[37] Nicht nur Vorgänge am „Lateinamerika-Institut“ und dem Institut für „Soziale Medizin“ standen im Kreuzfeuer, eine Aktu-

[36] *Plenarprotokoll*, 6. W.P., 14. 11. 1974, S. 3061.

[37] Siehe die Anträge *Drucksachen*, 6. W.P., Nr. 103 vom 8. 7. 1971 und Nr. 373 vom 16. 3. 1972.

elle Stunde beschäftigte sich mit den „Berliner Hochschulen als rechtsfreiem Raum".[38] Das Bundesverfassungsgericht hatte mit Urteil vom 29. Mai 1973 verbindliche Regelungen für die Zusammensetzung der Hochschulgremien festgelegt. Das höchste Gericht hatte nicht über das Berliner Hochschulgesetz vom 19. Juli 1969 befinden dürfen, sondern über eines der Bundesländer, in diesem Falle Niedersachsens. Die Rechtsunsicherheit bestand nun aber auch an den Berliner Hochschulen, da die Grundrechte einheitlich in Berlin Anwendung finden sollten – ein Grundkonsens, der erst in den achtziger Jahren von Vertretern der Alternativen Liste in Frage gestellt werden sollte.

In der sechsten Legislaturperiode wurde den Abgeordneten deutlich, daß ihre Mitgestaltungsmöglichkeiten weiterhin eingeschränkt waren. Hatten zunächst die Auflagen der Alliierten Gesetzgebung bei den Vier-Mächte-Verhandlungen eine Öffentlichkeit nicht immer zugelassen, so trat jetzt die Übermacht der Verwaltungen deutlich zu Tage. Gerade ein Mammutprojekt wie die Errichtung des ICC und dessen Finanzierung konfrontierte die Abgeordneten mit den Grenzen ihrer Kontrollmöglichkeiten. Die Komplexität solcher Vorhaben, die auf Prognosen beruhenden Folgekostenabschätzungen setzten im Grunde hauptberufliches Expertentum voraus, um den Entscheidungen der Behörden folgen zu können. Die Abgeordneten waren auf die Aussagen der Vertreter der Behörden angewiesen, die um diese Abhängigkeit der vom Volk bestellten Kontrolleure wußten. Der Verzicht auf eine Koalition hatte der Legislative also keine Vorteile beschert. Die absolute Mehrheit der SPD wirkte auch hier lähmend.

Die Parteien bis zur Wahl 1975

Das Interesse richtete sich also auf die Parteien. Und hier war wirklich „Fortschritt" zu verzeichnen. Die Parteien in Berlin mußten sich der neuen Lage in und um Berlin stellen. Alle politischen Befürchtungen und Wünsche wurden an ihre Adresse gerichtet. Sollte sich das traditionelle Dreigestirn aus SPD, CDU und FDP als fähig erweisen, neuen Bedürfnissen der Berliner zu genügen? Der Konsens des antikommunistischen Schulterschlusses gegenüber einem feindlich geson-

[38] *Plenarprotokoll*, 6. W.P., 27. 4. 1972, S. 927–936, der Titel stammt von der CDU.

nenen Umland hatte in den Debatten über das Abkommen und die damit verbundenen übrigen vertraglichen Regelungen Schaden genommen.

Die Berliner SPD 1972 bis zur Wahl 1975: Konzentration der Kräfte – Das Fehlkonzept wird institutionalisiert

Mit der Berliner SPD ist zu beginnen, nicht nur, weil sie die stärkste Partei von der Mitgliederzahl und der Fraktionsstärke her war, sondern weil sie nach Jahrzehnten der Koalitionsregierungen erstmals allein den Senat bildete. Alle Dissonanzen, die aus dem Wettstreit zwischen parteitheoretischer Planung und verwaltungspragmatischer Gestaltung zu entstehen pflegten, mußten während der sechsten Wahlperiode in den eigenen Reihen ausgetragen werden. Der Senat konnte nicht länger mit dem Verweis auf einen Koalitionspartner, auf den man Rücksicht nehmen müsse, unpopuläre Maßnahmen auch in der eigenen Partei durchsetzen. Wie entwickelte sich nun der Landesverband der SPD bis zu den Wahlen 1975?

Nach der innerparteilichen Zerreißprobe bei der Regierungsbildung wurde die Einbindung und damit die Einflußnahme des linken Flügels auch auf die Partei ausgedehnt. Auf dem als Versöhnungsparteitag annoncierten Parteitreffen am 11. und 12. Juni 1971 wurde nicht nur der Landesvorstand gewählt, sondern das wichtige Konzept der „Konzentration der Kräfte" beschlossen. Als institutionalisierter Kompromiß, der die Politik der SPD bis zum Verlust der Mehrheit und des Regierungsauftrags 1981 prägen sollte, verdient der mit nur einer Gegenstimme und einer Enthaltung von den Delegierten angenommene Beschluß, hier abgedruckt zu werden. Die „Kooperation, Integration und Konzentration" innerhalb der Berliner SPD sollte inhaltlich in acht Punkten ausgestaltet werden: „1. Verbindlich für alle Sozialdemokraten ist das Godesberger Programm; auf dieser Grundlage ist die Partei offen für sachlich unterschiedliche Standpunkte. 2. Die Arbeit der Partei ist gebunden an die Beschlüsse der Bundes- und Landesparteitage sowie an die Politik der SPD in Bund und Land. 3. In der SPD ist kein Platz für jene, die mit antidemokratischen Parteien wie der NPD und SED zusammenarbeiten, ebensowenig für alle die, die aus der SPD eine Kaderpartei revolutionären Typs machen, die in der SPD eine eigene Organisation mit abweichenden programmatischen Zielen bilden, die ihr schaden oder sie spalten wollen.

4. Die Meinungsvielfalt in der Partei darf nicht eingeebnet werden. Mehrheit und Minderheit müssen Gelegenheit zur Darlegung ihrer Ansichten haben; eine entscheidende Aufgabe kommt dabei der ‚Berliner Stimme' zu. 5. Gruppenentscheidungen, vor allem Mandate, die an im Statut nicht vorgesehene Gruppen gebunden sind, müssen überwunden werden. Der Meinungsbildungs- und Entscheidungsprozeß muß wieder voll in diejenigen Organisationseinheiten der Partei verlagert werden, die im Statut für alle verbindlich vereinbart worden sind. 6. Öffentliche Erklärungen, Informationen und Stellungnahmen, die im Auftrag einzelner Parteigruppierungen abgegeben werden, müssen unterbleiben. Mehrheitsentscheidungen müssen künftig von allen respektiert und loyal mitgetragen werden. 7. Auseinandersetzungen sind ohne Verleumdung und verletzende Polemik zu führen. Das gilt nicht zuletzt für die Person Kurt Neubauers. 8. Die Politisierung der Organisationsarbeit ist zu fördern. Dafür sind mehr als zwei Parteitage im Jahr erforderlich."[39]

Der hehre Konsens war allerdings mit einem „Geburtsfehler" behaftet. Der neugewählte stellvertretende Vorsitzende Riebschläger bekannte, daß der „Weg dahin nicht Vorbild für künftige innerparteiliche Entscheidungen sein darf. Die entscheidenden Gepräche über Form und Inhalt der Reformen wurden außerhalb der offiziellen Gremien geführt, die Abteilungen und Kreise hatten praktisch keine Möglichkeit, sich zu äußern."[40] Das Prinzip der Abmachungen zwischen den Flügeln sollte sich am deutlichsten bei Personalfragen manifestieren, so wurden nach festem Strickmuster – zwei rechts, einer links – die Listen der Bundesparteitagsdelegierten oder der Bundestagskandidaten gewählt. Auf dem Parteitag im Oktober 1971 wurden der linken Minderheit vier von vierzehn Bundesparteitagsdelegiertenmandaten zugestanden. Prompt verfiel man auf einen neuen Trick: die Vereinigte Linke nominierte nur vier Kandidaten, die folglich geschlossen nominiert werden sollten. Der Mehrheit sollte mit der Präsentation einer Einheitsliste keinerlei Einfluß auf die Personalauswahl der Linken gegeben werden. Zum Abbau von Spannungen trug ein solches Vorgehen selbstverständlich nicht bei.

[39] Abdruck in: *Berliner Stimme* vom 19. 6. 1971.

[40] Riebschläger in seinem Artikel *Ein Schritt nach vorn*, in: *Berliner Stimme* vom 19. 6. 1971, dort warnte er auch davor, diese „innerparteiliche Proporzdemokratie" einreißen zu lassen. Vgl. ausführlich H.-J. Heß, *Innerparteiliche Gruppenbildung...* (s.o. Anm. 2), S. 177–185.

Zum Zeitpunkt, zu dem das Berlin-Abkommen abgeschlossen wurde, präsentierte sich die Berliner SPD demnach in einem Zustand der Hoffnung. Auf dem Papier hatte der Kompromiß der „Konzentration der Kräfte" die Delegierten überzeugt, die guten Absichten waren erkennbar. Zum Funktionieren der Absprachen bedurfte es aber weiterhin guten Willens: „Konzentration der Kräfte konnte auf Dauer nicht erfolgreich bestehen, wenn ihr nicht der Wille zur Entbehrlichkeit der Gruppenabsprachen und eine Konzentration auf die bestmögliche Politik für die Stadt als wichtigster Ansatz und Orientierungspunkt folgten."[41]

In seinem Neujahrskommentar von 1972 bezeichnete Schütz das Modell der Konzentration der Kräfte als bewährt. Die erste schwere Belastungsprobe des innerparteilichen Burgfriedens ließ jedoch nicht lange auf sich warten. Sie spielte sich zudem in der Öffentlichkeit, im Berliner Parlament ab. Nicht nur prallten die Meinungen der beiden Parteiflügel aufeinander. Mit der Schulbehörde wurde die Verwaltung selbst in den Disput hineingezogen, da Senatsdirektor Harry Ristock gegen seinen eigenen Senator, den dem rechten Flügel zugerechneten Gerd Löffler, Front machte. Anlaß war eine nur auf den ersten Blick lokal begrenzte Streitfrage, die Berufung eines Professors an die Freie Universität, dem der Wissenschaftssenator Werner Stein und der Regierende Bürgermeister „im Hinblick auf die gegen den demokratischen Rechtsstaat gerichteten politischen Aktivitäten" die Eignung für den Lehrstuhl abgesprochen hatten. Hier sahen die Linke um Ristock, die Jusos und auch Vertreter der Universität ein „Berufsverbot" verhängt und reagierten aggressiv. Ristocks Plädoyer in der Parteizeitung *Berliner Stimme* vom 4. März 1972 gab der Opposition im Abgeordnetenhaus die Gelegenheit, den Disput vor das Plenum zu bringen. Ristocks Vorgesetzter Senator Löffler mißbilligte denn auch öffentlich, „daß in diesem Diskussionsbeitrag gegen den Senatsbeschluß protestiert und seine Veränderung gefordert wird".[42] Hier blieb der Senat um Schütz einmal hart.

Die „gesunde Atmosphäre", die Schütz mit dem Modell der „Konzentration der Kräfte" in der Partei hatte erreichen wollen, war

[41] H.-J. Heß, *Innerparteiliche Gruppenbildung...* (s.o. Anm. 2), S. 180.

[42] Löffler am 9. 3. 1972 vor dem Abgeordnetenhaus, *Plenarprotokoll*, 6. W.P., S. 789. Insbesondere sein Tadel, durch Ristocks Beitrag sei „eine zulässige Grenze überschritten worden", lieferte der Opposition natürlich Munition.

nach dieser Diskussion vergiftet. Der Regierende Bürgermeister offenbarte daher in einem Interview, daß er sein eigenes Schicksal auf das Engste mit der Solidarität in der Partei verknüpft sah, und rückte ein Motiv ganz in den Vordergrund: die Machterhaltung. Schütz bekannte: „Wenn Sozialdemokraten in Berlin sich nicht mehr auf Wesentliches verständigen können, dann bedeutet das praktisch, daß die Verantwortung und damit die Macht in der Stadt auf andere übergeht und nicht mehr von Sozialdemokraten wahrgenommen wird. Dieses Wissen um die Notwendigkeit des Zusammenstehens ist der eigentliche Daseinsgrund für die ‚Konzentration der Kräfte'."[43]

Auch die Linke kritisierte zuweilen die Konstruktion als „machtpolitisch erstarrtes Zweckbündnis", das nur personelle, nicht inhaltliche Debatten zu regulieren vermochte. Gerade der wachsende Einfluß durch die uneingeschränkte Gewährung eines Anteils der Posten verhalf der Linken aber zu einer positiven Bilanz, sie war im Vormarsch. Als ein Dauerthema der innerparteilichen Streitigkeiten sollte sich daher die Öffentlichkeitsarbeit der verschiedenen Gruppierungen herausstellen. Schütz zog auch hier die Verantwortung in den Kompetenzbereich des Landesvorstands. Jede politische Aussage der Jungsozialisten durfte nurmehr mit Einwilligung des Vorstandes publiziert werden; dies galt selbst für die *Berliner Stimme*.[44] Da Schütz auf die Reputation der Regierung bedacht war, mußte er die Verträglichkeit sozialdemokratischer Äußerungen mit dem im Verwaltungsalltag herrschenden Zwang zum Pragmatismus sicherstellen. Da konnte die Kritik an der Personalkonstruktion des Doppelamtes von Regierungschef und Parteivorsitzendem in den Händen von Schütz nicht ausbleiben.

Dabei hatte der Landesverband bereits zur Erhöhung der Effizienz der Parteiarbeit 1971 eine Umstrukturierung beschlossen. Der schwerfällige Landesausschuß war aufgelöst worden, dem Landesvorstand wurde ein Geschäftsführender Landesvorstand zur Entlastung an die Seite gestellt. Damit sollte die Parteiführung im Landesvorstand Zeit und Energie für Grundsätzliches und die Pflege des Erscheinungsbildes der Partei gewinnen. Der junge und ehrgeizige neue stell-

[43] Schütz im Interview mit der *Berliner Stimme* vom 18. 3. 1972.

[44] „Richtlinien für die Öffentlichkeitsarbeit von Parteigliederungen und Arbeitsgemeinschaften im Landesverband Berlin" in der Fassung vom 18. 9. 1972, Akte 735, Bestand „LV Berlin" im Archiv der sozialen Demokratie.

vertretende Parteichef Klaus Riebschläger bemängelte im Frühjahr 1972 jedoch, daß nicht alle Funktionäre die innere Bereitschaft zur Reform mitbrächten, daß „Profilierung“ an der Tagesordnung sei und „Alibidebatten“ geführt würden und für manches Mitglied der Ständigen Ausschüsse nicht Mitarbeit, sondern „Dabeisein“ alles sei.[45]

Engagiert bis zum Kräfteverschleiß gab man sich links wie rechts vor allem bei Personaldebatten. So mußte der Vorsitzende Schütz den 29. Landesparteitag am 10. Juni 1972 nach neunstündiger Debatte abbrechen und vertagen, um einen Eklat zu verhindern. Vorausgegangen war ein überraschendes Abstimmungsergebnis bei einem Antrag auf Statutenänderung. Beide Seiten richteten den Vorwurf des Verrats am vorab vereinbarten Abstimmungsverhalten gegeneinander. Das solche Vorabsprachen überhaupt nötig waren, wurde gar nicht problematisiert. Die Umstände der Wahl eines linken Beisitzers hatten die Gemüter hoch erregt – obwohl mit mehr Nein- als Ja-Stimmen bedacht, sollte er in den Landesvorstand einziehen, weil es eben vorher so vereinbart worden war. Die Mehrheit fühlte sich getäuscht und erpreßt, die linke Minderheit machte die Bestellung ihres Mannes zum „casus belli“.[46]

Willkommenen Anlaß zum Kräftemessen bot auch die überraschend mit dem Termin der Neuwahl des Bundestages im November 1972 fällige Kandidatenaufstellung. Schon auf Bundesebene war es zum Eklat gekommen, als der Bundesvorstand eine Broschüre in der Gesamtauflage von 20 000 Stück einstampfen ließ, in der die Jungsozialisten ihre Vorstellung vom idealen SPD-Abgeordneten verbreiten wollten. In Berlin gab es eine zusätzliche Komponente des Postenschachers: Zwei der von der Berliner SPD entsandte Bundestagsabgeordnete waren im Streit um die Ostverträge aus der Fraktion ausgetreten, ihre Plätze sollten neu vergeben werden. Doch auf dem Parteitag am 7. Oktober 1972 funktionierte das Strickmuster des Parteiproporzes wieder. Zwei von zwölf zu vergebenden Mandaten waren in Verhandlungen der linken Minderheit vorab zugestanden worden. Die Wahlen verliefen wie vorgesehen, so daß der Landesverband auch eine gute Presse erhielt: „Berlins SPD schloß die Reihen.“[47]

[45] K. Riebschläger, *Partei in der Reform*, in: *Berliner Stimme* vom 25. 3. 1972.

[46] *Die Welt* vom 12. 6. 1972.

[47] *Berliner Morgenpost* vom 8. 10. 1972. Siehe zum Wahlergebnis das Protokoll des 29. Landesparteitags vom 7. 10. 1972.

Der Zwang zur „Koalition" zweier gegnerischer Parteiflügel

Das Frühjahr 1973 brachte neben dem Ärger mit der Bundesregierung und der Fraktion für Schütz zusätzlich noch Schwierigkeiten mit der Parteiführung. Im Vorfeld des Landesparteitages am 24. Februar hatte ein anonymes Papier „Zur Situation in der Berliner SPD" aus dem rechten Lager für Aufregung gesorgt.[48] Während Klaus Schütz nämlich die „Konzentration der Kräfte" als Konsolidierungserfolg würdigen wollte –„Die Bilanz ist positiv" –, sprachen die Verfasser des Papiers den Delegierten eher aus dem Herzen, als sie als den einzigen aus der Beteiligung der Linken resultierenden Fortschritt den „Fortschritt der Erpressung" gelten lassen wollten. Immerhin 53 Parteitagsdelegierte mochten sich mit dem anonymen Schreiben solidarisieren. Starke Sprüche aus dem Papier heizten die Stimmung an: Berlin dürfe kein „Truppenübungsplatz für Systemüberwinder" werden hieß es, und kämpferisch: Dem organisierten Angriff der Minderheit „kann nur mit organisierter Abwehr der Mehrheit" begegnet werden. Harry Ristock als erster Adressat der Kritik pflichtete Schütz im Lob des gefundenen Machtverteilungsprinzips bei und konterte, die Mitglieder des rechten Flügels wollten die Parteispitze zurücktreiben „in den innerparteilichen Kalten Krieg". Zum Gefecht kam es auf dem Parteitag, als lediglich Harry Ristock als einziger Vertreter der Linken die Fahrkarte zum Bundesparteitag nach Hannover erhielt, obwohl in Vorabsprachen vier der insgesamt siebzehn Delegiertenmandate für den linken Flügel ausgehandelt worden waren.[49] Gerade dieser Mechanismus der „Vorstrukturierung der Entscheidungen im kleinen Funktionärskreis"[50] war es gewesen, der den Unmut so vieler einfacher Mitglieder herausgefordert hatte. Diese Konfrontation der Flügel überschattete das eigentliche Thema des Parteitages, die Diskussion des von der Bundespartei angestrebten Langzeitprogramms der Sozialdemokraten.

[48] Abdruck in: *Berliner Stimme* vom 17. 2. 1973. Siehe zum Hintergrund die Abschnitte „Die Formierung der Jungen Rechten und ihr Positionspapier" und „Die innerparteiliche Diskussion um das Positionspapier", in: H.-J. Heß, *Innerparteiliche Gruppenbildung...* (s.o. Anm. 2), S. 216–224.

[49] Protokoll des Landesparteitages vom 24. 3. 1973, beim Berliner Landesverband.

[50] H.-J. Heß, *Innerparteiliche Gruppenbildung...* (s.o. Anm. 2), S. 218.

Auch in der Fraktion gingen die Meinungen auseinander. Am 15. Mai 1973 wählten die sozialdemokratischen Abgeordneten eine neue Führungsspitze. Alexander Voelker hatte bereits zu Jahresbeginn seinen Rückzug vom Amt des Fraktionschefs wegen Amtsmüdigkeit angekündigt. Sein Stellvertreter Wolfgang Haus rückte nun an die Spitze.[51] Haus nannte die Berlin- und die innerstädtische Politik als gleichwichtige Schwerpunkte der kommenden Arbeit und rief die Fraktion zu mehr Begeisterung und „Beifallsfreudigkeit" auf.[52]

Nach den Neubesetzungen in Senat und Fraktionsführung wurden die im Herbst 1973 anstehenden Parteivorstandswahlen erwartet. Während und weil hinter den Kulissen auf den Wahlparteitag hingearbeitet wurde, verlief der Parteitag zum Schwerpunktthema „Bildung" am 30. Juni 1973 unter Beteiligung des Bundeswissenschaftsministers ohne größere Aufregungen.[53] Dies war ganz anders beim Auftakt der umfassenden Parteiwahlen von 1600 Kreisdelegierten in über 140 Abteilungen. Der Parteivorsitzende Schütz und seine Stellvertreter Neubauer und Riebschläger richteten ein Schreiben an die Mitglieder mit der Bitte, „allen Tendenzen, eine Partei in der Partei zu organisieren", entgegenzutreten.[54] Einem Katechismus von vier Bekenntnissen, so die Vorsitzenden, sollten die Bewerber folgen: die SPD nicht wieder zur Klassenpartei zu machen, die Zusammenarbeit mit Kommunisten abzulehnen, die Gewerkschaften nicht durch Zusammenarbeit mit radikalen Betriebsgruppen zu schwächen und die Ablehnung solcher Bewerber für den öffentlichen Dienst zu befürworten, die sich gegen die freiheitlich-demokratische Grundordnung einsetzten. Dies waren politische Ziele, die längst nicht alle Vertreter des linken Flügels unterstützten. Die sogenannten „Jungen Rechten", die sich nachträglich zur Abfassung des Positionspapiers vom Januar bekannt hatten, erreichten mit einer weiteren Stellungnahme einen im Nachkriegs-Berlin nie gekannten Mobilisierungsgrad in der Mitgliederschaft – der von ihnen bekämpfte Ristock sprach respektvoll von zum Teil „urab-

[51] Mit 54 Ja- bei 8 Nein- und 1 ungültigen Stimme sowie 4 Enthaltungen wurde Haus von der Fraktion bestätigt. Protokoll der 55. Fraktionssitzung vom 15. 5. 1973, S. 3, Akte 575, Bestand „Berlin Fraktion", Archiv der sozialen Demokratie.

[52] Protokoll der 56. Fraktionssitzung vom 22. 5. 1973, Akte 575, *a.a.O.* S. auch das Interview in: *Berliner Stimme* vom 2. 6. 1973.

[53] Die Beschlüsse des Landesparteitages sind abgedruckt in: *Berliner Stimme* vom 7. 7. 1973.

[54] Abdruck in: *Berliner Stimme* vom 8. 9. 1973.

stimmungsähnlichem Charakter".[55] Nach Ablauf der fast zwei Monate dauernden Wahlprozedur bezeichneten beide Flügel die Wahl als erfolgreich, trotz der Meinungsverschiedenheiten über verschiedene Angaben der Flügelstärke (die Einschätzung von Delegierten durch Dritte mußte umstritten bleiben, denn nicht jeder wollte seinen Namen in einer der beiden Schubladen wiederfinden). Schütz sprach von einem „Wendepunkt in der Entwicklung der Berliner SPD" – eben weil eine „durchgreifende Strukturveränderung" ausgeblieben sei.[56] Seine Schlußfolgerung war klar: „Die Konzentration aller unserer Kräfte ist deshalb im Wissen darum, was für Berlin notwendig ist, und auch im Blick auf die Wahlen im März 1975 weiterhin die selbstverständliche Voraussetzung für die Arbeit der Berliner SPD." Ristock versuchte sich in dem dialektischen Kunstgriff, durch Gleichsetzung beider Flügel den seinen aufzuwerten: „Die Berliner Parteiwahlen haben in exemplarischer Weise bewiesen, daß in dieser großen Volkspartei zwei Großgruppen nebeneinanderstehen. Beide Gruppen unterscheiden sich vor allem in ihren Auffassungen über die Intensität und die Zeitabfolge gesellschaftlich-reformerischer Maßnahmen."[57]

Vor dem üblichen verordneten Schulterschluß in Wahlkampfzeiten stand für Schütz aber die erneute Kandidatur für den Landesvorsitz. Als Ergebnis der Organisationswahlen war die Entsendung von 78 sich dem linken Flügel zurechnenden Delegierten für den Landesparteitag am 8. Dezember 1973 eine feststehende Größe. Bei den Vorstandswahlen wurden alle drei Vorsitzenden wiedergewählt. Schütz mußte zwar zwölf Nein-Stimmen und 52 Enthaltungen aus dem Lager der Linken hinnehmen, seine Stellvertreter Riebschläger und Neubauer erhielten aber ebenfalls deutliche Mehrheiten, so daß Harry

[55] Ristock in seiner Bilanz, *Berliner Stimme* vom 3. 11. 1973, in der er der rechten Mehrheit vorwarf, „Karteileichen" ausgegraben zu haben. Vgl. zum Vorgehen der „Jungen Rechten" auch *FAZ* vom 17. 9. 1973 und ausführlich „Das zweite Positionspapier und die Parteiwahlen von 1973", in: H.-J. Heß, *Innerparteiliche Gruppenbildung*... (s.o. Anm. 2), S. 224–227. Heß kommt zu dem Urteil: „Die Jungen Rechten haben mit ihrer Aktivität die Parteiwahlen 1973 zweifellos für die rechte Mehrheit entschieden."

[56] SPD-Pressedienst vom 2. November 1973.

[57] In: *Berliner Stimme* vom 3. 11. 1973. Gleichwohl war diese Analyse beschönigend, denn an gleicher Stelle vertretene Thesen wie die von der Verfassungswidrigkeit der wirtschaftlichen Konzentration in der Bundesrepublik hatten keinerlei Aussicht auf Mehrheitsfähigkeit.

Ristocks vergebliche Kandidatur für einen Stellvertreterposten mit 75 Ja-Stimmen nur ein Flaggezeigen blieb.[58] Die von Schütz forcierte Abstimmung über eine Resolution „Zur innerparteilichen Situation" erbrachte das Kräfteverhältnis der beiden Flügel. Ristock hatte diese Entschließung, in der grundsätzliche Positionen vom Parteitag angenommen werden sollten, zu verhindern versucht.[59] Schütz aber bestand auf der Resolution, er wollte die Chance nutzen, angesichts der Mobilisierung der gemäßigten Kräfte einen verbindlichen Kodex zu verabschieden. An der Parteispitze blieb somit Ende 1973 alles beim Alten. Und auch die „Konzentration der Kräfte" blieb in Kraft. War sie zu Beginn der Legislaturperiode mit der Sperrminorität des linken Flügels in der allein die Regierung tragenden Abgeordnetenhausfraktion begründet worden, so hielt nun der kommende Wahltermin im Frühjahr 1975 dazu her, die Unabdingbarkeit dieses Prinzips zu begründen. Und für diesen Wahlkampf war das Erscheinungsbild der Führungsspitze von großer Bedeutung. Für das Selbstverständnis der Parteimitgliederschaft aber zählte auch der Zustand der Organisation. Der vertrauliche Abschlußbericht der „Kommission zur Reform der Abteilungsarbeit" vom Februar 1974 ging mit den Genossen hart ins Gericht.[60] Er erkannte die Klage über die mangelhafte Meinungsbildung und Mitbestimmung von unten nach oben innerhalb der Partei als berechtigt an. Die Entwicklung von der Arbeiter- zur Volkspartei wurde zwar als vollzogen gewürdigt, viele Mitglieder aber von der Kommission kritisch eingeschätzt: Entweder galten sie als unfähig, sich mit der Bevölkerung, namentlich den kritischen Initiativgruppen, auseinanderzusetzen oder sie gehörten zu jenen, die die SPD als Instrument zur Erreichung persönlicher Ziele ansahen. Jürgen Egert, als Vertreter des linken Flügels in den Bundestag entsandt, drückte sich öffentlich so aus: „In der Tat hat die Partei in Berlin ein Face-lifting nötig. Sie muß den Staub aus den Falten ihres Mantels schütteln." Er mußte allerdings auch zugeben, daß nicht nur die Mitglieder, sondern auch die Funktionäre zu wünschen übrig ließen: „Die proporzmäßige Machtausstattung mit Posten und Pöstchen führt an den wirk-

[58] Protokoll des Landesparteitags vom 8. 12. 1973. Schütz leugnete, über die Zahl der Enthaltungen enttäuscht zu sein, *Berliner Stimme* vom 15. 12. 1973.

[59] Ristock bezeichnete die Resolution im Namen der Linken als „eine sinnlose, nicht nötige, dumme Provokation", *Berliner Stimme* vom 15. 12. 1973.

[60] Der Bericht ist als Vorlage 9/74 zur 4. Landesvorstandssitzung am 11. 2. 1974 in Akte 735, Bestand „LV Berlin", Archiv der sozialen Demokratie, abgelegt.

lichen Problemen der Stadt vorbei.“[61] Doch diese Einsicht zeitigte keine Folgen. Mit dem Finger wurde auf das jeweils andere Lager in der eigenen Partei gezeigt und damit der „Zwang“ zum Festhalten an den Umständen begründet.

Die Berliner Partei wurde zum Jahreswechsel 1973/74 zusätzlich von der bundesweiten Krise des Ansehens der SPD erfaßt. Im Dezember 1973, während die Auswirkungen der Ölkrise am stärksten zu spüren waren, vermeldete das *Emnid*-Institut einen „meinungspolitischen ‚Erdrutsch‘“, erstmals gab eine absolute Mehrheit der befragten Bürger ein ungünstiges Urteil über die Bundesregierung ab.[62] Klaus Schütz zog aus den Verlusten der SPD bei den Wahlen in Hamburg im Frühjahr 1974 allerdings Lehren, die auch in der eigenen Partei umstritten waren. Schütz wollte den Primat der Kommunalpolitik aufkündigen, da dieser nicht zu einem Wahlgewinn reiche, die Außenpolitik müsse auch auf der Länderebene betont werden. Ein ausgeprägt kommunalpolitisches Image sah Schütz als nicht ausreichend für die Wertschätzung des Senats und des Regierenden Bürgermeisters an.[63] Diese Bewertung kam Schütz’ persönlichen Vorlieben entgegen. Fraktionschef Wolfgang Haus, in Diensten des Deutschen Städtetages zum profiliertesten Kommunalexperten der Fraktion gereift, stimmte dem Regierungschef bei dessen Bemühen um vielschichtige Kompetenzausstrahlung des Senats im Wahlkampf zu, warnte aber davor, dem Mißverständnis Vorschub zu leisten, die SPD werde die lokalen Probleme wieder hintanstellen.[64]

Schütz wollte zudem offensiver die absolute Mehrheit vertreten und einem Eindruck in der Bevölkerung entgegenwirken, es gehe ohnehin weiter mit der SPD, egal ob man sie noch wähle. Diese Stimmung hatte gerade in Hamburg das Ergebnis der SPD stark beeinträchtigt. Schütz war Taktiker genug, auch die Vorteile der schwindenden Publikumsgunst zu erkennen: Nun konnte er, dem Umfragen ohnehin ein höheres Ansehen als der Partei bescheinigten,

[61] Im Interview mit dem *Spandauer Volksblatt* vom 6. 1. 1974.

[62] Emnid, *Aktueller Politischer Dienst*, Dezember 1973, S. 1.

[63] Schütz in: *Berliner Stimme* vom 16. 3. 1974.

[64] Protokoll des Landesparteitags vom 22. 3. 1974. In der SPD gab es daneben auch Stimmen, die „eine Berliner Außenpolitik, wie sie zur Zeit von Klaus Schütz praktiziert wird, nicht für machbar und realistisch“ hielten und lieber „die Interessen der DDR verstärkt berücksichtigt“ sehen wollten, so ein Positionspapier der IV. Abteilung der Steglitzer SPD.

beide Flügel noch fester an die Kandare nehmen, denn die Verantwortung für den drohenden Verlust der absoluten Mehrheit mochte keine Parteigruppierung auf sich nehmen. Auf den Schultern des Regierenden lastete damit aber auch das ganze Risiko, er verkörperte die „eine Stimme", mit der die SPD auftreten sollte. Entsprechend ärgerlich gestalteten sich die Auseinandersetzungen mit Abweichlern, etwa den Jungsozialisten, und den im Verlauf des Sommers 1974 dem rechtslastigen „Bund Freies Deutschland" zuneigenden Genossen.

Früh wurde die Verteidigung der absoluten Mehrheit als Ziel für die Wahlen im Frühjahr 1975 ausgegeben.[65] Demgemäß mochte Schütz auch nicht auf die Forderung der FDP eingehen, sich frühzeitig zu erklären und eine Koalitionsaussage zu treffen. Ein solche Erklärung wäre dem Eingeständnis gleichgekommen, die absolute Mehrheit für nicht mehr erreichbar zu halten. Erst Ende September 1974 trat Schütz Gerüchten über eine Große Koalition in Berlin mit den Ausführungen entgegen, es werde keine solche geben, vielmehr käme – wenn überhaupt die Notwendigkeit bestünde – nur eine Neuauflage der sozialliberalen Zusammenarbeit in Frage.[66] Der FDP konkrete Wünsche zu erfüllen, was er 1971 abgelehnt hatte, blieb Schütz nach dem Wahltermin noch Zeit genug.

Die Opposition

Vor den Wahlen im Frühjahr 1975 bot sich den Wählern ein neues Bild. Neben der CDU, seit 1963 in der Opposition, und der FDP, die sich nach dem Wahlgang 1971 überraschend auf den Oppositionsbänken wiederfand, hatte sich eine außerparlamentarische Opposition formiert: der Bund Freies Deutschland (BFD) und die Wählergemeinschaft Unabhängiger Bürger (WUB) in Zehlendorf. Hier sollen die Ursachen der Aufsplitterung des mit der Regierungspartei unzufriedenen Wählerpotentials aufgezeigt werden. Zunächst wird die Entwicklung in den im Parlament vertretenen Parteien analysiert, um festzustellen, was die Berliner an Ausdrucksmöglichkeiten und Inhalten nicht bei CDU oder FDP finden zu können glaubten.

[65] Kurt Neubauer in seinem Referat auf dem Landesparteitag am 22. 3. 1974.
[66] Schütz, zitiert nach: *Stuttgarter Zeitung* vom 30. 9. 1974.

Die Berliner CDU: Keine Mehrheit ohne Anerkennung der Ostpolitik – Die Abkehr von den „Schlachten von gestern"

Im Wahlkampf 1975 bot sich die CDU als die „einzige echte Alternative" zur Sozialdemokratie an und bestimmte wie 1971 den Landesvorsitzenden Peter Lorenz zum Herausforderer des Regierenden Bürgermeisters Schütz. Wie hatte die Berliner CDU auf die Entwicklung der Stadt seit dem Abkommen reagiert und wie hatte sie diese Entwicklung zu beeinflussen versucht? Mit welcher Berechtigung konnte die Partei ihren Machtanspruch 1975 mit einem eigenen Programm begründen und worin bestand ihre Hauptkritik an den bestehenden Verhältnissen?

Zwei Themen beherrschten den Landesverband zwischen den Wahlkämpfen 1971 und 1975: die Deutschlandpolitik und die – daraus resultierende – innerparteiliche Reformbedürftigkeit.

Die Gretchenfrage für die gesamte Partei, auch im Bundesgebiet, bildete der Umgang mit der Ost- und Deutschlandpolitik. Der Prozeß von der Ablehnung und legitimen politischen Bekämpfung bis zum Akzeptieren der geschlossenen Verträge prägte die innerparteiliche Entwicklung der Berliner CDU. Auch für den Berliner Landesverband stellte dabei ein Ereignis eine schmerzhafte Zäsur dar: das Ergebnis der Bundestagswahl im November 1972.

Oben wurde bereits dargelegt, wie die Diskussion über die Ost- und Deutschlandpolitik von der Opposition in Berlin und Bonn geführt wurde. Noch im März 1972 hatte ein CDU-Bundestagsabgeordneter in einem Interview erklärt: „Die CDU ist gegenüber der Berlin-Regelung sehr kritisch eingestellt und sieht sie nicht als einen Erfolg des Westens an." Er folgerte daraus: „Der Standpunkt der CDU ist, besser keine Berlin-Regelung als diese Regelung."[67]

Welchen Einfluß nahm die Berliner CDU, welche Impulse konnte sie von Berlin aussenden, bis der Bonner Fraktionsvorsitzende Karl Carstens am 31. Oktober 1974 im Bundestag einräumen mochte, das Vier-Mächte-Abkommen sei das Beste, was man zum damaligen Verhandlungszeitpunkt habe erreichen können?

Im Landesverband Berlin der CDU teilten sich die Mitglieder nicht säuberlich in Befürworter und Gegner der vertraglich geregelten Entspannungspolitik. Die Befürworter eines pragmatischen Umgangs mit

[67] Ernst Majonica, Interview, in: *Der Spiegel* vom 20. März 1972.

der geschaffenen Ost- und Deutschlandpolitik sahen sich durchaus im politischen Wettstreit mit jenen sich Reformer nennenden Parteimitgliedern, die sich über die Anerkennung der Deutschlandpolitik hinaus mit Ideen der reformerisch orientierten Bundesregierung beschäftigen wollten. Neben dem Abschied von den deutschlandpolitischen Gepflogenheiten der Adenauerschen CDU strebten Teile der CDU auch grundsätzliche Neuerungen in ihrer Partei an. Nach der erneuten Verteidigung der absoluten Mehrheit durch die Sozialdemokraten bei den Wahlen zum Abgeordnetenhaus 1971 hatte der Landesvorstand der CDU im Oktober 1971 eine Parteireformkommission eingesetzt, die sich zum Ziel setzte, eine Konzeption zu entwickeln, die die CDU zur stärksten politischen Kraft in Berlin machen sollte. Die „Regenerationskraft" der Partei wurde beschworen und zur besseren Kanalisation jener Kraft eine Umstrukturierung auf dem Gebiet angestrebt, auf dem man sich der traditionsreichen Sozialdemokratie so unterlegen sah, der Parteiorganisation. Zu lange hatten sich die CDU-Mitglieder in Berlin wie in der Diaspora gefühlt. So wurden selbst Hauptversammlungen in einigen Ortsverbänden nichtöffentlich durchgeführt, von Selbstdarstellung und Werbung keine Spur. Die Losung lautete daher, „den Ortsverbänden klarzumachen, daß sie zwar auch Gliederungen der Partei für die Mitglieder im Ortsbereich sind, aber zu allererst Anlaufstellen für die Bürger in ihrem Bereich ... Wir wollen also hinaus aus dem Gettodenken."[68] Hier wurde der Grundgedanke formuliert, der der Berliner CDU in den achtziger Jahren eine enorme Popularität einbringen sollte. „Eine Öffnung hin zum vorpolitischen Raum, hin zu den Bürgern dieser Stadt" verordnete die Kommission der Partei bereits in der Präambel ihrer Vorlage.

Dort wurden 9 Punkte als reformbedürftig proklamiert:

„I. Wir können noch mehr innerparteiliche Demokratie ermöglichen."

Hier war vor allem an die „weitgehend unbefriedigend" genannten Veranstaltungen der Ortsverbände gedacht, die in ihre Aktivitäten nunmehr nicht länger lediglich die Mitglieder, sondern die Anwohner und Bürger einbeziehen sollten. Öffentliche Kandidatenbefragungen und -aufstellungen sollten mehr Transparenz erbringen.

„II. Niemand soll durch Ämter überlastet, viele sollen zur Verantwortung gezogen werden."

[68] Der Kommissionsvorsitzende Rudolf Luster im Interview mit der *Berliner Rundschau* vom 9. 3. 1972.

Dieser Passus stellt einen Euphemismus für die Machtansprüche der Jüngeren an die Altvorderen dar, der auch so formuliert wurde: „In mehreren Gremien werden Amtsträger seit Jahren zum Teil ohne Diskussion wiedergewählt. Die Folge könnte sein: Es gibt keine neuen Impulse, keine neuen Aktivitäten, neue Talente werden nicht entdeckt und nicht gefördert.“ Gefordert wurde die Abschaffung jedweden Doppelmandats und die Verkleinerung der Orts- und Kreisvorstände, um die Effizienz zu steigern.

„III. Kandidatenaufstellung ist kein Kuhhandel.“

Auch damit wurde der Honoratiorenpartei alten Stils die Gefolgschaft aufgekündigt: „Inaktive Kandidaten müssen notfalls abgewählt, inaktive Abgeordnete nicht wieder aufgestellt werden.“ Für jeden Wahlkreis sollte zukünftig ein einzelner, stets erreichbarer Repräsentant für die Bevölkerung erkennbar sein.

„IV. In der Partei brauchen wir politische Bildung und Fortbildung.“

Hier folgte man der Praxis der Sozialdemokraten, es wurde an die Einrichtung einer eigenen Berliner CDU-Bildungsakademie gedacht.

„V. Unsere Fach-Foren öffnen wir weit zur Mitarbeit für jedermann innerhalb und außerhalb der Partei.“

Diese Foren sollten an die Stelle der Fachausschüsse treten und in ihrer Öffnung für Nichtmitglieder eine wichtige Funktion haben: Die Hemmschwelle zur Mitarbeit sollte gesenkt werden.

„VI. Ohne bürgernahe Politik geht es nicht – lokale Zeitungen sind Mittler zwischen uns und den Bürgern.“

Nach dem Vorbild der CDU-Postille *Unser Zehlendorf* sollten auch in anderen Ortsverbänden ähnliche Publikationen aus der Taufe gehoben werden.

„VII. Unsere Kreisgeschäftsstellen sollen moderne Ausgangspunkte für politische Wirksamkeit in den Bezirken sein.“

Um den Ortsverbänden zu verdeutlichen, was unter zukünftigem CDU-Parteimanagement zu verstehen sei, wurde eine Musterkreisgeschäftsstelle vorgestellt, insbesondere sei dabei auf eine gute Lage des Büros und eine „tägliche Besetzung außer sonntags“ zu achten.

„VIII. Einheitliches Management für Partei und Fraktion ist sparsam und wirksam zugleich.“

Da eine mangelhafte Verzahnung der beiden Apparate des Landesverbandes und der Fraktion im Rathaus Schöneberg von der Kommission diagnostiziert worden war, sollten die Abteilungen Organisation und Verwaltung, Politik, Planung, Public Relations

(„zentrale Beobachtung im vorpolitischen Raum") und Presse eingerichtet werden und den Abgeordneten wie dem Vorstand gleichermaßen dienen.

„IX. Ohne Geld geht es nicht."

Im Zuge der gewünschten Straffung der Organisation sollte naturgemäß auch die Beitragskontrolle und -Eintreibung verschärft werden.

Der Vorsitzende hatte den Entwurf als „Stein des Anstoßes" bezeichnet, „an dem Kreis- und Ortsverbände schleifen sollten, damit daraus ein Edelstein und ein Schmuckstück für die Partei werde".[69] Noch aber bestimmte die Ost- und Deutschlandpolitik die Gemüter. Um möglichst bald eine bessere Ausgangsposition für die kommenden Berliner Wahlen zu bekommen, war es der Landesvorsitzende Peter Lorenz selbst, der sich anschickte, das Thema Ostverträge *ad acta* zu legen. Auf dem 51. Landesparteitag am 7. Oktober 1972, der unter dem Motto „Berlin – eine nationale Aufgabe" durchgeführt wurde, bezog Peter Lorenz eindeutig Stellung: „Wir müssen wissen, daß es kein Zurück mehr geben kann zur Politik vor der Unterzeichnung der Ostverträge. Eine künftige Regierung Barzel wird mit diesen Ostverträgen arbeiten müssen, genauso wie wir alle mit den jetzt in Berlin geschaffenen Bedingungen hier in Berlin zu leben haben."[70]

Die nach Bekanntwerden des Grundlagenvertragstextes vom Landesvorstand beauftragte Kommission zum Grundvertrag unter Vorsitz Heinrich Lummers gelangte gleichwohl zu dem Ergebnis: „Aufgrund der Bewertung der für Berlin relevanten Gesichtspunkte kann die Berliner CDU der Bundestagsfraktion ein positives Votum zum ‚Vertrag über die Grundlagen der Beziehungen' nicht empfehlen."[71] In der Überwindung dieser Meinungsdifferenzen lag für die Berliner CDU in den kommenden Jahren die Aufgabe.

Nach dem Wahlsieg Willy Brandts und der sozialliberalen Koalition am 19. November 1972 gewann die Diskussion um die Orientierung der CDU auch in Berlin an Gewicht und Schärfe. Der Berliner Vorsitzende der Jungen Union hatte geäußert, die CDU könne bei der Analyse der Gründe der Niederlage nicht unberücksichtigt lassen, daß die Mehrheit der Wähler der Ostpolitik grundsätzlich positiv gegen-

[69] Rudolf Luster auf dem 50. Landesparteitag am 5./6. Mai 1972, zitiert nach *Berliner Rundschau* vom 11. 5. 1972.

[70] Zitiert nach *Berliner Rundschau* vom 12. 10. 1972.

[71] Auszüge aus dem Bericht in der *Berliner Rundschau* vom 7. 12. 1972.

überstehe.[72] Die operative Schlußfolgerung lag offen zutage: Da das Wählerpotential an den Extremen erschöpft sei, müßten beide großen Parteien verstärkt um den Wähler der politischen Mitte kämpfen. Für die CDU bedeute dies den Zwang zur programmatischen Öffnung. Insbesondere den Arbeitnehmern, den Jungwählern und dem gebildeten Mittelstand müsse künftig eine stärkere Identifizierung mit der Politik der Union ermöglicht werden. War dies schon Ausdruck großen analytischen Geistes oder eher Ausdruck kalten Machtstrebens, das Überzeugungen für den Preis des Stimmengewinns leichtfertig aufzugeben bereit war?

Die „Unterlassung, aus der Wahlkampfunion Adenauers keine schlagkräftige Partei nach dem Vorbild der SPD“ gemacht zu haben, wurde in Berlin mit klaren Worten gegeißelt: „Die schwere Niederlage der CDU/CSU am 19. November hat dazu geführt, daß die große Schwäche der Union offen zutage tritt: Sie ist keine Partei.“ Jetzt sollte es dem Berliner Landesverband zum Vorteil gereichen, selbst nicht an den Bundestagswahlen beteiligt gewesen zu sein. Eigene Parteiprominenz war nicht persönlich betroffen. Die Berliner CDU hatte ihre letzte Niederlage bereits im Frühjahr 1971 kassiert, die Reformdiskussion war bereits auf den Weg gebracht. Doch auch hier bedurfte es der „Willy-Wahl“ als eines Katalysators für den Prozeß konstruktiver Selbstkritik.

Die Notwendigkeit von Reformen

In der Partei entspann sich ein regelrechter Flügelkampf. Die Parteizeitung *Berliner Rundschau* richtete am 11. Januar 1973 eine „Forum“-Seite für die innerparteiliche Diskussion ein, in dem der Grundsatzstreit in aller Öffentlichkeit geführt wurde. Allerdings nur bis zum 4. April 1974, da man den politischen Gegnern ein Jahr vor der Wahl nicht länger Munition liefern wollte: „Jetzt muß Schluß sein mit der Diskutiererei.“[73] Eröffnet wurde die Debatte mit einer Analyse der Bundestagswahl. Angesichts der Wahlniederlage Barzels wurde ein unverzügliches „Godesberg der CDU“ auf dem Gebiet der Ost- und Deutschlandpolitik gefordert, um die Wahlchancen der Berliner CDU bei den Wahlen im Frühjahr 1975 nicht mit dem „Stigma der

[72] Klaus-Rüdiger Landowsky in der *Berliner Rundschau* vom 7. 12. 1972.
[73] *Berliner Rundschau* vom 4. 4. 1974.

Nein-Sager-Partei" zu belasten.[74] Gefordert wurde eine Berliner CDU, die „schwerpunktmäßig aktuelle, die Öffentlichkeit bewegende Probleme" aufgreift, denn „die Programme sämtlicher Parteien weisen kaum noch wesentliche Unterschiede auf und zeichnen sich durch ein so hohes Maß an Unverbindlichkeit aus, daß sie für die Wählerentscheidung von ganz untergeordneter Bedeutung sind". Doch bei solcherlei guten Worten blieb es nicht, gefordert wurden auch Köpfe: die eigenen Abgeordneten wurden zum Teil als unfähig bezeichnet, die Funktion der Fraktionsgeschäftsstelle als „Auffangstelle für Sozialfälle und beruflich gescheiterte Parteifreunde" gebrandmarkt. Eine Entgegnung ließ nicht lange auf sich warten: „Manager der Macht, die allzugern das Gesellschaftsspiel betreiben, übel nachzureden", und „aus einer Union freier Bürger eine Funktionärspartei mit Kadercharakter zu machen versuchen", seien in der Union genausowenig erwünscht.[75] Eingang in die Auseinandersetzung fanden auch die schon länger schwelende Rivalitäten innerhalb der Jugendorganisation „Junge Union". Insbesondere eine sich „Reformgruppe" nennende Gruppierung innerhalb der Jungen Union hatte verstärkten Einfluß gesucht. Mit Thesen wie: „Die gegenwärtige Verteilung von Einkommen, Vermögen und Kapital ist (jedoch) weder gerecht noch sozial", oder der Aufforderung, den „primären Rang" von „Industrie- und Kommerzwerten wie Konsum- und Produktionssteigerung, technischen Fortschritt, Lebensstandard und Luxus ... zu bekämpfen", provozierte diese Gruppe den Streit um die Grundwerte der Union in Berlin.[76] Insbesondere die Kritik am Erscheinungsbild auch der eigenen Partei mußte auf Protest stoßen, wenn etwa konstatiert wurde: „Exemplarisch ist die Situation der Parteien. Sie haben sich vom Instrument menschlichen Fortschritts zu bürokratisch organisierten Apparaten mit Selbstzweckneigung zur Sicherung des Durchschnitts auf der Grundlage der Beschränkung entwickelt." Derart angegriffen wurde gekontert, „junge, wie es heißt dynamische Leute, aus marxistischen Universitätsvorlesungen herbeigeeilt, verkünden auf Orts-, Kreis- und Landesebene sozialistische Heilslehren und wollen – schlicht gesagt – die Macht". Ein Verlust an innerer Überzeugung wurde kritisiert, dazu der Opportunismus, den Standort der eigenen

[74] *Berliner Rundschau* vom 11. 1. 1973.

[75] *Berliner Rundschau* vom 22. 2. 1973.

[76] Abdruck des Entwurfs für eine neue Programmatik, in: *Berliner Rundschau* vom 25. 1. 1973.

Politik den vermeintlich auf diese Weise leichter zu gewinnenden Wählern anzupassen.[77] Ein von den Auseinandersetzungen innerhalb der SPD bekannter Mißstand wurde jetzt auch in der CDU beklagt, ein Handwerker aus Neukölln beschwerte sich über die „Arroganz intellektueller Herren", die von Kreisversammlung zu Kreisversammlung zögen.[78] Der Vorwurf, die „Reformgruppe" sei zu „naiv-idealistisch" und wolle die Realität den Ideen anzupassen versuchen, konnte noch als wohlwollend gelten. Vertreter der „Reformgruppe" geißelten die „bekannte, CDU-typische Assoziationskette: reformerisch = liberal = links = sozialistisch", zahlten aber mit gleicher Münze heim: Die „Reformgruppe" habe „nie einen Hehl daraus gemacht, daß sie die CDU verändern will, um der CDU und unserer Demokratie willen, und daß sie die in konservativer, wenn nicht reaktionärer Erstarrung erstickende Partei auf Trab bringen will".[79]

Für den Vorstand um den Vorsitzenden Peter Lorenz barg die Konfliktstrategie der „Reformgruppe" die Gefahr, mit der Nichtzulassung einer solchen Gruppierung, die den alleinigen Reformwillen schon im Namen zu pachten versuchte, selbst als Gegner einer Öffnung der Partei dazustehen. Zwei Ziele mußte die CDU gleichzeitig verfolgen: die Abwerbung bisheriger sozialdemokratischer Wähler und die Gewinnung eines potentiellen Koalitionspartners, der FDP. Dazu bedurfte es, deren identifikationsschaffendes Herzstück, das Engagement Walter Scheels in der Ost- und Deutschlandpolitik, nicht länger zu verdammen. Es galt daher auch auf seiten des Partei-„Establishments", Anstöße aufzunehmen. Zwar verkündete Heinrich Lummer im Frühjahr 1973 noch, die CDU sei nicht gewählt worden, „damit sie morgen der SPD-Ostpolitik nachläuft und ihr im sozialen Bereich den totalen Wettbewerb ansagt".[80] Gleichwohl lief es gerade auf diese Umorientierung hinaus, Lummer versuchte lediglich, sie behutsamer zu formulieren, um nicht prinzipienfeste Anhänger zu verprellen.[81] „Die CDU wird als Partei, die eine Mehrheit erstrebt, den Entwicklungen in der Gesellschaft Rechnung tragen müssen", lautete seine

[77] *Berliner Rundschau* vom 22. 2. 1973.

[78] Leserbrief in: *Berliner Rundschau* vom 22. 3. 1973.

[79] *Berliner Rundschau* vom 8. 3. 1973.

[80] Lummer in: *Berliner Rundschau* vom 22. 3. 1973.

[81] In einem Interview mit der *Deutschen Tagespost* äußerte sich Lummer so: „Im Bereich der Ostpolitik ergibt sich der Rahmen der Umorientierung ganz selbstverständlich. Die CDU wird sich als eine Partei verhalten müssen, die den Grundsatz ‚pacta sunt servanda' akzeptiert." Ausgabe vom 6. 4. 1973.

Lesart, und sogleich gab er die ersten konkreten Politikfelder an, den Strafgesetzbuchparagraphen 218, das Eherecht und die konfessionellen Schulen. „Die CDU kann sich nicht als verlängerter Arm der Kirchen verstehen", dies sei „keine Abkehr vom großen ‚C'", aber: „Die CDU kann politischen Erfolg nur als liberale Partei haben." Auch der angegriffene JU-Vorsitzende beeilte sich, sich die Forderungen seiner Kritiker zu eigen zu machen: „Es darf nicht wieder eintreten, daß die CDU Berlin dem Bewußtseinsprozeß der Bundes-CDU nur nachvollzieht und bei Personalentscheidungen das schwächste Glied der Qualitätsmaßstab bleibt."[82]

Noch wurden die in den achtziger Jahren so gern vertretenen Losungen wie „Moderne Volkspartei der Mitte – CDU" von Teilen der Partei als „platter geht's nimmer" verworfen,[83] die Imagebildung der Partei ging aber genau in diese Richtung. So wurde der Beschluß des Landesausschusses, das von der Bundesregierung für die Bundespost angestrebte Mitbestimmungsmodell für die Berliner Eigenbetriebe zu übernehmen, unter der Schlagzeile „CDU für Mitbestimmung" ebenso unters Volk gebracht wie die Losung: „Auch die CDU: Heimat für Arbeiter." Daneben wurde das Bekenntnis einer Berliner Bundestagsabgeordneten für eine Fristenlösung beim Schwangerschaftsabbruch unter der Überschrift: „Andersdenkende nicht reglementieren", herausgestellt.[84] Bürgernähe versuchte Heinrich Lummer zu demonstrieren, als er eine „Volksbefragung über Berlins Zukunft" zu initiieren versuchte. Und auch das Verhältnis zu den Gewerkschaften sollte verbessert werden. Lorenz rief von 1973 an zur Teilnahme an den Veranstaltungen des DGB zum 1. Mai auf, bedauerte gar, „daß die Demokraten es jahrelang versäumt haben, auf die Straße zu gehen".[85] Daß sie mit dieser Kurskorrektur richtig lag, bestätigte der 52. Landesparteitag der CDU am 6. und 7. April 1973, bei der letztmals Rainer Barzel als Bundesvorsitzender, schon in Begleitung seines Stellvertreters und Nachfolgers Helmut Kohl, Gast der Berliner CDU war.[86] Auch Barzel kündigte auf den Gebieten Mitbestimmung, Miteigentum und Gleichberechtigung von Mann und Frau neue Positionen der

[82] *Berliner Rundschau* vom 22. 3. 1973.

[83] *Berliner Rundschau* vom 24. 5. 1973.

[84] *Berliner Rundschau* vom 4. 8. 1973.

[85] Zitiert nach: *Der Tagesspiegel* vom 1. 5. 1974.

[86] Vgl. Akte „CDU, Landesparteitage Berlin", Nr. 2/201/3-4-3 bei der Konrad-Adenauer-Stiftung.

Union an. Anders als Barzel konnte Peter Lorenz aber seinen Posten als Vorsitzender behaupten. Dieser 52. Landesparteitag hatte nämlich mit der Mehrheit der Delegiertenstimmen nicht nur eine Empfehlung zur Ablehnung des Grundlagenvertrages im Bundestag ausgesprochen, sondern darüber hinaus die Reformdiskussion als nicht dringlich genug eingestuft, um der Abhaltung eines Landessonderparteitags vor dem für November 1973 vorgesehenen Bundesparteitag zuzustimmen.

Auf dem 53. Landesparteitag am 19. und 20. Oktober wurde dann aber der oben behandelte Entwurf der Parteikommission für die innerparteiliche Reform abschließend diskutiert und angenommen. „Der Parteitag wird eine Weichenstellung vornehmen. Das Ziel der Reise bleibt unverändert, es soll sicherer, schneller und zeitgemäßer erreichbar werden", faßte der Kommissionsvorsitzende die Bemühungen zusammen.[87] „Rationellere, wirksamere Arbeit im Parteiapparat" solle den Kontakt zur Wählerschaft und die weitere Öffnung zum vorpolitischen Raum ermöglichen. Der Abschied von der Honoratiorenpartei manifestierte sich beispielsweise durch die Bestellung hauptberuflicher Geschäftsführer in jedem Kreis und das Verbot von Wahlvorbereitungskommissionen zum Zwecke der Vorabvergabe von Mandaten: „Besorgte warnen vor *pressure groups* und vor Unterwanderung." Dies aber sei der Preis für eine „umfangreichere Mitgestaltung und Mitverantwortung der Mitgliedschaft in Sach- und Personalfragen". Bestätigt wurde so in aller Klarheit die Maxime, daß das Ziel der Berliner CDU die Stimmenmehrheit sein müsse. Die Erkenntnis vom „Vorrang der Kommunalpolitik" stellte die wichtigste Schlußfolgerung dar: „Die Partei soll insgesamt vom Hang zur Selbstgenügsamkeit stärker zum Wähler hingewendet werden." Die Berliner Parteiorganisation hatte sich nunmehr mehrheitlich von einem Selbstverständnis verabschiedet, das im Applaus für die Bonner Vorkämpfer und in der Aufrechterhaltung und Pflege der eigenen Rolle im Abgeordnetenhaus die Daseinsberechtigung der Berliner CDU erblickt hatte. Unfreiwillige Anerkennung zollte der stellvertretende SPD-Landesvorsitzende Riebschläger: Die SPD habe zwar „gute Leistungen vollbracht, wenn es darum ging, Initiativen gegenüber und mit der Bevölkerung zu ergreifen; diese werden allerdings teilweise

[87] Dieses und die folgenden Zitate aus der Rede Lusters zitiert nach *Berliner Rundschau* vom 8. 11. 1973.

dadurch neutralisiert, daß die CDU als stärkste Oppositionspartei auf diesem Gebiet ebenfalls offensiv geworden ist".[88]

Die Attraktivität der Partei erhöhte sich zunehmend. Nachdem die Mitgliedszahlen des Landesverbandes zwischen 1946 und 1970 auf lediglich 7940 gestiegen war, konnte Peter Lorenz bereits im Februar 1974 das 10 000. Mitglied der CDU Berlin begrüßen.[89] Lorenz selbst stellte die innerstädtischen Probleme nun in den Mittelpunkt seiner Arbeit. Nachdem der Landesausschuß einstimmig beschlossen hatte, Lorenz dem 54. Landesparteitag am 3. und 4. Mai 1974 als Spitzenkandidaten und damit zum zweitenmal als Herausforderer von Klaus Schütz vorzuschlagen, trat er mit einer Rede vor die Delegierten, in denen er von einer nie dagewesenen politischen Erwartung in der Öffentlichkeit an die Berliner CDU sprach. Lorenz nannte sieben Schwerpunkte der Auseinandersetzung im Wahlkampf, alles Themen, die nicht länger Grundsatzfragen wie die nach dem rechten Umgang mit der DDR stellten, die ohnehin von Bonn aus geregelt wurden, sondern Politikbereiche, die das unmittelbare Interesse der Bevölkerung wecken sollten: die Abwehr extremistischer Kräfte insbesondere im öffentlichen Dienst, den Schutz der Bürger vor Kriminalität, die Forderung nach „Verwaltungsreform statt Parteibuchreform", die Stärkung der Wirtschaft und die als „Schlüsselfrage" bezeichnete Frage der Wohnraumversorgung, die Bevölkerungsbilanz, verbunden mit dem Wunsch nach verstärkter Anwerbung westdeutscher Arbeitskräfte, und die Bildungspolitik, in deren Rahmen Lorenz eine Korrektur des Universitätsgesetzes forderte.[90] Lorenz vermied in dieser Rede jede Erwähnung der FDP und pries die Union als einzige Alternative zu einer SPD, die so regiere, als sei Berlin ihr Eigentum. Der somit eröffnete Vorwahlkampf erforderte natürlich eine Befriedung der Partei: „Wahlkampf in der eigenen Partei können wir uns nicht erlauben."[91] Neben allen anderen Parteimitgliedern wurde insbesondere die Junge Union aufgefordert, „sich eindeutig hinter Peter Lorenz und seinen Landesvorstand zu stellen ... Der Gegensatz zwischen jung und alt muß endlich überbrückt werden, muß der Solidarität weichen, damit wir nicht in die gleiche Situation wie die Sozialdemo-

[88] Riebschläger in: *Berliner Stimme* vom 27. 10. 1973
[89] *Deutschland Union Dienst* vom 12. 2. 1974
[90] Vgl. den Abdruck in: *Berliner Rundschau* vom 9. 5. 1974.
[91] *Berliner Rundschau* vom 20. 6. 1974.

kraten geraten."[92] Die Junge Union hatte pünktlich zum 54. Parteitag deutlich gemacht, daß sie die Abwählbarkeit von Kandidaten für das Abgeordnetenhaus auch umzusetzen beabsichtigte, und eine „schwarze Liste" vorgelegt, auf der die Abgeordneten bewertet wurden.[93] Dennoch kam sie dem Wunsch nach einer öffentlichen Solidaritätserklärung nach.

Die nun beginnende Wahlkampagne barg für die CDU zwei Schwierigkeiten. Zum einen mußte das Wahlziel festgelegt werden. Der Erringerung der absoluten Mehrheit für die eigene Partei stand die Frage nach einem Bündnis mit der anderen Oppositionspartei, den Liberalen, gegenüber. Zum anderen mußte die CDU einen Weg finden, die Unzufriedenheit der Bevölkerung zu kanalisieren, wenn nicht sogar zu formulieren, ohne dabei eine echte Krisenstimmung aufkommen zu lassen, denn eine solche hatte nach allen vorliegenden Erfahrungen stets die Sozialdemokraten gestärkt aus Wahlen hervorgehen lassen. Die in der Berliner FDP herrschenden Zwistigkeiten, insbesondere die Rivalität zwischen Partei und Fraktion, blieben auch der Union nicht verborgen. Rechnerisch hätte eine solche Koalition die Chancen einer Regierungsbeteiligung erhöht. Andererseits hatte die inhaltliche Annäherung noch nicht ein solches Maß von Übereinstimmung erreicht, daß ein Bündnis – gerade vor dem Hintergrund der Auseinandersetzung auf Bundesebene um die Deutschlandpolitik – hätte glaubhaft gemacht werden können. So äußerte sich der zweite Landesvorsitzende über die FDP: „Diese Fraktion war für die SPD nicht Hilfstruppe. Aber eine solche Wertung bedeutet nicht, daß gleiches für die Partei gilt, und schon gar nicht muß es für die nächste FDP-Fraktion gelten."[94] Parteichef Lorenz hatte schon im Frühjahr 1973, während Bayern noch die Normenkontrollklage betrieb, befunden: „Mit Abschluß der Diskussion um den Grundvertrag ist im Grunde das Hauptproblem zwischen den beiden Parteien

[92] *Ebda.*

[93] Die Landesdelegierten hatten ihre Mandatsträger unverblümt in die Kategorien „1. Sollte bleiben; 2. Sollte nicht noch einmal gewählt werden; 3. Kann ich nicht beurteilen; 4. Der Abgeordnete ist mir nicht bekannt" eingeordnet. Das *Spandauer Volksblatt* kommentierte das Ergebnis: „Die positiven Noten reichten nur aus, um eine elfköpfige Mannschaft (ohne Personal für die Reservebank) zusammenzustellen … Die Liste der völlig Unbekannten ist viel länger. Aus ihr ließen sich schon zwei komplette Fußballmannschaften bilden." Ausgabe vom 4. 5. 1974.

[94] K. H. Schmitz in der *Berliner Rundschau* vom 18. 7. 1974.

aus dem Wege geräumt."[95] Lorenz' Sondierungsgespräche mit der Berliner FDP im Sommer 1973 waren von deren Parteivorsitzendem Lüder dahingehend interpretiert worden, daß zwar das Ziel beider Oppositionsparteien die Verhinderung der absoluten Mehrheit der SPD sein müsse, er selbst aber gleichwohl beim Erreichen dieses Wahlziels für eine sozialliberale Koalition nach Bonner Muster optieren werde. Mit dieser Festlegung seiner FDP auf eine Koalition mit der SPD kam Lüder der CDU eben nur scheinbar entgegen: „Wenn die Berliner CDU bereit ist, den von Teilen der CDU vorgezeichneten Weg einer vorsichtigen Reformpartei zu gehen, werden wir vielleicht eines Tages unsere Entscheidung überdenken."[96] Damit allerdings versuchte er zuallererst, Zwist in die Reihen der Union zu tragen.

Peter Lorenz stellte daher eine eigene Mannschaft vor, die zunächst ausschließlich aus Berliner „Eigengewächsen" bestand. Lorenz konnte zunächst nur eine Riege Berliner Christdemokraten vorstellen, da die jahrzehntelange Oppositionszeit der Anziehungskraft der Berliner CDU auf Parteifreunde aus dem Bundesgebiet nicht eben zuträglich war. Der Parteichef mußte sein Publikum vertrösten: „In dem Augenblick, wo uns durch das Votum der Wähler die Regierungsverantwortung übertragen wird, stehen uns nicht nur aus der Mitgliedschaft, sondern auch im vorpolitischen Raum und vor allem aus dem Kreise unserer westdeutschen Mitarbeiter genügend hervorragende Persönlichkeiten zur Verfügung, um die anstehenden Aufgaben zu bewältigen."[97] Die Kandidaten stellten sich auf dem 55. Landesparteitag am 12. Oktober 1974 den Delegierten in der Kongreßhalle vor. Dieser Parteitag war als „1. Wahlkongreß" angekündigt worden und nach Lorenz' Einleitung, in der er sich scharf gegen den Versuch verwahrte, der CDU das „Etikett einer Nein-Sager-Partei" aufkleben zu lassen,[98] ergriffen die Schattensenatoren das Wort.

Hier wurde deutlich, daß die Berliner CDU die Abkehr von den „Schlachten von gestern" suchte, die keine Pluspunkte mehr versprachen. Der politische Wettstreit richtete sich gegen den Senat von Berlin: Es galt, Klaus Schütz aus dem Amtssessel zu vertreiben. Die CDU mußte aber einräumen, daß ein Teil der Probleme der Berliner durch-

[95] Lorenz im Interview mit dem *Spandauer Volksblatt* vom 22. 4. 1973.

[96] Zitiert nach: *Berliner Rundschau* vom 21. 11. 1974.

[97] Lorenz in einem Interview mit dem *Spandauer Volksblatt* vom 13. 11. 1974.

[98] Text der Reden in Akte „CDU, Landesparteitage Berlin", Nr. 2/201/3-4-3 beim Archiv der Konrad Adenauer-Stiftung.

aus nicht dem Senat anzulasten waren.[99] Im November 1974 wurde das Wahlprogramm, eine Präambel und 141 Punkte umfassend, vorgestellt.[100] Neben schönen Beteuerungen à la „Dieses Berlin war und ist eine Weltstadt und muß es auch unter veränderten Perspektiven bleiben", fanden sich natürlich die drei Wünsche und Hauptaufgaben, die allgemeiner Konsens der westlichen Welt waren: die Stärkung der Wirtschaft, der Ausbau der Aufgaben und der Austrahlung der Stadt nach außen sowie die Steigerung der Attraktivität für die Bürger und potentielle Neubürger. Lorenz stellte das Papier betont als Partei-, nicht als Regierungsprogramm vor, da es solche nur langfristig zu erreichenden Ziele mit einschloß. Trotz aller Übereinstimmung mit vielen Zielen auch der anderen demokratischen Parteien verriet doch schon die Diktion den Wunsch nach Veränderung. So wurde etwa die „Abkehr vom grenzenlosen Freiraum für Extremisten" ebenso gefordert wie die „Stärkung der Familie als Keimzelle der Erziehung" und „arbeitsfähige Universitäten", an denen „verstärkt Maßnahmen gegen verfassungsfeindliche Gruppen" eingeleitet werden sollten. Einen wichtigen Trumpf bildete zudem die harsche Verurteilung der SPD-Parteibuchwirtschaft. Mit dem Wunsch nach der Erhöhung der Zahl neugebauter Wohnungen und vor allem der Ankündigung, „den Wohnungsbau in Berlin stärker auf den Bau von Wohnungen für Alleinstehende zu konzentrieren", enthielt das Programm auch Forderungen, die sich im Laufe von nur fünf Jahren als allzu berechtigt erweisen sollten.

Auffällig blieb das Einlenken in Sachen Viermächte-Abkommen. Die CDU forderte lediglich „energische Maßnahmen zur vollen Ausschöpfung aller Möglichkeiten dieser Vereinbarung" und natürlich die Abschaffung des Schießbefehls. Auf dem 2. Wahlkongreß der Berliner CDU am 21. November 1974 unterstrich der Bundesvorsitzende Helmut Kohl diese Haltung seitens der Gesamtpartei.[101] Bei allem Bemü-

[99] Peter Lorenz räumte nach der Rückkehr von der obligaten USA-Reise eines jeden Herausforderers des Regierenden Bürgermeisters ein, sein Eindruck sei vollauf bestätigt worden, daß die Bundesrepublik nur sehr begrenzt von sich aus Entspannungspolitik betreiben könne; „der Fortgang der Entspannung in Mitteleuropa hinge so gut wie ausschließlich von der Entwicklung der sowjetisch-amerikanischen Beziehungen ab". *Berliner Rundschau* vom 19. 12. 1974.

[100] Am leichtesten greifbar als Sonderdruck der *Berliner Rundschau* vom 14. 11. 1974.

[101] Kohl führte aus, „daß seine Partei die Fortführung der Gespräche mit der Sowjetunion und der DDR unterstützt und daß sie bereit ist, in dieser Frage konstruktiv mit der Bundesregierung zusammenzuarbeiten." Zitiert nach *Berliner Rundschau* vom 21. 11. 1974.

hen, den Pflichten zu Kritik und zur Herausforderung des Senates zu genügen, verstieg sich die Berliner CDU nicht zu der Behauptung, sie könnte im Umgang mit der DDR eine bessere Behandlung erwirken. Vor der heißen Wahlkampfphase zeigte sich die Berliner CDU also nach außen geschlossen und entschlossen, nicht auf der welt- oder deutschlandpolitischen Bühne, sondern im kommunalpolitischen Bereich als Herausforderer anzutreten.

Die Berliner FDP: Unverhofft in der Opposition – Der Kampf um die Meinungsführung

Die Berliner FDP hatte sich unerwartet von den Regierungsgeschäften ausgeschlossen gesehen und war somit in der 6. Wahlperiode zur Oppositionsarbeit verurteilt. Die Frage lag nahe, ob sie mit der anderen Oppositionsfraktion eine Partnerschaft gegen die alleinregierenden Sozialdemokraten bilden sollte, um deren Ablösung zu betreiben, oder ob vor dem Hintergrund der sozialliberalen Zusammenarbeit in Bonn an der Berliner Regierung zwar Kritik geäußert werden, gleichwohl die Chance zum Wiederaufstieg in die Stadtregierung an der Seite der Sozialdemokraten nach der kommenden Wahl gewahrt bleiben sollte.

Nachdem die Koalitionsverhandlungen für die FDP so unbefriedigend verlaufen waren und Hermann Oxfort die Verantwortung für die Verhandlungsführung und den daraus resultierenden unfreiwilligen Umzug auf die Oppositionsbänke übernommen hatte, war er von den linken Kräfte im Landesverband geschaßt worden. Ein neuer Landesvorstand mit Wolfgang Lüder als Erstem Landesvorsitzenden war installiert worden, ein Vorstand mithin, der sich selbst ein übles Image bescheinigte und Mißtrauen aus der eigenen Mitgliederschaft erwartete.[102] Die Vorsitzenden wußten um die polarisierende Wirkung ihrer „homogenen", das heißt den rechten Flügel unberücksichtigt lassenden Führung und fanden sich bereit, zur Durchsetzung ihres „fortschrittlichen Kurses" nicht nur das Mittel der Überzeugung durch Diskussion und Arbeit, sondern auch das Herausekeln mißliebiger Parteimitglieder anzuwenden. Oxfort und seine Anhänger zogen sich zunächst in den Schmollwinkel zurück, auch in der

[102] Protokoll der 1. Sitzung des Landesvorstands am 18. 5. 1971, S. 2, Akte 10890, Archiv des Deutschen Liberalismus, Gummersbach.

Annahme, der ehemalige Vorsitzende der Jungdemokraten Lüder werde ohnehin mit der Parteiführung nicht fertig und bald werde der Ruf nach Oxforts starker Hand erschallen. Die politischen Gegensätze in der FDP hatten in dieser kleinen Partei andere Auswirkungen als in der SPD. Da das Berliner Wahlgesetz die Abgeordneten für das Berliner Parlament durch die Bezirke entsenden ließ, genügte ein entsprechender Stimmenanteil in einem Bezirk, um ein Mandat für das Abgeordnetenhaus zu erhalten, ohne gleichzeitig die Mehrheit der eigenen Parteimitglieder oder wenigstens -delegierten hinter sich versammeln zu müssen, wie es bei einer wahlgesetzlich vorgeschriebenen Landesliste nötig gewesen wäre. Die Zusammensetzung der Fraktion war also nicht durch das Gremium „Landesparteitag" bestimmt worden, das den linken Landesvorstand gewählt hatte. Faktisch hieß dies, daß liberal-konservative Oasen in jenen bürgerlichen Bezirken entstehen konnten, in denen die Liberalen ihre meisten Stimmen verbuchten. Deren Vertreter waren es nun, die sich im Rathaus Schöneberg vom „fortschrittlichen Kurs" des Parteiführung herausgefordert sahen. Der Profilierungswettstreit, der Kampf um die Meinungsführerschaft und das prägende Bild der Partei war also programmiert und führte zunächst zur Zerrüttung. Der Krach zwischen Fraktion und Parteiführung erstreckte sich auf Nichtigkeiten und Eitelkeiten, wie das Recht auf Ausrichtung von Empfängen, ebenso wie auf grundsätzliche Entscheidungen, wie die Zustimmung zur Reise- und Besuchsregelung zwischen Senat und Ost-Berlin im Dezember 1971.[103] Ein Jahr nach der Wahl des Vorstandes gelang es der linken Mehrheit der Landesparteitagsdelegierten nochmals, sich bei der Wahl der Bundesparteitagsdelegierten ohne Rücksicht auf die Minderheit durchzusetzen.[104] Einen Höhepunkt erreichten die Auseinandersetzungen anläßlich der Bestellung des einen Vertreters der Berliner FDP für den Deutschen Bundestag, die durch die Neuwahlen im Bundesgebiet im November 1972 notwendig geworden war.

[103] Vgl. Protokolle der Landesvorstandssitzungen vom 18. 10. 1971, Akte 10890, zur Frage des Einladungsrechtes und vom 3., 4. und 8. 12. 1971, Akte 10891, Archiv des Deutschen Liberalismus. Der Fraktion wurde eine Verletzung der „Pflicht zur loyalen Zusammenarbeit" vorgeworfen, da sie strengere Maßstäbe an das Verhandlungsergebnis zwischen Senat und Ost-Berlin anlegen wollte. Der Bundesvorsitzende Scheel hatte sich veranlaßt gesehen, dem Landesvorstand mitzuteilen, der Bundesvorstand habe nichts zu tun mit der parlamentarischen Initiative der Fraktion, den Senat zur Ablehnung des erreichten Ergebnisses der Verhandlungen aufzufordern.

[104] Akte „27. LPT 3./4. Juni 1972" beim Berliner Landesverband der FDP.

Lüder war noch Ende August 1972 der Ansicht, daß Hermann Oxfort selbst den Weg nach Bonn antreten wolle[105] und Lüder sich so auf elegante Weise seines Hauptwidersachers auf der Berliner Bühne würde entledigen können. Oxfort wäre die umgekehrte Lösung, die Delegierung Lüders, ebenso recht gewesen. Der Zweikampf wurde aber indirekt geführt. Lüder setzte sich für den Verbleib des 77jährigen William Borm, eines ausgewiesenen Vertreters der Linksliberalen, im Bundestag ein und fand dabei auch die Unterstützung von Scheel, Genscher und Flach. Die Fraktion hingegen favorisierte Hans-Günter Hoppe. Während der langwierigen vertraulichen Gespräche über die Lösung des Konflikts hatte Lüder Oxfort für ein Einlenken den stellvertretenden Parteivorsitz angeboten, doch dieser wollte sich nicht in die Pflicht nehmen lassen und antwortete Lüder auf dessen Bitte, Oxfort möge ein Votum der Fraktion für Hoppe verhindern, er, Oxfort, könne nicht länger bestimmen, was in der Fraktion geschehe.[106] Der Beschluß der Fraktion, Hoppe zu nominieren, ließ die Kontroverse zum offenen Konflikt ausbrechen, denn der Landesausschuß hatte bereits am 10. Oktober die Wiederaufstellung Borms beschlossen.[107] Mit der Begründung, die Berliner Bundestagsabgeordneten würden schließlich vom Abgeordnetenhaus entsandt, nahm die Fraktion für sich das Recht zur Nominierung in Anspruch und kürte Hoppe mit sieben gegen vier Stimmen zum Kandidaten. Der Jurist Oxfort nutzte die speziellen Berliner Wahlrechtsmodalitäten, um die Machtprobe mit der Parteiführung zuzuspitzen. Der Landesvorstand widersprach dieser Auffassung und stellte einen Verstoß gegen die Bundessatzung der FDP fest. In einer Erklärung[108] verkündete der Landesvorstand sein Verdikt: Hans Günter Hoppe sei nicht „der Kandidat der Berliner FDP“ und „Die FDP Berlin sieht keine Grundlage mehr, mit der Mehrheit der Fraktion zusammen zu arbeiten.“ Der Landesvorstand beschloß als Sanktion, vorerst die Zusam-

[105] Protokoll der 53. Sitzung des Landesvorstands am 29. 8. 1971, S. 2, Akte 10891, Archiv des Deutschen Liberalismus.

[106] „Vermerk über Gespräche anläßlich der Nominierung des Berliner Bundestagsabgordneten“, ein 12seitiger Bericht vom 31. 10. 1972 in Akte 10893, Archiv des Deutschen Liberalismus.

[107] *Die Welt* überschrieb bereits am 21. 10. 1972 einen Artikel *Die Berliner Freien Demokraten sind endgültig gespalten*, vgl. auch *Berliner Morgenpost* vom 22. 10. 1972: *Hoppes Nominierung führte zum endgültigen Bruch der Partei.*

[108] Anlage zum Protokoll der Landesvorstandssitzung vom 27. 10. 1972, Akte 10891, Archiv des Deutschen Liberalismus.

menarbeit mit der Fraktion zu boykottieren. Gegen die sieben Abweichler in der Fraktion wurden zudem Ordnungsverfahren durch den Parteivorstand eingeleitet.

Der Richtungsstreit ging weiter. Eine Gruppe von sechzehn zum Teil prominenten Parteimitgliedern richtete zur Jahreswende in einem Schreiben an die Mitgliederschaft schwere Vorwürfe an die Parteiführung und drohte als *ultima ratio* mit der Auflösung des Berliner Landesverbandes, um diesen sogleich „unter Ausschluß aller nichtliberalen Elemente" neu zu bilden.[109] Der Fraktion war die Nähe des Vorstandes zur Jugendorganisation „Jungdemokraten" ein besonderer Dorn im Auge, sie sahen Lüder bereits abhängig von Mitgliedern, die aufgrund ihrer Auffassungen gar nicht der FDP angehören sollten. In der Tat hatten die Jungdemokraten beispielsweise „antikapitalistische Grundsätze" verabschiedet, in „Vietnamresolutionen" die Bundesregierung angeklagt, Verstaatlichungsdiskussionen geführt und an Veranstaltungen der SEW teilgenommen. Auf einem Parteitag 1971 hatte der damalige Bundesvorsitzende der Jungdemokraten seinen Verband so vorgestellt: „Meine Position und die der Mehrheit des Verbandes ist eigentlich die, daß man den Kapitalismus erst einmal biegen kann, bevor man ihn zerbrechen muß."[110] Lüder hatte sich in einer „Antwort an die Jungdemokraten" mit deren Positionen auseinandergesetzt und bat, die Auseinandersetzung mit den Jungdemokraten nicht zum Parteistreit aufzuwerten. Damit zielte er auf das besondere Verständnis von Liberalität, das es den jungen Leuten ermöglichte, bei den Jungdemokraten mitzuwirken, ohne zwingend Mitglied der FDP zu sein. Die Folge war jedoch, daß sich Mitglieder beider Organisationen sowohl im Namen der Partei als auch im Namen ihres eigenen Verbandes – und dann ungleich schärfer – zu Wort meldeten, ein Verhalten, das gestandene Liberale mit Recht als „Doppelstrategie" geißelten.

Der institutionalisierte Dauerzwist zwischen Fraktion und Landesvorstand

Da 1973 turnusgemäß Vorstandswahlen abgehalten wurden, hatten Fraktion und Landesvorstand sich rasch feierlich unter Berufung auf die volle Übereinstimmung mit dem Freiburger Programm gegensei-

[109] Akte 10892, Archiv des Deutschen Liberalismus, und *Berliner Liberale Zeitung* vom 26. 1. 1973.

[110] Zitiert nach: *Berliner Liberale Zeitung* vom 26. 1. 1973.

tig ihrer „Bereitschaft zu vertrauensvoller Zusammenarbeit auf der Grundlage dieser Politik" versichert.[111] Lüder und Oxfort war bewußt, daß ihre persönlichen Ambitionen, ihr Rivalisieren um den größtmöglichen persönlichen Einfluß, das Erscheinungsbild der Partei nicht zu stark beschädigen durften. „Es wird ganz sicherlich nicht zu einer Spaltung der Partei kommen, denn es geht nicht um die Politik der FDP, es geht um Probleme in unserem Landesverband", bekannte Lüder auch öffentlich.[112] Und das hieß in erster Linie: Konnte Oxfort nach dem Verlust seines Einflusses seit der Wahl von 1971 erneut die Führung der FDP übernehmen oder sollte es Lüder gelingen, seine Position zu behaupten?

Mit einem einzigen großen Ordnungsruf – genannt „Grundsatzbeschluß" – versuchte der Landesausschuß nach einer Klausurtagung am 10. März den Disput zumindest in der Öffentlichkeit beizulegen. Dieser unter Assistenz des Bundespräsidiums zustande gekommene Beschluß führte zunächst den grundlegenden Konsens liberaler Politik auf, von Mit- und Selbstbestimmungsrechten über Gewaltenteilung und Minderheitenschutz bis zur „Demokratisierung der Gesellschaft" und der „Reform des Kapitalismus".[113] Dann aber wurde der Landesverband selber in die Pflicht genommen. „Verteufelung und Diskriminierungen von Personen und Meinungen" seien in Zukunft zu unterlassen. Das Verhältnis von Abgeordnetenhausfraktion und Parteivorstand wurde wohlklingenden Regeln unterworfen.[114] Und auch die Jungdemokraten wurden in die Pflicht genommen, „kritische Solidarität" mit der Partei zu üben.[115] Vor diesem Hintergrund gewannen die bevorstehenden Vorstandswahlen an Brisanz. Der Frak-

[111] Erklärung in der Anlage zur 69. Sitzung des Landesvorstandes vom 30. 1. 1973, Akte 10892, Archiv des Deutschen Liberalismus. Der Bundesvorsitzende Scheel war eigens nach Berlin gereist, um den Ausgleich zu bewerkstelligen.

[112] Im *ZDF-Magazin* am 17. 1. 1973, zit. nach der Kommentarübersicht des Bundespresseamtes.

[113] Abdruck in: *Berliner Liberale Zeitung* vom 16. 3. 1973.

[114] „Der Landesausschuß der Berliner FDP nimmt zur Kenntnis, daß Landesvorstand und Fraktion der Berliner FDP sich zu loyaler Zusammenarbeit bekennen. Er stellt fest, daß nach dem Grundgesetz die Abgeordneten nicht an Aufträge und Weisungen gebunden sind. Er nimmt die Zusicherung der Fraktion entgegen, daß sie sich an die Satzung des Landesausschusses halten wird." *Ebda.*

[115] Den Jungdemokraten wurde ihr Recht bestätigt, „Positionen zu vertreten, die sich nicht immer mit denen der FDP decken". Von einer Zusammenarbeit mit links- und rechtsextremistischen Organisationen, für FDP-Gremien ausgeschlossen, wurde aber auch ihnen abgeraten: „Die Mitglieder der Berliner FDP sind aufgefordert, auch

tionsvorsitzende Oxfort führte jetzt monatliche Treffen der Parlamentarier mit Parteifreunden ein, um „mehr als bisher die Kommunikation mit den Mitgliedern der Partei herzustellen".[116] Dies war natürlich ein Signal zum Sammeln der Truppen, die Fraktion sollte einen stärkeren Rückhalt in der Mitgliederschaft erhalten. Noch sechs Wochen vor dem Wahlparteitag Anfang Juni 1973 schien eine einvernehmliche Lösung möglich. Während Lüder und sein erster Stellvertreter erneut für ihre Vorstandsämter kandidierten, sollte der zweite Vertreter auf seinen Posten zugunsten eines Mitglieds der Fraktion verzichten. Als jedoch die Mehrheit das Angebot an die Minderheit auf zwei Plätze im Vorstand reduzierte und Lüder Oxfort selbst das Stellvertreteramt anbot, verweigerte dieser eine solche von den Sozialdemokraten bekannte ausgeklügelte Proporzpolitik der „Konzentration der Kräfte" und forderte statt dessen nach einer Klausursitzung mit seinen Anhängern den ersten Vorsitzenden mit seiner Kandidatur für diesen Posten heraus. Seinen Entschluß, es auf dem Parteitag zur Kampfabstimmung kommen zu lassen, erläuterte er mit der „gescheiterten Integration" in einem Brief an die „Lieben Parteifreunde" vom 29. Mai 1973.[117] „Ich sehe, daß es äußerst problematisch ist, einen solchen Wahlgang anzutreten, weil die Mehrheitsverhältnisse in der Partei einen Erfolg bei Gott nicht garantieren", erklärte Oxfort. Die jetzt beginnende zweijährige Amtszeit des Vorstandes war wegen der in diese Zeit fallenden Wahlen vom März 1975 ungleich wichtiger als die Jahre von 1971 bis 1973, die die rechte Minderheit den Jüngeren überlassen hatte. Selbstverständlichkeiten wie „Wer sich zum Sozialismus oder zum Klassenkampf bekennt, gehört nicht in die FDP" konnten nur in der gereizten Atmosphäre nach zwei Jahren der Schwierigkeiten im Umgang miteinander als echte politische Alternative hingestellt werden. Recht hatte Oxfort allerdings mit einer Erfahrung, die die FDP zu Beginn der siebziger Jahre mit der SPD teilte und die auch in den Reihen der CDU zu Beginn der achtziger zu machen war: „Wir hatten in Berlin einen sehr großen Zuwachs von jüngeren Mitgliedern.

bei persönlicher politischer Betätigung außerhalb der FDP sich daran zu halten." Schon am 1. Mai 1973 nahmen aber wieder JuDo-Vertreter an einer Demonstration der SEW teil.

116 Oxfort im Interview mit der *Berliner Liberalen Zeitung* vom 22. 12. 1972.

117 Ausschlaggebend sei für ihn die Entscheidung des Vorstandes gewesen, die rechte Minderheit nicht mit drei Posten am Landesvorstand zu beteiligen. In der Akte 10892, Archiv des Deutschen Liberalismus.

Dieser Zuwachs ist nicht ohne Probleme gewesen, weil diese jüngeren Mitglieder die historische Erfahrung nicht mitbringen, die für die Betrachtung der politischen Zusammenhänge in dieser Stadt doch sehr wichtig ist.«[118]

Auf dem 28. Landesparteitag am 1. und 2. Juni 1973 kam es zur Kampfabstimmung, die Wolfgang Lüder mit 129 Stimmen für sich entscheiden konnte; Oxfort erhielt 112 Stimmen.[119] Lüder bot dem Unterlegenen daraufhin den Stellvertreterposten an, doch Oxfort mochte sich nicht einbinden lassen, verzichtete auf eigene Mitgliedschaft im Landesvorstand und forderte mit der Bewertung, die Wahl ganz bestimmter Vertreter seiner Anhänger sei nun „unabdingbar", scharfe Kritik heraus. Mit der Wahl von Horst Vetter zum stellvertretenden Vorsitzenden galt der rechte Minderheitsflügel jetzt aber als eingebunden und repräsentiert, so daß im Hinblick auf die Wahlen von nun an Solidarität gepredigt wurde. Die Notwendigkeit der Orientierung auf die innerstädtischen Probleme war auch den Liberalen bewußt, der deutschlandpolitische Glanz des Gespanns Brandt/Scheel konnte nicht länger für den Erfolg der Partei herhalten. Parteichef Lüder konstatierte daher: „Wir müssen unsere Grundposition des sozialen Liberalismus in ein kommunalpolitisches Programm umsetzen." Er nannte den Nahverkehr, für den langfristig der Nulltarif gefordert wurde, die Hochschul- und Bildungspolitik – ein Terrain, auf dem man die sozialdemokratischen Konsolidierungsversuche als zu konservativ empfand –, die Energiepolitik und die Probleme der ausländischen Bürger Berlins sowie weiterer gesellschaftlicher Randgruppen.[120] Fraktionschef Oxfort wollte in der FDP andere Schwerpunkte gesetzt sehen. Wirtschafts-, Steuer-, Rechts-, Innen- und Sozialpolitik sollten zur Domäne der Liberalen werden, denn, so Oxfort: „Freiberufler, Selbständige und Beamte haben wir anzusprechen. Arbeiter, Studenten, Rentner und Obdachlose werden uns nicht wählen, so schmerzlich diese Erkenntnis für uns alle sein mag."[121]

Auch die Koalitionsfrage wurde früh entschieden. In einer Klausurtagung am 11. September 1973 hatte sich der Landesvorstand bereits darauf verständigt, daß eine zukünftige Koalition nur mit den Sozial-

[118] Zitiert nach: *Berliner Morgenpost* vom 29. 5. 1973.

[119] Bei 3 ungültigen Stimmen und 6 Enthaltungen. Beschlußprotokoll S. 3 in der Akte „28. LPT 1./2. Juni 1973 II" beim Berliner Landesverband der FDP.

[120] *Berliner Liberale Zeitung* vom 9. 6. 1973.

[121] Im Interview mit der *Berliner Liberalen Zeitung* vom 22. 12. 1973

demokraten denkbar sei. Keiner der Anwesenden, darunter Oxfort, sprach sich für eine Koalition mit der CDU aus. Vereinbart wurde aber, öffentlich noch nichts von dieser Entscheidung verlautbaren zu lassen.[122] Anlaß zu dieser frühen Debatte waren Sondierungsgespräche des CDU-Landesvorsitzenden Lorenz gewesen, der im Gespräch mit FDP-Chef Lüder im Sommer 1973 über Bedingungen einer gemeinsamen Regierungsübernahme diskutiert hatte. Die Entscheidung, der SPD schon früh – im Herbst 1974 – die Zusammenarbeit nach den Wahlen öffentlich anzubieten, fiel nach zwei Abstimmungen am 25. Juni 1974.[123] Der Regierende Bürgermeister und SPD-Vorsitzende mußte mehrfach aufgefordert werden, sich zu erklären. Erst Ende September, als Schütz mit einem knappen Ergebnis für die SPD rechnete, ließ er die Bereitschaft zu einer Neuauflage der sozialliberalen Koalition erkennen. Profilieren mußte sich die FDP aber nicht nur im Hinblick auf das Ziel, die absolute Mehrheit der Sozialdemokraten zu brechen, sondern auch gegenüber der CDU, die sich um das Image einer Regierung im Wartestand bemühte. Das Ziel der Abgrenzung zur CDU war natürlich ungleich klarer zu erreichen. So erklärte Lüder beispielsweise seinen Respekt vor der Ehrlichkeit von 14 Berliner Ärzten, die eine öffentlich angekündigte Abtreibung durchführten, oder sagte die Einladung zum „Tag der Vertriebenen" wegen der „Bekämpfung der Friedens- und Entspannungspolitik" durch die Vertriebenenverbände ab und unterstützte die Bestrebungen der Bürgerinitiativen auf Zulassung zu den Wahlen.[124] Auch das Unverständnis über die Verweigerung eines Zeitvertrages für einen homosexuellen Lehrer und die Forderung, die Kruzifixe aus den Gerichtssälen zu verbannen, verliehen der FDP das gewünschte eigene Profil innerhalb der Opposition.[125] Die im Frühjahr und Sommer des Jahres 1974 betriebene Zusammenarbeit zwischen CDU und dem „Bund Freies Deutschland" machte es der FDP leicht, sich von der CDU zu distanzieren. Auf dem 29. Landesparteitag am 17. Mai 1974 stellte Parteichef Lüder fest, es könne nicht Aufgabe der FDP sein,

[122] Protokoll der 9. Landesvorstandssitzung vom 11. 9. 1973, Akte 10893, S. 1, Archiv des Deutschen Liberalismus.

[123] Protokoll der Vorstandssitzung vom 25. 6. 1974, S. 6, Akte 10894, Archiv des Deutschen Liberalismus.

[124] *Berliner Liberale Zeitung* vom 15. 3. 1974, 6. 9. 1974 und 2. 8. 1974.

[125] *Berliner Liberale Zeitung* vom 11. 10. und 25. 10. 1974.

einen Beitrag dazu zu liefern, daß Berlin „Hauptstadt der Nostalgie" werde.[126]

Die neue Opposition als Folge des Abkommens

Nostalgisch war aber keineswegs allen Berlinern zumute. Sie forderten neue Formen der politischen Willensbildung. Infolge des mit dem Vier-Mächte-Abkommen enstandenen neuen Selbstverständisses der Stadt und ihrer Bewohner erwiesen sich die drei in Jahrzehnten bewährten Parteien – und auch die bekannten Splittergruppen – als nicht mehr integrationsfähig, allen politisch interessierten Berlinern eine Heimat zu bieten. Zwei Wettbewerber sind aufgrund ihrer Stimmenanteile bei den Wahlen 1975 herauszustellen, der Bund Freies Deutschland (BFD) und die Wählergemeinschaft Unabhängiger Bürger (WUB). Beider Erfolg ist unmittelbar Ergebnis der Entspannungspolitik, wenn auch in durchaus entgegengesetzter Richtung.

Der Bund Freies Deutschland: Protest gegen die Ostpolitik als Daseinszweck

Der „Bund Freies Deutschland" war am 6. Oktober 1973 als Verein gegründet worden,[127] um „gegen die Vernachlässigung der deutschen Interessen und gegen die Gefahren radikaler Systemveränderung und -zerstörung" vorzugehen, wie es in dem „Berliner Manifest" heißt, mit dem der BFD am 12. Mai 1974 erstmals an die Öffentlichkeit trat.[128] Zunächst hatte der Status als Verein dem BFD Zulauf auch aus anderen Parteien verschafft und durch kräftige Unterstützung der Zeitungen des Berliner Axel Springer-Verlages den Anspruch proklamiert, „einer schweigenden Mehrheit Gehör zu verschaffen". Die

[126] Zit. nach: *Der Tagesspiegel* vom 18. 5. 1974.

[127] Richard Stöss (Hrsg.), *Parteien-Handbuch. Die Parteien der Bundesrepublik Deutschland 1945–1980*, Bd. 1: *AUD bis EFP*, Köln 1980, S. 345, dort findet sich auch ein Verzeichnung der Gründungsmitglieder.

[128] „Berliner Manifest. An alle Deutschen. 20 Thesen der Freiheit", Landesarchiv Berlin, Zeitgeschichtliche Sammlung, Rep. 240, Acc. 2288, Mappe BFD Parteivorstand, Nr. 23.

Mitgliedschaft von Sozialdemokraten, die von der aktuellen SPD-Politik enttäuscht waren, ließ die scharfe Kritik an der Politik des Senates zudem authentisch erscheinen. Dem Regierenden Bürgermeister und seiner Mannschaft wurde vorgeworfen, „die besten Traditionen" der SPD verraten zu haben. Zwei in der Berliner Deutschlandhalle durchgeführte Großkundgebungen bestärkten den BFD, zur Wahl am 2. März 1975 als Partei anzutreten. Auf der Veranstaltung unter dem reißerischen Titel „Berlin bleibt frei!" am 12. Mai 1974 und der Kundgebung „Berlin und Prag: Kampf um die Freiheit" im Gedenken an den Mauerbau und die Niederschlagung des Prager Frühlings waren auch ein früherer amerikanischer Stadtkommandant und als Starredner sogar der CSU-Vorsitzende Franz Josef Strauß aufgetreten.[129] Mit dem eigenen Antreten bei den Wahlen mußte der BFD aber auf die Überparteilichkeit verzichten. Die bei der Konstituierung als Partei vorgeschriebene Verabschiedung einer Satzung sah gemäß § 2 den Tätigkeitsbereich des Bundes auf den Geltungsbereich der Verfassung von Berlin beschränkt, im Wahlprogramm gab man sich aber schon offensiver. Der BFD beanspruchte „den Platz einer neuen, vierten Partei: heute für Berlin, morgen für Deutschland".[130] Der Titel dieses Wahlprogramms wies die SPD als Hauptgegner des Bundes aus: „Im Geiste Ernst Reuters!" Begründet wurde die Notwendigkeit der neuen Partei mit der Unzufriedenheit auf zwei Gebieten: der Deutschland- und Berlinpolitik sowie der inneren Verfassung der Stadt und der Republik – beziehungsweise dessen, was der BFD für die diesbezügliche Stimmung hielt. Zur Berlin-Politik in der Ära der Entspannung hieß der Vorwurf an die Sozialdemokraten: „Sie bezahlten menschliche Erleichterungen mit politischen Überpreisen."

[129] Broschüren mit den Texten der Redner finden sich *a.a.O.*, Nr. 21 und 22.

[130] „Wahlprogramm 1975" des BFD, *a.a.O.*, Nr. 19. In einem längeren Artikel stellte *Der Spiegel* in der Ausgabe vom 24. Februar weitreichende Überlegungen über den Charakter des BFD als „Aufbauorganisation einer neuen Partei" an. Insbesondere der Einfluß des CSU-Vorsitzenden Strauß und seiner Mittelsmänner wurde dabei erörtert und Berlin – auch wegen des beschränkten Einflusses auf die Mehrheitsverhältnisse im Bundesrat – als „Testmarkt" für eine vierte, konservative Partei bezeichnet. *Die Zeit* vom 28. 2. 1975 nennt den BFD den „dritten Akt" des Experimentes von Strauß, eine vierte Partei (nach der Deutschen Union und der Deutschen Sozialen Union) zu etablieren. Die beschriebenen Hintergründe, namentlich die Finanzierung des BFD, sind für die hier verfolgte Fragestellung nach der Attraktivität des vorgestellten Typus dieser Partei für die Berliner nachrangig, da sie – so *Der Spiegel* – ja gerade verheimlicht werden sollten.

Gefordert wurde „Schluß mit der Politik der Vorleistungen, der freiwilligen Salamitaktik und der einseitigen Aushöhlung des Berlin-Abkommens". Dies pauschal vom Senat Berlins zu fordern, der nun wirklich nicht als Urheber einseitiger Aushöhlung aufgetreten war, war bezeichnend für die unausgegorene Subsumierung allen Übels unter die SPD-Herrschaft. Auch die Kritik am Vier-Mächte-Abkommen berücksichtigte in keiner Weise, daß es die vier Sieger, angeführt von den beiden Supermächten, gewesen waren, die Berlin als Spannungsherd und Hindernis auf ihrem Weg zur globalen Verständigung hatten ausklammern wollen. „Das Berlin-Abkommen hat Übergriffe auf den Zufahrtswegen nicht verhindert, es war wirkungslos gegen die Erhöhung des Zwangsumtausches für Besucher Ost-Berlins, es ist machtlos gegen den menschenunwürdigen und unmenschlichen Ausbau von Mauer und Stacheldraht, es beseitigt nicht die rechtswidrigen Auftritte des SED-Militarismus in Ost-Berlin; es brachte keine Bekräftigung des Viermächtestatus für ganz Berlin."[131] Bis auf die letzte Behauptung traf diese Analyse zwar zu, wenn auch der Umtauschsatz zu Weihnachten 1974 noch reduziert werden sollte, gleichwohl hatte auch der BFD den offensichtlichen Mängeln und Problemen bei der Durchführung des Abkommens nichts entgegenzusetzen als eine ans Gemüt appellierende Formel: „Der Bund Freies Deutschland wird mit aller Kraft und Entschlossenheit dafür kämpfen, daß die Grundfragen unserer Nation wieder in den Mittelpunkt des demokratischen Wirkens gestellt werden." Zu Alternativen beim Zusammenleben mit dem Nachbarn wurden keine konkreten Angaben gemacht – die Aufkündigung des Abkommens wurde nicht gefordert –, wohl aber erklärt, der BFD betrachte „die ‚DDR' nicht als souveränen zweiten deutschen Staat, sondern als besondere deutsche Region unter sowjetischer Fremdherrschaft". Daneben speiste der BFD sein Programm mit allerlei Forderungen einer „law & order"-Maxime, galt es doch jene zu stoppen, „die den östlichen Imperialisten von innen her den Weg über die Elbe" zu ebnen sich anschickten. Gefordert wurde die Beendigung der „Verteufelung der Leistung", „zügelloser Freiheit", der „Abrichtung" von Kindern zum Ungehorsam gegen die Eltern durch die Lehrer ebenso wie „größtmögliche Sparsamkeit bei öffentlichen Ausgaben" und „wirk-

[131] Parteiprogramm des BFD, *a.a.O.*, Nr. 20, S. 12.

samerer Schutz der friedlichen Bürger vor Gewalttätern und Rechtsbrechern".

Die neue Partei ging sogar so weit, ihre Kritik an den bestehenden Verhältnissen und den übrigen Parteien in ihrem Programm niederzulegen.[132] „Keine Stars, sondern Kämpfer für Berlin" lautete die Kandidatenanpreisung des Bundes, denn es gelang ihm nicht, eine bekannte Führungspersönlichkeit als Spitzenkandidaten zu gewinnen. Der Wahlkampf des Bundes Freies Deutschland ist sichtbarster Ausdruck der Sehnsucht eines Teils der Bevölkerung nach jenen Tagen, als Solidarität und Zusammenhalten gegen die kommunistische Bedrohung die Identität, das „Wir-Gefühl" der Berliner begründet hatten. Den Geist Ernst Reuters zu beschwören hatte einen anachronistischen Zug, deutlich wurde das Betreben nach stärkerer Gefühlsbindung: „BFD – Damit Berlin frei bleibt! Damit Berlin sicher wird!" wurde ebenso plakatiert wie die Selbsteinschätzung „BFD – Die neue Berlinpartei. Für alle, die Berlin lieben!"[133] Das Auftreten des Bundes Freies Deutschland gipfelte folgerichtig in der Anprangerung, „daß Berlin – nach den Worten ‚sozialliberaler' Politiker – eine Stadt wie jede andere sein soll". Die Artikulation des Unbehagens an dieser Aussicht ließ immerhin bei Umfragen auf ein BFD-Potential schließen, das zwischen 7 und 9 Prozent der Stimmen erwarten ließ.[134] Der Wahlgang sollte darüber hinaus als Testfall gewertet werden für die Einführung einer vierten, nationalkonservativen Bundespartei. Dieses Projekt – auch unter dem Aspekt einer

[132] Im Parteiprogramm, *a.a.O.*, Nr. 20 heißt es unter „Standort" auf S. 8: „Die SPD, Trägerin anerkannter demokratischer Tradition, droht in den dogmatischen Sozialismus ihrer Gründerzeit zurückzufallen. Die von ihrem Wiederbegründer nach dem zweiten Weltkrieg, Kurt Schumacher, gezogene klare Trennungslinie zum Kommunismus ist nicht mehr erkennbar. Die FDP hat aufgehört, Sachwalterin der liberalen Ideen des deutschen Bürgertums zu sein. Vom Opportunismus irregeleitet, droht sie zum dauernden Machthelfer der SPD zu werden. Die christlichen Demokraten, nach zwanzigjähriger Regierungsarbeit 1969 aus der Regierungsverantwortung geworfen, ringen um neue innere Geschlossenheit. Ihre Unentschlossenheit gegenüber den Ostverträgen und der Profilierungseifer gegenüber der illusionären Reformsucht der SPD/FDP-Koalition haben ihr Ansehen beeinträchtigt."

[133] Siehe die Plakate in der zeitgeschichtlichen Sammlung des Landesarchivs, *a.a.O.*, Nr. 10 und Nr. 5. Weitere Parolen auf Plakaten lauteten: „Weg mit den Roten! Weg mit den Anpassern!" und „Die CDU allein kann es nicht schaffen", *a.a.O.*, Nr. 3 und 4.

[134] *Infas-Report Wahlen, Berlin 1975 – Analysen und Dokumente zu den Wahlen zum Abgeordnetenhaus am 2. März*, Bonn (März) 1975, S. 12.

bundesweiten Ausweitung der CSU, sollte in Berlin erstmals dem Bürger angeboten werden.

Die Wählergemeinschaft Unabhängiger Bürger: Priorität für kommunale Fragen

Zeigte sich der BFD enttäuscht über die nurmehr zweitrangige Rolle Berlins in der Weltpolitik und die daraus resultierende Aufspaltung der Berliner Bevölkerung, so trat mit der Wählergemeinschaft Unabhängiger Bürger (WUB) im Bezirk Zehlendorf ein Phänomen auf: Ein konkretes Anliegen vor der eigenen Haustür sollte die politische Diskussion prägen. In dieser, wie sich zeigen sollte, erfolgreichen, konstruktiven Kritik am herkömmlichen Parteiensystem liegt die Bedeutung der WUB für die Demokratiegeschichte Berlins, weit über die eigentliche praktische Arbeit der Vertreter im Rathaus Zehlendorf hinaus.

Im November 1974 von Mitgliedern zweier Bürgerinitiativen gegründet, verstand sich die WUB als Alternative zu den bis dahin in der Zehlendorfer Bezirksverordnetenversammlung vertretenen Parteien, ohne auch nur annähernd ein Konzept, geschweige denn die Logistik zur Übernahme der Verwaltungsgeschäfte anbieten zu können. Zunächst hatten Partikularinteressen die Bürger zusammengeführt.[135] Gleichwohl verfolgte man seit der Gründung zwei Hauptanliegen: die Stadtplanung und die Bürgerbeteiligung. Die Erfahrungen mit der Behandlung ihrer Mitsprachewünsche bewirkten eine Politisierung auf breiterer Ebene, das Partizipationsbedürfnis der Bürger wurde durch die repräsentativ zustande gekommene Bezirksverordnetenversammlung (BVV) nicht mehr als befriedigend angesehen. Nachdem die Mehrheit der SPD im Abgeordnetenhaus am 13. Juni 1974 gegen die Stimmen von FDP und CDU die Mittel für den Tunnelbau durch den Ortskern von Zehlendorf bewilligt und den Baubeginn auf Herbst 1975 angesetzt hatte, entschlossen sich die Vertreter

[135] Die Bürgerinitiative „Erhaltung Ortskern Zehlendorf“ war mit dem Ziel gegründet worden, eine Untertunnelung des Ortskerns von Zehlendorf zu verhindern, die laut Planung die Opferung von 96 Wohnungen, 16 Geschäften und 130 Bäumen bedeutete, Lilian Klotzsch, *Wählergemeinschaften II: Die Wählergemeinschaft Unabhängiger Bürger*, in: Richard Stöss (Hrsg.), *Parteien-Handbuch*, Bd. 2 (s.o. Anm. 127), S. 2429, 2434.

der Bürgerinitiativen zu einer eigenen Kandidatur bei den Wahlen für das Abgeordnetenhaus und die BVV von Zehlendorf. Anders als der BFD, der gleich mit großen Mitteln aus der Taufe gehoben worden war, war die WUB herangewachsen. Da die Mitglieder einen Parteistatus ablehnten, wurde eine Änderung der Verfassung von Berlin angestrebt, die bis dahin nur Parteien die Kandidatur gestattet hatte. Wie oben im Abschnitt über das Abgeordnetenhaus dargelegt, wurde der WUB zunächst nur das Recht zur Kandidatur bei den Wahlen für die Bezirksverordnetenversammlung gewährt. Doch in ihrer Unabhängigkeit gingen die Unabhängigen Bürger so weit, sich auch mit diesem Beschluß des Parlaments nicht abzufinden, sie erstritten eine Wahlwiederholung im Bezirk Zehlendorf.

Das Parteienspektrum in der Berliner Demokratie hatte sich also zwischen dem Abschluß des Vier-Mächte-Abkommens und der ersten Wahl danach im Frühjahr 1975 deutlich gewandelt. Die drei im Abgeordnetenhaus vertretenen Parteien reagierten auf den Zuwachs an Ruhe und auf das Schwinden der Existenzängste mit der Einsicht, daß mit der Polarisierung in der Ost- und Deutschlandpolitik kein Interesse mehr bei den Bürgern geweckt wurde. Lob und Stimme waren weder für vergangene Taten noch für Obstruktion zu erwarten. Bei SPD, CDU und FDP rückte daher die Beschäftigung mit den innenstädtischen Problemen in den Vordergrund. Doch mit der vertraglichen Regelung des Verhältnisses zu den Nachbarn war eine Epoche der deutschen Nachkriegsgeschichte zu Ende gegangen. Neben den sektiererischen kommunistischen Gruppen und der weiterhin am öffentlichen Auftreten gehinderten NPD hatten zwei neue Gruppierungen die Atmosphäre des Umbruchs und der Umorientierung zur Bildung neuer Parteien genutzt. Bei den einen sollte „Deutschland“ weiterhin die erste Rolle spielen, bei den anderen standen derlei Probleme weit zurück hinter spezifisch kommunalen Wünschen.

Erste Bestandsaufnahme: Die Wahlen vom 2. März 1975

Die Stimmung in der Stadt im Frühjahr 1975

Die Stimmung im Frühjahr 1975 war bis zur Entführung des CDU-Spitzenkandidaten Peter Lorenz ohne jede Krisenhaftigkeit: „Gelassenheit und nicht gerade Angst sprechen auch aus dem Urteil der Berliner über die Verhältnisse in der eigenen Stadt.“[136] Der bedeutsamste Wandel manifestiert sich in der Einschätzung der Priorität der äußeren Sicherung Berlins. Im Frühjahr 1975 stellte die äußere Sicherheit der Stadt nur noch für 8% der Befragten das wichtigste Problem dar, diese Einschätzung wurde sogar annähernd gleich von jungen Wählern unter 25 Jahren und älteren Wählern über 50 Jahren geteilt. Der Regierende Bürgermeister gab in einem Interview über die praktischen Auswirkungen des Vier-Mächte-Abkommens die Devise aus: „Dieses Abkommen gibt uns auch mehr Sicherheit, um auch schwierigere Zeiten durchzustehen. Wir haben deshalb keinen Grund, uns im Augenblick besondere Sorgen zu machen.“[137] Mit dieser Aussage bewirkte Schütz zweierlei: Zum einen stellte er einen Erfolg der abgelaufenen Legislaturperiode heraus, wenn er auch die Neigung der Wähler zu Dankesbekundungen gering einschätzte, zum anderen aber verlagerte er den Wettstreit auf die kommunale Ebene, auf der es um den Kompetenzvorsprung der SPD nicht annähernd so gut bestellt war. Die Umfragen unter den Berliner bestätigten Schütz.[138] Entsprechend wurden die Wirtschaftspolitik von 55% der Befragten einer *infas*-Repräsentativuntersuchung und die innere Sicherheit von 34% dieser Berliner als wichtigste Probleme eingestuft.[139] Zusammenfassend kam das Institut zu folgender Einschätzung der Stimmung: „Für die Bürger war die Frage der Verteidigungsbereitschaft der ehemaligen Hauptstadt kaum aktuell; im Mittelpunkt des Interesses standen eher Probleme der Wirtschafts- und der Sicherheitspolitik sowie die Beurteilung der SPD und der Leistungen des von ihr gestellten Senats.“

[136] *Infas-Report Wahlen, Berlin 1975...* (s.o. Anm. 134), S. 18.

[137] *Westfälische Rundschau* vom 13. 2. 1975.

[138] Gemäß Infas, *Berlin Barometer 1974*, Bonn 1975, S. 54, sahen im Januar/Februar 1975 nur 6% der Befragten die Lage Berlins als „sehr ernst“ an, 25% als „ziemlich ernst“, 53% als „nicht besonders ernst“ und 10% als „ganz und gar nicht ernst“, 6% machten keine Angaben.

[139] *Infas-Report Wahlen, Berlin 1975*, S. 38. Während die wirtschaftlichen Probleme von den jungen Wählern mit 57% ähnlich dringlich eingeschätzt werden wie bei den älteren Wählern mit 55%, gab es bei der Einschätzung der inneren Sicherheit deutliche Differenzen: Nur 19% der jungen, aber 44% der älteren Wähler nannten dieses Feld als wichtigstes Problem. Die Einschätzung der Fragen der inneren Sicherheit als dringlichstes Problem war zu diesem Zeitpunkt bereits wieder stark zurückgegangen, nachdem sie infolge der Ermordung des Kammergerichtspräsidenten von Drenkmann im Herbst 1974 von mehr als 50% der Befragten als wichtigstes Problem genannt worden war, *a.a.O.*, S. 28.

Die Berlin-Frage und die hier erreichten Verbesserungen spielten dreifach in den Berliner Wahlkampf hinein: Zum einen stellte sich mit dem „Bund Freies Deutschland" eine neugegründete Partei zur Wahl, deren Entstehung hauptsächlich dem Unmut über die Ost- und Deutschlandpolitik des Senats und der Bundesregierung[140] zu verdanken war. Zweitens sorgte mit der WUB eine Nicht-Partei für Aufsehen, die ihren politischen Auftrag vor allem darin sah, einen geplanten Straßentunnel durch das Zentrum ihres Bezirkes zu verhindern. Anders als beim BFD, der die „nationale Frage" zum Thema Nr. 1 erkoren hatte, setzte die WUB mit ihrer Kandidatur ein Signal für die kommende Entwicklung der Berliner Demokratie: Erstmals wurden Partikularinteressen jenseits aller übergeordneten „Daseinsfragen" der Stadt die Priorität eingeräumt. Zum dritten fand der *modus vivendi* in der Berlin-Frage Eingang in die Koalitionsaussage der FDP, die eine Zusammenarbeit mit der CDU auch deshalb ausschloß, weil diese „die für Berlin lebenswichtige Berlin- und Deutschlandpolitik der Bundesregierung ablehnt"[141] – obwohl dies zu diesem Zeitpunkt gar nicht mehr zutraf.

Der Wahlkampf: Die absolute Mehrheit der SPD im Visier von CDU, FDP, BFD, WUB und Kommunisten

Die große Frage der Berliner an die SPD, die allein den Senat gestellt hatte, lautete in diesem Wahlkampf nicht länger, ob das Berlin-Abkommen überhaupt „etwas gebracht" habe, sondern ob die Praxis des Berlin-Abkommens die Erwartungen und Hoffnungen der Bürger erfüllte habe, ein ungleich kritischerer Maßstab also, der an Schütz und seine Partei angelegt wurde. Und auch unter den Bürgern, die generell zu den Befürwortern der Vertragspolitik gehörten, spielte eine weitere Frage eine wichtige Rolle: „Nicht die Ostpolitik an sich ist schlecht, sondern, wie weit haben wir uns durch die bestehenden

[140] Daß sich die Kritik an den Ergebnissen der Berlin-Verhandlungen und der Anerkennung der DDR eigentlich auch gegen die verbündeten Alliierten hätte richten müssen, focht die Vertreter des BFD nicht an, der internationale Faktor bei der Anerkennung der DDR blieb völlig unbeachtet und kann als Beleg für eine gewisse Provinzialität gelten.

[141] Koalitionsaussage der FDP zur Wahl am 2. März 1975, abgedruckt in: *Berliner Liberale Zeitung* vom 15. 11. 1974.

Verträge verkauft oder verkaufen lassen?"[142] Schütz wußte, daß ein Wahlgang den Bürgern nicht dazu diente, Dank für Geleistetes abzustatten, sondern daß die vermeintliche Kompetenz für die Lösung anstehender Probleme entscheidend für die Präferenz der Wähler war. Allein mit dem Herausstellen der Vertragspolitik und des Abkommens konnte die Mehrheit nicht verteidigt werden, zumal die wenigen vom Senat selbst unterschriebenen Verträge ja auch durchaus Schwierigkeiten zur Folge gehabt hatten. Schütz gab sich in Sachen Auskommen mit der DDR denn auch im Herbst 1974 betont skeptisch, wurde aber ob dieses „Abschieds von den eigenen Illusionen" von der Opposition zu Recht bezichtigt, die Berliner in „Wechselbäder zwischen Hochstimmung und Niedergeschlagenheit" zu stürzen.[143] Aber auch Pluspunkte konnte Schütz noch kurz vor den Wahlen verbuchen. Die Wirtschaftskonferenz des Bundeskanzlers vom Dezember 1974, die der Öffentlichkeit das unverminderte Berlinbekenntnis der sozialdemokratisch geführten Bundesregierung auch unter dem neuen Bundeskanzler verdeutlichen sollte, stellte eine Wahlhilfe dar. Ein zweiter war das Gesprächsangebot der DDR – ebenfalls vom Dezember und im Zusammenhang mit den wirtschaftlichen Maßnahmen der Bundesregierung gegenüber Ost-Berlin –, das Schütz in seinen Wahlreden als „das Positivste, was ich von der anderen Seite seit meinem Amtsantritt als Regierender Bürgermeister gehört habe", begrüßte.[144]

Unter dem Motto: „Unsere Politik hat das Wiedersehen wieder möglich gemacht" wurden die Erfolge der Vertragspolitik durchaus betont, die Rangliste der die Bürger betreffenden verbleibenden Problemfelder war jedoch Grundlage des „Wahlprogramms 1975". Hinter der Sicherheit der Stadt rangierten der Schutz des Bürgers und der Demokratie; die wirtschaftliche, durch Vollbeschäftigung zu gewährleistende und die soziale Sicherheit; die Zukunftssicherung, insbesondere durch das Bildungssystem; die Steigerung der Lebensqualität, die finanzielle Absicherung und die Steigerung der Solidarität insbesondere mit Älteren und Schwachen. Ihren ganzen Stolz konzentrierte die Partei daneben auf ihre „Leistungsbilanz. Wort gehalten – Punkt für Punkt", einen 24seitigen Katalog von 170 Punkten, in dem ausführlich die Forderungen von 1971 dem Erreichten gegenübergestellt wur-

[142] *Berliner Morgenpost* vom 23. 2. 1975.

[143] Peter Lorenz in der *Berliner Rundschau* vom 7. 11. 1974.

[144] Landesarchiv Berlin, Zeitgeschichtliche Sammlung, Wahlen 1975, Rep. 250, Acc. 2288, Mappe SPD-LaVo, Nr. 57.

den.[145] Der Maßstab des Erfolgs war aber auch hier der eigene, innerparteiliche. Die Fertigstellung von 52 neuen Schulen während der Legislaturperiode war natürlich nicht umstritten, wohl aber das, was die Sozialdemokraten unter „vorbildlichem Bildungssystem" verstanden. Auch die absolute Zahl der errichteten Wohnungen sagte wenig aus über die Qualität der Stadtentwicklung, wenn große Trabantenstädte auf der grünen Wiese errichtet wurden, während die Altbaubestände in den Innenstadtbezirken verfielen. Und das Festhalten an der Parole vom „Modell einer modernen Großstadt" berücksichtigte genausowenig die harsche Kritik an einer Broschüre, die der Senat als „Stadtentwicklungsplan" hatte verkaufen wollen. Ohne ahnen zu können, wie dramatisch der Terrorismus bis zum Wahltag zunehmen würde, reagierte auch die SPD auf die Angriffe auf die Staatsordnung: „Wir Berliner können stolz sein auf unsere Polizei" und „Wir Berliner lassen uns die Freiheit nicht kaputt machen", lauteten zwei der Slogans. Das „Wir-Gefühl" sollte die Berliner verstärkt ansprechen, es wurden Aufkleber „SPD – Wir Berliner" verteilt.

Mit der Erkenntnis: „Wie sich gezeigt hat, führen alle anderen Parteien ihren Wahlkampf gegen uns", versuchten die Parteivorsitzenden Schütz, Riebschläger und Neubauer ihre Mitgliederschaft zu mobilisieren. In der Tat schien die erfolgverwöhnte SPD-Anhängerschaft sich der Dringlichkeit der eigenen Stimmabgabe nicht immer ausreichend bewußt zu sein. Angesichts des erklärten Wahlzieles, die absolute Mehrheit zu verteidigen, ließ sich die SPD nicht zu einer konstruktiven Koalitionsaussage bewegen. Auch auf Nachfragen verweigerte Klaus Schütz eine Zusage an die FDP, sich im Falle, daß dies nötig würde, auf eine Zusammenarbeit einzurichten.[146] Nur die Absage an eine Große Koalition war „ohne Einschränkung" gültig.[147] Für eine solche Lösung gab es aber auch gar keine Argumente. Gerade die beklagte „Verfilzung" von öffentlichen mit Parteiinteressen hätte bei einer Großen Koalition noch Auftrieb erhalten. Der Regierende Bürgermeister zeigte sich verwundert über den Vorwurf der „Verfilzung". Aus seinen vertraulichen Meinungsbefragungen kannte Schütz aber

[145] *A.a.O.*, Nr 65.

[146] Gegenüber der *Welt* äußerte sich Schütz zu dem Thema: „Ich strebe die Führung an und lehne es ab, mich gleichzeitig um eine Ersatzlösung umzusehen. Wenn ich mich um eine Frau bemühe, kann ich nicht alternierend eine andere ins Auge fassen." *Die Welt* vom 24. 2. 1975.

[147] So Schütz im *SPD-Pressedienst* vom 2. 12. 1974.

das Image seiner Verwaltung. Bei einer Umfrage im Herbst 1971 hatten 39% der Befragten ihren Eindruck der Verwaltung als „schlecht organisiert und schwerfällig“, nur 21% als „sinnvoll gegliedert und leistungsstark“ bezeichnet.[148]

Ämterpatronage, Versorgung mit Posten im öffentlichen Dienst, die Besetzung von Positionen nicht nach Leistung, sondern nach Parteiverdienst und fehlende Konsequenzen bei Versäumnissen konnte Schütz ernstlich nicht leugnen. Das Erscheinungsbild der SPD litt auch darunter, daß während der 6. Legislaturperiode gegen drei ihrer Abgeordneten strafrechtliche Ermittlungen eingeleitet wurden, die in zwei Fällen mit Verurteilungen wegen Wirtschaftsvergehens bzw. Untreue endeten. Über seine Partei urteilte der Abgeordnete Heß, daß „ein generelles Unrechtsbewußtsein nicht vorhanden war und die Verwobenheit und Tiefe des Filzokratieproblems nicht erkannt wurden“.[149] Die Frage der inneren Sicherheit stieg in der Rangliste der Probleme nach dem Mord an Richter von Drenkmann stark nach oben und wurde nun auch im Wahlkampf instrumentalisiert. Die CDU forderte eine Verschärfung des Versammlungsrechts, „Law and Order“ wurden großgeschrieben: „Die CDU wird alles tun, damit Gesetz und Ordnung dieses Land regieren. Sie wird aber auch kompromißlos die Geisteshaltung bekämpfen, die auf ‚Law and Order‘ pfeift.“[150] Letzteres führte zur Kritik an Bischof Kurt Scharf, der in seine Seelsorge auch die inhaftierte Ulrike Meinhof eingeschlossen hatte, und zum Boykott der Verleihung der Carl-von-Ossietzky-Medaille an Heinrich Böll und Helmut Gollwitzer durch die Berliner CDU. Das Gebiet der inneren Sicherheit schien der CDU zur Profilierung besonders geeignet, da ihr von den Berlinern auf diesem Felde die größere Kompetenz zugebilligt wurde. Sieben Gründe nannte die CDU den Berlinern, um die Notwendigkeit des Regierungswechsels

[148] Infas, *Berlin-Barometer 1971*, S. 96, weitere Fragen dieser umfangreichen Studie „Zum Image der Verwaltung in Berlin“ ergaben, daß der Meinung, es werde zuviel verwaltet, 25% der Befragten voll und weitere 41% teilweise zustimmten, *a.a.O.*, S. 101; 43% stimmten voll, 34% teilweise der Meinung zu, die öffentliche Verwaltung sei zu stark aufgebläht und zu kostspielig, S. 102.

[149] Siehe den Abschnitt „SPD und ‚Filzokratie‘“, in: H.-J. Heß, *Innerparteiliche Gruppenbildung...* (s.o. Anm. 2), S. 244–249.

[150] *Berliner Rundschau*, 21. 11. 1974. Vgl. auch den Brief Lummers an die „Lieben Mitbürger“ vom 18. 11. 1974, in dem er die Bezeichnung der CDU als „Law & Order“-Partei als „Ehrenbezeichnung“ verstand. Landesarchiv Berlin, Zeitgeschichtliche Sammlung, Wahlen 1975, Rep. 240, Acc. 2288, Mappe CDU Landesverband, Nr. 32.

zu belegen: die Zahl der Arbeitslosen, die Preisentwicklung, die Auswirkungen der Steuerreform, den Zustand der Berliner Wirtschaft, die Vetternwirtschaft oder Filzokratie, die „Pannen, Pleiten und Skandale" sowie den Einfluß des Radikalismus, insbesondere an den Hochschulen. Die Rollenverteilung der Berliner Christdemokraten für den Wahlkampf war klar ausgefallen: Lorenz sollte als liberaler Regierender *in spe* für breite Zustimmung sorgen, während Fraktionschef Lummer die härteren Attacken ritt und das Schattenkabinett kommunalpolitische Kompetenz ausstrahlen sollte. „Peter Lorenz betrachtet sich als echten Liberalen. Und er hat recht damit. Unter seiner Führung ist die Berliner CDU immer mehr zur Volkspartei geworden, für alle wählbar: für Mieter und Hauswirte, für Arbeiter und Direktoren, für Fromme und weniger Fromme", lautete die Selbstdarstellung.[151] So repräsentativ sich dieses Profil auch ausnahm, es hätte eines offensiv agierenden Lieblings der Massen bedurft, um die Sympathiewerte des Regierenden Bürgermeisters Schütz zu übertreffen, und genau dies konnte Lorenz schon wegen seines Naturells nicht sein. Im Direktvergleich der Frage nach dem Lieblingsbürgermeister schnitt Schütz denn auch stets besser als Lorenz ab. Lummer dagegen geißelte die Vorkommnisse um den Steglitzer Kreisel und die Kostenentwicklung beim Bau des Kongreßzentrums: „In Berlin herrscht eine Krankheit. Die heißt Filzokratie und ist äußerst ansteckend."[152] Unterstützt wurde Lummer in seiner Argumentation, wenn etwa Walter Sickert in seiner Funktionshäufung als Parlamentspräsident, DGB-Landesvorsitzender und Mitglied des Abgeordnetenhauses unter Berufung auf seinen Parlamentssitz Wahlkampf für die SPD betrieb, um sich jenes Mandat zu sichern, oder wenn der Wirtschaftssenator noch rasch auf den Posten des Präsidenten des Deutschen Instituts für Wirtschaftsforschung gehievt wurde, um seine Versorgung zu sichern für den Fall, nach der Wahl den Senatorenposten einem Vertreter des liberalen Koalitionspartners anbieten zu müssen.

Und während Lorenz erklärte, alle zukünftigen Regierungen seien an die Realität der Ostverträge gebunden, beklagte Lummer, der Konsens über den „Grundwert Nation" sei im Verlauf der vergangenen Jahre relativiert worden.[153] Das Thema Berlinpolitik sollte aber klein-

[151] Landesarchiv Berlin, Zeitgeschichtliche Sammlung, Wahlen 1975, Rep. 240, Acc. 2288, Mappe CDU Landesverband, Nr. 50.

[152] *BR-Extra, a.a.O.*, Nr. 18.

[153] Auf dem 55. Landesparteitag am 12. 10. 1974.

gehalten werden. Die Furcht, als „Neinsager"-Partei abgestempelt zu werden, die unter Propagierung alter Prinzipien hinter das Erreichte zurück wolle, ließ die Union jetzt sogar als Befürworter der praktischen Regelungen auftreten. Angesichts der Verbesserungen für die Bevölkerung ging die CDU – nicht ungeschickt – so weit, die Abtritte der früheren sozialdemokratischen Protagonisten zu bedauern: „Willy Brandt sitzt auf dem Altenteil. Egon Bahr, der ‚Architekt der Ostpolitik' ist Edelpensionär als Entwicklungsminister."[154] „Berliner, ärgere Dich!" lautete folgerichtig der Slogan der CDU, „27 Jahre SPD sind genug". Damit Lorenz' Sinnspruch: „Die Demokratie lebt vom Wechsel", Wirklichkeit werden sollte, mußte die Berliner CDU auch die anderen Herausforderer der alleinregierenden Sozialdemokraten im Zaum halten. Da die FDP als „Linkspartei" vorgestellt wurde und zudem eine Koalitionsaussage zugunsten der Sozialdemokraten abgegeben hatte, stand das Urteil fest: „Wer den Wechsel will, kann nicht FDP wählen." Eine Koalition mit ihr schloß Lorenz in Reaktion auf entsprechende Äußerungen aus den Reihen der Liberalen aus. Obwohl die Koalitionsaussage zugunsten der SPD bereits im September 1973 beschlossen und im Juni 1974 publik gemacht worden war, gab sich der Parteivorsitzende der FDP kämpferisch: „Wir führen unseren Wahlkampf gegen die SPD, weil wir eine bürgerfreundliche Stadtentwicklung wollen und keine in Verfilzung erstarrte Politik. Wir führen unseren Wahlkampf gleichermaßen gegen die CDU, die aus der Negation der Vertragspolitik den Boden der Realitäten auch in Berlin noch nicht wieder betreten hat."[155] Die Taktik war klar: Die FDP empfahl sich als Korrektiv zur Senatspolitik und versuchte so, den Machtwechsel zwischen Opposition und Regierung zugunsten der CDU zu verhindern. Die Kritik an der Senatspolitik der ablaufenden Legislaturperiode ähnelte zumindest nach außen der der anderen Oppositionspartei. Die sozialdemokratische „Leistungsbilanz" erschien auch der FDP als „Zahlenspielerei". Materiell aber standen natürlich andere Vorstellungen hinter der Kritik etwa an der Hochschul- und Bildungspolitik des Senats. Hier wollte die FDP die SPD noch links überholen, etwa bei der Errichtung von Gesamtschulen und integrierter Gesamthochschulen auf Kosten der Universitäten.

[154] Broschüre „Berliner – Ärgere Dich!", S. 2, Landesarchiv Berlin, Zeitgeschichtliche Sammlung, Wahlen 1975, Rep. 240, Acc. 2288, Mappe CDU Landesverband, Nr. 23.

[155] *Berliner Liberale Zeitung* vom 2. 8. 1974.

Gegenüber der CDU betonte die FDP deren frühere Haltung während der Debatte um die Ost- und Deutschlandverträge. Obwohl die CDU unter Lorenz inzwischen die erreichten vertraglichen Regelungen als Realität akzeptiert hatte und zur Grundlage der eigenen Regierungspolitik machen wollte, malte die FDP für den Fall eines CDU-Erfolgs einen Rückfall in den Kalten Krieg, eine „nächste Eiszeit", an die Wand.[156]

Den Senat herauszufordern, fiel naturgemäß relativ leicht. Lüder urteilte über die Tätigkeit von Klaus Schütz und seiner Mannschaft, sie habe es geschafft, „auch den letzten Mitbürger vom Nachteil absoluter Mehrheiten zu überzeugen".[157] In den Jahren 1963 bis 1971 hatte die FDP die absolute Mehrheit des größeren Partners allerdings nicht an einer Koalition gehindert. Die von Schütz 1971 bewiesene Entschlossenheit, auch allein zu regieren, lehrte die FDP jetzt, selbst die „Bedingung" zu stellen, nur bei einem Verlust der absoluten Mehrheit der Sozialdemokraten für eine Koalition zur Verfügung zu stehen. Im anderen Fall war jedoch gar kein entsprechendes Angebot von Schütz zu erwarten. Der neue Bundesvorsitzende Hans-Dietrich Genscher bekräftigte auf dem Berliner Landesparteitag am 9. November 1974 die Linie der Partei: „Berlin braucht einen Senat, der auch die Entspannungspolitik der Bundesregierung unterstützt."[158] Noch in der Konsolidierungsphase auf Bundesebene nach der Ablösung des populären Gespanns Brandt/Scheel konnte Genscher zu diesem Zeitpunkt kein Interesse an der Herausforderung der Bonner sozialliberalen Koalition durch andere Bündnisse auf Länderebene haben. Wolfgang Lüders ausdrückliche Ablehnung einer Koalition mit der CDU von Peter Lorenz fand daher den Beifall nicht nur der Mehrheit der 250 Delegierten, die die zentrale Wahlaussage verabschiedeten.[159] „FDP – Die Berlinpartei" prangte es von den Litfaßsäulen. Mit Sprü-

[156] Etwa im Faltblatt „Zurück zur nächsten Eiszeit", Landesarchiv Berlin, Zeitgeschichtliche Sammlung, Rep. 240, Acc. 2288, Mappe FDP Landesvorstand, Nr. 28. Siehe auch die böse Überschrift: „CDU will zurück zum Kalten Krieg", *Berliner Liberale Zeitung* vom 15. 1. 1975.

[157] Zit. nach: *Der Tagesspiegel* vom 18. 5. 1974.

[158] Genschers Redemanuskript „Berlin braucht Liberale", in: Akte „a.o. LPT, 9. 11. 1974" beim Landesverband der FDP.

[159] In der Koalitionsaussage hieß es: „Gegen die SPD spricht, daß sie durch jahrzehntelange Alleinherrschaft überheblich und bequem geworden ist. Die Gleichsetzung von Partei und Verwaltung hat in der Vergangenheit zu schwerwiegenden politischen Fehlentscheidungen geführt. Gegen die CDU spricht, daß sie die für Berlin le-

chen wie „Berlin hat eine Verwaltung wie sie im Parteibuch steht", versuchte sich die FDP im Wettstreit auf kommunalpolitischem Gebiet. Zwei Gründe waren dafür ausschlaggebend: Zum einen bestand die Einsicht in die Dringlichkeit dieser Probleme tatsächlich bei allen Parteien, zum anderen konnte auf dem Feld der Deutschland- und Berlinpolitik nicht gegen den Senat und die Bundesregierung in gleicher Weise wie gegen die CDU polemisiert werden. Daher wurden insbesondere die Bildungspolitik, das Bauwesen, die Stadtplanung und die Verkehrspolitik des Senats kritisiert. Während der Senat die Sicherung der Stadt in den Mittelpunkt stellte, betonten die Liberalen nun Themen wie die Verzögerung des U-Bahnbaus nach Spandau, die Kosten für das Kongreßzentrum und natürlich die Kreisel-Pleite. Ähnlich wie bei den Sozialdemokraten bestand eine Hauptschwierigkeit im Wahlkampf darin, die zurückliegenden Animositäten und Konflikte der beiden Parteiflügel vergessen zu machen. Drei Wochen vor der Wahl wurde das schöne Bild der gemeinschaftlich die absolute Mehrheit der SPD angreifenden Liberalen durch den aus „Protest gegen den Linkskurs" mit Aplomb vollzogenen Austritt der gesamten FDP-Fraktion der Zehlendorfer Bezirksverordnetenversammlung aus der Partei empfindlich gestört. In Kenntnis der Attraktivität Hermann Oxforts beim Wähler einigte sich die FDP-Spitze auf den Schachzug, den resoluten Vertreter des rechten Minderheitsflügels als „Spitzenkandidaten" auszugeben, der im Falle einer Koalitionsregierung den Bürgermeisterposten an Stelle von Kurt Neubauer übernehmen sollte. Lüder gab zu, daß seine Partei Oxfort als geeigneter für dieses Amt ansehe als ihn selbst, den emporgekommenen ehemaligen Vorsitzenden der Jungdemokraten.[160] Der persönliche Ehrgeiz Oxforts half natürlich gleichermaßen mit, dem linken Landesverband derart berechnend eine bürgerliche Visitenkarte zu verschaffen.

benswichtige Berlin- und Deutschlandpolitik der Bundesregierung ablehnt und auf einer konservativen Haltung in der Bildungs- und Gesellschaftspolitik beharrt. Bei Abwägung dieser Umstände kann für die FDP in der nächsten Legislaturperiode nur eine Koalition mit der SPD in Betracht kommen. Voraussetzung für eine solche Koalition ist, daß die SPD ihre absolute Mehrheit verliert und daß liberale Politik verwirklicht werden kann." *Berliner Liberale Zeitung*, Sonderdruck ohne Datum (= Nov. 1974), Landesarchiv Berlin, Zeitgeschichtliche Sammlung, Rep. 240, Acc. 2288, Mappe FDP Landesvorstand.

[160] *Berliner Morgenpost* vom 19. 2. 1975.

Doch 1975 blieb es nicht beim Wettbewerb der drei Parteien im Rathaus, wie reagierten sie angesichts der Aussichten der neuen Mitbewerber? Dem neuen BFD wurden Chancen zur Überwindung der Fünf-Prozent-Hürde eingeräumt. Offenkundig war damit das Versagen der etablierten Parteien, im Berlin nach dem Vier-Mächte-Abkommen allen Bürgern eine politische Heimat zu bieten. Sechs der neun Vorstandsmitglieder des BFD hatten eine SPD-Vergangenheit, und die alleinregierende SPD mußte in der Tat fürchten, daß die neue Organisation dieser Abtrünnigen für etliche sozialdemokratische Wähler eher wählbar war als die CDU. Allerdings lag in dieser Möglichkeit auch eine Chance: Jede Stimme, die der BFD bekam, würde der CDU fehlen. Schütz schätzte die Konkurrenz denn mehr oder weniger sarkastisch als hilfreich für die SPD ein, halte sie doch abwanderungsbereite ehemalige SPD-Wähler vom Schwenk zur CDU ab. Mehr Kummer bereitete die Kandidatur des BFD daher den Verantwortlichen der CDU. Die Gefahr lag für die CDU nicht nur darin, daß sie den BFD als Konkurrenten bei der eigenen Klientel fürchten mußte, sondern auch darin, die Stimmen jener von der SPD-Alleinregierung enttäuschten Wähler nicht auf dem eigenen Konto verbuchen zu können. Um eine weitere Spaltung des oppositionellen Votums zu vermeiden, sollte der BFD daher als Splittergruppe gebrandmarkt werden. Die CDU forderte von den Repräsentanten des BFD, „einzusehen, daß sie ihren eigenen Zielen am besten dienen, wenn sie keine eigenen Kandidaten für die kommenden Wahlen aufstellen".[161] Die Motive hinter der Arithmetik waren allerdings so offensichtlich eigennützig, daß der BFD dies ablehnte. Die Kandidatur der BFD-Vertreter blieb daher für die Union „eine ärgerliche Sache".[162] Die FDP sah im BFD zutreffend eine Konkurrenz nur für die beiden großen Parteien und verzichtete auf eine scharfe Auseinandersetzung mit ihr im Wahlkampf. Der Parteivorstand hatte den BFD schon vor dessen Entschluß zur Kandidatur als „obskur und entspannungsfeindlich" bezeichnet. Fraktionschef Oxfort hielt den BFD „politisch für eine *quantité négligeable*. Die Berliner brauchen keine Ersatz-CSU."[163]

[161] *Berliner Rundschau* vom 7. 11. 1974.

[162] *Berliner Rundschau* vom 16. 1. 1975. Gleichwohl versicherte Heinrich Lummer im Rückblick, der BFD wäre bei Überschreitung der 5%-Hürde der natürliche Koalitionspartner für die CDU gewesen; Gespräch mit dem Verfasser vom 21. 5. 1986.

[163] Interview mit dem *Spandauer Volksblatt* vom 9. 11. 1974.

Unter der Parole „Aufgewacht! Mitgemacht!“ zog die WUB in den Wahlkampf: „Gegen den Tunnel, gegen ein ‚Märkisches Achtel‘ in Düppel-Nord, gegen Geheimpolitik im Rathaus, gegen Parteibürokratie. Für die Erhaltung des Ortskerns, für eine menschenfreundliche Stadt, für rechtzeitige Information, für offene Zusammenarbeit der Bürger.“[164] Und obwohl die Kandidatur nur für die BVV in Zehlendorf gestattet worden war, verlagerte die WUB ihr Anliegen auf Senatsebene: „Nur wenn die SPD die absolute Mehrheit verliert, kann der Tunnel im Abgeordnetenhaus verhindert werden. Die FDP erklärt, daß sie ihre Zustimmung zu den kommenden Finanzierungsraten des Tunnelbaus nicht geben wird, wenn sie in der Regierung ist.“ Ein unverblümter Aufruf für die FDP also. Das Selbstbewußtsein und das Selbstverständnis der WUB, ihre Anliegen zur obersten Priorität zu erklären, sollten noch wachsen, als zwei ihrer Mitglieder Anfang 1976 bei den eingeklagten Wiederholungswahlen auch für das Abgeordnetenhaus kandidierten. Vor dem Hintergrund des überraschend guten Ergebnisses des BVV-Wahlgangs wurde erst dann von den im Abgeordnetenhaus vertretenen Parteien gegen die WUB Front gemacht.

Am linken Rand nahmen neben der SEW zwei weitere kommunistische Parteien an den Wahlen zum Abgeordnetenhaus und zu den Bezirksverordnetenversammlungen – wenn auch nicht in allen Bezirken – teil: die Kommunistische Partei Deutschlands und der Kommunistische Bund Westdeutschland (KBW). Alle drei Parteien wurden vom Berliner Verfassungsschutz als übereinstimmend in ihrer grundsätzlichen Ablehnung der freiheitlich-demokratischen Grundordnung und des parlamentarischen Regierungssystems bezeichnet.[165] Die SEW konnte aufgrund ihrer Verbindungen zur DDR-Führung den aufwendigsten Wahlkampf der drei betreiben, ihre Parolen blieben aber trotz der geänderten Lebensbedingungen der Stadt plump.[166]

164 Siehe die Sammmlung der Wahlkampfmaterialien beim Landesarchiv Berlin, Zeitgeschichtliche Sammlung, Rep. 240, Acc. 2288, Mappe WUB.

165 Der Senator für Inneres/Landesamt für Verfassungsschutz, *Teilnahme der Sozialistischen Einheitspartei Westberlins, der Kommunistischen Partei Deutschlands und des Kommunistischen Bundes Westdeutschland an den Wahlen zum Abgeordnetenhaus von Berlin am 2. März 1975*, o. O. o. J. (= Berlin 1975), S. 2.

166 „Für eine Arbeiteropposition im Abgeordnetenhaus! Gegen die Millionäre und Kalten Krieger!“ hieß es im Programm ebenso wie: „Für gute und vorteilhafte Beziehungen zur DDR, zur aufstrebenden Welt des Sozialismus“, Landesarchiv Berlin, Zeitgeschichtliche Sammlung, Wahlen 1975, Rep. 240, Acc. 2288, Mappe SEW-Parteivorstand, Nr. 18.

Bedrohlich mußte der SEW die Kandidatur weiterer pseudo-intellektueller Linksextremisten erscheinen. Der Vorsitzende der SEW verunglimpfte daher die „Bürgersöhnchen" als einen „mit Billigung der etablierten Parteien kandidierenden Wurmfortsatz antikommunistischer und antisowjetischer Politik".[167] Gleiches läßt sich vom Wahlkampf der KPD sagen, die unter diesem Namen vom Landeswahlausschuß am 6. Januar 1975 zugelassen worden war, da die erforderliche Zahl von Unterschriften eingereicht werden konnte.[168] Den Schwerpunkt ihrer Agitation bildete für die KPD Kreuzberg, wo sie zur Besetzung des ehemaligen Krankenhauses Bethanien aufrief und wegen unfriedlich verlaufender Demonstrationen auffiel. Scharfe Gegensätzlichkeit bis hin zur organisierten Störung von Veranstaltungen kennzeichnete dabei auch das Verhältnis zur SEW. Der KBW hatte sich zu einer Kandidatur nur in „Arbeiterbezirken" entschlossen, in den Wahlkreisverbänden Kreuzberg, Schöneberg und Wedding wurde für das Abgeordnetenhaus kandidiert. Die Kandidatur selbst war schon das Hauptziel der Kampagne, es galt, sich den Arbeitern bekannt zu machen.

Der Schock vor dem Wahltag: Die Entführung von Peter Lorenz

Erstmals gab es vor einem Wahlgang für das Berliner Abgeordnetenhaus so etwas wie Spannung, ob die regierende Sozialdemokratie weniger als die Hälfte der Stimmen auf sich vereinigen würde. Die absolute Mehrheit schien nur noch für den wenig wahrscheinlichen Fall verteidigt werden zu können, daß sowohl FDP als auch BFD bei der Auszählung knapp unter der Fünf-Prozent-Hürde stehen bleiben würden. Bei der Frage nach den Siegeschancen setzten nach einer Umfrage nur noch 42% der Befragten auf die SPD, 1971 waren es noch 71% gewesen. An einen Sieg der CDU glaubten 1975 schon 18% der Befragten gegenüber nur 7% vor den Wahlen 1971.[169] Ebenso gering waren die Chancen der CDU, aus eigener Kraft die Regie-

[167] Zitiert nach *Süddeutsche Zeitung* vom 8. 2. 1975.

[168] Der Hauptslogan lautete: „Keine Stimme den Ausbeuterparteien. Für ein vereintes Berlin in einem sozialistischen Deutschland. Die Arbeiterklasse an die Macht!" Vgl. die Mappe KPD-Regionalkomitee Berlin beim Landesarchiv, Zeitgeschichtliche Sammlung, Wahlen 1975, Rep. 240, Acc. 2288.

[169] *Infas-Report Wahlen, Berlin 1975* (s.o. Anm. 134), S. 33.

rungsmehrheit zu erringen. Eindeutig war nur die persönliche Präferenz der Berliner: Bei einer Direktwahl des Regierenden Bürgermeisters hätten sich nach einer Umfrage 55% der Befragten für Schütz und 30% für Lorenz ausgesprochen. Jede auch nur vermutete Berechenbarkeit der Stimmung in der Stadt angesichts des eher ruhigen Wahlkampfes ließ sich jedoch nicht bis zum Tag des Urnenganges aufrechterhalten.

Der Wahlkampf wurde unerwartet auf brutale Weise beendet: Am 27. Februar 1975 wurde der CDU-Vorsitzende Lorenz auf dem Weg zur Parteizentrale von Bewaffneten überfallen und entführt. Der Senat entschied noch am Tage der Tat, daß am Wahltermin drei Tage später festgehalten werde. Parteitaktische Überlegungen konnten dabei nur eine untergeordnete Rolle spielen, denn ein Stimmenzuwachs für die Partei des Opfers wäre für die SPD auch nicht auszuschließen gewesen, wenn der Senat die Wahlen verschoben und damit eingestanden hätte, die öffentliche Sicherheit nicht gewährleisten zu können. Statt dessen wurde der alte Geist aus den Zeiten der Bedrohungen von außen belebt: „Jetzt erst recht! Die Berliner werden mit der Wahl demokratischer Parteien ihre Antwort auf das ungeheuerliche Geschehen geben."[170] Der Wahlkampf wurde sofort eingestellt, alle Veranstaltungen abgesagt. Von einer zunächst angeregten gemeinsamen Kundgebung aller Parteien wurde abgesehen. Auf die Wahlen sollte den Gewalttätern keine Einflußnahme eingeräumt werden.

Das Ergebnis der Wahlen vom 2. März 1975. Im Schatten der Entführung: Die SPD erstmals überflügelt

„Bonn beugt sich den Erpressern – Der Gefangene gewinnt die Wahl" titelte *Die Welt* am Tag nach der Wahl. Während der frühere Regierende Bürgermeister Heinrich Albertz als freiwillige Geisel und fünf im Austausch für Lorenz freigelassene Gefangene mit einer Boeing in Richtung Nahost unterwegs waren, wurden in Berlin die Stimmzettel angekreuzt und ausgezählt. Am Abend des 2. März 1975, als sich Peter Lorenz noch in der Hand seiner Entführer befand, wur-

[170] So Parlamentspräsident Sickert, zitiert nach *Die Welt* vom 28. 2. 1975. Vgl. auch den Kommentar in: *Die Welt*, 1. 3. 1975, der dezidiert die Tradition der Berliner Wahlen als Absage an alle Extremisten betonte.

de zuerst deutlich, daß die besondere Situation nicht zu einer höheren Wahlbeteiligung geführt hatte.[171]

Die Frage nach der zukünftigen Regierung der Stadt wurde brisant: Mit einer alleinregierenden SPD konnte es nicht weitergehen. Auf die SPD waren nur noch 42,6% der Stimmen für das Abgeordnetenhaus entfallen, 7,8 Prozentpunkte betrug der Rückgang im Vergleich zu 1971. Die CDU wurde erstmals stärkste Partei in Berlin, sie vermochte sich um 5,7 Prozentpunkte auf 43,9% steigern. Die andere Oppositionspartei, die FDP, konnte dagegen nicht zulegen. Im Vergleich zum Wahlgang 1971, zu dem sie als Regierungspartner angetreten war, verlor sie 1,4 Punkte und erreichte nun 7,1%. Der BFD erreichte zwar auf Anhieb 3,4% der Stimmen, konnte aber wegen der Fünf-Prozent-Klausel kein Mandat für das Abgeordnetenhaus erringen. Die kommunistischen Parteien konnten ihren Stimmenanteil am gesamten Votum ein wenig vergrößern, von 2,3% für die SEW 1971 auf nunmehr 2,6% für alle drei Bewerber. Die SEW mußte sich die wenigen Stimmen mit dem KBW und der KPD teilen.[172]

Die Sitzverteilung im Abgeordnetenhaus sollte das neue Kräfteverhältnis noch deutlicher machen. Die SPD hatte nur noch 44 Direkt-

[171] Gegenüber dem Wahlgang 1971 war der Prozentsatz um 1,1 Punkte auf 87,8% zurückgegangen, Statistisches Landesamt Berlin (Hrsg.), *Die Wahlen am 2. März 1975 in Berlin (West) unter Berücksichtigung der Wiederholungswahl in Zehlendorf am 25. Januar 1976* (= *Berliner Statistik*, Sonderheft 262), Berlin 1977, S. 20.

[172] Zur Analyse der politischen Entscheidungsfindung wird der Kenntnisstand der betroffenen Zeitgenossen zugrunde gelegt, bei den unten aufgeführten Ergebnissen handelt es sich aber bereits um die Ergebnisse unter Berücksichtigung der Wiederholungswahl in Zehlendorf 1976, da die Nachwahl das Kräfteverhältnis im Abgeordnetenhaus nicht so stark veränderte, daß politische Umorientierungen hätten vorgenommen werden müssen. Das Ergebnis der SPD, der CDU, der FDP und der SEW für das Abgeordnetenhaus wurde um jeweils 0,1% durch die Nachwahl reduziert:

	25. 1. 1976	2. 3. 1975
SPD	42,6%	42,7%
CDU	43,9%	44,0%
FDP	7,1%	7,2%
SEW	1,8%	1,9%
KPD	0,7%	0,7%
KBW	0,1%	0,1%
BFD	3,4%	3,4%
Einzelbewerber	0,4%	–.–

Quelle: Forschungsgruppe Wahlen e.V. Mannheim, *Wahl in Berlin. Eine Analyse der Wahl zum Abgeordnetenhaus in Berlin am 2. März 1975*, 2., geänderte und erweiterte Auflage, Mannheim 1976, S. 20.

mandate statt der 61 von 1971 erringen können, während die CDU ihre Zahl von 19 auf 36 fast verdoppeln konnte. Da bei der Einteilung der Wahlkreise die Bewohnerzahl Grundlage war, unabhängig von ihrer Wahlberechtigung, also inklusive aller Ausländer, mußten Überhangmandate und zu deren Verhältnisausgleich Ausgleichsmandate vergeben werden. Die Zahl der Abgeordneten wuchs damit von 138 auf 147, die höchste Zahl von Abgeordneten, die bis dahin erreicht worden war. Der FDP standen dank eines Ausgleichsmandats somit trotz des Stimmenrückgangs weiterhin elf Mandate zu, die SPD verlor lediglich sechs und konnte 67 Vertreter ins Rathaus Schöneberg entsenden, und die CDU vergrößerte ihre Fraktion gleich um 15 neue Vertreter auf 69. Der Verlust von 7,8% an Stimmenanteilen kostete die SPD also nur sechs Mandate, während das Plus von 5,7% der Union 15 Plätze mehr einbrachte. Aufgrund der erhöhten Gesamtmandatszahl war das Gewicht der FDP-Fraktion reduziert worden – natürlich nur im Zahlenverhältnis, nicht politisch, wie in den ersten Kommentaren deutlich wurde.

Die Aussagen der Berliner Politiker unterschieden sich allerdings wegen der Abwesenheit von Lorenz im Ton von den üblichen Stellungnahmen. Dennoch meldete der Regierende Bürgermeister sogleich seinen Führungsanspruch an, wie es ihm Brandt 1969 auf Bundesebene vorgemacht hatte: „Es ist offensichtlich, daß die Sozialdemokraten ihr Wahlziel nicht erreicht haben. Wir haben empfindliche Verluste hinzunehmen. Und es wäre töricht, an dieser Tatsache vorbeizusehen. Es sieht alles so aus, daß wir aber doch ganz klar in der Verantwortung für diese Stadt stehen. Daran war wohl nie ein Zweifel.“[173] Der stellvertretende CDU-Vorsitzende Karl-Heinz Schmitz freute sich zwar über das Rekordergebnis, äußerte daneben aber seinen Ärger über den Anteil der Stimmen für den BFD und ging zunächst auf die tragische Situation ein, in der sich der Parteivorsitzende befand: „Wir werden abwarten, bis Peter Lorenz wieder in unseren Reihen steht. So wie die Dinge liegen, ist die Prioritätenkette unabhängig von der großen Bedeutung dieser Wahlentscheidung zunächst einmal immer noch die, daß wir um das Leben und die Unversehrtheit von Peter Lorenz kämpfen.“[174] Für die FDP versuchten sowohl Oxfort als auch Lüder Zufriedenheit mit dem Wahlergeb-

[173] Schütz im Fernsehen am Wahlabend (19:30 h), zitiert nach der Kommentarübersicht des Bundespresseamtes, 3. 3. 1975.
[174] *Ebda.*

nis zu verbreiten. Ihr Ziel, die absolute Mehrheit einer Partei zu verhindern, war erreicht worden, so daß sie ihr Koalitionsangebot an die Adresse der Sozialdemokraten wiederholten. Lüder und Schütz einigten sich aber am Wahlabend darauf, vor der Befreiung von Lorenz keine Koalitionsgespräche zu führen. Schütz, der in diesen Tagen ständig zwischen Bonn und Berlin pendelte, begab sich umgehend zur nächsten Sitzung des Krisenstabes ins Bundeskanzleramt. Das Krisenmanagement stellte das bis zu diesem Zeitpunkt umfassendste in der Geschichte der Bundesrepublik dar.

Nicht genau nachgewiesen werden kann der Einfluß des Verbrechens auf die Wahlentscheidung der Bürger, so daß die Frage müßig bleibt, wie die Ergebnisse ohne den Entführungsfall ausgesehen hätten. Für das politische Geschäft, namentlich die Suche nach Erklärungen und Verantwortlichen, spielten die Umstände gleichwohl eine Rolle. Während der CDU-Vorsitzende Kohl den Trend betonte, der sich nach den Zuwächsen für die CDU bei den Landtagswahlen 1974 nun auch in Berlin fortsetzte, behauptete der SPD-Vorsitzende, „unter normalen Umständen“ hätte die Berliner SPD ihre Position behaupten können. Dabei konnte er sich aber auch nur auf Vorab-Umfragen stützen, die regelmäßig hohe Quoten von Unentschiedenen aufweisen. Mit der Erkenntnis, daß ein solcher „Umstand, so unglückselig er insgesamt ist, immer gegen die Regierungspartei, wie immer sie heißen möge, ausschlägt“, wurde von den Sozialdemokraten natürlich auch eine Schadensbegrenzung angesichts des herben Rückschlages betrieben.[175] Doch auch unter normalen Bedingungen hätte Lorenz am Abend nicht mit einem Angebot an die FDP die Führung übernehmen können. Zu unterschiedlich waren die Positionen zu diesem Zeitpunkt.

Für die SPD bedeutete das Ergebnis nicht lediglich den Abschied von der Alleinregierung nach vier Jahren, sondern das schwächste Abschneiden in der Nachkriegsgeschichte bis zu diesem Tag. Nicht nur die absolute Mehrheit, sondern auch die relative, in Berlin als naturgegeben betrachtete Position als Stärkste der Parteien war verloren. Ausgerechnet am Ende der Legislaturperiode, die sie erstmals allein regierend bestritten hatte, war ihr erstmals die absolute Mehr-

[175] Klaus Riebschläger im Fernsehen, *a.a.O.* Auch Schütz verkündete: „Die Gewinne der CDU erklären sich zu einem guten Teil aus der Solidarität mit Peter Lorenz, die wir Demokraten alle gleich empfinden“, betonte aber, daß dies nur ein Teil der Ursachen sei, *SPD-Pressedienst*, 3. 3. 1975.

heit entzogen worden. Die jetzt anzustrebende sozialliberale Koalition stellte nur scheinbar eine Neuauflage der Regierungsbündnisse der Zeit von 1963 bis 1971 dar. Damals hatte die SPD trotz absoluter Mehrheit der FDP die Rolle des Juniorpartners angeboten. 1975 hingegen waren die Sozialdemokraten auf die Zusammenarbeit mit den Liberalen angewiesen, um überhaupt die Regierung bilden zu können. Nicht einmal mit der Drohung einer Großen Koalition konnte Schütz zu hohen Ansprüchen aus den Reihen der FDP entgegentreten – ohnehin im Gegensatz zu seiner Haltung „vor Tische" –, denn in einer Großen Koalition hätte es für die SPD als schwächerer Fraktion nurmehr zum Juniorpartner gereicht.

Die Analyse des Wählerverhaltens erbrachte für die SPD alarmierende Erkenntnisse. Sie mußte ihre größten Einbußen in ihren bisherigen Hochburgen, den Arbeiterwohngegenden, hinnehmen. Dieser Sachverhalt unterschied das Ergebnis in Berlin von sämtlichen Ergebnissen der Wahlen in den anderen Großstädten im Jahr zuvor. Die Verluste in den einzelnen Wahlkreisverbänden waren sehr unterschiedlich ausgefallen, im Wedding und in Kreuzberg lagen sie überdurchschnittlich hoch bei 10,7 Prozentpunkten, in Zehlendorf nur bei vier Prozentpunkten (vor der Wiederholungswahl). Die in Berlin gewohnte ausgeprägte politische Landschaft hatte sich durch diesen Wahlgang stark verändert: Betrug im Bezirk Wedding der Vorsprung der SPD vor der CDU 1971 noch rund 31 Prozentpunkte, so war er nach dem 2. März 1975 auf rund 12 Prozentpunkte zusammengeschmolzen. Noch 1971 war in neun von zwölf Stadtbezirken der SPD-Anteil höher als der der CDU, wobei die Abstände zwischen 4,7 und 31,2 Prozentpunkten lagen. 1975 nun lag die SPD nur noch in sechs Bezirken vor der CDU, der Vorsprung reichte von 1,5 bis zu maximal 12,1 Prozentpunkten. Die SPD mußte in ihren vormaligen Hochburgen aber nicht nur an die CDU, sondern auch an den BFD Stimmen abgeben. Die 3,4% des BFD setzten sich aus überwiegend vormals sozialdemokratischen Wählern und weniger aus abgeworbenen früheren Anhängern der CDU zusammen: Die größten Rückschläge der Sozialdemokraten korrespondierten mit den größten Zugewinnen des BFD. Nicht länger in sechs Bezirken, sondern nur noch in einem, dem Wedding, erreichte die SPD die absolute Mehrheit der Stimmen, denkbar knapp mit 50,3%.

Der CDU war ein weiteres Mal ein erheblicher Zuwachs gelungen, die absolute Mehrheit, die als einziges Ergebnis den Regierungswechsel garantiert hätte, blieb allerdings in weiter Ferne. Der Erfolg war sogar ohne jede besondere Mobilisierung im national-konservativen Spektrum erfolgt, dort hatte sie es vielmehr mit einem aggressiven Konkurrenten zu tun gehabt. Selbst wenn man den gesamten Wähleranteil des BFD als gegen die Regierung opponierenden Stimmenblock dem CDU-Ergebnis hinzu addiert hätte, hätte das Ergebnis nicht ausgereicht. Daß sich Protestwähler in ihrer Ablehnung der Senatspolitik zwischen zwei konservativen Parteien entscheiden konnten, gereichte der CDU gleichwohl zum Nachteil: Im Bezirk Tempelhof hatte der BDF nicht für das Abgeordnetenhaus kandidiert, dort gelang der CDU ein Plus von 7,5% der Stimmen. Während die CDU hier 49,2% der Stimmen für das Abgeordnetenhaus erreichte, erhielt sie für die Bezirksverordnetenversammlung nur 46,8% der Stimmen der Tempelhofer, die dem hierzu kandidierenden BFD 3,3% der BVV-Stimmen zukommen ließen. Die CDU verzeichnete ihre großen Gewinne entsprechend in den Wahlkreisverbänden mit einem hohem Anteil an Arbeitern, im Wedding lag ihr Zuwachs in Prozent des Anteils von 1971 bei 26,6%, in Neukölln bei 20,4%.[176]

Die FDP konnte ihre besten Ergebnisse in den bürgerlichen Wohngegenden und unter den Jungwählern erzielen. Ihr uneinheitliches Erscheinungsbild – hie pragmatische Fraktion mit dem Willen zur Beteiligung an der Macht, da Parteivertreter mit Hang zu Utopien – hatte die Wählerschaft also erreicht. Die FDP konnte sich zudem als einzige Partei brüsten, ihr Wahlziel der Verhinderung jedweder absoluter Mehrheit erreicht zu haben. Trotz der politischen Schlüsselposition als potentieller Koalitionspartner – häufig mit dem falschen Bild des „Züngleins an der Waage“ umschrieben – und der Behauptung der elf Abgeordnetenmandate mußte die FDP aber wie die regierende SPD Stimmenverluste in allen zwölf Bezirken hinnehmen, und dies bei einem Wahlverhalten, das den anderen Oppositionsparteien zugute gekommen war. 1971 hatte die FDP in den

[176] Horst W. Schmollinger, *Die Berliner Wahlen zum Abgeordnetenhaus und zu den Bezirksverordnetenversammlungen vom 2. März 1975: Proteststimmen in der Krise?*, in: *Zeitschrift für Parlamentsfragen*, 1975, S. 460. Schmollinger macht auf die Entwicklung aufmerksam: „Gerade in den ausgesprochenen Arbeiterbezirken Westberlins haben sich in den letzten Jahren erhebliche Veränderungen sozialstruktureller Art ergeben. Betroffen durch die schlechte Bausubstanz der Wohnhäuser, die einen Zuwachs an ausländischen Arbeitern zur Folge hatte, und durch Sanierungsmaßnahmen, verließen die besser Verdienenden diese Wohngegenden. Zurück blieben in der Regel die schlechter Verdienenden und (auch deshalb) weniger mobilen Arbeiter sowie Personen im Rentenalter.“

Bezirken Wilmersdorf, Steglitz und Zehlendorf noch zweistellige Stimmenanteile erhalten, jetzt blieb sie durchweg unter zehn Prozent-punkten, im Wedding sogar unter fünf Prozent. Dieses Ergebnis, als Oppositionspartei unter dem Ergebnis der vorherigen Wahlen geblieben zu sein, das sie als eine am Senat beteiligte Partei erreicht hatte, mußte die FDP in ihrem Glauben bestärken, als Korrektiv in einer Regierungskoalition mehr Profil entwickeln zu können als in der Opposition.

Der Bund Freies Deutschland blieb hinter den Erwartungen seiner Funktionäre und seiner Gönner zurück, trotz der in Berlin guten Voraussetzungen: „eine überalterte, konservativ geprägte Bevölkerung mit einem hohen Sicherheitsbedürfnis, ein marktbeherrschender Zeitungskonzern, der der Splittergruppe in geradezu spektakulärer Weise Wahlhilfe leistete, und schließlich, nach zeitweiser finanzieller Trokkenheit beim BFD, Anfang Januar plötzlich ein offenbar großer Geldstrom für die neue Partei aus unbekannten Quellen".[177]

Es ist anzunehmen, daß frühere CDU-Wähler, die es eigentlich mit dem BFD als der verbalradikaleren Opposition versuchen wollten, angesichts des Entführungsfalls doch ihr Kreuzchen bei der Union machten und so ein besseres Ergebnis für den Bund verhinderten. Auch in den Bezirken erhielt der BFD keine Mandate. Da war ein anderer erstmaliger Bewerber um die Wählergunst erfolgreicher, die Wählergemeinschaft in Zehlendorf. Nur zur Kandidatur für die Bezirksverordnetenversammlung zugelassen, erlangte die WUB 12,9% der Wählerstimmen und damit sechs Sitze in der Zehlendorfer Versammlung. Die Differenz zwischen den Stimmen für die BVV und das Abgeordnetenhaus belegt, daß sie von Bürgern stammten, die ihr Votum für das Abgeordnetenhaus der CDU, SPD oder FDP gaben. Auch die Kommunisten hatten ihre Hochburg, den Bezirk Kreuzberg. SEW, KPD und KBW erreichten hier jeweils ihre landesweit besten Ergebnisse. Die Addition der Stimmenanteile ergab hier die Höhe von 4,8%. Gleichzeitig lag der Bund Freies Deutschland mit 4,2% der Stimmenanteile über seinem Berlin-Durchschnitt. Im Kreuzberger Wahlkreis 3 erhielten die drei kommunistischen Bewerber sogar 5,8% der Stimmen und der BFD zugleich 4,5%, das heißt mehr als zehn Prozent der Wähler dieses Kreises fühlten sich von den

[177] *Frankfurter Rundschau* vom 4. 3. 1975.

drei „etablierten" Parteien so wenig vertreten, daß sie für die linksextremen bzw. konservativen Außenseiter stimmten.

Die ersten Wahlen nach dem Vier-Mächte-Abkommen kündigten den parteipolitischen Machtwechsel in Berlin an. Die absolute Mehrheit sollte keine Partei mehr bis zur Aufhebung des Abkommens im Jahr 1990 erreichen.

Fazit 1975 – Berliner Demokratie seit dem Abkommen: Der Beginn der Ablösung gewohnter politischer Verhältnisse

Das Jahr 1971, vom amerikanischen Präsidenten Nixon als „watershed year" bezeichnet,[178] stellte mit dem Abkommen der vier Siegermächte des Zweiten Weltkrieges auch die Berliner Demokratie auf ein neues Fundament. Der Regierende Bürgermeister zog in einem Interview am 24. Februar 1975 das Fazit: „Die letzten vier Jahre, übrigens die ersten einer sozialdemokratischen Alleinregierung in Berlin, sind objektiv die besten vier Jahre, die diese Stadt seit Kriegsende erlebt hat."[179] So richtig dies war, so sehr bedeutete es aber auch, daß nun die Probleme *in* der Stadt von ihren eigenen politischen Repräsentanten gelöst werden mußten.

Das Abkommen der Siegermächte hatte Folgen für alle Träger des demokratischen Systems der Stadt: die Bürger, die Parteien, das Abgeordnetenhaus, den Senat und die Schutzmächte selbst. Natürlich garantierten weiterhin die Einheiten der Schutzmächte die Sicherheit. Aber Berlin diente ihnen nicht länger als Zankapfel. Gerade die Amerikaner, die nicht einem auf Zentraleuropa begrenzten Sicherheitskonzept verpflichtet waren, wollten als Führungsmacht der Westmächte nicht länger in die Probleme bei der Realisierung der Abkommen einbezogen werden. Die Zugeständnisse der Sowjetunion bei den Vier-Mächte-Verhandlungen, die auch auf Kosten der DDR gemacht worden waren, stellten sich als das Maximum des Entgegenkommens heraus. Jede Aufwertung des westlichen Teils Berlins auf nationaler wie internationaler Ebene forderte den Unwillen der Sowjetunion heraus,

[178] *US. Foreign Policy for the 1970's. A Comparative Analysis of the President's 1972 Foreign Policy Report to the Congress*, Washington 1972, S. 1. „The deadlock on Berlin was broken", die SALT-Verhandlungen verliefen vielversprechend und der Besuch Nixons in Peking galt als großer Erfolg amerikanischer Außenpolitik.

[179] Schütz im Interview mit: *Die Welt* vom 24. 2. 1975.

während die Westmächte vor allem Ruhe um Berlin anstrebten. Für den Regierenden Bürgermeister bedeutete dies ein kompliziertes Abwägen zwischen der Artikulation berechtigten Protestes der Berliner – etwa anläßlich der Erhöhung des Zwangsumtauschsatzes – und der gebotenen Bescheidenheit bei der Formulierung neuer Ansprüche. Die Berliner mußten aufpassen, daß sie nicht in den Ruf gerieten, eine Belastung der Politik der Annäherung darzustellen, als Störenfried angesehen zu werden.

Gerade die Auseinandersetzungen um die Errichtung des Umweltbundesamtes hatten dem Regierenden Bürgermeister verdeutlicht, daß die Vorstellungen Berlins, die offensive Verbesserung der Lage durch die weite Auslegung der Verträge zu erreichen – nach dem Motto „Was nicht verboten ist, ist erlaubt" –, nicht länger auf ungeteilte Zustimmung bei den Westmächten und bei der Bundesregierung stießen. Berlin hatte seinen Part gespielt, die Vorreiterrolle war nicht länger erwünscht. So hatte die Stadt nicht länger den Beitritt zweier deutscher Staaten zur UNO verhindert, das Berlin-Problem wurde dort aber in der Folgezeit als unterhalb der Schwelle „Bedrohung des Weltfriedens und der internationalen Sicherheit" angesehen – anders als 1948 und 1959. Dieser Erfolg der Entspannungspolitik kam den Bürgern zugute. Gleichzeitig aber bewirkte dieses Abrücken Berlins aus dem Fadenkreuz in den Windschatten der Weltpolitik eine Art Identitätskrise der Bevölkerung, die sich in den Jahren der unmittelbaren Bedrohung im antikommunistischen Schulterschluß zusammengefunden hatte. Erste Adresse des Unmutes war die SPD, die diese Stimmung zum eigenen Schaden noch mit Parolen wie „Berlin muß normaler werden als andere Großstädte" geschürt hatte.

Die Sicherung der Existenzbedingungen der Stadt bewirkte ein Nachlassen der Integrationskraft des Parteiensystems, wie es sich in der westlichen Hälfte der Stadt seit dem Krieg herausgebildet hatte. Nach dem Vier-Mächte-Abkommen gab es keine absolute Mehrheit mehr für eine Partei in Berlin. Nicht nur der Verlust der absoluten Mehrheit der erstmals allein regierenden SPD bewirkte dieses Defizit, der Rückgang der Zustimmung zu sozialdemokratischer Politik bei den Wahlen im Frühjahr 1975 ist eher in dieser Politik selbst begründet. Die erfolgsverwöhnte SPD und ihr Regierender Bürgermeister mußten zu einer – für sie selbst – schmerzlichen Einsicht kommen: Die Sozialdemokraten hatten in den Zeiten der äußeren Bedrohung die größte Zustimmung durch den Wähler erhalten, im Blockadejahr 1948 wie 1963 bei den ersten Wahlen nach dem Mauerbau. Gleich bei den ersten Wahlen nach dem Abschluß des Abkommens hatte die SPD nun ihre absolute Mehrheit und vor allem ihr Image als Bewahrerin der Berliner Demokratie verloren.[180] Viele frühere Wähler der SPD sahen nicht länger die Notwendigkeit, ihrer Partei die Treue zu halten. In der Berliner SPD wurde zuviel Kraft für die Zähmung der rivalisierenden Flügel der Partei verschwendet, die bis dahin durch das einigende Ziel der Deutschland- und Ostpolitik – auch unter Zuhilfenahme eines grundgesetzwidrigen innerparteilichen Blockwahlsystems – hatten gebändigt werden können.

Die Kandidatur des „Bundes Freies Deutschland" und der „Wählergemeinschaft Unabhängiger Bürger" im Bezirk Zehlendorf und deren Erfolg beim Wahlgang belegte die Zersplitterung der politischen Interessen, die nach der Sicherung durch das Abkommen möglich wurde. Beide Kandidaturen entstanden als Reaktion auf die Entspannungspolitik. Der BFD manifestierte das Unbehagen über den gefundenen Kompromiß. Die Vertreter der WUB dagegen genossen schon den Luxus der Sicherheit, nun Partikularinteressen in den Vordergrund rücken zu können. Mit dieser Haltung nahm die WUB zunächst auf Bezirksebene die Entwicklung vorweg, die im Verlauf der siebziger Jahre zur Entstehung und Etablierung der Alternativen Liste führen sollte.

Auch die Berliner Landesverbände der CDU und der FDP waren betroffen. Die Bundestagswahlniederlage der Union bei der „Willy-Wahl" im November 1972 war für die Berliner CDU ein einschneidendes Erlebnis, ein Katalysator, der die Orientierung hin zur vollständigen Annahme der Ostpolitik beschleunigte. Sie war aber nicht der eigentliche Wendepunkt, denn bereits zuvor hatte der Landesvorsitzende Peter Lorenz öffentlich seine Zustimmung zu den gefundenen Verträgen als *modus vivendi* erteilt.[181] In Berlin war auch der CDU klar, daß ein Festhalten an der Ablehnung des gesamten Pakets der Verträge auch den Schritt zurück hinter die Verbesserungen des Vier-Mächte-Abkommens und damit des Autobahnverkehrs und der Besuchsmöglichkeiten bedeutet hätte. Dies war den Berlinern nicht zuzumuten.

[180] Auf die Frage: „Braucht die SPD die große äußere Gefährdung, um zu siegen?" antwortete der Regierende Bürgermeister: „Das ist tatsächlich das Problem", in: *Die Welt* vom 24. 2. 1975.

[181] Auf dem 51. Landesparteitag der Berliner CDU am 7. Oktober 1972.

Die FDP hielt weiter an dem sie stabilisierenden inneren Widerspruch zwischen der pragmatischen Fraktion und dem eher großzügigen Entwürfen zuneigenden Landesvorstand fest. Die Opposition zu dem von der SPD geführten Senat von Berlin war begrenzt durch die Zusammenarbeit beider Parteien auf Bundesebene, die in diesen Jahren von der Auseinandersetzung um die Vertragspolitik geprägt war. Danach litt die Bindungskraft des sozialliberalen Bündnisses. In Berlin sollte es nach den Wahlen vom März 1975 nur noch zu einer „Koalition der Verlierer" reichen.

In Zeiten äußerer Bedrohung und Krisenstimmung durch eine tatsächliche oder vermeintliche Bedrohung aus dem Osten hatten sich die Wähler mehrheitlich für die Stabilisierung der bestehenden Mehrheitsverhältnisse ausgesprochen – 1948, 1958 und 1963 –, jetzt leisteten sie sich erstmals den Luxus der „Abrechnung" mit den bestehenden Verhältnissen, Sünden, die durchaus auch aus der Zeit des Zusammenhaltens und Durchhaltens stammten, wie etwa die mangelhaften Kontrollmechanismen bei der Vergabe öffentlicher Mittel. Die Wandlung des Aufgabenbereiches des Senats wurde nach dem Abkommen deutlicher. War Klaus Schütz im Jahr 1967 noch mit der Prämisse angetreten, bei dem Posten des Regierenden Bürgermeisters von Berlin handele es sich um die wichtigste Position in der deutschen Politik nach dem Amt des Bundeskanzlers, so gab er zu, sich infolge des Abkommens von 1974 mehr wie ein Oberbürgermeister einer großen Stadt zu fühlen.[182] Dennoch war Berlin natürlich nicht irgendeine große Stadt. So hatte sich Klaus Schütz in *einer* Sitzung mit der Problematik der Annahme einer Einladung nach Moskau und mit der Frage nach der Aufstellung eines Bushaltestellenwartehäuschens vor der Philharmonie zu beschäftigen.[183] Doch der Wettstreit der Bewerber um die vom Volk verliehene Macht im Rathaus Schöneberg verlagerte sich auf die Felder innerstädtischer Probleme. Mit dem Vier-Mächte-Abkommen konnte der Wahlkampf nicht so recht bestritten werden: 1971 waren die Gespräche noch vertraulich, die geheimen um so mehr, und 1975 standen eher die Unzulänglichkeiten, die Probleme bei der Realisierung einzelner Bestandteile im Mittelpunkt – nament-

[182] Klaus Schütz im Interview mit dem *Rias*, 29. 9. 1967, und dem *Deutschlandfunk*, Interview der Woche, 6. 3. 1977 (zitiert nach der Kommentarübersicht des Bundespresseamtes).

[183] Vgl. Protokoll der 49. Fraktionssitzung am 6. 2. 1973 in: Akte 575, Bestand „Berlin Fraktion", Archiv der sozialen Demokratie.

lich der Ausbau der Bindungen zwischen der Stadt und dem Bundesgebiet.

Überschattet waren die Wahlen zum Abgeordnetenhaus von Berlin am 2. März 1975 zuletzt aber von der Entführung des Spitzenkandidaten der oppositionellen CDU, Peter Lorenz. Neben allem persönlichen Leid kann dieses Verbrechen gleichwohl als symptomatisch für die politische Entwicklung Berlins nach dem Vier-Mächte-Abkommen gelten: von da an waren die Berliner mehr als früher mit den inneren Problemen der Stadt, auch mit solchen der inneren Sicherheit, beschäftigt. Von der angestrebten Position auf nationalem wie internationalem Gebiet hatte die Stadt bis 1975 noch nicht sehr viel erreicht, eine gleich Stellung wie die wirklich neutralen Plätzen Genf und Wien lag außerhalb der Möglichkeiten Berlins. Trotz des Widerspruchs war dieses doppelte Ziel politisch nicht nur legitim, sondern geboten. Der Verzicht auf die Ambitionen auf einem der beiden Gebiete hätte nicht einzuschätzende Reaktionen in wirtschaftlicher wie auch in psychologischer Hinsicht für die Bevölkerung gehabt. Sie hat das Festhalten an der Besonderheit Berlins als dem Symbol der offenen deutschen Frage ebenso geschätzt wie etwa die wirtschaftlichen Vorteile des Ausbaus der Stadt zum internationalen Kongreßplatz.

Mit Beginn der neuen Legislaturperiode im Frühjahr 1975 trat die Berliner Demokratie in einen neuen Abschnitt ein, der keine Rückgriffe mehr auf vergangene Erfolge erlaubte: die inneren Probleme der Stadt rückten unaufhaltsam in den Mittelpunkt der politischen Debatte.

DRITTER TEIL

Rückbesinnung und Konzentration: Der Primat der Stadtpolitik. Berliner Demokratie 1975 bis 1980

VORBEMERKUNG

Zwischen Höhepunkt und Niedergang der Ära der Entspannung

Die Jahre von 1975 bis 1980 boten Berlin alle Chancen: die Verträge mit den östlichen Nachbarn unter Dach und Fach, bei der KSZE-Konferenz alle früheren Gegner und Verbündeten an einem Tisch, das Verhältnis zur DDR auf einen beide Seiten halbwegs hinnehmbaren Kurs gebracht – eigentlich waren dies gute Voraussetzungen für eine gedeihliche Entwicklung der Insel Berlin. Warum es nun aber im Innern zu immer stärkeren Friktionen kam, zu einer Infragestellung lebenswichtiger Errungenschaften – genannt seien das Wahlrecht und das Verhältnis zu den Schutzmächten –, zu einer Aufspaltung des Parteiensystems der Berliner Demokratie, dies soll hier gezeigt werden. Welche Rolle spielten die Träger der Berliner Demokratie bei diesem Wandel? Welche Einflüsse wirkten von außen auf die Stadt ein, welche Entscheidungen wurden im Inneren getroffen? Die Reaktionen der Bürger, der Parteien, des Parlamentes und der Schutzmächte werden hier ebenso analysiert wie die weiterhin den politischen Spielraum Berlins beeinflussenden Regierungen der Sowjetunion und der DDR.

Die zweite Hälfte der siebziger Jahre stand international im Zeichen der Abkühlung der Beziehungen zwischen den beiden Supermächten. Das Verhältnis zwischen den USA und der Sowjetunion blieb weiterhin prägend auch für die Situation Berlins. 1975 fand die große Abschlußkonferenz über Sicherheit und Zusammenarbeit in Helsinki statt. Doch damit war der Zenit der Entspannungseuphorie erreicht. Berlin hatte als „Gradmesser" des Ost-West-Verhältnisses gedient. Hier wurden die Früchte der Entspannungspolitik am deutlichsten greifbar. Zu prüfen ist daher, wie sich der Umschwung im Verhältnis der beiden politischen Lager auf Berlin ausgewirkt hat. Haben sich auch die Verhärtung, die Konfrontation zuerst an der Nahtstelle der beiden Blöcke, in Berlin, gezeigt?

Dietrich Stobbe nutzte ein Bild, um die Situation zu kennzeichnen: „Die Architektur der Entspannung steht doch. Der Moskauer Vertrag ist da, der Warschauer Vertrag ist da, das Viermächteabkommen ist da, der Grundvertrag ist da. Und das war's, was den großen Bogen und die großen Linien angeht. Und jetzt ist man dabei, in einem Haus, dessen Gerüst steht, sozusagen die einzelnen Fachwerke mit Mauern auszufüllen. Das verlangt eine handwerklich saubere Arbeit. Und das ist nichts aufregendes mehr."[1]

Wie gelang die Erfüllung dieser Aufgabe? Das Wiederaufleben der Konfrontation zwischen den Blöcken, bedingt durch die Wettrüstung, die militärischen Interventionen auf dem gesamten Globus und die Invasion der Roten Armee in Afghanistan zu Weihnachten 1979, unmittelbar nach der Verkündung des NATO-Doppelbeschlusses, führte Berlin in ein Dilemma. Einerseits wurde die Bedrohung durch das Militärpotential der Sowjetunion nicht unterschätzt, andererseits sollte der erreichte Grad der Kooperation zwischen den beiden deutschen Staaten nicht zwangsläufig der politischen „Großwetterlage" zum Opfer fallen. Deutlich wird diese politische Herausforderung durch die Haltung des deutschen Bundeskanzlers, der zu den Initiatoren des NATO-Doppelbeschlusses gehörte und zugleich das Schwergewicht auf dessen Verhandlungsteil legte.[2] Die Berliner waren die Meistbegünstigten, die Hauptnutznießer der Entspannungspolitik. Im Zeichen wachsender Distanz zwischen den beiden Supermächten stellte sich die Frage, ob auch die Spannungen erneut auf dem Rücken der Berliner ausgetragen werden würden.

Die Beziehungen zwischen Ost und West können nicht besser sein als die Lage in und um Berlin, hatte es in den Jahrzehnten des Kalten Krieges geheißen. Wie hatte Henry Kissinger vor dem Abgeordnetenhaus im Mai 1975 gesagt? „Nur wenn Berlin gedeiht, wird auch die Détente gedeihen."[3] Jetzt sollte sich zeigen, ob die Lage in und um Berlin besser würde sein können als das Verhältnis der beiden Blöcke und ihrer Führungsmächte zueinander. Lawrence S. Eagleburger, zum damaligen Zeitpunkt Assistant Secretary for European Affairs, erkannte das besondere Interesse der Europäer: „The major potential problem is how to keep Berlin isolated from increasing East-West ten-

[1] Stobbe im *Hessischen Rundfunk*, 13. 8. 1978 (zit. nach der Kommentarübersicht des Bundestages).

[2] Siehe dazu ausführlich Helga Haftendorn, *Das doppelte Mißverständnis. Zur Vorgeschichte des NATO-Doppelbeschlusses von 1979*, in: *Vierteljahrshefte für Zeitgeschichte*, (1985), S. 244–287.

[3] In: *Dokumente zur Berlin Frage 1967–1986*, hrsg. von Hans Heinrich Mahnke, München 1987, Dok. Nr. 447.

sions created by the Soviet invasion of Afghanistan and the situation in Poland."[4]

Anschließend wird wie oben die Rolle Berlins in den innerdeutschen Beziehungen beleuchtet. Das Verhältnis sowohl der Bundesregierung als auch des Senats von Berlin zur DDR konnte zu keinem Zeitpunkt besser sein als der Umgang der DDR-Regierung mit Berlin und den Berlinern. Hier wird gezeigt werden, daß umgekehrt die Berliner diejenigen waren, die unmittelbar den politischen Opportunitätsüberlegungen der Führung in Ost-Berlin ausgesetzt waren. Als wie praktikabel sollten sich die ausgehandelten Verträge und Abmachungen erweisen? Wurde Berlin zum Mittelpunkt, zum Schrittmacher weiterer Entspannungs- und Entkrampfungsvorhaben – wie vorgesehen? Oder hatten die westlichen Unterhändler das Opportunitätsdenken der DDR unterschätzt, das das Einhalten von Verträgen tagesaktuellen Schwankungen unterwarf?

Vor diesem Hintergrund wird die immer turbulenter werdende politische Entwicklung innerhalb der Stadt analysiert werden, deren Höhepunkte der Rücktritt des Regierenden Bürgermeisters Schütz, die Bildung einer neuartigen Partei, der AL, und die Wahlen zum Abgeordnetenhaus im Frühjahr 1979 waren. Zu dieser Wahl traten SPD, FDP und CDU mit anderem Spitzenpersonal als 1975 an. Stellte auch dies einen Beleg für die Reaktion der Parteien auf die sich wandelnden Herausforderungen dar? Stellte die Auswechslung des Regierenden Bürgermeisters Klaus Schütz eine Folge der sich wandelnden Anforderungen an die Führung der Stadt nach dem Vier-Mächte-Abkommen dar? Wurde Klaus Schütz zum Opfer des Erfolges der sozialliberalen Entspannungspolitik? Trat er auch darin in die Fußstapfen seines großen Mentors Willy Brandt, der als Bundeskanzler nach der Bewältigung der außenpolitischen Herausforderungen an der Innenpolitik gescheitert war?

Als Nachfolger von Schütz wurde mit Dietrich Stobbe erstmals ein junger Politiker Regierender Bürgermeister, der nicht die unmittelba-

[4] Eagleburger warb um Verständnis für das Zögern der Europäer, in den Chor der starken Sprüche gegenüber der Sowjetunion einzustimmen: „I think we must understand that the process of detente had produced some real changes in Europe. What Europeans see are those changes. Berlin is not now the problem it used to be", am 2. Juni 1981, in: *United States Relations with Europe and the Soviet Union 1981. Hearings before the Subcommittee on Europe and the Middle East of the Committee on Foreign Affairs*, House of Rep., 97. Congress, S. 47.

re Nachkriegszeit und die Blockade in der Stadt erlebt hatte. Er sprach sich für eine entschiedene Hinwendung zur Stadtpolitik aus. War dies ein Pendelschlag: von der übermäßigen Fixierung auf die Außenpolitik hin zur Beschäftigung mit den Berliner Poblemen und nicht länger mit dem Berlin-Problem?

Der Primat der Stadtpolitik ist 1977 offiziell vom neuen Regierenden Bürgermeister Stobbe die höchste Priorität zugesprochen worden. Damit rückten die kommunalen Versäumnisse und Unzulänglichkeiten der gesamten Nachkriegszeit in den Mittelpunkt des öffentliches Interesses. Da Schwierigkeiten auf diesem Feld nicht auf die Schutzmächte oder die DDR abgewälzt werden konnten, traf die Verantwortlichen die Kritik direkt und in vorher nicht gekanntem Maße, von der Wahlanfechtung bis zu den Hausbesetzungen.

SIEBENTES KAPITEL

Die Wandlung der Rolle Berlins auf internationaler Ebene 1975 bis 1980

Die Meistbegünstigten und der Niedergang der Entspannungspolitik

Die KSZE: Die Grenzen des Nutzens für Berlin

Mit der Konferenz für Sicherheit und Zusammenarbeit in Europa und deren feierlicher Abschlußkonferenz im Sommer 1975 in Helsinki erreichte die Entspannungspolitik nach den Worten des damaligen Bundeskanzlers Schmidt ihren „Höhepunkt".[5]

Hier soll geprüft werden, welche Rolle Berlin für das Zustandekommen dieser Konferenz spielte und welche Auswirkungen die besondere Situation der geteilten Stadt auf die Abfassung der gemeinsamen Schlußakte der Teilnehmerstaaten aus Ost und West hatte. Ziel der Verhandlungen von 35 europäischen Staaten sowie Kanadas und der USA war die Verknüpfung der bis dahin getrennt verhandelten Komplexe der militärischen Sicherheit und europäischen Entspannungspolitik. In der Bukarester Erklärung der Warschauer-Pakt-Staaten, in der 1966 ein KSZE-Projekt formuliert worden war, war noch von einer Regelung für ein „zukünftiges vereinigtes Deutschland" die Rede.[6] Inzwischen war es dem östlichen Lager jedoch gelungen, die westlichen Nachbarstaaten sowie die USA und Kanada an einen Tisch zu bringen, ohne die Wiedervereinigung in den Mittelpunkt der Beratungen stellen zu müssen. Außenminister Genscher befand daher im Bundesrat am 11. Juli 1975: „Die KSZE ist keine Konferenz über

[5] Helmut Schmidt, *Menschen und Mächte*, Berlin 1987, S. 73. Schmidt konstatiert seit 1976 einen „Verfall" der Entspannung und sieht ihr Ende mit der Invasion in Afghanistan und den westlichen Reaktionen im Jahr 1980 erreicht.

[6] Vgl. *Neues Deutschland* vom 9. Juli 1966.

Deutschland und Berlin."[7] Die KSZE befaßte sich nicht speziell mit der deutschen Frage, allen Beteiligten war aber bewußt, daß es in Europa nicht zu einer Verständigung kommen würde ohne Regelungen in der deutschen Frage und der Lage Berlins. Christian Hackes Einschätzung ist daher zuzustimmen: „Das Projekt der Europäischen Sicherheitskonferenz, von der Sowjetunion initiiert, das aber zunehmend durch geschickte Interessenverknüpfung auch den westeuropäischen Interessen diente und sozusagen als Lockmittel für sowjetische Zugeständnisse in anderen Bereichen wie in den deutsch-sowjetischen Beziehungen, in den innerdeutschen Beziehungen und in und um Berlin gedacht war, entwickelte eine Eigendynamik, der die Vereinigten Staaten mit Mißtrauen gegenüberstanden. Mit Hilfe der KSZE würde der exklusive Teil der Entspannung im Supermachtsrahmen an Bedeutung verlieren und statt dessen würde sie auf die Ebene der europäischen Mittel- und Kleinmächte ausgedehnt werden."[8]

Genau dies trat ein. Frankreich hatte unter de Gaulle noch die KSZE-Idee abgelehnt, die die dauerhafte Verantwortung der USA für Europa verankern sollte. Der Präsident war darüber besorgt, daß Frankreich wegen der mangelnden Vollmitgliedschaft im Verteidigungsbündnis zum zweitklassigen Verhandlungspartner degradiert werden würde, und befürchtete ein Gesprächsmonopol der Supermächte in Sachen Verständigung. Angesichts der ost- und entspannungspolitischen Aktivitäten in Washington und Bonn beeilte sich sein Nachfolger Pompidou, den Anschluß zu halten. Die KSZE-Konferenz bot den Franzosen – wie auch den Engländern – die Gelegenheit, mit am Tisch zu sitzen und die deutsche Ostpolitik dadurch in multilaterale Kontakte einzubinden. Die Kopplung der Berlin-Frage mit der Konferenz gewährleistete das Mitspracherecht auch der kleinen Siegermächte.

Allerdings sollte das Berlin-Problem nicht erst auf einer solchen Konferenz geklärt werden, weil ein solches Vorgehen doch zu vielen Regierungen ein Mitspracherecht eingeräumt hätte. Auf die Frage eines Mitglieds des Repräsentantenhauses, ob man nicht auch Berlin auf die Tagesordnung der KSZE setzen sollte, hatte der amerikanische Experte George F. Kennan daher schon am 11. März 1970 geantwor-

[7] Zit. nach Hans Heinrich Mahnke, *Die Konferenz über Sicherheit und Zusammenarbeit in Europa (KSZE) und die deutsche Frage*, in: *Deutschland Archiv* (1975), S. 922–933 (923).

[8] Christian Hacke, *Die Ära Nixon-Kissinger 1969–1974*, Stuttgart 1983, S. 155.

tet: „No, Sir, I think that it should be explored and practically in the bag before we go to an European Security Conference.“[9]

Angesichts der propagandistischen Ausnutzung einer solchen Konferenz, die die Verantwortung der Sowjetunion für ganz Europa als gleichberechtigter Supermacht neben den USA festlegen und die von ihr nach dem Krieg geschaffenen Machtverhältnisse sanktionieren würde, war die amerikanische Skepsis begründet: „It would be far worse to have one that is fruitless than to have no Security Conference at all.“[10] Die eigentliche Initiative kam daher von den Europäern – unabhängig von ihrer Blockzugehörigkeit. Auch der deutsche Bundeskanzler erklärte erst nach dem Abschluß des Berlin-Abkommens in einem Kommuniqué anläßlich seiner Reise auf die Krim zu Generalsekretär Breschnew deutlich den Wunsch nach einer Beschleunigung der Einberufung einer Konferenz über Sicherheit und Zusammenarbeit. Auf ihrer Tagung Anfang Juni 1971 hatte die NATO-Ministerratstagung in Lissabon diese Abfolge nochmals bestätigt.[11]

In Rahmen der behandelten Fragestellung kann hier nur auf die unmittelbar Berliner Belange berührenden Aspekte der KSZE-Schlußakte eingegangen werden.[12] Kenneth Rush beschrieb in einem Vortrag „The United States and the Changing World“ den Stellenwert Berlins für diesen Prozeß: „Europe is of course central to most issues of peace. For four years we and our Western European allies have been working closely to reduce tensions across the continent by getting to their sources. The process began with the Berlin agreement. That opened the way for the basic agreement between the two Germanys, normalizing their relations. This gigantic step in turn has led to the current East-West talks in Helsinki and Vienna.“[13] Auch wenn hier die bundesdeutschen Initiativen zu den Abkommen mit Moskau und Warschau unterschlagen werden, ist der Hauptaussage zuzustim-

[9] *United States Relations with Europe in the Decade of the 1970's. Hearings before the Subcommittee on Europe of the Committee on Foreign Affairs*, House of Representatives, 91. Congress, Washington 1970, S. 176.

[10] Kenneth Rush am 8. 4. 1970, *a.a.O.* S. 405.

[11] Abdruck des Kommuniqués in: *Dokumente zur Berlin-Frage 1967–1986...* (s.o. Anm. 3), Dok. Nr. 7.

[12] Abdruck der Schlußakte beispielsweise in: *Texte zur Deutschlandpolitik*, Reihe 2/ Bd. 3, *30. Januar 1975 – 19. Dezember 1975*, hrsg. vom Bundesministerium für innerdeutsche Beziehungen, Bonn 1976, S. 330–407, dort auch die Erklärungen von Bundeskanzler Schmidt und ZK-Sekretär Erich Honecker während der Schlußkonferenz.

[13] *Department of State Bulletin*, Nr. 1763, 9. 4. 1973.

men: Berlins wichtigster Beitrag zur KSZE bestand darin, dieses Treffen überhaupt erst möglich gemacht zu haben.

Auch der französische Staatspräsident Valery Giscard d'Estaing bekannte auf der Abschlußkonferenz: „Sans l'accord des Quatre sur Berlin, la conférence qui nous réunit n'aurait sans doute pas en lieu."[14] Erst nachdem die deutschen Ergänzungsvereinbarungen zum Berlin-Abkommen unterzeichnet und gemeinsam mit den Ost-Verträgen am 3. Juni 1972 in Kraft getreten waren, stimmten die Bundesregierung und der NATO-Ministerrat der Aufnahme von KSZE-Sondierungen zu: „Berlin wurde zum Joker in der Hand der Vier Mächte, sowohl für die deutsche Ostpolitik als auch für den Zusammentritt der Sicherheitskonferenz."[15] In der Tat war an den Beginn eines solchen für die Sowjetunion und ihre Satellitenstaaten prestigeträchtigen Unternehmens vor Abschluß der Berlin-Verhandlungen nicht gedacht. Andererseits darf die Bindungswirkung der Ostverträge nicht unterschätzt werden: die Nachkriegsgrenzen waren mit den Verträgen von Warschau und Moskau bereits anerkannt – von den Deutschen waren mithin keine Ansprüche mehr zu befürchten.

Noch mit den alten Mehrheiten, vor der Bundestagswahl, als der Grundlagenvertrag gerade ausgehandelt, aber noch nicht unterzeichnet war, wurde die Teilnahme der Bundesrepublik an der multilateralen Vorbereitung der KSZE-Konferenz in Helsinki im November 1972 beschlossen. Beide deutschen Staaten nahmen gleichberechtigt daran teil. Die Konferenz der 35 Staaten selbst wurde am 3. Juli 1973 in Helsinki eröffnet, vom 18. September 1973 bis zum 21. Juli 1975 in Genf fortgesetzt und fand ihren Abschluß im Treffen der Staatsoberhäupter am 1. August 1975.

Die bundesdeutsche Konferenzdelegation sah ihre Hauptaufgabe darin, Status und Entwicklungsmöglichkeiten Deutschlands im Hinblick auf eine Wiedervereinigung nicht negativ zu präjudizieren, der Charakter eines Ersatzfriedensvertrages mußte mit Hinblick auf die deutsche Teilung und die Lage Berlins vermieden werden. Diese Einschätzung deckte sich mit den Interessen der Siegermächte, die ebenfalls nicht den *status quo* in Europa dahingehend verändert sehen wollten, daß sie ihrer originären Rechte in Berlin und Deutschland verlustig gingen. Die Westmächte hatten klargestellt, daß die KSZE

[14] Zit. nach: *Dokumente zur Berlin-Frage 1967–1986...* (s.o. Anm. 3), Dok. Nr. 256.

[15] Helga Haftendorn, *Sicherheit und Entspannung. Die Außenpolitik der Bundesrepublik Deutschland 1955–1982*, Baden-Baden 1983, S. 434.

nicht an die Stelle der bisherigen Verantwortlichkeiten treten solle. Richard Nixon erklärte für die USA: „The urgent issues of European security were the tensions over Berlin and Germany and the military confrontation in Central Europe. We could not hand over our responsibilities in Berlin to a European Conference."[16] Und der britische Premierminister ergänzte in Helsinki: „The Final Act of this conference is not a treaty; nor is it a peace settlement. It does not, and cannot, in any way affect four-power rights and responsibilities relating to Berlin and Germany as a whole."[17]

In Helsinki unterstrich Nixons Nachfolger Gerald Ford die Einbeziehung Berlins und betonte gleichfalls, daß die Schlußakte keinem Friedensvertrag gleichkomme: „The Helsinki agreement, under no circumstances, wrote into a legal document the existing borders."[18] So wie das Berlin-Abkommen die Konferenz möglich gemacht hatte, bestimmte die Situation der Stadt nun auch deren Ergebnis. Denn der Preis für das Offenhalten einer Wiedervereinigung Deutschlands und Berlins war jene in gewisser Hinsicht unzureichende Qualität der Schlußakte, die keinen völkerrechtlichen Vertrag darstellte, „weil ihr das Begriffselement ‚governed by international law' fehlt".[19] Dies wurde in Helsinki betont, war also nicht erst Ergebnis einer einseitigen Auslegung.[20] Die Verhandlungen waren auf der Suche nach einem Konsens geführt worden, gesellschaftspolitische Grundsatzfragen blieben daher unangetastet. Die Zustimmung der östlichen Partner zu der Möglichkeit, Grenzen in Europa auf friedlichem Wege und auf dem Wege von Vereinbarungen zu ändern, hatte zur Folge, daß auch die übrigen Bestandteile – Korb 1: Fragen der Sicherheit, Korb 2:

[16] *Fourth Annual Report to the Congress on United States Foreign Policy*, 3. Mai 1973, zit. nach *Public Papers of the Presidents – Richard M. Nixon*, Bd. 1973, Washington 1975, S. 413.

[17] Zit. nach *Berlin and East-West Relations*, ed. by the Central Office of Information Reference, Pamphlet 157, London 1978, S. 11.

[18] *Public Papers of the Presidents of the United States – Gerald R. Ford*, Bd. 1976/77 I, Washington 1979, S. 899 (*Remark* vom 2. 4. 1976).

[19] Theodor Schweißfurth, *KSZE und Deutsche Frage*, in: *Deutschland Archiv* (1977), S. 937, und ders., *Zur Frage der Rechtsnatur, Verbindlichkeit und völkerrechtlichen Relevanz der KSZE-Schlußakte*, in: *Zeitschrift für ausländisches Recht und Völkerrecht* 36 (1976), S. 681.

[20] H. H. Mahnke, *Die Konferenz...* (s.o. Anm. 7), S. 925, zit. die finnische Verlautbarung, „daß diese Akte weder ganz noch teilweise beim Sekretariat nach Art. 102 der Charta der Vereinten Nationen registrierbar ist, wie das der Fall wäre, wenn es sich um einen Vertrag oder ein internationales Abkommen gemäß dieses Artikels handelte".

wirtschaftliche Zusammenarbeit, Korb 3: menschliche Kontakte und Freizügigkeit – nicht rechtsverbindlich, einklagbar oder gar vollstreckbar wurden. Im Grunde mußte man sich auf die Versprechungen und den guten Willen der Unterzeichnerstaaten verlassen. So hob der erste Sekretär des ZK der SED, Erich Honecker, bei seiner Ansprache vor der Abschlußkonferenz am 30. Juli 1975 die ihm zusagenden Elemente hervor: „...die Achtung und Anerkennung des Prinzips der Unverletzlichkeit der Grenzen (ist) das Entscheidende."[21] Honeckers Idee der friedlichen Koexistenz sah so aus, daß er die zugesicherte Souveränität der Unterzeichnerstaaten dazu benutzte, den Schießbefehl an der innerdeutschen Grenze und an der Grenze nach Berlin weiterhin aufrechtzuerhalten. Nicht einmal der Charakter der Schlußakte als moralisch-politischer Absichtserklärung konnte so glaubhaft nach innen und außen von der DDR vertreten werden.

Berlin aber war in die Ergebnisse der Konferenz „in der Erkenntnis der Unteilbarkeit der Sicherheit in Europa" einbezogen, da diese dem ganzen Kontinent zugute kommen sollten. Der amerikanische Präsident begrüßte die Einbeziehung: „We welcome the fact that, subject to Four-Power rights and responsibilities, the results of CSCE apply to Berlin as they do throughout Europe."[22] Auf diesem Höhepunkt der Entspannungsära sollte Berlin nicht länger Störenfried sein. Helmut Schmidt und Erich Honecker fanden daher eine Formel in Helsinki, die – aus westlicher Sicht – noch defensiver ausfiel als die Wendung „Strikt einhalten, voll anwenden", die Brandt und Breschnew geprägt hatten. In Sachen Berlin wollte man nunmehr „die Belastbarkeit nicht testen". Welche Freiheiten sich Honecker darob erlaubte, wird unten dargelegt.

Grundsätzlich war die Haltung der DDR-Regierung gegenüber der Schlußakte davon geprägt, daß sie sich keinen Handlungsbedarf – etwa bei den Bekenntnissen des „Korbs 3" – attestieren lassen mochte. Der bloße Abschluß der Schlußakte, und nicht etwa ihre noch ausstehende Verwirklichung, sollte als entscheidender Entspannungsfortschritt gelten. Für Berlin und die Berliner hieß dies, daß sich mehr Freizügigkeit oder der Austausch von Meinungen innerhalb der geteilten Stadt nicht unter Berufung auf die Schlußakte erzwingen ließen. „Man muß nüchtern sagen, Helsinki hat sich auf die praktische Situation in West-Berlin noch nicht ausgewirkt", bekannte der regie-

[21] Abgedruck in: *Texte zur Deutschlandpolitik...* (s.o. Anm. 12), S. 413–416.

[22] *Public Papers of the Presidents – Gerald R. Ford*, Bd. 1975 I, Washington 1977, S. 1079, Ford am 1. 8. 1975 in Helsinki.

rende Bürgermeister 1976 und setzte auf die Hoffnung in bessere Einsicht: „Ich hoffe weiterhin, daß das, was man den ‚Geist von Helsinki' nennt, daß sich um diesen Geist auch nicht die osteuropäischen Staaten – insbesondere letztendlich auch nicht die Regierung der DDR – auf Dauer herumdrücken können."[23]

Als es im Sommer 1976 zu schweren Zwischenfällen an der innerdeutschen Grenze kam – ein italienischer Autofahrer wurde erschossen –, mußten sich die Vertreter der Bundesregierung folglich die Frage stellen lassen: „Ist Helsinki im Augenblick mehr für uns als ein Stück Papier?" Außenminister Genscher trat beredt dafür ein, die Ziele der Konferenz weiterzuverfolgen, ohne eine echte Handhabe gegen die DDR und deren Praxis der Gesetzesvollziehung zu haben. Genscher schlug vor, die deutsche Frage vor die Vereinten Nationen zu bringen.[24] Doch auch hier gab es keine Sanktionsmöglichkeiten. Vor der Nachfolgekonferenz der KSZE in Belgrad im Herbst 1977 forderte die CDU, die die Akte ja abgelehnt hatte, den Senat von Berlin im Abgeordnetenhaus auf, einen Bericht über die Durchführung der Schlußakte „in und um Berlin" zu erstellen. Mit der Übergabe eines solchen Berichts an die Westmächte und die Bundesregierung sollten diese angehalten werden, die Verstöße gegen das Viermächteabkommen auf dieser Konferenz zur Sprache zu bringen. Die Koalition im Rathaus Schöneberg lehnte dies ab mit der Begründung, ein solcher separater Senatsbericht würde die Außenvertretung Berlins durch den Bund in Frage stellen. Auch würde ein solcher Akt Mißtrauen gegenüber den Schutzmächten zum Ausdruck bringen, da diese die Ansprechpartner in allen Berlin betreffenden Fragen seien.[25] Auch hier setzte sich die Linie durch, möglichst Ruhe um Berlin zu halten und die Schwierigkeiten der Stadt nicht öffentlich auf internationaler Bühne zu beklagen. Die Bundesregierung hatte vorab schon Antwort auf eine Große Anfrage der CDU/CSU-Bundestagsfraktion vom 8. März 1978 über „Die menschenrechtliche Lage in Deutschland und der Deutschen in Osteuropa und ihre Erörterung auf dem KSZE-Überprüfungstreffen in Belgrad" gegeben.[26] Ohnedies scheiterten die

[23] Schütz gegenüber der *BBC*, 31. 7. 1976 (zit. nach der Kommentarübersicht des Bundespresseamtes).

[24] Interview vom 15. 8. 1976, zit. nach *Bulletin des Presse- und Informationsamtes der Bundesregierung* vom 17. 8. 1976.

[25] Vgl. *Plenarprotokoll des Abgeordnetenhauses*, 7. W.P., 8. 9. 1977.

[26] *Drucksachen des Bundestages*, 8. W.P., Nr. 1605.

Vertreter der Bundesrepublik und anderer westlicher Staaten aber in Belgrad mit ihrem Bemühen, einen substantiellen Zwischenbericht über die erreichten Verbesserungen seit Inkrafttreten der Schlußakte erstellen zu lassen.[27] Auf der zweiten Folgekonferenz in Madrid seit November 1980 wurde ebensowenig die Erhöhung des Zwangsumtausches durch die DDR-Regierung öffentlich gerügt, obwohl dieser Akt eindeutig gegen die Freizügigkeit verstieß. Aber er stellte eben einen autonomen Akt einer Staatsregierung dar. Erst im Jahr 1990 räumte der letzte Staatsratsvorsitzende der DDR, Egon Krenz, ein: „Wir hatten die KSZE-Akte unterschrieben – aber sie galt nicht."[28] Die Enttäuschung über einen wirksamen Einfluß ging daher durch alle Lager. So urteilte Willy Brandt 1983: „In Wirklichkeit hatte Helsinki von Anfang an zwei grundlegende Geburtsfehler. Der eine war, daß man ein Dokument produzierte, von dem jedermann eigentlich wissen mußte, daß es zuviel Formelkompromisse enthielt. Als ob kommunistische Führer nach Helsinki reisen würden, um der Abschaffung ihres Systems zuzustimmen! Außerdem blieb das Militärische, von ein bißchen Verzierung abgesehen, völlig außen vor."[29]

Auch das zweite, noch größere internationale Forum mochte und konnte nicht zur konkreten Verbesserung der Lage Berlins beitragen: die UNO.

Die Vereinten Nationen: Eine Bühne zur Diskussion der Teilung Berlins?

Wie oben dargelegt, waren die Vereinbarungen über die Stadt noch vor dem Beitritt der beiden deutschen Staaten zur UNO abgeschlossen worden. Umstritten blieb aber die Frage, in welcher Eindringlichkeit die Probleme Berlins auf dieser Bühne behandelt werden sollten. Weder die situative noch die strukturelle Voraussetzung für eine Debatte über die „Deutsche Frage" war gegeben: zum einen bedrohte sie nicht den Weltfrieden, zum anderen war das Veto der UdSSR gewiß.[30]

[27] Vgl. die Abschlußerklärung von Staatssekretär Günther van Well in Belgrad am 9. März 1978, in: *Texte zur Deutschlandpolitik*, Reihe 2, Bd. 6, Bonn 1979, S. 234–239.

[28] Im Interview mit der *Bild*-Zeitung vom 5. 2. 1990.

[29] Brandt im Interview in: *Die Zeit* vom 16. 12. 1983.

[30] Wilhelm Bruns, *Mehr Konflikt als Kooperation. Die beiden deutschen Staaten auf der 31. UN-Generalversammlung*, in: *Deutschland Archiv* (1977), S. 973.

Im Jahr 1976 ereigneten sich dennoch einige spektakuläre Vorgänge. Aufgrund der Zwischenfälle an der innerdeutschen Grenze und auch wegen des Bundestagswahlkampfes sah sich die Bundesregierung nach heftiger Aufforderung durch die Opposition veranlaßt, eine Initiative zur Wahrung der Menschenrechte anzukündigen. Scharf gerügt von *Prawda* und *Neuem Deutschland* [31] schlug Außenminister Genscher in seiner Rede vor der Generalversammlung der Vereinten Nationen am 28. September 1976 die Schaffung eines internationalen Gerichtshofes für die Behandlung von Fragen der Menschenrechte vor. Die DDR konterte auch hier damit, eine „Einmischung in innere Angelegenheiten" könne nicht zugelassen werden. Am 31. Januar 1978 berief sich daher ein Vertreter des DDR-Justizministeriums vor dem UN-Menschenrechtsausschuß auf innerstaatliches Recht und versicherte, daß es „keine politischen Gefangenen" in der DDR gebe.[32] Die Schaffung des Gerichtshofs wurde verworfen. Die unmittelbar Berlin betreffenden Streitpunkte bestanden auch in der zweiten Hälfte der siebziger Jahre hauptsächlich in Protesten der DDR gegen die Ausdehnung von UNO-Konventionen auch auf Berlin. Häufig sah sie dabei die Belange von „Sicherheit und Status" berührt, eine Auslegung, die sich aber nicht in den Vereinten Nationen durchsetzte.[33]

Praktische Belange gab es für die Stadt insbesondere bei der Abhaltung von Konferenzen unter maßgeblicher Beteiligung von Sonderorganisationen der Vereinten Nationen. Die Regierenden Bürgermeister legten dabei Wert auf eine gemeinsame Einladung von Bundesregierung und Senat. In New York spielte Berlin keine Sonderrolle in der Generalversammlung. Und damit war das Ziel der Vertretung durch die Bundesregierung ja auch erreicht, wenn auch die Berliner von den traurigen Themen Schießbefehl und Menschenrechtsverletzungen an der Grenze stärker betroffen waren.[34] Aber es hätte gemäß Artikel 34 der UN-Charta einer Bedrohung des Weltfriedens oder gemäß

[31] *Neues Deutschland* vom 2. 8. 1976, als Nachdruck des sowjetischen Artikels vom Vortag.

[32] *Deutschland Archiv* (1978), S. 224.

[33] Die Protestnoten der DDR sind bis 1977 dokumentiert in: *Das vierseitige Abkommen über Westberlin und seine Realisierung*, Berlin [Ost] 1977; die darauffolgenden sind in der Chronik des *Deutschland Archivs* passim aufgeführt.

[34] Siehe zum Komplex „Deutsche Frage", der hier nicht weiter zu behandeln ist, den Bericht des Symposiums *Deutschland und die Vereinten Nationen*, hrsg. von Gottfried

Artikel 99 einer Bedrohung der internationalen Sicherheit bedurft, um die Vereinten Nationen tätig werden zu lassen.

Erstmals besuchte im März 1979 mit Kurt Waldheim ein UNO-Generalsekretär auch West-Berlin, obwohl Vertreter der UdSSR wie der DDR ihn von diesem Vorhaben hatten abbringen wollen.[35] Vier Jahre zuvor hatte Waldheim um den Westteil noch einen Bogen gemacht und in Bonn sogar der These von den zwei unabhängigen deutschen Staatsangehörigkeiten das Wort geredet. Ein weiteres Mal nur die „Hauptstadt der DDR“ zu besuchen, erschien ihm politisch nicht ratsam. Das Recht der Vertretung der Interessen Berlins durch die Bundesrepublik unterstrich der Generalsekretär nun dadurch, daß er von dem bundesdeutschen UNO-Botschafter begleitet wurde. Ein Empfang beim Regierenden Bürgermeister Stobbe bildete für Berlin den Höhepunkt. Erst nach einem Umweg über Genf und Wien besuchte Waldheim einige Tage später den anderen Teil der Stadt. Der Besuch kann als Beleg für das Bestreben gelten, die geteilte Stadt nicht zum Zankapfel in den Vereinten Nationen werden zu lassen. Die „Deutschstunde“ in den Generalversammlungen, die Auftritte der beiden deutschen Außenminister, mußten dritten Staaten als Ritual erscheinen. Der These des einen folgte die Antithese des anderen: „...die Synthese liegt in der Nichtbefassung der Uno mit der ‚deutschen Frage‘.“[36]

Ein solcher Konsens bedeutete für Berlin aber nicht nur Beruhigung, sondern auch Stillstand: „Nach der UN-Erfahrung kommt im übrigen die Ansiedlung von UN-Institutionen in Berlin nur dann in Betracht, wenn sich hierzu ein Konsens aller Mitgliedsstaaten abzeichnet.“[37] Aus dem Wettstreit mit Genf und Wien wurde also nichts.

Zieger, Köln 1981, dort insbesondere den Beitrag von Dieter Blumenwitz, *Die deutsche Frage in den Vereinten Nationen seit dem Beitritt von Bundesrepublik Deutschland und DDR*, S. 35–52; Rüdiger von Wechmar, *Die Bundesrepublik in den Vereinten Nationen. Chancen und Grenzen unserer Mitwirkung*, in: *Vereinte Nationen*, H. 4 (1979), und Wolfgang Seiffert, *Deutschlandpolitik nach dem UNO-Beitritt. Grundlagen, Ergebnisse, Rückschläge, Perspektiven*, in: *Vereinte Nationen*, H. 5 (1983).

[35] Wilhelm Bruns, *Die Uneinigen in den Vereinten Nationen. Bundesrepublik Deutschland und DDR in der UNO*, Köln 1980, S. 104.

[36] W. Bruns im *Deutschland Archiv* (1979), S. 493.

[37] Günther van Well, *Berlin und die Vereinten Nationen*, in: *Vereinte Nationen*, H. 5 (1983), S. 146.

Die Haltung der Siegermächte

Die Schutzmächte: Sicherheitsgarantien zur Erhaltung des *status quo*. Ruhe als oberstes Ziel

Wie bereits oben dargestellt, waren die Schutzmächte vor allem an *einem* interessiert: an Ruhe in und um Berlin. Dazu hatten sie selbst ihren politisch-diplomatischen Beitrag zu leisten (neben dem eigentlichen militärischen Schutz). Am 25. Mai 1975 besuchte der amerikanische Außenminister Henry Kissinger die Stadt. Dieser Besuch erfolgte unmittelbar nach dem Rückzug der Amerikaner aus Vietnam und stellte eine Demonstration amerikanischer Zuverlässigkeit dar. In seiner Ansprache vor dem Abgeordnetenhaus von Berlin betonte Kissinger, sein Besuch erfolge „nicht in einer Zeit der Krise; er findet vielmehr in einem Augenblick statt, in dem sich diese Stadt größerer Sicherheit erfreut als zu irgendeinem Zeitpunkt während der letzten dreißig Jahre".[38] Weiter führte Kissinger aus: „In dem empfindlichen Gleichgewicht der Beziehungen zwischen Ost und West spielt Berlin die Rolle des Angelpunkts ... Nur wenn Berlin gedeiht, wird auch die *Détente* gedeihen; nur wenn Sie sicher sind, wird Europa sicher sein."

Diese Haltung der Amerikaner zu Berlin änderte sich in der zweiten Hälfte der siebziger Jahre nicht. „I do not anticipate any change in our policy", antwortete der neue Präsident Jimmy Carter bald nach seinem Amtsantritt 1976 auf die Frage nach seinen Absichten Berlin betreffend.[39] In einem Schreiben an Breschnew setzte sich Carter vom Beginn seiner Amtszeit an für die Erhaltung der „delicate political balance" in Berlin ein.[40] Und Vize-Präsident Mondale hatte bei seinem Besuch in Berlin am 26. Januar 1977 drei Grundprinzipien der amerikanischen Berlin-Politik unterstrichen: „First, stability of the situation in Berlin requires continued respect for the Four Power

[38] Abdruck in: *Dokumente zur Berlin Frage 1967–1986...* (s.o. Anm. 3), Dok. Nr. 447.

[39] *Public Papers of the Presidents of the United States – Jimmy Carter*, Vol. 1, Washington 1977, S. 767.

[40] Schreiben vom 7. 2. 1977, zit. nach: Zbigniew K. Brzezinski, *Power and Principle. Memoirs of the National Security Adviser 1977–1981*, 2. Aufl., New York 1985, S. 154, Brzezinski führt aus, daß Breschnew sich in seiner Antwort vom 25. 2. 1977 über die Besorgnisse über eine Verschlechterung der Lage lustig gemacht habe, nicht die Sowjetunion, sondern die DDR sei die richtige Adresse, um etwa reibungslosen Transitverkehr zu gewährleisten.

rights and responsibilities for Berlin as a whole ... Second, it is essential to recognize the kind of future the people of this great city want. In the exercise of their right of free expression, Berliners have chosen freely and consciously to be a part of the West ... Finally, the essential balance which governs the situation in Berlin is reflected in the quadripartite agreement. The President firmly believes and will continue to insist that this agreement be strictly observed and fully implemented by all concerned parties.“[41]

Berlin war mithin nicht Gegenstand irgendwelcher parteipolitischer Ambitionen der amerikanischen Administrationen, die demokratische Regierung unterschied sich in ihrer Haltung nicht von der der Republikaner. Carter selbst kam im Juli 1978 nach Berlin und erneuerte in einer Ansprache an die Bevölkerung die Garantie der USA für die Freiheit der Stadt: „Was immer sei, Berlin bleibt frei!“[42] Die Dissonanzen, die sein Besuch und insbesondere die Begleitung durch den Bundeskanzler hervorriefen, werden unten beschrieben; sie wirkten sich nicht auf den Besuch des Präsidenten aus. Genau dies markiert aber die öffentliche Behandlung der Probleme Berlins: die Blockierung der Autobahn durch DDR-Bedienstete anläßlich seines Besuches veranlaßte eben auch den Präsidenten nicht zu Gegenmaßnahmen.

Unter den Alliierten der Nordatlantik-Allianz gab es keine Dispute in Sachen Berlin. Queen Elizabeth erneuerte ihrerseits die britische Sicherheitsgarantie für die Stadt, „deren Freiheit so lange wie nötig zu verteidigen, bis die Wunden der Spaltung in Europa und in Ihrer Stadt geheilt werden können“.[43] Mit Valery Giscard d'Estaing kam im Oktober 1979 erstmals seit Napoleon wieder ein französisches Staatsoberhaupt nach Berlin. Indem er sich zu den Verpflichtungen der *Grande Nation* bekannte, betonte er ausdrücklich die Rechte der Franzosen, als er erklärte: „Sie bedauern die Einschränkungen, die die Drei Mächte zuweilen in Ausübung der obersten Gewalt, die sie in ihren jeweiligen Sektoren innehaben, vorzunehmen gezwungen sind. Aber Sie wissen auch, daß Ihre Freiheit auf dem Vier-Mächte-Recht beruht. Unsere Rechte sind Ihre Freiheit. Unsere

[41] *Department of State Bulletin*, March 7 (1977), Nr. 1967, S. 187 f.

[42] Abgedruckt in: *Dokumente zur Berlin-Frage 1967–1986...* (s.o. Anm. 3), Dok. Nr. 450.

[43] Anläßlich ihres Besuches am 25. Mai 1978, Abdruck der Ansprache *a.a.O.*, Dok. Nr. 449.

Rechte sind Ihre Sicherheit."[44] Hier wurde erneut deutlich, daß der *status quo* des Fortbestehens solcher Großmachtrechte seine Anhänger hatte – gerade in Frankreich. Das Auftreten des Staatspräsidenten war denn auch derart von der Betonung der eigenen Rechte geprägt, daß es weder von sowjetischer noch von ostdeutscher Seite gerügt wurde.

Auch die Debatten auf den halbjährlichen Ministertagungen des Nordatlantikrates gehörten zum Ritual. Uneingeschränkt wurde in den Jahren 1975 bis 1979 eine positive Bilanz gezogen und das Abkommen als bewährt beurteilt. Gleichwohl unterblieb auch nicht die Warnung, daß der Entspannungsprozeß „ernsthafter Gefährdung ausgesetzt würde, wenn einer der Unterzeichnerstaaten es unterließe, die von ihm im Viermächte-Abkommen übernommenen Verpflichtungen in vollem Umfang einzuhalten".[45] Zu direkten Gesprächen über Berlin mit der Sowjetunion ließen sich die drei Schutzmächte nicht herbei. Die Probleme wurden als unterhalb der Schwelle alliierter Grundsatzpositionen angesiedelt angesehen. Auch Forderungen aus Berlin konnten die Schutzmächte nicht von dieser steten Politik abbringen.[46] Noch zeichnete sich nicht ab, daß sich die Einigkeit der Schutzmächte und ihres deutschen Verbündeten bald nach dem Ende des Jahrzehnts vor eine starke Belastungsprobe gestellt sehen sollte. In den Jahren bis zur Verhärtung der Position des Westens gegenüber der Sowjetunion am Ende der siebziger Jahre stellte sich für die Westmächte die Lage in und um Berlin als ruhig dar. Die Störungen erreichten kein Ausmaß, das ihr Eingreifen hätte geboten erscheinen lassen. Andererseits blieb auch nicht verborgen, daß die relative Ruhe in der Bevölkerung ein Nachlassen des Gefühls der Bedrohung zur Folge hatte, das sich auch in der Behandlung der Schutzmächte und ihrer Anliegen äußern sollte. Die Erklärung, die Assistant Secretary of State for European Affairs George S. Vest am 10. Dezember 1979 in Berlin abgab, faßte die Position des Westens in den siebziger Jahren zusammen, ohne die Ahnung, daß wenige Wochen später die weltpo-

[44] Abdruck: *A.a.O.*, Dok. Nr. 451.

[45] So das Kommuniqué der Sitzung vom 9./10. Dezember 1976, in: *Dokumente zur Berlin-Frage 1967–1986...* (s.o. Anm. 3), Dok. Nr. 18. Dort auch die übrigen Verlautbarungen Dok. Nr. 15–24.

[46] Vgl. etwa das Interview von Peter Lorenz, „Bei Übergriffen des Ostens weitere Schritte der Alliierten", in: *Berliner Morgenpost* vom 29. 8. 1976, nach Schikanen auf den Transitstrecken.

litische Lage nach dem Einmarsch der Roten Armee in Afghanistan gänzlich neu beurteilt werden würde: „There should be no questions of Four Power rights and responsibilities for Berlin as a whole“ und „It is essential to maintain the delicate balance of interests which has developed in and around the City. There should be no temptation to use Berlin as a point of pressure in reaction to developments in other areas of East-West relations.“[47]

Die Diskussion über die Tätigkeit der Schutzmächte: Ein Zeichen von Undankbarkeit oder Normalisierung?

Noch vor Eintritt der akuten Krise um Afghanistan mußten die Alliierten feststellen, daß die Stabilität eine Dynamik freigesetzt hatte: Der Dank für die Zuverlässigkeit und Standfestigkeit ihrer Position nahm ab. Die wachsende Zurückdrängung des Gefühls der Bedrohung, unabhängig vom Grad der tatsächlichen Bedrohung, seit dem Inkrafttreten des Abkommens hatte eine für die Schutzmächte unerfreuliche Nebenwirkung: Die Notwendigkeit ihrer Anwesenheit und die damit verbundenen Beeinträchtigungen der Berliner Demokratie und des öffentlichen Lebens, beispielsweise durch Manöver in Wohngebieten, wurden von vielen Berlinern nicht länger eingesehen. Die Ansicht, ein laut rasselnder amerikanischer Panzer im Wohngebiet sei eher zu begrüßen als ein einzelner Rotarmist auf dem Fahrrad, fand nicht länger ungeteilte Zustimmung in der Berliner Bevölkerung.

Nachdem die Siegermächte mit ihrem Abkommen selbst ihren Beitrag zur Entspannung in Berlin geleistet hatten, büßte der Zusammenhalt der Berliner mit den drei Schutzmächten an Festigkeit ein. Wie der Senat zuletzt massiv bei den Wahlen von 1975 erfahren hatten, dankten die Bürger nicht für das vordem Geleistete, sondern stellten verstärkt Forderungen in der Gegenwart. Das mußten auch die Alliierten erfahren. Bevor noch ein wachsender Antiamerikanismus im Zuge der Diskussion über die NATO-Nachrüstung um die Wende des Jahrzehnts politische Protesthaltungen auch mit Gewalttaten ver-

[47] George S. Vest, *Security of the Western Alliance*, in: *Department of State Bulletin*, Nr. 2035, S. 1, Vest bestätigte diese Position im Rückblick im Gespräch mit dem Verf. am 24. Mai 1989.

band, wurde deutlich, daß die Neubesinnung der Berliner auf ihre innerstädtischen Probleme auch die Alliierten nicht unverschont ließ.

Der Erfolg der WUB bei den Wahlen in Zehlendorf hatte gezeigt, daß einzelne, lokale Interessen in den Vordergrund rückten. Jetzt wurde auch das Verhalten der Alliierten kritisch unter die Lupe genommen. Wiederum im Bezirk Zehlendorf hatte es 1974 anläßlich der von den Amerikanern geplanten Errichtung von Wohnbauten für ihre Soldaten im Naturschutzgebiet der Düppeler Felder Proteste der Öffentlichkeit gegeben. Eine Bürgerinitiative mußte erfahren, daß bei dem im Juli 1978 durch den amerikanischen Stadtkommandanten verfügten Baubeginn die nach deutschem Recht vorgeschriebene Bürgerbeteiligung umgangen worden war und keine Rechtsschutzmöglichkeit vor deutschen Gerichten bestand. Gemäß Kommandanturgesetz Nr. 7 vom 17. März 1950 hatte der Stadtkommandant dem Verwaltungsgericht die Befassung mit alliierten Maßnahmen untersagt. Auch eine Appellation an ein amerikanisches Gericht in Washington erbrachte kein Rechtsmittel gegen das Vorgehen der Schutzmacht. Auch im britischen Sektor gab es Kritik an Vorhaben. Aus Gründen der Flugsicherheit auf dem Militärflughafen in Gatow hatten die britischen Behörden im November 1979 die Rodung von 30 000 Bäumen veranlaßt. Der Senat unter dem Regierenden Bürgermeister Stobbe hatte in Abstimmung mit der britischen Schutzmacht deren Sicherheitsanforderungen zugestimmt und sah sich nun ebenfalls der Kritik von Umweltschützern ausgesetzt. Dieses Dilemma wäre vor dem Abkommen undenkbar gewesen. Dreißig Jahre nach Beendigung der Luftbrücke, die das Überleben der Stadt gesichert hatte, hatte sich auch in Gatow eine Bürgerinitiative gebildet, die den Sicherheits- und Sicherungsüberlegungen einer der Schutzmächte nicht länger die oberste Priorität einzuräumen gewillt war.

Spektakuläre Umstände begleiteten die Verhandlungen über die Flugzeugentführung eines DDR-Bürgers, der Ende August 1978 eine polnische Maschine zur Landung in Tempelhof statt auf dem DDR-Flughafen Schönefeld gezwungen hatte, um sich mit seinen Begleitern in den Westen abzusetzen. Die Amerikaner, in deren Sektor der Flughafen lag, verhängten zunächst eine Nachrichtensperre und übernahmen dann auch die strafrechtliche Verfolgung, da der Luftverkehr alliierten Vorbehalten unterlag. Am 27. November 1978 wurde erstmals in der Nachkriegsgeschichte der im Gesetz Nr. 46 vom 28. April 1955 vorgesehene *U.S. Court for Berlin* eingerichtet. Der mit der Verhandlung des Falles befaßte Richter hat sich über seine Erlebnisse in

Berlin geäußert.[48] Scharf kritisierte er die Nichteinhaltung der ohnehin fragwürdigen Vorgehensweise, nach amerikanischem Verfahrensrecht und deutschem materiellen Recht zu befinden.[49] Die am 29. Mai 1979 verhängte Freiheitsstrafe war durch Anrechnung der Haftzeit verbüßt. Doch mit diesem Einzelfall war es nicht getan. Gab es schon ein U.S. Gericht in Berlin, so wollten nun auch die Protestler gegen den Düppeler Wohnungsbau ihr Anliegen diesem Richter zu Gehör bringen. Rückwirkend wurde diesem aber vom amerikanischen Botschafter am 27. Mai 1979 die Zuständigkeit entzogen, *Judge* Stern wurde nach Hause geschickt. Auf eine Überprüfung alliierter Bauvorhaben wollte sich der Botschafter nicht einlassen. Bei nachfolgenden Flugzeugentführungen veranlaßten die Amerikaner die Deutschen, selbst zu verhandeln.[50] Die Dauereinrichtung eines eigenen Gerichtshofes erschien den Amerikanern denn doch zu heikel.

Brisant wurde die politische Diskussion über die Rechte der Alliierten jetzt dadurch, daß diese unter dem Druck der Proteste ihre Position deutlich herausstellten. Der Appellationsgerichtshof in Washington, bei dem die Vertreter der Bürgerinitiative die Wiedereröffnung des *U.S. Court for Berlin* erstreiten wollten, beschied dieses Begehren abschlägig mit der Begründung, „daß Berlin ein amerikanisches Besatzungsgebiet sei, in dem örtliche Regierung, Einrichtungen und Gerichte ‚creatures' der amerikanischen Besatzungsorgane seien".[51] In einem späteren Verfahren betonte der britische Stadtkommandant 1984, daß er und seine beiden Kollegen Organe der Regierung Deutschlands seien. Derlei klare Worte über den Charakter der verliehenen Demokratie und ihrer Teilsuspendierung der Gewaltenteilung sorgten in Teilen der Bevölkerung für Verstimmung. Gerade weil seit dem Vier-Mächte-Abkommen bis zum Ende des Jahrzehnts in Berlin die Entspannung im Vordergrund stand, wurde die Basis dieser Entspannungspolitik nicht länger von allen Berlinern verstanden. Als Ende 1979 durch den NATO-Doppelbeschluß und die Invasion der Roten Armee in Afghanistan die Konfrontation der beiden Blöcke an

[48] Herbert F. Stern, *Judgement in Berlin*, New York 1984.

[49] So war etwa die Begleiterin des Verdächtigten zwei Monate lang ohne jeden Haftbefehl in Gewahrsam geblieben.

[50] Der Stadtkommandant von 1978 bis 1981, Calvert P. Benedict, mochte die Erfahrungen mit dem selbstbewußten Stern nicht wiederholen; Benedict im Gespräch mit dem Verfasser am 30. 8. 1989.

[51] Zit. nach Dieter Schröder, *Besatzungsgewalt und Rechtsschutz in Berlin*, in: *Recht und Politik*, H. 1 (1985), S. 25.

Schärfe zunahm, verband sich das Unverständnis zudem mit einer vornehmlich antiamerikanischen Haltung.

Es folgten in diesen Jahren weitere Fälle, insbesondere die Proteste gegen eine Erweiterung der Aktivitäten auf dem britischen Schießplatz in Gatow, aber auch Diskussionen über Strafverfahren gegen Angehörige der Streitkräfte, Blockadeaktionen gegen Militäreinrichtungen durch die Friedensbewegung und die Einrichtung von Bannmeilen. Das Abgeordnetenhaus von Berlin stimmte am 11. Oktober 1984 einstimmig (!) gegen die Erweiterung des Schießplatzes – 1977 hatte der damalige Regierende Bürgermeister sie noch unterstützt, ein Beleg für den Wandel der politischen Stimmungen und Prioritäten.

Vor allem die Alternative Liste setzte sich im Abgeordnetenhaus für eine Änderung der geltenden alliierten Rechtsvorschriften ein. Ihre Forderungen gipfelten in dem Vorschlag, die Alliierten sollten ganz auf ihre innenpolitischen Rechte verzichten. Ihr Argument: „Was für Bürgerinnen und Bürger Frankreichs, Großbritanniens, der USA und der Bundesrepublik selbstverständlich ist, muß auch in Berlin (West) Geltung erlangen“[52] – nämlich Rechtsschutz –, veranlaßte auch den Regierenden Bürgermeister Diepgen, sich nach seinem Amtsantritt 1984 an die Spitze einer Rechtsbereinigungskampagne zu setzen. (So wurde etwa im Frühjahr 1989 einvernehmlich die Todesstrafe als höchstes in Berlin anwendbares Strafmaß der Siegermächte abgeschafft.) Die Frage des Rechtsschutzes bei Akten der Alliierten bildete in den achtziger Jahren „ein rechtliches und ein politisches Problem, das gelöst werden muß, wenn verhindert werden soll, daß das Verhältnis der Stadt, ihrer Einwohner und ihrer politischen Führung zu den Schutzmächten für beide Seiten unerwünschten Belastungen ausgesetzt wird“.[53]

Diese Entwicklung in Berlin ist eine Folge, eine Begleiterscheinung des Erfolgs der Entspannungspolitik in und für Berlin, die gerade von den Schutzmächten ermöglicht worden war. Ein Ergebnis der Entspannungspolitik war eine zunehmende Ambivalenz gegenüber allen vier Siegermächten, das nachlassende Bewußtsein gerade jüngerer Berliner hinsichtlich der Grundlagen der Sicherheit der Stadt. Und so

[52] Alternative Liste Berlin (Hrsg.), *Besatzungsrecht in Berlin (West)*, Berlin 1986, S. 13.

[53] Albrecht Randelzhofer, *Untersuchung über die Möglichkeiten des Rechtsschutzes der Einwohner Berlins gegen Akte der Alliierten*, in: *Die Verwaltung*, (1986), S. 9–38 (9).

mischten sich anläßlich der alliierten Militärparaden zunehmend mehr Protestler unter die fähnchenschwingenden Berliner.

Das Verbot von Aktivitäten der NPD

Wenig debattiert wurde ein echter Eingriff in das demokratische System der Stadt: das Verbot der Betätigung der National-Demokratischen Partei (NPD) in Berlin. Dies lag vor allem an der politischen Position dieser Partei, die Ende der sechziger Jahre immerhin in etlichen Landtagen vertreten war und 1969 nur knapp an der Fünf-Prozent-Hürde bei den Bundestagswahlen scheiterte. Eine Bestandsaufnahme der Berliner Demokratie in den siebziger Jahren muß auch das Verbot aller Aktivitäten der NPD nennen. Festzuhalten ist, daß einer Partei, die in der Bundesrepublik uneingeschränkt tätig sein durfte, die Ausübung ihrer Parteiarbeit in Berlin untersagt wurde. Damit gab es eine Rechtslage in Berlin, die nicht in der Bundesrepublik galt, obwohl die Stadt doch sonst die Rechtseinheit mit dem Bund zum obersten Gebot gemacht hatte. Und diese Rechtsungleichheit war auch noch auf Betreiben des Senats zustande gekommen.[54] Die französischen und britischen Behörden waren für ein Verbot, die Amerikaner hätten lieber nur einzelne Veranstaltungen untersagt.[55] Das Verbot jeder Tätigkeit der NPD stellte ein Entgegenkommen an die Sowjetunion und die DDR dar, die im Erstarken dieser Partei den Beleg für den noch fruchtbaren Schoß des Nationalsozialismus sahen. Im März 1968 hatten DDR-Bedienstete NPD-Mitglieder und solche Personen, die sie rechtsradikaler Betätigung verdächtigten, von der Durchreise nach Berlin ausgeschlossen. Gegen solche Willkür hatte sich Schütz verwahrt. Der Senat war aber entschlossen, daß Verhältnis zur östlichen Seite nicht durch Aktivitäten der NPD belasten zu lassen, und sprach sich für ein Verbot aus.[56] Die alliierte Kommandantur kam diesem Wunsch nach. Während der Viermächteverhandlungen

[54] Im Protokoll der Fraktionssitzung der SPD am 24. 9. 1969 heißt es: „Klaus Schütz macht klar, daß die Alliierten zwar das Recht zu einem Verbot haben, von diesem Recht aber nicht ohne Bitten des Senats Gebrauch machen wollen. Dies bedeutet, daß der Senat die Verantwortung für Entscheidungen in dieser Sache mitträgt." Bestand SPD-Fraktion im Archiv der sozialen Demokratie, Akte 543.

[55] Schütz laut Protokoll der SPD-Fraktionssitzung am 1. 10. 1968, *a.a.O.*, S. 2.

[56] Vgl. Schütz im *Hessischen Rundfunk*, 3. 10. 1968 (zit. nach der Kommentarübersicht des Bundespresseamtes). Im Rückblick urteilt Schütz über dieses Vorgehen: „Ich

verständigten sich die vier Botschafter auf eine Beibehaltung dieser Praxis, ohne aber ein Verbot in das Abkommen hineinzuschreiben, wie es der Wunsch Abrassimows gewesen war.[57] Das Thema wurde nach den Viermächte-Verhandlungen derart geheimgehalten, daß selbst die Nachfolger in den Missionen nicht informiert wurden.[58]

Die drei Westmächte kannten die Brisanz des Verbots, das nur durchgehalten werden konnte, weil die NPD keine Fürsprecher hatte, die sich gegen eine solche Beschränkung der Berliner Demokratie ausgesprochen hätten. Diese Intervention auf dem Feld der politischen Betätigung der Berliner wurde zwanzig Jahre lang von den Schutzmächten aufrechterhalten,[59] trotz Zweifeln auch bei den Verantwortli-

hatte ja einen Antrag gestellt bei den Alliierten, daß sie verboten würde. Wir haben das Einverständnis, daß sie nicht in West-Berlin tätig wird. Die NPD ist zugelassen, sie wird nur immer durch alliierte Anordnung an der Ausübung ihrer Tätigkeit gehindert. Wenn sie einen Parteitag anberaumt, gibt es eine alliierte Anordnung. Ich will jetzt gar nicht vertiefen, ob das alles so richtig war." Gespräch mit dem Autor am 9./10. Oktober 1989, Protokoll im Archiv der sozialen Demokratie, Sammlung „Personalia", S. 22.

57 Honoré M. Catudal, *The Diplomacy of the Quadripartite Agreement on Berlin*, Berlin 1977, spricht (S. 240 f.) von einem „Gentlemens' Agreement" der vier Botschafter. Botschafter Rush widerspricht dieser Darstellung: „There was no secret agreement of any kind in the Berlin negotiations. I would have never allowed secret agreements, because secret agreements are not enforcable. And in modern bureaucracies You could not keep a secret agreement secret. The NPD thing had nothing to do with the Berlin negotiations ... Abrassimov tried to make the NPD a subject of our negotiations, but we never agreed on anything or that we would do anything ... If we banned it, it was purely voluntarily." Gespräch mit dem Autor, Protokoll in Box 27, „Kenneth Rush Papers", Hoover Institution Archives, S. 23.

58 Scott George, American Minister in Berlin, schrieb am 1. November 1977 einen Brief an Rush, mit der Frage, ob es ein Geheimabkommen der vier Siegermächte in Sachen NPD gebe. Er selbst habe mit seinen französischen und britischen Kollegen das Material daraufhin durchsucht, d. h. er hat Geheimabsprachen nicht von vornherein ausgeschlossen. „We have always cited a ‚possible threat to public order' as our reason for banning NPD public activities. Truthfully, the small handful of NPD members here and the small number of sympathizers there may have pose much less of a threat to public order than the far-left organizations whose meetings are permitted. Eventually, we may wish to reconsider our policy and in that context would need to know what had been agreed during the Quadripartite Agreement negotiations." Die Frage entlarvt die amerikanische Informationspolitik, „Kenneth Rush Papers", Box 9, Hoover Institution Archives. Rush antwortete George am 28. November 1977: „There was no agreement, oral or written." *Ebda.*

59 Vgl. die jeweiligen BK/O in: *Dokumente zur Berlin-Frage 1967–1986...* (s.o. Anm. 3), Dok. Nr. 315–320, sowie weitere im *Gesetz- und Verordnungsblatt Berlin.*

chen. Erst mit dem Aufkommen der rechtsextremen Partei „Die Republikaner“ im Herbst 1988 zeigte die Alliierte Kommandantur, daß sie sich nicht länger als politischer Zensor oder Erzieher auf dem Gebiet der politischen Parteien gerieren mochte.

Die sowjetische Position: Nadelstiche gegen die Zugehörigkeit

Die sowjetische Interpretation des Vier-Mächte-Abkommens, nach der das Nichtregiertwerden der Stadt durch den Bund die Hauptaussage darstellte, wurde aufrechterhalten. Im Freundschaftsvertrag zwischen der UdSSR und der DDR vom 7. Oktober 1975 versuchten die Vertragspartner, den Eindruck zu erwecken, als habe West-Berlin auch zu anderen Staaten ähnliche Bindungen wie zur Bundesrepublik.[60] Im Frühsommer 1976, als die Bundesrepublik sich zum Bundestagswahlkampf Helmut Schmidts gegen den rheinland-pfälzischen Herausforderer Helmut Kohl rüstete, gab die Sowjetunion eine „Erklärung der Sowjetregierung zu internationalen Fragen und den Beziehungen zur Bundesrepublik Deutschland“ ab.[61] Das darin enthaltene Lob für die Erfolge der sozialliberalen Entspannungspolitik kam der Bundesregierung zwar nicht ungelegen, doch in Sachen Berlin mochte man sich nicht von Moskau auseinanderdividieren lassen. Wie in den „besten Tagen“ des Kalten Krieges in und um Berlin, als der antikommunistische Schulterschluß die demokratischen Parteien einigte, verlautbarte die Bundesregierung, daß die Verbesserung der Beziehungen Wunsch aller Parteien des Bundestages sei, und verwahrte sich und die Opposition dagegen, die an internen Diskussionen über die Deutsche Frage Beteiligten „in Gutwillige und Böswillige“ einzuteilen.[62] Mit klarer Zielrichtung gegen die CDU, aber auch gegen den Senat von Berlin, der naturgemäß nach der Devise „Was nicht verboten ist, ist erlaubt“ den Spielraum Berlins zu erweitern trachtete, hatte es in der Erklärung aus Moskau geheißen, wer „Zerreißproben“ des Berlin-Abkommens anstrebe, gefährde den Gesamtprozeß der Entspannung. Obwohl dies der Linie Helmut Schmidts und der Westmächte entsprach, wurde die Drohung zurückgewiesen,

[60] *Gesetzblatt der DDR* 1975, II, S. 237.

[61] Am 22. Mai 1976, dokumentiert im Wortlaut in: *Deutschland Archiv* (1976), S. 878–882.

[62] *A.a.O.*, S. 882–888.

mangelndes Wohlverhalten könne mit Restriktionen auf der Ebene der Durchführung des Abkommens beantwortet werden.

Die Moskauer und die Ost-Berliner Regierung erlaubten sich selbst aber weiterhin eine Politik des kalkulierten Vertragsbruchs. Als zum 1. Januar 1977 durch Beschluß des Außenministeriums der DDR auch für Ausländer ein Visumzwang eingeführt wurde und die Kontrollposten an der Grenzlinie zwischen Ost-Berlin und dem DDR-Gebiet abgezogen wurden (siehe ausführlich dazu unten den Abschnitt zur Rolle Berlins in den innerdeutschen Beziehungen), beschuldigten die Westmächte die DDR-Behörden in einer Erklärung vom 11. Januar 1977 der „Verletzung" des Abkommens, da sich dieses „auf ganz Berlin" beziehe.[63] Adressat der Erklärung war natürlich die Sowjetunion, nicht die DDR, der jegliche Verantwortung für den Ostsektor Berlins abgesprochen wurde. Doch die Mahnung der Westmächte: „Sie sind der Auffassung, daß die Sowjetregierung für die Einhaltung ihrer Verpflichtungen hinsichtlich Berlins verantwortlich ist", verpuffte. Die sowjetische Antwort enthielt den bekannten Standpunkt: es gebe „schon seit langen kein ‚Groß-Berlin' mehr, ebenso auch keinen ‚Vier-Mächte-Status für Groß-Berlin'. Es gibt die Hauptstadt der DDR, Berlin, die ein untrennbarer Bestandteil der Republik ist und den gleichen Status wie jedes beliebige andere Gebiet der DDR hat."[64] Angesichts eines solchen Dissenses sahen sich die Staats- und Regierungschefs der Westmächte gemeinsam mit dem Bundeskanzler am 9. Mai 1977 zu einer Erklärung veranlaßt, die die gemeinsame Position zum 5. Jahrestag des Inkrafttretens des Vier-Mächte-Abkommens bekräftigte und als „Londoner Erklärung" bekannt wurde.[65] Darin wurde die westliche Position unterstrichen, die Aufrechterhaltung und Weiterentwicklung der Bindungen Berlins an das Bundesgebiet betont und auch insoweit auf innere Belange der Stadt reagiert, als „die Bemühungen der Bundesrepublik und des Senats von Berlin, mit denen sichergestellt wird, daß es sich auch weiterhin lohnt, in den Westsektoren Berlins zu investieren und zu arbeiten", gewürdigt wurden. Ohne die aktuellen Statusverletzungen der DDR zu nennen, wurde die Sowjetunion daran erinnert, daß „die Entspannung bedroht würde, wenn eine der vier Signatarmächte des Vier-Mächte-Abkom-

[63] Abdruck der Erklärung in: *Dokumente zur Berlin-Frage 1967–1986...* (s.o. Anm. 3), Dok. Nr. 422.

[64] Abdruck *a.a.O.*, Dok. Nr. 423.

[65] Abdruck *a.a.O.*, Dok. Nr. 177.

mens die Verpflichtungen nicht voll respektieren würde". Dieses Zusammenstehen und die damit verbundene Sicherheitsgarantie für den Westteil der Stadt aber konnten nicht weiter reichen, als schon die *essentials* John F. Kennedys: an der Mauer hörte der Einfluß der Westmächte auf.

Unmittelbar nach Abschluß der KSZE-Akte hatte Berlin im Oktober 1975 einen Erfolg verbuchen können. An einem Symposium „Perspektiven und Probleme wirtschaftlicher Zusammenarbeit zwischen Ost- und West-Europa" nahmen Wissenschaftler aus der Sowjetunion, der DDR, Ungarn, Polen, Rumänien neben Vertretern westlicher Staaten teil. Doch in der Folge sollte sich zeigen, daß sich die Sowjetunion keineswegs verbindlich und damit für potentielle Veranstalter zuverlässig an die Abmachungen zu halten beabsichtigte. Dies betraf Veranstaltungen staatlicher und nichtstaatlicher Organisationen gleichermaßen. Selbst kleinere Dissonanzen konnten so für Berlin empfindliche Folgen zeitigen. Wenn etwa die Sowjetunion ihre Zusage zur Teilnahme an den Eisschnellaufweltmeisterschaften in West-Berlin zum Jahreswechel 1974/75 wegen der Einladungsmodalitäten kurzfristig wieder zurückzog, urteilte der Regierende Bürgermeister: „Das Hin und Her um den Start der sowjetischen Eisschnelläufer bei den Eissprintweltmeisterschaften wäre allerdings geeignet, in einer Sammelmappe ‚Lächerlichkeiten' abgelegt zu werden. Dennoch nehmen wir die Sache sehr ernst."[66] Denn dies hatte Signalwirkung: Berlin konnte vielen Veranstaltern als zu heißes Pflaster erscheinen. Im August 1978 fanden in Berlin die Schwimmweltmeisterschaften unter Teilnahme von Vertretern des gesamten sogenannten Ostblocks statt. Als eine seiner ersten Amtshandlungen hatte der Regierende Bürgermeister Stobbe im Mai 1977 dazu eine separate Einladung des Senates ausgesprochen, ein Umstand, der von der Opposition scharf kritisiert wurde, von Stobbe aber mit seiner Politik des Pragmatismus verteidigt wurde.[67] Ein System im Verhalten der östlichen Seite war ohnehin nicht zu erkennen. Tagespolitische Überlegungen überlagerten grundsätzliche Entscheidungen. Doch die Unsicherheit in bezug auf Teil-

[66] *Plenarprotokoll*, 7. W.P., 11. 3. 1976, S. 922.

[67] Siehe ausführlich zu dieser Streitfrage das *Plenarprotokoll*, 7. W.P., S. 2486–2496, im Rahmen derer der Einladungsbrief verlesen wurde und Bundessenator Korber aus bis dahin vertraulichen Senatsbeschlüssen belegte, daß Stobbe sich nicht von einer seit Ernst Reuters Tagen gepflegten Praxis entfernt hatte.

nahme oder Nichtteilnahme von Ostblockländern an internationalen Veranstaltungen wirkte in Berlin lähmend.

Die Sowjetunion bestritt auch weiterhin das Recht der Fortentwicklung der Bindungen zwischen der Stadt und dem Bund. Während die westliche Seite die Aufzählung der untersagten Veranstaltungen im Abkommen als abschließend ansah, versuchte die Moskauer und in ihrem Gefolge die DDR-Regierung, den Berlinern jedwede neue oder neuartige Veranstaltung mit Bundesbeteiligung streitig zu machen, bis hin zu einer Tagung des handwerklichen Zentralverbandes im Mai 1976.[68] „Bundesregierung und Senat begegnen all diesen Bestrebungen in vollem Einvernehmen mit den drei Schutzmächten mit gelassener Festigkeit“, beschrieb der Senat seine Position. In der Tat waren von der Sowjetunion außer Protesten und Boykotten[69] keine einschneidenden Sanktionen zu erwarten. Dazu gab es keine Handhabe aus deren Vereinbarungen mit den drei westlichen Siegermächten.

Hier soll daran erinnert werden, daß auch die Sowjetunion trotz aller Proteste und Polemik zu keinem Zeitpunkt auf einem Zusammentreffen der vier Siegermächte bestanden hat, wie es das Schlußprotokoll zum Vier-Mächte-Abkommen vorgesehen hatte. Und es gelang ihr ebenfalls nicht, die drei Westmächte zu einer solchen Konsultation zu provozieren, das Verhandlungspaket also zu öffnen, um bei Nachverhandlungen der eigenen Interpretation Vorschub zu leisten. Klaus Schütz schickte sich an, den Kompromiß von 1972 offensiv zu bewahren. Er rief auf, „das Vier-Mächte-Abkommen jetzt aber wirklich mit Klauen und Zähnen zu verteidigen“.[70] Schwieriger wurde es für die Berliner und ihre politische Führung, wenn die östliche Seite sich einer Ebene der Auseinandersetzung zuwandte, die die Schutzmächte nicht als ausreichend für eigenes Eingreifen werteten: die DDR Maßnahmen ergreifen zu lassen, die die Berliner schwerer als Protestnoten trafen. Diese Eingriffe in das reibungslose Funktionieren des Abkom-

[68] Die zahlreichen Proteste gegen Sitzungen von Ausschüssen des Bundestages und des Bundesrates, der Bundestagsfraktionen, gegen Besuche des Bundespräsidenten, des Bundeskanzlers oder einzelner Bundesminister, gegen Tagungen von Länderministern oder der Ministerpräsidentenkonferenz und von Parteiführungsgremien sind den jährlichen Berichten der Regierenden Bürgermeister über die Durchführung des Vier-Mächte-Abkommens zu entnehmen.

[69] So blieben wegen der Teilnahme des Bundespräsidenten sowjetische Vertreter beispielsweise den Eröffnungszeremonien der Staatsbibliothek und des Internationalen Kongreßzentrums fern.

[70] Im Interview mit der *Berliner Morgenpost* vom 30. 11. 1975.

mens und der dazugehörigen Vereinbarungen sind unten im Abschnitt über die Abgrenzungspolitik der DDR gegenüber Berlin aufgeführt.

Berlin und die Direktwahlen zum Europäischen Parlament 1979: Die offensive Durchsetzung der westlichen Interpretation des Abkommens

Die Frage der Vertretung Berlins im Europäischen Parlament setzte frühzeitig den mittlerweile gewohnten Notenaustausch in Gang. Das Ritual war bereits bekannt: Die Gründe der Sowjetunion gegen eine Einbeziehung Berlins entsprachen genaugenommen den Überlegungen, die es westlicherseits geboten erscheinen ließen, auf einer Integration zu bestehen. Der Austausch von Erklärungen und Noten diente daher vor allem der Wahrung eigener Rechtpositionen. So argumentierte das sowjetische Außenministerium angesichts der Verträge der EG gegenüber den drei Westmächten im November 1976: „Es ist gut bekannt, daß diese Abkommen letzten Endes auf die staatlich-politische Integration Westeuropas abzielen. Schon jetzt wird nicht nur von der Schaffung eines Parlamentes im Rahmen der EG gesprochen, das mit supranationalen Vollmachten ausgestattet werden soll. Man stellt die Frage nach der Ausarbeitung einer Verfassung der EG, nach der Schaffung einer sog. einheitlichen europäischen Staatsbürgerschaft u. a. m." Genau dies waren die westlichen Intentionen, allein, die sowjetische Folgerung daraus mochte man nicht akzeptieren: „Die Einbeziehung der Westsektoren Berlins in diesen Integrationsprozeß, noch dazu dem Wesen nach als eine Art Anhängsel der BRD, wäre mit der Sach- und Rechtslage der Westsektoren unvereinbar."[71] Die Alternativen zur Integration Berlins hätten nur lauten können: Isolation der Stadt oder aber Ausklammerung der gesamten Bundesrepublik einschließlich Berlins, also eine Hintertreibung der westlichen Integrationsbemühungen, zu der einmal mehr Berlin als Hebel gedient hätte.

Dabei waren durch die Direktwahlen für West-Berlin gar keine größeren Änderungen zu erwarten, von grundlegenden Statusverwerfungen gar nicht zu reden. Auch vorher war die Stadt bereits im Europäischen Parlament repräsentiert, ihre Vertreter waren bisher wie alle

[71] Abdruck der Note in: *Dokumente zur Berlin-Frage 1967–1986...* (s.o. Anm. 3), Dok. Nr. 283.

bundesdeutschen Abgeordneten vom Bundestag bestellt worden. Die Außenminister Frankreichs, der USA, Großbritanniens und der Bundesrepublik waren sich während des turnusmäßigen Treffens des NATO-Ministerrats im Februar 1976 durchaus einig gewesen, daß die Rechte und Verantwortlichkeiten der drei Westmächte „die Teilnahme der Westberliner an den Wahlen zum Europäischen Parlament nicht in der gleichen Weise zulassen, wie dies für die Bundesrepublik Deutschland der Fall ist".[72] Der Kompromiß bestand nun in der Beibehaltung einer indirekten Wahl der Vertreter Berlins im Europäischen Parlament: „Die drei Westmächte haben entschieden, daß bei Durchführung der Direktwahlen Abgeordnete aus den Westsektoren Berlins dem Kontingent der Bundesrepublik im Parlament weiterhin angehören. Sie werden nicht unmittelbar gewählt, sondern durch das Abgeordnetenhaus bestimmt werden."[73] Mit dieser an das Verfahren zur Bestellung der Berliner Bundestagsabgeordneten angelehnten Regelung wurden sowohl die Vorbehalte der Alliierten als auch die Einbindungswünsche der deutschen Seite berücksichtigt.

Am 10. Juni 1979 wurden drei zum deutschen Kontingent zählende Europa-Abgeordnete vom Abgeordnetenhaus einstimmig gewählt. Seitens der DDR und der UdSSR hatte dies nicht verhindert werden können. Anders aber als beim Konflikt um das Umweltbundesamt kam es nur zu Kritik in den Zeitungen, nicht zu Einschüchterungsmaßnahmen und Schikanen auf den Verkehrswegen. Zu diesem Zeitpunkt war die sowjetische Führung an Unruhe um Berlin nicht interessiert. Doch die Verstimmung über die Mißachtung der östlichen Position, nach der die Stadt nicht in die EG einbezogen werden könne, nutzte die DDR nun ihrerseits zu einer „Statusverbesserung" im ostdeutschen Sinne: „Die Volkskammer der DDR konnte am 28. Juni 1979 den von ostdeutscher Seite während der sechziger und siebziger Jahre wiederholt geforderten, aber von der UdSSR immer wieder verhinderten Beschluß fassen, daß ihre Ost-Berliner Mitglieder direkt gewählt werden."[74] Ein erneuter Erfolg der Bemühungen der DDR-

[72] Erklärung vom 12. 2. 1976, abgedruckt in: *Dokumente zur Berlin-Frage 1967–1986...* (s.o. Anm. 3), Dok. Nr. 279.

[73] Die Westmächte in einer Erklärung gegenüber der Sowjetunion vom 20. 9. 1976, abgedruckt *a.a.O.*, Dok. Nr. 282.

[74] G. Wettig, *Das Vier-Mächte-Abkommen in der Bewährungsprobe. Berlin im Spannungsfeld von Ost und West,* Berlin 1981, S. 210, der sowjetische Belege anführt, daß diese Unterminierung des Sonderstatus des Ostsektors als Reaktion auf die Europawahl stattfand.

Regierung, den eigenen Teil Berlins zum Bestandteil der DDR zu machen, konnte damit verzeichnet werden.

Berlin in der Außenpolitik der Bundesregierung

Bundeskanzler Schmidt bestätigte im Rückblick für die zweite Hälfte der siebziger Jahre: „In den Jahren ging es in den Gesprächen mit der Sowjetregierung im wesentlichen immer um die gleichen Hauptthemen: den Wirtschaftsaustausch und den Berlin-Status."[75] Aufgrund der dringend benötigten Wirtschaftshilfe waren die östlichen Staaten an der Fortsetzung der Entspannungspolitik interessiert. Das Westgeld wurde so zum Mittel der Politik, die D-Mark stellte die höchste Karte im Poker um den Interessenausgleich zwischen beiden Staaten dar.

So gelang am 6. Mai 1978 anläßlich des Besuchs des sowjetischen Staatsoberhauptes Breschnew die Einbeziehung Berlins in ein Abkommen zwischen Bundesrepublik und Sowjetunion, an dem die östliche Seite ein ungleich drängenderes Interesse hatte: das Abkommen über Entwicklung und Vertiefung der langfristigen Zusammenarbeit auf dem Gebiet der Wirtschaft. Dennoch mußte der Bundeskanzler vor dem Bundestag eingestehen: „Niemand, der die Berlin-Situation zu beurteilen vermag, hat erwartet, daß es während dieser deutsch-sowjetischen Begegnung hätte möglich gemacht werden können, die grundsätzlichen Meinungsverschiedenheiten in der Berlin-Frage auszuräumen und für die verschiedenen konkreten Probleme, die damit zusammenhängen, eine Lösung zu finden."[76] Gleichwohl habe man sich zusammengerauft. Allerdings gab Schmidt erst Jahre später – in seinen Memoiren – zu, daß er Breschnew sogleich zugesagt hatte, „keine neuen Bundesinstitutionen in Berlin" anzusiedeln.[77] In der Zurückhaltung gegenüber der Sowjetunion ging Fraktionschef Herbert Wehner sogar noch weiter. Anders als Schmidt wollte er es nicht nur beim Stand der Bundespräsenz in Berlin belassen, sondern darüber hinaus noch erhaltene Rechte zurücknehmen. Er bedauerte, daß im Herbst 1978 die turnusgemäße Übernahme des Bundesratspräsidentenamtes durch den Berliner Regierenden Bürgermeister bevor-

[75] H. Schmidt, *Menschen und Mächte...* (s.o. Anm. 5), S. 72.
[76] Abgedruckt in: *Texte zur Deutschlandpolitik*, Reihe 2, Bd. 6, S. 263.
[77] H. Schmidt, *Menschen und Mächte...* (s.o. Anm. 5), S. 95.

stand – eine Haltung, die Unverständnis und Kritik nicht nur bei der Opposition hervorrief. Stobbe verwarf das Ansinnen eines Verzichts und bestand auf der Amtsübernahme. Doch solche Eskapaden aus den Reihen der Sozialdemokratie versorgten den politischen Gegner natürlich mit Munition, mit der er sich selbst als Bewahrer der deutschen Einheit herausstellen konnte. In diese Reihe gehörte auch ein Ausfall des Ständigen Vertreters der Bundesrepublik in Ost-Berlin Gaus, der laut über die Anerkennung einer zweiten deutschen Staatsbürgerschaft nachgedacht hatte.[78] Ebensowenig ließ sich die Berliner Opposition die Gelegenheit zur Kritik entgehen, als Bundeskanzler Schmidt im Rahmen einer Jubiläumsansprache am 3. Oktober 1977 ausführte: „Berlin ist kein Bestandteil der Bundesrepublik, aber niemand kann die gewachsenen Bindungen leugnen."[79] Schmidt ließ den Terminus des Viermächteabkommens vermissen, nach dem die Stadt nur „kein konstitutiver Teil" der Bundesrepublik war. Die Opposition unterstellte dem Bundeskanzler daraufhin eine unheilige Allianz mit dem sowjetischen Botschafter Abrassimow und beantragte eine gemeinsame Erklärung des Berliner Parlaments mit zwei Absichten: die Rechtsposition West-Berlins erneut klarzustellen und den Dissens zwischen Senat und Bundesregierung öffentlich zu dokumentieren.[80]

Die Einbeziehung Berlins in internationale Abkommen gelang der Bundesregierung in den Fällen der Kulturabkommen mit Ungarn und der Tschechoslowakei vom 6. Juli 1977 beziehungsweise vom 11. April 1978. Die Verhandlungen über ein solches Abkommen mit der Sowjetunion gestalteten sich wegen der Einbeziehung Berliner Kulturschaffender jedoch schwierig. Auch Abkommen über Rechtshilfe sowie über Zusammenarbeit auf dem Gebiet der Wissenschaft und Technik kamen wegen Berlin nicht zustande. Die Sowjetunion verzichtete aus politischen Gründen auf den bestmöglichen Zugriff auf

[78] Siehe dazu das Interview „Lorenz: Gaus-Äußerung gefährdet Berlin", in: *Die Welt* vom 7. 2. 1977.

[79] Dokumentation der Rede in: *Berliner Stimme* vom 15. 10. 1977. Auch wenn dies keine Entschuldigung für Schmidts unzureichende Präzisierung ist, muß doch angemerkt werden, daß die Kritiker die besonderen Belastungen unterschlugen, denen sich der Bundeskanzler im Zusammenhang mit der Entführung H. M. Schleyers und der Lufthansa-Maschine in jenen Tagen befunden hatte.

[80] *Plenarprotokoll*, 7. W.P., 10. 11. 1977 und *Drucksache*, 7. W.P., Nr. 1027. Eine Überweisung an den Ausschuß für Bundesangelegenheiten rettete die SPD vor der Situation, gemeinsam mit der CDU den Kanzler rügen zu müssen.

deutsche Technologie, solange sie ein Abkommen mit Einbeziehung Berlins ablehnte.

Doch waren diese Schwierigkeiten für den Großteil der Berliner Bevölkerung nicht sonderlich interessant. Für die Mehrzahl traf vielmehr zu, was Arthur A. Hartmann, Assistant Secretary of State, bereits am 23. Mai 1977 als prinzipiellen Wandel seit Mitte der siebziger Jahre in ganz Westeuropa diagnostiziert hatte: „There is less concern about external affairs and much more concern about domestic affairs."[81] Die Berliner konnten sich glücklich schätzen, daß auch sie sich auf ihre lokalen Probleme konzentrieren konnten. Denn außerhalb Mitteleuropas hatten sich die Zeichen einer Krise der Entspannung längst manifestiert. Nach dem Yom-Kippur-Konflikt 1973 häuften sich die Konflikte, die die beiden Supermächte in entgegengesetzten Lagern fanden: Beim Putsch in Portugal im April 1974, im Zypernkonflikt des Sommers 1974, im „Befreiungskampf" Angolas seit 1975, überhaupt auf dem afrikanischen Kontinent.

Berlin als Insel der Entspannung? Die krisenhafte Zuspitzung durch die Invasion in Afghanistan und die Verhängung des Kriegsrechts in Polen

Berlin war der Prüfstein der Entspannungspolitik gewesen. Ohne eine befriedigende Berlin-Regelung hätte es keine Entspannung gegeben. Würde diese Regelung widerrufen werden, würde sie Bestand haben, wenn das Klima der Entspannung von einer Wiederbelebung des Kalten Krieges abgelöst würde? Sollte die Stadt das erste Opfer von Konflikten zwischen den beiden Blöcken werden?

Die Position der Stadt erwies sich als Bremsklotz für diejenigen, die einen härteren Kurs zwischen den Blöcken steuerten. Die Berliner hatten die alltäglichen Vorteile der Entspannungsära schätzen gelernt, ein möglichst weitgehendes Festhalten an den Errungenschaften des geregelten Nebeneinander war vor Ort von ungleich elementarerer Bedeutung für das Leben der Bürger als weltpolitische Konfrontationen der beiden Supermächte. Die Interessen der Berliner wichen hier von denen der amerikanischen politischen Führung ab. Es galt, die

[81] *Recent Developments in Europe. Hearings before the Sub-Committee on Europe and the Middle East of the Committee on International Relations*, House of Representatives, 95. Congreß, S. 9.

persönlichen Vorteile aus dem Arrangement zu bewahren, auch als sich die Siegermächte, die 1970 zum Gespräch bereit gewesen waren, nun wieder aggressiver gegenüberstanden. Insbesondere für die Berliner galt es aber auch, den Eindruck der Undankbarkeit gegenüber der Schutzmacht oder gar das Bild eines unsicheren Kantonisten zu vermeiden.

Im Rahmen der SALT-II-Rüstungsbegrenzungsgespräche standen die Europäer daher trotz Bedenken gegen die Fassung des Abkommens an der Seite Präsident Carters, der sich einer wachsenden Ablehnung des Vertrages im Kongreß gegenüber sah.[82] Der Regierende Bürgermeister trat öffentlich als Befürworter des Verhandlungsergebnisses auf: „Ich habe sehr oft betont, daß die innerdeutschen Dinge anders aussehen, wenn beispielsweise in den USA das SALT-II-Abkommen nicht ratifiziert wird, weil ich ganz sicher bin, daß das Rückwirkungen auf die Ost-West-Politik der beiden Zentren, nämlich Moskau und Washington, haben dürfte, die sich sofort auch im europäischen und erst recht im mitteleuropäischen Raum und erst recht im Zentrum des mitteleuropäischen Raums, nämlich in Berlin, niederschlagen könnten."[83] Auch Präsident Carter berief sich am 18. Juni 1979 auf den Wunsch der europäischen Verbündeten, das SALT-II-Abkommen zu ratifizieren. Gerade die unmittelbar der sowjetischen Macht ausgelieferten Deutschen – höchstexponiert in Berlin – würden eine Ablehnung als „damaging blow to the Alliance" empfinden.[84] Bundeskanzler Schmidt hatte den Wunsch der Bundesregierung nach der Ratifizierung des Abkommens bei seinem Besuch in Washington vom 5. bis 9. Juni 1979 bekräftigt. Die Entspannungspolitik wurde bis dahin im gleichen Rhythmus angestrebt. Hier wurde das deutsche Interesse an der Entspannung noch von Carter gegen den amerikanischen Kongreß genutzt. Nicht einmal ein Jahr später

[82] Diese Studie beschränkt sich auf die unmittelbaren Auswirkungen auf Berlin, zur Gesamtproblematik siehe Barbara D. Heep, *Helmut Schmidt und Amerika. Eine schwierige Partnerschaft*, Bonn 1990, insbes. das Kapitel *Die Diskussion um den SALT-Prozeß*, S. 113–133, sowie Helga Haftendorn, *Sicherheit und Stabilität. Außenbeziehungen der Bundesrepublik zwischen Ölkrise und NATO-Doppelbeschluß*, München 1986, mit weiteren Nachweisen.

[83] Stobbe im Interview mit dem *DLF* am 4. 11. 1979 (zit. nach der Kommentarübersicht des Bundespresseamtes).

[84] *The President's address to the Congress*, in: *Department of State Bulletin*, Nr. 2028, S. 2 f., dort auch Abdruck des SALT-II-Vertrages.

kam es zu Dissonanzen, als ihn die Deutschen an dieses Interesse erinnerten.

Auch beim Beschluß der NATO, eine Nachrüstung mit Mittelstreckenraketen durchzuführen und gleichzeitig das Gespräch mit der Sowjetunion über den Abbau solcher Waffen auf beiden Seiten zu suchen, stimmten die amerikanische und die bundesdeutsche Regierung überein. Angesichts der Frage nach den Auswirkungen auf Berlin brauchen hier weder der Doppelbeschluß noch das Verhältnis Carters zu Schmidt näher erörtert zu werden.[85] In Berlin führte der NATO-Doppelbeschluß vom 12. Dezember 1979 zu einem wachsenden Anti-Amerikanismus, der von Teilen der Friedensbewegung, insbesondere aber von Polit-Anarchisten und Gewalttätern in Berlin öffentlichkeitswirksam in Szene gesetzt wurde, wenn etwa Aufnahmen von brennenden „Stars & Stripes" in den Straßen Berlins über amerikanische Bildschirme flimmerten.

Die Militärintervention der Roten Armee in Afghanistan zu Weihnachten 1979 stellte nicht nur das Verhältnis der beiden militärischen Lager, sondern auch die westliche Allianz auf eine Zerreißprobe. Als Verletzung internationalen Rechts war der aggressive Akt der Moskauer Führung von allen Staatsregierungen im Westen verurteilt worden, mochten sie nun darin einen Beweis für den grundsätzlichen Expansionsdrang des „russischen Bären" oder eine Präventivmaßnahme gegen ein Übergreifen des islamischen Aufruhrs an der Grenze des eigenen Reiches sehen. Präsident Carter nannte die militärische Besetzung „the most serious crisis since World War II".[86] Schon in seiner ersten öffentlichen Reaktion verkündete der Präsident daher am 4. Januar 1980, weder die USA noch die United Nations „can continue to do business as usual with the Soviet Union".[87] Am 11. Februar 1980 erhielt der Bundeskanzler einen persönlichen Brief Jimmy Carters, in dem dieser eine detaillierte Liste der von ihm in Aussicht genommenen Bestrafungsmaßnahmen gegen die Sowjetunion vorstellte. Diese Reaktion rückte „tiefgründige entspannungspolitische

[85] Siehe aber H. Haftendorn, *Das doppelte Mißverständnis...* (s.o. Anm. 2), dies., *Sicherheit und Entspannung...* (s.o. Anm. 15), sowie die Memoiren beider Staatsmänner: James Carter, *Keeping Faith. Memoirs of a President*, New York 1982, und H. Schmidt, *Menschen und Mächte...* (s.o. Anm. 5).

[86] Siehe zur amerikanischen Diskussion ausführlich *NATO after Afghanistan. Report prepared for the Subcommitee on Europe and the Middle East of the Committee on Foreign Affairs*, U.S. House of Representatives, 27. Oktober 1980, Washington 1980.

[87] *Address*, in: *Department of State Bulletin*, Nr. 2034, S. A.

Differenzen zwischen Washington und Bonn in den Vordergrund".[88] Schmidt und sein Verteidigungsminister Apel mochten trotz steigender Spannungen den Entspannungsprozeß in Europa und namentlich in Deutschland nicht beeinträchtigen. Nur wenige amerikanische Experten hatten Verständnis für diese Position der Deutschen: „It is not that they do not recognize the threat that the Soviets pose, it is perhaps that they feel, if we go that far, who knows what happens to Berlin. The Germans are obviously ambivalent."[89] In den Augen der Berliner konnte eine Befolgung der Vorschläge der führenden Schutzmacht nur eine Verschlechterung ihrer eigenen Bewegungsfreiheit bedeuten.

Die Bundesregierung steckte daher in einem Dilemma. Auf der Sitzung des UN-Sicherheitsrates am 7. Januar 1980 verurteilte der bundesdeutsche Vertreter die Militäraktion scharf. Für die Bundesrepublik stellte dieser Konflikt das „delikateste Ereignis"[90] seit dem Beitritt beider deutscher Staaten dar. Prompt folgte nämlich die Antwort des sowjetische Botschafters, der offen eine Drohung aussprach: Bonn könne nicht gleichzeitig Entspannung in Europa praktizieren und Solidarität mit den USA üben. Mit seinem Gesprächsangebot an die Adresse Moskaus zeigte Schmidt Gesprächsbereitschaft und mußte doch den Freunden im Westen deutlich machen, daß an der deutschen Zuverlässigkeit nicht zu zweifeln war. Die Tonart der Amerikaner wurde von Schmidt als „scharfmacherisch" verworfen, doch zum einen herrschte in den USA Wahlkampf und zum anderen stürzte die Geiselnahme der amerikanischen Botschaftsangehörigen in Teheran die amerikanische Gesellschaft in eine tiefe Krise des nationalen Selbstbewußtseins.

Der Bundeskanzler versuchte daher, den Amerikanern klar zu machen, daß auch der politische Spielraum der Supermacht durch die Lage Berlins begrenzt sei. In einem Gespräch mit dem Außenminister Cyrus Vance betonte Schmidt: „Ich verwahrte mich gegen die wiederholte amerikanische Kritik an unseren Verteidigungsanstrengungen und wies auf unsere Mobilisierungsstärke hin. Wir vergäßen bei alledem nicht, daß sechzehn Millionen Deutsche in der DDR unter

[88] B. D. Heep, *Helmut Schmidt und Amerika...* (s.o. Anm. 82), S. 153.

[89] Lawrence Eagleburger am 2. Juni 1981 in: *United States Relations with Europe and the Soviet Union 1981. Hearings before the Subcommittee on Europe and the Middle East of the Committee on Foreign Affairs*, House of Rep., 97. Congress, S. 50.

[90] Wilhelm Bruns, *Mehrheitsfähigkeit und Opportunität. Die beiden deutschen Staaten in der 34. UNO-Generalversammlung*, in: *Deutschland Archiv* (1980), S. 590.

sowjetischer Oberhoheit und zwei Millionen Deutsche in West-Berlin leben; wer von einer Bestrafung der Sowjetunion spreche, der müsse wissen, daß es für die Sowjets ziemlich einfach sei, ihrerseits die Deutschen zu bestrafen.«[91]

Die Lage Berlins und der Berliner wurde hier also umgekehrt instrumentalisiert wie in den Jahren des Kalten Krieges: Der Schutz- und Supermacht USA sollten Schranken aufgezeigt werden. Das Faustpfand Berlin in seiner exponierten Lage sollte nun auch das eigene Lager disziplinieren. Das spezifische Berliner Interesse an einer Fortsetzung der Kooperation und Entspannung sorgte so für einen Dissens unter den Partnern. Erstmals erhielten die Amerikaner von ihren Verbündeten ihre Pflichten in bezug auf Berlin vorgehalten – als Einengung ihres außenpolitischen Spielraums. Bis dahin hatte die politische Logik gelautet: Da die Bundesrepublik auf den amerikanischen Schutz der Stadt angewiesen war, mußte diese sich die USA gewogen halten. Stellte das amerikanische Engagement in Berlin bisher die Grenze der Unabhängigkeit einer bundesdeutschen Außenpolitik dar, so limitierte das Festhalten der Berliner an der Entspannungspolitik den Spielraum der USA innerhalb der westlichen Allianz.

In Washington war man sich dieses Widerspruchs bald bewußt, doch der Disput über die richtige Beurteilung und Haltung gegenüber der Sowjetunion ließ sich nicht mehr verhindern. Präsident Carter tadelte vor allem Helmut Schmidt persönlich, dem er nicht ohne Grund vorwarf, sich im Kreise der Bündnismächte als entschlossener Vertreter einer strammen Haltung gegenüber der Sowjetunion aufzuführen, bei heimischen Debatten aber das Gegenteil zu vertreten. Doch nicht nur in den USA, auch in Bonn war der Wahlkampf angebrochen.[92] An der Frage nach einer gemeinsamen Haltung entzündete sich eine Debatte über die verschiedenen Perspektiven der Amerikaner und der Europäer – und hier speziell der exponierten Bundesrepublik und der Berliner. Im Repräsentantenhaus wurde die Sorge der

[91] H. Schmidt, *Menschen und Mächte...* (s.o. Anm. 5), S. 244. Siehe die Schilderung der Gespräche in Europa bei: Cyrus Vance, *Hard Choices. Critical Years in America's Foreign Policy*, New York 1983, S. 393 f.

[92] J. Carter, *Keeping Faith...* (s.o. Anm. 85), S. 537. Carter wirft hier Schmidt vor, die USA außer in der Frage des Olympia-Boykotts im Stich gelassen zu haben, während der Herausforderer des Kanzlers, F. J. Strauß, alle amerikanischen Aktionen unterstützt habe, S. 500.

Berliner, daß echte Errungenschaften und Erleichterungen wegen einer zu scharfen Sanktionspolitik verlorengehen könnten, wenigstens erkannt: „The Germans pointed out that the unfreezing of relations with the Soviet Union which has taken place over the last 15 years has had very important, tangible benefits not just for the German Government in some abstract sense but also for the people. There have been tens of thousands of family reunifications as a result of what Brandt called Ostpolitik. The situation in Berlin, which had been a tinderbox in German-Soviet relations has been going very smoothly for the last several years. The Germans understandably are concerned about jeopardizing those real gains.“ [93]

Während in amerikanischen Debatten das Wort von der Entspannung schon nur noch als „the D-word“ in den Mund genommen wurde und Militärs erklärten, die Entspannung sei „dead for a long time“,[94] wurde doch erkannt, daß Berlin von besonderer Bedeutung war, ein Rückzug auf Positionen des Kalten Krieges hier von besonderer Wirkung sein mußte und die Gefahr eines erstarkenden Anti-Amerikanismus heraufbeschwören konnte. Die Friedensbewegung gegen die westliche Beteiligung am Rüstungswettlauf äußerte zumindest in Teilen deutlich anti-amerikanische Töne. Ihre Verantwortung für Berlin, wie sie sich seit den Kriegskonferenzen entwickelt hatte, stellte die Amerikaner nun erstmals vor eine doppelte Aufgabe: Neben die Verpflichtung zum Schutz der Stadt und die Minimierung des Risikos, Berlin könnte als schwächste Stelle des Ost-West-Konflikts mißbraucht werden, trat nun die politische Sorge, gerade in Berlin den Konsens des gemeinsamen Vorgehens gegen eine aggressive Sowjetunion zu verlieren, weil diese Sowjetunion Berlin sorgsam aus ihrem aggressiven Gebaren auszusparen wußte.

Dietrich Stobbe reiste Anfang April 1980 nach Washington, um dort für Vertrauen zu Berlin zu werben. „Es gibt in den USA zweifellos den Verdacht, daß die Europäer sich herausmogeln wollen aus den Verantwortungen, die das Bündnis gemeinsam übernehmen muß“, räumte er ein, „aber wenn man erläutert, daß Entspannungspolitik für uns Deutsche auch ein Stück Krisenmanagement ist, nämlich um fer-

[93] Richard N. Cooper, Under Secretary for Economic Affairs, am 24. Januar 1980 in: *East-West Relations in the Aftermath of Soviet Invasion of Afghanistan. Hearings before the Subcommittee on Europe and the Middle East of the Committee of Foreign Affairs*, House of Representatives, 96. Congress, S. 20.

[94] So der Special Advisor to the Secretary of State, Marshall Schulman, *a.a.O.*, S. 28 f.

tig zu werden mit der Situation in Deutschland, mit den beiden deutschen Staaten, die entstanden sind, daß es unseren Wunsch gibt, die Menschen beieinander zu halten, dann findet man sehr schnell Verständnis."[95] Die Haltung Schmidts, den Kontakt zum Osten offen zu gestalten, kam Berlin unmittelbar zugute. Denn der sowjetischen Führung konnte jetzt nicht daran gelegen sein, mit Pressionen auf Berlin, der Achillesferse des Westens, das westliche Lager stärker zusammenzuschweißen. Sie schien sich mehr zu versprechen, wenn sie den Interessenkonflikt zwischen den Europäern und den Amerikanern schürte, vielleicht gar einen Keil in die nordatlantische Allianz trieb. In dieser Situation wäre es geradezu töricht gewesen, die sich verstärkende Stimmung der Äquidistanz zu beiden Supermächten durch eine Aggression gegen Berlin wieder zu zerstören und die Reihen des politischen Gegners zu schließen. Daneben bestand natürlich auch ein Interesse an der Aufrechterhaltung der wirtschaftlichen Kooperation zwischen der Bundesrepublik und der Sowjetunion.

Der Regierende Bürgermeister Stobbe lobte daher die Reise des Kanzlers nach Moskau, in die Haupstadt des in Afghanistan kriegführenden Staates, insbesondere unter dem Gesichtspunkt, „die Mauer des Schweigens zwischen Ost und West zu durchbrechen".[96] Helmut Schmidt gelang es, sich bei der Berücksichtigung eigener Prioritäten weitgehend durchzusetzen. Und diese waren eben die Einhaltung der Verträge mit dem Osten, nicht nur der politischen, sondern auch der wirtschaftlichen. Trotz des Einlenkens beim Olympia-Boykott gelang es der Bundesregierung nicht, die Zerrüttung der deutsch-amerikanischen Vertrauensbasis zu verhindern. Erst im Rückblick wollte der amerikanische Außenminister Cyrus Vance Verständnis für die Bedenken der europäischen Partner und deren Unwillen über unzureichende Konsultationen zeigen.[97] Auch die Aufrechterhaltung der innerdeutschen Kontakte (dazu näher unten) barg für die Politik des Osten Vorteile: „Als Gesprächspartner der Bundesrepublik, des wichtigsten europäischen Alliierten der USA, kann sich die SED-Führung Auskünfte aus erster Hand verschaffen und übernimmt gleichzeitig

[95] Im Interview mit dem *DLF* am 4. 6. 1980 (zit. nach der Kommentarübersicht des Deutschen Bundestages).

[96] *Plenarprotokoll*, 8. W.P., 3. 7. 1980, S. 1410.

[97] C. Vance, *Hard Choices...* (s.o. Anm. 91), S. 393 f. Siehe auch David S. McLellan, *Cyrus Vance* (= *The American Secretaries of State and their Diplomacy*, Vol. XX), Totowa, N. J. 1985.

für die Sowjets eine wichtige zusätzliche Informationssammlungsfunktion in einer Zeit drohender Auseinandersetzungen."[98]

Strukturell hatte sich an der Funktion Berlins also gar nichts verändert. Weiterhin hatte die sowjetische Regierung ein Interesse am Fortbestand der Lage der Stadt, anders als die DDR-Führung, die sich den Westteil grundsätzlich lieber einverleibt hätte. So nämlich konnte die Regierung in Moskau weiter Einfluß auf die Bundesregierung nehmen. Folgerichtig traten längst überwunden geglaubte politische Mechanismen zutage, als etwa der amerikanische Präsident Reagan laut überlegte, Druck auf Kuba auszuüben, um die Sowjetunion an einer Invasion in Polen zu hindern. Deren Antwort lautete, daß dann Berlin ebensolchen Repressionen ausgesetzt werde.[99] In Berlin liefen die Interessen der sowjetischen und der DDR-Regierung also ebenso auseinander wie die der Berliner und der westlichen Führungsmacht. Bei aller Dankbarkeit gegenüber den Schutzmächten bemühte sich der Regierende Bürgermeister, seine Stadt aus den Spannungen auszuklammern und wandte sich an die „Scharfmacher" im Osten und im Westen: „Die Kritiker der Entspannungspolitik sollten einräumen, daß wir mehr Sicherheit für Berlin haben und eine größere Stabilität gerade in Mitteleuropa. Angesichts neuer Krisen in der Welt, die auch das amerikanisch-sowjetische Verhältnis belasten, ist dies – finde ich – schon sehr viel."[100]

Der Senat und das Berliner Parlament hatte zwei elementare Interessen, die hier erstmals zu kollidieren drohten: die weitere Kooperation mit der sie umgebenden DDR und die ungetrübte Solidarität mit den USA. Dietrich Stobbe setzte sich vehement für die Beibehaltung der nationalen Entspannungspolitik – *de facto* also eine Abkoppelung von den USA – ein und ging darin noch weiter als der Bundeskanzler, der im August 1980 seinen geplanten Besuch in der DDR verschob. Andererseits war er sich der Lebensnotwendigkeit einer unverbrüchlichen Solidarität und Verantwortung gerade der Amerikaner mit der Stadt und für die Stadt bewußt: „Hüten wir uns davor, zu den komplizierten Krisen des mittleren Ostens noch eine Krise des Vertrauens

[98] Johannes Kuppe, *Deutsch-deutsche Beziehungen im Schatten der Weltpolitik*, in: *Deutschland Archiv* (1980), S. 113–117 (116).

[99] David Klein, Diskussionsbeitrag, in: *Living with the Wall. West Berlin 1961–1985*, hrsg. von Richard L. Merritt und Anna J. Merritt, Durham 1985, S. 148.

[100] *Plenarprotokoll*, 8. W.P., 3. 7. 1980, S. 1409.

zwischen den Völkern diesseits und jenseits des Atlantiks hinzutreten zu lassen!"[101]

Mit einer einstimmig verabschiedeten Entschließung aller drei Fraktionen des Abgeordnetenhauses am 24. April 1980 erklärte das Berliner Parlament demonstrativ die „Solidarität Berlins mit den Vereinigten Staaten von Amerika".[102] Darin wurde sowohl die iranische Geiselnahme amerikanischer Diplomaten in Teheran als auch die Besetzung Afghanistans durch die Rote Armee scharf verurteilt. Das Parlament beschloß: „In dem Ziel, einer die Sicherheitsinteressen der Völker auf Dauer beeinträchtigenden Veränderung des Kräfteverhältnisses zwischen Ost und West zu begegnen und amerikanische Diplomaten aus Geiselhaft zu befreien, kann es zwischen den USA und Westeuropa keine Unterschiede geben."

Über das Ziel herrschte also Einvernehmen, nicht aber über den Weg dorthin. Hier konnte das Berliner Abgeordnetenhaus getrost auf Vorschläge verzichten, da es nicht seine Aufgabe war, dem amerikanischen Präsidenten Ratschläge zu geben. Stobbe konnte froh sein, als Stadtoberhaupt nicht die Außenpolitik der Bundesrepublik bestimmen zu müssen. So konnte er den amerikanischen Präsidenten der uneingeschränkten Solidarität der Berliner versichern, ohne die eigenen Kontakte zu DDR- und sowjetischen Vertretern abbrechen zu müssen. Natürlich war die Stadt vom Olympiaboykott ebenso betroffen wie andere Städte. Das Erdgasröhrengeschäft mit der Sowjetunion, das von amerikanischer Seite scharf kritisiert wurde, betraf die Energieplanung der Stadt. Insgesamt aber wuchs der Grad der Bedrohung für Berlin durch die Intervention in Afghanistan nicht. Nur ganz vereinzelt fühlten sich meist ältere Berliner zu Hamsterkäufen veranlaßt. Die Sicherung der Stadt bewährte sich, Erschütterungen der internationalen Lage schlugen nicht länger automatisch auf Berlin durch. So konnte Dietrich Stobbe noch am 3. Juli 1980 vor dem Abgeordnetenhaus konstatieren: „Die Turbulenzen der weltpolitischen Lage haben bisher keine direkten negativen Auswirkungen auf Berlin gehabt; das Klima in und um Berlin ist ruhig geblieben."

Die Verschärfung der Zustände in Polen im Laufe des Jahres 1980 bis zur Verhängung des Kriegsrechts 1981 stellte sich wegen der Nähe zur Stadt und Truppenbewegungen in der DDR als die größere Krise

[101] *Plenarprotokoll*, 8. W.P., 24. 4. 1980, S. 1067.
[102] *Drucksache*, 8. W.P., Nr. 394.

im Vergleich zur Besetzung Afghanistans dar.[103] Die amerikanische Administration unter dem neuen Präsidenten Ronald Reagan und dessen Außenminister Haig betrachteten den Konflikt der inneren Zustände in Polen, das im Zuge des Erstarkens der Gewerkschaft „Solidarität" an den Rand des Bürgerkrieges und einer bewaffneten Invasion durch die Rote Armee geriet, als *casus belli.*[104] Auch der Regierende Bürgermeister empfand die Unruhe über die Vorgänge im Nachbarstaat, dessen Grenze keine 100 Kilometer von Berlin entfernt verlief: „Die Furcht vor einem sowjetischen Eingreifen in Polen spielte eine große Rolle." Allerdings ergänzte er: „Berlin spielte eine mittelbare Rolle."[105] Am 6. Dezember 1980 betonte er: „Gäbe es einen Einmarsch in Polen, würde das Geflecht der Ostverträge, das im letzten Jahrzehnt entstanden ist, reißen. Moskau muß wissen: Eine Intervention wäre das Ende dieser Entspannung."[106] Auch hier hoffte der Senat, das Schicksal der Stadt vom Verhältnis der Supermächte abkoppeln zu können. An den Ernstfall einer militärischen Konfrontation zwischen NATO und Warschauer Pakt mochte natürlich niemand denken. Nachdem der NATO-Rat darüber nachgedacht hatte, ob und wie der Warschauer Pakt im Falle einer Invasion in Polen bestraft werden sollte, stieß die sowjetische Führung Drohungen gegen die schwächste Stelle im westlichen Bündnis aus: Berlin. Auch DDR-Außenminister Fischer drohte für den Fall von Sanktionen gegen die Sowjetunion, es könne dann nicht die DDR verantwortlich gemacht werden, „wenn sie [die Bundesregierung, d. Verf.] dadurch das Transitabkommen und den Grundlagenvertrag auf Befehl der USA, auf Befehl der NATO brechen, indem sie ihnen die Grundlage entziehen".[107] Die Regierung der DDR scheute sich also nicht, selbst eigene, innerdeutsche, in ihrer Sicht internationale Abkommen zur Disposition zu stellen, wenn es die politische Opportunität gegenüber der eigenen Führungsmacht gebot.

Doch stand auch die Bundesregierung fest zu ihrem Bündnis. 1983, als sich die Drohungen der sowjetischen und der DDR-Regierung

[103] So auch Calvert P. Benedict, U.S.-Stadtkommandant von 1978 bis 1981 im Gespräch mit dem Verfasser am 30. 8. 1989.

[104] „For the Soviet Union, Poland is a *casus belli,* a question she would go to war with the Western alliance." Alexander M. Haig, *Caveat. Realism, Reagan and Foreign Policy,* New York 1984, S. 238.

[105] In einem Brief an den Verfasser vom 13. 6. 1989.

[106] Im Interview mit der *Welt* vom 6. 12. 1980.

[107] Zit. nach *Neues Deutschland* vom 13. 12. 1980.

häuften, im Falle der Stationierung von Mittelstreckenraketen durch die NATO sei auch die Lage Berlins betroffen, bekannte sich die Bundesregierung unter Kanzler Helmut Kohl zu einer eindeutigen Rangfolge: Die innerdeutschen Beziehungen wurden auf Rang zwei verwiesen, Vorrang hatte, wie stets in der Geschichte der Bundesrepublik, die militärische Sicherheit und die Verankerung im westlichen Bündnis. Die Entspannungspolitik war von den deutschen Staaten mitgestaltet worden, solange der europäische *status quo* im Vordergrund stand. Als aber die Rüstung und deren Kontrolle in den Mittelpunkt der Auseinandersetzungen rückten, verfügten beide deutsche Staaten nicht über die Kompetenz, das Tempo oder den Ton der Verhandlungen zwischen den beiden Supermächten anzugeben.

ACHTES KAPITEL

Die Wandlung der Rolle Berlins in der Deutschlandpolitik 1975 bis 1980

Die Deutschlandpolitik von Bundesregierung und Senat ging nach wie vor „von der Tatsache aus, daß das deutsche Volk heute in zwei von einander unabhängigen Staaten mit unterschiedlicher Gesellschaftsordnung lebt". Daraus wurde der Grundsatz der Kooperation abgeleitet: „Veränderungen der Beziehungen zwischen den beiden deutschen Staaten zum Nutzen der Menschen müssen auf dem Verhandlungsweg angestrebt werden. Verhandlungen mit der DDR können prinzipiell nur dann zu Vereinbarungen und zur Zusammenarbeit führen, wenn entweder ein gemeinsames Interesse vorliegt oder wenn abweichende Interessen gegeneinander aufgewogen und in einem für beide Seiten tragbaren Kompromiß verbunden werden können."[1]

So einleuchtend dieser Grundsatz klang, so versprach er doch nur Nutzen, solange sich die Regierung in Ost-Berlin an die im Westen übliche Vertragstreue und Verläßlichkeit hielt. Mit der Erhöhung des Zwangsumtausches im Oktober 1980 schränkte die DDR-Regierung die Bewegungsfreiheit der Berliner drastisch ein. Der Zwang zum Kompromiß wurde in der Folge von diesen als sehr schmerzlich empfunden. Ständig in der Debatte blieb die Frage, ob nicht die bundesdeutsche wirtschaftliche Überlegenheit als politischer Hebel angesetzt werden sollte. Die sozialliberalen Koalitionen in Bonn wie im Rathaus Schöneberg sprachen sich regelmäßig dagegen aus.[2]

[1] Antwort der Bundesregierung auf die Große Anfrage der CDU/CSU, *Drucksache des Bundestages,* 8. W.P., Nr. 255, 4. 4. 1977.

[2] Vgl. beispielsweise die Aussage Helmut Schmidts vom 15. 8. 1976: „Wir haben ein eigenes Interesse an der Aufrechterhaltung der wirtschaftlichen Bindungen, wenn wir die Nation als ganze zusammenhalten wollen. Wenn einer immer eineinhalb Schelme auf das Handeln des anderen draufsetzt, laufen sie in eine Konfrontation hinein." Zi-

Was bedeutet diese Prämisse für die Entwicklung in Berlin? Vor allem, daß trotz der besonderen Situation der Stadt keine speziellen Sanktionen verhängt oder Belohnungen für die Behandlung Berlins gewährt wurden: Berlin blieb in die Deutschlandpolitik eingebettet, eine Sonderrolle Berlins wollten weder die Alliierten noch die Bundesregierung zugestehen. Der Senat hatte sich dieser Position anzuschließen. Dies brachte der Stadt sowohl Vorteile – etwa bei der Ausdehnung des Abkommens der beiden Staatsregierungen auf dem Gebiet des Post- und Fernmeldewesens vom März 1976 auf Berlin[3] – als auch Nachteile: in den Fällen, in denen unfreundliches Verhalten der DDR-Regierung gegenüber der Bundesrepublik gerade die Stadt und ihre Bewohner und Besucher traf. Immer noch waren es die Berliner, die den Unmut der DDR-Regierung über die Politik der Bundesregierung oder der Westmächte stellvertretend zu spüren bekamen. Die innerdeutschen Beziehungen hatten sich 1980/81 zu bewähren, als die zunehmenden politischen Spannungen zwischen den beiden Militärsystemen nach der militärischen Besetzung Afghanistans und insbesondere anläßlich der Unruhen im Nachbarland Polen in offene Drohungen umschlugen. Gut war den Berlinern in Erinnerung, daß die Stadt die schwächste Stelle des Westens darstellte und daß Moskau und Ost-Berlin zusammen über eine ganze Palette von Restriktionen verfügten.

Die Abgrenzungspolitik der DDR: Die Strategie des kalkulierten Vertragsbruchs

Angesichts des offenkundigen Bestrebens der Siegermächte, sich nicht wegen Berlins miteinander anzulegen und nicht einmal bei Verletzungen des Vier-Mächte-Abkommens durch die ostdeutsche Seite den vorgesehenen Konsultationsmechanismus in Gang zu setzen, richtete die DDR-Führung ihren Ehrgeiz darauf, unterhalb der

tiert nach *Bulletin des Presse- und Informationsamtes der Bundesregierung*, 17. 8. 1976. Schmidt konnte darauf verweisen, daß auch Kanzler Kiesinger in Zeiten von Spannungen – Niederschlagung des Prager Frühlings – den Swing sogar erheblich heraufgesetzt hatte.

[3] Abdruck in: *Zehn Jahre Deutschlandpolitik. Bericht und Dokumentation*, hrsg. vom Bundesministerium für innerdeutsche Beziehungen, Bonn 1980, Dok. Nr. 123.

Schwelle des Eingreifens der vier Mächte ihre eigene Position zu konsolidieren. In erster Linie betraf dies den Ausbau des Ostsektors von Berlin zur „Hauptstadt der Deutschen Demokratischen Republik“. Die Einrichtung der Botschaften der Westmächte in Ost-Berlin und die Aufnahme der „Hauptstadt der DDR“ in die neue Verfassung von 1974 waren bereits spektakuläre Erfolge. Dennoch hatte sich die Sowjetunion in den Verträgen zum Sonderstatus ganz Berlins bekannt. In der zweiten Hälfte der siebziger Jahre gelang es der Ost-Berliner Führung, zahlreiche diesen Sonderstatus beeinträchtigende Maßnahmen durchzusetzen. Am 20. September 1976 erschien zum letzten Mal das „Verordnungsblatt für Groß-Berlin“, in dem die Übernahme der Gesetze der DDR von Ost-Berlin verkündet wurde. Gegen solche Eigenmacht stand dem Westen keine Sanktion zur Verfügung. Wieder erwies sich der Vier-Mächte-Konsultationsmechanismus als zu großes Kaliber. Wegen solcher Prestigeangelegenheiten der DDR-Führung mochten die Alliierten das Paket der Abkommen nicht aufschnüren. Gleicher Natur war daneben auch die Praxis der DDR, nicht länger zwischen „Vertretern der Hauptstadt Berlin in der Volkskammer“ und den übrigen „Mitgliedern der Volkskammer“ zu unterscheiden. Während sich die Berliner Bundestagsabgeordneten wie auch das Abgeordnetenhaus brav an die Regelungen hielten und von ihren Schutzmächten auch dazu angehalten wurden, versuchte die DDR-Führung, den Sonderstatus ihrer „Hauptstadt“ systematisch auszuhöhlen. Die Formel, man wolle beiderseits „die Belastbarkeit nicht testen“, wie Schmidt und Honecker sich in Helsinki versichert hatten, ging angesichts solcher Politik natürlich ins Leere. Zu Jahresbeginn 1977 begann ein weiteres massives „Drehen am Berlin-Status“.[4] Getreu der Deklaration der Teilnehmerstaaten der Konferenz des Warschauer Pakts in Bukarest vom 26. November 1976, auf „jegliche Versuche, den besonderen Status Westberlins zu unterlaufen“, zu verzichten,[5] begann die Ost-Berliner Regierung mit der Änderung des Status des Ostsektors. Zum 1. Januar 1977 wurde eine Visapflicht und -gebühr, eine Zollerklärung und eine Aufenthaltbeschränkung auch für Ausländer beim Betreten Ost-Berlins eingeführt, um eine „einheitliche und ordnungsgemäße Grundlage für den Reiseverkehr in die

[4] So der Titel des Aufsatzes von Harald Kleinschmid im *Deutschland Archiv* (1977), S. 117–120.

[5] Abdruck in *Das Vierseitige Abkommen über Westberlin und seine Realisierung*, Berlin [Ost] 1977, Dok. Nr. 211.

gesamte Deutsche Demokratische Republik" zu schaffen.[6] Die Bestimmung des Viermächte-Abkommens, wonach die bestehende Lage in Berlin nicht einseitig verändert werden dürfe, wurde damit klar verletzt; durchaus schlüssig aber fügte sich diese Vertragsverletzung in die Zielsetzung der DDR ein: das Abkommen auf West-Berlin zu begrenzen und selbst formell mehr Einfluß auf Ost-Berlin zu bekommen.[7] Ebenfalls zum 1. Januar 1977 wurden die Kontrollposten an der Grenzlinie zwischen Ost-Berlin und der DDR abgezogen. Die Westmächte reagierten nur mit einer Wahrung des Rechtsstandpunktes: „Weder Handlungen noch Erklärungen dritter Staaten können die Rechte und Verantwortlichkeiten der Vier Mächte oder den Status von Groß-Berlin, die unverändert bleiben, berühren." Die Forderung der drei Westmächte blieb folgenlos: „Sie erwarten von der Regierung der Sowjetunion, daß sie ihren Verpflichtungen in bezug auf Berlin nachkommt."[8]

Daß die Sowjetunion die DDR in dieser Angelegenheit zur Ordnung rufen würde, war ziemlich blauäugig, hatte sie doch das eigene Militärpersonal ebenfalls von der Grenze abgezogen. Vor diesem Hintergrund wirkte die Stellungnahme der Bundesregierung vom 7. Januar 1977 geradezu naiv: „Die Erklärung der Drei Mächte macht auch deutlich, daß die DDR, die nicht zu den Berliner Statusmächten gehört, keinerlei Möglichkeiten besitzt, den Status Berlins zu verändern."[9] Die Einführung einer Straßenbenutzungsgebühr zum 1. März 1977 auch für das Gebiet Ost-Berlins verfolgte dasselbe Ziel. Der DDR-Führung wurde gleichwohl bedeutet, daß sie sich derlei nur auf der innerdeutschen Ebene herausnehmen könne. Die Forderung aus

[6] Die Erklärung des Außenministeriums vom 31. 12. 1977 findet sich in: *Dokumente zur Berlin-Frage 1967–1986*, hrsg. von Hans Heinrich Mahnke, München 1987, Dok. Nr. 419.

[7] Die Einschätzung Dettmar Cramers, *Widersprüchliche Berlinpolitik*, in: *Deutschland Archiv* (1977), S. 350–352, geht aber fehl. Cramer beschönigte das Vorgehen: „In gewisser Weise geschieht in Ost-Berlin das, was auch West-Berlin versucht: nämlich die Bindungen zum Bund entsprechend dem Viermächte-Abkommen zu entwickeln." Das Bemühen der DDR, Ost-Berlin in das Staatsgebiet einzugliedern, war zwar verständlich und konsequent, sie maßte sich dazu aber Vertragsbrüche an und ignorierte die Abmachungen der Siegermächte, während der Senat von Berlin – manchmal zähneknirschend – nicht einmal unterhalb dieser Schwelle den Spielraum ausnutzen konnte.

[8] Abdruck der Erklärung in: *Dokumente zur Berlin-Frage...* (s.o. Anm. 6), Dok. Nr. 420.

[9] Abdruck *a.a.O.*, Dok. Nr. 421.

Ost-Berlin, die drei Westalliierten sollten höhere Gebühren für die Durchfahrt von Militärzügen entrichten, wurde von diesen kurzerhand abgelehnt. Klaus Schütz protestierte gegen die Maßnahmen und wurde daraufhin östlicherseits der Verleumdung geziehen. „Wie kann man etwas beseitigen, was gar nicht existiert", fragte das *Neue Deutschland*, nachdem Schütz an den Viermächte-Status der ganzen Stadt erinnert hatte.[10]

In einer Großen Anfrage beschäftigte sich das Abgeordnetenhaus von Berlin am 10. März 1977 mit den jüngsten Statusverletzungen der DDR. „Es ist ein gemeinsamer Gegner, den wir haben", befand Oppositionsführer Lummer, erhob aber zugleich den Vorwurf: „Die Sozialdemokraten fühlen sich offenbar gelegentlich einem Wohlverhaltensdruck ausgesetzt."[11] Eine Alternative zum Festhalten am Erreichten konnte aber auch er nicht vorschlagen, lediglich das Instrument wirtschaftlicher Sanktionen wurde ein ums andere Mal bemüht. Oder eine „Gegenoffensive" verlangt, als sowjetische Bürgermeister einen Besuch in Berlin absagten. Lummer forderte in diesem Fall den Bundespräsidenten auf, den Termin seiner Reise nach Moskau zu überdenken. Mit solcher Kritik im Abgeordnetenhaus von Berlin machte die Opposition vor allem eines deutlich: Großartige Alternativen gab es nicht. Das wirksamste Instrument blieb die D-Mark und da war der Senat mehr denn je auf den Bund angewiesen.

Doch auch das Geld aus Bonn löste nicht alle Probleme. Daß der Westen kein angemessenes Werkzeug gegen die Integrationsbemühungen der DDR-Regierung hatte, zeigte sich erneut bei der Gleichstellung der Ost-Berliner Volkskammerabgeordneten mit den Volkskammerabgeordneten der DDR. Als Reaktion auf die Teilnahme West-Berlins an den Direktwahlen zum Europäischen Parlament, die in Berlin gar keine Direktwahl war, veröffentlichte die Volkskammer am 28. Juni 1979 ein Gesetz zur Änderung des Wahlgesetzes. Der bis dahin geltende Paragraph 7: „Die Volkskammer besteht aus 500 Abgeordneten. Davon entsendet die Hauptstadt der Deutschen Demokratischen Republik, Berlin, 66", wurde kurzerhand um Satz 2 gekürzt. Die Entsendung der Ost-Berliner Vertreter durch die Stadtversammlung Berlins war damit aufgehoben. Hatten die Schutzmächte die gleichartige Forderung des Regierenden Bürgermeisters zum Jahres-

[10] *Neues Deutschland* vom 21. 1. 1977.
[11] *Plenarprotokoll*, 7. W.P., S. 2227.

wechsel 1972/73 noch abgelehnt, so mußten sie sich jetzt auf Erklärungen beschränken. Zu diesem Zeitpunkt gerade in Tokio versammelt, verlautbarten die Außenminister der drei Schutzmächte und Hans-Dietrich Genscher am 29. Juni, eine derartige einseitige Änderung des im Vier-Mächte-Abkommen festgeschriebenen *status quo* nicht hinnehmen zu wollen.[12] Aus Bonn äußerte die Bundesregierung gleichentags „ihre Befriedigung ... daß die Drei Mächte weiterhin alle Versuche zurückweisen werden, diese Rechte und Verantwortlichkeiten in Frage zu stellen".[13] Die sogenannte Zurückweisung bestand in förmlichen Protesten der Botschafter in Moskau, bei denen wie stets betont wurde, daß die Vereinbarungen zwischen den Siegermächten seit den Tagen der Anti-Hitler-Koalition nicht berührt würden. Daraufhin passierte nichts – bis die drei Westmächte am 15. Juni 1981 nach den ersten Wahlen auf der Grundlage des neuen Gesetzes erneut protestierten, auch jetzt ohne Wirkung.

Eine weitere pflichtwidrige Änderung des Status von ganz Berlin stellte der Beschluß dar, das Neubaugebiet Marzahn im Ostteil vom 30. März 1979 an zu einem eigenständigen Stadtbezirk zu machen. Den Westmächten blieb auch hier nur die Erklärung, ihre Rechte als nicht berührt zu betrachten. Auch wenn vom Senat und von der Bevölkerung eine derartige Verklammerung des Berliner Ostsektors mit der DDR mit Unwillen und Bedenken betrachtet wurde, war dies doch der Preis für die relative Ruhe um den Westteil. Die DDR betrieb weiter ihre Konsolidierung, wie sie dies seit dem 13. August 1961 massiv getan hatte. Die Einbindung Berlins in die neue Verfassung von 1974 und der 1975 erstmals als Feiertag begangene 7. Oktober als Staatsgründungstag sollten das Selbstbewußtsein nach innen und außen demonstrieren. Besonders belastende Maßnahmen der DDR stellten auch die wiederholten Ausweisungen bundesdeutscher Journalisten dar. Hier wurde erneut deutlich, daß die DDR-Regierung jederzeit bereit war, den Geist von Abmachungen zu verletzen, wenn sie sich angegriffen fühlte.

Berlin blieb weiterhin Nadelöhr für innerdeutsche Abmachungen. Daß von Normalisierung der Situation der Stadt auch in den innerdeutschen Beziehungen nicht die Rede sein konnte, zeigten die Schwierigkeiten bei der Einbeziehung der Stadt in alle Abkommen

[12] Text dieser „Tokioter Erklärung" in: *Dokumente zur Berlin-Frage...* (s.o. Anm. 6), Dok. Nr. 427.

[13] *A.a.O.*, Dok. Nr. 428.

zwischen den beiden deutschen Staaten. Die DDR strebte eine Isolierung der westlichen Stadthälfte an, die die Verhandlungen über ein Kulturabkommen mehr als ein Jahrzehnt lang (von 1973 bis 1986) verzögerten. Sie verlangte Bestände der Stiftung Preußischer Kulturbesitz aus West-Berlin zurück, die vor den Wirren des Zweiten Weltkrieges ihren Platz auf der Museumsinsel im Ostteil gehabt hatten. Auch bei den Verhandlungen über die Zusammenarbeit in Wissenschaft und Kultur sträubte sich die DDR, Berlin einzubeziehen. So versuchte sie auf kaltem Weg, die Etablierung wissenschaftlicher Einrichtungen des Bundes in Berlin, die von der Stadt dringend gebraucht und begrüßt worden waren – zuletzt das Umweltbundesamt –, in ihrer Bedeutung einzuschränken. Während die Unterhändler in ihren nichtöffentlichen Sitzungen um Verbesserungen im innerdeutschen Verhältnis rangen – von persönlichen Fragen wie der Familienzusammenführung und der Häftlingsfreilassung bis hin zu den Verhandlungen über die Verkehrswege –, stand für die Bürger die Einhaltung des Vier-Mächte-Abkommens an erster Stelle.

Die Durchführung des Abkommens: Opportunismus vor Vertragstreue

Die Berliner und ihre Repräsentanten sahen sich auch in den Jahren 1975 bis 1980 mehrfach in ihrer Bewegungsfreiheit beschränkt. Während die Notenwechsel sich weitgehend auf die Bewahrung von Rechtspositionen beschränkten, verfügte die DDR-Regierung über handfeste Mittel, ihren Unmut zum Ausdruck zu bringen.

Behinderungen des freien Zugangs

Die Besuchserlaubnis für Ost-Berlin und die DDR stellte eine der wichtigsten Regelungen für die Bevölkerung der Stadt dar. Die Vereinbarung vom 20. Dezember 1971 gehörte „zum menschlichen wie politischen Alltag Berlins".[14] Die DDR aber verfügte an ihrer Hoheitsgrenze über die Mittel, Einlaß begehrende Menschen abzu-

[14] *7. Bericht über die Durchführung des Vier-Mächte-Abkommens und der ergänzenden Vereinbarungen zwischen dem 1. Juni 1978 und dem 31. Mai 1979 (= Drucksache*, 8. W.P., Nr. 68), S. 5.

weisen oder den Zutritt an Bedingungen zu knüpfen. Der Senat von Berlin mußte daher mit Unterstützung der Alliierten in statusrechtlichen Fragen und mit Unterstützung der Bundesregierung in finanziellen Fragen an einem reibungslosen Ablauf des grenzüberschreitenden Verkehrs interessiert sein, wenn dieser schon nur in einer Richtung ablaufen konnte. Die am 14. November 1974 erreichte Rücknahme des Zwangsumtauschsatzes auf Sätze von 6,50 DM für einen Tagesbesuch in Ost-Berlin und 13,– DM für den Besuch der DDR führte zunächst zu einem deutlichen Wiederanstieg der Besucherzahlen im Jahr 1975.

Problematischer entwickelte sich aber die Zahl derer, denen die Einreise verweigert wurde. Bis Mitte 1976 hatte die Zahl kontinuierlich zwischen 250 und 280 beschwerdeführenden Berlinern gelegen; mehr als die Hälfte der Verweigerungen konnte in Verhandlungen aufgehoben werden. Getrieben von Souveränitäts- und Sicherheitsinteressen wich die DDR-Regierung aber zum 1. Januar 1977 – ohne es zuzugeben – von der Linie ab, nur solchen Personen die Einreise zu verweigern, die bereits gegen DDR-Gesetze verstoßen hatten. Im Zusammenhang mit den Abgrenzungsbemühungen zum Jahresbeginn 1977 kam es zu einem scharfen Anstieg der Zahl der Einreiseverweigerungen: Zwischen dem 1. Juni 1976 und dem 31. Mai 1977 vervierfachte sie sich auf 1081 Berliner. Jetzt wurden auch solche Einreisewillige abgewiesen, die seit 1974 legal die DDR verlassen hatten, dazu jene Berliner, die die Zusammenführung ihrer Familie vom Westen aus betrieben. Die Regierung verkündete, mit einer Erlaubnis könnten folgende Personengruppen nicht mehr rechnen: 1. legal übergesiedelte frühere DDR-Bürger, da sie zuvor „Unruhe gestiftet" hätten; 2. jene Berliner, die Familienzusammenführungen anstrebten, da beispielsweise viele Verlobungen lediglich „Abwerbungen" seien, und 3. ehemalige DDR-Häftlinge, die in den Westen entlassen worden seien.[15] Diese Erklärung stellte eine schwerwiegende Einschüchterung der DDR-Bevölkerung dar, bedeutete sie doch für jeden, der einen Antrag auf Ausreise stellte, seine Heimat und die zurückgelassene Familie nicht wiedersehen zu können. Die meisten der legal Ausgereisten und Freigekauften hatten zudem in West-Berlin ihren Wohnsitz genommen, gerade wegen der Nähe zur Heimat.

[15] *Deutschland Archiv* (1977), S. 447.

Bis 1980 blieb die Frage der Einreiseverweigerung das „gewichtigste Problem des Reise- und Besucherverkers“.[16] Dem Senat gelang es trotz ständiger Versuche nicht, die DDR zu der großzügigeren Lösung zurückzuführen. Am 18. Mai 1979 hatten sich die Bediensteten der Büros für Reise- und Besuchsangelegenheiten der DDR in Berlin-West, bei denen die Einreisepapiere beantragt werden mußten, sogar für einen Tag geweigert, überhaupt noch Visa für die Pfingstfeiertage vom 30. Mai bis zum 4. Juni 1979 auszugeben, wegen angeblicher „touristischer Überfüllung“ Ost-Berlins an diesen Tagen. Ursächlich dürfte aber die Furcht vor allzu vielen Kontakten zwischen Jugendlichen aus beiden deutschen Staaten gewesen sein, fand doch vom 1. bis 3. Juni das „Nationale Jugendfest der DDR“ in deren „Hauptstadt“ statt. Nach Interventionen des Senats kehrte die DDR schon zum 19. Mai zur gewohnten Praxis der Visumvergabe zurück. Während der Senat hier einmal erfolgreich war, entzog sich doch ein großes Problem des Besuchsverkehrs ganz seiner Einflußnahme: Die Zahl derjenigen in der DDR lebenden Deutschen, denen von ihrem Staat der Kontakt mit Westlern untersagt wurde, wuchs stetig an. Wieviele Besuche deshalb nicht zustande kamen, kann nicht ermittelt werden. Die Ausweitung der Kontaktsperre auf weitere Berufsgruppen wurde nicht öffentlich bekanntgegeben.

Störungen des Transitverkehrs nach Berlin

Die Sicherheit und Berechenbarkeit der Verkehrsverbindungen nach Berlin waren für die Berliner von nicht zu überschätzender Bedeutung, und auch für die Besucher der Stadt spielte der reibungslose Ablauf eine wichtige Rolle. Die Transitautobahnen waren die Lebensadern der Stadt. Der Senat pochte deshalb im Rahmen seiner Kompetenzen auf die Einhaltung dessen, was zwischen den beiden deutschen Staaten im Abkommen über den Transitverkehr am 17. Dezember 1971 vereinbart worden war. Obwohl selbst nicht Träger von Rechten und Pflichten aus diesem Abkommen, registrierte der Senat jede Unregelmäßigkeit, um bei der Bundesregierung die Interessen der Berliner vertreten zu können. Im Berichtszeitraum bis 1980

[16] *8. Bericht über die Durchführung des Vier-Mächte-Abkommens und der ergänzenden Vereinbarungen zwischen dem 1. Juni 1979 und dem 31. Mai 1980* (= *Drucksache*, 8. W.P., Nr. 467), S. 7.

bedrohte die DDR mehrfach die Reibungslosigkeit des Transitverkehrs. Vereinzelt kam es auch zu schikanösen Behinderungen. Die Analyse solcher Vertragsverstöße macht deutlich, daß bei der Regierung der DDR politische Opportunitäten die Vertragstreue überspielten. Politische Absichten wie die Einschüchterung von fluchtbereiten DDR-Bürgern oder Proteste gegen angeblich zu enge Bindungen Berlins an den Bund ließen die Verantwortlichen zur Verkehrsbehinderung greifen. Die Sowjetunion machte auch in der zweiten Hälfte der siebziger Jahre in dieser Hinsicht von der DDR als Erfüllungsgehilfen Gebrauch.

Am 19. Dezember 1975 hatten die Bundesregierung und die Regierung der DDR eine Reihe von Verkehrsvereinbarungen getroffen, die besonders den Berlinern und ihren Besuchern zugute kamen. In einem Briefwechsel zwischen dem Leiter der Ständigen Vertretung Bonns und dem stellvertretenden Minister für Verkehrswesen der DDR wurde festgelegt, daß die Autobahn zwischen Helmstedt/Marienborn und Berlin grunderneuert werden sollte. Die Bundesregierung sagte eine Kostenbeteiligung in Höhe von 259,50 Millionen DM zu. Gleichzeitig hatte der Senat die Zusage erhalten, daß die DDR der Einrichtung eines weiteren Grenzüberganges im Norden der Stadt zustimmen werde. Dieses Entgegenkommen der DDR war von Bonn aus versüßt worden. Ebenfalls am 19. Dezember 1975 wurde nämlich ein Protokoll darüber ausgetauscht, daß die jährliche Transitpauschale, also jene Summe, die die Bundesregierung für die Benutzung der auf dem Gebiet der DDR verlaufenden Transitautobahnen entrichtete, von 234,9 Millionen DM auf jährlich 400 Millionen DM pro Jahr festgelegt wurde.[17] Die Politik der DDR-Regierung, Berlin von Bonn möglichst zu isolieren, durfte ob solcher Summen wieder einmal hintanstehen.

Die DDR-Führung war allerdings auch nicht zum Ausverkauf ihrer Interessen bereit. Dies demonstrierte sie im Sommer 1976. Am 24. Juli wurde ein bundesdeutscher Bürger von DDR-Grenzern schwer verletzt, am 5. August ein italienischer LKW-Fahrer erschossen: Das erste ausländische Opfer des Schießbefehls an der innerdeutschen Grenze war zu beklagen. In ihrer politischen Empfindlichkeit – auch als Kaltblütigkeit zu bezeichnen – schreckte die DDR im Zusammenspiel mit ihrer „Schutzmacht" anschließend vor einem Bruch des

[17] *Dokumente zur Berlin-Frage...* (s.o. Anm. 6), Dok. Nr. 164a.

Transitabkommens nicht zurück. Zum 15. Jahrestag der Errichtung der Berliner Mauer hatte die Junge Union ihre Landesverbände nach Berlin eingeladen, um dort eine Gedenkveranstaltung abzuhalten. Daneben planten auch andere Organisationen, darunter der „Bund Freies Deutschland", Kundgebungen und einen Fackelzug an die Grenze zwischen West- und Ostsektor. Am 12. August wandten sich sowjetische Vertreter mit der Forderung an die Westmächte, Veranstaltungen zu verhindern, „die auf die Schürung von Feindseligkeiten gegenüber der Sowjetunion, der Deutschen Demokratischen Republik und anderer Staaten der sozialistischen Gemeinschaft abzielen", und „den offen provokatorischen Charakter der beabsichtigten Zusammenrottungen" nicht zuzulassen.[18]

Da weder Schutzmächte noch Senat an ein Verbot politischer Gedenkveranstaltungen dachten, setzte die DDR am 13. August den Hebel an den Autobahnen an. Leichtestes Opfer waren die Busse der Jungen Union. Vierzehn dieser Busse wurden an den Kontrollstellen von der Benutzung der Transitstrecken ausgeschlossen. Auch andere Reisende wurden nach dem Grund ihrer Reise und nach ihrer Mitgliedschaft in politischen Organisationen gefragt. Es kam in der Folge zu schweren Verkehrsbeeinträchtigungen und Verzögerungen. Mit diesem Vorgehen maßten sich die Grenztruppen der DDR eine politische Selektion Transitreisender an, ein eklatanter Bruch des Transitabkommens, dessen Artikel 16 abschließend die Voraussetzungen für die Zurückweisung von Reisenden regelte. Dazu zählte der Mißbrauch der Transitwege, keineswegs aber der DDR mißliebige Veranstaltungen in Berlin. Der schwerwiegende Eingriff in das Recht auf freien Zugang nach Berlin rückte erneut die Machtlosigkeit bei einer „friedlichen Beilegung von Konflikten" in den Mittelpunkt der Debatten. Die Alliierten protestierten pflichtgemäß bei der Sowjetunion gegen die Reisebehinderungen vom Vortag: „Der Widerstand gegen den Transitverkehr, der sich am 13. August ereignete, stellt eine klare Verletzung des Vier-Mächte-Abkommens dar."[19] Immerhin war es ja die Sowjetunion gewesen, die im Vier-Mächte-Abkommen der DDR nicht die volle Souveränität über den Verkehr auf den Autobahnen eingeräumt hatte. Andererseits fiel der innerdeutsche Zivilverkehr in die Regelungen des Abkommens zwischen den beiden deutschen Staaten. Die Bundesregierung protestierte daher in der Transitkom-

[18] *A.a.O.*, Dok. Nr. 359.
[19] *A.a.O.*, Dok. Nr. 362.

mission, der Bundestag verabschiedete mit den Stimmen der Koalition eine Entschließung, in der das Verhalten der DDR verurteilt wurde. Abhilfe versprach dies alles nicht. In Berlin verlangte die Opposition ein offensiveres Vorgehen gegen die DDR. Bemüht wurde der einzige Trumpf, bei derartigem Verhalten könne „die Regierung in Ost-Berlin nicht damit rechnen, daß die Bundesrepublik Deutschland den zinslosen Kredit im Interzonenhandel nach 1980 erweitert, verlängert oder gar erhöht".[20]

Unbeeindruckt davon wurden im Herbst 1977 die Kontrollen der Reisenden im Transitverkehr durch die DDR-Bediensteten in erheblichem Umfang gesteigert. Dabei verstieß die DDR gegen die Bestimmungen des Transitabkommens, da sie nicht in allen Fällen hinreichend begründete Verdachtsmomente darlegen konnte, die gemäß Artikel 16 Absatz 2 des Transitvertrages Voraussetzung von Kontrollen waren. Die Debatte über diese Praxis verzeichnete zwei politische Lager: die Sprecher der Fraktionen der Regierungskoalition prangerten ebenso wie die Opposition die Vorgänge an, verteidigten aber die Haltung der Bundesregierung und des Senats, wegen dieser Vorfälle nicht zu scharfen Gegenmaßnahmen, wie etwa einer Reduzierung des Swingvolumens, zu greifen.[21] Ein Entschließungsantrag, in dem die Rückkehr „zu einer abkommenskonformen Handhabung der Verdachtskontrollen" von der DDR gefordert wurde, fand aber die einstimmige Zustimmung des Parlaments – in Sachen Sicherung der „Lebensadern der Stadt" mochten sich die Parteien nur untereinander, nicht aber gegenüber der DDR gegeneinander ausspielen lassen.

Auch der 25. Jahrestag des Aufstandes vom 17. Juni 1953 sorgte für Komplikationen. Beginnend in den Mittagsstunden des 16. Juni wurde der Transitverkehr von und nach Berlin dadurch behindert, daß an den Kontrollstellen der DDR nur wenige Abfertigungsstellen geöffnet waren, die dem Verkehrsaufkommen nicht gerecht wurden. Im Einzelfall kam es dadurch zu Wartezeiten von bis zu zweieinhalb Stunden. Und wieder wurden Busse mit Mitgliedern der Jungen Union an der Weiterfahrt nach Berlin gehindert. Die politischen Absichten der Reisenden am Zielort Berlin – nicht unterwegs – mögen der DDR noch so wenig gefallen haben, dagegen vorgehen durfte sie nicht.

[20] Heinrich Lummer am 23. 9. 1976, *Plenarprotokoll*, 7. W.P., S. 1482.

[21] Vgl. die Große Anfrage (*Drucksache*, 7. W.P., Nr. 1128) und die anschließende Debatte im *Plenarprotokoll*, 7. W.P., 26. 1. 1978, S. 3315–3329.

Erst am Mittag des 17. Juni kehrten die Grenzer zur vertraglich vereinbarten reibungslosen Abwicklung zurück – als weitere Besucher von Gedenkveranstaltungen zum 17. Juni nicht mehr zu erwarten waren. Die nüchterne Bilanz von Bundessenator Horst Korber artikulierte die Hilflosigkeit: „Der Transitverkehr von und nach Berlin ist am 16./17. Juni, entgegen dem Grundsatz des Artikels 2 Absatz 1 des Transitabkommens nicht in der einfachsten, schnellsten und günstigsten Weise erfolgt.“[22]

„Das ist die Realität, und das ist eine schlimme Realität“, sekundierte Oppositionschef Lummer und forderte den Senat auf, bei der Bundesregierung auf Gegenmaßnahmen zu dringen. Ein solches „In-die-Waage-Werfen des gesamten Verhältnisses Bundesrepublik-DDR“ erschien der SPD aber als unverhältnismäßig. Die Reaktionen auf die Vertragsverletzungen waren daher noch zurückhaltender als im August 1976, nicht einmal eine Sondersitzung der Transitkommission wurde einberufen, die Diskussion der Vorgänge auf der regulär nächsten Sitzung dieses Gremiums anberaumt. Für diese defensive Haltung hatten Senat und Bundesregierung natürlich einen Grund.

Gleichzeitig liefen nämlich die Verhandlungen über die Verbesserung der Verkehrsverbindungen weiter, ein Beleg für die Politik der DDR, auf der einen Seite selbst die vertraglichen Abmachungen den politischen „Erfordernissen“ der Tagespolitik zu unterwerfen, andererseits deshalb aber nicht längerfristige Verhandlungen, die ihr zugute kamen, abzubrechen. „Ein wesentlicher weiterer Fortschritt für den Berlinverkehr konnte mit den in Verhandlungen zwischen der Bundesregierung und der Regierung der DDR erzielten Verkehrsvereinbarungen vom 16. November 1978 erzielt werden“, vermeldete der Senat schon wenige Monate nach dem Wirbel um die Busse zur Zufriedenheit.[23] Endlich wurde der Anschluß an ein Verkehrskonzept der Vorkriegszeit gefunden: der Bau einer Autobahn von Berlin nach Hamburg. Auch hier ebnete die D-Mark den Weg: Eine solche Straßenbaumaßnahme trug wesentlich zur Verbesserung der Infrastruktur innerhalb der DDR bei und wurde, da sie dem Transit zwischen Hamburg und Berlin ebenfalls zur Verfügung stehen sollte, von der Bundesregierung mit 1,2 Milliarden DM unterstützt. Um den gezahlten Preis drehte sich die Kritik der Opposition, nicht um das Projekt als

[22] *Plenarprotokolle*, 7. W.P., 22. 6. 1978, S. 3878.
[23] *7. Bericht...* (s.o. Anm. 2), S. 7.

solches. Der Preis war überhöht, aber es war ein politischer Preis, der gerechtfertigt war, denn, so ein Beobachter: „West-Berlin ist räumlich näher an die Bundesrepublik gerückt, aber auch politisch."[24]

Daneben wurde am 16. November die Transitpauschale für die Jahre 1980 bis 1989 nochmals erhöht, auf 525 Millionen DM pro Jahr. Auch der Berliner Unterhändler konnte in diesen Tagen erfreulichen Posteingang verzeichnen. Der Beauftragte der Regierung der DDR für den Reise- und Besucherverkehr bestätigte dem Senat, daß die DDR eine weitere Übergangsstelle schaffen werde, um eine Anbindung an die neue Autobahn zu gewährleisten. Gleichzeitig wurde dem Senator für Bau- und Wohnungswesen die Zusicherung gemacht, die zur Öffnung des Teltowkanals für die zivile Binnenschiffahrt erforderlichen Baumaßnahmen würden in Angriff genommen. Damit sollten die lästigen, seit dem 13. August 1961 notwendigen innerstädtischen Umwege für die Schiffahrt nach Vollendung der Baumaßnahmen mit der Öffnung des Kanals am 20. November 1981 wegfallen.

Die neugeplante Autobahntrasse nach Hamburg verdeutlicht wie kaum ein anderes Projekt die politische Dimension der Berliner Demokratie: internationale, innerdeutsche und kommunale Fragen galt es zu berücksichtigen. So galt in NATO-Kreisen eine nagelneue Autobahntrasse westlichen Standards als ideale Aufmarschrampe für Warschauer Pakt-Verbände bei einem Konflikt in Deutschland.[25] Also wurde die enge Abstimmung mit den Schutzmächten gesucht. Das Außenministerium hatte sich von den drei Westmächten in einer Note vom 15. November 1978 bestätigen lassen, daß Vereinbarungen über die Einrichtung einer neuen Transitstrecke „mit dem Vier-Mächte-Abkommen vom 3. September 1971 in Einklang stehen". Auf der innerdeutschen Ebene ging es ums Geld. Die Berliner Belange wurden hier von Bonn aus vertreten, in Erwartung der hohen Zahlungen hatte die DDR dagegen nichts einzuwenden. Kommunal geriet die Trassenplanung in die Kritik der Umweltschützer. Die nicht gerade mit Freizeit- und Naturgebieten verwöhnten Bewohner der ummauerten Stadthälfte protestierten gegen die Absicht der Rodung größerer Waldflächen im Norden Berlins. Auch auf kommunaler Ebene hatten die Schutzmächte noch ein Wörtchen mitzureden. So legten die

[24] Dettmar Cramer, *Gewinner sind beide Seiten. Zur Unterzeichnung des Verkehrspakets*, in: *Deutschland Archiv* (1978), S. 1233 f.

[25] Solche Erörterungen bestätigte General (ret.) George S. Blanchard, Chief U.S. Army in Europe (1975–1979), dem Verfasser in einem Gespräch am 24. 8. 1989.

Franzosen, durch deren Sektor die Autobahn geplant war, ein Veto gegen die innerstädtische Trassenplanung ein, weil sie ihre Bewegungsfreiheit gefährdet sahen. Für den Senat von Berlin barg der erfolgreiche Vertragsabschluß der Bundesregierung also durchaus noch Probleme.

Proteste gegen die Bindungen Berlins an die Bundesrepublik

Wie die Sowjetunion bestritt auch die DDR-Regierung Berlin und der Bundesrepublik das Recht, ihre Bindungen fortzuentwickeln. In den Jahren 1975 bis 1980 erfolgten daher zahlreiche Proteste, die sich, wenn nicht anders erwähnt, auf Erklärungen, zumeist des Ministeriums für Auswärtige Angelegenheiten, beschränkten.[26] Durchaus nicht nur akademischer Natur waren die Diskussionen, wenn die DDR sich in praktischen Dingen taub stellte. So gab es Schwierigkeiten für Berliner Handballfreunde, die für ein Spiel der bundesdeutschen Nationalmannschaft einen Antrag auf Einreise stellten. Erst nach schwierigen Verhandlungen war die Reichsbahn dazu zu bewegen, Sonderzüge einzusetzen, um die Teilnehmer eines Sängerfestes des Deutschen Sängerbundes in die Stadt zu bringen. Ursprünglich sollte diese Veranstaltung eines Verbandes der Bundesrepublik nicht unterstützt werden. Hier hatte die in Ost-Berlin ansässige Direktion dann aber ein Einsehen, denn „eine Luftbrücke für 60 000 Sänger wäre wahrscheinlich doch eine zu deutliche Negativwerbung für die DDR gewesen“.[27]

Im beschriebenen Zeitraum blieben größere Dissonanzen aus. Die westliche Seite hielt sich mit vorsätzlichen Demonstrationen der Zugehörigkeit der Stadt zum Bund zurück, auch wenn dem Senat diese Zurückhaltung nicht gefiel. Die DDR wandte sich auch gegen den Vier-Mächte-Status für die gesamte Stadt. Als der Regierende Bürger-

[26] Diese Erklärungen sind akribisch aufgeführt in der Reihe von Jahresbänden *Dokumente zur Außenpolitik der DDR*, in denen neben den Beziehungen zur „BRD“ eine separate Aufführung der Kontakte zum „Senat von Westberlin“ vorgenommen wurde. Hier sind auch etliche innerstädtische Probleme angesprochen, vor allem die zahlreichen Anschläge auf die unter Ost-Berliner Verwaltung betriebene S-Bahn und gegen Grenzposten, insbesondere an heiklen Daten wie dem 13. August.

[27] Der FDP-Abgeordnete Vetter im Parlament, *Plenarprotokoll*, 7. W.P., 25. 3. 1976, S. 975.

meister Stobbe im Frühjahr 1978 im Zusammenhang mit der Inhaftierung eines Wehrdienstverweigerers in Ost-Berlin den entmilitarisierten Status Berlins betonte, wurde ihm von der DDR-Regierung vorgeworfen, „den für Berlin (West) gültigen Viermächtestatus auf die Hauptstadt der DDR anzuwenden".[28] Und doch konnte sich das Vier-Mächte-Abkommen erneut im Oktober 1978 bewähren. Turnusgemäß fiel die Präsidentschaft im Bundesrat an den Regierenden Bürgermeister von Berlin. Da er als Vertreter des Bundespräsidenten agierte und daher Bundesgesetze ausfertigen oder die Ernennung von Generalen hätte vornehmen können, protestierten sowjetische Vertreter gegen die geplante Amtsübernahme Stobbes zum 1. November 1978. Doch schon früher hatten sowohl Willy Brandt als auch Klaus Schütz 1957/58 beziehungsweise 1967/68 das Amt des Bundesratspräsidenten innegehabt. Diese Amtsübernahme war also gedeckt von der Präambel des Vier-Mächte-Abkommens, in der von „der bestehenden Lage" die Rede war. Die Rechtslage der Stadt wurde durch diese Wahl ohnehin nicht geändert. Stobbe signalisierte aber, in politisch heiklen Angelegenheiten die Vertretung des Bundespräsidenten seinem Vizepräsidenten zu überlassen.

Doch blieb es beim Beharren auf den verschiedenen Rechtspositionen, ein *status quo*, mit dem beide Seiten leben mußten. Der Regierende Bürgermeister Stobbe bekannte frank und frei in einem Artikel: „Weder die Drei Mächte noch die Bundesrepublik Deutschland haben die Möglichkeit, die Sowjetunion zu zwingen, zu dem ursprünglichen Verständnis des Viermächte-Abkommens zurückzukehren."[29] Stobbe sprach sich weniger dezidiert als Schütz für ein selbstbewußtes Nutzen der Möglichkeiten des Abkommens aus. Er betonte den Abbau gegenseitigen Mißtrauens. Von Heinrich Lummer wurde er dafür mit den ebenfalls schon bekannten Vorwürfen bedacht: „Berlins Ansprüche und vertragliche Rechte werden auf dem Altar der Entspannungspolitik geopfert."[30] Doch Stobbe hatte dank seiner engen Arbeitskontakte in Bonn gelernt, daß ein Affront der Bundesregierung durch allzu ambitionierte Ansprüche der Berliner die Arbeit des

[28] *Dokumente zur Außenpolitik der DDR*, Bd. 26, 2. Halbbd., Berlin 1983, S. 978.

[29] *Bindungen. Das Verhältnis Berlins zum Bund und das Viermächte-Abkommen*, in: *Europa-Archiv* vom 10. 8. 1977.

[30] Heinrich Lummer, *Stobbe betreibt eine gezielte Aushöhlung des Abkommens*, in: *Berliner Rundschau* vom 25. 8. 1977.

Senates nicht erleichtern würde. Noch vor seiner Amtsübernahme im Rathaus hatte er sich gegen „Prinzipienreiterei" ausgesprochen.[31] Seine Haltung war defensiv, bewahrend: „Es kommt sehr darauf an, daß man weiß, was in Berlin möglich ist, und es ist viel möglich, daß man aber auf der anderen Seite die Grenzen kennt und respektiert."[32] Solche Töne wurden auch vom Osten begrüßt, der Schütz als „Kalten Krieger" gern verabschiedet sah.[33] Stobbe räumte mit Illusionen auf, mochte sein pragmatisches Programm nicht durch Utopien überfrachten. Er wollte die Dinge im Inneren der Stadt zurechtrücken. Zu seinem Konzept, den Berlinern wieder mehr Selbstvertrauen zu geben, gehörte auch die Betonung, daß schließlich die DDR die größeren Zugeständnisse beim Vier-Mächte-Abkommen gemacht hatte; ein Umstand, der in Berlin schon in Vergessenheit geraten war. Anders als Schütz suchte er den Konsens mit Bundeskanzler Schmidt und dessen Politik, verstärkt wirtschaftlich statt politisch demonstrativ für Berlin einzutreten.

„Ich kann für mich wohl sagen, daß der Draht zum Kanzler besonders gut ist. Was in meiner Regierungserklärung steht – Wirtschaft als Thema Nr. 1, kulturelle Attraktivität der Stadt, Hinwendung zur Stadtpolitik, Festigkeit in der Grundhaltung der Berlin-Politik, aber publizistische Zurückhaltung zu den Fragen in und um Berlin –, das alles stimmt überein mit dem, was Helmut Schmidt denkt", bekannte Stobbe.[34] Deutlich distanzierte sich das neue Stadtoberhaupt von seinem Amtsvorgänger Schütz, der das Amt als Außenpolitiker angetreten hatte. Stobbe plädierte für „Zurückhaltung bei dem publizistischen Pingpong um Berlin. Ich springe nicht über jeden Stock, den mir die östliche Propaganda-Maschine hinhält."

Hatte die ursprünglich von Brandt für Berlin angeregte „Deutsche Nationalstiftung" – wie oben dargelegt – schon seit der Amtsübernah-

[31] In einer vielbeachteten Rede *Schwerpunkte der Berliner Politik in den kommenden Jahren* im November 1976, die als Anmeldung seines Anspruchs auf eine Übernahme des Amtes des Regierenden Bürgermeisters gedeutet wurde, hatte Stobbe ausgeführt: „Bei der komplizierten Bindungsformel und auch bei der Außenvertretung ist deutlich geworden, daß der Streit um die juristische Würdigung praktische Regelungen verzögert und erschwert, von denen doch beide Seiten ihren Nutzen haben könnten." Zitiert nach *FAZ* vom 2. 9. 1978.

[32] Im *Deutschlandfunk* am 3. 5. 1977 (zitiert nach der Kommentarübersicht des Deutschen Bundestages).

[33] Vgl. *Abtritt eines Kalten Kriegers*, in: *Neues Deutschland* vom 3. 5. 1977.

[34] Im Interview mit der *Berliner Morgenpost* vom 19. 3. 1978.

me Schmidts in Bonn keinen Fürsprecher mehr, so mochte auch Stobbe an dieses Thema nicht mehr rühren. Die Opposition ließ dies allerdings nicht ruhen. Während die Bundesregierung auf die Kulturhoheit der Länder verwies und die Frage in einem langwierigen Konsultationsprozeß mit allen Bundesländern verschleppte, wurde der Regierende Bürgermeister regelmäßig zur Rede gestellt. Die Nationalstiftung wurde letztendlich gar nicht ins Leben gerufen: nicht in Berlin, also wurde eine Provokation der östlichen Seite vermieden, und auch nicht andernorts, um nicht des „Verrats“ an der Hauptstadt geziehen zu werden. Konkrete Verbesserungen für die Berliner blieben für den Senat dennoch das Ziel, auch im direkten Kontakt mit der DDR. Erreicht werden konnte dies nur auf dem schmalen Feld der eigenen Kontakte zu den Ost-Berliner Regierungsstellen.

Die Politik des Senats gegenüber der DDR

Größere Gelassenheit unter dem neuen Regierenden Bürgermeister seit 1977

Auf diesem Gebiet hatten der Senat und Klaus Schütz – wie auch seine Vorgänger und noch mehr seine Nachfolger – stets den Vorwurf einer „senatseigenen Deutschlandpolitik“ zu gewärtigen. Doch blieb dies eher ein Begriff der parteipolitischen Auseinandersetzung. „Wir haben sehr eingegrenzte Möglichkeiten. Wir sprechen mit der DDR nur, wenn die Alliierten es gestatten und keine Verhandlungskompetenz der Bundesregierung vorliegt. Das ist der Fall für vier oder fünf innerstädtische Angelegenheiten“, gab Stobbe zu.[35] Gleichwohl wurde auch das Verhältnis zu den Schutzmächten in der Öffentlichkeit der Stadt debattiert, und in der zweiten Hälfte der siebziger Jahre waren da weitaus kritischere Töne zu hören, als dies zuvor der Fall gewesen war.

Der Senat war um die Lösung praktischer Probleme bemüht: „Es ist besser für die Berliner, wenn sie einen Nord-Übergang haben. Es wäre für unseren Schiffsverkehr gut, wenn wir die Schleuse Spandau nun endlich bauen könnten. Es wäre auch gut für die Versorgungssicherheit Berlins, wenn wir den Teltow-Kanal offen hätten und, und, und.

[35] Im Interview mit der *Berliner Morgenpost* vom 19. 3. 1978.

Aber es sind nicht Fragen, die die Lebensfähigkeit betreffen.«[36] Auf allen genannten Gebieten konnte der Senat bis zum Ende der Legislaturperiode Erfolge verzeichnen. Doch der erfolgreiche Pragmatismus hatte seinen Preis. Stobbe, der erste Regierende Bürgermeister, dessen politische Haltung nicht durch den Freiheitskampf der Stadt geprägt worden war, geriet gegenüber Ost-Berlin in die Defensive. Wer getreu seinem Amtseid in den Verhandlungen die meisten Erleichterungen für die West-Berliner herausholen wollte, mußte zwangsläufig die Geißelung des repressiven Gesellschaftssystems des Vertragspartners hintanstellen. Großgeworden mit der deutschen Teilung, galt Stobbe die Stabilität des kommunistischen deutschen Staates als Voraussetzung für Zugeständnisse an die Berliner.

Die Überwindung der Teilung trat auf der Tagesordnung hinter die angestrebten Verbesserungen für West-Berlin zurück. Dies war symptomatisch für die Deutschlandpolitik zwischen 1975 und 1989, die Kehrseite des Pragmatismus. Einem Regierenden Bürgermeister von Berlin waren gleichwohl die geringsten Vorhaltungen zu machen, galt es doch hier, sogar lebensbedrohliche Rechtsunsicherheiten zu beseitigen.

Die Regelungen innerstädtischer Rettungsmaßnahmen: Der Zwang zum Kompromiß

Es bedurfte erst mehrerer Todesfälle, um den Senat zu veranlassen, unter Hintanstellung statusrechtlicher Prinzipien einen Vertrag mit der Regierung der DDR zu schließen: über die Rettungsmaßnahmen bei Unfällen an der Berliner Sektorengrenze. Im Oktober 1972 war ein neunjähriger Junge in der Spree ertrunken, da die DDR-Grenzer zu spät zu einer Hilfeleistung eintrafen und die West-Berliner Feuerwehr sich in die dort ganz zu Ost-Berlin gehörende Spree nicht hineinbegeben durfte und die Feuerwehrleute zur Tatenlosigkeit verurteilt waren. Im Abgeordnetenhaus versprach Bürgermeister Neubauer daraufhin, derlei Zustände nicht länger zu dulden: „Das Leben muß hier höher stehen als die Einhaltung bloßer Ordnungsprinzipien an

[36] Stobbe im Interview mit dem *Südwestfunk* am 21. 8. 1977 (zitiert nach der Kommentarübersicht des Bundespresseamtes).

den Grenzen."[37] Kontakte wurden mit den für Grenzfragen zuständigen Alliierten aufgenommen, doch es bedurfte erst eines weiteren Todesfalls Anfang Mai 1973, bis der Bürgermeister verlautbarte: „...in der Zwischenzeit liegt die Genehmigung vor, mit bestimmten Themen Kontakt mit der anderen Seite aufzunehmen, um den Versuch zu machen, für die Zukunft derartige Vorkommnisse auszuschalten."[38] Am 6. Juni 1973 wurden Verhandlungen über Hilfeleistungen an der Grenze zwischen den Ost- und Westsektoren Berlins begonnen.

Doch genau in dieser Aufgabenbezeichnung lag das Problem. Die DDR-Unterhändler sahen an der Spree natürlich die Staatsgrenze der DDR verlaufen, während der Senatsvertreter lediglich eine Sektorengrenze wahrnahm. Die DDR-Vertreter wollten ein Entgegenkommen damit honoriert sehen, daß mitten in der Stadt Berlin eine „Staatsgrenze" anerkannt wurde. Ein von der DDR gemachter Vorschlag über Hilfsmaßnahmen wurde daher vom Senat und von den Schutzmächten abgelehnt, da er der Durchsetzung von Prestigeansprüchen der DDR-Führung dienen sollte und nicht zwischen DDR- und Ost-Berliner Gebiet unterschied.

Das Thema verlor an Brisanz in der Öffentlichkeit, und so mußten sich Westalliierte und Senat den Vorwurf gefallen lassen, daß erst ein weiterer Unfall die Angelegenheit erneut auf die Tagesordnung brachte. Im Mai 1975 war erneut in Kreuzberg ein fünfjähriges türkisches Mädchen in die Spree gestürzt, der insgesamt fünfte Unfall dieser Art. Grenzsoldaten der DDR verhinderten Rettungsmaßnahmen der Berliner Feuerwehr, beim Eintreffen ostdeutscher Taucher konnte das Kind nur noch tot geborgen werden. Die CDU-Opposition im Abgeordnetenhaus forderte daraufhin die im Vier-Mächte-Abkommen vorgesehene Konsultation der Siegermächte,[39] um nicht länger die DDR, sondern die Sowjetunion in die Pflicht zu nehmen. Doch auch in diesem Fall wurde von einem Treffen aller vier Siegermächte abgesehen. Wie geschildert, erblickten die Alliierten in einem solchen Gespräch die Gefahr, das gesamte „Paket" von Kompromißlösungen öffnen zu müssen. Der Berichterstatter des Ausschusses für Gesamtberliner Fragen und Bundesangelegenheiten drückte es im Abgeordnetenhaus so aus: „Es bestünde die Gefahr, daß damit ein Verfahren in

[37] So der Senat bei der Beantwortung einer Anfrage im Abgeordnetenhaus, *Plenarprotokoll des Abgeordnetenhauses*, 6. W.P., 9. 11. 1972, S. 1295.

[38] Aktuelle Stunde am 17. Mai 1973, *Plenarprotokoll*, 6. W.P., S. 1829.

[39] Vgl. *Drucksache*, 7. W.P., Nr. 52.

Gang gesetzt würde, das letztendlich, da es über Fragen, die Interpretation und Praxis des Abkommens beträfen, geführt werden müßte, zu einem Ergebnis führen könnte, das von unserer Seite nicht gewünscht und gewollt sein könnte."[40] Hier bewies sich erneut, daß der Konsultationsmechanismus keinerlei Praxistauglichkeit entwikkelte. Die Begrenzung auf Fälle, in denen das „Abkommen insgesamt in Gefahr sei", ließ der östlichen Seite durch die Jahrzehnte Spielraum zu restriktiven Auslegungen. An Nachbesserungen des Abkommens war nicht zu denken, da stets die Frage nach der Gegenleistung auftauchte. Das große Pfand des Westens, die Anerkennung des Nachkriegs-*status-quo*, war aus der Hand gegeben. Und welcher Preis sollte der DDR gezahlt werden, um weitere Todesfälle zu vermeiden?

Mit der Forderung, die die CDU an die Adresse der Schutzmächte gerichtet hatte, waren diese unter öffentlichen Druck gesetzt worden: „Was hat denn eine solche Konsultationsklausel überhaupt für einen Sinn?"[41] Um nicht als Verhinderer eines Vertrags über Lebensrettung dazustehen, fällten die Schutzmächte eine politische Entscheidung, die vorsah, eine Lösung zu dulden, die eine Aufgabe von Prinzipien bedeutete – aber nur auf innerdeutscher Ebene. Gefunden wurde eine Regelung, die Züge der Absurdität trug und nur wegen des ernsten Inhaltes keine Kritik fand. Mit BK/L (75)37 vom 28. Oktober 1975 ermächtigte die Kommandatura den Senat, einer Regelung mit der DDR zuzustimmen, unter Hinweis darauf, daß sie die Rechtsnatur der Grenze zwischen den Sektoren als nicht berührt ansehe.[42] Wichtigster Teil des anschließenden Briefwechsels zwischen dem Senat und der Regierung der DDR war die Bereitschaft zur Verwirklichung eines im Grunde selbstverständlichen humanitären Prinzips: Wer immer als erster an einem Unglücksort eintraf, durfte in Zukunft Rettungsmaßnahmen durchführen. Die DDR-Regierung sprach nur noch von „Grenzgewässern", nicht länger von „Grenzgewässern der DDR" und „Staatsgrenze", Westalliierte und Senat dankten es mit der Formulierung „westliche Sektoren Berlins und daran angrenzende Gebiete".

Damit endete ein prestigebeladenes Tauziehen, dessen Opfer die verunglückten Kinder waren. Der Senat erlaubte sich mit dieser eigenständigen Politik die Freiheit, Grundsätze zu vernachlässigen. Auch wenn sich die DDR zugute hielt, selbst in Grenz- und damit Vier-

[40] *Plenarprotokoll*, 7. W.P., 26. 6. 1975, S. 194.
[41] Heinrich Lummer, *a.a.O.*, S. 196.
[42] *Dokumente zur Berlin Frage...* (s.o. Anm. 6), S. 544, Fußnote 1.

Mächte-Zuständigkeiten tätig geworden zu sein, hatte sich um der Bürger Berlins willen keine weniger defensive Lösung angeboten – und daher hatten endlich auch die Alliierten ein Einsehen gehabt.

Verträge und Abkommen des Senats mit der Regierung der DDR

Nur mit ausdrücklicher Ermächtigung durch die Alliierte Kommandantur und mit Zustimmung der Bundesregierung bemühte sich der Senat von Berlin um Verbesserungen der Lage der Bevölkerung. Dabei beschränkte sich die „Diplomatie" des Rathauses Schöneberg auf technische Fragen, Probleme des Besucherverkehrs und präzis umrissene lokale Themen. Dazu gehörte die Eisenbahn, da die Reichsbahndirektion im Ostteil auch die Fernbahnen und den S-Bahnverkehr im Westteil betrieb. Deren Direktion verfügte auch über ausgedehnte Grundstücke in West-Berlin, an deren Nutzung der Senat ein Interesse schon wegen der Ummauerung der Stadt haben mußte. Im Bezirk Schöneberg ging es bei Verhandlungen um ein Areal von immerhin 68 Hektar Fläche. Zur Errichtung eines leistungsfähigen Güterbahnhofs in West-Berlin wurde jahrelang zwischen Vertretern des Senators für Bau- und Wohnungswesen und Vertretern der Deutschen Reichsbahn über eine Nutzung verhandelt. Nach der Grundsatzvereinbarung vom 21. Februar 1974 wurde mit dem Briefwechsel vom 6. März 1979 ein Durchbruch erzielt. Der Senat hatte ein Nutzungsrecht für wertvolles innerstädtisches Gelände dazugewonnen. Auch in diesem Fall blieb die Rechtslage ungeklärt, das heißt zwischen beiden Parteien strittig. Dennoch gelang die Einigung, denn an den Kosten für die Neuordnung des Südgeländes, die auch einen neuen Güterbahnhof für die Reichsbahn vorsah, war diese mit 21 Millionen, die westliche Seite mit 469 Millionen DM beteiligt.[43]

Weil das Wasserstraßenhauptamt mit Sitz in Berlin (Ost) alle Schleusen auf Gesamtberliner Gebiet betrieb, wurden auch auf diesem Gebiet direkte Kontakte zwischen dem Senat und dem Ministerium für Verkehrswesen der DDR zugelassen – trotz der Anmaßung der DDR, für Berlin zuständig zu sein, was die westliche Seite ja eigentlich nicht akzeptierte. Am 1. Dezember 1977 wurde der Neubau einer Schleusenkammer der Schleuse Spandau nach Ermächtigung durch

[43] *Zehn Jahre Deutschlandpolitik...* (s.o. Anm. 3), S. 54.

die Alliierte Kommandantur vom Senat für Bau- und Wohnungswesen und dem Beauftragten der DDR vereinbart.[44] Politisch umstritten war das Verhandeln des Senats, dessen Spielraum von den Schutzmächten bestimmt wurde und der sich mit der Bundesregierung abstimmte, insbesondere nach Eingriffen der DDR-Regierung in liebgewonnene Bestandsrechte der Berliner und bei eklatanten Verstößen gegen die Abmachungen. Oppositionsführer Lummer äußerte seinen Ärger über die defensive Haltung des Senats und der Bundesregierung etwa nach dem Transitverstoß im August 1976: „Es darf doch nicht dazu kommen, daß wir gewissermaßen ein mögliches sowjetisches Stirnrunzeln, Schwierigkeiten, die die Sowjetunion machen könnte, zum Maßstab unseres politischen Verhaltens nehmen bei der Ausschöpfung der Vereinbarungen."[45] So begründet diese Einwendungen waren, praktisch hatten die deutschen Stellen keine Alternative, wollten sie sich weiterhin unterhalb der Ebene internationaler Debatten über Berlin, einer Wiederbelebung des „Berlin-Problems", bewegen.

Die oben dargelegten Fingerzeige gerade der USA ließen einen Konfrontationskurs nicht zu, ohne unabsehbare Risiken für die Stadt einzugehen. Immerhin war die Anwesenheit der Schutzmächte nicht mehr Ziel östlicher Angriffe, unterhalb dieser Ebene mußten die Deutschen sehen, wie sie zurechtkamen. Da halfen auch klare Worte wie die des Oppositionsführers nicht weiter, der von den Alliierten ein Verhalten forderte, „von dem die Bevölkerung nicht sagt: Noch ein Protest, wieder einmal ein Stück Papier, und wieder geht man zur Tagesordnung über".[46] Der Regierenden Bürgermeister Verteidigungsposition war natürlich nicht zu erschüttern: „Will jemand ernsthaft in die Verhältnisse zurückfallen, die vor dem Viermächte-Abkommen in und um Berlin das Leben der Stadt bestimmt haben?"[47] Gleichwohl wichen sie damit der insistierenden Frage der Opposition aus: „Muß nicht die andere Seite den Eindruck haben, daß aus einem Gewohnheitsunrecht gewissermaßen ein praktiziertes Recht wird? Man gewöhnte sich an das Unrecht, es wird vergessen und man lebte weiter damit."[48] Bestimmte defensive Verhaltensweisen, etwa einige Beamte des

[44] Vereinbarung und BK/O (77)11 vom 30. 11. 1977 in: *Dokumente zur Berlin-Frage...* (s.o. Anm. 6), Dok. Nr. 401, 402.

[45] *Plenarprotokoll*, 7. W.P., 23. 9. 1976, S. 1483.

[46] *Plenarprotokoll*, 8. W.P., 28. 6. 1979, S. 154.

[47] Klaus Schütz, *Plenarprotokoll*, 7. W.P., S. 1488.

[48] *Plenarprotokoll*, 8. W.P., 28. 6. 1979, S. 152.

Umweltbundesamtes auf Empfehlung der Bundesregierung nur mit dem Flugzeug nach und von Berlin zu transportieren, waren problematisch, praktisch aber konnte auf sie nicht verzichtet werden.

Über den politischen Spielraum des Senats und der Bundesregierung wurde in Berlin in vertraulichen Drei-Parteien-Gesprächen diskutiert. Auch wenn man sich dabei über die Beurteilung der Vertragsverletzungen meist einig war, blieb die Erörterung möglicher Reaktionen doch stets getrennt in Regierungslager, das in Berlin und Bonn parteipolitisch ja das gleiche war, und Opposition. Die Regierungsparteien mochten nicht Instrumente wie eine mögliche Aufkündigung des innerdeutschen Handels in die Debatte einbringen, sondern beriefen sich auf die „Gesamtheit der politischen Aspekte, die auch den Draht nach Moskau enthalten", und betonten „die Bedeutung des Entspannungsprozesses auch bei Belastungen durch Vertragsverletzungen".[49] Bei aller „Hinwendung zur Stadtpolitik" des Regierenden Bürgermeisters Stobbe folgte dieser doch der Maxime aller seiner Amtsvorgänger. Als Stadtoberhaupt versuchte er, weiterhin die Aufmerksamkeit und die Solidarität der Westdeutschen wie der verbündeten Westeuropäer und Amerikaner wachzuhalten. „Ich habe in der Tat die Sorge, daß die Partei aus der Abklärung der geistigen Grundlagen der Entspannungspolitik den Schluß zieht, das Ganze sei gelaufen und das Auswärtige Amt bzw. das Kanzleramt werden das weitere schon regeln. Das wird nicht so sein. Denn die Entspannungspolitik verlangt unsere tägliche Aufmerksamkeit", mahnte der Regierende Bürgermeister und tadelte „jenen Hang zur Bequemlichkeit, der mit dem Berlin-Abkommen das Thema Berlin als abgehakt betrachtet".[50]

Die Bewährungsprobe der Entspannungspolitik. Berlins Position während der Krisenjahre 1980 und 1981: Die versuchte Abkopplung von der internationalen Lage

Erstmals nach dem Zweiten Weltkrieg hatte die Sowjetunion zu Weihnachten 1979 mit der militärischen Besetzung eines nichtkommunistischen Staates begonnen. Dieses Vorgehen hatte eine starke Zunahme von Spannungen zwischen den beiden Supermächten als

[49] Der Abgeordnete Löffler, *Plenarprotokoll*, 7. W.P., 22. 6. 1979, S. 3880.

[50] Stobbe im Interview mit der *Berliner Stimme* vom 26. 11. 1977 und auf dem Landesparteitag am 30. 6. 1978, Protokollakte beim Landesverband Berlin der SPD.

den Führungsmächten der beiden Militärsysteme zur Folge. Auch die drohende Militärinvasion in Polen und eine mögliche Zerschlagung der Gewerkschaftsbewegung „Solidarität" sorgten für ein politisches Klima, in dem die Konfrontration wieder an die Stelle der Kooperation zu treten drohte. Dank der Politik der Bundesregierung, die der Senat von Berlin durch demonstratives Eintreten für die Weiterführung der Kontakte mit dem Osten und für die Bewahrung des Erreichten unterstützt hatte, gelang es der Stadt, aus den schroffen Wortgefechten zwischen Washington und Moskau herausgehalten zu werden.

An der Nahtstelle der beiden Militärsysteme gab es zwei deutsche Regierungen, die ihr eigenes Interesse an bilateralen Beziehungen hatten und diese unabhängig von der Position ihrer jeweiligen Führungsmacht weiterzutreiben suchten. Die innerdeutsche Politik während der Krisenjahre war für Berlin noch wichtiger als internationale Entscheidungen. Eine Pression der DDR-Regierung konnte stets die Bewegungsfreiheit der Berliner einschränken, ohne daß dies gleich von den Schutzmächten als Anlaß zu entschlossenem Eingreifen begriffen worden wäre. Die Moskauer Regierung nutzte gerade den Wunsch der Deutschen nach einem Fortbestehen der Entspannungspolitik dahin, daß sie den aus diesem Wunsch resultierenden Interessenkonflikt zwischen der Bundesrepublik und den USA zu nähren trachtete. Je besser die Bundesregierung und der Senat mit den Regierungen in Ost-Berlin und Moskau im Dialog blieben, desto stärker sollte der Bonner Wunsch werden, sich nicht auf die Sanktionspolitik der Amerikaner einzulassen. Druck auf Berlin hätte sich nach dieser Rechnung mit Sicherheit kontraproduktiv ausgewirkt.

Beide deutschen Regierungschefs vereinbarten im Januar 1980, den geplanten Arbeitsbesuch des Bundeskanzlers in der DDR jedenfalls im Laufe des Jahres durchzuführen. Erich Honecker konnte zu diesem Zeitpunkt seinen Spielraum noch nicht ausloten, da die UdSSR mit den ersten Reaktionen des Westens konfrontiert war, und hatte daher um eine Verschiebung des Besuches gebeten. Beide hatten sie das Ziel, ihre gemeinsamen Interessen in den bilateralen Beziehungen vor den Spannungen zwischen den USA und der Sowjetunion zu schützen. Dabei gelang es ihnen, „die Entspannungspolitik bis zu einem gewissen Grad als teilbar zu behandeln und jene Form von ‚selektiver Détente' zu praktizieren, die Henry Kissinger in den Anfangsstadien der Bonner Ostpolitik in den siebziger Jahren bereits beunruhigt hatte".[51] Der Sprecher der Bundesregierung erklärte am 17. Februar 1980, daß der Bundeskanzler, die Bundesregierung sowie der Senat von Berlin „dringlich daran interessiert" blieben, daß weitere Verabredungen zustande kämen.[52] Das Stadtoberhaupt Berlins unterstrich, in diesem Sinne auf die Bundesregierung einwirken zu wollen, drohte doch eine Isolation der Stadt.

In Berlin gingen die Kontakte zur DDR-Regierung also weiter. Diese Gespräche, so Stobbe, „zeigen, daß die Politik des partiellen Interessenausgleichs in Mitteleuropa weiter funktioniert, und sie signalisieren den Willen beider Seiten, den Dialog auch in einer belasteten Situation nicht abreißen zu lassen".[53] Nach der Erteilung der Genehmigung durch BK/O (80)2 vom 24. Januar 1980 unterzeichneten Vertreter des Senats und der Reichsbahndirektion ein Abkommen über die Nutzung eines Eisenbahngeländes.[54] Auch ein Bündel von Verhandlungen zwischen der Bundesregierung und DDR-Vertretern kam am 30. April 1980 zum gewünschten Abschluß. Berlin profitierte hier besonders von der Vereinbarung über den Autobahnausbau zwischen Eisenach und Wartha, Verkehrsverbesserungen und der Öffnung des Mittellandkanals. Dazu erleichterten die DDR-Behörden den Transit von West-Berlin zum DDR-Flughafen Schönefeld und richteten eine direkte Busverbindung ein. Während Washington der Moskauer Aggression jedenfalls verbal entgegentrat, konnten im geteilten Deutschland noch Verträge geschlossen werden.

Erich Honecker selbst befürwortete im Mai 1980 die Fortsetzung, nicht den Abbruch des Dialogs. Die DDR-Führung sei bestrebt, „die Weltkrise um Afghanistan aus den deutsch-deutschen Beziehungen herauszuhalten".[55] Das Wort von der „Schadensbegrenzung" prägte den Kontakt zwischen den beiden Regierungen. Daß die DDR-Regierung eher an der Vereinbarung sie finanziell begünstigender Abkommen interessiert war, konnte den Bundesdeutschen und speziell den Berlinern wenn schon nicht billig, so wenigstens recht sein. In den USA wurde diese Annäherung kritisch betrachtet, bedeutete doch

[51] Wolfram F. Hanrieder, *Deutschland, Europa, Amerika. Die Außenpolitik der Bundesrepublik Deutschland 1949–1989*, Paderborn usw. 1991, S. 252.

[52] Abdruck in: *Texte zur Deutschlandpolitik*, Reihe 2, Bd. 7, Bonn 1981, S. 566 f.

[53] *Plenarprotokoll*, 8. W.P., 24. 4. 1980, S. 1066.

[54] Dokumentiert in: *Dokumente zur Berlin-Frage...* (s.o. Anm. 6), Dok. Nr. 404, 405.

[55] Zitiert nach Dettmar Cramer, *Der Kanzler im Kreml, Moskau 1970 und Moskau 1980*, in: *Deutschland Archiv* (1980), S. 787.

schon allein die Spekulation über eine Wiedervereinigung Unruhe, Bewegung, Destabilisierung.[56] Jonathan Dean, einer der Experten bei den Verhandlungen über das Vier-Mächte-Abkommen, erinnerte an die Grenzen der innerdeutschen Kontakte: „This relationship will be supported, or at least tolerated, by the respective allies of the German states as long as those allies do not believe it will have any effect in changing the status quo in Europe – but only for so long."[57]

Es blieb das Dilemma der Bundesregierungen, sich einerseits gegenüber den Verbündeten und auch der Sowjetunion als Bewahrer des *status quo* geben zu müssen, lediglich auf Erleichterungen der menschlichen Kontakte hinwirken zu können, andererseits den Wählern suggerieren zu müssen, die Wiedervereinigung aktiv zu betreiben. Hatten die Dissonanzen nach der Verkündung des NATO-Doppelbeschlusses und der Militärintervention der Roten Armee noch aus dem innerdeutschen Kontakt ausgeklammert werden können, so holte die Krise in Polen auch die Deutschen ein und machte der separaten, der nationalen Entspannungspolitik ein Ende. Wegen der Befürchtungen eines Eingreifens sowjetischer Truppen in Polen und konkret vorliegender Anzeichen einer Invasion – so sammelte sich eine sowjetische Flotte im Hafen von Rostock –, sagte der Bundeskanzler am 22. August 1980 den vorgesehenen Besuch bei Erich Honecker nun seinerseits ab. Im Interesse der Ruhe um Berlin und weiterer Fortschritte für die Berliner hielt der Regierende Bürgermeister diesen Schritt für unverhältnismäßig: „Dagegen habe ich damals öffentlich polemisiert als eine Unterbrechung der innerdeutschen Entspannungspolitik mit negativen Folgen für Berlin."[58] Stobbe hatte Schmidt bis zuletzt angeraten, die Reise doch anzutreten, erklärte sich dann zwar mit des Kanzlers Entschluß „voll solidarisch", betonte aber immer wieder: „aufgeschoben ist nicht aufgehoben".[59] Am 8. Mai

[56] George S. Vest, Ass. Secretary of State for European Affairs, sprach offen aus, was die Schutzmächte in Sonntagsreden oder bei Besuchen in Berlin verschwiegen: „In the short-term, we believe that speculation over German reunification could be a destabilizing factor in Europe." *Review of Developments in Europe 1979. Hearing before the Subcommittee on Europe and the Middle East of the Committee on Foreign Affairs*, House of Representatives, 17. Juli 1979, S. 68.

[57] Jonathan Dean, *Watershed in Europe. Dismantling the East-West Military Confrontation*, Lexington, Mass. 1987, S. 248.

[58] Dietrich Stobbe in einem Brief an den Verfasser vom 13. 6. 1989.

[59] Im Interview im *ZDF, Heute*, 23. 8. 1980 (zitiert nach der Kommentarübersicht des Bundespresseamtes).

1980 waren sich Schmidt und Honecker anläßlich der Beerdigung Titos in Belgrad begegnet, der Besuch des Bundeskanzlers aber fand erst im Dezember 1981 statt und wurde von der Verkündung des Kriegsrechts in Polen überschattet.

Anfang Oktober 1980 schlug die DDR-Regierung unerwartet scharfe Töne an. Jetzt waren die Monate der „deutsch-deutschen Idylle“[60] seit der Invasion in Afghanistan vorbei. Am 13. Oktober 1980 verkündete Erich Honecker in Thüringen seine vier „Geraer Forderungen“.[61] Nicht der Inhalt war neu, sondern daß diese altbekannten Forderungen jetzt derart offensiv vorgebracht wurden, stellte einen Kurswechsel Ost-Berlins dar. In den siebziger Jahren war es Konsens gewesen, derart unlösbare Grundsatzprobleme auszuklammern. Mit der Forderung nach der Umwandlung der Ständigen Vertretungen in Botschaften, nach der Aufgabe des bundesdeutschen Rechtsvorbehalts einer ungeteilten einheitlichen deutschen Staatsbürgerschaft, der Auflösung der Erfassungsstelle für Straftaten von Justiz und Polizei in der DDR in Salzgitter und der Anerkennung eines Abschnitts im Grenzverlauf an der Elbe formulierte Honecker Ansprüche, die eigentlich seit dem Abschluß des Grundlagenvertrages als völlig kontrovers und nicht lösbar galten. Er maßte sich mithin Forderungen der Nachbesserung des Grundlagenvertrages an, ohne seinerseits Verbesserungen im Besuchsverkehr für die Menschen in Ost und West anbieten zu können oder zu wollen. Allerdings verfügte das DDR-Regime durchaus über Maßnahmen, die den Westen in die Defensive drängten, nämlich die willkürliche einseitige Verschlechterung und Verletzung von vertraglichen Vereinbarungen. So war die Frage der Staatsangehörigkeit im Rahmen der Verhandlungen über den Grundlagenvertrag ausgeklammert worden. Jetzt behauptete Erich Honecker, weitere Reiseerleichterungen scheiterten nicht am Willen der DDR-Führung, sondern an der Bundesregierung, die an einer gemeinsamen deutschen Staatsangehörigkeit festhalte, obwohl er wußte, daß diese gar nicht anders konnte. Doch es sollte noch schlimmer kommen.

Am 9. Oktober 1980 erhielt die Entspannungspolitik für Berlin den härtesten Rückschlag seit Abschluß des Vier-Mächte-Abkommens. Veröffentlicht wurde eine Anordnung über die Durchführung eines verbindlichen Mindestumtausches von Zahlungsmitteln des DDR-

[60] Peter Jochen Winters, *Das deutsch-deutsche Verhältnis*, in: *Deutschland Archiv* (1981), S. 1233.

[61] Dokumentiert in: *Europa-Archiv* (1984), D 570.

Finanzministeriums, die am 13. Oktober in Kraft trat.[62] Unmittelbar nach der Bundestagswahl, also nach der Wiederwahl Helmut Schmidts zum Bundeskanzler, erhöhte die DDR-Regierung den Zwangsumtauschsatz für Besucher drastisch. Beim Betreten der DDR oder Ost-Berlins waren jetzt 25 DM zu entrichten, die Quote war also fast verdoppelt worden, zwischen dem Betreten Ost-Berlins und der DDR wurde nicht länger unterschieden. Zudem wurden die bis zu diesem Zeitpunkt freigestellten Rentner und Kinder nun ebenfalls zur Zahlung herangezogen. Offiziell begründete die DDR-Führung die Maßnahme mit dem angeblich gestiegenen Wert der DDR-Mark, inflationären Tendenzen im Westen und der Notwendigkeit, Spekulationen zu verhinden; all dies Argumente, die der Regierende Bürgermeister „scheinheilig" nannte. Stobbe bezeichnete dies zu Recht als einen „Abschottungsversuch".[63]

Der Rückgang an Besuchen, an Kontakten zwischen West- und Ostdeutschen in den Tagen der polnischen Unruhen war jedenfalls beabsichtigt. Zwei Wochen später, am 29. Oktober, errichtete die DDR-Führung nämlich eine weitere Hürde, diesmal an ihrer östlichen Grenze. Für Besuche in Polen und von Polen bedurfte es nunmehr einer Einladung und volkspolizeilicher Bestätigung. Die eigene Bevölkerung sollte so von dem Gedankengut der „Solidaritäts"-Bewegung weitgehend abgeschirmt werden. Daneben hatte die DDR-Regierung nach der ersten Umtauscherhöhung 1973 – wie oben dargelegt – allerlei Vergünstigungen für die Rücknahme einhandeln können. Dies war auch im Wiederholungsfall nicht auszuschließen. Allerding kam es lediglich zu einer Teilreduzierung des Zwangsumtausches für die besonders stark betroffene Gruppe der Rentner, ansonsten blieb er auf dieser Höhe bis zum Ende der Erhebung einer „Eintrittsgebühr" zum Jahreswechsel 1989/90.

Erneut war deutlich geworden, daß die Entspannungspolitik eine Voraussetzung hatte: eine Teilidentität der westlichen und östlichen Interessen. Und die östliche Seite behielt sich vor, bei aktuellen Problemen so zu handeln, wie es ihr gerade opportun erschien. Dennoch war sich das Bundeskabinett nach eigenen Angaben einig, „daß wir gegenwärtig nichts tun wollen, ja dürfen, was die Bürger in den beiden deutschen Staaten und in Berlin zusätzlich in Bedrängnis bringen müßte". Daher wurde beschlossen: „Wir würden gegen den Grund-

62 Abgedruckt in: *Dokumente zur Berlin-Frage...* (s.o. Anm. 6), Dok. Nr. 455.
63 *Plenarprotokoll*, 8.W.P., Sitzung 38, 23. 10. 1978, S. 1617.

satz verstoßen, daß der Zusammenhalt der Nation gewahrt und gestärkt werden muß, wenn wir einer Politik der von der DDR gewollten Abgrenzung von uns aus mit Abgrenzung begegnen würden." Die Folgerung daraus war die Einhaltung der Verträge. Als Preis für Sanktionen sollte nicht Vertragsbruch gegen Vertragsbruch gesetzt werden: „Die Bundesregierung sieht einstweilen keinen Anlaß, über den sogenannten Swing, also den der DDR gewährten zinslosen Überziehungskredit, und über solche wichtigen Projekte zu verhandeln, die mit Verkehrs- und Energiefragen zu tun haben."[64] Besonders ärgerlich war diese Vertragstreue allerdings bei den vereinbarten 50 Millionen DM Straßenbenutzungsgebühr, deren jährliche Fälligkeit erst mit dem Abkommen zwischen beiden Staatsregierungen am 31. Oktober 1979 vereinbart und das in der Erwartung eines Zuwachses an Besuchern abgeschlossen worden war. Obwohl das Verkehrsaufkommen aufgrund der Erhöhung des Umtauschsatzes drastisch zurückging, blieb diese Summe Vertragsbestandteil.

Der Berliner Senat betrachtete die Umtauscherhöhung, die Ausweitung des davon betroffenen Personenkreises und die Gleichsetzung von Ost-Berlin und der DDR als Verstoß gegen Buchstaben und Geist der Vereinbarungen. Artikel 6 der Besuchsvereinbarung zwischen dem Senat und der DDR-Regierung vom 20. Dezember 1971 hatte ausdrücklich „weitere Erleichterungen" zum Inhalt des Vertrages gemacht, mithin ein „Verschlechterungsverbot"[65] ausgesprochen. Hier erwies sich auch die Qualität der Schlußakte von Helsinki als unzureichend. Ein Verstoß gegen die Vereinbarung, den Tourismus zu fördern, lag vor, ohne daß Sanktionen möglich waren.

Alle drei Parteien im Abgeordnetenhaus von Berlin einigten sich auf eine Erklärung, die am 23. Oktober 1980 einstimmig verabschiedet wurde. Darin wurde die Maßnahme „auf das schärfste" verurteilt: „Die Regierung der DDR mißachtet damit das elementare Interesse der Menschen im geteilten Deutschland, sich zu treffen und miteinander zu reden." In deutlichem Ton wurde das Vorgehen der Führung in Ost-Berlin gegeißelt: „Sie ergänzt damit ihr menschenverachtendes System der Mauer durch eine zusätzliche finanzielle Barriere. Wer sich scheut, Besucher zu empfangen, demonstriert die anhaltende

[64] Erklärung der Bundesregierung vom 15. 10. 1980, abgedr. in: *Dokumente zur Berlin-Frage...* (s.o. Anm. 8), Dok. Nr. 457.

[65] Gottfried Zieger, *Berlin – quo vaditur?*, in: *Deutschland Archiv* (1981), S. 1304–1309 (1306).

politische Schwäche seines Systems."[66] Und jetzt kam es auch zumindest zu der Verkündung von Entschlossenheit, die die Amerikaner anläßlich der Invasion in Afghanistan vermißt hatten: „Der Regierung der DDR muß nachdrücklich klargemacht werden, daß nur die Abkehr von ihren Maßnahmen den Weg freimacht zur Fortsetzung der Politik der Normalisierung." Die Normalisierung allerdings gelang der DDR-Regierung in den achtziger Jahren gleichwohl ohne die Rücknahme der Maßnahmen, gipfelnd im Empfang Erich Honeckers als *quasi* Staatsoberhaupt in Bonn im September 1987.

Im Oktober 1980 vermochten sich immerhin alle Fraktionen im Berliner Abgeordnetenhaus auf eine einvernehmliche Stellungnahme zu einigen – in den Tagen der Entrüstung und Bestürzung über die konsequente Anwendung der Maßnahmen der DDR seit dem 13. Oktober. Doch die Einigkeit erschöpfte sich bald, da der Senat der aufgezeigten Linie der Bundesregierung folgte. Stobbe führte aus: „Hierzulande wird gemeinhin sehr schnell der Ruf nach harten Gegenreaktionen laut, Verträge müßten überprüft werden, man müsse die DDR wirtschaftlich strafen ... Ich halte Forderungen dieser Art für wenig durchdacht, für falsch, zum Teil auch für unverantwortlich."[67] Der Oppositionsführer vertrat dagegen die Linie, daß eine Verlängerung des Swing-Kredits und die Beteiligung an großen Projekten wie Straßenbau und Elektrifizierung der Eisenbahnstrecken nach Berlin von einer Rücknahme der Maßnahmen abhängig gemacht werden sollten.

Diese Studie hat nicht das Verhältnis der beiden Staatsregierungen zum Inhalt. Dennoch sei hier vermerkt, daß sich die Bundesregierung im Sommer 1982, ein halbes Jahr nach dem Treffen Schmidts mit Honecker am Werbellinsee und wenige Monate vor dem Ende der sozialliberalen Verantwortung im Bund, entschloß, unter Berufung auf die politische Situation das Swingvolumen um 250 Millionen Verrechnungseinheiten auf 600 Millionen vom 1. Januar 1983 an zu senken. Daß die DDR-Führung diese Sprache verstand, machte sie deutlich, indem sie mit einem Amnestiegesetz, insbesondere für „Republikflüchtlinge", einen Aufschub der eigentlich für den 1. Juli 1982 geplanten Senkung erreichte. Gerade weil die Abschottungsmaßnahmen im Herbst 1980 an der westlichen und östlichen Grenze der DDR in eine Zeit zunehmender Spannungen fielen, zeigten sich die

[66] *Plenarprotokoll*, 8. W.P., 23. 10. 1980, S. 1616 f.
[67] *A.a.O.*, S. 1619.

Alliierten sehr zurückhaltend. Zwar brachten Vertreter der Schutzmächte ihren Protest vor, aber sie beriefen sich auch jetzt nicht auf ihr Recht aus der Schlußakte, die sowjetische Regierung zu Viermächte-Gesprächen zu bitten, um über diesen Punkt zu verhandeln. Zu einem Zeitpunkt, zu dem sich die für Europa zuständigen amerikanischen Militärs und Diplomaten auf die Unruhe in Polen konzentrieren mußten, war eine Debatte über Berlin völlig deplaziert. *De facto* hätte ein solches Gespräch zwischen den vier Siegermächten nicht auf eine Maßnahme der DDR beschränkt werden können, und sich im Herbst 1980 zur Diskussion grundsätzlicher Probleme von der Sowjetunion provozieren zu lassen, konnte den Alliierten nicht als sinnvoll erscheinen. Die krisenhafte Unruhe in Mitteleuropa nutzte die DDR-Regierung, um in Kenntnis des Berliner Bedürfnisses nach Ruhe einen dreisten Angriff gegen die Vereinbarungen zu starten, der gerade noch unter der Schwelle eines Eingreifens der drei Westmächte lag. Mit einer Verhinderung des Zugangs oder der Beeinträchtigung der Zufahrtswege wäre sie zu weit gegangen; die abrupte Erhöhung des Umtauschsatzes als Maßnahme des Finanzministeriums aber wurde als Regelung innerer Angelegenheiten hingenommen. Da die Bundesregierung selbst nicht einer harten Linie der Vergeltung folgte, sahen sich die Schutzmächte nicht zu weiteren Schritten veranlaßt.[68]

[68] So führte der damals in der Bonner US-Botschaft beschäftigte Experte William A. Woessner aus, daß die Bundesregierung auch gegenüber den USA den Vorschlag einer Sanktionspolitik über den Swing abgelehnt hat. Gespräch mit dem Verfasser am 29. 8. 1989.

NEUNTES KAPITEL

Die politische Entwicklung der Berliner Demokratie auf kommunaler Ebene zwischen den Wahlen von 1975 und 1979

Das Jahr 1975 hatte Konsolidierung ohne „Normalität" mit sich gebracht, Stabilität der äußeren Lebensbedingungen bei gleichzeitiger Dynamik im Inneren, aber auch eine Stimmungsverschlechterung. Der Blick der Berliner richtete sich nun verstärkt auf die Zustände in der Stadt, nicht mehr auf die Diskussion um die Stadt.

Wie sollten die Repräsentanten der Berliner Demokratie darauf reagieren? Ein neuer Senat war nötig, nachdem die SPD erstmals die absolute Mehrheit verloren hatte. Regiert werden sollte gegen die nunmehr stärkste Fraktion im Parlament, die CDU. Die drei Spitzenkräfte der SPD, FDP und CDU – Schütz, Oxfort und Lorenz – traten am Ende der Legislaturperiode nicht wieder vor die Wähler. Neue Gesichter, andere Persönlichkeiten bewarben sich um die politische Führung. Dietrich Stobbe, Wolfgang Lüder und Richard von Weizsäcker gehörten nicht zu jener Gruppe von Berlinern, die nach dem Krieg den Kampf des Westteils der Stadt um Selbstbehauptung und Demokratie persönlich begleitet hatten. War auch das politische Schicksal von Klaus Schütz und Peter Lorenz Ausdruck der sich wandelnden Anforderungen an die Führung und Verwaltung Berlins nach dem Abkommen? Gehörte die Auswechslung des Spitzenpersonals und die Beschäftigung mit der eigenen Parteiorganisation und -programmatik nicht auch zum Prozeß der Auseinandersetzung mit der neuen, anderen Situation der Stadt seit dem Abkommen?

Wie nutzten die politischen Akteure auf der heimatlichen Bühne den sich bietenden Spielraum? Wie dargelegt, kehrte auf der Ebene der Siegermächte Ruhe um die Stadt ein, blieb Berlin von den erneut wachsenden Spannungen zwischen den Blöcken (noch) ausgespart. Die Störungen durch die DDR, die den Berlinern Ärger und auch Sorgen bereiteten, wurden von den Schutzmächten nicht als gravierend genug eingeschätzt, um erneut mit der Sowjetunion an einem Tisch zusammenzukommen. Auf dem Feld der innerdeutschen Beziehungen wurde die Politik der Nadelstiche von der DDR-Regierung fortgesetzt, wurden die Vereinbarungen der Siegermächte den tagesaktuellen politischen Bedürfnissen entsprechend einseitig interpretiert und zum Teil auch gebrochen. Gleichwohl kam es hinter den Kulissen zu einer Fortsetzung des geregelten Miteinander, des Interessenausgleichs zwischen beiden deutschen Staaten und auch zwischen dem Senat und der Ost-Berliner Regierung.

Hier wird gezeigt werden, warum es zu einem Primat der Stadtpolitik kam und wie die Akteure der Berliner Demokratie – Bürger, Regierung, Parlament und Parteien – diese Wendung begleiteten: vorantreibend, zögernd oder unwillig.

Die Selbstbehauptung der Bürger: Der erfolgreiche Einspruch gegen die Wahl

Einige Berliner Bürger mochten sich im Frühjahr 1975 nicht mit dem Wahlergebnis abfinden. Sie wandten sich an eine bisher nicht unmittelbar an der politischen Willensbildung beteiligte Gewalt der Berliner Demokratie: die Rechtsprechung. Die Folgen sollten weitreichend sein. Die Wahl vom 2. März wurden von zwei Vertretern der im Bezirk Zehlendorf bei den Wahlen zur Bezirksverordnetenversammlung so erfolgreichen „Wählergemeinschaft Unabhängiger Bürger" angefochten. Zwei Einzelbewerber hatten sich um eine Kandidatur für das Abgeordnetenhaus bemüht, waren aber vom Landeswahlausschuß abschlägig beschieden worden. Vorschläge durften nur von Parteien entgegengenommen werden, Einzelpersonen waren für die Abgeordnetenhauswahl nicht zugelassen. Ausgestattet mit Gutachten, hatten die beiden großen Parteien gegen den Antrag der FDP das Wahlrecht lediglich soweit ändern wollen, daß Wählergemeinschaften auf Bezirksebene kandidieren durften – und das trotz der Empfehlung des wissenschaftlichen Dienstes des Abgeordnetenhauses, das Landeswahlrecht insgesamt einer gründlichen Revision zu unterziehen.

Die beiden Bewerber der WUB sahen sich durch dieses Parteienmonopol auf Abgeordnetenhausebene in ihren Grundrechten verletzt und strengten eine Klage vor dem Wahlprüfungsgericht an. Damit wurde eine landesgesetzliche Norm – Artikel 26 Absatz II Satz 1 der Verfassung von Berlin – auf ihre Vereinbarkeit mit dem Grundgesetz überprüft, ein Verfahren, daß ansonsten in Ermangelung eines Landesverfassungsgerichts nicht praktikabel war. Das Wahlprüfungsgericht tagte unter dem Vorsitz des Oberverwaltungsgerichtspräsidenten. Infolge der oben aufgezeigten Dissoziation des Parteiensystems in Berlin wurde die Regelung erstmals als problematisch erkannt. Auch dies muß als Verdienst der WUB verzeichnet werden und ist überdies ein deutliches Indiz für die Tendenz, sich mit jahrelang vernachlässigter Materie auf kommunaler Ebene zu beschäftigen.

Ausgerechnet die WUB, die sich als Reaktion auf zunehmende Verdrossenheit über die etablierten Parteien verstand, erlangte mit dem Urteil des Wahlprüfungsgerichts vom 12. November 1975 einen Sieg über eben jene Parteien. Das Gericht nämlich bezeichnete die Beschränkung des Wahlvorschlagsrechts auf Parteien für Kandidaturen zum Abgeordnetenhaus als nicht vereinbar mit Artikel 28 Absatz I Satz 2 des Grundgesetzes.[1] Die Begründung der Zurückweisung, nur Parteien dürften Wahlkreisbewerber vorschlagen, sei nicht haltbar. Ein parteiloser Bürger hätte sonst zum Abgeordnetenhaus nur wählen, nicht aber auch gewählt werden dürfen. Die Entscheidung, Artikel 26 Absatz II Satz 1 der Verfassung von Berlin und damit das Parteienmonopol für verfassungswidrig zu erklären, traf das mit drei Berufsrichtern und zwei Abgeordneten von SPD und CDU besetzte Gericht mit 3 zu 2 Stimmen – gegen die der Abgeordneten. Die Folge: die Wahlen vom 2. März wurden für die beiden Wahlkreise 2 und 3 im Wahlkreisverband Zehlendorf für ungültig erklärt.[2] „Aus dem geplanten Tunnelbau an einer Zehlendorfer Kreuzung entwickelte sich der nun mit einem Gerichtsurteil endende Konflikt parteiloser Bürger contra etablierte Parteien“, so wurde der „in der Stadtgeschichte bisher wohl einzigartige Denkzettel“ zutreffend kommentiert.[3] Sechs Mitglieder des Abgeordnetenhauses waren durch das Urteil in eben dieser Mitgliedschaft suspendiert, darunter als prominentestes Opfer der Oppositionsführer Heinrich Lummer. Im Abgeordnetenhaus kam

[1] *Neue Juristische Wochenschrift*, (1976), S. 560–565.

[2] Siehe kommentierend Ludger A. Versteyl, *Das passive Wahlrecht unabhängiger Kandidaten. Zum Urteil des Wahlprüfungsgerichtes beim Abgeordnetenhaus von Berlin*, in: *Zeitschrift für Parlamentsfragen*, (1976), S. 65.

[3] *Tunnel zum Bürger*, in: *Berliner Morgenpost* vom 14. 11. 1975; *Tagesspiegel* vom 14. 11. 1975.

es durch die Mandatsverluste von drei CDU-, zwei SPD- und einem FDP-Parlamentarier zu einem Patt zwischen den beiden großen Parteien, die nun jeweils über 65 Mandate verfügten. Gleichwohl einigte man sich umgehend darauf, Peter Lorenz als Präsidenten des Parlamentes nicht in Frage zu stellen, sondern bis zur Wiederholungswahl im Amt zu belassen. Gemäß dem Grundsatz, nach dem Bundesrecht Landesrecht bricht, wurden die Wiederholungswahlen am 25. Januar 1976 in den beiden Wahlkreisen in Zehlendorf abgehalten, ohne vorher die Verfassung und das Landeswahlgesetz förmlich zu ändern.

Die Auszählung der Stimmen erbrachte deutliche politische Signale.[4] Zum einen konnte sich die CDU in Zehlendorf klar mit absoluter Mehrheit behaupten, errang auf Landesebene sogar ein Mandat hinzu und führte mithin nun mit 69 zu 67 Vertretern. Zum anderen setzte sich der Abwärtstrend der beiden Regierungsparteien fort. Die FDP, ein Jahr zuvor noch als Oppositionspartei angetreten, konnte nun nur noch 7,6% statt vorher 10,9% im Wahlkreis 2 und 6,0% statt 9,3% am 2. März 1975 im Wahlkreis 3 verbuchen. Die Verluste der Koalitionspartner gingen auf das Konto der beiden Einzelbewerber, die 13,8% beziehungsweise 14,4% der Stimmen verzeichnen konnten. Dies reichte natürlich nicht zu einem Mandat im Rathaus Schöneberg, da auf Landesebene umgerechnet mit 0,4% deutlich die Fünfprozenthürde verfehlt wurde. Gleichwohl: Die Unabhängigen hatten es den Etablierten gezeigt, und die Etablierten stellte zuallererst die SPD. Dabei hatte die FDP bereits in den Koalitionsverhandlungen mit der SPD im Frühjahr 1975 die Einstellung des Tunnelprojekts erreicht. Klaus Schütz mußte am Abend der Nachwahl zugeben: „Ein außergewöhnlicher Erfolg der Wählergemeinschaft, der beachtenswert ist und alle Parteien dazu bringen wird, das Resultat zu analysieren und daraus Schlußfolgerungen zu ziehen – auch die Sozialdemokraten."[5]

[4] Bei einem Rückgang der Wahlbeteiligung um 20 Prozentpunkte auf 67,3% konnte die CDU ihr Ergebnis halten, SPD und FDP mußten starke Verluste hinnehmen. Aufgrund des Ergebnisses gingen drei Ausgleichsmandate für Zehlendorf verloren, das nunmehr nur noch mit vier statt wie vorher mit sieben Abgeordneten im Rathaus Schöneberg vertreten war. Das Parlament hatte nun einen Abgeordneten mehr in seinen Reihen, der von der CDU gestellt wurde. Der Bund Freies Deutschland verlor ein Jahr nach seinem knapp gescheiterten Angriff auf das Abgeordnetenhaus jeweils etwa zwei Drittel seiner absoluten Stimmen und blieb mit 1,1% und 1,2% bedeutungslos. Einzelheiten siehe in: *Die Wahlen am 2. März 1975 in Berlin (West). Unter Berücksichtigung der Wiederholungswahl in Zehlendorf am 25. Januar 1976* (= *Berliner Statistik*, Sonderheft 262), Berlin 1977.

Der Senat von Berlin

Die Regierungsbildung 1975: Koalition der Verlierer

Für den Regierenden Bürgermeister hatte nach dem Wahlergebnis im März 1975 und der Freilassung von Peter Lorenz die Devise gegolten zu retten, was zu retten war. Die Verbesserungen der Lage Berlins waren der SPD nicht zugute gekommen, stärkste Partei wurde erstmals die CDU.[6] Die SPD, die bisher Koalitionen in Berlin nur aus politischen Überlegungen heraus, nicht aus Notwendigkeit geschlossen hatte, war nun auf einen Koalitionspartner angewiesen, wollte sie an der Regierung bleiben. Für Klaus Schütz stand dieser Anspruch außer Frage, hatte er doch beobachten können, wie Willy Brandt nach der Bundestagswahl 1969 die stärkste Fraktion im Bundestag von der Regierungsverantwortung fernhielt.

Erster Ansprechpartner waren natürlich die Freien Demokraten. An eine Neuauflage der Großen Koalition vergangener Jahrzehnte wurde nicht gedacht, auch dies Folge des Zerwürfnisses beider Volksparteien wegen der Ostpolitik – zumal auf Bundesebene.[7] Peter Lorenz beanspruchte zwar, die Verhandlungen als Vertreter der stärksten Partei selbst zu führen, seine Einladungen an SPD und FDP zu Gesprächen wurden von diesen aber als Formalität abgetan: Mit der CDU wurde gesprochen, mit den Liberalen verhandelt. Eine Große Koalition war für Schütz aus mehreren Gründen nicht attraktiv: Zum einen hätte er auf das Amt des Senatschefs verzichten müssen – nur die Rolle des Juniorpartners wäre der SPD in einer solchen Großen Koalition zugekommen. Und da es rechnerisch zu einem sozialliberalen Bündnis mit der FDP reichte, wäre ein solcher freiwilliger Verzicht auf die Spitzenposition bei vielen Sozialdemokraten auf Unverständnis gestoßen. Zu diesen Sozialdemokraten zählte auch die Bon-

[5] Zitiert nach: *Der Tagesspiegel* vom 27. 1. 1976. Vgl. auch Klaus Schütz: *Wir müssen offene Demokratie wagen*, in: *SPD-Pressedienst* vom 5. 2. 1976.

[6] Peter Lorenz verlieh seinem Stolz Ausdruck, indem er betonte: „Seit der Abschaffung des preußischen Dreiklassenwahlrechts ist erstmalig in Berlin eine nicht sozialistische Partei stärkste Gruppierung", in: *Berliner Rundschau* vom 13. 3. 1975.

[7] Schütz berichtete von Unterredungen mit Lorenz über eine mögliche Duldung einer Minderheitsregierung der SPD, sah aber wegen der Lage im Bund keine Alternative zur sozialliberalen Koalition auch in Berlin, in: Protokoll der Fraktionssitzung vom 11. 4. 1975, Akte 555, S. 2, Bestand SPD-Fraktion beim Archiv der sozialen Demokratie.

ner Führungsriege der SPD, die sich ein gutes Jahr vor den Bundestagswahlen nicht dem Vorwurf der FDP aussetzen mochte, die Sozialdemokraten suchten den Abstand zu den Liberalen. Ein düsteres Etikett haftete dem angestrebten Bündnis aus SPD und FDP daher von Beginn der Legislaturperiode an: „Koalition der Verlierer". Und wenn dieses Verdikt auch durch solide Arbeit hätte entkräftet werden können, so blieb doch ein Problem bestehen: Beide Parteien waren in zwei Flügel gespalten, im Grunde mußte jeweils ein Konsens aus vier Positionen erreicht werden.

Der Zwang zu Koalitionsverhandlungen mit der FDP stellt den Anfang vom Ende der Autorität des Regierenden Bürgermeisters Klaus Schütz dar. Schütz war der Stimmenverlust zwar nicht persönlich angelastet worden, was auch schwierig gewesen wäre, denn auch die Sozialdemokraten wußten, daß sie ohne ihren Frontmann noch schwächer abgeschnitten hätten. „Ich selbst war aus der Wahl ja innerparteilich sehr gestärkt hervorgegangen. Selten habe ich von der SPD solche Ovationen erhalten wie nach der Lorenz-Wahl. Es war eindeutig klar, daß kein anderer, der sich vielleicht mal vorgewagt hatte, eine Chance als Nachfolger sah. Das änderte sich dann...", erinnerte sich Schütz.[8] Hier soll daher gezeigt werden, wie sich sein Autoritätsverlust in den eigenen Reihen vollzog.

Schütz hatte der FDP nach den Wahlen von 1971 die Tür gewiesen und konnte gewiß sein, „daß die FDP dafür nun die Rechnung präsentieren würde".[9] Doch auch die SPD sollte ihm Schwierigkeiten machen. Wie oben dargelegt, hatte Schütz alle Teile seiner eigenen Partei durch die Alleinregierung in die Verantwortung nehmen wollen. Die größere Zahl von Posten diente ihm zur Einbindung. Nun war er es, der gegenüber einer so verwöhnten Partei den Rückzug vertreten mußte. Hatte Schütz bisher einer Koalition beider SPD-Flügel vorgestanden, so mußte er nun auch die Liberalen berücksichtigen, ohne von allen Sozialdemokraten Solidarität zu ernten.[10] Um im Amt

[8] Im Gespräch mit dem Verfasser, Transkript S. 30, Archiv der sozialen Demokratie der Friedrich-Ebert-Stiftung, Sammlung „Personalia".

[9] Hans-Jürgen Heß, *Innerparteiliche Gruppenbildung. Macht- und Demokratieverlust einer politischen Partei am Beispiel der Berliner SPD in den Jahren von 1963 bis 1981*, Bonn 1984, S. 235.

[10] So mahnte ein Genosse, „daß Ausgewogenheit nicht nur gegenüber dem Koalitionspartner, sondern auch in der eigenen Fraktion eine Voraussetzung für die Bewältigung der kommenden vier schwierigen Jahre sei", Protokoll der 2. Sitzung der SPD-Fraktion... (s.o. Anm. 7), S. 5.

zu bleiben, mußte Schütz zwei Verhandlungsrunden überstehen, eine mit der FDP und die andere mit seiner eigenen Partei, wobei sich der Umstand als verschärfend erwies, daß die Schütz bisher treu folgende rechte Mehrheit des Landesverbandes sowohl von der Einbindung der Liberalen als auch von den wachsenden Forderungen der Parteilinken einen Verlust an Einfluß befürchtete.

Forderungen stellte die FDP, behauptete sie doch keck, ihr Wahlziel erreicht zu haben: eine absolute Mehrheit für wen auch immer zu verhindern. Bei den nun folgenden zehn Treffen der Verhandlungskommissionen von SPD und FDP zwischen dem 5. März und dem 15. April 1975 wurde über die personellen und inhaltlichen Streitpunkte – die vom größeren Partner zu schluckenden „Kröten" – diskutiert.[11] Inhaltlich begehrte die FDP gegen etliche, prestigeträchtige Vorhaben der SPD auf: das Ausmaß des ICC, das Zehlendorfer Tunnelprojekt, den geplanten Neubau eines Polizeipräsidiums und die Weiterführung der Stadtautobahn. Hier einigten sich die Unterhändler, den Bau des ICC fortzuführen, den Tunnelbau hingegen zu stoppen. Dazu traten langgehegte Forderungen der Liberalen, insbesondere nach einer Neufassung des Bezirksverwaltungsgesetzes, die der FDP mehr Einfluß und lukrative Stadtratsposten sichern sollte. Hier half man sich mit Absichtserklärungen und dem Versprechen, einschlägige „Prüfungen" vornehmen zu wollen. Bei diesen Problemen handelte es sich um innerstädtische Politik, grundsätzliche Auseinandersetzungen gab es nur kurz über die praktische Durchführung des Radikalenerlasses. So konnte die vom SPD-Fraktionschef Haus „Giftliste" genannte Reihe der Forderungen der Liberalen abgearbeitet werden. Um Konzepte für die Zukunft Berlins wurde nicht gerungen und lediglich auf Wunsch der FDP vereinbart: „Der Begriff ‚Modell einer modernen Großstadt' soll in der Regierungserklärung vermieden werden."[12]

Schwieriger verlief der Stellenpoker, denn bei der Nichtberücksichtigung von Personen blieben die schmerzenderen Narben zurück. Schütz sah sich einerseits mit der Forderung der FDP nach drei Senatorenämtern, andererseits mit der des linken SPD-Flügels nach einem zweiten Amt konfrontiert. Die FDP hatte für Fraktionschef Hermann Oxfort die Posten des Vertreters des Regierenden Bürger-

[11] Die Protokolle der Sitzungen finden sich in Akte 65, Bestand SPD-Fraktion.

[12] Siehe Protokoll des Treffens am 12. 3. 1975, S. 5, Akte 555, Bestand SPD-Fraktion.

meisters und des Justizsenators, für Parteichef Lüder das Wissenschaftsressort und für den Abgeordneten Emig die Wirtschaftsverwaltung nebst drei dazugehörigen Senatsdirektorenstellen verlangt. Die SPD-Verhandlungsgruppe um Schütz akzeptierte dies.[13] Damit war die Entscheidung zugunsten des Machterhalts gefallen. Die Vergabe des Wissenschaftsressorts an den linksliberalen Lüder, der die ohnehin nur behutsam eingeleitete Konsolidierung der Berliner Hochschulen durch den SPD-Senat kritisiert hatte, und die Vergabe des Wirtschaftsressorts an den erklärten Linken Gerd Emig bestätigte vielen Sozialdemokraten und vor allem jenen, die die SPD nicht mehr gewählt hatten, wie hoch der Preis für den Verlust der absoluten Mehrheit war. Die Wähler, die die SPD verlassen hatten, um beim Bund Freies Deutschland oder der CDU ihr Kreuz zu machen, erreichten ihr Ziel einer konservativeren Stadtregierung nicht. Im Gegenteil, das Bündnis mit der FDP Wolfgang Lüders ließ eher einen linksliberalen Kurs erwarten. Gerade die in den früheren Hochburgen abgewanderten Wähler aus dem Arbeitermilieu sahen nun den Einfluß weiterer gewerkschaftskritischer Kräfte verstärkt. Die für Personalia gebotene Vertraulichkeit blieb nicht gewahrt, die Aufmerksamkeit der Öffentlichkeit wurde durch immer neue Gerüchte stimuliert: „Kabinettslisten, täglich frisch und exklusiv aufbereitet, kursieren wie die Speisekarten von Vier-Sterne-Restaurants", kommentierte die *Berliner Morgenpost*.[14] Die Suche nach einer allseits akzeptierten Senatsmannschaft führte die Verhandlungen in eine Krise, die in der Presse als Postenschacher gebrandmarkt wurde und gerade einer „Koalition der Verlierer" nicht sonderlich gut zu Gesichte stand. Dabei erzwangen die Verhältnisse in den beiden Parteien ein solches Lavieren. Mit dem Rücken zur Wand stehend, glaubte jede Gruppierung, eigene Positionen sichern zu müssen. Zur Disziplinierung der eigenen Reihen und der FDP drohte Schütz sogar kurzfristig mit einer Großen Koalition.

Neben den beiden Linksliberalen drängte mit Harry Ristock ein weiterer erklärter Linker ins Kabinett, um seinen Flügel stärker zu repräsentieren. Schütz gab sich hart und lehnte dieses Begehr der

[13] Protokoll der Fraktionsvorstandssitzung vom 4. 4. 1975, Akte 556, Bestand SPD-Fraktion.

[14] Ausgabe vom 6. 5. 1975. Schütz rügte später die eigenen Genossen, die mangelnde Vertraulichkeit habe die Koalitionsverhandlungen „außerordentlich erschwert" und die sozialdemokratische Verhandlungsposition geschwächt. Protokoll, *ebda.*

19 linken Abgeordneten aus der 67 Mandatsträger zählenden SPD-Fraktion ab. Daraufhin wurde das Gerücht lanciert, die linken Abgeordneten könnten dem einen oder anderen Senatorenkandidaten die Stimme verweigern. Eine sozialliberale Koalition verfügte über 78 Stimmen im Rathaus Schöneberg, nur vier mehr als die absolute Mehrheit. Schon fünf Abgeordnete konnten durch Stimmenverweigerung jeden Vorschlag des Regierenden Bürgermeisters verwerfen. Schütz sah sich einer potentiellen „Verschwörung" der SPD-Linken mit den linksliberalen FDP-Vertretern ausgesetzt. Öffentlich wurde bereits geargwöhnt: „Jetzt muß Schütz beweisen, über wieviel Autorität er in seiner Partei noch verfügt. Beugt er sich jetzt dem Druck der Linken, dann hat er mit einer solchen Senatsbildung die Wahlniederlage vollends zu seiner eigenen gemacht."[15] Wie ein Pfeifen im Walde nahmen sich da dessen markige Worte aus, nicht „die Senatsbildung unter das Joch innerparteilicher Gruppierungen zu zwingen".[16] Bewegung unrühmlicher Art kam in das Personalkarussell durch die Erklärungen der Staatsanwaltschaft, Ermittlungen gegen den Finanzsenator wegen des Verdachts der Falschaussage im Untersuchungsausschuß zum „Steglitzer Kreisel" einzuleiten. Sie führten im späteren Verlauf nicht zur Eröffnung eines Strafverfahrens. Striek erklärte gleichwohl am 14. April 1975, zehn Tage vor der ersten Sitzung des Abgeordnetenhauses, seinen Rücktritt vom Amt des Finanzsenators. Die Kreisel-Affäre forderte so letztlich doch noch ein Opfer im Senatorenrang. Jetzt kam Schütz das Rücktrittsgesuch sogar gelegen, erweiterte es doch seinen Spielraum für Neu- und Umbesetzungen im Senat.

Nur Gesundheitssenator Pätzold, Bundessenator Stobbe, Jugendsenatorin Reichel und Innensenator Neubauer blieben auf ihren Posten, wobei Neubauer das Amt des Bürgermeisters an den FDP-Vertreter und Justizkandidaten Oxfort abtreten sollte. Beim 10. Treffen der Kommissionen am 15. April wurde das Kabinett festgelegt. Schütz ergab sich den Forderungen beider Seiten: Der FDP gestand er drei Ressorts zu, dem linken SPD-Flügel ein zweites. Die FDP hatte angesichts der umfassenden Zweifel in der Öffentlichkeit an der Qualifikation Emigs für das Wirtschaftsressort diesen für die Schulbehörde nominiert und Lüder selbst für die Wirtschaftsverwaltung vorgesehen. Damit rückte ein Scheidungsrichter, der sich ob seiner Erfahrungen

[15] Peter Jochen Winters in der *FAZ* vom 11. 4. 1975.
[16] Zitiert nach *Berliner Stimme* vom 12. 4. 1975.

als Studentenfunktionär zum Hochschulsenator berufen gefühlt hatte, in die Position Karl Schillers ein. Auch von der FDP mußte laut Proporz ein weiterer Linksliberaler neben Lüder und dem Vertreter der konservativen Minderheit Oxfort in den Senat einziehen. Erfahrung zählte da wenig: Ein erfahrener Senator wie Hans-Günther Hoppe hatte keine Chance. Mit ihren Vorschlägen konnte sich die FDP-Kommission auf dieser Sitzung gegen Schütz durchsetzen. Die SPD-Linke schickte ihren Anführer als Leiter der Verwaltung für Bau- und Wohnungswesen ins Rennen. Hier wurde die Frage nach einer fachlichen Qualifikation gar nicht erst erörtert, die Position Ristocks als Frontmann des linken SPD-Flügels reichte allemal. Das Bauressort wurde frei, da Schütz Klaus Riebschläger als Nachfolger Strieks für die Finanzbehörde vorschlug. Die Erweiterung des Senats auf 13 Ressorts – obwohl zuvor von FDP wie SPD vehement abgelehnt – bewerkstelligte der Regierende Bürgermeister mit der Heraustrennung einer neuen Verwaltung für Verkehr und Betriebe aus den Ressorts Wirtschaft und Verwaltung, die der bisherige Arbeits- und Sozialsenator Liehr übernehmen sollte. Die Notwendigkeit für ein weiteres Ressort bestand allein in der Schaffung eines Postens. Die Partei-Arithmetik, nicht die Belange der Berliner bestimmten die Aufgabenverteilung. Der bisherige Justizsenator Korber wechselte zur Behörde für Arbeit und Soziales, Schulsenator Löffler in die Wissenschaftsbehörde. Wissenschaftssenator Stein und Wirtschaftschef König verließen den Senat aus Altersgründen.

Die Sozialdemokraten bestätigten in einer internen Abstimmung ihre Kandidaten.[17] Fraktionschef Haus, der in sein Amt wiedergewählt wurde,[18] sprach von einem soliden Ergebnis im Rahmen des Möglichen. Und was bei den Berliner Sozialdemokraten im Frühjahr 1975 möglich war, sprach Haus dann auch deutlich aus: Rahmen der Verhandlungen sei gewesen, jeden nicht freiwillig aus dem Kabinett ausscheidenden Senator auch wieder für das neue Kabinett zu berücksichtigen, denn – so Haus – es sei schwierig, jemanden, der sich „jah-

[17] Auf der dritten Fraktionssitzung am 16. 4. 1975. Das Protokoll (Akte 555, Bestand SPD-Fraktion) zeigt interessante Präferenzen. Das mit Abstand beste Ergebnis erzielte der Bundessenator und kommende Regierende Bürgermeister Stobbe mit nur einer Gegenstimme bei fünf Enthaltungen. Auch Riebschläger erhielt Zuspruch aus den Reihen der Vereinigten Linken in der Fraktion, während Ilse Reichel nur 40 der 63 möglichen Stimmen erzielte, Protokoll, S. 3.

[18] Die Wahl erfolgte auf der 9. Fraktionssitzung am 27. 5. 1975 mit 54 Ja- gegen 4 Neinstimmen bei 2 Enthaltungen, Akte 555, S. 2, Bestand SPD-Fraktion.

relang sehr bemüht" habe, „in die Wüste zu schicken".[19] Das Versorgungsdenken ersetzte die Politik. Dazu trat der Einfluß aus Bonn; Schmidt und Genscher hatten mit Blick auf eine Verlängerung des sozialliberalen Bündnisses auf Bundesebene nach der Bundestagswahl 1976 auf ein ebensolches Bündnis in Berlin gedrängt. Auch der FDP-Landesauschuß genehmigte daher das Ergebnis mit dem nicht überragenden Resultat von 48 Stimmen der 72 Delegierten.

Dennoch war das Echo in der Presse verheerend. Die Besetzung der Senatorenämter aus offensichtlich innerparteilichen und koalitionstaktischen Gründen ohne Rücksicht auf Ausbildung oder Erfahrungsstand der Kandidaten belegte, daß der Erhalt der Regierungsverantwortung für die SPD zum obersten Ziel geworden war: „Endlich haben es die polit-provinziellen Kreissekretäre und theoretisierenden Parteistrategen geschafft, mit am Senatorentisch zu sitzen, der für sie genau jene Zahl von Zentimetern zu hoch ist, die ihn von einem Stammtisch unterscheiden. Niemand hätte für möglich gehalten, daß sich Klaus Schütz so zum Hanswurst machen läßt."[20]

Das Nachgeben gegenüber Ristock und die weitgehenden Zugeständnisse an die FDP, dazu die Erweiterung des Senats um ein zusätzliches Ressort – allen Aufrufen zu Sparmaßnahmen zum Trotz – hatten Schütz geschwächt. Fatal für Schütz sollte sich daneben die ernstliche Verstimmung seitens der Gewerkschaften auswirken. Drei Tage vor der anvisierten Wahl des Kabinetts kam nochmals Unruhe auf. Am 22. April erfuhr Schütz in einem Telephonat mit FDP-Chef Lüder, daß anstelle Gerd Emigs nun der eben zum Fraktionschef gewählte Walter Rasch zum Schulsenator gekürt werden solle. Gegen Emig wurde wegen des Verdachts der Bestechlichkeit ermittelt. Auch diese Vorwürfe sollten sich als haltlos erweisen, doch der Eindruck blieb, daß Striek und Emig ohne das Auftreten der Staatsanwaltschaft in den Senat gelangt wären.

In feierlicher Öffentlichkeit stellte sich dann die neue Koalition ein schlechtes Zeugnis aus. Klaus Schütz erhielt bei seiner Wiederwahl zum Regierenden Bürgermeister von Berlin am 24. April 1975 alle Stimmen von SPD und FDP.[21] Doch mit solcher Eintracht war es am

[19] Zitiert nach *Die Welt* vom 21. 4. 1975.

[20] Walter Brückmann in der *Berliner Morgenpost* vom 18. 4. 1975. In der CDU-Zeitung *Berliner Rundschau* fiel das Wort von einem „zusammengeramschten Bastardsenat". Ausgabe vom 30. 4. 1975.

[21] *Plenarprotokoll*, 7. W.P., 24. 4. 1975, S. 8.

nächsten Tag vorbei. Hatte eine säumige Sozialdemokratin ohnehin die Mehrheit der Koalition durch Abwesenheit geschmälert, so erreichten doch nur vier der zwölf Senatorenkandidaten die volle Stimmzahl aus den eigenen Reihen.[22] Alle anderen mußten sowohl Nein-Stimmen als auch Enthaltungen aus dem eigenen Lager hinnehmen. Wolfgang Lüder erhielt mit nur 73 Ja- von 145 Stimmen das schlechteste und denkbar knappste Ergebnis. Gleich bei der ersten Bewährungsprobe zeigten sich die neuen Partner nicht einig, dabei hatte Wolfgang Haus ohne Widerspruch vor der Fraktion festgestellt, daß die Kandidaten einstimmig gekürt werden sollten.[23] Da sich auch die Liberalen als linientreu ausgaben und die Abweichler in den Reihen rechter Sozialdemokraten vermuteten, denen das ganze Bündnis nicht gepaßt habe, war der Keim des Mißtrauens in die Koalition gesenkt.

Gleich zu Beginn der siebten Wahlperiode mußte Klaus Schütz daher in die Defensive gehen, symptomatisch für den Rest seiner Amtszeit: „Der ein oder andere, auch der Anhänger des sozialliberalen Kurses, hätte sich das ein oder andere besser vorgestellt, ich mir vielleicht auch."[24]

Die Arbeit des Senats

Die siebente Wahlperiode des Abgeordnetenhauses von Berlin wurde durch zwei Entscheidungen geprägt: durch die Ablösung des Regierenden Bürgermeisters Schütz zur Halbzeit und durch die „Hinwendung zur Stadtpolitik". In seiner ersten Regierungserklärung am 7. Mai 1975 gab sich Schütz trotz der nach den Wahlen eingetretenen Veränderungen im Machtgefüge des Senats und des Abgeordnetenhauses optimistisch und solide: „Es gibt keinen Grund, die Wahlen

[22] *Plenarprotokoll*, 7. W.P., 25. 4. 1975, S. 11. Dies waren die Senatoren Stobbe, Riebschläger, Neubauer und Horst Korber, der sogar eine Stimme aus den Reihen der CDU verbuchen konnte.

[23] Auf der Fraktionssitzung am 23. 4. 1975, Protokoll, S. 2 in der Akte 555, Bestand SPD-Fraktion.

[24] Schütz im Interview mit der *Deutschen Welle*, 18. 4. 1975. Im Rückblick räsonierte Schütz, er habe zu diesem Zeitpunkt das Ende seiner Amtszeit bereits erahnt: „In den Tagen und Wochen nach der Wahl habe ich schon zu meiner Frau gesagt, daß wir das nicht zu Ende bringen würden." Gespräch mit dem Verfasser, S. 30.

vom 2. März als wesentliche Zäsur anzusehen.«[25] Dies war richtig, auf die Stadt bezogen. Sein persönlicher Standort innerhalb der Partei und im Senat aber hatte sich gründlich verändert, wie Schütz bald zu spüren bekommen sollte.

Zu seinen Richtlinien legte Schütz auch jetzt wieder Materialien vor.[26] Weiterhin standen die wirtschaftliche Entwicklung und die damit angestrebte Erhaltung der Lebensfähigkeit der Stadt im Mittelpunkt. Die zurückliegenden Monate hatten dazu geführt, daß Schütz auch die innere Sicherheit besonders hervorhob, dazu die Verteidigung der freiheitlich demokratischen Grundordnung. Mit der Verpflichtung, die öffentliche Verwaltung zu „größter Sparsamkeit" anzuhalten, nahm Schütz sich und seine Klientel, insbesondere den öffentlichen Dienst und dessen starke Gewerkschaft ÖTV, in die Pflicht: „Der finanzielle Bewegungsspielraum im Berliner Haushalt ist in bisher nicht erlebtem Ausmaß zwangvoll eingeengt."[27] Die praktischen Folgen, etwa die Erhöhung der Tarife der Berliner Eigenbetriebe zur Weitergabe der Kosten an die Bürger, trugen allerdings nicht zur Popularität des Senats bei.

Auffällig im Unterschied zur Aufbruchstimmung unmittelbar vor dem Abschluß des Vier-Mächte-Abkommens war der maßvollere Ton beim Entwurf der Zukunft der Stadt. „In den letzten Jahren ist manchmal der Vorwurf laut geworden, wir überzögen das Machbare ins Wünschenswerte, ja Utopische. Ich widerspreche dem nicht, aber ich bleibe dabei, daß der freie, der demokratische Teil Berlins ein Bild von seiner Zukunft haben muß, schon seiner Gegenwart wegen", bekannte der Regierende.[28] Nun galt es aber nicht länger, Berlin in seinen internationalen Funktionen an Genf oder Wien zu messen, sondern die lokalen Verhältnisse in Kreuzberg an denen in Zehlendorf: „Zur Lebensqualität in Berlin gehört, daß die Stadt ausgewogene Lebensbedingungen bietet." Die Stadterneuerung, die Attraktivitätssteigerung von innen heraus sollte jetzt angestrebt werden. Oppositionsführer Heinrich Lummer konnte in seinem Beitrag zur Debatte über die Regierungserklärung lautstärker ein offensives Auftreten

[25] *Plenarprotokoll*, 7. W.P., 7. 5. 1975, S. 15.
[26] *Drucksache*, 7. W.P., Nr. 46.
[27] *A.a.O.*, S. 17. Erster Beschluß des Senats war daher eine Sparmaßnahme, die für den Haushalt 1976 keine Stellenvermehrung in der Verwaltung zuließ.
[28] *Plenarprotokoll*, 7. W.P., 7. 5. 1975, S. 15.

gegenüber Sowjetunion und DDR fordern.[29] Auch im Bereich Hochschulreform, innere Sicherheit und Radikalenerlaß wurden schärfere Töne angeschlagen. Generell suchte aber auch Lummer die Rückkehr zum „Gefühl der gemeinsamen Basis" der demokratischen Kräfte. Einen Unterschied wollte er dennoch besonders betont sehen: Die CDU war weiterhin dagegen, daß sich Berlin „zu einer stinknormalen Stadt" entwickelte.

Die Ausgangslage war also klar. Und dennoch kam es nicht zu der erwarteten Konsolidierung. Der Senat sah sich statt dessen auch in der neuen Wahlperiode mit Vorwürfen über eine unzureichende Verwaltung konfrontiert – und auch die Reihe der Skandale riß nicht ab. Die als Zwischenbericht über die Tätigkeit des Senats geplante Halbzeitbilanz geriet unverhofft zur Hinterlassenschaft des Regierenden Bürgermeisters. Zwei Jahre nach seiner Regierungserklärung war Klaus Schütz nicht mehr in dem Amt, das er so lange wie kein Regierender Bürgermeister vor ihm bekleidet hatte. Zunächst sollen hier die Umstände seines Rücktritts, die Ursachen seines Scheiterns analysiert werden. Wer oder was machten seinen Rücktritt 1977 unvermeidlich – eigenes Versagen, die Opposition, die eigene Partei, der Koalitionspartner, die Berliner?

Der Rücktritt von Klaus Schütz und die Berliner SPD: War Klaus Schütz ein Opfer?

Es kam in der Krise um Klaus Schütz, die in seinem Rücktritt gipfelte, weder zu einem Regierungswechsel noch zu Neuwahlen. Lediglich der Mann an der Spitze der sozialliberalen Koalition wurde ausgetauscht. Der Sozialdemokrat Dietrich Stobbe ersetzte den Sozialdemokraten Klaus Schütz. Bereits an dieser Stelle muß deshalb auch die Entwicklung der Berliner SPD bis zum Mai 1977 dargestellt werden. Eine Kombination aus drei Faktoren beendete die längste Amtszeit eines Regierenden Bürgermeisters: Versäumnisse als Verwaltungschef, persönlicher Überdruß und der Verlust des Rückhalts in den eigenen Reihen. Die Partei war es, die ihren Genossen nicht länger für tragbar hielt – nicht die Wähler.

[29] Lummers Rede in: *Plenarprotokoll*, 7. W.P., 15. 5. 1975, S. 26–32.

Wie schwerwiegend der Verlust der absoluten Mehrheit der SPD war, war von vielen Parteimitgliedern nicht erkannt worden. Es bedurfte eines Jahres und einer neuen Krise, der Nachwahl in Zehlendorf und der Personalvorgänge bei der Königlichen Porzellenmanufaktur KPM im Frühjahr 1976, um das Ausmaß des Vertrauensverlustes zu verdeutlichen. Zu lange hatten viele Sozialdemokraten den Rückschlag als Betriebsunfall angesehen – zumal ja ihr Klaus Schütz weiterhin im Rathaus Schöneberg den Ton angab. Doch gerade diese Ausrichtung auf den Regierenden und Landesvorsitzenden ließ dann als Ausweg 1977 nur den Abgang des Frontmannes zu. Dabei hatten die Selbstbezichtigungen doch schön in den Ohren geklungen, hatte sich der Landesverband per Resolution bereits auf dem Parteitag am 7. Juni 1975 in die Pflicht genommen: „Die Berliner SPD steht in den kommenden vier Jahren vor der Aufgabe, das Vertrauen vieler Berlinerinnnen und Berliner zurückzugewinnen."[30] Auf einer Klausurtagung am 8. November 1975 waren klare Worte gefallen, vom mangelnden Vertrauensverhältnis zwischen Bevölkerung und Partei war die Rede ebenso wie von Verfilzung, Führungsschwäche und zu starker Intellektualisierung.[31] Nach außen sollte sich nun die Kraft der Partei richten, „ständige Präsenz im betrieblichen Bereich sowie auf den Straßen und Märkten, öffentliche Versammlungen, Kontakte zu den Verbänden und gesellschaftlichen Gruppen" wurden gefordert – kurzum: das Programm einer Volkspartei, das sich insoweit von den Vorsätzen der CDU nicht unterschied.

Besonders wort- und gesinnungsreich wurden die Dissonanzen zwischen den Flügeln in der Öffentlichkeit ausgebreitet. Hatte eben noch die Selbstkritik gelautet, mit der besonderen Behandlung des öffentlichen Dienstes die Arbeitnehmerschaft vor den Kopf gestoßen zu haben, so blieb doch das Thema „Radikale in Staatsdiensten" zu lange virulent. Auch die Debatte über Möglichkeiten der Investitionslenkung des Staates nahm zunehmend akademische oder ideologische Formen an, die an den Bedürfnissen der Berliner vorbeigingen. Natürlich sollte sich auch der Berliner Landesverband an der Diskussion über den „Orientierungsrahmen '85", dem theoretischen Gesellschaftsentwurf der Bundespartei, beteiligen.[32] Der Vorsitzende der

[30] Protokoll des Parteitags beim Landesverband.

[31] *Berliner Stimme* vom 15. 11. 1975.

[32] So ließ sich der Finanzsenator vernehmen: „Die Einflußnahme des Staates auf die Investitionsentscheidungen der Wirtschaft wird klar bejaht, die Übernahme der Ent-

Abgeordnetenhausfraktion Wolfgang Haus nutzte das Hauptreferat „Politik für Berlin“ auf dem Landesparteitag am 13. Dezember 1975 zur Bekräftigung der Vorwürfe an die Adresse der eigenen Partei. Er geißelte erneut den Verbrauch der Kräfte in internen Auseinandersetzungen, Selbstgerechtigkeit, Opportunismus, „Kleinkariertheit“ und die „Gewohnheit, möglichst keinen aus den eigenen Reihen gegen seinen Willen auszuwechseln“. Sein Ordnungsruf – „Reformpolitik muß auch am Vermittelbaren orientiert sein“ – erregte großes öffentliches Aufsehen. Haus wurde in der Folge vom politischen Gegner als Kronzeuge benutzt, Klaus Schütz sah sich zum Gegensteuern veranlaßt.[33] Auch die stellvertretenden Landesvorsitzenden Riebschläger und Neubauer sahen sich wegen ihrer Doppelfunktion in Senat und Partei unter Druck gesetzt und reagierten gereizt. „Wer Wolfgang Haus reden hört und ihm glaubt, darf eigentlich die SPD nicht mehr wählen“, befand Riebschläger in seiner Entgegnung. Schütz warnte vor der Suche nach Schuldigen der Misere in den eigenen Reihen und griff zum bewährten Mittel der Zeit des Kalten Krieges, in dem er ans Gemüt appellierte, an „die große Verpflichtung gerade der Berliner Sozialdemokraten um Freiheit und Selbstbestimmung aller Deutschen“. Die eigene Parteizeitung *Berliner Stimme* mußte gleichwohl wenige Wochen später die „deprimierende Schlappe“ bei den Nachwahlen vermelden. Die Erklärungen vom März wurden jetzt erneut zum Besten gegeben. Der Tenor blieb unverändert, das Thema wurde nur variiert. So sei der SPD seit dem großen Aufbruch in der Deutschland- und Berlinpolitik „keine Phantasiebildung der Bevölkerung“ mehr gelungen.[34] Klaus Schütz mußte nun Wolfgang Haus schneller recht geben, als es der SPD lieb sein konnte.

„Ob es uns gefällt oder nicht: Der Bürger dieser Stadt, die veröffentlichte Meinung, aber auch der Besucher der Stadt rechnet nach 30 Jahren kaum unterbrochener oder anderweitig beeinflußter Führung dieser Stadt durch die SPD jeden Vorgang negativer Art den Sozialdemokraten zu“, konstatierte der Regierende Bürgermeister.[35]

scheidungen durch den Staat abgelehnt.“ Die Hoffnung, damit das Thema zu beenden, trog allerdings. Vgl. die Debatten auf dem Landesparteitag am 27. 9. 1975, Protokoll beim Landesverband.

[33] Er betonte seine Absicht, Landesvorsitzender zu bleiben, und kommentierte Haus' Rede kühl: „Ich glaube nicht, daß er uns etwas Neues sagen wollte.“ *Berliner Stimme* vom 20. 12. 1975.

[34] Klaus Riebschläger, zitiert nach *Berliner Stimme* vom 31. 1. 1976.

[35] *Berliner Stimme* vom 6. 3. 1976.

Diese Analyse traf ja durchaus zu, doch welche Möglichkeiten blieben, dem entgegenzuwirken – wenn schon nicht der Rückzug in die Opposition die Folge dieser Erkenntnis sein sollte? Schütz trat die Flucht nach vorn an, indem er die Mißstände nannte, für die er doch die politische Verantwortung trug: „Löst man den Begriff ‚Filzokratie' von seinen polemischen Elementen, dann bedeutet er Personalpolitik unter Verletzung des Leistungsprinzipes, Überwiegen der informellen Entscheidungsprozesse gegenüber den sicht- und nachvollziehbaren sowie Abdecken von Versäumnissen, wo Folgerungen sachlich geboten wären." Klare Worte dies, doch auch defensive: Wie sollte das erkannte psychologische Problem aus der Welt geschafft werden, daß nämlich immer mehr Bürger Berlin als eine dahinvegetierende Stadt ansahen?

Auch die Personalvorgänge bei der landeseigenen Königlich-Preußischen Porzellanmanufaktur KPM lösten im Frühjahr 1976 eine ernste Krise aus. „Berlins regierende SPD spielte öffentlich, was sich sonst intern abspielt: Filzokratie", lästerte der *Spiegel* nicht zu Unrecht.[36] Undurchsichtigkeiten bei der Mitwisserschaft von nicht gerechtfertigten Gehaltserhöhungen und wechselseitige Beschuldigungen der Beamten und ihres Senators veranlaßten die CDU, einen Untersuchungsausschuß einzuberufen.[37] Zunächst sollte eine Schadensbegrenzung dadurch erreicht werden, daß der ranghöchste Beamte der Verwaltung in einen landeseigenen Betrieb weggelobt wurde. Senator Liehr, der geglaubt hatte, mit der Entlassung seines Senatsdirektors aus der Schußlinie zu kommen, wurde angesichts des Presseechos vom Regierenden Bürgermeister und vom Fraktionschef am 23. Februar zum Rücktritt als Senator der erst ein Jahr zuvor geschaffenen Verwaltung für Verkehr und Betriebe gedrängt – noch vor Abschluß der Arbeit des Untersuchungsausschusses. Diese Opferung wurde allerdings Schütz nicht gedankt, sondern lediglich als Mittel zur Beruhigung der öffentlichen Meinung aufgenommen. Auf der Fraktionssitzung am 24. Februar 1976 geriet Schütz deshalb ins Kreuzfeuer der Kritik.[38] Mehrfach wurde er aufgefordert, seinen Führungs- und Regierungsstil zu überdenken und sich um bessere Formen der Zusammenarbeit mit der Fraktion zu bemühen. „Allerletzter Anlaß

[36] Ausgabe vom 1. März 1976.

[37] Zu Einzelheiten siehe die Chronologie *Wie das KPM-Karusell so richtig in Schwung kam*, in: *Berliner Morgenpost* vom 25. 2. 1976.

[38] Protokoll der Sitzung in Akte 555, Bestand SPD-Fraktion.

zum Überdenken der Gesamtsituation" sollte der öffentliche Eindruck sein, den die Personalvorhaben ausgelöst hatten. In der Tat hatte die KPM-Affäre bundesweites Aufsehen ausgelöst.[39] Klaus Schütz bat um das Vertrauen der Fraktion, das diese ihm auch aussprach. Er betonte, sein Führungsstil sei Ausdruck seiner Persönlichkeit, autoritäres „auf den Tisch schlagen" sei von ihm nicht zu erwarten. Seine Devise, die Senatoren hätten ihre Ressorts jeweils in Eigenregie zu verantworten, war zwar formal zutreffend, ein nicht-öffentliches Eingreifen seitens des Senatschefs hätte aber den öffentlichen Schaden verhindern können. „Ich hätte in der Tat in verschiedenen Fällen sorgfältiger aufpassen, vielleicht auch eher personelle Konsequenzen ziehen sollen", gab Schütz nun zu.[40] Doch er betonte auch seine Pflichten auf internationaler und nationaler Ebene: „Berlin ist eben nicht nur eine kommunalpolitische Einheit, sondern ist ein ganz wichtiger gesamtpolitischer Vorgang, um den man sich intensiv kümmern muß."[41]

Auf eine Machtprobe mochte Schütz sich indes zu diesem Zeitpunkt nicht einlassen. Statt einen neuen Senator wählen lassen zu müssen, setzte er seinen Entschluß durch, die Verwaltung für Verkehr und Betriebe aufzulösen und die Geschäftsbereiche auf sechs andere Ressorts zu verteilen. Er konnte sich dabei auf die Sparbeschlüsse sowie den Wunsch der FDP berufen und bezeichnete die Einrichtung des ein Jahr zuvor geschaffenen Ressorts als Fehler. Doch insbesondere die in Berlin einflußreichste Gewerkschaft ÖTV nahm Schütz diese Lösung übel. Der Rückhalt des Senats bei den Gewerkschaften schwand zusehends. Die Vorsitzenden der Einzelgewerkschaften und die sozialdemokratischen Mitglieder des DGB-Landesvorstandes sagten der Abgeordnetenhausfraktion und dem Regierenden am 1. April 1976 gehörig die Meinung. Die „Sozis" wüßten nicht mehr, wie die Leute am Arbeitsplatz dächten, der Verlust an Arbeitsplätzen habe das Unbehagen über die SPD genährt, eine Vermehrung der Arbeitsplätze im industriellen Bereich sei dringend geraten, auch weil es dort keine Verfilzung geben könne.[42] Dabei waren die Spitzen von Partei

[39] Vgl. etwa: *Die Zeit* vom 5. 3. 1976 und *Der Spiegel* vom 15. 3. 1976: „Filzokratie ist den Berlinern jetzt so geläufig wie die Bulette, und sie ist auch an jeder Ecke zu haben."

[40] Im Interview mit der *Bild*-Zeitung vom 2. 3. 1976.

[41] Im Interview mit der *Zeit* vom 5. 3. 1976.

[42] Protokoll der außerordentlichen Fraktionssitzung in Akte 556, Bestand SPD-Fraktion.

und Fraktion schon außerordentlich „entgegenkommend": Franz Ehrke entgegnete auf den Vorwurf der Gewerkschaftler, sie seien nicht genügend informiert, daß die Gewerkschaftsführer die Referentenentwürfe von Gesetzen lange vor den Abgeordneten erhielten.

Klaus Schütz hatte seit diesem Frühjahr 1976 das Heft des Handelns nicht mehr fest in der Hand, und die „KPM-Krise" sollte ihn 1977 einholen. Die Kritik am Parteichef nahm nun ständig zu. Neben einer gewissen Unlust hinsichtlich kommunalpolitischer Probleme wurde ihm vor allem „Führungsschwäche" vorgeworfen. Das von ihm durchgesetzte Prinzip der „Konzentration der Kräfte" wurde nun trotz der Machterhaltung im Rathaus Schöneberg kritischer betrachtet. Die Überwindung der Flügelbildung in der SPD war nicht wirklich gelungen, sondern nur für die Parteispitze verordnet worden. „Diese Verordnung hat die Mehrheit der Partei gelähmt", hieß es in den eigenen Reihen, die Parteizentrale in der Müllerstraße sei keine Anlaufstelle mehr für „Information und Gedankenaustausch".[43] Geichwohl betonte Schütz ein Jahr nach den Wahlen: „Ich bin für vier Jahre zum Regierenden Bürgermeister von Berlin gewählt worden. Ich liebe diese Stadt und habe nicht die Absicht, sie zu verlassen."[44] In ihrer Fixierung auf die Genossen ganz an der Spitze suchten einige Sozialdemokraten das Heilmittel gegen Verfilzung auch in der Trennung der Ämter von Senats- und Parteiführung. So wurde Haus, ohne sich danach zu drängen, in Schütz' Wahlkreis Wilmersdorf als Gegenkandidat zum Landesvorsitzenden vorgeschlagen. „Berlin ohne Schütz?" wurde nun gefragt.[45] Und auch die *Berliner Rundschau* der CDU verzeichnete genüßlich, daß Schütz „nur noch mit Mühe seine Rolle als parteipolitische Büroklammer verrichten kann".[46]

Die turnusgemäß anstehenden Vorstandswahlen im Mai 1976 wurden in solcher Stimmung natürlich mit Spannung erwartet. Bereits im März war Harry Ristock Klaus Schütz unaufgefordert beigesprungen: „Ich kann jeden nur warnen, an seinem Stuhl zu sägen."[47] Dies ging an die Adresse von Klaus Riebschläger, den eloquenten Vertreter des rechten Mehrheitsflügels, der Ristock bereits das Amt eines Stellver-

[43] *Berliner Stimme* vom 20. 3. 1976.
[44] Im Interview mit der *Bild*-Zeitung am 2. 3. 1976.
[45] *NRZ* vom 3. 3. 1976. *Die Zeit* vom 5. 3. 1976 nannte Dietrich Stobbe und Klaus Riebschläger als „potentielle Nachfolger", für beide sei aber der Zeitpunkt noch zu früh.
[46] Ausgabe vom 13. 5. 1976.
[47] In *Berliner Stimme* vom 6. 3. 1976.

tretenden Parteivorsitzenden voraushatte. Ristock mußte an einer Stabilisierung von Schütz gelegen sein, um selbst Boden gutzumachen. Zum einen halfen ihm dabei das Lob für seine guten Ideen bei der Umorientierung der Stadtsanierung, deren Umsetzungsprobleme erst später sichtbar wurden, zum anderen seine Hausmacht, die „Vereinigte Linke". Mit der Wahl in den Bundesvorstand der SPD auf dem Mannheimer Bundesparteitag im November 1975 stieg er auch zum Meinungsführer der Bundeslinken auf und zog als zweiter Berliner neben Schütz in dieses Gremium ein. Im Frühjahr meldete er nun den Anspruch auf einen der beiden Stellvertreterposten in der Partei an, ohne sich zu äußern, ob er Riebschläger oder Neubauer verdrängen wollte.

Riebschläger und Ristock sahen sich beide mit dem Wunsch der Basis konfrontiert, nicht neben ihren Senatorenämtern im Geschäftsführenden Landesvorstand zu verbleiben, ein Ansinnen, das auf dem Parteitag erfolgreich abgewiesen werden konnte. Die persönlichen Laufbahnplanungen ließen einen solchen Verzicht nicht zu, zumal Klaus Schütz angeschlagen war. Dieser konnte sich mit seinem Vorschlag, als Stellvertreter zwei Genossen ohne Senatorenamt wählen zu lassen, nicht durchsetzen, da die Linke auf der Bestellung Harry Ristocks bestand. Eine im Landesvorstand versuchte Klärung der Kandidaturen im voraus scheiterte. Während Schütz einziger Kandidat für den Vorsitz blieb, bewarben sich die beiden Amtsinhaber Riebschläger und Neubauer sowie Harry Ristock um die beiden Stellvertreterposten. Schütz ließ auf diesem Parteitag in seinem Referat „Die Lage der Berliner SPD" erkennen, daß er um die Zweifel an seiner Person wußte. Dem Vorwurf, er sei zu unterkühlt, versuchte er mit den Worten zu begegnen: „Ich kann auch gut und gern streiten, und erst in den letzten neun Jahren meiner dreißigjährigen Parteizugehörigkeit bemühe ich mich um Ausgleich und Rücksicht."[48] Die Genossen, die Schütz' entschlossene, teils rüde Vorgehensweise bei der Durchsetzung Willy Brandts in den fünfziger Jahren miterlebt hatten, mußten da zustimmen. Und angesichts der drei ehrgeizigen Stellvertreterkandidaten betonte er seine Integrationsbemühungen, „daß ich im Blick auf Personen besonders vorsichtig sein muß. Die Personaldecke ist dünn genug." Harry Ristock dankte es ihm mit dem

[48] Protokoll des Landesparteitags vom 14./15. 5. 1976 beim Landesverband Berlin.

Bekenntnis: „Ich halte Klaus Schütz für alternativlos" – was nur bedeutete, daß er selbst noch nicht so weit war.

Schütz erhielt bei seiner Wiederwahl zum Parteichef nur noch 166 Ja-Stimmen, während 56 Delegierte mit Nein votierten und sich zudem 25 der Stimme enthielten: ein Denkzettel. Die Kampfabstimmung der drei Bewerber um die Stellvertreterpositionen verhieß weitere Spannung. Wenn die Linke ihren Anführer durchsetzen wollte, mußte einer der beiden bisherigen Stellvertreter ausscheiden. Daß Schütz mit der rechten Mehrheit keine Klärung über diese Frage hatte herbeiführen können, wurde ihm erneut als Führungsschwäche angelastet, er war nicht länger der „unbestrittene Führer" der Mehrheit. Nach scharfen Diskussionen über die Personen gelang im ersten Wahlgang Riebschläger die Wiederwahl ins Stellvertreteramt. Der zweite Wahlgang sah Harry Ristock um Haaresbreite – mit 124 zu 123 Stimmen – vor Kurt Neubauer. Damit war nicht nur die Linke einen Schritt weitergekommen, mit Ristock und Riebschläger standen nun auch die beiden Flügelexponenten in einer Startreihe zum Lauf um die Nachfolge von Klaus Schütz. Statt daß es zu einer Entflechtung von Senatorenämtern und den Führungspositionen der Partei gekommen war, hatte der Parteitag die Rivalitätskämpfe jetzt auch im Landesvorstand installiert. Für Klaus Schütz sollte sich diese neue Gewichtung zunächst als stabilisierend erweisen, denn Riebschläger wie Ristock mußten nun aufpassen, nicht der „Demontage des Spitzenmannes" geziehen zu werden, sie blockierten sich daher selbst.

Klaus Schütz hatte anläßlich seines 50. Geburtstages im September 1976 öffentlich Amtsmüdigkeit erkennen lassen: „Das ist die eigentliche Schwierigkeit, diese gewisse Routine, die möglicherweise auch die Gefahr mit sich bringt, daß man manches nicht mehr aufnimmt. Und es ist in der Tat ein Problem, ein Amt wie dieses so auszuüben, für alle Beteiligten; auch übrigens für die Stadt."[49] Offensichtlich hatte sich eine gewisse Resignation des Regierenden bemächtigt, doch die Alarmglocken schrillten weder in der Partei noch bei der Abgeordnetenhausfraktion.[50]

[49] Zitiert nach *Berliner Stimme* vom 18. 9. 1976.

[50] Im gleichen Gespräch führte Schütz aus, „daß sich sehr viel wiederholt, daß man das ganze Jahr hindurch – im Grunde genommen – sehr schnell in Routine versinken kann".

„Auf der Suche nach der verlorenen Identität" überschrieb die eigene Parteizeitung zwar die Lage der Partei, doch die Forderungen blieben unbestimmt: „Die politische Führung muß sich mehr als bisher kümmern um gemeinsame (Erfolgs-)Erlebnisse der Bevölkerung."[51] Immerhin hatte der Geschäftsführende Landesvorstand auf seiner Sitzung am 16. August 1976 eine Kommission eingesetzt, die einen Rahmen für die Diskussion über die Zukunft Berlins schaffen sollte. So viel Mühe sich die Kommissionsmitglieder auch gaben, so deutlich wurde doch damit, daß die Debatte über die Entwicklungschancen und -möglichkeiten fehlgelaufen war.[52] Bei aller Betriebsamkeit blieben die inhaltlichen Fingerzeige im Rahmen des Bekannten: Wirtschaftskraft, Wohnungsbau, Sicherheit – die bürgerliche Trias an Wünschen hätte jeder Berliner unterschrieben. Der Tonfall hatte sich im Vergleich zu den Entwürfen unmittelbar nach dem Abkommen gewandelt: Nicht mehr die „Normalität" wurde betont, sondern die Aufgabe Berlins bei der Herstellung der Einheit der Nation. Auf dem Landesparteitag am 4. Dezember 1976, in dessen Rahmen der Entwurf diskutiert wurde, kursierte auch das Wort von „Berlin als nationaler Aufgabe". Doch in demselben Entwurf, in dem im Grunde das Konzept der Berliner CDU vorgeschlagen wurde – „die kontinuierliche Ansprache der breiten Bevölkerungsschichten" anstelle überzogener Pflege von Randgruppen –, fand sich auch die Formulierung von der „Chance und Verpflichtung: Berlin als Modell des demokratischen Sozialismus". Schütz distanzierte sich schleunigst. Auch der liberale Koalitionspartner mochte den Senat nicht unter diesem Motto agieren sehen. Die Kritik am Zustand der Partei war deutlich formuliert. Dieser Teil wurde aber in der veröffentlichten Fassung nicht verbreitet.[53] So stand dann doch wieder die personelle Führung zur Diskussion. Initiativen, wie die des Bundesvorsitzenden Willy Brandt, eine „Berlin-Kommission" beim Parteivorstand mit hochkarätiger Besetzung einzuberufen, erschienen wie eine benötigte Hilfestellung von außen. Anläßlich der Konsolidierung der Bundes-SPD nach den Bundestags-

[51] *Berliner Stimme* vom 23. 10. 1976.

[52] Der 43seitige Entwurf „Berlin-Perspektiven" findet sich in Akte 511, Bestand LV-Berlin.

[53] „Das Anlehnungsbedürfnis der Bevölkerung wird nicht mehr – wie sonst stets in der Nachkriegsgeschichte Berlins – von der Sozialdemokratie befriedigt", *a.a.O.*, S. 3. „Unsicherheit und Selbstmitleid sind weit verbreitet und nicht ohne Auswirkungen auf die Bevölkerung geblieben", S. 3.

wahlen im Oktober 1976 war der Berliner Landesverband in Bonn als „Schwachstelle" bezeichnet worden.[54] Die Vertrauensbekundungen für Schütz häuften sich und können gerade deshalb als Beleg für die hinter den Kulissen inszenierten Rankünen gelten. Warum sonst hätte es wohl ein soeben gewählter Landesparteichef nötig gehabt, sich von Kreisverbänden das Vertrauen aussprechen zu lassen? Harry Ristock, Anführer der immer mehr Delegiertenmandate erobernden Linken in der SPD, ließ sich von seiner Klientel auf einem Quasi-Parteitag in dieser Funktion bestätigen. Schütz rügte den linken Flügel ob solcher organisatorischer Autonomiebestrebungen. Ristocks Antwort war nicht etwa Zerknirschung: „Ein Jahrzehnt war ich Gegner von Klaus Schütz. Aus Gegnern sind Freunde geworden. Die Berliner Sozialdemokratie hat keinen besseren Mann als Schütz."[55] Mit solch unerbetenem Schulterklopfen versuchte Ristock zielstrebig, seine im Vormarsch befindliche Linke als unerläßlich für die Stützung des Regierenden hinzustellen. Daraus sollten sich dann eigene Ansprüche ableiten lassen.

Auf dem Landesparteitag im Dezember 1976 stand Schütz erstmals mit dem Rücken zur Wand: „Um meine Aufgaben wahrnehmen zu können, brauche ich das Vertrauen des Abgeordnetenhauses von Berlin. Darum werde ich mich bemühen – immer wieder neu. Aber so lange ich dieses Vertrauen habe, so lange bin ich entschlossen, meine Pflicht zu tun als Landesvorsitzender der Berliner Sozialdemokraten und als Regierender Bürgermeister von Berlin."[56]

Klargestellt war damit, daß Schütz sich nicht aus eigenen Stücken zurückziehen würde. Um sich von ihm zu trennen, bedurfte es schon des offenen Aufbegehrens. Doch was die Kritiker einschüchtern sollte, ging ins Leere. Schütz' Aufruf an die Adresse des Minderheitenflügels – „Löst endlich Eure Sonderorganisation Vereinigte Linke auf!" – wurde schlicht ignoriert. Der Autoritätsverfall wurde sichtbar. Die Parteizeitung räumte zum Parteitag Bundessenator Stobbe die Gelegenheit ein, sich als ein über die Ressortgrenzen hinausblickender Politiker zu profilieren: „In einer immer komplizierter werdenden Gesellschaft muß politische Führung darin bestehen, sich auf einige wenige aussagekräftige Themen zu beschränken. Mit einem 180-

[54] *Berliner Stimme* vom 6. 11. 1976.
[55] Im Interview in der *Berliner Morgenpost* vom 6. 11. 1976.
[56] Protokoll des Landesparteitags beim Landesverband.

Punkte-Programm kann man keine Führung ausüben."[57] Dies ging an die Adresse von Schütz, den Freund der Statistiken und Materialien. Stobbe schlug eine Beschränkung auf die drei Bereiche Berlinpolitik, Wirtschaftspolitik und Stadtentwicklung vor. Jetzt konnte er sein Profil zeigen. Seine Position als Bundessenator hatte ihm auch überregionale Kontakte eingetragen. Stobbe hatte sich mit Fleiß als Kommissionsmitglied an der Ausarbeitung des „Orientierungsrahmens '85" der SPD beteiligt. Seine Sporen hatte er sich als junger Fraktionsgeschäftsführer verdient und dabei Sympathiepunkte bei Abgeordneten jeder (sozialdemokratischen) Couleur sammeln können. Auch sein Verzicht auf das Amt des Jugendsenators bei der Regierungsbildung von 1971 hatte ihm Respekt eingebracht. Vor allem hatte seine Persönlichkeit keine polarisierende Wirkung wie diejenige Riebschlägers, der selbstkritisch einräumte, die Genossen empfänden ihn wohl „zu sehr als den kühlen Technokraten".[58] Stobbe wurde so zum „lachenden Dritten", hatten sich die beiden Flügelexponenten doch gegenseitig mattgesetzt. Riebschlägers nicht unzutreffende Beobachtung, die Linke habe Schütz nur deshalb solange gestützt, um der Mehrheit den „Königsmord" anhängen zu können, hatte ihm keine Sympathien über die eigenen Reihen hinaus gebracht. Auch sein Naturell machte ihm Schwierigkeiten, dabei hatte er selbst dazu aufgerufen, schonungslos zu analysieren, was zu „der zurückgehenden Liebe der Bevölkerung zu uns geführt hat".[59]

Jeder Flügel hatte seinen Gegner, und Stobbe konnte Riebschläger daher dankbar dafür sein, daß er ihm die Rolle des Kandidaten ermöglicht hatte, der beide – Ristock und Riebschläger – verhindern konnte. Ristock versuchte sich noch als Staatsmann: Er wollte die „aufklärerischen Traditionen" der Sozialdemokratie wiederbelebt sehen, zitierte den Bundespräsidenten, entschuldigte sich für seinen Ton bei der Kritik am Rechnungshof, der seine Verwaltung wegen der Kostenentwicklung beim ICC gerügt hatte. Noch Anfang März 1977 betonte er, daß Schütz die beste Lösung sei und bleibe, er verwahrte sich daneben auch gegen eine „Statthalterlösung" mit einem Bürgermeisterkandidaten aus Bonn.[60] Von dort kam schon ungebeten ein Alternativvorschlag: Hans-Jürgen Wischnewski, nach den Bundestagswahlen im

[57] *Berliner Stimme* vom 11. 12. 1976.
[58] *Berliner Stimme* vom 22. 5. 1976.
[59] *Berliner Stimme* vom 13. 11. 1976.
[60] In: *Berliner Stimme* vom 5. 3. 1977.

Herbst 1976 im Bundeskanzleramt als Staatssekretär für Berlin- und Deutschlandpolitik tätig geworden, brachte sich als geeigneten Kandidaten für das Amt des Regierenden Bürgermeisters selbst ins Gespräch.

In Berlin wurde unterdessen zu unfeineren Mitteln gegriffen. So konnte *Die Welt* am 15. Januar 1977 vermelden: „Sozialdemokraten fordern den Rücktritt von Schütz", nachdem ihr ein anonymes Papier zugespielt worden war, in dem die Ablösung gefordert wurde mit der Begründung, Schütz sei „weder geachtet, noch geliebt".[61] Natürlich wurde ein solches Verhalten auch von Riebschläger, Ristock und FDP-Chef Lüder gerügt – die wachsende Verunsicherung allerdings konnte dies nicht bremsen. Die verwerfliche Form des Angriffs auf Schütz verhinderte eine Auseinandersetzung mit inhaltlich zutreffenden Kritikpunkten und sorgte so für blinde Solidarisierung statt rationaler Analyse. Auch aus Bonn hatte es nach den Vorgängen um die KPM vermehrt Anwürfe gegen den Berliner Landesverband gegeben. Bundesgeschäftsführer Bahr nahm selbst das Wort „Filzokratie" in den Mund: „Neben dem, was die CSU hat, gibt es fast kein besseres Beispiel für Filzokratie als das, was wir in Berlin haben."[62] Darob gerügt verteidigte sich Bahr, ohne den Vorwurf zurückzunehmen: „Von den genannten Schwierigkeiten der inneren Lage in Berlin haben bereits der Regierende Bürgermeister, der Vorsitzende der SPD-Fraktion im Abgeordnetenhaus und der Bundeskanzler gesprochen."[63] „Doch wer, so fragt die sorgende Stadt, soll das schwere Erbe von Schütz antreten? Der ein wenig blutarme, aber auch allzeit opportune Bundessenator Stobbe? Der messerscharfe Intellektuelle, aber integrationsschwache Finanzsenator Riebschläger? Der vitale und gedanklich kompakte, aber ideologisch angezurrte Bausenator Ristock?" fragte die *Berliner Morgenpost* am 2. März 1977.

Als Folge des Ergebnisses des KPM-Untersuchungsausschusses beantragte die CDU-Fraktion ein Mißtrauensvotum gegen den Regierenden Bürgermeister. Obwohl SPD und FDP in ihrem Votum im

[61] Auszüge aus der 18seitigen Studie ebda. Darin wurde auch auf Schütz' noch ungeklärte Mitwisserschaft in Sachen KPM-Personalvorgänge hingewiesen und mögliche Verstrickungen angedeutet.

[62] *Frankfurter Rundschau* vom 26. 2. 1977.

[63] Erklärung vom 1. 3. 1977, abgedruckt etwa in: *Berliner Stimme* vom 5. 3. 1977. Vgl. auch die scharfe Kritik von Landes- und Fraktionsvorstand, Protokoll der Fraktionsvorstandssitzung vom 1. 3. 1977 in Akte 15, Bestand SPD-Fraktion.

Ausschuß Schütz vom Vorwurf persönlicher Verfehlungen freigesprochen hatten, konnte die CDU mit diesem Schachzug die Solidarität der Koalition mit Schütz auf die Probe stellen. Dieser hatte selbst für Zwist im eigenen Lager gesorgt, indem er öffentlich erklärte, daß durch den Bericht des Untersuchungsausschusses die „Integrität oder gar die persönliche Ehre des Senatsdirektors Schwäbl nicht in Zweifel" gezogen worden seien. Die CDU, aber auch die FDP und etliche Sozialdemokraten mochten Schütz in dieser Einschätzung nicht folgen, im Koalitionsausschuß geriet Schütz ins Kreuzfeuer. Schütz sorgte daher in der Fraktion für die Verlesung einer Interpretation seiner Ehrenerklärung für Schwäbl durch Fraktionschef Haus.[64] „Mißverständlich" kann noch als mildes Urteil über die Erklärung gelten. „So drängt sich die Frage auf: War er wieder ahnungslos, uninformiert solidarisch, was nun kaum noch entschuldbar erschiene. Gibt es mithin eine andere Erklärung für sein Verhalten? Hat Klaus Schütz einen Grund, den jungen Pensionär Schwäbl mehr zu unterstützen, als die Öffentlichkeit verstehen könnte?" so wurde nun diskutiert.[65] Schütz stimmte im Abgeordnetenhaus einer Änderung seiner Ehrenerklärung für Schwäbl zu. Das Mißtrauen erklärten ihm anschließend dennoch nicht nur die Abgeordneten der Opposition, sondern auch sein früherer Vize Hermann Oxfort von der FDP, der Mitte 1976 von den Ämtern des Bürgermeisters und des Justizsenators zurückgetreten war. Da es sich gemäß Geschäftsordnung um eine namentliche Abstimmung handelte, mochte sich keiner der Sozialdemokraten offen gegen Schütz aussprechen. Das Protokoll der Sitzung ist aufschlußreich auch in dem, das es nicht enthält: eine Reaktion von Schütz. Auffällig blieb seine Weigerung, ans Rednerpult zu treten – selbst nach der Provokation: „Sie haben nicht mehr die Kraft, das Wort zu ergreifen!" Resignation strahlte Schütz statt dessen von der Regierungsbank aus.

Doch weder die oppositionelle CDU noch die um ihr Überleben an der Seite eines maroden Partners bangende FDP konnten einen Rücktritt allein herbeiführen. Beide Parteien mußten zu diesem Zeitpunkt abwarten, wie die SPD ihre Führungskrise beheben wollte. Der FDP konnte das Image des „Königsmörders" nicht willkommen sein, tätige Hilfe bei der Ablösung von Schütz hätte zu leicht zu Forderungen nach einer Großen Koalition führen können. Jetzt erwies sich das aus-

[64] Protokoll der Fraktionssitzung vom 8. 2. 1977, Akte 555, S. 1, Bestand SPD-Fraktion.
[65] So G. Matthes im *Tagesspiegel* vom 10. 2. 1977. Heinrich Lummer fragte gar, ob Schütz von Schwäbl erpreßt werde.

geprägt linksliberale Image des Landesverbandes als Nachteil: Mit einer Koalition mit der CDU konnte die FDP nicht drohen, obwohl die Stimmen gereicht hätten. Die CDU hingegen konnte nicht abschätzen, ob ihr ein angeschlagener Klaus Schütz bis zum Wahltag 1979 die Wähler zutreiben würde oder ob nicht ein neuer Mann an der Spitze des Senats die SPD nochmals konsolidieren würde, wie es 1979 Dietrich Stobbe ja dann auch gelang.

Anfang April 1977 stand die Entscheidung bevor, ob gegen Schütz ein Ermittlungsverfahren wegen falscher Aussage vor dem KPM-Untersuchungsausschuß des Abgeordnetenhauses eröffnet werden würde. Der Regierende hatte seine Erinnerung an das Datum eines Gesprächs korrigieren müssen. Schütz ließ erkennen, daß er bei einer in diesem Falle notwendigen Aufhebung seiner parlamentarischen Immunität von sich aus das Amt niederlegen würde. Gleichzeitig brachte sich auch Staatsminister Wischnewski durch Äußerungen in einer Fernsehtalkshow erneut als Nachfolger in die Diskussion.

Im April 1977 zeigten die von Schütz in Auftrag gegebenen und geheimgehaltenen Meinungsumfragen den Regierenden Bürgermeister in einem Tief. Die Zahl der Befragten, die ihn als Senatschef für eine gute Entscheidung hielten, fiel auf 29%. Im März 1977 hatte sie noch 39% betragen, und in den Jahren zuvor hatte er stets Zuspruch von der Mehrheit der befragten Berliner erhalten.[66] Auch die Unzufriedenheit mit seiner Politik wuchs bei der Befragung auf neue Höchstwerte. Bei der Frage nach dem liebsten Bürgermeister bei einer Direktwahl war der Vorsprung von Schütz gegenüber Peter Lorenz innerhalb eines Jahres von mehr als 30 auf nur noch 4 Prozentpunkte im März 1977 geschmolzen. In der Frage nach der Partei, die „zur Zeit am besten gefällt", fiel die SPD im April 1977 erstmals hinter die CDU zurück.[67] Die anschließend wieder stark ansteigenden Popularitätswerte sowohl für die SPD als auch für den Regierenden Bürgermeister Stobbe lassen den Schluß zu, daß sich der Unmut auf die Person von Schütz konzentrierte.

Mit dem Rücktritt des Fraktionsvorsitzenden Haus am 19. April 1977 wurde die letzte Woche des von Schütz geleiteten Senats eingeläutet. Wolfgang Haus machte mit seiner persönlichen Entscheidung die Misere so deutlich, daß der Regierende Bürgermeister den Rück-

[66] *Infas-Repräsentativerhebungen*, Nr. 0757.
[67] *Infas-Repräsentativerhebungen*, Nr. 1422.

tritt des Fraktionschefs keine zwei Wochen überstand. Äußerer Anlaß der Resignation von Haus war die Einsicht, daß ihm die Fraktion nicht länger folgen mochte. Zunächst war er als Fraktionschef erneut bestellt worden.[68] Er nahm die Wahl an und äußerte nun den Wunsch nach Erhöhung der Zahl der Stellvertreter von drei auf vier. Dieser Vorschlag war bereits auf der Vorstandssitzung gebilligt worden.[69] Kritik an seinem Wunsch beantwortete Haus mit einer Rücktrittsdrohung. Gleichwohl entsprachen seiner Bitte nur 17 Abgeordnete, 43 votierten dagegen.[70] Haus erklärte wegen dieser Verweigerung, daß er das Amt des Fraktionschefs nicht antreten werde. Auf Vorschlag des Regierenden Bürgermeisters wurde daraufhin der eben zum Stellvertreter bestellte Franz Ehrke zum Fraktionsvorsitzenden gewählt. Wolfgang Haus erklärte seinen Respekt vor der Unabhängigkeit der Abgeordneten und betonte, es handele sich bei seinem Rücktritt nicht um eine Kurzschlußhandlung. Umgehend fand das Mitglied des Rundfunkrates eine neue Beschäftigung. Haus wurde am 6. Juni 1977 zum neuen Intendanten des Senders Freies Berlin gewählt, genau ein halbes Jahr nach seiner Erklärung in der Fraktion, er habe „nicht die Absicht, beim SFB ein neues Tätigkeitsfeld zu suchen, sondern werde weiterhin der Fraktion zur Verfügung stehen".[71] Mit Haus sah Schütz einen seiner profiliertesten Kritiker ausscheiden. Franz Ehrke wurde von seiner neuen Position so überrascht, daß er sich selbst als Übergangslösung bezeichnete, von Schütz aber umgehend korrigiert wurde: Für den Rest der Wahlperiode sollte Ruhe um die Führung einkehren.[72] Zunächst hatte es geheißen, Innensenator Neubauer solle nach kurzer Frist die Führung der Fraktion übernehmen, doch hätte sich Schütz dann im Abgeordnetenhaus bei der Wahl eines Nachfolgers als Senator einer geheimen Abstimmung stellen müssen. Er selbst schloß noch immer den Rücktritt aus: „Wenn die Berliner Sozialdemokraten es für richtig und notwendig halten, werde ich mich auch 1979 darum bewerben, Regierender Bürgermeister von Berlin zu bleiben." Auf die Kritik des CDU-Bundesvorsitzenden Helmut Kohl, Schütz sei „rundherum abbruchreif", erwiderte dieser: „Solange Hel-

[68] Von 63 Stimmberechtigten votierten 40 für, 13 gegen Haus, 10 enthielten sich, Protokoll der Sitzung am 19. 4. 1977 in Akte 555, S. 3, Bestand SPD-Fraktion.

[69] Protokoll in Akte 556, S. 4, Bestand SPD-Fraktion.

[70] Bei 3 Enthaltungen, *ebda.* Anschließend wurden drei der vier Kandidaten bestellt.

[71] Protokoll der Sitzung vom 7. 12. 1976 in Akte 555, S. 3, Bestand SPD-Fraktion.

[72] Protokoll der Fraktionssitzung vom 26. 4. 1977, S. 1 f., Bestand SPD-Fraktion.

mut Kohl der Spitzenmann der CDU/CSU ist, solange werde ich allemal noch Regierender Bürgermeister von Berlin sein."[73]

Daß die FDP am 24. April 1977 den Rücktritt von Arbeitssenator Korber forderte, weil dieser sich zum Präsidenten des Landessportbundes wählen ließ, blieb eine Episode im Koalitionsgeplänkel, denn am 27. April erschütterte ein weiterer Vorfall das politische Gemeinwesen. Es wurde bekannt, daß Innensenator Neubauer Bezüge von 53 500 DM, die er kraft seines Staatsamtes als Senatsvertreter im Aufsichtsrat der Berliner Bank bezogen hatte, gesetzwidrig erst mit jahrelanger Verspätung zu Beginn des Jahres 1977 an die Landeskasse abgeführt hatte. Die FDP forderte umgehend auch Neubauers Rücktritt.[74] Dieser selbst sprach von einem Mißverständnis und verwies auf seine Gattin, die die Gelder in seinem Haushalt verwalte: „Ich habe kein persönliches Schuldbewußtsein."[75] Auch der Senatschef sprach ihm das Vertrauen aus, nicht ehrenrührig gehandelt zu haben. Doch schon der Verdacht finanzieller Unregelmäßigkeiten reichte aus, um Neubauer den Rücktritt nahezulegen. Der Skandal bestand eben darin – wie es der *Tagesspiegel* treffend ausdrückte –, „daß es offenbar in dieser Stadt möglich ist, daß ein Senator vier Jahre lang die ihm gesetzlich aufgetragenen Vorschriften mißachtet, ohne daß dies irgend jemandem in der Verwaltung, also auch nicht den dafür zuständigen Beamten, auffällt". Der Regierende Bürgermeister selbst zeigte sich auch angesichts der neuerlichen Krise äußerlich unbeeindruckt: „Ich trete nicht zurück. Ich sehe keinen Grund zurückzutreten, solange ich das Vertrauen des Abgeordnetenhauses habe. In diesem Sinne muß man mich schon aus dem Amt tragen."[76]

Nach Striek, Liehr und Oxfort war der vierte Senator zwei Jahre nach den Wahlen nicht länger im Amt zu halten. Doch Schütz konnte Neubauer aufgrund der Verfassung nicht aus dem Senat „hinauswerfen". Am 28. April 1977 erklärte Kurt Neubauer selbst seinen Rücktritt vom Amt des Innensenators, nach vierzehnjähriger Senatorentätigkeit in verschiedenen Ressorts, mit der Erklärung, „daß ich nicht

[73] Abdruck seiner Ausführungen auf einer SPD-Konferenz am 20. April in: *Berliner Stimme* vom 23. 4. 1977 und der *FAZ* vom 22. 4. 1977. Die *Berliner Morgenpost* vom 22. 4. 1977 kommentierte, daß nach diesem „Kraftakt" mit Schütz „an der Spitze der Stadt noch lange zu rechnen sein dürfte".

[74] Lüder nannte den Rücktritt eine „Selbstverständlichkeit", im *Morgenmagazin* des *WDR* am 28. 4. 1977 (zit. nach der Kommentarübersicht des Bundespresseamtes).

[75] *Berliner Morgenpost* vom 28. 4. 1977.

[76] Zit. nach *Der Tagesspiegel* vom 28. 4. 1977.

mit gesenktem Haupt durch die Stadt zu gehen gedenke".[77] Der Fraktionsvorstand nahm das Rücktrittsangebot an und sprach sich für eine weitergehende „Gesamtlösung" aus.[78] Dazu boten die Senatoren Löffler, Pätzold, Reichel, Stobbe und Ristock ihre Senatorenämter an – die beiden letztgenannten mit dem Ziel, selbst die Senatsführung von Schütz zu übernehmen. Klaus Schütz konnte sich dem Wunsch nach einer „großen Lösung" der Krise nicht mehr widersetzen. Er hätte für die Wahl lediglich eines neuen Innensenators die Stimmen eben jener Genossen aus der Fraktion gebraucht, die eine „kleine Lösung" nicht mittragen wollten. Bundesgeschäftsführer Bahr flog nach Berlin, um als Krisenmanager die Entscheidungen abzustimmen, die Schütz nicht mehr allein treffen konnte. Einen formellen Antrag der CDU, das Parlament möge in einer Sondersitzung am 30. April Neuwahlen beschließen, wurde bei den Sozialdemokraten intern zwar verworfen, doch ein Neuanfang aus den eigenen Reihen war damit noch nicht gefunden.

„Das Abgeordnetenhaus möge beschließen: Das Abgeordnetenhaus ist aufgelöst", so hatte der Antrag der Opposition gelautet. Erstmals in der Berliner Nachkriegsgeschichte versuchte eine Partei mit der Inanspruchnahme des Selbstauflösungsrechtes des Landesparlaments neue politische Kräfteverhältnisse vom Wähler bestimmen zu lassen. Doch am Tag vor der Abstimmung über diesen Antrag, am 29. April 1977, hatte Klaus Schütz sein Amt freigegeben, geknüpft an Bedingungen: Die SPD dürfe nicht in die Opposition gehen und keine Große Koalition bilden, sondern müsse die sozialliberale Zusammenarbeit fortsetzen.[79] Schütz gab zu Protokoll, wenn es um seine privaten Neigungen gegangen wäre, hätte er das schwierige Amt längst zur Verfügung gestellt. Er habe die Pflicht gehabt, nicht ohne verläßliche Vorsorge zu handeln, damit kein Machtvakuum eintrete. „Wer, welches Programm, welche Mannschaft" ihn abzulösen trachte, wollte Schütz nun erfahren. Damit zeigte er, daß er die rechtzeitige Bestellung eines Nachfolgers versäumt hatte.

[77] Neubauer in *Heute, ZDF* am 28. 4. 1977 (zit. nach der Kommentarübersicht des Bundespresseamtes).

[78] Protokoll der 44. Fraktionsvorstandssitzung vom 28. 4. 1977, in Akte 556, Bestand SPD-Fraktion. Protokoll der Fraktionssitzung vom gleichen Tag in Akte 555.

[79] Protokoll der 45. Fraktionsvostandssitzung vom 29. 4. 1977, Akte 556, Bestand SPD-Fraktion.

Die Sondersitzung am 30. April erbrachte daher nur noch einen Schlagabtausch. Peter Lorenz ritt die Attacke gegen die Auswechslung allein des Spitzenmannes: Der Niedergang dieses Senates „wurde nicht nur – und vielleicht nicht einmal in erster Linie – verursacht durch Handlungen oder Unterlassungen des Regierenden Bürgermeisters Klaus Schütz, sondern durch den inneren Zustand der sozialdemokratischen Partei in dieser Stadt!“[80] Franz Ehrke für die SPD und Horst Vetter für die FDP erklärten die Bereitschaft ihrer Fraktionen zur Fortsetzung der sozialliberalen Koalition, so daß der Antrag auf Neuwahlen ohne Mehrheit blieb. Am 2. Mai 1977 wurde das Rücktrittsgesuch des Regierenden Bürgermeisters Klaus Schütz offiziell auf einer Sondersitzung des Abgeordnetenhauses verlesen. Damit endete die längste Amtszeit eines Regierenden Bürgermeisters im Berlin der Nachkriegszeit. Klaus Schütz gab nach fast zehn Jahren sein Amt auf. Die letzte Krise um Neubauers Finanzgebaren war nur noch der Auslöser gewesen, ursächlich war der Rücktritt aus drei Gründen nicht länger vermeidbar.

Schütz' Argumentation, keine Ahnung von den Vorgängen bei der KPM gehabt zu haben, markiert genau sein Scheitern: Die Rolle des obersten Verwaltungschefs der Behörden der Zweimillionenstadt mochte er nicht ausfüllen. Überregional hatte er sich im Februar 1977 vernehmen lassen: „Das Kommunale liegt mir nun mal nicht so sehr. Ich sehe mehr die großen Probleme dieser Stadt, die weiten Zusammenhänge. Manchmal stelle ich mir tatsächlich die Frage, ob ich der richtige Mann für die Probleme der Berliner Stadtreinigung bin. Obwohl – das weiß ich ja – das hier alles eng zusammenhängt.“[81] Eine gewisse intellektuelle Hybris ließ Schütz hier erkennen, die Probleme seien eher eine Nummer zu klein als zu groß für Klaus Schütz. Und in den „weiten Zusammenhängen“ hatte Schütz nach dem großen Wurf des Abkommens ebenfalls nicht mehr überzeugt.

Die Amtsmüdigkeit, die persönliche Resignation von Schütz war eine Folge dieses qualitativen Wandels der Aufgaben des Stadtoberhauptes durch das Vier-Mächte-Abkommen. Schütz war den geänderten Aufgaben nicht völlig gewachsen, was auch daraus resultierte, daß er sie als neue Herausforderung nicht völlig akzeptiert hatte. Der

[80] *Plenarprotokoll*, 7. W.P., Sitzung vom 30. 4. 1977, S. 2374.

[81] Im Interview mit *Bild am Sonntag* vom 27. 2. 1977. Gleichzeitig war er von sich überzeugt: „Ich sehe gar keine andere Möglichkeit, als dieses Amt weiterzuführen. Man muß doch verhindern, daß es in der politischen Führung Berlins zu einem zeitweiligen Chaos kommt.“

Außenpolitiker Schütz war mehr Diplomat als Technokrat. Sein Scheitern an der Verwaltung des Molochs Berlin stellt einen weiteren Beleg für den Wandel der Berliner Demokratie durch das Vier-Mächte-Abkommen dar. Und auch wenn Schütz gleichwohl noch länger hätte „die Zähne zusammenbeißen" wollen – die Partei hätte es nicht mehr geduldet. Zwei Jahre vor dem nächsten Wahlgang, für den die Umfragen einen Machtverlust der SPD signalisierten, entschlossen sich die Genossen in Senat und Fraktionsführung, auch ihr vormaliges „Zugpferd" auszutauschen, um einen Neuanfang nach außen deutlich zu machen. Schütz hatte lange genug seinen Posten behauptet, weil er als unersetzlich galt, und zwar weniger als Person als vielmehr wegen der Unfähigkeit der Partei, einen Nachfolger zu finden. Er hatte nach seinem ersten Wahlsieg 1971 seine Genossen mit der Alleinregierung verwöhnt und mußte deshalb auch den Unmut über die Reduzierung politischer Macht nach der Wahlniederlage von 1975 vertreten. Im Frühjahr 1977 fanden sich nun die beiden Senatoren Stobbe und Ristock bereit, selbst den Senat zu führen – die Solidarität mit Schütz, der beide ministrabel gemacht hatte, wurde aufgekündigt. Und auch die öffentliche Bereitschaft der Bundesparteiführung, zu einer Neubesetzung beizutragen, mußte Schütz klarmachen, daß seine Zeit abgelaufen war.

Der neue Regierende Bürgermeister: Ein „Neuanfang aus eigener Kraft"?

Nachdem Klaus Schütz sich dem Wunsch nach einer „Großen Lösung" am Vormittag des 29. April 1977 gebeugt hatte, bewarben sich drei Kandidaten um seine Nachfolge. Nur zwei kamen aus den Berliner Reihen: Bundessenator Dietrich Stobbe und Bausenator Harry Ristock. Der dritte Berliner Kandidat Klaus Riebschläger galt als „aus dem Rennen", weil ihm fraktionsintern die Publizität der Vorgänge um Neubauer angelastet wurde. Egon Bahr meldete aus Bonn kommend die Kandidatur Staatsminister Wischnewskis an. Als Krisenmanager warb Bahr für den von den Berliner Kabalen unbelasteten Wischnewski, doch ließ sich dieser persönlich nicht blicken. Vielleicht hätte ein beherztes Auftreten vor den zerstrittenen Abgeordneten der SPD-Fraktion zu seiner Nominierung geführt; Bahr jedenfalls fand für den auswärtigen Kandidaten keine Mehrheit. Allerdings war die Übernahme des Berliner Amtes zu diesem Zeitpunkt nicht mehr sonderlich attraktiv für einen erfolgreichen Bundespolitiker. Die knapp zwei Jahre bis zu den nächsten Wahlen erschienen recht kurz, um das SPD-Schiff wieder auf Erfolgskurs zu bringen.

Dietrich Stobbe als Kompromißkandidat

In der gemeinsamen Sitzung von Fraktion und Landesvorstand am 29. April einigten sich die Versammelten auf ein Verfahren. Zunächst sollten alle drei Bewerber sich zur Wahl stellen. Wenn dabei keiner der Kandidaten die absolute Mehrheit erreichte, sollten im zweiten Wahlgang nur noch die beiden Bewerber mit den meisten Stimmen antreten. Abstimmungsberechtigt war nur der Geschäftsführende Landesvorstand. Zwei Wahlgänge wurden tatsächlich nötig: Bei der ersten Abstimmung erreichte Wischnewski das beste Ergebnis mit 13 Stimmen. Er lag damit vor Stobbe mit elf und Ristock mit acht Stimmen. Einer der 33 Stimmberechtigten enthielt sich.[82] Nun bedurfte es einer Stichwahl zwischen den beiden Bestplazierten. Während Ristock seine Linke hinter sich wußte, war die Gruppe der übrigen Stimmbewerber gespalten. Jetzt kam es zu einem Schulterschluß der beiden Berliner Bewerber, einer „verschleierten Koalition".[83] Harry Ristock forderte seine Anhänger auf, im zweiten Wahlgang für Stobbe zu stimmen. Nun zahlte sich aus, daß Stobbe zugunsten des linken Flügels seine Nominierung zum Jugendsenator 1971 zurückgezogen hatte. Er erreichte nunmehr 17 Stimmen und damit die Mehrheit. Auf Wischnewski entfielen 15 Voten, wieder bei einer Enthaltung. Mit diesem Ergebnis stand Stobbe noch vor seiner offiziellen Wahl im Abgeordnetenhaus in der Schuld von Harry Ristock und dessen linkem Flügel: Ristock stellte sich als „Königsmacher" dar.[84] Wie 1967, als mit Klaus Schütz ein Berliner Politiker mit der Führungsaufgabe betraut wurde,[85] setzte die in Bedrängnis geratene SPD

[82] Protokoll der Sitzung in Akte 555, Bestand SPD-Fraktion.

[83] H.-J. Heß, *Innerparteiliche Gruppenbildung*... (s.o. Anm. 11), S. 288 f., berichtet, daß sich die beiden Berliner Bewerber vorab intern geeinigt hatten, einander zu unterstützen, Stobbe also auch seinen Anhängern die Wahl Ristocks empfohlen hätte, wenn dieser auf Rang zwei hinter Wischnewski gelegen hätte.

[84] *A.a.O.*, S. 291. Stobbe nannte Ristocks Verhalten unmittelbar nach seiner Nominierung am 29. 4. 1977 im *SFB* den Beweis von „Solidarität" (zitiert nach der Kommentarübersicht des Deutschen Bundestages).

[85] Schütz hatte nur knapp ein Jahr im Auswärtigen Amt als Staatssekretär gewirkt und auch in dieser Zeit sein Berliner Abgeordnetenhausmandat beibehalten.

erneut auf einen Mann aus den eigenen Reihen. Diese Wagenburgmentalität war stärker ausgeprägt als politische Differenzen auf den Flügeln. Eine solche Haltung muß nicht zwangsläufig als „provinziell" gegeißelt werden, schließlich sprach intime Kenntnis der Lebensbedingungen der Stadt nicht gegen Stobbe. Doch zum einen war der Bundessenator noch sehr jung, keine vierzig Jahre alt, als er seine Chance ergriff. Gelobt als moderater Mann der Mitte gab Stobbe jetzt seine Zurückhaltung auf und bewies Machtinstinkt. Und zum anderen vergab die Partei die Gelegenheit, einmal mit der Berufung eines hochkarätigen westdeutschen Politikers zum Ausdruck zu bringen, daß die Sozialdemokraten Berlin als Aufgabe von Rang ansahen. Es charakterisierte die Berliner politische Klasse, nicht nur die SPD, daß man einerseits beleidigt war, wenn sich Bundespolitiker nicht in Berlin engagieren mochten, andererseits aber doch lieber die Posten selbst besetzte, weil man sich für qualifizierter hielt. Dietrich Stobbe war ein Mann des Apparates und hatte doch mit seiner letzten Funktion in Bonn auch Abstand zu diesem gewonnen.[86] Noch keine 30 Jahre alt, hatte der Diplom-Politologe die Geschäftsführung des Abgeordnetenhauses übernommen und sich in dieser Funktion Detailkenntnis und Respekt erworben. Und es erwies sich als glückliche Fügung, daß er sich mit dem Posten des Bundessenators seit 1973 ein zweites Standbein in der Bundeshauptstadt schaffen konnte.

In der Analyse der Regierungsbildung von 1971 ist dargelegt worden, daß Stobbe eigentlich Senator für Jugend und Familie hätte werden sollen. Ob ihm von dieser Position aus schon 1977 der Zugriff auf den Regierungsposten gelungen wäre, darf bezweifelt werden. Sein Verzicht zugunsten des linken Flügels 1971 zahlte sich für ihn also doppelt aus: Zum einen war ihm die Linke seither mehr gewogen als seinem Konkurrenten Riebschläger, zum andern fiel ihm 1973 das wichtigere Ressort Bundesangelegenheiten zu, das ihm wertvolle Erfahrungen und Kontakte einbrachte.

Die Berliner SPD personalisierte ihre Regierungspolitik nun derart, daß sie den Wechsel an der Spitze als einen „Neubeginn aus eigener Kraft" feierte. Bemerkenswert ist dabei, daß der Widerspruch verschwiegen wurde, einerseits sich der jahrzehntelangen Tradition, Kontinuität und Erfahrung sozialdemokratischer Führungsverantwortung in Berlin zu rühmen und andererseits die Amtsantritte von

[86] Siehe zu Stobbes Biographie den einfühlsamen Essay von Peter Jochen Winters, *Optimismus steckt an*, in: *FAZ* vom 2. 9. 1978.

Schütz, Stobbe (und nach ihm Vogel) als Neuanfang, Einschnitt, Zäsur auszugeben, um sich von eben jener Tradition zu distanzieren. Die Kritik am bisher Geleisteten, der Impuls des „Es-Muß-alles-anders-Werden" stießen zwar im Amt bleibende Senatoren und die Parteiführung vor den Kopf, doch die Einsicht in die Notwendigkeit einer Kursänderung, eines Austauschs des Spitzenpersonals verband sich hier mit dem Wunsch nach Erhaltung der Macht. Denn welche Alternative hätte die Berliner SPD im Frühjahr 1977 gehabt? Um sich in der Opposition regenerieren zu können, hätten CDU und FDP zu einem Koalitionsbündnis zusammenfinden müssen. Neben den politischen, geradezu ideologischen Differenzen zwischen diesen beiden sprach auch die Bonner Konstellation gegen ein solche Lösung. Und die FDP mußte zudem fürchten, bei einem fliegenden Wechsel an die Seite der CDU des „Verrats" bezichtigt zu werden und bei den Wahlen keine zwei Jahre später dafür gestraft zu werden. Parteichef Lüder gab zu Protokoll, er habe keine Stimme aus seiner Partei vernommen, die sich für einen Wechsel zur Union ausgesprochen hätte.[87] Die Berliner CDU hatte es aber ohnehin versäumt, rechtzeitig eine politische Annäherung an einen der Regierungspartner zu betreiben (siehe dazu unten die Ausführungen über die Berliner CDU). Auch ihr Antrag, Neuwahlen abzuhalten, hatte keinen Erfolg – SPD und FDP mochten nicht eine Zweidrittelmehrheit für einen Wahlgang gewährleisten, dessen Ausgang für beide angesichts der Krise nicht gerade vielversprechend war.

„Ich habe eine Chance, die ich nutzen werde, um für meine Partei, für die Koalition und auch für die Stadt einen neuen Anfang zu machen",[88] so sprach Stobbe sich und anderen Mut zu und verkündete mit Blick auf die kommenden Wahlen: „Es ist schon so manches Spiel in der zweiten Halbzeit gewonnen worden."[89] Stobbe gelang es, die in die Kritik geratene Partei hinter sich zu scharen. Er betonte, der Unterstützung durch Ristock gegen Wischnewski habe kein „politisches Geschäft" zugrunde gelegen. Wer Stobbe dies glaubte, brauchte nun nicht an eine Abmachung auf Gegenseitigkeit zu denken. In der Schuld des linken Flügels befand er sich aber allemal. Die 235 Dele-

[87] Im Interview mit dem *Deutschlandfunk* am 2. 5. 1977.

[88] Stobbe im *ZDF-Länderspiegel*, 30. 4. 1977 (zitiert nach der Kommentarübersicht des Deutschen Bundestages).

[89] Protokoll des Außerordentlichen Landesparteitags am 1. Mai 1977, beim Landesverband.

gierten des Landesparteitags nominierten ihn mit nur 13 Gegenstimmen bei fünf Enthaltungen. In der Fraktion erhielt er 46 Ja- gegen 14 Nein-Stimmen bei drei Enthaltungen. Doch erklärten sich alle SPD-Abgeordneten bereit, ihren Genossen im Parlament zum Regierenden Bürgermeister zu wählen.[90] Unter dem Schutz der geheimen Wahl allerdings votierten zwei der Koalitionsabgeordneten von SPD und/oder FDP dann doch nicht für ihren neuen Senatschef.[91] Stobbe konnte also nicht wie Schütz noch 1975 alle Stimmen aus den eigenen Reihen auf sich vereinen. Doch auch der von der CDU aufgebotene Gegenkandidat Peter Lorenz erhielt nicht die Stimmen aller CDU-Parlamentarier. Die Opposition hielt sich daher mit Sticheleien hinsichtlich des Ergebnisses von Stobbe zurück – und auch in der Koalition mochten sich die beiden Fraktionen nicht gegenseitig geißeln. Das Mißtrauen allerdings war gesät.

Noch vor der Wahl seines Kabinetts und vor seiner ersten Regierungserklärung setzte Stobbe sodann Akzente, die seine Politik der Hinwendung zur kommunalen Politik unterstrichen: Er traf nicht nur mit den Kommandanten der Schutzmächte und mit Vertretern der Gewerkschaften und der Industrie- und Handelskammer zusammen, sondern suchte auch den Meinungsaustausch mit dem Rat der zwölf Bezirksbürgermeister. Und mit der Teilung des Ressorts „Wissenschaft und Kunst“ in zwei separate Verwaltungen „Wissenschaft und Forschung“ und „Kulturelle Angelegenheiten“ machte er deutlich, auf welchen Gebieten er neue Akzente zur Zukunftssicherung der Stadt zu setzen beabsichtigte. Die Universitäten in den Griff zu bekommen, den Forschungsstandort Berlin auszubauen und auf dem kulturellen Sektor den drohenden Provinzialismus zu bekämpfen, traute der Regierende am ehesten Leuten von außerhalb zu.

Drei Wochen Zeit wurden dem Regierenden Bürgermeister von der Berliner Verfassung zur Bildung eines Senats eingeräumt, doch bereits zehn Tage nach der eigenen Vereidigung schlug Stobbe dem Abgeordnetenhaus seine Kabinettsmitglieder vor. Bei der Auswahl stand er vor politischen Entscheidungen von Gewicht. So wollte er mit Berufungen von außen den Neuanfang glaubhaft machen und durfte doch die

[90] Protokoll der Fraktionssitzung am 2. 5. 1977, Akte 555, Bestand SPD-Fraktion, Achiv der sozialen Demokratie.

[91] Von den 67 Abgeordneten der SPD und den 11 Mandatsträgern der FDP erhielt Stobbe 76 Stimmen, Peter Lorenz von den 69 CDU-Parlamentariern 68 Stimmen, drei Abgeordnete enthielten sich der Stimme, *Plenarprotokoll*, 7. W.P., 2. 5. 1977, S. 2386.

Berliner Matadoren nicht durch den Entzug zu vieler Posten verärgern. Noch konnte er sich nicht auf die Berliner Wähler und ihr Votum berufen, in seine Position war er durch die SPD gelangt, die er nun nicht überfordern durfte. Schließlich hatten erst zwei Jahre zuvor anläßlich der Bildung der Koalition drei Senatorensessel von Sozialdemokraten geräumt werden müssen. Zudem hatte Stobbe mit seinem Zugriff auf das Amt die Parteispitze in Bonn nicht gerade erfreut. Denn noch hatte der Mann, der den profilierten Wischnewski übertrumpft hatte, keine Garantie dafür zu bieten, daß die Senatorenposten länger als bis zu den Wahlen im Frühjahr 1979 gehalten werden konnten. Manchem potentiellen Kandidaten erschien ein Amt daher nicht attraktiv genug, um die bisherige Position aufzugeben. Die Führung des Koalitionspartners FDP weigerte sich, auch die von ihr besetzten Ressorts Wirtschaft, Schule und Justiz für einen Neuanfang zur Disposition zu stellen. Als Grund gab sie an, dem Negativ-Image der SPD entgehen zu wollen, schließlich sei man sich keiner ähnlichen Verfehlungen bewußt. Daneben aber wollte auch Lüder seiner Partei und den in dieser Angelegenheit privilegierten Abgeordneten – sie wählten schließlich die Senatoren – keine neue Gelegenheit zur Kraftprobe innerhalb des Landesverbandes geben. „Wir sind ja mitten in einer Koalition und nicht vor einer neuen", verteidigte Lüder das Beharren.[92]

Eine politische Hinterlassenschaft von Klaus Schütz muß hier genannt werden, da sie die Koalitionsarbeit stark beeinflußte: das Ausscheiden von Hermann Oxfort aus dem Senat im Juli 1976 aufgrund von Vorwürfen gegen seine Amtsführung als Justizsenator, nachdem es zu einem Ausbruch von Terroristen aus der Haftanstalt gekommen war. In der Tat war der Rücktritt des Justizsenators eine angemessene Reaktion auf die Vorkommnisse. Gleichwohl versuchte die Opposition, diesen Vorfall unter die übrigen politischen und administrativen Versäumnisse und Fehlleistungen einzureihen. Doch der Anlaß hatte nicht ausgereicht, um den Regierenden Bürgermeister Schütz zu stürzen. Im Ernst konnte die CDU keine Wiederholung des „Wunders von Hannover" – FDP-Abgeordnete hatten dort nicht den Koalitionskandidaten, sondern den Oppositionsbewerber Albrecht zum Ministerpräsidenten gewählt – erwarten, war mit Oxfort doch genau der Mann aus der ersten Reihe der Ber-

[92] Im Interview mit dem *Deutschlandfunk* am 2. 5. 1977 (zitiert nach der Kommentarübersicht des Deutschen Bundestages).

liner Liberalen abgetreten, der als einziger öffentlich davon gesprochen hatte, daß auch die sozialliberale Koalition nur ein „Zweckbündnis“ sei. Der SPD-Führung kam daher der Rücktritt Oxforts gelegen. Klaus Schütz hatte den 1971 Verschmähten nach den Wahlen 1975 *nolens volens* als Partner akzeptieren müssen, ohne sich gut mit ihm zu verstehen. Da lag den Sozialdemokraten der jüngere Lüder schon besser. Von ihm war keine Erörterung einer möglichen Äquidistanz der FDP zu den beiden großen Parteien zu befürchten. Mit dem Rücktritt Oxforts konnten also die Reihen geschlossen und dem Mißtrauensvotum mit berechtigter Zuversicht entgegengesehen werden, was bei einem Verbleiben Oxforts im Senat und damit einer Abstimmung auch über seine Person durchaus nicht selbstverständlich gewesen wäre. Allerdings gehörten alle drei Senatoren der FDP jetzt deren linkem Flügel an, ein Zustand, der in dieser Partei auch für Unruhe sorgte. Nach der FDP hatte nun auch die SPD ihre politische Führungspersönlichkeit ausgewechselt. Das Gespann Schütz/Oxfort schien der Vergangenheit anzugehören, doch Oxfort spann auch ohne Staatsamt seine Fäden, ihm gelang 1983 gar ein Comeback als Justizsenator.

Inhaltlich stellten die Liberalen Dietrich Stobbe keine überzogenen Forderungen: „Der Landesausschuß stellt fest, daß Schwerpunkte der weiteren Regierungsarbeit in dieser Legislaturperiode Wirtschafts-, Bildungs- und Kulturarbeit sein müssen.“[93] Lüder hatte seine Parteifreunde insbesondere gemahnt, nicht die Frage nach einer politischen Besetzung der Bezirksämter zur Koalitionsfrage aufzuwerten. Stobbe gelang es innerhalb von zehn Tagen, ein Aufgebot zu präsentieren, das vor diesem Hintergrund beeindruckte und die Zustimmung vieler Beobachter fand. Als Importe aus Westdeutschland bot er den Bundestagsabgeordneten Olaf Sund für das Ressort Arbeit und Soziales auf; dazu den Staatssekretär im Bundesforschungsministerium Peter Glotz für die Wissenschaftsverwaltung und den Kulturreferenten des Städtetages Dieter Sauberzweig für das neu geschaffene Ressort „Kulturelle Angelegenheiten“. Lediglich Gerd Löffler schied aus dem Senat aus, er wurde anschließend mit dem Posten des SPD-Landesvorsitzenden versorgt. Für sein eigenes Ressort „Bundesangelegenheiten“ schlug Stobbe Horst Korber vor, dem zurückgetretenen Neubauer sollte dessen Senatsdirektor Peter Ulrich folgen. Drei Genossen

[93] Beschluß des Landesauschusses vom 3. 5. 1977, zitiert nach dem Geschäftsbericht für den 33. Landesparteitag der FDP.

und eine Genossin sollten auf ihren Posten bleiben. Ristock und Reichel, Riebschläger und Pätzold – der Flügelproporz blieb gewahrt. So waren sowohl Neuzugänge als auch Kontinuität und Beförderung verdienter Berliner Genossen gewährleistet. In den Vorabstimmungen in der SPD-Fraktion erhielten die Neulinge die wenigstens Gegenstimmen. Doch auch Flügelexponent Ristock schnitt besser ab als die Kollegin Reichel und die Kollegen Riebschläger und Pätzold,[94] sein Versuch, sich zur Integrationskraft zu wandeln, schien erste Früchte zu tragen. Während Fraktionschef Ehrke die Abweichler in der eigenen Fraktion mit dem Ziel der Geschlossenheit im Parlament bearbeitete, mußte Stobbe mitteilen, daß in der FDP-Fraktion Bedenken bestünden, insbesondere gegen Korber wegen dessen zweitem Amt als Präsident des Landessportbundes. Am Tage der Wahl hatte sich aber nur noch Hermann Oxfort dahingehend erklärt, nicht für Korber stimmen zu wollen.[95] Fraktionschef Ehrke mahnte die eigenen Genossen mit den eindringlichen Worten, an diesem Tag werde die Entscheidung über den Ausgang der Wahl 1979 getroffen. Da Klaus Schütz inzwischen seinen Rücktritt vom Amt des Landesvorsitzenden angekündigt hatte, lag ganz gegen Stobbes Wunsch auch die Entscheidung über einen neuen Parteichef in der Luft. Stobbe mußte nun daran gelegen sein, schnell sein Kabinett wählen zu lassen, bevor Begehrlichkeiten angemeldet wurden und Rivalitäten erneut aufbrachen – schon wurden die Namen Ristock, Riebschläger und Neubauer wieder gehandelt.

Als der Regierende am 12. Mai 1977 dem Präsidenten des Abgeordnetenhauses seine Kabinettsliste mit zwölf Kandidaten vorlegte, sah er sich mit dem Antrag der Opposition auf Einzelabstimmung konfrontiert. So konnten die Abgeordneten ihre persönlichen Vorlieben und Abneigungen öffentlich machen. Und genau dies wollte die CDU mit ihrem Antrag erreichen. Erstmals sollte das Ergebnis eines jeden Bewerbers verkündet werden, bevor über den Nächsten abgestimmt werden sollte. Damit sollten Animositäten zwischen den Fraktionen deutlich werden. Und tatsächlich erhielt kein einziger der zwölf Bewerber alle Stimmen der Abgeordneten der Koalition.[96]

[94] Protokoll der Fraktionssitzung am 19. 5. 1977 in Akte 555, Bestand SPD-Fraktion.

[95] So Stobbe vor der SPD-Fraktion, 12. 5. 1977, Akte 555, Bestand SPD-Fraktion.

[96] Ergebnisse des fünfstündigen Wahlvorgangs im *Plenarprotokoll*, 7. W.P., Sitzung vom 12. 5. 1977, S. 2389–2391.

Die vier neuen Kandidaten, der zuvor umstrittene Korber, auch Lüder und Ristock erhielten nun ein oder zwei Gegenstimmen aus den eigenen Reihen. Ilse Reichel, Erich Pätzold und dem FDP-Mann Rasch mochten drei Mandatsträger der Koalition nicht ihr Votum geben. Und Klaus Riebschläger erhielt sein Finanzressort mit der denkbar knappsten Mehrheit erneut übertragen: Von 147 Parlamentariern stimmte gerade noch 74 für ihn. Das erste Kabinett Stobbe übernahm nun die politische Führung der Stadt, gestützt auf eine sozialliberale Koalition. Welche Aufgaben setzte sich der neue Senat und mit welchen Herausforderungen wurde er konfrontiert ?

Die Hinterlassenschaft des Senats von Klaus Schütz

Wie stand es um Selbstverständnis und Selbstbewußtsein Berlins im Mai 1977? Diese Faktoren waren für das politische Klima der Stadt entscheidend, neben der Solidarität der Schutzmächte und der Bundesregierung, die bereits beschrieben wurde. So wie die Schwierigkeiten mit der DDR und der Sowjetunion aufgrund der unterschiedlichen Auslegungen des Abkommens und der zugehörigen Vereinbarungen nur einen Teil der politischen Debatten prägte, so stellten auch die Skandale um Steglitzer Kreisel und KPM nicht den Mittelpunkt der kommunalen Arbeit dar. Die Stadtentwicklung, die Wohnungsbauplanung, die Entwicklung der Wirtschaft, die Energieversorgung, alle diese Gebiete waren betroffen von der Diskussion über die Bevölkerungsentwicklung. Seit das Deutsche Institut für Wirtschaftsforschung (DIW) 1975 verschiedene Modellprojektionen für die Bevölkerungsentwicklung der Stadt bis zum Jahr 1990 vorgestellt hatte,[97] überlagerte eine Frage nahezu jede kommunalpolitische Entscheidung: War die prognostizierte Abnahme der Bevölkerung von zwei Millionen West-Berlinern auf 1,7 Millionen abzuwenden oder mußte sie akzeptiert werden?

Alle Modellrechnungen führten zu einem deutlichen Rückgang der Bevölkerung. Aufgrund von Kriegseinflüssen waren die nachrückenden Jahrgänge schwächer besetzt als die Zahl der Personen im Alter von über 65 Jahren. Da auch ein Geburtenrückgang zu erwarten war,

[97] Deutsches Institut für Wirtschaftsforschung (Hrsg.), *Modelle der Bevölkerungsentwicklung in Berlin (West) bis zum Jahr 1990*. Von Peter Ring und Ingo Pfeiffer (= DIW-Sonderheft 110), Berlin 1975.

sollte der Sterbeüberschuß noch zunehmen. Bisher waren durch den erheblichen Zuzug von Ausländern nach Berlin noch Wanderungsgewinne erzielt worden, doch damit hatte die Stadt auch neue Probleme bekommen. Das Institut kam daher zu dem Schluß: „Eine Aufrechterhaltung des gegenwärtigen Bevölkerungbestandes wäre nur bei Zuzugsüberschüssen von etwa 15 000 bis 20 000 Personen im Jahr möglich. Bei gleicher Wanderungsstruktur impliziert dies jedoch eine beträchtliche Aufstockung des Arbeitsplatzangebotes und damit eine Umkehr der bisherigen Tendenz. Einer solchen Entwicklung dürfte indes schon die Flächenknappheit in der Stadt enge Grenzen setzen."[98] Weder Gewerbe noch Industrie, weder Freizeit- noch Wohngebiete konnten in das Umland verlagert werden.

Die Herausforderung an die Politik war klar: Sollte die Stadt nach ihrer Sicherung durch das Vier-Mächte-Abkommen nun aus sich heraus an Lebensfähigkeit verlieren, um schließlich doch als „faule Frucht" der DDR in den Schoß fallen? Folgte der Stabilisierung nach außen ein Verfall im Inneren, sollte die Vision von der „sterbenden Stadt" doch noch wahr werden? Eine sinkende Bevölkerungszahl bedeutete weniger Arbeitskräfte und daher weniger Investitionen, aber auch weniger Konsumenten, Wohnungsuchende, Theaterbesucher und Künstler. Oder sollte man den Prozeß als Gelegenheit zum „Gesundschrumpfen" begrüßen? Barg nicht auch die Verkleinerung Chancen und verminderte sie nicht die Lasten auf den vorgenannten Gebieten? Das Gutachten des DIW sorgte für eine „erhebliche Bewußtseinsänderung".[99] Die Prognose traf den Nerv der Stadt zu einem Zeitpunkt, als ohnehin eine eher trostlose, resignative Stimmung herrschte, der „Selbstfindungsprozeß" nach dem Vier-Mächte-Abkommen war noch nicht abgeschlossen.

Sollte beispielsweise der Wohnungsbau im gleichen Umfang wie bisher fortgeführt werden, um das Baugewerbe und die damit verbundenen Arbeitsplätze zu erhalten, auch wenn einer Prognose zufolge dann mit 150 000 leerstehenden Wohnungen im Jahr 1990 gerechnet wurde? Andererseits bot die Einschränkung bei der Errichtung neuer, attraktiver Wohnungen das Risiko, noch weniger Arbeitswillige aus der Bundesrepublik für Berlin werben zu können. Sollte kräftig investiert werden, um den Trend durch das Anwerben neuer Arbeitskräfte

[98] *A.a.O.*, S. 34.

[99] Klaus Riebschläger, *Vor Ort. Einblicke in die Berliner Politik*, Berlin 1983, S. 61.

umzudrehen, oder sollten statt dessen die Arbeitsplätze den verfügbaren Arbeitskräften angepaßt werden?

Die Antwort mußte hier einmal wirklich lauten: sowohl – als auch! „Die in der Vergangenheit immer wieder unter den Teppich gekehrte Frage der 2-Millionen-Einwohner-Grenze muß jetzt endlich diskutiert werden. Schönfärberei und Augenwischerei sind dabei fehl am Platze", mahnte FDP-Fraktionschef Vetter das Parlament anläßlich einer Großen Anfrage zur Bevölkerungsenwicklung im September 1975.[100] Die Opposition hatte es natürlich leichter, den Senat auf eine Untergrenze der Bevölkerungszahl festzulegen. Schließlich hätte die Unterschreitung der Regierung als Versagen angelastet werden können. Angesichts der politischen Unwägbarkeiten – wie lange würde die Entspannungsphase zwischen den Blöcken dauern? – und der damit verbundenen psychologischen Risiken, gerade für Investoren, mochte und konnte sich der Senat nicht auf die Zwei-Millionen-Grenze einschwören lassen, zumal ja nur der Zuwanderungsüberschuß und nicht die Sterbe- und Geburtenrate in die Kompetenz staatlicher Steuerungsmöglichkeiten fielen. Klaus Schütz hatte erneut betont, mit allen Kräften die bekannten Ziele zur Attraktivitätssteigerung Berlins zu verfolgen:

„1. Die Verbesserung der Wohnraumversorgung durch Wohnungsneubau, Sanierung und verstärkte Modernisierung,

2. die Steigerung des Freizeitwertes der Stadt,

3. die Verbesserung der sozialfürsorgerischen und gesundheitlichen Versorgung der Bevölkerung und

4. die gerechteren und verbesserten Bildungsangebote."[101]

Peter Lorenz hatte zusätzlich die Ansiedlung internationaler und überregionaler Einrichtungen in der Stadt und den endgültigen Wegfall von Beeinträchtigungen und Behinderungen der Bindungen durch die Sowjetunion gefordert. Gleichwohl sollte dieses Thema nicht zur parteipolitischen Profilierung genutzt werden. Auf Antrag der CDU-Fraktion war im Abgeordnetenhaus schon im Juni 1975 die Einsetzung einer Enquete-Kommission zu diesem Komplex anberaumt worden, über deren Bericht im Dezember 1976 debattiert wurde.[102] Die Diskussion darüber wurde bundesweit geführt, war sie für das

[100] *Plenarprotokoll*, 7. W.P., 11. 9. 1975, S. 243.

[101] *A.a.O.*, S. 247.

[102] Der Antrag ist als *Drucksache*, 7. W.P., Nr. 94, das Ergebnis auf 44 Seiten mit Tabellen und Grafiken als Drucksache Nr. 682 greifbar.

Schicksal der ehemaligen und zukünftigen Hauptstadt doch elementar. In der überregionalen Presse war nämlich schon vom „Psychogramm einer siechenden Stadt" die Rede.[103] Wichtigster Faktor der Lebensfähigkeit Berlins neben der äußeren Sicherung blieb die Wirtschafts- und Beschäftigungssituation. Wie stand es um die Wirtschaft der Stadt, als Klaus Schütz den Amtssessel im Rathaus Schöneberg seinem jungen Nachfolger überließ?

Nicht eingehalten worden waren die ehrgeizigen „Leitvorstellungen für die Berliner Wirtschaftspolitik", die der Senat im Herbst 1972 beschlossen hatte und die den Gleichschritt des Berliner Wachstums mit dem der Bundesrepublik erreichen wollten. Eine Kombination aus mehreren Ursachen begünstigte das Absinken des Bruttoinlandsproduktes in Berlin. Erstmals seit der Blockade gab es 1974 eine negative Bilanz. Die Ölkrise und die schwerste Rezession in der Bundesrepublik seit deren Bestehen schlugen auch auf die Stadt durch, dazu trat aber das subjektive Moment der Einschätzung der Entwicklungsmöglichkeiten, und da taten die Schwierigkeiten auf den Transitstrecken bei der Diskussion um die Bindungen und die Außenvertretung ihr übriges. Die Unternehmer, die nur noch die Fertigung in der Stadt vornehmen ließen, ihre Führungsetagen und Entwicklungsabteilungen aber in den Jahren des Kalten Krieges in Westdeutschland aufgebaut hatten, sahen sich zur Rückkehr nicht veranlaßt. In vielen Fällen waren die Nachkriegsentscheidungen mit vertretbarem Aufwand auch gar nicht mehr rückgängig zu machen.

Die Zahl der arbeitslosen Berliner war von etwa 5000 im Jahr 1970 auf 35 000 1977 gestiegen. Hauptursache dafür war der Verlust an Arbeitsplätzen im industriellen Sektor. Die Zahl der dort Beschäftigten sank zwischen 1970 und 1977 von 264 000 auf 177 000.[104] In derselben Zeitspanne wurden 20 000 Stellen im öffentlichen Dienst geschaffen, dem weiterhin expandierenden Sektor. (1982 übertraf die Zahl der Stellen im öffentlichen Dienst erstmals die der Beschäftigten in der Industrie.) Mit umsatzsteuerlicher Förderung überregionaler Dienstleistungen durch die Novelle zum Berlinförderungsgesetz und Verbesserungen für Forschungs- und Entwicklungseinrichtungen sollte dem besonders starken Rückgang in der Textil-, Eisen-/Stahl-

[103] Joachim Nawrocki, *Wird West-Berlin zum Hinterhof der Nation?*, in: *Die Zeit* vom 23. Juli 1976.

[104] Zahlen nach Herbert Krafft, *Marktwirtschaft auf dem Prüfstand. 45 Jahre Berliner Wirtschaft,* Berlin 1984, S. 361 f.

und holzverarbeitenden Industrie begegnet werden. Herrschten hier noch gemeinsame Anstrengungen vor, so schieden sich an der Frage der Energieversorgung die Geister. Dieser Bereich war exemplarisch für die besondere Situation der Stadt. Vor dem Hintergrund der Blokkade mußte es ein Interesse an autarker Versorgung geben, denn die Einbindung der Stadt in ein Verbundsystem mit dem Umland barg politische Risiken („Der Osten dreht den Strom ab!") genauso wie Chancen (über Kooperationsverträge von einem Nebeneinander zu einem stabilen Miteinander zu kommen). Das Projekt einer Erdgasleitung aus der Sowjetunion in die Bundesrepublik mit einer Versorgung West-Berlins wurde zu Beginn der achtziger Jahre dann auch noch zu einem internationalen Streitpunkt, als die Amerikaner eine scharfe Embargopolitik gegenüber der UdSSR nach deren Einmarsch in Afghanistan anstrebten. Die Frage der Kapazitätsbereitstellung hing daneben vom Bedarf ab und dieser wieder von der erwarteten Bevölkerungs- und Beschäftigtenzahl. So wurde der Bau eines Spitzenlastkraftwerks, das für Herbst 1977 geplant war, ständig hinausgeschoben. Und um die Schwierigkeit des Problems komplett zu machen, sah sich der Regierende Bürgermeister Stobbe nach dem verwaltungsgerichtlichen Verbot eines Kraftwerkstandorts in Spandau auch am alternativ anvisierten Bauplatz mit den Protesten von Bürgerinitiativen und Umweltschützern konfrontiert.

Der Senat hatte auch auf dem Gebiet der Wirtschaft eine „Politik der kleinen Schritte" einzuschlagen, um der Furcht vor der Abwertung des Industriestandortes zu begegnen.[105] Dazu gehörte das Verbreiten von Optimismus, insbesondere durch die Konferenzen des Bundeskanzlers. „Ich sage es mit Nachdruck", mahnte der Wirtschaftssenator im November 1976, „noch nicht überall in unserer Stadt ist voll begriffen worden, wohin die Reise geht, wenn wir der wirtschaftlichen Entwicklung und ihren infrastrukturellen Voraussetzungen nicht allergrößte Aufmerksamkeit schenken."[106] Hier also hatte Stobbe genügend Argumente für eine Hinwendung zur Stadtpolitik bekommen. Auch die Zustände an den Berliner Universitäten

[105] Siehe dazu im einzelnen die *Berichte zur Lage der Berliner Wirtschaft und ihrer Weiterentwicklung*, *Drucksache*, 7. W.P., Nr. 598 mit der Bilanz 1973 bis 1975 und *Drucksache*, 7. W.P., Nr. 1450 mit Übersichten zu Maßnahmen und Initiativen 1975 bis 1978.

[106] Lüder in der Debatte um den „12. Bericht zur Lage der Berliner Wirtschaft" vor dem Abgeordnetenhaus, *Plenarprotokoll*, 7. W.P., 11. 11. 1976, S. 1660.

und die damit verbundene Praxis des Radikalenerlasses sorgten für Diskussionen in Berlin, und mit dem Verzicht auf eine erneute Nominierung des Wissenschaftssenators Löffler machte Stobbe deutlich, daß er auch hier einen Neuanfang zu machen gedachte.

Der Halbzeitbericht des Regierenden Bürgermeisters Klaus Schütz führte auf 30 Seiten detailliert die Tätigkeiten des Senats auf allen Gebieten bis Ende April 1977 auf.[107] Daraus wurde deutlich, daß die sozialliberale Koalition durchaus um die Verbesserung der Lebensbedingungen in der Stadt bemüht war. So meldete der Bericht auch die „Sonderpflanzaktion" von 10 000 Straßenbäumen in den vernachlässigten Innenstadtbezirken, eine der Maßnahmen mit dem Ziel, gleiche Lebensqualität in allen Bezirken herzustellen. Doch erst Dietrich Stobbe fügte sich nicht nur in die Notwendigkeit einer solchen politischen Zielsetzung, sondern vertrat den Primat der Stadtpolitik offensiv als erstes Ziel seines Senats. Seine bedeutendste politische Entscheidung hinsichtlich der Führung der Stadt war die Annahme der seit dem Vier-Mächte-Abkommen gewandelten Herausforderungen: Ein neuer Regierender Bürgermeister „müsse" (sic!) „ein starkes Gewicht auf Fragen legen, die die Gestaltung der Demokratie und die Gestaltung der gesellschaftlichen Verhältnisse im Inneren Berlins selbst betreffen".[108] Das eigentliche Berlin-Problem sollte nur noch einen Aspekt der Arbeit bilden. Seine Zustimmung zur Entspannungspolitik von Brandt und Scheel, Bahr und Schütz war gleichwohl ungeteilt. Er erkannte die Sicherung durch das Vier-Mächte-Abkommen als „Grundlage dafür, daß sich der Regierende Bürgermeister in die Sachentscheidungen der Berliner Stadtpolitik einschaltet".[109]

Rückblickend urteilte Stobbe über seine Vorstellungen: „Als ich im Mai 1977 zum Regierenden Bürgermeister von Berlin gewählt wurde, hatte ich zwei große Ziele: Erstens wollte ich die Prinzipienreiterei beenden, die sich in der Ost-West-Diskussion hinsichtlich der Anwendung einzelner Teile des Viermächteabkommens ergeben hatte. Zweitens wollte ich eine bewußte Hinwendung zur Stadtpolitik ein-

[107] Bericht über die Ergebnisse der Tätigkeit des Senats in der ersten Hälfte der Wahlperiode 1975 bis 1979 (= *Drucksache*, 7. W.P., Nr. 846) vom 26. 4. 1977 nebst einer Ergänzung vom 3. 6. 1977.

[108] Im *Deutschlandfunk* am 3. 5. 1977 (zitiert nach der Kommentarübersicht des Deutschen Bundestages).

[109] In der *Berliner Stimme* vom 22. 10. 1977.

leiten, um dem großen Nachholbedarf an zeitgerechten Zielvorgaben und Modernisierungsstrategien zu begegnen."[110]

Die erste Regierungserklärung Dietrich Stobbes vom 26. Mai 1977 ist als ein Wendepunkt in der Berliner Demokratie nach dem Vier-Mächte-Abkommen einzustufen. Vor allem, weil Stobbe einen Stimmungswandel herbeiführte: Nicht Lamentieren über unerfüllte Visionen, sondern Zupacken angesichts vor der eigenen Haustür liegender Probleme sollte die Politik des Senates prägen. Stobbe griff dabei in die Kiste der Rhetorik aufmunternder und ans Gemüt gehender Appelle, die, wären sie so von der CDU gekommen, von den Regierungsparteien abgelehnt worden wären. Aber gerade darin bestand die Chance für den Senat und auch die SPD, es war eben ihr eigener Mann, der nun neue Töne anschlug. Kostproben dieser übereinstimmend als mitreißend aufgenommenen Rede:

„Wir dienen unserer Stadt. Nur daran wollen wir uns messen lassen. Mut, Initiative und Selbstvertrauen sind die Leitlinien unserer Politik."

„Der Bürger soll wissen: wir sind fest entschlossen, mehr zu regieren und besser zu verwalten."

„Treue, Pflichterfüllung, Dienst am Bürger und am Staat, Korrektheit und Leistung müssen oberste Richtschnur sein für alle, die in der öffentlichen Verwaltung Berlins ihren Arbeitsplatz haben."

„Es sollte jedem, der in Berlin lebt, wieder bewußt werden: Es hat einen Sinn, es macht Spaß, Berliner zu sein, und es gibt überhaupt keinen Grund, sich in eine Malaisenstimmung zu versetzen."[111]

Bei solchem Labsal für das angeknackste Selbstbewußtsein der Berliner hatte es die Opposition schwer zu widersprechen. Diese Zitate wiederzugeben ist notwendig, um die positive Aufnahme der Rede in der Bevölkerung, der eigenen Partei und der Presse verständlich zu machen. Doch auch inhaltlich schlug Stobbe neue Wege ein. So wurde

[110] Stobbe in seinem Artikel *Die Stadtreparatur stand plötzlich im Vordergrund*, in: *Spandauer Volksblatt* vom 5. 3. 1986. Stobbe weiter: „Konfrontiert waren wir in jenen Jahren mit dem Menetekel von der Unregierbarkeit der Städte und dem unaufhaltsamen Niedergang der großen Metropolen ... Verlust der Führungsfunktion und der Anziehungskraft auf die nationale Elite, steigende Verschuldung und sinkende Steueraufkommen, drastischer Rückgang der industriellen Kapazitäten und industriellen Arbeitsplätze, Verslumung und Verödung der Innenbezirke, institutionelle Sklerose und Verfilzung waren Merkmale dieser Entwicklung. ‚Berlin am Tropf' der Bundesrepublik, ohne wirkliche Funktion, lediglich abgefedert in seinem Erosionsprozeß durch die Subventionen, das war das Image der Stadt geworden."

[111] *Plenarprotokoll*, 7. W.P., 26. 5. 1977, S. 2426–2432.

es Beleg seiner „bewußten Hinwendung zur Stadtpolitik", daß der obligatorische Dank an die Schutzmächte erst ganz zum Schluß erfolgte. „Die Berlin-Politik dieses Senates wird nüchtern sein, sie wird sich an den realen Möglichkeiten orientieren, unter Beachtung der rechtlichen und politischen Grundlagen, auf denen wir stehen." Ausgerechnet diese waren aber zwischen Ost und West weiterhin umstritten, und was die realen Möglichkeiten anging: Auch hier hatte die DDR-Regierung durchaus eigene Definitionen zur Hand. Gleichwohl hatte Stobbe recht festzustellen: „Es versündigt sich an den Berlinern, wer immer wieder die Illusionen weckt, über politische Mittel zu verfügen, diese Lage so einfach zu ändern."

Kommunalpolitisch setzte Stobbe gleichwohl auf Optimismus und konnte dazu einige konkrete Vorgaben verwirklichen: die Wirtschaftsförderungsgesellschaft sollte endlich eingerichtet, eine aktive Strukturpolitik betrieben, verstärkte Investitionen des Bundes getätigt und die Lohnsummensteuer, die lohnintensive kleine Betriebe überproportional belastete, beseitigt werden. Stobbe versicherte: „Am Flächenbedarf wird kein Ansiedlungsfall scheitern", und versprach zudem: „Der Senat wird seine eigene Administration so ordnen, daß Investoren lange Wege vermeiden und schnell zu Entscheidungen kommen können." Dazu traten einige kritische Worte über die eigene Partei und die Verwaltung, deren Bürgernähe wieder hergestellt werden solle, und sogar die Mahnung an die Adresse der Gewerkschaften, die Mitbestimmungsregelungen nicht zu überziehen. Doch auch die Unternehmer wurden aufgerufen, nicht in Wartestellung in bezug auf staatliche Aufträge zu erstarren.

Diese Punkte waren weder alle neu, noch stammten sie alle aus dem Lager der Regierungsparteien. Aber es war Stobbe, der langsam gewonnene Einsichten jetzt offensiv formulierte. („Erhalten und modernisieren wird wichtiger als neu bauen und erweitern.") und somit den Effekt des Neuanfangs, des Ärmel-Hochkrempelns erzeugte. Seine Rechnung, eine Erklärung zu präsentieren, „die weniger politisch-administrative Einzelpunkte enthält und stärker die politische Haltung zum Ausdruck bringt", ging auf.

Die Regierungserklärung Stobbes stellte sein Meisterstück dar. Und dies nach erst drei Wochen im Amte. Mit Aussagen wie: „Ich sehe meine wichtigste Aufgabe darin, den Berlinern das Vertrauen in ihre eigene Leistungsfähigkeit wiederzugeben",[112] legte Stobbe die Meß-

[112] Stobbe im Interview mit dem *Spiegel* vom 30. 5. 1977. Stobbe sparte nicht mit Kritik am Vorgänger, um den Neuanfang zu belegen: „Wir haben eine Phase hinter

latte sehr hoch – keine vier Jahre später sollte er an den geweckten Erwartungen scheitern.

Die Opposition hatte es bei der Debatte über die Richtlinien der Regierungspolitik schwer. Peter Lorenz urteilte über die Erklärung: „Sie ist in vielen Passagen eine Ansammlung von Allgemeinplätzen, eine Wiederholung von altbekannten Formeln und eine Zusammenstellung von unbestrittenen Selbstverständlichkeiten, und sie ist der Versuch, mit großen Worten das Versagen der letzten Jahre zu vertuschen."[113] Damit hatte Lorenz recht. Die Forderung, mehr zu regieren und besser zu verwalten, war ja das Hauptanliegen der Opposition an den Senat Schütz gewesen. Und doch mußte es die Befürchtung der CDU sein, daß der neue Mann der SPD in der Lage war, dies zu verwirklichen. Heinrich Lummer erinnerte daran, daß die Themen Industrieansiedlung und Grundstücksfragen, Provinzialismus und Katastrophenstimmung sowie die Zustände an den Universitäten nicht nur von Schütz, sondern auch schon von dessen Vorgänger Albertz in deren Regierungserklärungen als dringend zu lösende Probleme angesprochen worden waren. Und die Grundsatzfrage, ob man „mit der Mauer leben" solle, ließ wie in den Jahren zuvor keine Einigung erwarten.

Und doch gab es ein Thema in der Debatte, das sich im Rückblick als symptomatisch auch für die Amtszeit Dietrich Stobbes herausstellen sollte: die Bewerbung des wenige Wochen vorher zurückgetretenen Fraktionschefs Wolfgang Haus um das Amt des Intendanten des Senders Freies Berlin. Haus, Historiker und ausgewiesener Kommunalexperte, hatte sich nicht um einen Posten im neuen Senat bemüht, sondern wurde nun als Mann ohne journalistische Erfahrungen gegen einen profilierten Gegenkandidaten ohne SPD-Parteibuch durchgesetzt. Dietrich Stobbe mußte deutlich werden, daß es bei aller Anstrengung im Amte auch Faktoren gab, die seinen Ruf lädieren konnten, ohne daß er selbst Versorgungsdenken und Personalschiebereien veranlaßt hatte. In der SPD lag für den Senatschef eine ständige Quelle der Unruhe und auch der Gefahr für sein eigenes Überleben im Amt. Bis zu den Wahlen im Frühjahr 1979 blieb ihm schließlich nicht mehr viel Zeit, seinen Worten auch Taten folgen zu lassen. Die Abstimmung

uns, in der Kleinmut und auch Verzagtheit in die Stadt eingekehrt war ... Es geht nicht darum, daß der Regierende Bürgermeister sozusagen auf dem Rathausturm unterhalb der Freiheitsglocke herumturnt und nur die großen Dinge der Welt im Auge hat."

[113] *Plenarprotokoll*, 7. W.P., 2. 6. 1977, S. 2460.

über die Richtlinien der Regierungspolitik verlief wie erwartet: Die Fraktionen der SPD und der FDP begrüßten diese und überstimmten damit die oppositionelle CDU, die sie als zu unpräzise und unvollständig ablehnte. Ihr fehlten die besondere Heraushebung der inneren Sicherheit, der Hochschulen und der Bevölkerungsentwicklung.

Doch Stobbe kam bei den Berlinern zunehmend gut an. Auf die Frage, ob sie Stobbe im Amt des Regierenden Bürgermeister für eine gute Entscheidung für Berlin hielten, antworteten vom August 1977 an jeweils mehr als 50% der Befragten mit Ja.[114]

Das Abgeordnetenhaus zwischen Kontrolle und Machtlosigkeit

Die CDU übernimmt das Präsidium

In der ersten Sitzung des zur 7. Wahlperiode zusammengetretenen Abgeordnetenhauses von Berlin am 24. April 1975 beanspruchte die Fraktion der CDU den einzigen echten Zugewinn als stärkste Fraktion im Parlament, den Posten des Präsidenten des Abgeordnetenhauses. Ihr Kandidat für dieses höchste Staatsamt in der Stadt war ihr Spitzenkandidat und Parteivorsitzender Peter Lorenz. Bei nur einer, seiner eigenen, Enthaltung wurde er einstimmig zum Präsidenten gewählt. Gleichwohl mochte sich Lorenz mit der Übernahme dieser Position bei aller gebotenen Unparteilichkeit der Amtsführung nicht aus dem politischen Ring verabschieden. Gleich in der zweiten Sitzung trat er als Gegenkandidat zu Klaus Schütz bei der Wahl zum Regierenden Bürgermeister an. Im Verlauf der Legislaturperiode verließ Lorenz regelmäßig das Präsidentenpult, um sich von seinem Vertreter als „einfacher Abgeordneter" aufrufen zu lassen und in die Debatten einzugreifen. Die Konstruktion, einem als CDU-Parteivorsitzenden besonders exponierten Politiker das Präsidentenamt anzutragen, stieß vereinzelt auf Kritik. Doch zum einen machte sich Lorenz nicht ein einziges Mal einer Verletzung der Unparteilichkeit des Präsidentenamtes auch nur verdächtig, zum anderen hatte die CDU nun endlich einen wichtigen Posten errungen, der ihren Führungsanspruch repräsentieren sollte. Der Posten des Parlamentspräsidenten hatte sich für Otto Suhr und Willy Brandt in den fünfziger Jahren als Sprungbrett für das Amt des

[114] *Infas-Repräsentativerhebungen*, Nr. 0757, Feb. 1978.

Regierenden Bürgermeisters erwiesen, warum sollte sich also Lorenz nicht ähnlich versuchen? Daß das dort bewiesene staatsmännische Format ihm nicht erneut die Kandidatur zum eigentlich angestrebten Amt einbringen sollte, war dann ja eine Entscheidung der Berliner CDU.

Die neue Wahlgesetzgebung

Zur Pflicht des Abgeordnetenhauses gehörte es nach dem oben dargestellten Urteil des Wahlprüfungsgerichts, eine neue Wahlgesetzgebung zu verabschieden. „Einigkeit besteht darüber, daß eine Änderung der Verfassung mit dem Ziel ihrer Anpassung an die vom Wahlprüfungsgericht festgestellte Rechtslage, nämlich die Beseitigung des Nominierungsmonopols durch politische Parteien, aus Gründen der Klarheit und Übersichtlichkeit des Verfassungstextes erforderlich ist", verlautbarte vielversprechend der Berichterstatter des Verfassungsausschusses am 9. Juni 1977, als die zweite Lesung im Abgeordnetenhaus über die Bühne ging. Mit der Einigkeit war es da aber auch schon zu Ende, der rechte Weg zum Ziel war wieder parteipolitisch umstritten. SPD- und FDP-Fraktion plädierten für die Einführung eines Zweistimmen-Wahlrechts bei der Wahl der Abgeordneten des Abgeordnetenhauses, mit je einer Stimme für den Direktbewerber im Wahlkreis und einer Zweitstimme für eine zur Wahl stehende Partei. Zu Recht konnte die FDP anführen, daß sich „das System der Zweitstimme insbesondere auf der Bundesebene durchaus bewährt" habe. Der CDU erschien diese Konstruktion als „Kardinalfehler", sie hielt die „Einführung des Stimmensplittings" nicht für geboten. In der Tat lag in der mit dem Zweistimmen-Wahlrecht möglich werdenden Aufteilung der Stimmen eine besondere Attraktivität für die FDP, die die Fünfprozenthürde im Auge behalten mußte. Da diese Konstruktion juristisch unbedenklich war und das Gegenargument der CDU, der Berliner Bürger werde in der Wahlkabine überfordert, keine Anhänger in den Koalitionsfraktionen fand, wurde die entsprechende Verfassungs- und Landeswahlgesetzgebung entsprechend beschlossen. Die Wahlen im Frühjahr 1979 wurden nunmehr auf der Grundlage des neuen Gesetzes vorbereitet.

Die Arbeit des Abgeordnetenhauses in der 7. Wahlperiode ist in einer Bilanz des Präsidenten dargelegt worden.[115] Aufgrund der hier

[115] *Drucksache*, 7. W.P., Nr. 1641.

verfolgten Fragestellung nach dem Funktionieren des demokratischen Systems im Berlin nach dem Vier-Mächte-Abkommen wird im folgenden auf die besonderen, zum Teil erstmals in Anspruch genommenen Rechte des Berliner Parlaments eingegangen und deren Praktikabilität beurteilt.

Mißtrauensvoten, Untersuchungsausschüsse und die Diskussion über Neuwahlen

Ein besonderes Recht des Parlamentes wurde in dieser Legislaturperiode gleich dreimal in Anspruch genommen: der Antrag, das Haus möge einem Regierungsmitglied das Mißtrauen aussprechen. Diese Anträge wurden natürlich von der Opposition gestellt, und sie korrespondierten mit dem Recht des Abgeordnetenhauses, jedes Kabinettsmitglied einzeln durch Wahl zu bestellen. So stark das Parlament aber durch dieses Wahlrecht war, so beschränkte doch die Geschäftsordnung des Abgeordnetenhauses die politische Durchschlagskraft des Instrumentes „Entzug des Vertrauens gemäß Art. 42 Absatz 2 der Verfassung von Berlin". Während die Wahl der Senatoren nämlich geheim stattfand, verlangte das Mißtrauensvotum die offene, namentliche Abstimmung. Der Ärger über Personalentscheidungen der eigenen Parteiführung ließ sich in der Anonymität natürlich leichter kühlen.

Der Einsatz des Mißtrauensantrags erfolgte in der siebenten Legislaturperiode erstmals im Herbst 1975. „Dem Senat wird das Vertrauen entzogen", lautete der schlichte Antrag, den die CDU-Vertreter mit der Vertragspraxis des Senats beim Bau des Internationalen Kongreßzentrums ICC begründete.[116] Dabei pochten die Abgeordneten der CDU vor allem auf das verbriefte Recht des Parlaments, die Kostenentwicklung zu kontrollieren und über eventuelle Nachfinanzierungen selbst zu entscheiden. Da Bausenator Harry Ristock erst wenige Monate im Amt war, richteten sich die Vorwürfe nicht gegen ihn allein, sondern gegen den gesamten Senat. Einen Sturz der gesamten Landesregierung mit Hilfe der eigenen Abgeordneten so kurz nach deren Zusammentritt – damit rechnete nicht einmal die antragstellen-

[116] *Plenarprotokoll*, 7. W.P., 11. 9. 1975; *Drucksache*, 7. W.P., Nr. 164. Siehe zu diesem Thema auch die Dokumentation der CDU *Das Millionen-Loch am Berliner Funkturm*, in: *Berliner Rundschau* vom 25. 9. 1975.

de CDU. Ihre Führung strebte eine öffentlichkeitswirksame Geißelung der Praktiken beim Bau des ICC an. Doch dafür war ein Mißtrauensantrag das ungeeignete Mittel. Bei der namentlichen Abstimmung am 25. September 1975[117] zeigten sich die Lager im Berliner Parlament geschlossen. Zu diesem Zeitpunkt hatte die CDU kein Kabinett parat, um im Falle des Rücktritts des Senats die politische Führung beanspruchen zu können oder bis zu einer Wahl den Senat auch nur anführen zu können. (Anders als im Bundestag gab es kein konstruktives Mißtrauensvotum mit sofortiger Einsetzung eines neuen Regierungschefs, die Berliner Verfassung erlaubte die Weiterführung der Geschäfte für drei Wochen.) Keinerlei vorbereitende Koalitionsverhandlungen mit dem Ziel der Bildung einer Großen Koalition oder eines Bündnisses mit der FDP waren geführt worden. Die CDU hätte aus einem tatsächlichen Entzug des Vertrauens kein unmittelbares Kapital schlagen können. Solcherart genutzt, mußte das Instrument abstumpfen. Dies lag nicht nur an seinem wenig geschickten Einsatz durch die CDU, sondern auch an der schon angesprochenen Konstruktion der namentlichen Abstimmung. Welcher Abgeordnete würde mit seinem Votum die eigene parteigebundene Existenz aufs Spiel setzen? Fraktions- und Parteidisziplin, dazu die Solidaritätsschwüre aus den Koalitionsvereinbarungen, all dies wog schwerer als die dem einzelnen Abgeordneten zugestandene Unabhängigkeit.

Politisch gravierender war jedoch, daß dieser Umgang mit den Anträgen die politische Auseinandersetzung sogar vereitelte. Der geschlossenen Ablehnung durch das Regierungslager waren natürlich wortreiche Begründungen vorausgegangen, mit dem Ziel, die Zustände rund um das ICC positiv darzustellen. Ein Jahr später jedoch, in einem öffentlich kaum beachteten Ausschuß des Parlamentes, sollte der Opposition wenigstens zu einem Teil inhaltlich Genugtuung widerfahren. Einstimmig (sic!) rügte der Rechnungsprüfungsausschuß, der mit Vertretern aller drei Parteien besetzt war, die Praxis der Auftragsvergabe beim Bau des ICC. Auch die sozialdemokratischen und liberalen Abgeordneten machten sich nun, da nicht das Überleben des gesamten Senats zur Debatte stand, die dezidierte Kritik des Landesrechnungshofs zu eigen.[118] Zu Recht titelte daher das Oppositions-

[117] Siehe die Namenliste als Anlage zum *Plenarprotokoll*, 7. W.P., 25. 9. 1975, S. 335.

[118] Diese Vorwürfe in bezug auf das ICC lauteten: 1. Die Neue Heimat Städtebau war schon vor der Beauftragung an der Senatsplanung beteiligt; 2. der Abschluß eines

blatt: „Kongreßzentrum: Teure Verfilzung zwischen Senat und *Neue Heimat*".[119]

Auch bei einem weiteren Antrag vergaloppierte sich die Opposition. Große Aufregung herrschte in der Stadt nach der Flucht inhaftierter Terroristen. Zu Recht forderte die CDU eine Debatte über die Zustände in der Justizverwaltung und den Kopf des zuständigen Senators dazu. Am 8. Juli 1976 hatte Schütz seinem Senator und Stellvertreter Oxfort noch das persönliche und politische Vertrauen ausgesprochen.[120] Doch im Zuge der öffentlichen Diskussionen über die innere Sicherheit in Berlin kam Oxfort einem Mißtrauensantrag mit unsicherem Ausgang zuvor und erklärte seinen Rücktritt. Dennoch bestand die CDU-Fraktion auf dem Mißtrauensantrag, nun gegen den Regierenden Bürgermeister persönlich gerichtet.

Damit erreichte sie den umgekehrten Effekt dessen, was sie angestrebt hatte. In die Enge getrieben, solidarisierte sich die Koalition. Und dies nicht nur wegen des Unmuts über die Unterbrechung der Sommerpause des Parlaments durch die am 21. Juli 1976 anberaumte Sitzung. Mit dem Rücktritt des Justizsenators war dem Antrag der Wind aus den Segeln genommen.

In der Union zehrte man bundesweit von der Hoffnung eines Wechsels der Liberalen an die Seite der CDU, wenn schon nicht in einer Koalition, so doch vielleich bei einzelnen Abstimmungen von Gewicht. Nachdem der Oppositionsbewerber Ernst Albrecht völlig überraschend im Frühjahr 1976 zum niedersächsischen Ministerpräsidenten gewählt worden war, obwohl der Gegenkandidat sich auf die Mehrheit der Sitze von FDP und SPD glaubte verlassen zu können, hofften auch die Berliner Christdemokraten auf „Heckenschützen" in den Reihen der Koalition. Allerdings war Albrecht in Hannover in geheimer Wahl zum Ministerpräsidenten gewählt worden, während das Berliner Abgeordnetenhaus am 23. Juli 1976 mit namentlichen Stimmzetteln über die Zukunft seines Regierungsbündnisses zu entscheiden hatte. Auch deshalb war ein Erfolg nicht zu erwarten. Schütz

Pauschalvertrages erfolgte am 16. 11. 1972 *vor* der Kostenberechnung, dies stellte einen Verstoß gegen die Landeshaushaltsordnung dar; 3. dem Rechnungshof wurde umfassender Einblick in Unterlagen verweigert; 4. das Abgeordnetenhaus wurde nicht bei jeder Kostensteigerung umfassend informiert und um Einwilligung gebeten; 5. die Vereinbarung einer Pauschalvereinbarung verstieß gegen baurechtliche Vorschriften.

[119] *Berliner Rundschau* vom 13. 1. 1977.

[120] Protokoll der Fraktionsvorstandssitzung, an der Oxfort teilnahm, Akte 556, Bestand SPD-Fraktion.

ging im Parlament so weit, der Opposition nun seinerseits vorzuwerfen, das schärfste Instrument der parlamentarischen Demokratie „ohne viel Sinn und grob fahrlässig" strapaziert zu haben.[121] Dies war sicherlich überzogen. Doch von der Hand zu weisen war der Verdacht nicht, die CDU habe mitten im Bundestagswahlkampf unter dem Motto „Freiheit statt Sozialismus" und im nachrichtenarmen „Sommerloch" nochmals eine Generalabrechnung mit dem Senat inszenieren wollen. Nicht nur der Regierende Bürgermeister erhielt alle Stimmen aus den eigenen Reihen, auch Wolfgang Lüder – ein Jahr zuvor nur knapp zum Wirtschaftssenator gewählt – mußte keine Gegenstimme aus dem eigenen Lager bei seiner Wahl ins Amt des Bürgermeisters verzeichnen.[122] Gegen den Kandidaten für das Amt des Justizsenators, Baumann, hatte auch die SPD-Fraktion keine Einwände erhoben. Die Regierungskoalition ging also aus dem Mißtrauensantrag geschlossener hervor, als sie es ohne diesen erzwungenen Beweis der Solidarität gewesen wäre. Schütz bedankte sich öffentlich für diese Gelegenheit. Einmal mehr wurden die Abgeordneten aller Fraktionen als Erfüllungsgehilfen der Parteiführungen benutzt.

Gegen den Regierenden Bürgermeister Stobbe wurde der erste Mißtrauensantrag ein Jahr nach Amtsantritt gestellt. Auch in diesem Fall bestand Anlaß zur Kritik, und doch war dieses Mittel auch hier nicht erfolgreich. Dabei zeigt dieser Fall, wie sehr das Recht des Abgeordnetenhauses auf die Entziehung des Vertrauens hinter die Fraktionsdisziplin der Koalitionsparteien zurücktrat. Anlaß der von der Opposition am 1. Juni 1978 eingebrachten Anträge auf Entzug des Vertrauens betreffend den Senator für Justiz und den Regierenden Bürgermeister war die Befreiung eines des Terrorimus angeklagten Inhaftierten aus der Untersuchungshaftanstalt Moabit. Zwei Jahre nach Amtsantritt stand erneut der Justizsenator in der Kritik. Senator Baumann wurde zunächst öffentlich und nichtöffentlich von seiner Partei gestützt.[123] Sein persönliches Rücktrittsangebot vom 28. Mai lehnte der Regierende Bürgermeister Stobbe ab. Da die FDP-Führung auch den von der SPD gestellten Innensenator in die Angelegenheit verwickelt sah und dessen Rücktritt für den Fall eines Ausscheidens

[121] *Plenarprotokoll*, 7. W.P., 21. 7. 1976.

[122] Schütz gab anschließend zu, in Sachen Lüder Befürchtungen gehabt zu haben, im *WDR* am 23. 7. 1976.

[123] Protokoll der außerordentlichen Landesvorstandssitzung der FDP am 28. 5. 1978, Akte 10895 beim Archiv des deutschen Liberalismus.

von Baumann forderte, kam es zunächst nicht zu personellen Konsequenzen.[124] Dabei hatten beide Koalitionspartner ebenso wie die CDU auch die Wahlen in Hamburg und Niedersachsen am 4. Juni 1978 im Blick.

1976 war die Auseinandersetzung um Oxfort innerhalb von drei Tagen mit dessen Rücktritt beendet worden, Klaus Schütz hatte schließlich keine Einwände gegen dessen Ausscheiden. Jetzt sollte es fünf Wochen dauern, bis Baumann am 3. Juli 1978 doch noch das Amt zur Verfügung stellte. Der Regierende Bürgermeister zeigte beim Krisenmanagement Schwäche. Baumann hatte ihm erneut die Bereitschaft zum Rücktritt mitgeteilt, die Stobbe wieder ablehnte, da er eine „Stobbe-Diskussion" vermeiden wollte.[125] Er war zum Gefangenen seiner Entscheidung geworden, das Rücktrittsgesuch nicht gleich – vor den Wahlen in Hamburg und Niedersachsen und vor dem Mißtrauensvotum – angenommen zu haben. Über die beiden Anträge gegen Baumann und Stobbe wurde auf einer Sondersitzung am 3. Juni 1978 abgestimmt – ein überraschender Sturz des Senators oder sogar des Regierungschefs hätte der Berliner Koalition genau die schlechten Schlagzeilen gebracht, die die CDU sich vor den Wahlen am nächsten Tag wünschen mochte. Beide Koalitionsfraktionen stimmten bei beiden namentlichen Abstimmungen geschlossen gegen die Anträge. Stobbe und Baumann blieben also im Amt.[126] Doch die Zustände in der Berliner Justiz waren damit keineswegs aufgeklärt. Als Abwehrversuch hatten die beiden Koalitionsfraktionen die Einsetzung eines Untersuchungsausschusses zur Aufklärung der Befreiungsaktion beantragt. Noch bevor dessen Ergebnisse Ende Oktober vorlagen,[127] galt Baumann als nicht länger im Amt zu halten, da die Zeugenvernehmungen des Ausschusses schwerwiegende Unterlassungen und Unkenntnisse bei der Senatsverwaltung offenbarten.

Der Untersuchungsausschuß war es also, der die politische Erörterung so weit trieb, daß der Senator seinen Rücktritt erklären mußte,

[124] Siehe zu dem Vorgang auch *Die Mechanik der Macht im Fall Baumann*, in: Karl Heinz Gehm, *Der Machtzerfall der sozialliberalen Koalition in Berlin. Innenansicht einer Stadtpolitik*, Berlin 1984, S. 64–74.

[125] So Stobbe auf der Sitzung des Fraktionsvorstandes am 4. 7. 1978, Protokoll S. 1, Akte 556, Bestand SPD-Fraktion.

[126] *Plenarprotokoll*, 7. W.P., Sitzung vom 3. 6. 1978, S. 3754–3758; siehe zur Begründung *a.a.O.* Sitzung vom 1. 6. 1978, S. 3722–3752.

[127] *Drucksache*, 7. W.P., Nr. 1470 und Debatte darüber: *Plenarprotokoll*, 7. W.P., Sitzung vom 26. 10. 1978, S. 4171–4193.

nicht das Mißtrauensvotum. Die koalitionsinterne Kraftprobe der FDP mit dem ebenfalls kritisierten Innensenator der SPD und die überregionalen Interessen an den Landtagswahlen im Bundesgebiet hatten das Mißtrauensvotum ins Leere laufen lassen. Immerhin war es ein parlamentarischer Untersuchungsausschuß, der dem Abgeordnetenhaus dann doch das letzte Wort sicherte.

Schon zuvor hatte es einen Untersuchungsausschuß gegeben: Vom 26. März 1976 bis zum 13. Januar 1977 hatte er sich mit den Vorgängen um die staatliche Königliche Porzellan-Manufaktur (KPM) befaßt. Der Mißtrauensantrag gegen Schütz war, wie oben dargelegt, zum Zeitpunkt der Veröffentlichung des Ergebnisses längst abgelehnt worden.[128]

Ein weiteres exklusives Recht des Parlamentes wurde erstmals in der siebten Wahlperiode ernsthaft erörtert: die Einleitung von Neuwahlen. Zwei Wege zur Auflösung des Abgeordnetenhauses sah der Artikel 39 der Verfassung von Berlin vor: die Selbstauflösung des Parlamentes mit Zweidrittel-Mehrheit und das Volksbegehren mit anschließendem Volksentscheid. Beide Varianten wurden erwogen. Die Oppositionsfraktion stellte zum ersten Mal in der Berliner Nachkriegsdemokratie in einer Sondersitzung am 30. April 1977 den Antrag, das Parlament möge sich selbst auflösen, um so Neuwahlen der Volksvertretung und einer Regierung zu erreichen.[129] Dieser Antrag wurde von den Koalitionsfraktionen abgelehnt, an eine Zwei-Drittel-Mehrheit war nicht mehr zu denken, seit die SPD sich für eine „Große Lösung" der Senatskrise einsetzte. Jetzt richtete die CDU ihr Augenmerk auf den Absatz 2 des Artikels 39: das Volksbegehren. Doch die Praktikabilität des erst im November 1974 beschlossenen Gesetzes über ein Volksbegehren mit anschließendem Volksentscheid mit dem Ziel der Auflösung des Abgeordnetenhauses wurde von der CDU-Führung angesichts der Vorgänge um den Regierenden Bürgermeister Klaus Schütz und seinen Innensenator Ende April als unzureichend angesehen. Ohnehin fanden die nächsten Wahlen in weniger als zwei Jahren statt, und Peter Lorenz mochte sich nicht zu einem von der CDU unterstützten Volksbegehren entschließen. Vor allem die Fristen für das dreistufige Verfahren – Antrag auf Zulassung des

[128] Der Bericht des 1. Untersuchungsausschusses liegt als *Drucksache,* 7. W.P., Nr. 746 vor, die Aussprache fand im Plenum in der 48. Sitzung am 2. 3. 1977 statt, *Protokoll,* S. 2059–2091.

[129] *Plenarprotokoll,* 7. W.P., 30. 4. 1977, S. 2371–2381.

Volksbegehrens, Volksbegehren und Volksentscheid –, denen alle Fraktionen damals zugestimmt hatten, erregten nun den Unwillen der Opposition: „Leider ist dieses Verfahren so kompliziert und vor allem in seinen Fristen so langwierig, daß – wenn wir es jetzt in Gang setzten – wir auch nicht sehr viel vor dem für Anfang 79 vorgesehenen Termin zu Neuwahlen kommen würden. Es ist also unbefriedigend. Aus diesem Grunde hat die CDU jetzt die Initiative ergriffen, diese Bestimmung zu ändern und die Fristen zu verkürzen.“[130]

Die Opposition bezweifelte, daß sich der Volkszorn über die letzten Wochen der Amtszeit von Schütz hinaus würde konservieren lassen. Bereits am 12. Mai 1977 stellte die Fraktion der CDU daher einen Antrag auf Änderung der gesetzlichen Bestimmungen. Ohne daß das erst eineinhalb Jahre alte Gesetz jemals in Berlin angewendet worden war, hielt die CDU nun eine Änderung „für unbedingt notwendig“. Ausschlaggebend für diesen Sinneswandel war nicht nur das Erscheinungsbild des politischen Gegners, sondern auch das wachsende Selbstbewußtsein, die von der Verfassung eingeräumten Instrumente nun auch tatsächlich anwenden zu wollen. Und natürlich mußten Peter Lorenz und Heinrich Lummer darauf bedacht sein, nicht nur als Zuschauer den Niedergang und die Wiedergeburt des sozialdemokratisch geführten Senats zu verfolgen.

Im Innenausschuß wurde ein Planspiel mit dem Ziel praktikabler Verkürzungen durchgeführt, doch der von der CDU gewünschten Straffung des Verfahrens um 125 Tage mochten die Innenverwaltung und die Koalitionsfraktionen nicht zustimmen. Allerdings kamen die Koalitionsfraktionen der CDU im Innenausschuß auf halbem Wege entgegen, einstimmig wurden einige Verkürzungen beschlossen, die das Parlament dann ebenso einstimmig im Dezember 1977 verabschiedete. Angesichts des guten Startes der Regierung Stobbe und der Konsolidierung der Koalitionsarbeit, aber auch wegen des näherrückenden Wahltermins dachte die CDU nun nicht mehr an eine sofortige Einleitung des Verfahrens – die guten Popularitätswerte für den neuen Regierenden hätten es auch wenig erfolgreich erscheinen lassen. Gleichwohl zahlte sich das Nachbessern für die Berliner CDU aus. Im Januar 1981 startete sie, parallel zu einzelnen Bürgern, erstmals eine Unterschriftenaktion mit dem Ziel eines Volksbegehrens.

[130] *Berliner Rundschau* vom 28. 4. 1977.

Die Parteien

Die Berliner Parteien fanden sich nach den Wahlen von 1975 alle in einer neuen Position wieder. Die SPD hatte die absolute Mehrheit verloren und war auf einen Koalitionspartner angewiesen. Die CDU hatte ein Rekordergebnis erzielt und war erstmals stärkste Partei geworden. Gleichwohl blieb sie von der Machtteilhabe weiterhin ausgeschlossen. Die FDP entsandte einen Teil ihrer Mitglieder in den Senat und war nicht länger Oppositionspartei. Der Bund Freies Deutschland hatte einen Achtungserfolg erzielt, ebenso die Wählergemeinschaft Unabhängiger Bürger, die mit der erfolgreichen Wahlanfechtung einen weitbeachteten Sieg errang.

Hier soll aufgezeigt werden, wie die Berliner Parteien auf das Votum der Berliner reagierten und welche Schlüsse sie daraus innerparteilich zogen. Das Abtreten von Klaus Schütz und Hermann Oxfort ist bereits dargestellt worden. Doch auch Peter Lorenz, erster Mann der CDU in Berlin, sollte noch vor den nächsten Wahlen ins zweite Glied zurücktreten. Und am linken Rand des politischen Spektrums erschien die Alternativbewegung.

Die Berliner SPD zwischen Schütz' Rücktritt und den Wahlen von 1979: Die Partei versteckt sich hinter dem Regierenden Bürgermeister

Das Ende der Amtszeit von Klaus Schütz und seine eigene Nominierung zum Regierenden Bürgermeister hielten Dietrich Stobbe vor Augen, daß die Solidarität der eigenen Partei für den politischen Auftrag entscheidend war, wichtiger noch als das Wählervotum, das über Regierungsauftrag oder Oppositionsrolle entschied. Dietrich Stobbe war zunächst ein Mann des Parteiapparates gewesen, hatte sich aber als Bundessenator für Regierungsaufgaben empfohlen. Doch er wurde nicht durch die Berliner Wähler auf den Amtssessel im Rathaus Schöneberg entsandt, sondern durch seine Parteifreunde, wie sein Vorgänger Schütz 1967 und sein Nachfolger Vogel 1981. Die Parteifreunde also kürten die Regierungschefs und konnten ihnen diese Gnade auch wieder entziehen. Eine der wichtigsten Entscheidungen über seinen politischen Spielraum als Senatschef mußte Stobbe daher sofort treffen: Wollte er den Landesverband der SPD selbst führen? Damit wären die mit dem Koalitionspartner ausgehandelten Kompromisse der Regierungspolitik von ihm selbst auch in der Partei vertreten worden. Deren Ausstrahlungskraft konnte dadurch eingeschränkt werden. Oder sollte er die Zähmung des unter der Oberfläche gespaltenen Verbandes einem Genossen überlassen, um nicht als Senatschef mit der Verantwortung für das Machbare ständig von unzufriedenen Mitgliedern und Funktionären das Gewünschte vorgehalten zu bekommen? Stobbe mußte zudem seine persönlichen Rivalen im Auge behalten. Ein starker Vorsitzender konnte dem Regierenden Bürgermeister zwar den Rücken freihalten, ihn aber darüber hinaus auch desavouieren.

Stobbe entschied sich gegen die Übernahme des Vorsitzes. Er wollte mit der Parteibuchwirtschaft aufräumen und konnte dies glaubwürdig nur, solange er nicht auch Parteichef war (1979 sollte er dieses Amt übernehmen). Noch vor seiner Wahl im Abgeordnetenhaus lehnte er das Doppelmandat ab: „Wir wollen 1979 gewinnen. Es ist nicht zu leisten, daß die wichtigen Ämter, die die Sozialdemokratische Partei zu vergeben hat, in einer Hand liegen." Die Frage des Parteivorsitzes erforderte neue Verhandlungen innerhalb der Partei und sollte nicht in der Hektik der Neubesetzung des Staatsamtes präjudiziert werden. Würde Ristock nach der Hilfestellung bei der Ausbootung Wischnewskis den Vorsitz für sich selbst beanspruchen? Um die Diskussion darüber verschieben zu können, bekannte Stobbe: „Ich wäre sehr glücklich, wenn Klaus Schütz Landesvorsitzender bleibt. Das sieht danach aus…"[131]

Doch den Gefallen mochte der Angesprochene seinem Nachfolger nicht tun; nicht aus böser Absicht, sondern weil er tatsächlich resigniert hatte. Schon am 3. Mai 1977 hatte Schütz mitgeteilt, daß er auch das Parteiamt abzugeben wünsche. Er empfahl Stobbe, sofort den Vorsitz zu übernehmen. Er verließ noch im Sommer mit seiner Familie die Stadt und übernahm den Posten des deutschen Botschafters in Israel. „Ich würde es nicht gerne sehen, wenn ein Senatsmitglied Parteivorsitzender wird", betonte Stobbe,[132] und da er selbst nochmals erklärte, seine ganze Kraft der Regierungsarbeit zu widmen, hätten sich sowohl Ristock als auch Riebschläger dazu bekennen müssen, ihre Ressorts nicht mit ganzer Kraft verwalten zu wollen. Die Entscheidung Stobbes, die wenigen Monate bis zu den Wahlen im März 1979 der Konsolidierung des Senats zu widmen, war richtig im Hin-

[131] Am 30. 4. 1977 im *ZDF-Länderspiegel* (zitiert nach der Kommentarübersicht des Deutschen Bundestages).

[132] Im Interview mit dem *Tagesspiegel* vom 15. 5. 1977.

blick auf die Probleme der Stadt. Stobbe versuchte, Senat und Partei zu trennen und dem Senat ein besseres Erscheinungsbild zu verschaffen. Auch dies gelang ihm. „Im ersten Jahr müssen wir die Partei verstecken", hieß seine Parole.[133] Der Neuanfang, das Angehen gegen die „Filzokratie", mußte auch seine Parteigenossen treffen, so daß sein Entschluß nicht nur der Konzentration seiner Arbeitskraft diente, sondern auch inhaltlich sinnvoll war. Die Probleme der Partei allerdings traten nun um so deutlicher hervor.

Um weder Ristock noch Riebschläger um den Vorsitz streiten zu lassen, schlug Stobbe den nicht mehr für den Senat berücksichtigten Gerd Löffler vor. Dessen Umgang mit Kommunisten an den Hochschulen hatte aber nicht nur seine Wiederbestellung zum Senator für Wissenschaft verhindert, sondern ihn auch für den linken Flügel als Integrationsfigur unannehmbar gemacht. Gleich mit seinem ersten Personalvorschlag erntete Stobbe daher großen Protest. Harry Ristock untermauerte seinen Protest gegen den Kandidaten, indem er selbst seinen Rücktritt vom Stellvertreterposten zum Landesparteitag am 4. Juni erklärte. Neuanfang in der Partei, das hieß für den linken Flügel, endlich die Mehrheitsmeinung in der Berliner SPD zu bilden, die Wahlen in den Abteilungen der Partei im Frühjahr 1978 sollten dies beschleunigen. Stobbe gelang es, seinen Kandidaten durchzusetzen. Nicht nur, weil die Linke keinen Gegenkandidaten mit Chancen präsentieren konnte, sondern auch, weil er zu diesem Zeitpunkt seine Machtposition entschlossen nutzte. So stark wie zu Beginn seiner Amtszeit war Stobbe nie mehr. Dem gerade gekürten Regierenden Bürgermeister, auf den sich nun alle Hoffnungen mit Blick auf den rasch nahenden Wahltermin richteten, konnten die Genossen nicht offen in den Rücken fallen – und Stobbe wußte dies. Überregionale Schlagzeilen à la „Neuer Hauskrach in Berlin" machten Stobbe aber deutlich, daß aller Optimismus der Regierungserklärung leicht von Parteiquerelen überschattet werden konnte.

Doch der Streit um den Vorsitz bildete nur den Auftakt der Auseinandersetzungen des linken Flügels mit Stobbe. Ristock gab zwar den Weg frei für die Lösung des Mehrheitsflügels um Stobbe, aber sein Verzicht darauf, Stellvertreter Löfflers zu werden, gab ihm freie Hand, als Anführer des linken Flügels außerhalb des Vorstands

[133] Zitat bei K. H. Gehm, *Der Machtzerfall der sozialliberalen Koalition...* (s.o. Anm. 124), S. 75. Gehm diente im Rathaus Schöneberg als persönlicher Referent bzw. Büroleiter der Regierenden Bürgermeister Stobbe und Vogel von 1977 bis 1981.

ordentlich zu opponieren. Die Wahl Löfflers auf dem Landesparteitag am 4. Juni 1977 fiel denn auch denkbar ungünstig aus. Entgegen Stobbes Wunsch nach einem geschlossenem Votum zeigte das Ergebnis die Flügelbildung deutlich auf. Bei sechs Enthaltungen erhielt der Kandidat Stobbes 142 Ja- und 88 Nein-Stimmen. Eine Hoffnung Stobbes hatte also getrogen: „Im Grunde wissen auch in Berlin alle, daß Polarisierung Machtverfall bedeutet. Das alte Bild der Flügel wird unter neuen Fragen zermahlen werden."[134] Er selbst stützte sich während seiner Amtszeit auf eine Anhängerschaft in beiden Flügeln: den größten Teil des rechten Flügels, namentlich die Delegierten der starken Bezirke Reinickendorf und Neukölln, und Teile der gemäßigten Linken.

Der neue Vorsitzende Löffler mahnte seine Genossen: „Wir haben uns darauf zu besinnen, daß der innenpolitische Gegner außerhalb der Partei steht." Als Ziel seiner Amtsführung erklärte er: „Die Gesamtperspektive sozialdemokratischen Wollens wird von der Partei formuliert. Danach sagen Sozialdemokraten in der Regierung und in der Fraktion, was hier und heute von unseren Zielen verwirklichbar ist."[135] So richtig dies war, so wenig bedeutete es schon wirkliche Integration. „Freiheit in der Diskussion – Einheit in der Aktion" zitierte Löffler die Tradition der Sozialdemokratie. Doch gerade der Rückgriff auf alte Weisheiten garantierte noch keinen Frieden. Da half schon eher der nahende Wahltermin und das Wissen um die zwingend notwendige „gute Figur", die auch die Partei würde abgeben müssen. Der Regierende Bürgermeister konnte nach hundert Tagen im Amt von „freundlich-abwartender" Stimmung in der Stadt berichten, die Koalition und die SPD seien aber noch lange nicht aus dem Tal herausgetreten.[136] Stobbe persönlich erreichte einen positiven Image-Vorsprung vor der Partei, ein Umstand, dem im Wahlkampf Rechnung getragen werden sollte. Doch wie würde es weitergehen mit der Solidarität in den Reihen der SPD? Die Struktur der innerparteilichen Lähmung war ja nicht aufgebrochen worden: „Unser Problem ist ja immer wieder, daß bei Diskussionsbeiträgen sofort nach der Gruppenzugehörigkeit gefragt wird und dadurch ein Teil der wertvollsten

[134] Im Interview mit dem *Spiegel* vom 30. 5. 1977.

[135] Im Interview in der *Berliner Stimme* vom 11. 6. 1977.

[136] Auf der Fraktionsvorstandssitzung am 19. 8. 1977, Protokoll in der Akte 556, Bestand SPD-Fraktion. Zwei Dinge erwarteten die Berliner von seinem Senat, so Stobbe: keine weiteren Skandale und Entscheidungsgenauigkeit bei Entschlüssen.

Anregungen verloren geht. Gerade originelle neue Gedanken fallen unter den Tisch, wenn sie sich nicht sofort einer Großgruppe zuordnen lassen."[137]

Zunächst galt es, nach der Senatsbildung und der umstrittenen Wahl eines Parteivorsitzenden auch die Abgeordnetenhausfraktion in ihrer Effizienz und ihrem Erscheinungsbild zu stärken. Deren Führung war ja in aller Eile unter dem Einfluß von Klaus Schütz nach dem überraschenden Rücktritt von Wolfgang Haus bestellt worden. Kritik an Fraktionschef Franz Ehrke und dem Auftreten der SPD-Fraktion insgesamt wurde in einer Sitzung des Fraktionsvorstandes geübt.[138] Ehrke beklagte die mangelnde Präsenz der Abgeordneten bei Reden eigener Genossen, das zu häufige Ablesen von Manuskripten, die mangelnde Vorbereitung der Arbeitskreise. Einzelne Abgeordneten stimmten in den Tadel wegen zu langweiliger Auftritte der eigenen Genossen ein und forderten von Ehrke bessere Koordinierung und Schritte zur Eindämmung des Alkoholkonsums der Abgeordneten. Ehrke versprach eine effizientere Vorgehensweise. Dazu diente auch eine Klausurtagung der Fraktion Ende November 1977, auf der bereits über ein Wahlkampfkonzept diskutiert wurde.

Bereits jetzt wurde beschlossen, den Wahlkampf der SPD ganz auf die Person des Regierenden Bürgermeisters auszurichten. Ristock forderte, die Partei „müsse in die Popularität Dietrich Stobbes hineinkriechen".[139] Eine Identifikation des Ansehens von Stobbe mit dem der Partei war das Ziel, die Partei mußte populärer werden. Die vertraulichen Umfragen nannten der Senatskanzlei zu diesem Zeitpunkt ein Ergebnis der „Sonntagsfrage" von 41% für die SPD bei 36% für die CDU.[140] Gleichzeitig erklärten sich aber 64% der Befragten mit der Politik des Regierenden Bürgermeisters „im großen und ganzen einverstanden", nur 16% äußerten Unzufriedenheit. Nun war Gerd Löffler gefordert, den Landesverband „aufzupolieren", gab es doch Klagen, daß das Parteihauptquartier in der Müllerstraße zu wenig die Diskussionen in der Stadt präge. Journalisten riefen stets gleich beim

[137] So Klaus Riebschläger in der *Berliner Stimme* vom 22. 1. 1977.

[138] Am 27. 9. 1977, Protokoll in Akte 556.

[139] Protokoll der Sitzung vom 25./26. 11. 1977, *a.a.O.*

[140] „Welche Partei würden Sie wählen, wenn am nächsten Sonntag hier Abgeordnetenhauswahlen wären?", *Infas-Repräsentativerhebungen in Berlin*, Nr. 0757, Okt./Nov. 1977.

Senator selbst, selten bei der Partei an, um Informationen zu erhalten, klagte etwa Ristock.

Alle guten Vorsätze, dem Senat keinen Kummer zu bereiten, bargen das Risiko, daß Streit in der Partei nicht ausgetragen wurde. Gerade weil der neue Landesvorsitzende so umstritten war, konnte er sich nicht so deutlich äußern, wie es zu Beginn seiner Amtszeit nötig gewesen wäre. Am 2. Juni 1977 wurde der Bundesvorsitzende der Jungsozialisten aus der SPD ausgeschlossen. Der Bundesparteivorstand hatte das Verfahren gegen den aus Berlin kommenden Nachwuchspolitiker eingeleitet, weil er ihm fehlende Distanz zu kommunistischen Organisationen vorwarf (und nachwies). Die Berliner Jungsozialisten solidarisierten sich mit ihrem – nun ehemaligen – Genossen, und Löffler traute sich eine öffentliche Rüge nicht zu. Erst Monate später führte er eine Diskussion über die Unvereinbarkeit von „Stamokap-These" und Sozialdemokratie.[141] Die Jungsozialisten von Berlin konnten von ihm nicht zu einer Zustimmung zum Abgrenzungsbeschluß veranlaßt werden, wie es seiner Aufgabe entsprochen hätte. Doch auch der linke Flügel tat sich schwer. Ristock hatte weder das Amt des Regierenden Bürgermeisters noch das des Landesvorsitzenden erringen können. Seine Versuche, zu diesem Zweck auch für nicht eingefleischte Linke wählbar zu werden, hatte ihn bereits bei den Jusos und anderen Linken Kredit gekostet. In dieser Weise uneins, trat der linke Flügel zunächst nicht als Herausforderer der Parteimehrheit auf, so daß der oberflächliche Gesamteindruck der SPD zunächst von Sacharbeit geprägt war. Mit leicht verbessertem Ergebnis wurde auch der Vorsitzende Löffler in seinem Amt bestätigt, nachdem Stobbe ihn eindringlich zur erneuten Kandidatur gedrängt hatte.[142]

Bis zu der oben bereits genannten Befreiung eines mutmaßlichen Terroristen Ende Mai 1978 befand sich der Senat um Dietrich Stobbe im Aufwind – und in dessen Sog auch die Berliner SPD. „Demoskopen machen Berliner SPD wieder Mut", lauteten die Überschriften in der Presse und: „Berlins Sozialdemokraten wieder auf dem Weg nach

[141] Mit seinem großen Artikel in der *Berliner Stimme* vom 10. 9. 1977. Leichter fiel der Berliner Schiedskommission der Parteiausschluß von zwei Mitgliedern, die sich in der „Notgemeinschaft für eine Freie Universität", einem konservativen Verband zur Zurückdrängung des kommunistischen Einflusses an der Freien Universität, engagierten. Vgl. *Spandauer Volksblatt* vom 22. 9. 1977. Dieses Urteil wurde allerdings von der Bundesschiedskommission aufgehoben.

[142] Auf dem Landesparteitag am 30. 6./1. 7. 1978 erhielt er 146 Ja- gegen 71-Nein-Stimmen bei 17 Enthaltungen.

oben.«[143] Prognosen über die in greifbare Nähe rückende Zurückeroberung der absoluten Mehrheit bargen allerdings auch die Gefahr, daß Sozialdemokraten den Rückschlag von 1975, den zweiten Platz hinter der CDU, als „Betriebsunfall" nicht ernst nahmen. Zunächst zeigten die Berliner Genossen auch im Umgang miteinander wieder mehr Solidarität und Fairneß. Die Parteiwahlen in den 138 Abteilungen der SPD verliefen ganz anders als noch zwei oder vier Jahre zuvor, als es fast zu einem Glaubenskrieg gekommen war. Die guten Kritiken, die der Senat um Stobbe nach einem Jahr im Frühjahr 1978 erhielt, motivierten auch die Parteimitglieder. Der Vorsitzende Löffler formulierte das Ziel: Die Berliner Sozialdemokraten „können und müssen wieder selbstbewußt sagen und öffentlich bekennen: Wir sind Sozialdemokraten".[144] Deshalb mahnte er, sich nicht in Gruppierungen jenseits der Organisationsstruktur zusammenzuschließen und Druck auszuüben. Dies ging vor allem an die Adresse des „Marxistischen Arbeitskreises" des linken Flügels und des „Arbeitskreises 51" der konservativen Kräfte.[145]

Es war der Senat, der die Partei zur Sachauseinandersetzung zwang. Zur Vorbereitung des Wahlprogramms forderte Stobbe drei Landesparteitage, auf denen über die Ergebnisse von Arbeitsgruppen zu den Themen Wirtschafts- und Beschäftigungslage, Stadtpolitik und Berlin- und Deutschlandpolitik diskutiert werden sollten. Diese drei Parteitage fanden auch in der vorgesehenen Weise statt. Es wurden jeweils die Berichte der Arbeitsgruppen vorab veröffentlicht, um eine Sachdiskussion zu ermöglichen.[146] Nach den Debatten in den Parteigliederungen und auf den drei Landesparteitagen[147] wurden Ent-

[143] *Die Welt* vom 28. 1. 1978 und *Frankfurter Rundschau* vom 6. 2. 1978; siehe auch *Im Aufschwung*, in: *Der Spiegel* vom 13. 2. 1978.

[144] *Berliner Stimme* vom 25. 2. 1978.

[145] Siehe dazu H.-J. Heß in seinen Abschnitten *Die Spaltung der rechten Parteimehrheit. Die uneinige Vereinigte Linke* und *Die Grenzen sachorientierter innerparteilicher Integration*, in: *Innerparteiliche Gruppenbildung*... (s.o. Anm. 9), S. 299–305 und 311–318, sowie K. H. Gehm, *Der Machtzerfall*... (s.o. Anm. 124), S. 62 f.

[146] Bericht *Zur Wirtschafts- und Arbeitsmarktlage Berlins – 16 Thesen*, in: *Berliner Stimme* vom 1. 10. 1977; Abschlußbericht *Grundprobleme der Stadtentwicklung* als Beilage zur *Berliner Stimme* vom 8. 4. 1978 und Bericht der Arbeitsgruppe „Berlin-Politik", in: *Berliner Stimme* vom 24. 6. 1978.

[147] Zum Thema Wirtschaftslage am 3. 12. 1977, zum Thema Stadtpolitik am 29. 4. 1978 und zum Thema Berlin-Politik am 30. 6./1. 7. 1978. Protokolle aller drei Parteitage liegen beim Landesverband Berlin vor.

schließungen des Landesverbandes zu allen drei Bereichen verabschiedet. Natürlich hatte es Differenzen gegeben, etwa über den Einsatz staatlicher Ordnungsinstrumente bei der Bekämpfung wirtschaftlicher Probleme oder über die Notwendigkeit von Autobahnerweiterungen. Doch dies war ja schon ein Fortschritt. Die Berliner Sozialdemokraten beschäftigten sich nicht mehr überwiegend mit sich selbst, sondern mit den Problemen der Stadt. Die Hinwendung zur Stadtpolitik wurde von der Partei nach- und mitvollzogen.

„Berlin stimmt wieder", dieser Slogan unter einem Porträt des Regierenden Bürgermeisters „schmückte" als Plakat das Berliner Straßenbild zum einjährigen Amtsjubiläum Stobbes. Doch zur Jahresmitte verdüsterten mehrere Faktoren das Erfolgsbild. Der Streit zwischen Senat und Gewerkschaft um die Einführung von Arbeitszeitkontrollen im öffentlichen Dienst mittels Stechuhren brach offen aus. Die Gefangenenbefreiung und Stobbes Festhalten an Justizsenator Baumann brachte dem Regierenden Bürgermeister erstmals eine schlechte Presse. Stobbe mußte einräumen: „Die ganze Strategie, die wir hatten – Leistungsbewußtsein und gerechtfertigten Optimismus in die Stadt hineinzutragen – hat einen Rückschlag erhalten."[148] Die Ablehnung des Mißtrauensvotums gelang zwar einstimmig, doch sorgten die Wahlen am nächsten Tag, dem 4. Juni 1978, in Hamburg und Niedersachsen für Unruhe nicht nur bei der FDP, sondern auch bei den Sozialdemokraten. Die Erfolge der grünen und bunten Listen[149] waren auch für die Berliner SPD ein „Alarmsignal". Nun gelte es, „den zu den ‚grünen Listen' abgewanderten Teil der jungen Bürger zurückzugewinnen", mahnte der Vorsitzende Löffler. Er verfiel sogar in Pathos: „Ein großer Teil der Jugend will den Sozialismus. Wer in der sozialdemokratischen Partei mitarbeitet, kann helfen, ihn zu erkämpfen."[150] Solche Töne kamen den um Vertrauen bei der Wirtschaft werbenden Stobbe und Lüder nicht zupaß. Doch die Herausforderung der bestehenden Machtverhältnisse durch die Umweltschützer mußte auch der Senat ernst nehmen, zumal sich in Berlin schon eine Kandidatur einer Alternativen Liste ankündigte. Die auf dem SPD-Parteitag im September 1977 versprochene angestrebte Integration der Umweltschützer war gescheitert. Merkmal der sich in der Gründung befindenden

[148] Im Interview in der *Berliner Stimme* vom 3. 6. 1978.

[149] In Hamburg erreichte eine „Bunte Liste" 3,5%, daneben eine „Grüne Liste" 1,0% der Stimmen, in Niedersachsen eine „Grüne Liste" 3,9% der Stimmen.

[150] Löffler in der *Berliner Stimme* vom 10. 6. 1978.

Alternativen Liste war eine Oppositionshaltung gerade auch gegenüber der SPD, die einem Teil der Bevölkerung in Berlin als etablierte Staatspartei *par excellence* gelten mußte, trotz oder wegen ihrer Verdienste.

Neben dem Umweltschutz hatten zwei Themen überregional Konjunktur: der Streit um den rechten Umgang des liberalen Rechtsstaates mit dem Terrorismus und die Überprüfung der Verfassungstreue von Bewerbern für den öffentlichen Dienst. Die Berliner Jungsozialisten leisteten sich eine aufsehenerregende Aktion, die von der Opposition ausgeschlachtet wurde. Nach gerichtlicher Überprüfung war ein Mitglied der SEW aus dem öffentlichen Dienst entlassen worden. Die Jusos, die Gewerkschaft Erziehung und Wissenschaft und weitere linke Gruppierungen, auch Heinrich Albertz, organisierten daraufhin einen Solidaritätsmarsch für den Betroffenen. Und dies, obwohl es sich um einen aktiven Funktionär, nicht um ein einfaches Mitglied der SEW handelte. Da der rechte Flügel der SPD, insbesondere die Mitglieder des „Arbeitskreises 51", sich solches Verhalten nicht bieten lassen mochte, kam es im Oktober 1978 zu heftigen Auseinandersetzungen zwischen Mehrheit und Minderheit. Der Landesvorstand versuchte die Lage mit einer Erklärung zu beruhigen, in der sich der Vorsitzende Löffler für die uneingeschränkte Einzelfallprüfung aussprach und zugleich mehr Liberalisierung bei der Überprüfung versprach. Eine einheitliche Lösung in dieser Frage zu finden, war in Berlin doppelt schwer. Auf Bundesebene mußten SPD und FPD einen Kompromiß aushandeln, der für die viel linkere Berliner FDP im Senat als Muster gelten sollte. Und auf Bezirksebene mußte eine Regelung gefunden werden, der auch die Bezirksbürgermeister der CDU als Dienstherrn zustimmen konnten. Durch einen Antrag der Opposition, in dem die Beibehaltung der Einstellungspraxis gefordert wurde, geriet der Senat in Schwierigkeiten. Die FDP sprach sich wie der linke Rand der SPD für eine Liberalisierung aus, der rechte Flügel mit ebensolcher Vehemenz dagegen. Ein Kompromiß wurde im Januar 1979, wenige Wochen vor der Wahl, gefunden.[151] Doch der Eindruck, daß die Berliner SPD gerade in den Fragen des Umgangs mit Kommunisten zerstritten war, erschreckte den Regierenden Bürgermeister, der den Parteitag im Oktober 1978 mahnte, alles zu unterlassen, was die SPD als kommunistenfreundlich erscheinen lassen könnte. Doch in

[151] *Drucksache*, 7. W.P., Nr. 1621.

dieser Frage folgten beide Gruppierungen an den Rändern der Partei nicht der Bitte des Senatschefs, der auf seine Wiederwahl hinarbeitete. Im Wahlkampf wurde dieses Thema daher von der Opposition in der Debatte gehalten.

Die Berliner FDP: Schwierigkeiten im Umgang in den eigenen Reihen und mit dem Koalitionspartner

In der Legislaturperiode von 1975 bis 1979 partizipierte die FDP wieder an der Regierungsverantwortung. Für die Partei hieß dies, daß nicht nur Flügelkampf und die Rivalität zwischen der Spitze des Landesverbandes und der Fraktion weiterbestand, sondern mit der Kabinettsdisziplin von drei Senatoren ein zusätzlicher politischer Faktor zu den Richtungskämpfen hinzukam. Mit Wolfgang Lüder und Walter Rasch zogen zwei Vertreter des linksliberalen Flügels neben dem konservativen Oxfort in den Senat. Den Posten des Fraktionsvorsitzenden hatte Oxfort abgegeben, um als Justizsenator und Vertreter des Regierenden Bürgermeisters erstes Aushängeschild der Berliner FDP zu werden. Obwohl Oxfort und Lüder gemeinsam im Senat saßen, garantierte Lüders Posten als Vorsitzender der Landespartei genügend Einfluß, um eine von der Regierungsverantwortung losgelöste Parteipolitik zu betreiben.

Die Berliner FDP war die erste der drei Parteien, die ihren Spitzenkandidaten während der Legislaturperiode austauschte. Oxfort trat von beiden Staatsämtern im Juli 1976 zurück, da er als Justizsenator die politische Verantwortung für den Ausbruch von vier Häftlingen aus einer Strafanstalt übernahm. Nach Abschluß der Koalitionsverhandlungen mit den Sozialdemokraten sollte nun zunächst der Konsens auch in der innerparteilichen Arbeit wiedergefunden werden. Doch schon die Wahl Lüders zum Wirtschaftssenator – er erhielt mit 73 Stimmen die denkbar knappste Mehrheit – erweckte Mißtrauen im Lager der Liberalen. Natürlich war nicht nachzuweisen, ob es Sozialdemokraten oder FDP-Abgeordnete waren, die hier Antipathien zum Ausdruck bringen wollten, doch innerhalb der FDP war die Nominierung des Landesvorsitzenden für das Wirtschaftsressort an Stelle des Wissenschaftsressorts auf Überraschung, zum Teil auch Unverständnis gestoßen.

Turnusgemäß standen beim Landesverband Vorstandswahlen auf der Tagesordnung des Parteitags am 6. und 7. Juni 1975. In Vorabsprachen hatte Oxfort mit Lüder vereinbart, daß der Justizsenator sich zur

Wahl als Stellvertreter von Lüder stellen solle, um nach Aufgabe des Fraktionsvorsitzes einen Platz in der Parteiorganisation zu finden. Doch an Oxforts Amtsführung als Justizsenator entzündete sich eine Kraftprobe. Oxfort hatte die Gefängnisseelsorge nach Unregelmäßigkeiten neu regeln wollen. Der Parteitag versuchte in die Amtsführung des Senators einzugreifen – und dieser geriet deshalb in Verlegenheit, wollte er sich doch von eben jenen Delegierten zum stellvertretenden Parteichef wählen lassen. Angesichts der Einmischung in seine Amtsgeschäfte zog Oxfort über Nacht seine Kandidatur zurück. Doch die Polarisierung schlug sich in den anschließenden Vorstandswahlen nieder. Von 242 Delegierten stimmten nur 140 für Lüder als Parteichef, 71 stimmten gegen ihn, 31 enthielten sich der Stimme. Schlechter hatte noch kein FDP-Chef in Berlin abgeschnitten. Nach einem mühsam gefundenen Kompromiß war Hermann Oxfort nun zur Kandidatur zum Stellvertreter erneut bereit. Oxfort benötigte 109 Stimmen zur Wahl und erhielt 110 – von Versöhnung konnte also keine Rede sein. Der öffentliche Eindruck war natürlich verheerend, die Opposition geißelte insbesondere die Anmaßung der Delegierten, einem Senator ein imperatives Mandat aufzunötigen.

Die Kluft zwischen Lüder und Oxfort war durch die Vorgänge noch vertieft worden. Lüder schickte sich zwar an, die Reihen zu schließen. Doch Oxfort stellte klar, „daß die eigentliche Basis des Ministers die parlamentarische Fraktion ist und erst in zweiter Linie die Partei, wenngleich ich die Bedeutung der Partei nicht unterschätze."[152] Solange Delegierte trotz „totaler Sachunkenntnis" in seinen Bereich eingreifen wollten oder Jungdemokraten auf Mai-Demonstrationen der SEW gesichtet wurden, blieb Oxfort auf Distanz. Insbesondere die Jungdemokraten bereiteten ihm ständig Schwierigkeiten, wenn sie sich etwa eine Schelte des Bundesverfassungsgerichts zur Praxis der Einstellung von Extremisten im öffentlichen Dienst erlaubten. Das Thema „Radikalenerlaß" sorgte nicht nur zwischen den Jungsozialisten und der SPD-Führung, sondern auch zwischen Jungdemokraten und zumindest den im Senat vertretenen Liberalen in diesem Zeitraum für starke, zum Teil emotionsüberladene Dissonanzen.[153]

[152] Im Interview in der *Berliner Morgenpost* vom 29. 6. 1975.

[153] Das Wort von der „Gesinnungsschnüffelei" wurde zum beliebten Vorwurf. Vgl. Antrag 3 der Beschlüsse des 30. Landesparteitags vom Juni 1975 im Geschäftsbericht für den 31. Landesparteitag, S. 4 f., in: Akte „31. LPT" (März 1976) beim Landesverband der FDP/Berlin.

Während die Koalition mit der SPD im Senat sich ein halbes Jahr nach Amtsantritt für Lüder als „loyale Zusammenarbeit" darstellte,[154] sahen sich die drei Senatoren veranlaßt, ihre Kontakte zur Parteibasis zu verstärken. Die politischen Meinungsverschiedenheiten zwischen Senat und Fraktion und einem großen Teil der Mitglieder muß hier betont werden, da dieser Faktor bei dem Regierungswechsel von 1981 eine elementare Rolle spielen sollte, als sich die Abgeordneten über das Votum eines Landesparteitages hinwegsetzten. Der Prozeß der politischen Entfremdung dauerte in den siebziger Jahren an, in den Jahren der Opposition 1971 bis 1975 ebenso wie nun in der Zeit der Regierungsbeteiligung, die von den FDP-Politikern im Senat ja noch mehr Pragmatimus und Kompromißbereitschaft anstelle einer „reinen Lehre" verlangte.

Zu Beginn des Jahres 1976 brach der Konflikt offen aus. Hatte Lüder gerade noch eine Klausurtagung des Landesvorstandes vorgeschlagen, um politische Perspektiven jenseits der Senatsverantwortung zu diskutieren, so verursachte nicht nur die ernüchternde Nachwahl in Zehlendorf Katerstimmung bei SPD und FDP. Scharfe Kritik an ihren Senatsvertretern kam aus den eigenen Reihen. Oxfort wurde eine „liberale Politik" glatt abgesprochen, Schulsenator Rasch bekam ebenso wie der Landesvorsitzende Lüder eine kräftige Rüge, sich nicht gegen Schütz zu behaupten. Lüder führe die FDP als „Juniorpartner einer konservativ erstarrten Sozialdemokratie". Außerdem bescheinigte man Lüder „gerade noch ordentliches Verwalten seines Ressorts".[155]

Die alten Frontstellungen – hie Lüder und der Parteivorstand, dort Oxfort und die Mehrheit der Fraktion – aus der Oppositionszeit galten mithin nicht länger uneingeschränkt. Alle drei Senatoren hatten die Koalitionskompromisse mitzutragen. Die Fraktion nahm alle drei gegen die Vorwürfe in Schutz, auch der FDP-Landesauschuß tadelte die Kampfansage. Schließlich hatte die Linke betont: „Was vor einem Jahr noch undenkbar war, gehört heute zum selbstverständlichen Diskussionsstoff von Parteigruppierungen: Die Frage nach der Alternative zum gegenwärtigen Landesvorsitzenden." Wolfgang Lüder wurde also persönlich gemahnt, sich verstärkt der Partei zu widmen. Trotz

[154] In seinem Artikel *Ein halbes Jahr nach der Senatsbildung*, in: *Berliner Liberale Zeitung* vom 13. 9. 1975.

[155] Die linke Gruppierung „Liberale Aktion", zitiert nach: *Der Tagesspiegel* und *Frankfurter Rundschau* vom 29. 1. 1976.

des Vorwurfs, als „Juniorpartner“ zu erstarren, beeilte sich Lüder, das Bündnis mit der SPD als einzige politische Lösung für Berlin zu bekräftigen. Damit befand er sich nicht im Widerstreit zu seinen Kritikern vom linken Flügel, deren Dilemma gerade darin bestand, linker als die SPD zu wirken. Sie konnten die liberale Politik in der Koalition also nicht dadurch fördern, daß sie Klaus Schütz mit einem Wechsel zur CDU drohten.

Lüder verstieg sich zu der Devise, nur FDP und SPD „seien willens und in der Lage, durch Friedens- und Entspannungspolitik die Zukunft zu sichern“, und betonte: „Die CDU in Berlin war, ist und bleibt bis auf weiteres nicht regierungsfähig.“[156] Diese Tonart resultierte aus der Nervosität, die nicht nur das Wahlergebnis in Zehlendorf, sondern auch das Zerbrechen der sozialliberalen Koalition in Hannover erzeugt hatten. Damit sollten Annäherungstendenzen der FDP an die Union im allgemeinen unterdrückt werden. Der Berliner Landesvorstand beschloß sogleich, Lüder solle auf der Sitzung des Bundesvorstandes den niedersächsischen Liberalen eine Tolerierung Albrechts an-, eine Koalition mit der CDU aber abraten.[157]

Das Verhältnis zur SPD mußte unter mehreren Gesichtspunkten nach außen vertreten werden. Im Frühjahr 1976 stand der Bundestagswahlkampf bevor, bei dem für das sozialliberale Bündnis geworben wurde. Andererseits konnten sich die liberalen Senatoren in Berlin nur durch Kritik an ihrem Koalitionspartner SPD bei der eigenen Mitgliederschaft empfehlen. Denn die sich als progressiv verstehenden FDP-Mitglieder des Berliner Landesverbandes sahen in den Sozialdemokraten den politischen Gegner, dem man liberale Zugeständnisse abzuringen hatte. Insbesondere Innensenator Neubauer, der an einer Polizeireform einschließlich moderner Bewaffnung arbeitete, und der Regierende Bürgermeister, der den Ministerpräsidentenerlaß zur Frage der Beschäftigung Radikaler im öffentlichen Dienst mitzutragen hatte, stellten Reizfiguren für etliche FDP-Mitglieder dar. Auf dem 31. Landesparteitag der Berliner FDP am 19. und 20. März 1976 versuchte Parteichef Lüder, in seinem Referat „Von der Opposition zur Regierungspartei“ diesen Aspekten gerecht zu werden. Er äußerte sich kritisch über den inneren Zustand der Berliner SPD und forderte: „Die SPD muß ihr Reformpotential aktivieren, wenn sie für eine sozial-

[156] *Berliner Liberale Zeitung* vom 13. 9. 1975 und 7. 2. 1976.

[157] Protokoll der 25. Sitzung der Landesvorstandssitzung, 7. 2. 1976, in Akte „LaVo ab 1. Sitzung am 10. 6. 1975 bis 31. Sitzung am 30. 3. 1976“ beim Landesverband.

liberale Koalition regierungsfähig bleiben will."[158] Doch taugte diese Mahnung nicht zur Drohung, denn obwohl rechnerisch ja ein Bündnis FDP/CDU möglich gewesen wäre, betonte Lüder in derselben Rede, „wiederholte Lockangebote der CDU" würden weiterhin abgelehnt, da diese „nicht regierungsfähig" sei.

Auch Hermann Oxfort nannte die Berliner CDU „keine Alternative", lobte das Klima der Koalition und hob hervor, ein gutes Verhältnis zu Klaus Schütz zu pflegen: „Der Versuch, Mißtrauen und Zwietracht zwischen den sozialliberalen Koalitionspartnern zu säen, wird nicht gelingen." Fraktionschef Vetter stimmte in diese Haltung ein. Ein Jahr nach der Bildung der Koalitionsregierung gab man sich zufrieden. Innerparteilich sollten die Verärgerten beruhigt werden. Die Jungdemokraten hatten geklagt, Fraktion und Senatoren seien seit ihrem Eintritt in das Regierungsbündnis zu einem „Bataillon von Taubstummen" geworden und trauten sich nicht länger, die Ämterpatronage der SPD zu geißeln.[159] Oxfort räumte demgegenüber ein: „Die FDP mag dies seit dem Eintritt in den Senat nicht mit derselben Lautstärke vorgetragen haben", dränge aber weiter auf Änderung dieses Stils.

Die Personalentscheidungen sorgten auf diesem Parteitag der betonten Abgrenzung zu SPD und CDU nicht für Dramen. Nach vorheriger Absprache stellte der linke Mehrheitsflügel sieben, der rechte Minderheitsflügel vier der Delegierten für den Bundesparteitag der FDP im Mai 1976. Von 244 abgegebenen Voten erhielt Lüder 181 Stimmen, Oxfort 143, Vetter 127. Zwei freigewordene Plätze im Landesvorstand wurden von linken Bewerbern eingenommen. Das Friedensangebot lautete: „Die Solidarität der Partei zu unseren Senatoren schließt auch ein, daß die Partei rechtzeitig über alle anstehenden grundsätzlichen und prinzipiellen Sachfragen vor der Entscheidung im Senat oder Abgeordnetenhaus informiert und beteiligt wird."[160]

Dann allerdings nahm der Bundestagswahlkampf 1976 die Parteien in allen Landesverbänden in die Disziplin. Für die Berliner FDP bedeuteten die Bundestagswahlen erneut das Signal zu einer Kraftprobe: Welchem Flügel sollte der einzige Berliner Liberale im Bonner Par-

[158] Manuskript der Rede in: Akte „31. LPT, 19./20. 3. 1976" beim Landesverband, S. 12.

[159] In dem Beitrag *FDP im Strudel – Ein Jahr nach den Wahlen* vom 2. März 1976, *a.a.O.*

[160] *Berliner Liberale Zeitung* vom 27. 3. 1976.

lament entstammen? Trotz des Votums von Landes- und Bundesvorstand und der Fraktion für den Abgeordneten Hoppe erreicht dieser am 26. Mai 1976 nur knapp die Mehrheit gegen den von der Linken unterstützten Jürgen Kunze. Eine Niederlage für den Vorsitzenden, die Senatoren und die Fraktion wurde gerade noch abgewendet – die Frontstellung vor allem zu den Jungdemokraten aber blieb deutlich.

Für aufgeregte Debatten sorgte im Sommer 1976 die Flucht von vier Anarchistinnen. Schütz konnte Justizsenator Oxfort nicht einfach fallenlassen, selbst wenn ihm dies gelegen gekommen wäre. Doch der Vorwurf, Terroristen laufenzulassen, wog – zumal ein Jahr nach der Entführung von Peter Lorenz – schwer. „Politiker-Rücktritte sind in Berlin ein Rarität" unkte die *Berliner Morgenpost.* Nach einem gemeinsamen Mißtrauensvotum von CDU und einzelnen Abgeordneten der SPD wäre das Gerede von der Großen Koalition in aller Munde gewesen. Oxfort erklärte bereits am 8. Juli vor seinen Parteifreunden, nicht um jeden Preis an seinem Amt zu hängen.[161] Am nächsten Tag erfuhren die Liberalen, daß der Fraktionsgeschäftsführer der SPD seinem FDP-Kollegen auf die Frage, ob die Sozialdemokraten bei einem Mißtrauensvotum zu Oxfort stünden, erklärt hatte, dies sei nicht mehr sicher.[162] Vor diesem Hintergrund erklärte Oxfort am 10. Juli 1976 seinen Rücktritt.

Im Berliner Landesverband fand die FDP-Führung keinen qualifizierten Nachfolger für Oxfort. Zwar sollte Parteichef Lüder jetzt zum Bürgermeister aufrücken, doch wollte er sein Wirtschaftsressort behalten. Fraktionschef Vetter, der Oxfort als Fraktionschef beerbt hatte, konnte aufgrund fehlender Vorbildung das Senatsamt nicht ausfüllen. Als fachlich unumstrittenen Kandidaten präsentierten Landesvorstand und Fraktion daher den Tübinger Professor Jürgen Baumann. Der Landesvorsitzende Lüder war nun ausweislich seines Bürgermeisteramtes erster Mann der FDP in der Stadt, der rechte Minderheitsflügel mit seiner Basis in der Abgeordnetenhausfraktion nicht mehr im Senat repräsentiert. Und Hermann Oxfort hatte zwar seine Ämter nieder-, nicht aber seinen Ehrgeiz abgelegt. Anfang 1978 gründete er eine Gruppe namens „Liberale Alternative", die ihren

[161] Protokoll der gemeinsamen Sitzung von Landesvorstand und Fraktion am 8. 7. 1976, in: Akte „LaVo ab 32. Sitzung am 23. 4. 1976 bis 66. Sitzung am 10. 5. 1977", S. 2.

[162] Protokoll der Sitzung von Landesvorstand und Fraktion am 9. 7. 1976, *a.a.O.*, S. 2.

Einfluß in der FDP stetig auszuweiten versuchte – erfolgreich, denn auch Fraktionschef Vetter schloß sich ihr an.

Nur die Distanz zum Partner SPD einte die Liberalen. Da die Änderung des Bezirksverwaltungsgesetzes zwar immer wieder gefordert, aber mit den Sozialdemokraten nicht durchgesetzt werden konnte, hatte die mittlere Funktionärsschicht der FDP weder Posten noch Einkünfte durch das Regierungsbündnis gewonnen.[163] Nur die Senatoren im Rathaus Schöneberg personalisierten den Status der FDP als Regierungspartei. Und diese Regierung kam zur Jahreswende 1976/77 – wie oben bei der Schilderung des Schicksals von Klaus Schütz dargelegt – in wachsende Bedrängnis. Diskussionen um die Zukunft des Regierenden Bürgermeisters berührten zwangsläufig auch den Juniorpartner. Die Jungdemokraten brachten das Unbehagen in den Reihen der Liberalen klar zum Ausdruck: 1977 werde ein „schweres Jahr" für die FDP im Senat, dem Regierenden Bürgermeister wurde ein „gründliches personelles Revirement" empfohlen: „Dabei darf auch die Person des Regierenden Bürgermeisters kein Tabu sein." Sie nahmen aber auch die eigene Partei ins Visier: Lüder wurde als „Wirtschaftssenator ohne Fortune" bezeichnet.[164]

Ein außerordentlicher Parteitag am 23. Januar 1977 sollte der FDP die Möglichkeit zur Kritik geben. Die Chefs gefielen sich in der Geißelung des Koalitionpartners. Lüder suchte die Distanz, er wollte die FDP nicht in Haftung genommen sehen für Verhältnisse, die in zwanzig Jahren absoluter Mehrheit der SPD geschaffen wurden. Dabei verschwieg er natürlich, daß die FDP schon von 1963 bis 1971 an der Regierung beteiligt war. Auch der Fraktionsvorsitzende Vetter versprach darauf zu achten, daß die FDP nicht „unter dem Motto ‚mitgefangen, mitgehangen'" für Fehlentwicklungen bei den Sozialdemokraten am Wahltag mitbestraft würde. Doch ebenso *unisono* verabschiedete der Landesparteitag eine Entschließung, es gebe zum sozialliberalen Bündnis „keine vertretbare Alternative".

Dennoch blieb die Besorgnis über die innerparteiliche Situation der SPD bestehen. Der Antrag auf Mißbilligung des Regierenden Bürgermeisters wegen seiner Erklärung in der KPM-Affäre sah schon nicht

[163] Gemäß dem Bezirksverwaltungsgesetz wurden die Bezirkskollegien im Verhältnis der jeweiligen Fraktionsstärke besetzt, das heißt, es kam stets zu „Großen Koalitionen". Die FDP blieb von allen Stadtratsposten ausgeschlossen und plädierte daher jahrzehntelang erfolglos für eine Änderung.

[164] *Berliner Liberale Zeitung* vom 15. 1. 1977.

mehr alle Liberalen auf dem Posten. Hermann Oxfort stimmte nach öffentlicher Ankündigung für den Antrag der CDU.[165] Und auch Lüder wollte seine Partei nicht in den Abwärtssog um Klaus Schütz gezogen sehen. Er mahnte die Sozialdemokraten, wenn sie schon über die Zukunft ihrer Führung diskutierten, dann müsse „bis zur Sommerpause klar sein, mit welcher Mannschaft man in die zweite Hälfte gehe".[166]

In den letzten Tagen der Regierung Schütz hielt sich die FDP zurück, sie mischte sich nicht in die Personalentscheidungen ein, um ihre Vertreter nicht ebenfalls zur Disposition zu stellen. Fraktion und Landesvorstand machten klar, daß die drei von der FDP gestellten Senatoren nicht in eine „große Lösung" der Senatskrise einbezogen werden sollten. Beide Gremien hatten unmittelbar nach dem Rücktritt von Schütz festgestellt, daß eine Koalition mit der CDU ausgeschlossen sei.[167] Die Stillhaltetaktik der Liberalen in der Senatskrise schloß auch eine geheime Vorabstimmung über Stobbe in der FDP-Fraktion ein, bei der dieser alle Stimmen der liberalen Mandatsträger erhielt. Als der neue Regierende gewählt war, gaben sich die Liberalen erfolgsgewohnt: „Die FDP ist der Stabilitätsfaktor in dieser Regierung."[168]

Danach konzentrierte sich der Landesverband auf seine Vorstandswahlen, die turnusgemäß abgehalten wurden. Wie schon die Fraktionsführung um Horst Vetter zur Halbzeit der Legislaturperiode bestätigt wurde, so suchte auch der Landesvorstand die Wiederwahl, um in den Zeiten des proklamierten Neuanfangs im Rathaus Schöneberg nun nicht die FDP in die Schlagzeilen zu bringen. Oxfort gereichte es jetzt zum Vorteil, daß er bei den Senatorenwahlen gegen Horst Korber wegen dessen Doppelfunktion als Senator und Präsident des Landessportbundes gestimmt hatte. Derlei Aufmüpfigkeit gegenüber dem neuen Regierenden Bürgermeister imponierte auch Vertretern des linken Flügels. Oxfort konnte zwar schon ob seiner Statur nicht als *enfant terrible* bezeichnet werden, doch er gefiel sich durchaus in der Rolle als unberechenbarer Rebell. Auf dem Parteitag

[165] Dieses Verhalten stieß auch innerhalb der FDP auf Unbehagen, Fraktionschef Vetter vermochte Oxfort nicht von dessen – berechtigter – Kritik abzuhalten.

[166] Zitiert nach: *Berliner Liberale Zeitung* vom 12. 3. 1977.

[167] Protokoll der außerordentlichen Landesvorstandssitzung vom 28. 4. 1977, in: Akte „LaVo ab 32. Sitzung..." (s.o. Anm. 161).

[168] Extrablatt der *Berliner Liberalen Zeitung* vom 7. 5. 1977.

richtete er scharfe Töne an die Adresse der Sozialdemokraten, die seiner Einschätzung nach „noch nicht alle Leichen aus dem Keller“ geholt hätten. Nachdem der Parteitag Wolfgang Lüder zum viertenmal mit seinem bisher besten persönlichen Ergebnis zum Parteichef gewählt hatte, schlug dieser seine beiden bisherigen Stellvertreter erneut vor, um „die ganze Breite der Partei“ berücksichtigt zu sehen. Die Delegierten folgten diesem Vorschlag.[169]

Auch den Liberalen war klar: Wollte die Koalition wirklich noch bis zum Wahltermin im Frühjahr 1979 aus dem Tief herauskommen, so war gemeinsame Arbeit im Senat angezeigt, die von Fraktion und Partei zwar kritisch begleitet, aber nicht grundsätzlich in Frage gestellt werden sollte. Denn seit der Wahl Dietrich Stobbes zum Regierenden Bürgermeister herrschte in Berlin Wahlkampf. Die Regierungskoalition mußte ihren proklamierten „Neuanfang aus eigener Kraft“ unter Beweis stellen, der Opposition mußte daran gelegen sein, die Fehlleistungen des Senates Schütz in der Erinnerung der Berliner wachzuhalten, um jenen Neuanfang als unzureichend hinzustellen. So setzte auch die FDP auf eine Konzentration auf das Wesentliche. Auch sie favorisierte nun den Primat der Stadtpolitik. Wirtschafts-, Kultur- und Bildungspolitik sollten im Vordergrund der Politik des neuen Senates stehen. Das Ziel der Verbindung dieser drei Politikfelder sollte eine Stärkung der Beziehung der Bürger zu ihrer Stadt sein.

Doch trotz des herrschenden „Wahlkampfes“ brachen die politischen Gegensätzlichkeiten innerhalb der Berliner FDP immer wieder durch. Die politische Debatte in der Bundesrepublik einschließlich Berlins war im Jahr 1977 vom Terrorismus überschattet. Debatten über dessen Bekämpfung wurden emotional geführt. Innerhalb der Berliner FDP kam es bei diesem Thema zu einer Zerreißprobe.

Anlaß für das Zerwürfnis zwischen Parteiführung und den Jungdemokraten war deren Entschluß, den höchst umstrittenen „Mescalero-Nachruf“ auf den ermordeten Generalbundesanwalt Buback nachzudrucken, in dem von „klammheimlicher Freude“ über dessen Tod die

[169] Von 247 Delegierten erhielt Lüder 170 Ja- gegen 54 Nein-Stimmen bei 23 Enthaltungen; Loßmann erhielt von 250 Delegierten 179 Ja- gegen 61 Nein-Stimmen bei 10 Enthaltungen. Für Oxfort stimmten von 249 sich Beteiligenden 132 mit Ja, 98 mit Nein bei 18 Enthaltungen und einer ungültigen Stimme; *Berliner Liberale Zeitung* vom 18. 5. 1977.

Rede war.[170] Schon am 14. Juli 1977 war im Landesvorstand davon abgeraten worden.[171] Ohne Wissen und gegen den ausdrücklichen Rat des Vorstandes wurde die Schmähschrift nebst Kommentierung Ende September 1977 veröffentlicht. Dieser Akt wurde vom Vorstand als „politisches Fehlverhalten" und „unbegreifliche Instinktlosigkeit" verurteilt. Dennoch kam der Landesausschuß dem Wunsch der Bundesparteispitze nach einem Parteiausschlußverfahren nicht nach. Der mehrheitlich vom linken Flügel gestellte Landesausschuß entschloß sich lediglich zu einem Schiedsverfahren mit dem Ziel der zeitweiligen Aberkennung der Befähigung zum Führen von Parteiämtern, und dies, obwohl die Jungdemokraten – wie bereits oben erläutert – gar nicht Mitglied der FDP zu sein brauchten. Lüder selbst hatte aus Angst vor einem Zerbrechen des Landesverbandes gegen das Votum aus Bonn für die milde Lösung gestimmt. Er lavierte zwischen harten Worten nach innen und betonter Beschwichtigung nach außen. Persönlich mochte er sich als Mitglied des Bundesvorstands nicht auf eine Befürwortung der Aktion einlassen und mußte doch eine zu starke Konfrontation mit seiner eigenen Hausmacht, dem linken Flügel, vermeiden. Sein Vorgehen in dieser Angelegenheit wurde daher je nach Standpunkt des Beobachters als Zeichen von Integrationsfähigkeit oder von Opportunismus gewertet. Im Frühjahr 1978 drohte der Bezirksverband Tiergarten dem Landesvorsitzenden, zu den Wahlen im März 1979 keine Kandidaten aufzustellen, wenn nicht der Senat eine Liberalisierung in der Frage des Radikalenerlasses anstrebe. Hin- und hergerissen zwischen seiner Loyalität als Senatsmitglied und der Pflicht zur Integration der Meinungen in der Partei als Landesvorsitzender versprach Lüder, sich für die Wünsche Tiergartens verwenden zu wollen. Vertreter der CDU nannten dieses Vorgehen beim Namen: Die FDP-Spitze war erpreßbar.

Bereits im Januar 1978 bekannten sich die Delegierten eines außerordentlichen Landesparteitages zu der gemeinsamen Position, die alle Liberalen nach außen vertraten, dem Regierungsbündnis mit der SPD. „Es ist kein Geheimnis, daß wir auf keinen Fall wieder in den Senat eintreten, falls die SPD die absolute Mehrheit gewinnen sollte", führte

[170] Siehe den auszugsweisen Abdruck und weitere Erläuterungen bei Gerd Langguth, *Protestbewegung. Entwicklung, Niedergang, Renaissance. Die neue Linke seit 1968*, Köln 1983, S. 333, Anm. 25.

[171] Protokoll der Sitzung in: Akte „LaVo ab 1. Sitzung am 14. 5. 1977" beim Landesverband.

Lüder aus.[172] So häuften sich die Distanzierungen von den Sozialdemokraten, galt es doch, das eigene Profil zu schärfen. Während also Lüder als Wirtschaftssenator um Investitionsbereitschaft bei der Industrie kämpfte, gefielen sich einige seiner Parteifreunde darin, beispielsweise die Aufhebung der Bundesgesetze gegen den Terrorismus („Anti-Terror-Gesetze“) zu fordern. Solche Beschlüsse mußten die Bundespartei ebenso verärgern wie die Forderung nach einem Rücktritt des FDP-Bundesinnenministers Maihofer durch den Landesvorstand der Berliner FDP.[173]

Nach dem Rücktritt von Justizsenator Baumann rechnete sich Fraktionschef Vetter Chancen für ein innerparteiliches Revirement aus, nach dem Lüder das Justizressort übernehmen, Vetter zum Wirtschaftssenator aufrücken und Oxfort wieder den Fraktionsvorsitz einnehmen sollte. Dieser Plan fand jedoch keine Mehrheit.[174] Statt dessen gab es erneut eine Außenlösung. Der wegen des schlechten Wahlergebnis der FDP am 4. Juni 1978 aus dem Hamburger Senat ausgeschiedene Gerhard Moritz Meyer wurde nun Justizsenator in Berlin. Bei seiner Wahl enthielten sich vier Abgeordnete, von denen mindestens drei der Koalition angehörten, der Stimme, erneutes Mißtrauen erleichterte daher keineswegs den Start des neuen Senators.

Auf dem Landesparteitag am 7. und 8. Juli 1978 sollten nach diesen Erschütterungen inhaltlich Zeichen gesetzt werden. Neben einer erneuten Absage an die CDU schlug der Parteivorstand neun Thesen für eine liberale Berlin-Politik vor.[175] Ein Faktor bereitete den Liberalen nämlich zusehends Kopfzerbrechen: das Aufkommen der

[172] Gegenüber der *Welt* vom 23. 1. 1978. Im September 1978 machte Stobbe der FDP gleichwohl auch für diesen Fall ein Koalitionsangebot.

[173] Die Episode um diese Rücktrittsforderung zeigt das ganze Dilemma Lüders. Der Beschluß kam zustande auf einer Vorstandssitzung, an der nur sechs von elf Mitgliedern teilnahmen und Lüder sowie Oxfort verhindert waren. Beide fühlten sich hinters Licht geführt. Doch während Oxfort den Rücktritt des zweiten Stellvertreters Loßmann forderte, tat sich Lüder mit einer Rüge schwer, um sich nicht noch weiter von seinem Anhang zu distanzieren.

[174] In der gemeinsamen Sitzung der Fraktion und der Landesvorsitzenden am 3. Juli 1978 stimmte der Landesvorstand geschlossen gegen einen Wechsel Lüders in das Amt des Justizsenators, auch die Fraktion votierte mit 7 zu 3 Stimmen dagegen. Protokoll der außerordentlichen Sitzung in Akte 10895 beim Archiv des deutschen Liberalismus, Gummersbach.

[175] Dokumentiert in: *Berliner Liberale Zeitung* vom 14. 7. 1978.

grünen und alternativen Wettbewerber. Als kleine, sich in Berlin betont progressiv gebende Partei fürchtete die FDP um ihre parlamentarische Existenz, der Schock des Ausscheidens aus dem niedersächsischen Landtag und der Hamburger Bürgerschaft saß auch in Berlin tief. Dort hatten neue Listen erhebliche Prozentanteile errungen. Schon vorher hatte Wolfgang Lüder zur politischen Auseinandersetzung mit Bürgerinitiativen und Grünen Listen aufgerufen. Diese wurde mit einer Doppelstrategie betrieben: zum einen wurde den neuen Listen die Existenzberechtigung abgesprochen, zum anderen betonte die FDP ihr Engagement in Sachen Bürgerrechte und Umweltschutz. Auch die Senatskollegen bekamen den neuen Ehrgeiz der FDP bald zu spüren: Stobbe mußte sich von seinem Bürgermeister in Sachen Kraftwerksplanung zurechtweisen lassen. Lüder sah plötzlich keinen erhöhten Energiebedarf mehr. Und die Planung der notwendigen Autobahn Richtung Hamburg wurde nun durch scharfe Töne angereichert, so befand die FDP, „Ristocks Rennpiste", die der DDR abgetrotzte wichtige Autobahn im Norden, dürfe nicht den Tegeler Forst zerteilen. Hier zeigte sich das Gespür der kleinen, an Überlebenskämpfe gewöhnten FDP, Stimmungen in der Bevölkerung rasch aufzugreifen und zum Inhalt eigener Parteipolitik zu machen – insbesondere wenn Wahlen so dicht vor der Tür standen.

In den Wahlkampf ging die FDP 1979 anders als vier Jahre zuvor als Regierungspartei. Zudem bot sie mit Wolfgang Lüder einen neuen Mann an der Spitze auf. Auf ihre Mitgliederentwicklung hatte dies nur wenig Einfluß. In den vier Jahren der Opposition war die Zahl der dem Landesverband Berlin angehörenden Mitglieder von 1170 auf 1819 gewachsen, von 1975 bis zum 31. Dezember 1978 auf 2311.[176] Die insgesamt kleine Zahl der organisierten Liberalen bot weiterhin Gruppen eine relativ große Chance zur Durchsetzung neuer politischer Inhalte. 1981 sollte sich dies mit einem „Teilaustausch" der Mitglieder beweisen. Doch zunächst galt es im Herbst 1978, den Wahlkampf möglichst geschlossen gegen die ebenfalls erstmals vor den Wähler tretenden Kandidaten Dietrich Stobbe, Richard von Weizsäkker und die Alternative Liste zu bestreiten.

[176] Anlage E 1 zum Geschäftsbericht für den 33. Landesparteitag vom 7./8. Juli 1978 und Geschäftsbericht für den 36. Landesparteitag vom 18./19. April 1980, S. 26. Dort finden sich jeweils umfangreiche Statistiken zur Sozialstruktur und der regionalen Verteilung auf die Bezirke.

Die Berliner CDU: Auf der Suche nach einer neuen Strategie

Trotz der Gewinne war die Berliner CDU der Verlierer der Wahlen von 1975. Der Trend wies eindeutig ins konservative Lager: Trotz des Rekordergebnisses der CDU hatte auch der BFD reüssieren können. Und doch entschied sich der Regierende Bürgermeister aus den dargestellten Gründen für ein Regierungsbündnis, das im Vergleich zur Alleinregierung der SPD von 1971 bis 1975 durch die Einbindung der linksliberalen Berliner FDP eine deutliche Akzentverschiebung nach links erkennen ließ. Für die Berliner CDU konnte die Zielsetzung daher im Frühjahr 1975 einmal lauten, die Stimmen der BFD-Wähler beim nächsten Wahlgang durch eine betont konservative Linie auf das eigene Konto zu lenken. Zumindest auf Bezirksebene hätten die Stimmen für den BFD der CDU zu mehr Einfluß verhelfen können. Dies bedeutete eine Verfestigung der Lager. Nur eine absolute Mehrheit hätte dann die Regierungsübernahme 1979 erlaubt. Zum zweiten kam eine weiterreichende Besetzung der Mitte des politischen Spektrums in Betracht: die Fortsetzung des erfolgreichen Abwerbens früherer sozialdemokratischer Stammwähler.

Die schwindende Bedeutung Berlins auf weltpolitischer und innerdeutscher Ebene erhöhte die Chancen der CDU. Jetzt mußte die Regierung auf kommunaler Ebene Erfolge vorweisen. Nicht länger ließen sich Schwierigkeiten und Unzulänglichkeiten in Berlin auf die Schultern der Alliierten oder auf das Konto eines kooperationsunwilligen Umlandes abwälzen. Der Wettstreit der politischen Wettbewerber wurde auf die lokalen Problemfelder verlagert. Und hier hatte die SPD zwei Handikaps: Zum einen reichte der emotionale Bonus der Sozialdemokraten aus den Zeiten des Zusammenstehens um Ernst Reuter während der Blockade und Willy Brandt während des Mauerbaus nicht bis in diese Gefilde politischer Kärrnerarbeit. Der Vertrauensvorschuß, den die Berliner SPD in Sachen Entspannungspolitik genossen hatte, bestand hier nicht. Und zum zweiten schlugen auf diesem Feld die unübersehbaren Verschleißerscheinungen am deutlichsten durch: die Unbeweglichkeit in den Verwaltungen, die in Zeiten der Bedrohung geschaffene Versorgungsmentalität und die in der Enge der ummauerten Stadt existierenden inoffiziellen Kontakte zwischen Partei und Stadtstaat.

Hier soll gezeigt werden, wie sich die Führung der Berliner CDU als Ersatzregierung im Wartestand zu präsentieren versuchte. Herauszustellen sind dabei auf der einen Seite die eigenen Überlegungen zur

Verbesserung der Attraktivität für den Berliner Wähler, gipfelnd im Austausch des Spitzenkandidaten, und der Erarbeitung von politischen Alternativen. Auf der anderen Seite wird die Reaktion auf den Niedergang des Senats gezeigt. Der Rücktritt von Schütz im Mai 1977 spaltete die Legislaturperiode: In der ersten Hälfte befand sich die SPD in der Defensive. Mit der Amtsübernahme des neuen jungen Regierenden Bürgermeisters geriet die zweite Hälfte der Wahlperiode dann aber zum aktiven, permanenten Wahlkampf um die Gunst der Berliner.

Die Erleichterung über das glückliche Ende der Entführung ihres Landesvorsitzenden Peter Lorenz herrschte nach dessen Freilassung nur für kurze Zeit vor. Dann hieß es, die Enttäuschung über das Ergebnis des Wahlerfolgs zu verarbeiten. Mit der Wahl ihres Führungsmannes Lorenz zum Präsidenten des Abgeordnetenhauses übernahm die CDU erstmals die protokollarische Spitzenposition in Berlin. Lorenz stieg gleichwohl vom Präsidentensessel herab ans Rednerpult, um die Regierungsfraktionen zu fordern. Diese Forderungen änderten sich während der gesamten Legislaturperiode substantiell kaum. Ein entschlosseneres Durchgreifen wurde vom Senat verlangt, gegenüber dem Osten genauso wie gegenüber Straftätern und radikalen Bewerbern für den öffentlichen Dienst. Die Schaffung von mehr Arbeitsplätzen, der Bau von mehr Wohnungen, eine größere Attraktivität der Stadt sowie solide Finanzen und eine geringere Schuldenaufnahme kamen hinzu.[177] Daneben stand die scharfe Beobachtung der Verwaltung. Auf dem Gebiet der Beziehungen zur DDR beschränkte sich die politische Alternative der CDU auf Ankündigungen. Heinrich Lummer gab die Parole aus, ein CDU-geführter Senat werde die Verträge anerkennen – eine Entscheidung, die überhaupt nicht anstand –, würde aber anders als die Sozialdemokraten der Devise folgen „To make the best of it, Das Beste daraus machen".[178] Nicht sonderlich phantasievoll war auch das Motto „Was nicht verboten ist, ist erlaubt", mit dem Lummer der DDR gegenübertreten wollte. Als hätte nicht Klaus Schütz nach genau dieser Devise zu handeln versucht. Und es war schließlich nicht nur die DDR-Regierung, sondern es waren auch die Bundesregierung und die Schutzmächte, die sich im

[177] So Lorenz in: *Berliner Rundschau* vom 15. 5. 1975. Siehe zur Kritik am Senat die Serie *Berlin nach den Verträgen* in der *Berliner Rundschau* vom 21. 10., 4. 11., 18. 11. und 16. 12. 1976.

[178] *Berliner Rundschau* vom 15. 5. 1975.

Rahmen ihrer Deutschlandpolitik nicht von Berliner Wünschen und Forderungen unter Druck setzen lassen wollten – da wäre ein CDU-Senat trotz aller Ankündigungen auch nicht weitergekommen. Die einzige Alternative der CDU auf diesem Gebiet bestand in einem Wechsel der Tonart, in der ein Senat mit dem für den Schießbefehl an der Mauer verantwortlichen Regime hätte Politik betreiben können – und genau dieser Wechsel blieb wegen besserer Einsicht aus, als 1981 Richard von Weizsäcker die Führung des Senats übernahm.

Die Kritik an der Bundesregierung konzentrierte sich auf den Vorwurf, Bundeskanzler Schmidt versuche, das Berlin-Problem wie alle anderen Aufgaben pragmatisch anzugehen. Lorenz warf ihm vor, „in Berlin trügerische Ruhe durch wirtschaftliche Hilfe für die Stadt bei politischer Leisetreterei erkaufen zu wollen".[179] Lediglich in Sachen KSZE leistete sich die CDU im Sommer 1975 eine echte Gegenposition nicht nur zur Bundesregierung, sondern auch zu den befreundeten Westmächten: „Niemand in den Kabinetten Europas hat den Mut, offen zu erklären, daß die ganze Veranstaltung lächerlich ist", hieß es in der Berliner Parteizeitung.[180] Daß der Westen – wie oben ausführlich dargelegt – bei der Sowjetunion im Wort war und auch das Vier-Mächte-Abkommen und die Verbesserungen in den innerdeutschen Beziehungen diesem Kontrakt im Prozeß des politischen Gebens und Nehmens zu verdanken waren, hatte Berlins CDU verdrängt.

Für die eigenen Reihen gab es von der Parteiführung weiterhin zunächst nur Durchhalteparolen. Schon bei seiner Wiederwahl als Landesvorsitzender auf dem 56. Landesparteitag am 23. Mai 1975 wußten Lorenz und seine Parteifreunde, daß es bedeutender Anstrengungen und neuer Motivationsschübe bedurfte, um das Rekordergebnis nochmals zu verbessern. Und trotz der Parole des Parteitags: „Der Spitzenkandidat für dieses hohe Ziel ist unumstritten", war die Person des Parteichefs in der Diskussion. Die Frage, ob Lorenz bei einem CDU-Sieg bei der Bundestagswahl im Herbst 1976 als Minister nach Bonn gehen würde, tauchte bereits im Frühjahr 1975 auf. Als erstes sollte aber der Berliner Parteiapparat umstrukturiert werden. Lorenz hatte dafür den ehrgeizigsten und fleißigsten Nachwuchsmann Eberhard Diepgen vorgesehen. Dieser unternahm als Geschäftsführender Landesvorsitzender die Aufgabe, die Aktivitäten innerhalb des gesam-

[179] Lorenz auf dem 58. Landesparteitag der Berliner CDU im November 1976, zitiert nach: *Berliner Rundschau* vom 18. 11. 1976.

[180] *Berliner Rundschau* vom 10. 7. 1975.

ten Landesverbandes, also der Bezirke, der Fraktion, des Landesvorstands, zu straffen und zu koordinieren. Die Größe der Fraktion und das Amt des Parlamentspräsidenten waren Ausweis des Aufstrebens der CDU – doch bei den Mitgliederzahlen nahmen sich im Frühjahr 1975 die 12 500 CDU-Mitglieder gegenüber 37 000 Berliner Sozialdemokraten noch bescheiden aus. Diepgen plädierte daher für eine verbesserte Öffentlichkeitsarbeit, die auch Nicht-Mitglieder ansprechen sollte. Dazu diente die verstärkte Veranstaltung sogenannter Foren, die Sachverständige mit interessierten Bürgern zusammenbringen sollten und zu den Bereichen Schulwesen und Gesundheit, Arbeits- und Sozialwesen, Bau- und Stadtplanung, Jugend und Familie, Sport sowie Umweltschutz eingerichtet wurden. Auch die Gründung eines kulturpolitischen Arbeitskreises im Herbst des Jahres 1975, die Durchführung des Symposions „Berlin – unsere nationale Aufgabe" im April 1976 oder des „Kommunalpolitischen Kongresses ‚menschliche Stadt'" im Juni 1976 gehörten zu dieser Strategie der Verbesserung der Öffentlichkeitswirkung. Die bürgerliche Wählerbewegung in Zehlendorf sollte auf diese Weise ebenso eingedämmt werden wie der Verlust von Unzufriedenen an konservative Protestgruppen wie den Bund Freies Deutschland.

Gerade die Erfahrung mit dem Bund Freies Deutschland bei den Wahlen im Frühjahr ließen den Berliner Landesvorsitzenden Lorenz vor einer Spaltung der Union und einem Bruderzwist warnen, war es doch anläßlich der Bestellung des rheinland-pfälzischen Ministerpräsidenten und CDU-Bundesvorsitzenden Helmut Kohl zum Kanzlerkandidaten der Union zu heftigen Debatten über eine Ausweitung der CSU auf Bundesebene gekommen. Die Berliner CDU unter Lorenz unterstützte die Nominierung Kohls anstelle des Rivalen Franz Josef Strauß auf dem Mannheimer Bundesparteitag im Juni 1975. Lorenz wurde dort erneut zum Mitglied des Bundesvorstandes gewählt und trat als Warner vor einer „Vierten Partei" auf. Helmut Kohl dankte es dem loyalen Lorenz mit dessen Nominierung zum Kandidaten für das Bundesministerium für innerdeutsche Beziehungen. Damit hatte auch die CDU ihre Diskussion über den Abzug politischer Führungskräfte in Bonner Ämter. Immerhin konnte Lorenz aber nicht vorgeworfen werden, Berlin nur als Sprungbrett für höhere Aufgaben benutzt zu haben.

Zu Beginn des Jahres 1976, vor den Nachwahlen zum Abgeordnetenhaus in den Zehlendorfer Wahlkreisen, war das Konzept, die Attraktivität der Partei zu steigern, noch nicht aufgegangen. Die *Ber-*

liner Morgenpost erteilte Zensuren: Lorenz wurde als „engagierter, tüchtiger, liebenswerter und intellektuell vollkommen redlicher Mann“ charakterisiert. Gemeint war: Ihm fehle die notwendige Entschlossenheit und ein Schuß Aggressivität zur Machterringung. „Balance ist die Sache Lummers nicht“, hieß es über den Fraktionsvorsitzenden, bei dem Laune Stetigkeit ersetze. Und dem großen Talent Diepgen wurde eine „nahezu unverzeihliche“ taktische Opportunität attestiert: „spritzig, aber nicht ausgereift“.[181]

Doch bevor es zu einer kritischen Bestandsaufnahme des ersten Jahres nach der Wahl kommen konnte, verhalfen zwei Faktoren der Berliner CDU zu einem politischen Hoch: das gute Ergebnis bei den Nachwahlen Ende Januar 1976 und die sich mehrenden Schwierigkeiten des Senats und der SPD; die aufkommende Affäre um die KPM und das Zerbrechen der sozialliberalen Koalition in Niedersachsen. Mit Überschriften wie „Schwäche des Senats ist offenkundig“ und „Schütz kommt in die Schußlinie“ eröffnete die Parteizeitung die Offensive.[182] Dieses unverhoffte Hoch verzögerte allerdings die Bestandsaufnahme. Denn Bestandsaufnahme mit dem Ziel der Verbesserung der Parteiarbeit, das hieß eben auch bei der CDU in erster Linie, die Verabschiedung von Honoratioren zu betreiben und diese durch ambitionierte jüngere Politiker zu ersetzen, die die Oppositionsrolle der CDU in Berlin noch nicht als „Naturereignis“ über die Jahre zu ertragen gelernt hatten und auch nicht dazu bereit waren.

Peter Lorenz versuchte, die angeschlagene Koalition weiter aus der Fassung zu bringen, indem er SPD und FDP jeweils Gespräche über eine Neubildung eines Senats unter Führung der CDU anbot. Zur Frage, warum die CDU ein Bündnis mit einer der beiden so scharf attackierten Parteien anstrebe, sagte Lorenz, „man müsse sich auch einmal mit einem zusammensetzen, der unfähig sei, um das Beste für die Gemeinschaft zu erreichen“.[183] Am Jahrestag der Wahlen vom 2. März 1975 verlangte Lorenz den Rücktritt gleich des gesamten Senats. Doch seine Alternativen – eine Allparteienregierung, eine Große Koalition unter seiner Führung oder ein Bündnis aus CDU und FDP – waren zu breit gestreut. Keine Lösung war wirklich zwingend oder auch nur attraktiv für eine der beiden angesprochenen Par-

[181] *Die blasse CDU*, in: *Berliner Morgenpost* vom 4. 1. 1976.
[182] Ausgabe vom 26. 2. 1976.
[183] *Berliner Rundschau*, 11. 3. 1976.

teien. Und was schlimmer war: Keins der Angebote war auch nur annähernd inhaltlich vorbereitet worden, sie wirkten beliebig und deshalb nicht besonders ernsthaft. „Verbaler Kraftakt" und „überflüssig" lauteten daher zu Recht die Kommentare der Angesprochenen.[184] Außerdem kam die Aufforderung erst Tage nachdem Schütz Resignation hatte erkennen lassen. Die Angebote wurden demzufolge und folgerichtig abgelehnt.

Festzuhalten bleibt, daß die Opposition noch nicht die Forderung nach Neuwahlen erhob, obwohl doch die Nachwahlen in Zehlendorf wenige Wochen zuvor Verluste für die Senatsparteien erbracht hatten. Doch weder ein Volksbegehren mit dem Ziel der Einleitung der ersten Neuwahlen in der Berliner Demokratie der Nachkriegszeit noch das Verfahren zur Auflösung des Abgeordnetenhauses mit derselben Folge erschienen der CDU opportun.[185] Peter Lorenz, wie Klaus Schütz von der demokratischen Selbstbehauptung Berlins nach dem Krieg geprägt, war nicht der Mann, solche Geschütze gegen den Amtsinhaber aufzufahren. Zudem hatte es Lorenz eine Woche zuvor zugelassen, daß seine Position in Frage gestellt wurde. „Mein erklärtes Ziel ist und bleibt es, für das Amt des Regierenden Bürgermeisters von Berlin zu kandidieren. Das kann entweder innerhalb der nächsten drei Jahre geschehen, falls die sozialliberale Koalition nicht über die ganze Legislaturperiode hinweg halten sollte. Auf jeden Fall aber werde ich 1979 wieder Spitzenkandidat der Berliner CDU sein", betonte er, als er anläßlich seiner Kandidatur für ein Bundestagsmandat nach seinen Vorstellungen gefragt wurde.[186] Nach seiner Nominierung im Mai erklärte er: „Ich habe diese Kandidatur angenommen, weil bei einem Sieg in der Bundestagswahl sich mir die Chance eröffnet, in einer von der Union geführten Bundesregierung besondere Verantwortung für Berlin und die Deutschlandpolitik zu übernehmen."[187]

Dies klang nicht mehr oder weniger heroisch als gleichartige Beteuerungen zuvor durch Willy Brandt oder danach durch Richard von Weizsäcker. Doch in einer Situation, in der sich die regierende

[184] *Berliner Morgenpost* vom 3. 3. 1976.

[185] „Jetzt noch nicht, würde ich sagen, wir sollen ja solche Sachen auch nicht mutwillig angehen, aber es kann durchaus einmal ein Zeitpunkt kommen, wo uns Neuwahlen unbedingt notwendig erscheinen." Lorenz im *WDR* am 2. 3. 1976 (zitiert nach der Kommentarübersicht des Bundespresseamtes).

[186] Im Interview in der *Berliner Morgenpost* vom 27. 2. 1976.

[187] Zitiert nach *Berliner Rundschau* vom 13. 5. 1976.

Koalition bereits in einem deutlichen Stimmungstief befand, waren solch persönlich legitimen und integren Wünsche von Lorenz das falsche Signal. Die Nachfolgerfrage konnte nicht öffentlich diskutiert werden, die Suche nach einem Kronprinzen nicht offen betrieben werden. Außerdem war es gar nicht nötig, dem Bundestag anzugehören, wenn man ein Amt in der Exekutive anstrebte. Hier blieb Lorenz eine Erklärung schuldig. Seine Berliner Parteifreunde mußten zudem hören, er habe die Absicht, in Berlin zu bleiben, wenn es in Bonn nicht zur Wahl eines Kabinettes Kohl reichen werde. Kurzum: In einer Phase, die verschärfte Angriffe gegen den angeschlagenen Regierenden Bürgermeister Schütz geboten erscheinen ließ, lähmte sich die Berliner CDU-Führung selbst, indem sie schon im Frühjahr ihre Führungsstruktur von einem Bundestagsvotum im Herbst – und außerhalb Berlins – abhängig machte.

So blieb es nicht aus, daß eine Ablösung von Lorenz im Frühjahr 1977 während der Krise um Klaus Schütz öffentlich diskutiert wurde. Es fehlte nicht an der Aufforderung, „einen Hecht in den Berliner Karpfenteich" zu werfen, da dies die anderen Parteien zwinge, „die Amtsmüden, die bloßen Amtssesselinhaber, die Ehrgeizlinge und Parteiveteranen zurückzuziehen".[188] Auch anläßlich des oben behandelten Mißtrauensvotums gegen den Senat im Juli 1977 im Zusammenhang mit der Flucht von vier Inhaftierten und dem Rücktritt Justizsenators Oxforts erhielt Lorenz keine guten Kritiken.[189] Für den Fall, daß das Mißtrauensvotum erfolgreich sein sollte, kündigte er Koalitionsverhandlungen sowohl mit der SPD als auch mit der FDP an. Auch hier scheute er also die Festlegung. Ein Angebot an die SPD, lieber mit der CDU zusammenzuarbeiten, als eine FDP zum Partner zu haben, deren ausgewiesen bürgerlich-konservativer Exponent Oxfort ohnehin aus dem Senat ausscheiden mußte, hätte politisch überzeugender gewirkt. Schließlich wurde nun der dezidiert linksliberale Wolfgang Lüder zum Bürgermeister gewählt, alle liberalen Senatoren stammten aus dem linken Lager der FDP, ein Umstand, der nicht allen Sozialdemokraten gefallen konnte und die Chancen einer Großen Koalition erhöhte.

[188] Peter Bender, in: *Deutsches Allgemeines Sonntagsblatt* vom 13. 3. 1977.

[189] Die Fraktionsregie war fehlgeschlagen. Lorenz war eine große Chance zur (Selbst-)Darstellung entgangen, da er erst in der dritten Runde im Parlament zu Wort kam.

Die CDU-Parole: „Unser Berlin muß sich endlich wieder sehen lassen können", blieb zwar richtig, doch zumindest im Rathaus Schöneberg war die CDU von der unmittelbaren Beteiligung an der Regierungsverantwortung so weit entfernt wie zuvor, wenn nicht noch weiter. Weder die Empörung über die Behinderung der Jungen Union durch die DDR-Behörden anläßlich ihrer Proteste zum 15. Jahrestag des Mauerbaus noch das sehr gute Bundestagswahlergebnis der CDU konnte der Berliner Landesverband zu Profilgewinnen nutzen. Und mit der Bundestagswahl war auch der Landesvorsitzende wieder in der Diskussion. Wie 1975 in Berlin galt jetzt auch in Bonn nach Meinung der CDU: „Der Block der Verlierer will an der Macht bleiben."[190] Doch Lamentieren half nicht, an einen Ministerposten für Lorenz war nicht zu denken. Lorenz hatte sich am Vormittag des 3. Oktober vom Abgeordnetenhaus nach Bonn entsenden lassen. Nach der Konstituierung des neuen Bundestages legte er das Mandat aber am 23. Februar 1977 nieder, um als Spitzenkandidat der CDU und Parlamentspräsident in Berlin präsent zu bleiben. Der aus der Bundestagswahl resultierenden Frustration der CDU versuchte auch der Berliner Landesverband zu begegnen. Auf dem 58. Landesparteitag im November 1976 unter dem Motto: „Berlin – Aufgabe für Alle" gab man sich selbstbewußt: „Die CDU gibt in Berlin den Ton an." Unberechtigt war dies nicht, hatte doch eine Woche zuvor die SPD eine schlechte Figur bei dem Dementi ihres eigenen Vorschlags gemacht, Berlin solle zum „Modell des demokratischen Sozialismus" werden. Auch Themen wie die Einrichtung einer „Wirtschaftsförderungsgesellschaft" und eines Berlin-Planungsstabs beim Bundeskanzler waren zuerst von der CDU angeregt worden. Lorenz konnte daher durchaus behaupten, daß die SPD auf Themen der CDU einschwenken mußte. Dazu gehörte auch die Kritik an der Kostenentwicklung und Auftragsvergabe in Sachen ICC. Dennoch blieb Peter Lorenz umstritten. Mangels eines Kronprinzen formierte sich noch keine Opposition, doch wurden ständig leise Zweifel an seiner Entschiedenheit und Durchsetzungsfähigkeit laut. Er stand zu der Linie, die unter seiner Führung innerhalb von sechs Jahren die Mitgliederzahl annähernd verdoppelt hatte. Als die Diskussionen um eine vierte Partei durch die später zurückgenommene Ankündigung der CSU, die Fraktionsgemeinschaft mit der CDU im Bundestag aufzukündigen, nach

[190] *Berliner Rundschau* vom 7. 10. 1976.

dem 3. Oktober wieder aufgeflammt waren, stellte Lorenz klar: „Ich bin der Auffassung, daß selbst für den Fall einer CSU-Gründung in Berlin die CDU ihren politischen Standort auf keinen Fall verändern darf. Sie ist eine Partei der Mitte und muß eine Partei der Mitte bleiben."[191]

Nicht diese Position brachte die Berliner CDU im Frühjahr 1977 verstärkt ins Gespräch, sondern das Bild der Schwäche, daß der von Schütz geführte Senat bot. Während sich die SPD in einer Haltung zwischen Lähmung und Selbstzerfleischung gefiel, mußte Peter Lorenz angesichts der Mandatsverteilung weiterhin auf dem Zuschauerrang verweilen. Schon im März hatte die CDU Neuwahlen als „sauberste Lösung" vorgeschlagen, aber doch kein Verfahren betrieben, um diese zu erreichen. Erst in der letzten Woche der Amtszeit Schütz' äußerte Lorenz sich endlich zu diesem Verfahren, doch auch hier eher resignierend. Angesprochen auf die Forderung nach Neuwahlen, führte er aus: „Nun kann man die SPD nicht zwingen, einer Auflösung des Abgeordnetenhauses zuzustimmen, wenn sie nicht will." Das Volksbegehren mit dem Ziel des Volksentscheids mochte er noch immer nicht in die Wege leiten, die Fristen erschienen ihm zu lang, um die Erregung in der Bevölkerung in politische Münze umzuwandeln. Innerhalb der CDU wurde die vornehme Zurückhaltung des Vorsitzenden jedoch zunehmend getadelt. Als „rechtschaffen" und „redlich" wurde Lorenz gelobt, Anlaß genug, auch wieder Namen von außerhalb in die Diskussion um den Herausforderer des Regierenden Bürgermeisters zu bringen: Rainer Barzel wurde erneut genannt, dazu der gerade als CDU-Bundesgeschäftsführer ausgeschiedene Kurt Biedenkopf.[192]

Die Partei konnte sich der Macht näher als je zuvor fühlen. Einigen schien die Übernahme der Regierungsgeschäfte nur noch eine Frage der Zeit zu sein. Und dies bedeutete, Positionen rechtzeitig vor den nächsten Wahlen zu besetzen. Folglich bekam auch die Berliner CDU ihr „Generationenproblem". Junge Nachwuchskräfte drängten bei Wahlen in den Ortsverbänden vielfach die alten Honoratioren zur Seite. Unmittelbar vor dem Rücktritt von Schütz stand bei der CDU ein Parteitag[193] mit Wahlen zum Landesvorstand auf dem Programm. Aufgrund der Zunahme der Mitglieder waren jetzt auch viel mehr, vor allem jüngere Delegierte, bei der Wahl zugegen.

[191] *Berliner Rundschau* vom 18. 11. 1974.
[192] *Die Welt* vom 11. 3. 1977.
[193] Am 15./16. April 1976, siehe die Protokollakte beim Landesverband Berlin.

Peter Lorenz warnte vor allem diese: In den zwei Jahren bis zur Wahl „darf keine Zeit sein für innerparteiliches Stühlesägen". Lorenz verwahrte sich gegen Personalvorschläge für die Spitzenkandidatur, auch Barzel werde ihn nicht von dieser Position verdrängen: „An meiner Bereitschaft, die Berliner CDU zum endgültigen Erfolg zu führen, hat sich nichts geändert." Beim anschließenden Wahlgang wurde Lorenz erneut zum Parteivorsitzenden bestellt. Er erhielt diesmal allerdings 44 Gegenstimmen, ein Zeichen, das von einigen Delegierten als Reaktion auf die Diskussion über seine Führungsqualitäten gedeutet wurde und angesichts der Schwäche von Schütz nicht gerade ein Zeichen von Zutrauen war. Allerdings war auch in den Reihen der ehrgeizigen jungen Christdemokraten klar, daß ein hochkarätiger Import aus Bonn die Berliner CDU auf Jahre hinaus prägen würde, und auf einen Kandidaten aus den eigenen Reihen konnten sie sich schon gar nicht einigen.[194] Die Führungsriege wollte daher lieber Lorenz ein drittes Mal gegen Klaus Schütz ins Rennen schicken.

Doch eben jener Klaus Schütz war 14 Tage später nicht mehr im Amt. Nun standen auch die Herausforderer vor einer neuen Situation: Bis zu diesem Zeitpunkt hatten sie darauf gesetzt, daß Klaus Schütz den Senat mehr schlecht als recht ins Ziel bringen und der Wähler dann für den Wechsel stimmen würde. Jetzt stand plötzlich das bereits bekannte Gesicht des Peter Lorenz gegen den neuen jungen Regierenden Bürgermeister Dietrich Stobbe. Bei dessen Wahl im Abgeordnetenhaus von Berlin am 2. Mai 1977 wurde Lorenz als Gegenkandidat, *de facto* als Zählkandidat, aufgestellt. Dabei erhielt er eine Stimme weniger als die CDU über Abgeordnete verfügte. Dies war deutlichster Ausdruck der Zweifel an Lorenz' Führungskraft. Würde er nochmals fünf oder sechs Prozentpunkte mehr für die CDU holen können? Die absolute Mehrheit mußte weiterhin das Ziel für das Frühjahr 1979 bleiben.

Der gute und vielgelobte Start des neuen Senats veranlaßte die CDU auch zu verstärkter Präsenz in der Kommunalpolitik, die Stobbe in den Vordergrund gerückt hatte.[195] Der Geschäftsführende Lan-

[194] Vgl. *Ein Fremder kommt bei uns nicht rein*, in: *Bonner General-Anzeiger* vom 18. 4. 1977.

[195] So fand ein Konzept zur Lösung der Berliner Wohnungsmisere ein großes positives Echo in der Öffentlichkeit, dokumentiert in: *Berliner Rundschau* vom 6. 10. 1977. Es folgten eine weitere Dokumentation *Modernes Leben in Berlin*, in: *Berliner Rund-*

desvorsitzende Eberhard Diepgen kümmerte sich um den Kontakt zur Basis. Er wurde so der Vertreter der jungen, neu in die Partei eingetretenen Mitglieder. Diepgen startete eine Fragebogenaktion, im Rahmen derer Mitglieder und Funktionäre nach ihrer Meinung gefragt wurden. Es ging dabei nicht nur um das Auftreten der Partei und ihrer Spitzenvertreter, sondern auch um die Wichtigkeit verschiedener politischer Probleme. Das Ergebnis bestätigte den Kurs der Partei: Wie die Führung sahen auch die Befragten die wirtschaftliche Stärke der Stadt als größtes Problem an, gefolgt von der Sicherung gegen Krisen von außen und den Bemühungen um die Erhöhung der Attraktivität der Stadt. Der Grad der Identifikation der Befragten mit der Parteiführung erreichte hohe Prozentsätze. Die „Aktion '77 – Noch mehr Mitglieder für die Berliner CDU" schloß sich an. Eines war seit der Amtsübernahme Dietrich Stobbes klar: In Berlin herrschte Wahlkampf. Stobbe hatte das marode Erbe der Koalition in knapp zwei Jahren in eine gefeierte Führungsmannschaft zu verwandeln. Da konnte auch die Opposition nicht ruhen. Im November 1977 bestimmte der Landesvorstand bereits die Wahlkampfleitung.

Hatte man in der CDU-Führung mit der Wiederwahl von Lorenz im April 1977 geglaubt, nun geeint den Rest der Wahlperiode zu verbringen, so sorgten Dietrich Stobbe und seine Mannschaft für Nervosität in den Reihen der schon so zuversichtlichen CDU. Innerparteilich wurde um den richtigen Kurs gegenüber dem neuen Senat gerungen. Während sich Lorenz für eine kritische Begleitung mit Aufzeigung von Alternativen zur Regierungspolitik konzentrieren wollte, sprach sich *Hardliner* Heinrich Lummer für einen Konfrontationskurs aus. Doch wie bei den übrigen Parteien standen die Personalfragen im Vordergrund. Die Aufstellung von Kandidaten sollte „objektiver, sachbezogener und durchsichtiger" verlaufen, verstärkt sollte auf „ausgewiesene Fachkenntnisse" geachtet werden. Jahrelanges Mittun ohne besondere Initiative sollte für eine Nominierung, quasi als Belohnung für Tätigkeiten in den Bezirken, nicht länger ausreichen. Im Bezirk Tiergarten etwa wurde daraufhin kein einziger der sechs Abgeordneten erneut aufgestellt.

Doch die angekündigte „große Offensive" wurde durch die rasch anwachsende Popularität des Regierenden Bürgermeisters gedämpft. Im Frühjahr 1978 waren die Pressestimmen fast einhellig für den

schau vom 25. 5. 1978, und das kommunalpolitische Schwerpunktprogramm *Für eine menschliche Stadt*, dokumentiert in: *Berliner Rundschau* vom 20. 1. 1978.

Amtsinhaber eingenommen.[196] Ein Jahr, nachdem die CDU mit ihrer Klage „Das Maß ist voll!" den Regierenden Bürgermeister Schütz in die Enge getrieben hatte, mußte sich die Führung nun ernsthaft Sorgen machen, ob der damalige Sympathiebonus sich bis zur Wahl konservieren lasse. Und das war schlecht abschätzbar, lag es doch neben den Persönlichkeiten und dem Programm der CDU auch an der persönlichen Präsentation des Amtsinhabers und dessen Geschick, seinen Amtsantritt als den fälligen Machtwechsel auszugeben. Die von der Senatskanzlei unter Verschluß gehaltenen Meinungsumfragen hatten die CDU von April bis Juni 1977 erstmals vor der SPD gesehen, seither aber hatte Stobbe wieder Sympathien für seine Partei gewinnen können und bei der Frage nach der Wahlabsicht („Sonntagsfrage") im Dezember 50% für die SPD bei 27% für die CDU erreicht.[197] Auch wenn die hohe Zahl der Unentschlossenen (bis zu 20%) regelmäßig im Ernstfalle eher für die Oppositionsparteien stimmten, reichte der Trend aus, um die CDU-Parteizentrale in Alarmbereitschaft zu versetzen. Ende Mai 1978 erklärte Eberhard Diepgen: „Ich kann sagen, daß unsere Ausgangsposition für die Wahl die beste innerhalb der gesamten Nachkriegsphase ist."[198] Dies muß eher als Auftakt zum Wahlkampf denn als zutreffende Lagebeschreibung angesehen werden. Die Parole: „Peter Lorenz ist unser unumstrittener Spitzenkandidat", hatte die Reihen nämlich nur nach außen schließen können.[199] Schon im Frühjahr 1978 hatte in der Frage nach dem bevorzugten Kandidaten bei einer Direktwahl des Regierenden Bürgermeisters der Amtsinhaber hoch geführt: 58% der befragten Berliner sprachen sich für Stobbe aus, 33% für Lorenz.[200] An dieser Verteilung der Populari-

[196] „So schwierig manches für Stobbe war – die CDU machte es ihm leicht", *Berliner Morgenpost* vom 24. 3. 1978; die *Stuttgarter Nachrichten* vom 7. 4. 1978 sprachen von Stobbe als „Phönix aus der Asche"; der *Mannheimer Morgen* titelte am 8. 2. 1977: *Senkrechtstarter macht der CDU Sorgen*; *Der Spiegel* vom 13. 2. 1978 nannte Stobbe eine „Zugnummer" für die SPD.

[197] *Infas-Repräsentativerhebungen in Berlin*, Nr. 0757, Jan./Feb. 1978.

[198] Zitiert nach *Berliner Rundschau* vom 25. 5. 1978.

[199] Siehe dazu die Broschüre *Berliner CDU. Innenansicht einer Partei*, in: Akte CDU 2/206/3 beim Archiv der Konrad-Adenauer-Stiftung, in der explizit von Einzelgängern und „ganzen Seilschaften", welche der Parteispitze zustrebten, die Rede ist.

[200] *Infas-Repräsentativerhebungen in Berlin*, Nr. 1422, Jan./Feb. 1978. Bei der Frage der Sympathie (Noten von +5 bis -5) für die Spitzenpolitiker hatte Lorenz im April 1977 Klaus Schütz übertrumpfen können, mit 1.2 zu 1.1. Doch im zweiten Halbjahr konnte Stobbe mit 2.3 zu 0.7 einen großen Abstand herstellen, *a.a.O.*, Nr. 0757.

tät änderte sich bis zum Herbst nichts Wesentliches mehr. Die Berliner CDU griff daher sechs Monate vor der Wahl zum drastischsten Mittel der Attraktivitätssteigerung: Peter Lorenz trat von der Position des Spitzenkandidaten zurück.

Die Nominierung Richard von Weizsäckers und die Reformbemühungen des Landesverbandes

Ein neues Gesicht, eine neue Person sollte wie bei SPD und FDP vor den Wähler treten. Doch einen Politiker von auswärts zu verpflichten, der mit Rückstand in einen bereits angelaufenen Wahlkampf gehen sollte, dieser Schachzug konnte der eigenen Klientel, Mitgliedern wie Wählern, nur plausibel erscheinen, wenn die Siegeschancen dadurch deutlich stiegen. Am 9. September 1978 stellte der CDU-Bundesvorsitzende Helmut Kohl den Wormser Bundestagsabgeordneten Richard von Weizsäcker in Bonn (!) als neuen Spitzenkandidaten für die Wahlen zum Berliner Abgeordnetenhaus am 18. März 1979 vor. Diese Personalentscheidung kam für die Berliner, die politischen Gegner wie die Parteifreunde von Lorenz völlig überraschend.[201] Lorenz, der im Rückblick sagte, die Sache sei zwischen ihm, Parteichef Kohl und von Weizsäcker seit dem Frühjahr 1978 „ausgekegelt worden",[202] stellte seinen Rücktritt als noblen Verzicht dar, eine Haltung, in der ihm die Parteifreunde, auch solche, die seine Ablösung gewünscht hatten, sowie zahlreiche Kommentatoren beipflichteten.[203] Gegen den Kommunalpolitiker, den Lokalmatador, den durch die Hinterhöfe ziehenden Dietrich Stobbe, setzte die CDU-Spitze nicht eine Kopie aus den eigenen Reihen, sondern einen Bundespolitiker, der schon bei seiner Vorstellung auf das von Stobbe vernachlässigte Feld setzte: Er wollte die Rolle Berlins als „nationale Aufgabe" betonen. Natürlich wäre es auch nicht gut aufgenommen worden, hätte er am ersten Tag, in Bonn, mit kommunalen Themen wie Kraftwerkspla-

201 Karl Heinz Gehm spricht von einem „politischen Coup", die Geheimhaltung sei eine „Einmaligkeit im sonst so redseligen Berlin" gewesen, *Der Machtzerfall...* (s.o. Anm. 124), S. 78.

202 Lorenz im Gespräch mit dem Verfasser am 6. 3. 1986.

203 Dies stellte die offizielle Lesart dar. Modalitäten und der Prozeß der Entscheidungsfindung blieben im dunkeln. Gerüchte gipfelten in der These, die Alliierten hätten ein Sicherheitsrisiko gesehen, da Lorenz, der von seinen Entführern unter Drogen gesetzt worden war, eventuell erpreßbar gewesen sei. Beweise dafür liegen nicht vor.

nung oder Autobahntrassenführung brillieren wollen, zunächst mußte er sich ja ein Bild der Situation machen. Ob daher die Personalentscheidung und vor allem der Zeitpunkt glücklich gewählt waren, blieb bis über den Wahltag im März hinaus ein vieldiskutiertes Thema. Peter Lorenz hatte mit diesem Schachzug eines jedenfalls vermocht: Die Rivalen aus den eigenen Reihen waren übergangen worden. Heinrich Lummer knirschte mit den Zähnen: „Manche hätten gerne früher mehr gewußt", und räsonierte: „Manche fragen, ob die Entscheidung nicht anders hätte ausfallen können."[204] Er selbst hatte sich als einen potentiellen Spitzenkandidaten eingeschätzt und wäre in seiner Bodenständigkeit und mit seinem guten Draht zu Teilen der Berliner Bevölkerung nicht ohne Wahlchancen gewesen – gerade in einem Wahlkampf, der weniger den Staatsmann als den zupackenden Oberbürgermeister in den Mittelpunkt stellen sollte. Der junge Eberhard Diepgen verteidigte die Wahl, denn er sah zum einen die Chancen für die Partei wachsen, zum anderen war er selbst zu jung für den Posten gewesen. Er arrangierte sich schnell mit von Weizsäcker und trachtete weiterhin danach, sich unentbehrlich zu machen. Denn der Coup zwang sechs Monate vor der Wahl zur Geschlossenheit. Landesausschuß und Fraktion der Berliner CDU nominierten von Weizsäcker einstimmig bei zwei Enthaltungen. Die SPD, die das Engagement eines relativ bekannten Bundespolitikers für die Stadt als solches begrüßte, legte natürlich den Finger auf die Wunde: Eine solche Überraschung hinter dem Rücken der Parteigremien „wäre in der SPD völlig unvorstellbar". Und als Motiv ließ die SPD zwar „Liebe zu Berlin" gelten, betonte aber doch auch Lorenz' mangelnde Popularität und Siegesaussichten gegen Dietrich Stobbe. Daneben wurde Weizsäckers mangelnde Verwaltungserfahrung herausgestellt: ihm fehlten „Bewährungsproben in den sogenannten ‚Niederungen' der Politik, die mit dem Nachdenken über Grundwerte nicht zu bestehen sind".[205] Weizsäcker hatte bis zu diesem Zeitpunkt nicht für Ämter in der Exekutive kandidiert, sondern neben seinem Mandat und seiner Stellung als stellvertretender Fraktionsvorsitzender im Bundestag durch seine Ämter als Präsident des Evangelischen Kirchentages und als Mitglied der Kommission für ein Grundwerte-Programm der Union Bekanntheit erlangt. Er stand zudem in dem Ruf des ewigen, aber glücklosen Kandidaten, denn seine politischen Ambitionen hatten sich bisher

[204] Zitiert nach *Berliner Rundschau* vom 14. 9. 1978.
[205] *Berliner Stimme* vom 16. 9. 1978.

nicht erfüllt. Nach Rainer Barzels Rücktritt war er Karl Carstens bei der Wahl zum Fraktionschef unterlegen. So war er 1975 nur kurz als Kanzlerkandidat der Union im Gespräch, auch im Schattenkabinett Helmut Kohls für die Wahlen 1976 tauchte er nur gerüchteweise auf. Karl Carstens wurde ihm erneut als Präsident des Bundestags vorgezogen. Und vor allem wurde ihm unionsintern nicht seine Bereitschaft gedankt, 1974 als aussichtsloser Zählkandidat bei der Wahl des Bundespräsidenten gegen Walter Scheel angetreten zu sein. Als sich die Mehrheit der CDU in der Bundesversammlung 1979 abzeichnete, wurde nicht Weizsäcker erneut nominiert, sondern wieder Karl Carstens vorgezogen. Erst nach diesem Entschluß in der Spitze der Bundespartei und der CSU erklärte sich von Weizsäcker den Berlinern, nun die Sache ummünzend: „Bei allem Respekt vor dem höchsten Amt im Staate, dem des Bundespräsidenten – das Amt eines Regierenden Bürgermeisters von Berlin schätze ich höher ein.“[206]

Mit dem als liberal geltenden von Weizsäcker sollte die Berliner CDU auch für die Berliner FDP wieder interessanter werden. Mittelfristig ging diese Rechnung auf. Hermann Oxfort hatte die Nominierung von Weizsäckers begrüßt und dabei die Koalitionsbereitschaft aller demokratischen Parteien betont. Allerdings wurde insistierend nach der Bereitschaft von Weizsäckers zum Verbleib in der Stadt nach einer Wahlniederlage gefragt. Weizsäcker vermied eine klare Zu- oder Absage. Schließlich war er nur zum Spitzenkandidaten gekürt worden, der Landesvorsitz verblieb bei Lorenz. Von Weizsäcker mochte seine Bonner Ämter weiterhin bekleiden. Er betonte aber: „Hier in Berlin ist meine Lebensaufgabe!“[207] Die Zustimmung zu seiner Kandidatur war in der Presse Berlins und überregional überragend. So sprach *Die Zeit* von „Chancen für Berlin“, die die Kandidatur von Weizsäckers berge, da doch im Senat niemand mehr säße, „dem der weite Mantel paßt, den einst Ernst Reuter trug“.[208] Von nun an lief der Wahlkampf unter veränderten Vorzeichen. Denn die Nominierung Richard von Weizsäckers machte eines deutlich: Die CDU, von Dietrich Stobbe in so kurzer Zeit in die Defensive gedrängt, trat nun doch als Herausforderer an.

[206] Im Interview in: *Welt am Sonntag* vom 10. 9. 1978.

[207] *Berliner Rundschau* vom 28. 9. 1978.

[208] Gräfin Dönhoff in der Ausgabe vom 15. 9. 1978. Weizsäcker zu wählen, wurde hier zur nationalen Aufgabe stilisiert. Der Senat mußte gewarnt sein: Solche Beachtung hatte die Berliner CDU zuletzt bei der Entführung ihres Landesvorsitzenden erhalten.

Neue Opposition von links: Die Entstehung der Alternativen Liste und ihr gesellschaftlicher Rückhalt in Berlin

Die Neuigkeiten für die Wähler beschränkten sich indes nicht auf das Personal der Parteien im Rathaus Schöneberg. Während der zweiten Hälfte der siebziger Jahre bildete sich in Berlin eine neue und neuartige Oppositionspartei, die Alternative Liste für Demokratie und Umweltschutz (AL). Sie wurde am 5. Oktober 1978 als kommunale Partei gegründet mit dem Ziel der Beteiligung an den Berliner Wahlen zum Abgeordnetenhaus und den Bezirksverordnetenversammlungen im Frühjahr 1979.

Mit welchen Vorstellungen gingen die Protagonisten dieser Partei in das Rennen um die Beteiligung an der Berliner Legislative? Welche Chancen konnten sich die eindeutig aus dem linken politischen Spektrum stammenden „Alternativen" ausrechnen? Im Rathaus Schöneberg regierten Dietrich Stobbe und seine SPD mit Hilfe der Liberalen, die CDU hatte sich bereits langsam aber stetig zur stärksten Fraktion des Parlamentes emporgearbeitet. Jetzt suchten zahlreiche junge Leute ihre politische Heimat außerhalb dieser drei von ihnen als „etabliert" verschrieenen Parteien. Bereits 1975 hatten sich ja – wie oben dargelegt – unzufriedene Bürger ihre neuen Sprachrohre geschaffen: von der Deutschlandpolitik enttäuschte konservative Wähler waren von der SPD, weniger von der CDU zum Bund Freies Deutschland geschwenkt, und im Bezirk Zehlendorf hatte sich die Wählergemeinschaft Unabhängiger Bürger mit ihrem Programm aus Lokalinteressen und Parteienverdruß erfolgreich um die Partizipation an der Bezirksverordnetenversammlung beworben.

Die Parteigründung ließ zuerst auf eine fortschreitende Dissoziation des Parteienstaates der bundesrepublikanischen und Berliner Nachkriegstradition schließen, als für Jahrzehnte die drei Parteien CDU, SPD und FDP die politische Machtverteilung unter sich ausmachten. Die Fünf-Prozent-Hürde bei Bundes- und Landtagswahlen half diesen Zustand zu stabilisieren, andere Bewerber kamen zumeist nicht über den Status von Splittergruppen hinaus. Hier wird gezeigt werden, welchen Einfluß der Wandel der Berliner Demokratie nach dem Vier-Mächte-Abkommen auf die Integrationskraft des Parteiensystems in der Stadt hatte, um zu verdeutlichen, warum sich diese Alternative Liste in dieser Form zu diesem Zeitpunkt in dieser Stadt bildete. Und nur hier – wurde doch auf Eigenständigkeit gegenüber der Bundespartei „Die Grünen" Wert gelegt.

Erstmals bewarb sich eine Partei mit guten Chancen, die die Anwesenheit der Schutzmächte in der Stadt grundsätzlich in Frage stellte. Zehn Jahre nach den Studentenunruhen, die in Berlin besonders intensiv ausgetragen wurden, kam es zur Gründung dieser neuartig strukturierten Partei. Und weitere zehn Jahre nach dieser Gründung wurde die AL im Frühjahr 1989 erstmals an der Regierung der Stadt Berlin beteiligt, als Juniorpartner der Sozialdemokraten in einer sogenannten rot-grünen Koalition. Als Protestbewegung gestartet, schlugen die in der Alternativen Liste organisierten Berliner doch von Anfang an den „etablierten" Weg zur politischen Partizipation ein, sie gründeten eine Partei und hielten sich dabei brav an die gesetzlichen Bestimmungen. Merkmal der Symphatisanten der AL war die Distanz zu staatlichen Institutionen und zugleich (!) der Ehrgeiz, sich zumindest partiell doch auf den Wettbewerb mit den verpönten, zum Teil verachteten Parteien einzulassen.

Dem Parteienverdruß wurde mit einer Parteineugründung begegnet. Festzustellen bleibt demnach: Die drei Berliner Parteien SPD, FDP und CDU vermochten seit Mitte der siebziger Jahre nicht mehr alle Bürger anzusprechen und genügend erwünschte politische Alternativen zu bieten. Das demokratische System aber zeigte sich in Berlin durchaus integrationsfähig: Wer sich an die Spielregeln hielt, bekam auch seine Chance.

Die Partei der „Grünen" wurde in den achtziger Jahren in der Bundesrepublik zur drittstärksten politischen Kraft, gemessen an der Repräsentation in den Volksvertretungen. In Berlin wurde die Alternative Liste bei den Wahlen zwischen 1979 und 1989 kontinuierlich stärker. Die Alternative Liste für Demokratie und Umweltschutz verstand sich stets als Teil einer Protestbewegung, zu deren stärksten Trägern die Friedensbewegung, die Anti-Atomkraft-Bewegung und die Hausbesetzerbewegung gehörten. Die Soziologie hat für die mannigfachen außerparlamentarischen Gruppierungen und Bürgerinitiativen den Terminus der „Neuen sozialen Bewegungen" geprägt.[209]

Die Gründung der AL als Partei am 5. Oktober 1978 erfolgte zum Zwecke der Beteiligung an den Wahlen und hatte lediglich die Funktion, bereits bestehende kleinere Organisationsformen zu vereinen, um die Bestimmungen des Parteiengesetzes zu erfüllen. Aus welchen Quellen speiste sich dieses Bündnis in Berlin?

[209] Vgl. *Zu Begriff und Geschichte*, in: *Neue soziale Bewegungen in der Bundesrepublik Deutschland*, hrsg. von Roland Roth und Dieter Rucht, Bonn 1987, S. 11–46.

Die Alternative Liste wäre – ebenso wie die Bundespartei der Grünen – nicht denkbar gewesen ohne die Studentenrevolte der späten sechziger Jahre, genauer gesagt, sie wäre ohne die Freie Universität und ihre dort beschäftigten beziehungsweise studierenden Ziehväter und -mütter nicht zur Partei gediehen. Viele ehemalige, mittlerweile enttäuschte Anhänger der Studentenbewegung blieben in Berlin ansässig und hatten sich zum Teil in sektiererischen, konkurrierenden kommunistischen Gruppen organisiert. Doch deren zweifelhafte Attraktivität ließ sich mangels Perspektiven und Erfolgsaussichten nicht auf eine neue Studentengeneration übertragen. Allerdings hatte sich seit jener „Achtundsechziger"-Herausforderung des Establishments eine wachsende Zahl vor allem junger Menschen einem Arrangement mit den bestehenden Verhältnissen versagt: Ihr gemeinsamer Nenner war die zivilisationskritische Haltung zum „Projekt der Moderne".[210] In Berlin hatte sich in der Tat eine Subkultur gebildet, die deutlich zur politischen Sozialisation ihrer Anhänger beitrug. Wissenschaftssenator Peter Glotz versuchte, die entstandenen neuen gesellschaftlichen Lebensformen der jungen Berliner mit dem Wort von den „zwei Kulturen" zu respektieren – einer etablierten und einer alternativen Kultur. Das Spektrum des Engagements reichte in der Tat sehr weit: Die Bürger organisierten sich nicht nur in Initiativen mit konkreten politischen Zielen gegen Autobahnwesttangente oder gegen die Rodung von Wäldern zur Erweiterung von Militärflughäfen. Auch elementare Lebensbereiche waren betroffen, wenn sich sogenannte Schwulen- und Lesben-Gruppen bildeten. Berlin war auch in dieser Entwicklung führend. Viele junge Menschen fühlten sich aus der Provinz in die Stadt gezogen, um hier neue Lebensformen zu erkunden. Die Wohnungsbaupolitik bis zur Mitte der siebziger Jahre hatte zudem die Beibehaltung ganzer Wohngebiete mit nichtsanierten Altbauten begünstigt, die nun sozial schwachen Berlinern, jungen Arbeitlosen, Studenten und Ausländern Heimat boten. Der Bezirk Kreuzberg SO 36 wurde zum Musterbeispiel solcher Sozialstruktur.

[210] Marie-Luise Weinberger, *Aufbruch zu neuen Ufern? Grün-Alternative zwischen Anspruch und Wirklichkeit*, Bonn 1984, S. 8. Die Publizistin beschreibt die Entstehungsursachen der neuen sozialen Protestbewegungen instruktiv unter den Stichworten „Wertwandel und Paradigmenwechsel", „Durchbruch der hedonistischen Ethik", „Kulturkrise des Westens", „Kritik an der Moderne und Nationalpopulismus" und einer „wohlfahrtsstaatlichen Anspruchsdynamik". Siehe auch Joseph Huber, *Wer soll das alles ändern. Die Alternativen der Alternativbewegung*, Berlin 1980.

Die Alternativszene konnte in Berlin den gesamten Lebensraum eines Zugehörigen prägen, von der Nahrung aus sogenannten Öko-Läden über die Berufstätigkeit in selbstverwalteten Werkstätten, Betrieben, Beratungsstellen und in Ärzte- und Anwaltskollektiven bis hin zur Freizeitgestaltung in Teestuben und Szenekneipen, „Off-Kinos" und alternativen Buchläden und Cafés.

Als wichtige Quelle für diese Entwicklung in Berlin kann das erste „Berliner Stattbuch" gelten.[211] Darin wurden auf mehr als 500 Seiten die Projekte, Initiativen und Selbsthilfegruppen der Stadt vorgestellt. Die Bewegung war bereits so stark, daß seit Januar 1977 über die Bildung von alternativen „Netzwerken" nachgedacht wurde, die eine Koordinierung und Kooperation all derer bewirken sollten, die dazu gehören wollten: „Die Alternativbewegung ist die Antwort der Jugend auf die ganzheitliche Krise des Wirtschafts- und Gesellschaftssystems, nicht die bewußte Antwort, sondern mehr das Produkt dieser Krise."[212] Jetzt wurde eine Organisation der Unorganisierten gefordert, aber nicht mit revolutionärem Ziel, sondern um die Gruppierungen, die Themen wie „Alte Menschen", „Alternative (Lebens-) Technik", „Erziehung und Bildung", „Umweltschutzinitiativen", „Gegenöffentlichkeit", „Wohnen und Miete", „Knast" verfolgten, zum Meinungsaustausch zu bewegen, oder, wie es im Jargon der Szene hieß, „eine gegenseitige Bewußtwerdung, Kritik, Hilfe und Selbststeuerung des alternativen Gesamtsystems" zu ermöglichen.

Vor diesem Hintergrund wird der spezifische Charakter der Alternativen Liste in Berlin verständlich: Die Umweltschutzproblematik und der Protest gegen die Atomkraft blieben nur ein Thema unter vielen.[213] Erst im Frühjahr 1980 wurde ein Landesverband der „Grünen" gebildet, der sich aber gegen die AL nicht behaupten konnte. Zum einen lag dies daran, daß Pläne für ein Atomkraftwerk in Berlin nicht weit gediehen und die Insellage der Stadt für Abstand zu anderen Kraftwerksstandorten sorgte, zum anderen aber auch daran, daß sich in Berlin das oben umrissene Konglomerat von Gruppen bildete, ohne

[211] *WestBerliner Stattbuch 1*, hrsg. von der Arbeitsgruppe WestBerliner Stattbuch, Berlin 1978.

[212] Vgl. *Notizen zur Vernetzung alternativer Projekte* und *Alternativer Lebenstil – eine politische Betrachtung*, in: *Stattbuch 1*, S. 13–21.

[213] Siehe zur Entwicklung der Umweltschutzbewegung Peter Borowsky, *Deutschland 1969–1982*, Hannover 1987, S. 141–154; Michael Schroeren (Hrsg.), *Die Grünen. 10 bewegte Jahre*, Wien 1990 und Lilian Klotzsch/Richard Stöss, *Die Grünen*, in: *Parteienhandbuch. Die Parteien der Bundesrepublik Deutschland*, Bd. 2, Opladen 1984.

daß alle Mitglieder die Ziele der jeweils anderen mitzuvertreten hatten.

Spätestens seit Januar 1978 war die Alternativkultur auch von bürgerlichen Beobachtern nicht mehr zu leugnen. Zu einem sogenannten „Nationalen Widerstandskongreß: Reise nach Tunix" fand sich eine Vielzahl von Menschen – die Schätzungen schwankten zwischen 6000 und 20 000 – zusammen, um zu erörtern, wie sie das „Modell Deutschland" zerstören könnten, an dessen Stelle das Motto „Tunix" (ein verballhornter Imperativ von „nichts tun") treten sollte. Gleichwohl tat sich etwas: Die Organisation schritt voran.[214] Im Februar 1978 wurde der „Verein der Freunde der alternativen Tageszeitung" ins Leben gerufen. Nach zehn Nullnummern seit September 1978 erschien am 17. April 1979 die erste tägliche *tageszeitung* (*taz*). Aufgrund der Ablehnung jeglichen Funktionärsdaseins träumten die Protagonisten der Alternativkultur noch von neuen Organisationsformen, sollte das „Netzwerk" die „Partei" ersetzen. Doch neben idealistischen oder naiven Weltverbesserern und nur an ihrem persönlichen Umfeld interessierten „Aussteigern" gab es in der Szene auch Politprofis, die die Chance der wachsenden Bewegung rasch erkannten: die gescheiterten Kommunisten jeglicher Couleur. Sie witterten die Gelegenheit, die Popularität der „Gegenkultur" – so die stolze Eigenbezeichnung – durch die Bildung einer Wahlliste in politische Münze umzuwandeln. Um die beste Startposition rangelten Vertreter des Kommunistischen Bundes und der KPD sowie eine Reihe „unabhängiger Persönlichkeiten".

Die Erfolge der Wählergemeinschaft Unabhängiger Bürger in Zehlendorf hatte die Idee einer Wahlbeteiligung auch bei anderen Gruppen aufkommen lassen. Nach einem ersten Treffen einiger Initiativen im Januar 1978 wurde zunächst eine Wahlbeteiligung auf Bezirksebene nach dem Vorbild der WUB erwogen.[215] Über Organisationsform und Programm sollte noch heftig gestritten werden, doch das Motto war klar: „Jetzt wählen wir uns selbst." Nun versuchten die seit dem

[214] Senator Peter Glotz urteilte: „Der Tunix-Kongreß kündigt etwas Neues an: eine Generation, der das angestrengte, zwecklose Kriegsspielen der K-Kultur zum Hals raushängt", in: *Die Innenausstattung der Macht. Politisches Tagebuch 1976–1978*, München 1979, S. 256.

[215] Burkhard Schaper, *Die Enstehungsgeschichte der AL. Zu den Bedingungsfaktoren für die Entwicklung grün/bunt/alternativer Wahllisten*, in: *AL. Die Alternative Liste Berlin. Entstehung, Entwicklung, Positionen*, hrsg. von Michael Bühnemann, Michael Wendt und Jürgen Wituschek, Berlin 1984, S. 51–68 (55).

Tode Mao Tse-tungs orientierungslos gewordenen kommunistischen Splittergruppen aus der KPD, dem Kommunistischen Bund und dem Sozialistischen Büro, ihre Erfahrung bei der Kaderbildung und dem Aufbau einer Infrastruktur auszuspielen. Obwohl es seitens einiger Wählerinitiativen schwerwiegende Einwände gegen diese Einflußnahme gab, beschlossen etwa tausend Besucher einer Versammlung am 24. Juli 1978, einen „Provisorischen Wahlausschuß" einzusetzen. Damit setzten sich die Befürworter einer Parteibildung durch, die argumentierten: „Selbst wenn eine Alternative Liste nicht mehr erreichen würde, als eine rechtzeitige und umfassende Information der Öffentlichkeit über bestimmte Vorhaben der Senatsverwaltung ... wäre das ein nicht gering zu schätzender politischer Gewinn."[216] Damit war die Entscheidung gefallen, sich nicht wegen des Verdrusses über die traditionellen Parteien gänzlich zurückzuziehen, sondern sich statt dessen selbst zur Wahl zu stellen. Jetzt mußte aber geklärt werden, ob das Wahlbündnis jedermann ungeachtet der politischen Position offenstehen sollte. Sowohl der drohende Verlust einer Überparteilichkeit als auch die Furcht, die Kräfte statt für bezirklich begrenzte Probleme nun für eine Kandidatur auf Landesebene zu verbrauchen, ließ die Skepsis etlicher Initiativgruppen noch wachsen. Doch die eigene Verpflichtung zur sogenannten Basisdemokratie, die die Arbeit der AL ständig belasten sollte, setzte sich auch hier durch. Stimmberechtigt war jede Person, die zu einer Versammlung erschien.

„Am 5. 10. 1978 gründeten etwa 3500 Mitglieder und Vertreter dieser Gruppen sowie Einzelpersonen eine Alternative Liste Berlin, um sich gegen die etablierten Parteien zur Wahl zu stellen", hieß es in der Gründungserklärung. Zur Begründung wurde ausgeführt: „Mit unserer Kandidatur zu den Wahlen ziehen wir die Konsequenz aus unseren Erfahrungen mit den Regierungsparteien, die weder imstande noch willens sind, die Interessen der Bürger zu vertreten, sondern Politik nach den wirtschaftlichen und politischen Interessen einer bestimmenden Minderheit machen."[217] Auf dieser Versammlung wurden für die kommenden potentiellen Abgeordneten gleich Verhaltensregeln festgelegt. Politisch vorrangig war das imperative Mandat und

[216] Dokumentation *a.a.O.*, S. 69. Dort auch weitere Dokumente der strittigen Debatte über die Frage der Etablierung einer Alternativen Liste.

[217] Im Landesarchiv Berlin, „Zeitgeschichtliche Sammlung", Mappe Wahlen 1979, Verschiedenes, Rep. 240, Acc. 2558, Nr. 6, S. 1.

die Verneinung jeglicher Koalition, spektakulär insbesondere für Außenstehende die Pflicht zur Abführung der Diäten.

Der am härtesten umkämpfte Passus der Gründungserklärung betraf aber die Struktur der Liste: „Unvereinbarkeitsbeschlüsse lehnen wir ab." Zwar wurde ergänzt: „Parteien oder parteiähnliche Organisationen als solche können nicht Träger oder Mitglied der Alternativen Liste sein." Doch dieser Schlußstrich unter die Debatte über die Ausgrenzung von Kommunisten war nur ein Formelkompromiß. Die beschlossene Regelung ermöglichte es nämlich Einzelpersonen, sowohl Mitglied in einer kommunistischen Gruppe als auch der AL zu sein! Zahlreiche Einzelpersonen und Gruppen, darunter auch die WUB Zehlendorf, trennten sich daraufhin noch am selben Abend von der AL: „Von Bunt kann keine Rede sein. Das Rot der Berliner Kommunisten dominiert."[218]

Ein Wahlprogramm wurde einem Ausschuß in Auftrag gegeben, um das eigene Motto offensiv ans Ohr der Berliner zu bringen: „Es gibt nichts Gutes, außer man tut es!"

Die Bilanz des Senats vor den Wahlen: Erfolge bei der „Hinwendung zur Stadtpolitik"

Keine zwei Jahre nach dem Amtsantritt, am 18. März 1979, waren die Berliner aufgefordert, ihr Urteil über den sozialliberalen Senat von Dietrich Stobbe abzugeben. Wie erfolgreich hatte Stobbe in dieser kurzen Spanne seine Ziele verwirklicht? Hatte seine Konzeption, den Optimismus als Faktor der Wirtschaftspolitik zu fördern, Folgen gezeitigt? Der proklamierte Neuanfang, wie hatte er sich in Berlin ausgewirkt? Gestartet war die Koalition mit dem Gespann Schütz/Oxfort. Dietrich Stobbe und Wolfgang Lüder mußten nun für die zurückliegende Legislaturperiode einstehen. Würden die Wähler sich an die vier zurückliegenden Jahre erinnern und vor allem die SPD für ihre Schwäche in der Mitte der Periode bestrafen, oder war es Stobbe gelungen, dem Wähler für die kommenden vier Jahre Zuversicht zu vermitteln?

Oben wurde bereits dargelegt, daß es in und um Berlin weiterhin Streit mit der DDR und der Sowjetunion gegeben hatte. Stobbes Hinwendung zur Stadtpolitik übersah oder beschönigte die Irritationen

[218] So der Sprecher der WUB, Grunwald, zitiert nach: *Berliner Morgenpost* vom 7. 10. 1978.

bei der Durchführung des Vier-Mächte-Abkommens nicht. Aber er sah die Hauptaufgabe seines Senats bei der Sicherung der inneren Lebensbedingungen der Stadt auf der Grundlage der äußeren Sicherung mit Hilfe der Alliierten und der Bundesregierung. Stobbe gelang es, in Berlin neuen Optimismus zu verbreiten. Die Attraktivität der Stadt steigerte sich in seinen beiden ersten Amtsjahren. So nahm nicht nur die Zahl der Touristen zu. Auch die Zahl der Staatsbesuche war 1978 so hoch wie in den sieben Jahren seit dem Abkommen zusammengenommen. Die britische Queen und der amerikanische Präsident Carter besuchten die Stadt, und im Oktober 1979 kam erstmals seit Napoleon ein französisches Staatsoberhaupt nach Berlin. Dies half dem Senat dabei, das Gefühl zu vermitteln, daß Berlin nicht nur Kostgänger des Bundes sei, sondern durchaus noch etwas zu bieten habe.

Doch der wichtigste Indikator für den Zustand Berlins blieb die Lage der Wirtschaft und des Arbeitsmarktes. Hier konnte der Senat Stobbe/Lüder zur Jahreswende 1978/79 positive Trends vermelden. Die Zahl der Arbeitslosen in der Stadt war von 35 000 1975 auf 40 000 1977 gestiegen, ging bis 1979 aber wieder auf 33 000 zurück.[219] Allerdings nahm die Zahl der Betriebe und Beschäftigten im verarbeitenden Gewerbe weiterhin kontinuierlich ab.[220] Die Berliner Wirtschaft folgte dem Bundestrend der Konjunktur weiterhin nur langsam, seit 1978 aber immerhin in Form eines bescheidenen Aufschwungs.[221] Die vom Deutschen Institut für Wirtschaftsforschung unmittelbar vor der Wahl veröffentlichte Prognose „Grundlinien der Wirtschaftsentwicklung in Berlin (West) 1979" ließ ebenfalls eine spürbare Verbesserung erwarten.[222] Ursache dafür war eine Reihe wirtschaftspolitischer Maßnahmen, die der Senat von Berlin veranlaßte, ergänzt durch die Hilfestellung der Bundesregierung, des Bundespräsidenten und der Unternehmer.[223] Herauszuheben sind aus der Amtszeit Stobbes ins-

[219] *Statistisches Jahrbuch 1980*, hrsg. vom Statistischen Landesamt Berlin, Berlin 1980, S. 178.

[220] 1976 waren in 1567 Betrieben 192 137 Beschäftigte tätig; 1979 arbeiteten in 1216 Betrieben 182 946 Berliner, *a.a.O.*, S. 212.

[221] Vgl. *Die gesamtwirtschaftliche Entwicklung Berlins seit 1976*, in: *13. Bericht über die Lage der Berliner Wirtschaft und die Maßnahmen zu ihrer Weiterentwicklung*, *Drucksache*, 7. W.P., Nr. 1450 vom 20. 10. 1978, S. 6 f.

[222] *Wochenbericht* 9 (1979) des DIW vom 1. März 1979.

[223] *Wirtschafts- und arbeitsmarktpolitisch wichtige Ereignisse, Maßnahmen und Inititativen in Berlin 1975–1978* sind als Übersicht im 13. Bericht zur Lage der Berliner Wirtschaft enthalten. *Drucksache*, 7. W.P., Nr. 1450, S. 4 f.

besondere die Gründung der Wirtschaftsförderungsgesellschaft im Dezember 1977, die Aufhebung der Lohnsummensteuer in zwei Schritten zum 1. Januar 1978 und zum 1. Januar 1979 sowie Programme zur Förderung der Leistungsfähigkeit kleinerer und mittlerer Betriebe sowie die Schaffung von Ausbildungsplätzen. Auch bei der Durchführung des noch unter Klaus Schütz beschlossenen „14-Punkte-Programms zur Förderung der Arbeitsplätze" vom 11. Januar 1977 konnten Fortschritte gemeldet werden. Daneben sollten Maßnahmen wie die Schaffung einer Beschwerdestelle zur Schaffung von mehr Transparenz bei der Vergabe öffentlicher Aufträge für Vertrauen werben. Stobbe setzte auf die Entflechtung. So mußten auf seinen Beschluß hin verdiente Parteibürokraten einige Aufsichtsratsposten bei landeseigenen Unternehmen räumen. Ein Murren in der SPD nahm er in Kauf. Die Wirkung nach außen sollte dem Senat und der Partei zugute kommen. Er selbst verzichtete demonstrativ auf den ihm *qua* Amt zustehenden Posten des Aufsichtsrats der landeseigenen Berliner Bank. Daß dieser Schritt noch nicht ausreichend war, um die in der Zeit der äußeren Bedrohung gewachsenen Strukturen von öffentlicher Bewilligung und Kontrolle zu ändern, sollte der Skandal um die Kreditbürgschaft für die Firma des Architekten Garski im Winter 1980/81 zeigen.

Der erste Haushalt des neuen Senats für das Jahr 1978 war zugleich der erste der Berliner Nachkriegsgeschichte, bei dem der Zuschuß aus Bonn die 50%-Marke überschritt. Auch wenn die Aufhebung der Lohnsummensteuer und die Senkung der Gewerbesteuer als politische Instrumente zur Ankurbelung von Investitionen eine solche Entwicklung vorhersehbar gemacht hatten und diese von der Landeszentralbank begrüßt wurden, so blieb die zumindest psychologisch bedeutsame Tatsache, daß erstmals mehr als die Hälfte des Haushaltes vom Bund kommen mußte. Stobbe bezeichnete es als Glück, daß er – wie alle Ministerpräsidenten im Herbst 1977 – vom Bundeskanzler aufgefordert worden war, den Haushalt für 1978 ausgabenfreudig zu gestalten.[224] Vom Bund kam aber nicht nur die Subvention, sondern auch das Geld für das „ZIP" abgekürzte Zukunftsinvestitionsprogramm. 800 Millionen D-Mark gelangten dazu von Bonn nach Berlin

[224] So Stobbe auf der Fraktionsvorstandssitzung, 13. 9. 1977, Akte 556, Bestand „SPD-Fraktion", Archiv der sozialen Demokratie. Allerdings entstand ein Investitionsstau, weil z. B. mit dem Bau eines Kraftwerks wegen verwaltungsgerichtlicher Auseinandersetzungen nicht umgehend begonnen werden konnte.

und wurden vom Senat mit dem Ziel des Wertausgleichs zwischen den einzelnen Berliner Bezirken verwendet, das heißt vornehmlich zur Verbesserung der Bausubstanz und der Ausstattung mit öffentlichen Angeboten zur Freizeitgestaltung in den benachteiligten Innenstadtbezirken.[225]

Wie es in Berlin einige Jahre gedauert hatte, um die Stadtpolitik als erste Aufgabe zu begreifen, setzte sich auch in Bonn erst in der zweiten Hälfte der siebziger Jahre die Erkenntnis durch, daß Berlin auch kommunal einer besonderen Hilfe bedurfte. Da Dietrich Stobbe anders als Schütz die Kommentierung der politischen „Großwetterlage" der Bundesregierung überließ, hoffte der Senat auf um so intensivere Sachhilfe. Neben den Treffen des Bundeskanzlers mit Führungskräften aus der Industrie, den Gewerkschaften und dem Rathaus Schöneberg sowie dem ZIP kam auch Hilfe vom Bundespräsidenten. Auf Einladung von Walter Scheel hatten die Vorsitzenden der im Bundestag vertretenden Parteien gemeinsame Grundsätze zur Berlin-Politik erarbeitet, die im Juni 1978 vorgestellt wurden.[226] Darin verpflichteten sie sich, den Präferenzvorsprung Berlins wiederherzustellen und zu halten. In vielen anderen Teilen des Bundesgebietes waren Fördermaßnahmen geschaffen worden, die die Vergünstigungen in Berlin weniger attraktiv werden ließen. Auf Solidarität mit den Ministerpräsidenten konnte Berlin nicht mehr zählen. Dazu traten weitere wirtschaftliche Initiativen, von der Finanzierung zusätzlicher Wohnungen für zuziehende Fachkräfte bis zur Einwilligung zu einer Erhöhung der Berliner Kindergeldzulage. Die Industrie- und Handelskammer begrüßte, daß es gelungen sei, „die Parteien zu mehr Gemeinsamkeit in den Grundfragen der Berlin-Politik und zu gemeinsamen Initiativen für die Zukunftssicherung Berlins zu bewegen".[227] Dies schloß die Zustimmung der Berliner CDU zu den Ostverträgen ein. Die SPD-Bundestagsfraktion hatte unter der Führung von Fraktionschef

[225] Diese Bezirke waren Tiergarten, Kreuzberg, Schöneberg, Wedding, Neukölln und Charlottenburg. Hier sollten 4000 Wohnungen modernisiert werden. Stobbe hatte daraufhin mit Eifersucht und Unmut der nicht bedachten Bezirksbürgermeister der bessergestellten Bezirke zu kämpfen.

[226] Abgedruckt in: *Zehn Jahre Deutschlandpolitik. Die Entwicklung der Beziehungen zwischen der Bundesrepublik Deutschland und der Deutschen Demokratischen Republik 1969–1979. Bericht und Dokumentation*, hrsg. vom Bundesministerium für innerdeutsche Beziehungen, Bonn 1980, Dok. Nr. 152.

[227] *Jahresbericht 1977*, hrsg. von der Industrie- und Handelskammer Berlin, Berlin 1978, S. 9.

Wehner ebenfalls Sondermittel für Berlin beantragt und durchgesetzt. Im Rahmen dieser Wehnerprogramm genannten Maßnahme flossen Geldmittel von etwa 130 Millionen D-Mark in die Ausstattung von U-Bahnhöfen oder Sportstätten.[228] In Berlin selbst unterlag das Berlinförderungsgesetz als wichtigstes Instrument der staatlichen Wirtschaftsförderung seitens des Senats Anpassungen an strukturelle Notwendigkeiten. Allerdings lag ein Problem in der öffentlichen Erörterung der politischen Vorgaben, etwa auf dem SPD-Landesparteitag im Dezember 1977. Jede Debatte über die Beibehaltung oder Kürzung von Fördermitteln mußte bei potentiellen Investoren Unsicherheit hervorrufen.

Die Rechnung Dietrich Stobbes ging auf. Sein Senat bewirkte einen Klimawandel in der Stadt. Daß dieser Stimmungsaufschwung, die „Programm-Euphorie", die demonstrative Entschlußfreudigkeit und Tatkraft des Senats die strukturellen Probleme der Stadt nicht so rasch lösen konnten, wurde Stobbe erst nach 1979 deutlich. Nach einem Jahr im Amt konnte er zunächst Lob ernten. Es gab einen Klimawechsel in Berlin – nicht mehr, aber auch nicht weniger. Die Reizworte Kreisel, KPM und Kongreßzentrum verschwanden aus den Schlagzeilen. Die Umfragen versprachen der SPD schon wieder Aussichten auf eine absolute Mehrheit. „Ich habe damals gesagt: Stützt den Schütz, stürzt ihn nicht. Er wäre unser bester Wahlhelfer geworden", kritisierte ein ungenannter CDU-Mann.[229]

Auch Stobbes Wunsch nach direktem Kontakt zu den Bürgern zahlte sich aus. Er richtete nicht nur die Stelle eines „Bürgerreferenten" ein, sondern veranstaltete monatlich eine Sprechstunde im Rathaus Schöneberg. Unbürokratisch sollten so Probleme der Berliner ans Ohr des Regierenden Bürgermeisters dringen. Stobbe nutzte diese Sprechstunde als eine Art Frühwarnsystem, um rechtzeitig aufziehenden Ärger in der Bevölkerung wahrzunehmen. Der meiste Unmut der Berliner herrschte über die Verwaltungsbeamten. Viele Berliner sahen sich im Umgang mit Behörden zu Untertanen herabgewürdigt, Zweifel an der Leistungsfähigkeit traten hinzu. Allerdings war dies der Bereich, mit dem der Regierende Bürgermeister selbst nicht zurecht-

228 K. Riebschläger spricht im Rückblick von einer „Programmeuphorie" der Jahre 1977–1981, die später auch für die Beteiligten „kaum noch nachvollziehbar" war, in: *Vor Ort*... (s.o. Anm. 99), S. 104.

229 *Der Senkrechtstarter macht der CDU Sorgen*, in: *Mannheimer Morgen* vom 8. 2. 1978. Der CDU blieb nur die „Hoffnung auf neue Skandale".

kam. Schon bald mußte Dietrich Stobbe die Grenzen erkennen, die seinem Senat gesetzt waren. Ohne Zustimmung der Partei und der Gewerkschaften blieben seine Erfolge hinter den Ankündigungen zurück.

Bei seinem Bemühen, dem Vertrauensverlust entgegenzuwirken und zukünftige Skandale im Personalbereich zu vermeiden, stieß Stobbe auf erheblichen Widerstand bei den Gewerkschaften. Er hielt auch die Besitzstände der ÖTV, der Angestelltengewerkschaft und des Beamtenbundes nicht für sakrosankt. Zwei Maßnahmen befürwortete Stobbe daher persönlich. „Um einseitigen Auffassungen über den öffentlichen Dienst entgegenzutreten, hat sich der Senat entschieden, in vier Senatsverwaltungen Zeiterfassungsgeräte probeweise einzuführen", kündigte er an.[230] Die sogenannten Stechuhren sollten demonstrieren helfen, daß die Häme und das Mißtrauen von Teilen der Bevölkerung gegenüber der Arbeitswilligkeit der Verwaltungsbeamten übertrieben waren. Zum anderen empfand Stobbe die Situation in den Eigenbetrieben „als schwere Last vergangener Senatszeiten. Dort muß ich den Dingen eine Wendung geben."[231] Die in den Eigenbetrieben in Berlin als Modellprojekt eingeführte paritätische Mitbestimmung hatte zu unhaltbaren Zuständen geführt, da die Kompetenzen von Personalvertretung und Geschäftsleitung nicht immer sauber getrennt blieben. Schon in der ersten Regierungserklärung hatte Stobbe diese nicht erwarteten Nebenwirkungen der Mitbestimmung gegeißelt. Er wurde bestätigt durch schwere Rügen des Landesrechnungshofes für die Zustände bei der Berliner Stadtreinigung (BSR). Hier hatte sich die Personalvertretung unzulässig in wirtschaftliche Bereiche eingeschaltet und unseriöse finanzielle Transaktionen zur Errichtung eines Freizeitheims für Betriebszugehörige und ein Orchester veranlaßt. Eine Änderung des Eigenbetriebsgesetzes zur Verhinderung von Mißständen traf natürlich auf den Argwohn der um ihre Rechte und Besitzstände fürchtenden Personalvertreter.

Dietrich Stobbe scheiterte mit beiden Vorhaben. Stobbe erlitt einen schweren Rückschlag bei seinem Versuch, als „Saubermann" mit hochgekrempelten Ärmeln in Berlin für Ordnung zu sorgen. Und dieser Rückschlag erreichte ihn aus einem Lager, aus dem er es nicht erwartet hatte, weil er die SPD-Linie dort fest verankert sah. Gerade diese Aufgaben hatten schon Klaus Schütz das Amt des Regierenden

230 Zitiert nach: *Berliner Stimme* vom 29. 4. 1978.
231 Im Interview mit der *Berliner Stimme* vom 22. 10. 1977.

Bürgermeisters verleidet. Von den Aufgaben des Staatsmannes aus der Zeit des Kalten Krieges war nicht mehr viel übriggeblieben.

Vor dem Landesparteitag am 1. Mai 1977 hatte Stobbe seine Genossen gemahnt, daß der Opportunismus der ärgste Feind sei. Die SPD müsse der Stadt dienen, nicht die Stadt der SPD, das Dienen habe vor dem Fordern zu rangieren, hatte er hinzugefügt. Nun war sein Senat mit allen wichtigen Gruppen in der Stadt ins Gespräch gekommen, sein Wirtschaftssenator Lüder wurde von den Wirtschaftsvertretern überraschend gut akzeptiert, Wissenschaftssenator Glotz hatte den Dialog an den Hochschulen zwischen den verfeindeten Lagern wiederbelebt, Stobbe selbst hatte mit dem Projekt einer großen „Preußen-Ausstellung" für 1981 ebenso kulturelle Akzente gesetzt wie Dieter Sauberzweig als Chef der neu geschaffenen Behörde für kulturelle Angelegenheiten. Die Polarisierung zwischen den Parteien war durch die Einführung von Drei-Parteien-Gesprächen und die Sitzungen der Bundespräsidenten-Kommission abgebaut worden. Auf Verlangen der CDU hatte sich die Regierungskoalition zu Drei-Parteien-Gesprächen über grundlegende Fragen, etwa über Gegenmaßnahmen bei östlichen Vertragsbrüchen, bereitgefunden.

Die Zusammenarbeit der beiden Koalitionsfraktionen gestaltete sich effektiv. Das gemeinsame Gremium der beiden Parteien blieb auch nach Abschluß des Koalitionsvertrages bestehen. Der „Koalitionsausschuß" diente als Krisenstab, um aufkeimende Meinungsverschiedenheiten zwischen beiden Partnern schon zu klären, bevor sie an die Öffentlichkeit drangen. Diese Einrichtung hatte es in keiner vorherigen Koalitionsregierung gegeben, das Zutrauen zum Koalitionspartner schien demnach nicht sehr groß zu sein. Zumindest für das Bild der Geschlossenheit nach außen war dieses Gremium dem Senat zuträglich, intern sahen sich aber die Abgeordneten aus dem Entscheidungsfindungsprozeß ausgeschlossen.

Im Herbst 1977 sorgte ein Lapsus des Bundeskanzlers für Aufregung in der Koalition. Obschon mangelnden Herzbluts für Berlin ohnehin nicht unverdächtig, hatte sich Schmidt in die Nesseln gesetzt: „Berlin ist kein Bestandteil der Bundesrepublik, aber niemand kann die gewachsenen Bindungen leugnen."[232] Das Vier-Mächte-Abkommen war also nicht korrekt – „kein konstitutiver Teil" – zitiert wor-

232 Zitiert nach dem *Plenarprotokoll*, 7. W.P., 10. 11. 1977, auf der ein Antrag der CDU auf Richtigstellung durch den Senat (*Drucksache*, 7. W.P., Nr. 1027) debattiert wurde.

den. Sprachlich hatte sich Schmidt damit der Position der östlichen Seite angenähert, so daß die Opposition die Solidarität der westlichen Standfestigkeit in der Rechtsposition einforderte und einen Antrag an den Senat richtete, der indirekt einer Rüge für den Kanzler nahekam. Beim Wunsch nach Beendigung der Debatte über das peinliche Thema erlitt die SPD eine parlamentarische Niederlage. Bevor Spekulationen über neue Gemeinsamkeiten zwischen der CDU und zumindest der Fraktion der FDP ins Kraut schießen konnten, beeilten sich die Fraktionsvorsitzenden in einer gemeinsamen Erklärung zu versichern, „daß künftig ein abgestimmtes parlamentarisches Verhalten gewährleistet" werde.[233] Doch die Suche nach politischem Profil machte auch vor dem Terrain des Partners nicht halt. Die Sozialdemokraten hatten gerade hier, im eigenen, eigentlichen Stammlager, bei den Arbeitnehmern und bei den Gewerkschaften, Schwierigkeiten. Umstrukturierungen und Sparbeschlüsse, Verzicht auf liebgewonnene Vorrechte konnten vom Senat nicht durchgesetzt werden. Der für die Eigenbetriebe zuständige Gesundheitssenator Pätzold wurde bei Personalversammlungen niedergeschrieen und „zu einer Antifigur aufgebaut".[234] Die Gewerkschaftler der ÖTV waren als „Kerntruppen der politischen Macht im vom öffentlichen Dienst beherrschten Stadtstaat Berlin" anzusehen.[235] Etwa 170 000 wahlberechtigte Berliner waren im öffentlichen Dienst beschäftigt, da konnte eine falsche Entscheidung für jeden Politiker fatale Folgen haben. Das Dilemma Stobbes war damit nicht komplett. Von 67 Abgeordneten der SPD im Berliner Parlament gehörten 59 der Gewerkschaft ÖTV an. Und der liberale Koalitionspartner drängte, munitioniert wie die CDU und die Presse mit den Rügen des Rechnungshofes, auf Änderungen des Eigenbetriebsgesetzes, auf Einführung einer Urwahl. Angesichts der Widerstände verfiel Stobbe hier auf eine „Lösung", die über Jahre praktiziert worden war. Er verschob die Behandlung der Reizthemen „Stechuhren" und „Eigenbetriebsgesetz" auf die Zeit nach den Wahlen. Fast gleichzeitig nach dieser Demonstration mangelnder Durchsetzungsfähigkeit mußte Stobbe im Sommer 1978 im Zusammenhang mit der Gefangenenbefreiung und dem Streit um Justizsenator Baumann einräumen, „daß die Politik des Senates einen Rückschlag erlit-

233 Zitiert nach: *Der Tagesspiegel* vom 12. 11. 1977.
234 H.-J. Heß, *Innerparteiliche Gruppenbildung*... (s.o. Anm. 9), S. 312.
235 *A.a.O.*, S. 313.

ten hat".[236] Die Porträts des Regierenden Bürgermeisters mit der Losung „Berlin stimmt wieder!", die die SPD zum ersten Jahrestag von Stobbes Amtsantritt in Berlin plakatiert hatte, wurden angesichts dieses Rückschlags schleunigst wieder eingesammelt.

Die Debatte über den Haushalt für das Jahr 1979 nutzte die Opposition zu einer Generalabrechnung mit dem Senat am Ende der Legislaturperiode. Allerdings standen die Vorwürfe der Kontrahenten schon im Zeichen einer geteilten Wahrnehmung der Wahrheit, wie sie den Wahlkampf kennzeichnet. So rechnete Bausenator Ristock der Öffentlichkeit eine ansehnliche Zahl von bearbeiteten Anträgen zur Modernisierung von Wohnungen vor, während der Redner der Opposition Diepgen deren Bewilligungen anmahnte und Ristock einen „Bauverhinderungssenator" nannte.[237] Auch die Verwirklichung der Beschlüsse der Bundespräsidentenkonferenz wurde von Regierung und Opposition unterschiedlich bewertet. Für die Durchführung der Flugpreissubvention mußte der Bundestag Mittel bereitstellen und auch die Alliierten mußten zustimmen. Dem Senat hier mangelnde Durchsetzungskraft vorzuwerfen, stellte lediglich Wahlkampfrhetorik dar. „Eine Art von Frisierkunst" sah Lummer bei den Statistiken des Senats im Spiele. Die Zahl der Zugezogenen lag vier Jahre lang deutlich unter der der Fortgezogenen, ehe sich 1978 und 1979 ein positiver Saldo ergab.[238] Wegen des Sterbeüberschusses blieb es dennoch bei einer Abnahme der Gesamtbevölkerung. Stellte der Regierende Bürgermeister heraus, daß die absolute Zahl der Arbeitslosen gesunken war, so betonte Lummer, daß die Quote der Arbeitslosen in Berlin über der der Bundesrepublik liege. Lobten die Regierungsfraktionen den Optimismus und die Zukunftsaussichten der Investitionsprogramme, so sprachen die CDU-Vertreter abfällig von reiner „Imagepflege". Die gesteigerte Zahl der Ausbildungsplätze wollte der Senat seinem Programm gutschreiben, die Opposition sah dies als reine Initiative der privaten Wirtschaft. Als Handikap für die CDU wirkte sich aus, daß ihr Spitzenkandidat Richard von Weizsäcker nur auf den Zuschauerplätzen im Rathaus Schöneberg Platz nehmen durfte, während Stobbe und Lüder ihr Wirken nochmals ins rechte Licht zu rükken versuchten. Die Senatsspitze nutzte die Rechte der Exekutive und

[236] Dietrich Stobbe im *Saarländischen Rundfunk* am 10. 6. 1978 (zitiert nach der Kommentarübersicht des Bundespresseamtes).

[237] *Plenarprotokoll*, 7. W.P., 13. 12. 1978, S. 4427.

[238] *Statistisches Jahrbuch 1980...* (s.o. Anm. 219), S. 54.

schickte neben Stobbe und Lüder auch die Senatoren Korber, Ristock, Riebschläger und Ulrich in die allgemeine Beratung, um die Debatte zu prägen: Wahlkampf also auch im Parlament. Natürlich versuchten die Vertreter der CDU weiterhin, einen Keil zwischen die Koalitionspartner zu treiben. An die Adresse des Regierenden Bürgermeisters gerichtet stichelte Peter Lorenz: „Sie waren gegen den Hafturlaub für Horst Mahler, der Justizsenator war dafür; Sie sind gegen die Plastik vor dem Kongreßzentrum, der Bausenator ist dafür; Sie sind für ein Kraftwerk in Neukölln, der Herr Lüder ist erst einmal dagegen; Sie sind für Reformpläne in den Eigenbetrieben, andere sind dagegen; Sie sind für Stechuhren, andere sind es nicht. Immer setzen sich die durch, die Ihnen eigentlich folgen müßten.“[239]

Je näher der Wahltag rückte, um so nervöser wurde die kleine FDP. Sie versuchte sich auch auf Kosten des Koalitionspartners zu profilieren, insbesondere als Umweltschutzpartei. So plädierte Wolfgang Lüder für eine Einstellung des Autobahnausbaus, ein Konzept, das Bausenator Ristock verärgerte, der Autobahnen für notwendig hielt, um den Verkehr in Wohngebieten zu beruhigen.

Im Wahlkampf trat seit dem Herbst eben wieder jeder gegen jeden an.

[239] *Plenarprotokoll*, 7. W.P., 13. 12. 1978, S. 4457.

ZEHNTES KAPITEL

Die Wahlen vom 18. März 1979 und die Folgen

Die Wahlen zum Abgeordnetenhaus am 18. März 1979: Neue Gesichter bei allen Bewerbern

Die Stimmung in der Stadt

Alle drei im Abgeordnetenhaus vertretenen Parteien traten 1979 mit anderen Spitzenkandidaten als vier Jahre zuvor an. Dietrich Stobbe trat als Regierender Bürgermeister ebenso zum erstenmal vor die Wähler wie sein Herausforderer Richard von Weizsäcker. Und Wolfgang Lüder hatte als Wirtschaftssenator und Landesvorsitzender der FDP einen politischen Spagat zu vollziehen, um die pragmatischen und die progressiven FDP-Anhänger an die Partei zu binden. Vier Jahre zuvor waren die Liberalen noch als Opposition in den Wahlgang eingetreten. Anders als 1975 drohte nun nicht länger ein Einbruch eines „Bund Freies Deutschland" in die Wählerschichten der Sozialdemokraten und der CDU. Mit der Kandidatur der Alternativen Liste meldete sich statt dessen ein neuartiger Mitbewerber zu Wort, dessen Attraktivität vor allem für junge Leute im Regierungslager Irritationen erregte.

Hier soll dargelegt werden, wie sich dieser Wahlkampf inhaltlich und formal einordnen läßt in die Berliner Nachkriegsdemokratie. Erstmals fand ein Wahlgang der Berliner unter wirklich ruhigen Umständen statt. Die mit dem Abschluß des Vier-Mächte-Abkommens erreichte Zurückdrängung äußerer Pressionen war 1975 von der Entführung des CDU-Spitzenkandidaten überschattet. Jetzt zeigten die Umfrageergebnisse, daß eine äußere Bedrohung der Stadt nicht länger als bedrückend empfunden wurde, die widerstreitenden Debatten zwischen Ost und West hatten nicht länger die Verunsicherung der Bevölkerung zur Folge. Bei einer *Infas*-Umfrage im Frühjahr 1979 urteilten 64% der Befragten, die Verhältnisse in ihrer Stadt böten „kein(en) Anlaß zur Beunruhigung".[1]

Das vom Regierenden Bürgermeister in Auftrag gegebene „Berlin-Barometer" bestätigte diese Stimmung: Drei von vier Berlinern betrachteten im März 1979 die Lage ihrer Stadt als „nicht ernst" oder sogar als „ganz und gar nicht ernst".[2] Die Demoskopen verkündeten sachlich-nüchtern, was doch für das geteilte Berlin der Nachkriegszeit als Erfolg gelten muß: „Damit stellt sich in Berlin eine Interessenlage ein, die sich in der Reihenfolge der Prioritäten von den seit langem auch bundesweit gemessenen Daten in nichts unterscheidet." In der Prioritätenliste rangierte der Wunsch nach sozialer Sicherung deutlich an erster Stelle, gefolgt von den Themen Wirtschaftspolitik und Innere Sicherheit. Die besondere Altersstruktur der Stadt mit ihrem hohen Anteil an älteren Bürgern schlug sich hier als deutliche Aufforderung zum Handeln nieder. Den Wandel des Problembewußtseins der Berliner belegt aber am deutlichsten der Rang, den die „Ostpolitik" jetzt noch einnahm. Sie fand sich gleichauf mit den Themen Gesundheits- und Bildungspolitik. In Berlin wurde dieses Thema immer noch von viermal so vielen Menschen für dringlich erachtet wie im Bundesgebiet, aber es war nicht länger ein Problem erster Priorität. Statt um die Überwindung der Teilung ging es nun um Fragen des Umweltschutzes.

Anläßlich der ersten Bilanz der Arbeit des Senats Stobbe/Lüder sind oben bereits Zahlen genannt worden, die erste Erfolge auf dem Gebiet der Wirtschaftspolitik belegen. Stobbes Zuversicht, die Probleme in den Griff zu bekommen, sie jedenfalls entschlossen in Angriff zu nehmen, hatte ansteckend gewirkt. Ihrer wirtschaftlichen Entwicklung sahen 51% der befragten Berliner „zuversichtlich" entgegen, 38% waren „ziemlich besorgt", nur 8% „sehr besorgt". Die Frage nach den politischen Erwartungen fiel noch günstiger aus, hier äußerten sich 65% der Befragten zuversichtlich. Die Bedingungen waren also durchaus stabil, das Vertrauen in die Verhältnisse denkbar hoch. Mit einem Satz: „Die Situation war alles andere als dramatisch."[3] In diesem Klima fand keine der Parteien ein polarisierendes Thema. Eine

[1] *Politogramm. Infas-Report Wahlen. Berlin 1979. Analysen und Berichte zur Wahl zum Abgeordnetenhaus am 18. 3. 1979*, Bonn 1979, S. 49.

[2] *Berlin-Barometer 1978/79. Meinungen und Tendenzen in und über Berlin*, hrsg. von Infas, Bonn 1979, S. 2.

[3] *Politogramm...* (s.o. Anm. 1), S. 48 und 56.

große Grundsatzkontroverse fehlte. Als Beleg für eine Provinzialisierung des Wahlkampfs in Berlin können die Auseinandersetzungen über die Schwierigkeiten der Berliner Stadtreinigung bei der Schneebeseitigung auf den Straßen der Stadt im „Jahrhundertwinter" 1978/79 gelten.

Der Wettstreit konzentrierte sich also auf die Personen. Würde der Regierende Bürgermeister die Unzulänglichkeiten der zurückliegenden vier Jahre, die ihn selbst erst in seine Position gebracht hatten, vergessen machen können? Oder gelang es der CDU mit ihrem aus dem Bundesgebiet eingeflogenen, also garantiert nicht in „Verfilzung" verstrickten Kandidaten, die Notwendigkeit zum demokratischen Wechsel weithin plausibel zu machen? Wie würden die Liberalen nach vier Jahren Regierungsbeteiligung von ihren Wählern bedacht werden? Die Berliner FDP sah sich am linken Rand des politischen Spektrums in Berlin angesiedelt. Und dort entstand eine neue Konkurrenz, die Alternative Liste für Demokratie und Umweltschutz.

Hier werden die Strategien der Wettbewerber vorgestellt, um danach mit der Analyse des Wahlergebnisses den Grad des Zusammenwirkens von Parteien und Wählern beurteilen zu können.

Der Wahlkampf

Die Strategie der Sozialdemokraten war durch ihr Ziel vorgegeben. Die SPD sollte wieder stärkste Partei werden, dies hatte Stobbe schon im Februar 1978 verkündet. Die Berliner glaubten ihrem Stadtoberhaupt, daß es sich bemühte, auch wenn Stobbe sich nicht immer durchsetzen konnte. Die Alternative Liste machte den Koalitionspartner FDP nervöser als die SPD. Die Partei stellte sich hinter den Regierenden Bürgermeister, versteckte sich geradezu hinter seiner Tatkraft. Da war die Position der stärksten Fraktion nicht einmal das Maximalziel, auch die absolute Mehrheit schien wieder in Reichweite der Berliner Sozialdemokraten zu liegen.

„Stobbes einzige Sorge scheint zu sein, der Koalitionspartner FDP könnte vor der Wahl Amok laufen", wurde am 8. September 1978 gemutmaßt.[4] Damit war es am nächsten Tag vorbei: Richard von Weizsäcker betrat die Bühne. Die Berliner SPD-Spitze einschließlich

[4] Joachim Nawrocki, *Die Nase vorn*, in: *Die Zeit* vom 8. 9. 1978.

Stobbe tat sich schwer im öffentlichen Umgang mit „dem Phänomen Weizsäcker".[5] Der Herausforderer wurde für Stobbe zum Angstgegner, weil von Weizsäcker sich eben nicht mit Stechuhren und Blasorchestern der Stadtreinigung herumzuschlagen hatte und dennoch über breite Zustimmung in der Presse verfügte. Der Regierende Bürgermeister veranlaßte eine ausführliche Befragung der Berliner, um sich ein Bild von der Wirkung des neuen Kandidaten zu machen. Im September und Oktober 1978 sahen lediglich 41% der befragten Berliner die Chancen der CDU durch die Nominierung verbessert, 40% glaubten, diese seien gleichgeblieben.[6] 39% trauten Dietrich Stobbe mehr Erfolg bei der Bewältigung der Aufgaben zu, 23% von Weizsäkker, 24% schätzten beide gleich ein. Diese Zahlen wurden im Februar 1979 annähernd bestätigt. Bei der aufgeschlüsselten Frage nach zwanzig einzelnen Politikfeldern wurde von Weizsäcker nur auf zwei Feldern höher als Stobbe eingestuft: als Garant starker politischer Führung und innerer Sicherheit. Auf allen anderen Feldern führte Stobbe, knapp auf dem Gebiet Wirtschaft, aber haushoch in den Bereichen Bürgernähe, Beziehungen zur DDR oder Umweltschutz.[7] Stobbe konnte diese Ergebnisse noch weiter ausbauen. Gleichzeitig blieb aber die Meinung über die Sozialdemokratische Partei gespalten. 45% der befragten Berliner sahen das Hauptanliegen der SPD-Funktionäre im Erringen von Posten, nur 33% sahen das Wohl der Stadt an oberster Stelle des Strebens der SPD. Dem Vorwurf der parteipolitisch bestimmten Personalpolitik stimmten im Februar 1979 49% zu, nur 22% mochten dies verneinen, was mit 63% Zustimmung zwar eine Verbesserung im Vergleich zum Herbst 1978 war, gleichwohl Anlaß genug zur Sorge für die SPD. Zudem sei nicht verschwiegen, daß die Weizsäcker unterstützende Zeitung *Die Welt* auch andere, für Weizsäcker wesentlich günstigere Zahlen veröffentlichte.[8] Die hier ausgewerteten Umfragen sind vom Senat vertraulich behandelt und zur Grundlage seines Handelns gemacht worden. Die SPD-Führung machte sich abhängig von der Demoskopie. Aufgrund der Umfragen

[5] Karl Heinz Gehm, *Der Machtzerfall der sozialliberalen Koalition in Berlin. Innenansicht einer Stadtpolitik*, Berlin 1984, S. 79.

[6] *Infas-Repräsentativerhebung Berlin*, Nr. 1422, Sept./Okt. 1978. Bei der nächsten Befragung im Februar 1979 sank die Zahl der an eine Verbesserung Glaubenden gar auf 33%, *Infas-Repräsentativerhebung Berlin*, Nr. 1422, Feb. 1979.

[7] *Infas*, Nr. 1422, Sept./Okt. 1978.

[8] *Viele gute Noten für von Weizsäcker*, in: *Die Welt* vom 29. 1. 1979.

entschloß sie sich, den Regierenden Bürgermeister herauszustellen – und nach den Wahlen warf sie ihm persönlich dies vor!

Das sachliche Programm trat in den Hintergrund. Dabei hatte man sich die Mühe gemacht, die Ergebnisse der drei Arbeitsgruppen zur Wirtschafts- und Arbeitsmarktpolitik, zur Stadtentwicklung und zur Berlin-Politik nebst den Reden von Riebschläger, Ristock und Stobbe auf den drei Parteitagen als Broschüren an die Berliner zu verteilen.[9] Die Inhalte der Senatspolitik bestimmten also das Programm der SPD. Darin unterschied sich die SPD deutlich von ihrem Regierungspartner. Die FDP warb nämlich nicht nur mit Senatserfolgen, sondern proklamierte auch allerlei Parteiwünsche, die keineswegs in einer Koalition zu verwirklichen waren. Dagegen vermied die SPD sogar das Wort Programm, sprach nur von „Leitlinien der Berliner Sozialdemokraten für die Wahlen am 18. März 1979" – auch dies Ausdruck des fast panischen Bestrebens, als neue SPD nicht länger mit der alten identifiziert zu werden.[10] Stobbe gab auf dem Landesparteitag die Parole aus, es gelte „neue Wähler aus der bürgerlichen Mitte hinzuzugewinnen". Richtiger hätte es heißen müssen: „zurückzugewinnen". Dieselbe Zielgruppe hatte die CDU im Visier. Doch auf demselben Parteitag stand ganz gegen Stobbes Wunsch das Thema Radikalenerlaß ganz oben auf der Tagesordnung. Die Vorgänge um die Entlassung eines SEW-Funktionärs aus dem Schuldienst und die Solidaritätsbeweise einzelner Sozialdemokraten ließen keinen Aufschub des delikaten Themas zu. Trotz der Bitte, in dieser Angelegenheit dem politischen Gegner keine Munition zu liefern, gab es in der Folgezeit schwere Wortgefechte zwischen dem konservativen „Arbeitskreis 51" und den Jungsozialisten innerhalb der Partei.

Nur die Frage nach der Erhaltung der Regierungsmehrheit einte die Delegierten: Mit der FDP sollte auch nach dem 18. März eine Koalition eingegangen werden. Schon auf dem Parteitag am 30. Juni 1978 hatte Stobbe für die Fortsetzung der sozialliberalen Koalition plädiert, weil „die Entspannungspolitik und das sozialliberale Bündnis nicht voneinander zu trennen sind". Lüder revanchierte sich mit dem

[9] Siehe im Landesarchiv Berlin, Zeitgeschichtliche Sammlung, Wahlen 1979, Mappe SPD-Landesverband, Rep. 240, Acc. 2558.

[10] Stobbe betonte: „Wir legen kein technokratisches und additives Ressortprogramm vor." *Berliner Stimme* vom 23. 9. 1978. Zuvor hatte man gerade dieses pragmatische Vorgehen des Statistikliebhabers Schütz als Neuerung gepriesen.

gleichlautenden Bekenntnis auf dem Parteitag der Liberalen Anfang Juli.

Die Wahlkampfführung der Sozialdemokraten beschloß eine Flucht nach vorn: Die SPD setzte voll auf den Amtsbonus des Regierenden Bürgermeisters. Immerhin hatten fast zwei Drittel der Befragten angegeben, bei einer Direktwahl für Stobbe zu stimmen. Die letzten Wochen des Wahlkampfs wurden in einer an Personenkult grenzenden Konzentration auf Dietrich Stobbe bestritten. Das Motto hieß jetzt „Aktion Stobbe-Wahl". Bereits fertiggestellte Fernsehspots, die für die Partei SPD warben, wurden kurzerhand aus dem Verkehr gezogen und durch „spontan gedrehte Stobbe-Soli von fünf Minuten Dauer"[11] ersetzt. Als Höhepunkt dieser Kampagne darf wohl ein Brief des Parteivorstands an die Unterorganisationen der SPD vom 7. März gelten. Darin wurden die Wahlhelfer aufgefordert, die Postkarte mit dem Porträt Dietrich Stobbes *nicht* gemeinsam mit anderem SPD-Material zu verteilen. Vor allem galt es, nicht allzu große Siegeszuversicht zu zeigen, da sich das Wählerpotential dann nur noch unzureichend hätte mobilisieren lassen. Stobbe rief zuletzt dazu auf, in jedem Fall für die SPD zu stimmen und sich nicht den Luxus zu leisten, die Splittergruppe AL zu wählen. Die Konzentration auf den Hoffnungsträger bedeutete, daß die Partei in den Hintergrund rückte. Damit setzte sich Dietrich Stobbe unter den schweren Druck des „Alles oder Nichts". Er selbst stand nun zur Wahl, nicht nur bei den Berlinern, deren Orientierung an Personen ja genutzt werden sollte, sondern ebenfalls innerparteilich. Und innerparteilich gärte es schon, insbesondere der ehrgeizige Klaus Riebschläger fiel durch mangelnde Parteidisziplin auf.[12] Der 18. März 1979 konnte Stobbe zum Helden oder zur tragischen Figur der Berliner Sozialdemokratie werden lassen.

Für die FDP stellte sich die Aufgabe anders als vier Jahre zuvor. Mit Wolfgang Lüder stand ein Mann an der Spitze, der sowohl Fürsprecher der Berliner Industrie und Säule des Senats war als auch Vorsitzender eines Landesverbandes, dessen Mehrheit zum Teil gänzlich andere Ideen hatte. 1975 hatte noch Hermann Oxfort als Chef der Oppositionsfraktion das liberal-konservative Lager repräsentiert,

[11] *Stuttgarter Zeitung* vom 17. 3. 1979.

[12] Im Interview in der *Welt* vom 9. 1. 1979 erklärte er frank und frei: „Nach dem 18. März kann sich die Partei jedenfalls nicht mehr nur als Propagandainstrument des Senats verstehen."

während Lüder die vielen Meinungen der Mitglieder moderierte. Und auch die Gegnerschaft hatte sich verändert. Natürlich warb die FDP für eine Verhinderung einer absoluten Mehrheit. Nach den Erfolgen der Grünen und Bunten Listen bei den Landtagswahlen in Niedersachsen und Hamburg am 4. Juni 1978 – dort blieb die FDP jeweils unter 5% – war den Liberalen mit der Alternativen Liste ein weiterer Gegner erwachsen. Wolfgang Lüder forderte schon auf dem Landesparteitag Anfang Juli 1978, Stimmen für diese „Splittergruppen" als „verlorene Stimmen" zu brandmarken. Der Wahlkampf richtete sich daher in erster Linie gegen die AL – ohne diese beim Namen zu nennen. Bis sich der neue Mitbewerber konsolidiert und ein Programm gegeben hatte, wollte Lüder schon die Felder Umwelt, Bürgernähe und Rechtsstaatlichkeit besetzt haben. Diese Akzentsetzung richtete sich auch gegen den Koalitionspartner. Auf dem 34. Landes-parteitag am 3. November 1978 verabschiedeten die Delegierten die Wahlaussage der Berliner FDP.[13] Hier fanden sich die wohlklingenden Floskeln von der FDP als „Partei der Bürgerfreiheit", „Verteidigerin des Rechtsstaates", „Anwalt für mehr Demokratie", „Motor der Friedens- und Entspannungspolitik" und weiteres mehr. Doch die Delegierten wurden auch konkreter, und sie versteckten sich keineswegs hinter ihren Senatoren, sondern schrieben ihnen und sich etliche betont progressiv-linksliberale Punkte ins Programm. Die Gesamtschule sollte das dreigliedrige Schulsystem ablösen, ein „soziales Grundrecht auf Arbeit" wurde ebenso gefordert wie eine staatliche Ausbildungsplatzgarantie und ein kommunales Wahlrecht für Ausländer.

Auch bei den Liberalen stellte der Radikalenerlaß einen Hauptstreitpunkt dar. Schon der Landesvorstand hatte mehrheitlich der Abschaffung das Wort geredet.[14] Jetzt wurde der Radikalenerlaß als „politischer Irrweg" bezeichnet. Daß sich durchaus nicht alle Delegierten dieser Mehrheitsmeinung anschließen mochten, dokumentierte ein Tumult, der ausbrach, als die Unterstützer des entlassenen SEW-Funktionärs von Parteifreunden als „nützliche Idioten" bezeichnet wurden. Doch in Berlin galt weiterhin die vom Landeswahlgesetz geschaffene Schizophrenie. Wer als Abgeordneter wiedergewählt wer-

[13] Landesarchiv Berlin, Wahlen 1979, Mappe FDP-Landesverband, Rep. 240, Acc. 2558, Nr. 4.

[14] Siehe Protokolle der Landesvorstandssitzungen vom 19. 9. 1978 und vom 10. 10. 1978, in: Akte Nr. 10 895 im Archiv des deutschen Liberalismus.

den wollte, mußte dazu nur in seinem Bezirk aufgestellt werden, ganz gleich, was die Mehrheit der Landesdelegierten an politischen Utopien verabschieden mochte, denn eine Landesliste – wie etwa in Hamburg – gab es nicht. Dies hatte zur Folge, daß „bürgerliche" Bezirksverbände – für die FDP Reinickendorf, Neukölln, Schöneberg und Spandau – eine Riege ihrer Leute ins Parlament bringen konnten. Aufgrund der Größe der Bezirke bekamen 1975 Reinickendorf, Neukölln und Steglitz jeweils zwei der elf FDP-Mandate zugewiesen. Auch die extremsten Beschlüsse großer Mehrheiten konnten von den Landesparteitagsdelegierten nicht ohne Konsens mit der Fraktion im Parlament durchgesetzt werden. Und diese Fraktion mußte dann ja noch die Zustimmung des Koalitionspartners einholen. Dieser „Dualismus" liberaler Politik in Berlin war zu diesem Zeitpunkt geradezu konstitutiv für den Landesverband. Mit den radikalen Parteiaussagen sollten die Mitglieder befriedigt, mit der pragmatischen Regierungsbeteiligung bürgerlich-liberale Wähler gewonnen werden: „Solange besonders die konservativeren Wählerschichten der Berliner FDP den Eindruck haben, daß sich die Politik ihrer Partei nicht überwiegend an den linken Parteitagsbeschlüssen orientiert, braucht die FDP nicht an der Fünf-Prozent-Hürde zu scheitern."[15] Diese Praxis sollte zwei Jahre später die Partei in die stärkste Zerreißprobe seit Bestehen des Landesverbandes führen. Vor den Märzwahlen 1979 glaubten die Liberalen indessen, nicht nur mit, sondern von diesem Widerspruch leben zu können. Möglich machte dies Wolfgang Lüder, der trotz seiner auf Konsolidierung bedachten Politik als Wirtschaftssenator weiterhin die Sympathien der linken Delegierten genoß und als Landesvorsitzender bestätigt wurde. Er hielt die Partei und damit auch die Regierungskoalition zusammen. Denn ein Faktor einte alle Delegierten: der Wille zur Teilhabe an der Macht. Mit der Aussage: „Die Berliner CDU ist und bleibt unser Hauptgegner im Wahlkampf", begab sich Lüder allerdings der Möglichkeit, auf die stärkste Partei zu setzen. Die Koalitionsaussage lautete: „Für die kommenden vier Jahre sind wir bereit, die Koalition mit den Sozialdemokraten fortzusetzen, weil sich die sozial-liberale Politik bewährt hat."[16]

Das Wahlziel der CDU konnte daher nur lauten, die absolute Mehrheit zu erringen. Dazu mußte das Rekordergebnis von 1975 nochmals verbessert werden. Zwei Wege sollten zum Ziel führen.

[15] *Berliner Morgenpost* vom 9. 1. 1979.

[16] Wahlaussage (s.o. Anm. 13), S. 58.

Zum einen mußte der neue Kandidat als bessere Alternative zum Amtsinhaber erscheinen, zum anderen hieß es, eben jenem Dietrich Stobbe die Sünden der Vergangenheit anzulasten. Statt wie die SPD einen Vertrauensverlust kompensieren zu müssen, war es Aufgabe der Berliner CDU, einen Vertrauensvorschuß zu erringen.

Zunächst mußte der neue Mann dem eigenen Parteivolk vorgestellt werden. Und auch die Wahlkampfmannschaft, die Mühen, Zeit und Geld für die Kampagne des Spitzenkandidaten Lorenz aufgewendet hatte, bekam neue Arbeit. Die Nominierung von Weizsäckers, gab der Geschäftsführende Landesvorsitzende ein Jahr später zu, „bedeutete, daß aus dem Stand eine neue Konzeption entwickelt werden mußte".[17] Auf dem Parteitag am 20./21. Oktober 1978 trat von Weizsäcker unter dem Motto „Berlin muß gewinnen" auf. Hier griff der neue Kandidat zur „Herz- und Seelenmassage":[18] „Wir konzentrieren uns zuerst auf unsere eigene Kraft", „Berlin soll zum Inbegriff von Qualität werden, Berlin soll zum Beispiel für Solidarität werden", hießen seine Devisen, ergänzt von allerlei sinnstiftendem Beiwerk: „Zukunft erfordert in der Gegenwart Verzichte und Opfer. Wer die Kraft dazu aufbringt, belohnt sich selbst: Er gibt der Gegenwart einen Sinn und der Zukunft die Chance, die sie braucht – gerade in Berlin." War dies der Weg zur absoluten Mehrheit? Weizsäcker forderte eine neue „Qualität der Stadt, die sie zum geistigen Zentrum der Nation macht". Dazu setzte er auch einzelne Akzente, wenn er etwa die Stiftung Preußischer Kulturbesitz und die von vielen Unionschristen als kommunistisch bekrittelte „Schaubühne" in einem Satz als Aushängeschilder der Kulturstadt Berlin bezeichnete. Die Liberalen schonte er erkennbar, Weizsäcker sah die FDP in der „großen Tradition liberaler Politik". Er referierte über den „Teufelskreis von drei Problemen" – die sinkende Zahl der Betriebe, die fehlenden Facharbeiter, den Mangel an Wohnungen. Doch zu den eigentlichen Alternativen zur Regierungspolitik zur Erreichung der hochgesteckten Ziele brauchte er sich nicht zu äußern. Dafür hatten die Vertreter des Landesverbandes gesorgt. Immerhin stellte Peter Lorenz in seiner Eigenschaft als Landesvorsitzender ein umfassendes „Programm für Berlin" vor.[19] Die

[17] Diepgen im „Bericht der Landesgeschäftsstelle zum 63. Landesparteitag", in: Protokollakte des Parteitags beim Landesverband.

[18] So der Kommentar des *Handelsblattes* vom 23. 10. 1978.

[19] „Ein Programm für Berlin", vorgelegt von Peter Lorenz, ohne Datum (Herbst 1978), beim Landesarchiv Berlin, Zeitgeschichtliche Sammlung, Wahlen 1979, Mappe

Regierungsparteien sprachen denn auch von Weizsäcker auf das „Peter-Lorenz-Programm" an, um das Gefühl, der neue Kandidat sei der Berliner CDU aufgepropft worden, wachzuhalten. Lorenz beeilte sich zu versichern, es lasse sich kein Keil zwischen den Landesverband und den Kandidaten treiben: „Er steht nicht links von uns, er steht auch nicht rechts von uns. Er ist einer aus unserer Mitte."[20] Die Art und Weise des Kandidaten, zuweilen von Bonn einzufliegen und akademisch-aristokratische Reden zu halten, stieß innerhalb der CDU nicht nur auf Gegenliebe. Im Grunde versteckte sich die CDU wie die SPD hinter ihrem Spitzenmann, der erfolgreich in der liberalen Mitte werben sollte. Weizsäcker hatte das unverdiente Glück, daß der „Bund Freies Deutschland" nicht mehr als rechte Partei gegen die CDU antrat, sondern sogar zu ihrer Wahl aufrief. Die Wählerstimmen vom rechten Rand des Spektrums waren somit sicher, eine Profilierung einiger CDU-Größen auf diesem Sektor hätte den Spitzenkandidaten in arge Verlegenheit bringen können.

In ihrem Programm hatte sich die CDU ausführlich mit der Stadtpolitik, der Deutschlandpolitik und der Berlinpolitik im internationalen Rahmen auseinandergesetzt. Doch nicht mit anderen Zahlen zum Wohnungsbau oder der Maxime, in der Ostpolitik nur Leistung gegen Leistung gelten zu lassen, wurde 1978/1979 in Berlin Wahlkampf gemacht. Es ging um die Personen. Mit Weizsäcker setzte die CDU nicht auf den besseren Kommunalpolitiker im Vergleich zu Stobbe, sondern auf die Devise von Berlin als „Nationaler Aufgabe". Eine zweiteilige, großformatige und bebilderte Schrift mit dem Titel „Deutschland" wurde unter das Volk gebracht.[21] Richard von Weizsäcker zog Berliner an, die sonst vielleicht nicht so leicht den Kontakt zur CDU gefunden hätten. Für den Parteitag im Oktober war als Kronzeuge gegen die Hochschulpolitik des Senats der zu diesem Zeitpunkt noch der SPD angehörende Professor der Freien Universität

CDU-Landesverband, Rep. 240, Acc. 2558, Nr. 36. Für vordringlich hielt die CDU 1. ein Energieprogramm, 2. ein Wirtschaftsförderungsprogramm, 3. ein Förderungsprogramm für mittelständische Betriebe, 4. den Ausbau der Stadt zu einem Zentrum für Forschung und Entwicklung und 5. ein Programm zur Errichtung neuer Einrichtungen in Berlin, S. 10.

[20] In seiner Rede auf dem Parteitag am 20. 10. 1978, Protokoll S. 3.

[21] *Deutschland. Eine Beilage über die Situation einer geteilten Nation im Jahre 1978*, Beilage zur *Berliner Stimme* vom 7. 12. und 21. 12. 1978.

Alexander Schwan aufgetreten.[22] Der CDU-Landesverband konnte hier mit von Weizsäcker erste Erfolge verbuchen, Vertreter der politischen Mitte, unzufriedene frühere SPD- und FDP-Wähler, zu interessieren.[23]

„Ein von mir geführter Senat wird geschlossene Verträge nicht nur achten, sondern sie auch voll zur Anwendung bringen", versicherte der Spitzenkandidat in einer Anzeige der CDU, in der er sich zu Standfestigkeit und Verständigungsbereitschaft gegenüber dem Osten bekannte. Sozialdemokraten und Liberale wurden nämlich nicht müde, Weizsäcker an sein Abstimmungsverhalten im Bundestag zu erinnern, wo er die Vertragspolitik nicht unterstützt hatte.[24] Seine Aussage, er fühle sich dem Vorbild Ernst Reuters verbunden, blieb allerdings nicht unwidersprochen. Reuters Familie verwahrte sich gegen die Vereinnahmung und tadelte sie als „moralisch wie politisch fragwürdig".[25]

Doch während Weizsäcker auf diese Weise den Konsens suchte, sprach sich Heinrich Lummer für eine schärfere Gangart aus. „Der Spielraum für Reaktionen des Westens ist noch ungenutzt", befand Lummer, und empfahl: „Möglicherweise kann schon die glaubwürdige Androhung eines Entzuges (von wirtschaftlicher Hilfe) positive Folgen haben." Dies entsprach zwar der Linie Lummers, für von

[22] Schwan warf Senator Glotz vor, mit seinem Hochschulgesetzentwurf die Politisierung der Universitäten auf Kosten ihrer Leistungsfähigkeit zu verstärken. Schwan stand zu den Vorwürfen auch, als ein Parteiausschlußverfahren gegen ihn eingeleitet wurde. Er kam dem Verfahren zuvor und verließ die Partei. Schwan gründete am 24. 11. d. J. eine „Wählerinitiative Bildung und Wissenschaft für Richard von Weizsäcker", siehe dazu deren Material im Landesarchiv Berlin, Wahlen 1979, Mappe Verschiedenes, Rep. 240, Acc. 2558, Nr. 1.

[23] Den guten Eindruck des Kandidaten im Lager der FDP-Anhänger verrieten dem Senat dessen vertrauliche Umfragen: Die Frage, ob Richard von Weizsäcker als Regierender Bürgermeister für Berlin gut sei, bejahten 3% der SPD-Anhänger, 86% der CDU-Anhänger und immerhin 28% der FDP-Anhänger. Und während 87% der SPD-Anhänger ausschlossen, für die CDU stimmen zu wollen, mochten sich nur 53% der FDP-Anhänger derart festlegen, *Infas-Repräsentativerhebung Berlin*, Nr. 1423, Februar 1979.

[24] Am 17. 5. 1972 hatte sich von Weizsäcker bei der Abstimmung zum Moskauer und zum Warschauer Vertrag der Stimme enthalten, am 11. 5. 1973 hatte er den Grundlagenvertrag mit seiner Fraktion abgelehnt, ebenso den Vertrag mit der CSSR am 10. 7. 1973. Bei der Abstimmung über die KSZE-Akte am 25. 7. 1975 fehlte er im Bundestag. Dies Verhalten reichte zwar, ihn der CSU suspekt erscheinen zu lassen, nicht aber, um ihn den Berlinern als Anwalt ihrer Sache vorzustellen.

[25] Abdruck des Telegramms in: *Berliner Stimme* vom 10. 3. 1979.

Weizsäcker allerdings barg dies Probleme. So konnte er sich zwar entrüsten, aber doch nicht ganz alle Zweifel ausräumen, wenn der Bundeskanzler behauptete, die Schutzmächte wären bei einem Sieg der CDU in Berlin irritiert. Schmidt wurde dies als „brunnenvergiftende Behauptung“ angekreidet,[26] dennoch hatte er recht. Zumindest Irritationen waren tatsächlich zu erwarten, wenn die oben skizzierte Linie der Alliierten, Ruhe um Berlin zu halten, plötzlich à la Lummer herausgefordert wurde (und sie traten zu Zeiten der Regierenden Bürgermeister von Weizsäcker und Diepgen ja auch auf, als diese Stadtoberhäupter ihren Spielraum nach Osten hin ausweiten wollten). Äußerungen von Stobbe und Egon Bahr, ein Sieg der CDU gefährde die Entspannungspolitik, waren allerdings falsch und übertrieben, zeugten auch nicht gerade von Vertrauen in das Geschaffene.

Weizsäcker wurde dagegen von den Sozialdemokraten öffentlich dafür gelobt, daß er im Fernsehen die gegen die SPD gerichtete Wahlparole der Bundes-CDU – „Freiheit oder Sozialismus“ – für Berlin ablehnte, da dieser Slogan, bezogen auf die Berliner Sozialdemokraten, historisch, politisch und moralisch falsch sei. Gleichwohl mußte er weiteren Argwohn abwenden. So erklärte sich Weizsäcker erst spät bereit, für das Abgeordnetenhaus zu kandidieren, und sagte kurz vor der Wahl zu, auch nach einer Niederlage in Berlin als Oppositionsführer dienen zu wollen – wenn man ihn frage[27] (was dann eleganterweise nicht der Fall sein sollte). Auch das Gerücht, Weizsäcker strebe im Falle einer Niederlage in Berlin das Amt eines Bundestagsvizepräsidenten an, verwarf der Genannte als „Desinformationsprogramm der Berliner SPD“, um wenige Monate später genau dieses Amt einzunehmen.

Neben den Aufbau des Spitzenkandidaten trat die Auseinandersetzung mit den Skandalen und Verfehlungen der zurückliegenden Jahre, die vom Senat zwar nur zum Teil zu verantworten waren, aber eben auch nicht ohne weiteres von ihm aus der Welt geschafft werden konnten, etwa in den Eigenbetrieben. Eine *chronique scandaleuse* unter dem Titel „Berliner Skandale in Stichworten: Wie die SPD in Filzokratie versank“[28] wurde ebenso verbreitet wie ein Plakat „Befreit Berlin vom Tausendfilzler!“ und der Slogan „Berlin braucht

[26] *Berliner Rundschau* vom 22. 2. 1979.

[27] Weizsäcker zitiert nach: *Der Tagesspiegel* vom 8. 3. 1979, *Die Zeit* vom 2. 3. 1979.

[28] Landesarchiv Berlin, Wahlen 1979, Mappe CDU-Landesverband, Rep. 240, Acc. 2558, Nr. 41.

Hände, die zupacken und sich nicht am Parteibuch wärmen". Und wenn sich schon die beiden Flügel der SPD und die beiden Flügel der FDP jeweils um das rechte Maß bei der Überprüfung von Verfassungstreue stritten, ließ es sich die Opposition nicht nehmen, in der vorletzten Sitzung der Legislaturperiode die Angelegenheit im Parlament zur Sprache zu bringen, da ihres Erachtens SPD und FDP nicht mehr den Anspruch aufrechterhalten könnten, „alles tun zu wollen, um Kommunisten aus dem öffentlichen Dienst fernhalten zu wollen".[29] In der letzten Phase des Wahlkampfes wurde der Regierende Bürgermeister persönlich angegriffen. Das Gerücht, Stobbe wolle nach seiner Wiederwahl eine noch höhere Position in Bonn einnehmen und den ehemaligen Bürgerschreck Harry Ristock ans Ruder lassen, war noch harmlos gegen die Versuche, Stobbe in einen Finanz- und Begünstigungsskandal zu verwickeln, um seinen Namen mit den früheren Verfehlungen zu verknüpfen. Die Vorwürfe gegen ihn erwiesen sich als haltlos, gleichwohl war das Thema Interessenverquickung nochmals in den Mittelpunkt des Wahlkampfes gerückt worden.

Am Vorabend des 18. März 1979 mußte sich auch die Berliner CDU vor die Frage „Alles oder Nichts" gestellt sehen. Wenn es mit Richard von Weizsäcker nicht gelingen sollte – wie dann? Die absolute Mehrheit war das Ziel, das einzige Ziel der Berliner Union.

Die anderen Mitbewerber

Das Abschneiden der übrigen Mitbewerber würde für die Erringung der für die absolute Mehrheit notwendigen Sitze im Parlament entscheidend sein. Wieviel Prozent der Stimmen würden hier nicht mit Mandaten belohnt werden, weil die Bewerber an der Fünf-Prozent-Hürde scheiterten?

Der Bund Freies Deutschland hatte mit dem Ergebnis von 3,4% der Stimmen bei den Wahlen 1975 den beiden großen Parteien im Rathaus einen gehörigen Schrecken eingejagt. Während die CSU-Führung dieses Ergebnis als das beste einer „Vierten Partei" begrüßte, sah das CDU-Präsidium hiermit den Versuch als mißlungen an, die sozialliberale Koalition zu stürzen. Aufgrund des Scheiterns an der Fünf-Pro-

[29] *Plenarprotokoll*, 7. W.P., 25. 1. 1979, S. 4682.

zent-Hürde zerfiel der Bund in rivalisierende Gruppen und löste sich als Partei am 31. Januar 1977 auf. Als Sammlungsbewegung ohne eigene Wahlbeteiligung existierte er jedoch weiter und fiel im Wahlkampf durch massive Werbung und Unterstützung für den Kandidaten der CDU auf. Dies war das Eingeständnis, daß das Experiment nicht länger zeitgemäß war, als vierte Partei nationalkonservativer Prägung ein Publikum anzusprechen, welches der CDU aufgrund des „C" im Namen seine Stimme nicht geben mochte. Das oben analysierte Programm des BFD zog auch in Berlin keine Unzufriedenen mehr an. Die Vorteile der Entspannungspolitik waren deutlich erkennbar geworden, das Vier-Mächte-Abkommen, der Grundlagenvertrag, die Anerkennung der Grenzen zu den östlichen Nachbarn polarisierten die Berliner Bevölkerung nicht länger so stark, als daß eine Partei mit nur diesem Schwerpunkt als Protestpartei attraktiv gewesen wäre.

So wie der Bund Freies Deutschland sich vor 1975 als Sammelbekken für die mit der Ost- und Deutschlandpolitik Unzufriedenen gegründet hatte, so stellt auch die Gründung der Alternativen Liste eine Reaktion auf das Vier-Mächte-Abkommen und auf die Hinwendung zur Stadtpolitik als dessen Folge dar. Das demokratische System Berlins war so integrativ, daß unzufriedene Bürger sich auf einen Wettstreit mit den etablierten Parteien einlassen konnten. Erst am 5. Oktober 1978 zum Zweck der Wahlbeteiligung gegründet, machten sich die Aktivisten daran, ein Wahlprogramm zu erstellen. In drei Mitgliedervollversammlungen am 2., 4. und 8. Dezember 1978 wurde es nach langwierigen Diskussionen erarbeitet und am 5. Januar 1979 verabschiedet. Die Präambel des 35seitigen Sammelsuriums lautete: „Wir sind ein Zusammenschluß von Mitgliedern aus Bürgerinitiativen, Gewerkschaften, Betriebs- und Personalräten, Frauengruppen, Mieter- und Jugendgruppen, demokratischen Komitees, Studentengruppen, Basisinitiativen und vielen, die es leid sind, daß in unserem Land Politik nach den wirtschaftlichen Interessen einer bestimmenden Minderheit gemacht wird."[30] Diese Struktur prägte den Inhalt des Programms. Jeder, der auf den Mitgliedervollversammlungen sein Anliegen vortrug, konnte es in das „AL-Wahlprogramm" einbringen. So wurde ein Abzug jeglichen Militärs aus der ganzen Stadt, also auch der Schutzmächte, gefordert, sollte der § 218 des Strafgesetzbuches

[30] „Alternative Liste für Demokratie und Umweltschutz – Programm zu den Wahlen im März 1979" im Landesarchiv Berlin, Wahlen 1979, Mappe AL, Rep. 240, Acc. 2558, Nr. 3.

ebenso wie der Radikalenerlaß gestrichen werden, die 35-Stunden-Woche bei vollem Lohnausgleich wurde ebenso verlangt wie ein Verbot von Privatisierungen und der Nulltarif für die öffentlichen Verkehrsmittel. Das Programm sollte Ausdruck einer Lebenshaltung sein und umfaßte daher auch alle Bereiche von der Kindererziehung bis zum „Altwerden in Würde".

Zu Flügel- und Richtungskämpfen inhaltlicher Natur kam es bei der AL nicht. Zum einen verbot das Konsensprinzip das Überstimmen von Minderheiten, zum anderen gestattete es der Sammlungscharakter jeder Initiative, sich auf eine einzige Forderung zu beschränken, ohne die der anderen inhaltlich mitvertreten zu müssen. Daß dabei auch Widersprüche auftauchten, wenn etwa einerseits eine Frauengruppe schärfere Bestrafungen für Vergewaltiger forderte, andererseits eine „Knastgruppe" sich für mildere Formen des Strafvollzugs aussprach, störte daher die Beteiligten nicht. Nicht die gesamte, oben vorgestellte „Szene" mochte sich auf das Experiment Wahlbeteiligung einlassen. Ein Teil der Alternativbewegung zog sich völlig in den eigenen Lebensbereich zurück, ein zweiter lehnte mit der anarchistischen Parole „Keine Macht für Niemanden!" Wahlen grundsätzlich ab. Doch fanden sich genügend Berliner bereit, ein Mandat im Abgeordnetenhaus und den Bezirksverordnetenversammlungen anzustreben. Zwischen Kandidatur und Machtpartizipation durch Mandatsübernahme lag aber auch für die AL ein weiter Weg, galt es doch, zunächst die Fünf-Prozent-Hürde zu überspringen.

Die Wählergemeinschaft Unabhängiger Bürger hatte mit der Erzwingung der Neuwahlen in Zehlendorf einen Sieg erfochten, der ihr bei diesen Wahlen am 25. Januar 1976 von den Zehlendorfern honoriert wurde. Durch das Urteil des Wahlprüfungsgerichts sahen sich die Bürger zu Recht in ihrer Kritik an der Parteienbürokratie bestätigt. Nun sollte das Beispiel Schule machen. Eine Wahlbeteiligung auf Landesebene wurde nicht ausgeschlossen, wenn in der Mehrzahl aller Bezirke arbeitsfähige „Wählergemeinschaften Unabhängiger Bürger" existierten. Dieses Vorhaben scheiterte allerdings. Wegen der mangelnden Abgrenzung gegenüber Kommunisten distanzierte sich die WUB von der AL und sprach auch keine Wahlempfehlung für die AL auf Landesebene aus. Die AL hingegen verzichtete auf eine eigene Kandidatur in Zehlendorf und forderte ihre Anhänger zur Stimmabgabe für die WUB auf. Das Auftreten der Alternativen Liste ließ die Chancen der Kommunisten in der Stadt weiter sinken. Die KPD verzichtete daher auf eine eigenen Kandidatur und rief zur Wahl der AL auf.[31] Die maoistisch orientierte KPD sah zahlreiche inhaltliche Übereinstimmungen mit dem Programm der AL, so die Ablehnung der „Berufsverbote" genannten Praxis der Überprüfung der Verfassungstreue bei Bewerbern für den öffentlichen Dienst oder der „menschenfeindlichen Stadtentwicklungspolitik der bürgerlichen Parteien". Sie warf der AL vor, nicht klar genug Stellung gegen die Sowjetunion zu beziehen, sondern fälschlich davon auszugehen, der BRD-Imperialismus sei stärker. Auch der Kommunistische Bund Westdeutschlands KBW wurde als sektiererisch kritisiert, da er gegen die AL antreten wollte, denn deren Erfolg wertete auch die KPD als Ziel: „Ein gutes Ergebnis für die AL wäre ein wichtiges Druckmittel und eine politische Hilfe in den außerparlamentarischen Kämpfen." Während also viele Kommunisten Einfluß in der AL suchten, trat die von Ost-Berlin finanzierte SEW natürlich selbst zu den Wahlen am 18. März 1979 an. Sie sah sich selbst als die Alternative zu den derzeitigen Rathausparteien und lehnte Grüne und Bunte ab.[32] Die Mutterpartei im Ostteil der Stadt suchte und fand eigene Wege zur Einflußnahme. So sollte der erste von der AL in den Bundestag entsandte Abgeordnete Dirk Schneider später als Zuträger des Ministeriums für Staatssicherheit der DDR entlarvt werden.

Vor dem Wahltag: Stobbe gegen von Weizsäcker – ein Kopf-an-Kopf-Rennen?

Der Wahlkampf war nicht eigentlich spannend. Kein großes Thema spaltete die Bevölkerung. Erst als sich herausstellte, daß der christdemokratische Herausforderer besser als anfangs bei den Berlinern ankam und nach der Verleumdungskampagne gegen Stobbe und den Disputen über Schneebeseitigung und Radikalenerlaß ein größerer Teil der bis dahin Unentschlossenen zur CDU tendierte, kam es zur Nervosität im Regierungslager.[33] Doch der CDU nutzte ja kein Kopf-an-Kopf-Rennen, sie benötigte die absolute Mehrheit. Sie mußte mög-

[31] Siehe die Broschüre der KPD beim Landesarchiv Berlin, Wahlen 1979, Mappe Verschiedenes, Rep. 240, Acc. 2558, Nr. 11.

[32] Auch sie betonte jetzt den Umweltschutz, Wahlprogramm beim Landesarchiv Berlin, Wahlen 1979, Mappe Parteivorstand der SEW, Rep. 240, Acc. 2558.

[33] *Weizsäcker auf Tuchfühlung* titelte die *Süddeutsche Zeitung*, *In der Zielgerade holt Weizsäcker auf* die *Stuttgarter Zeitung*, beide am 17. 3. 1979.

lichst alle Stimmen für den BFD von 1975 auf ihr Konto bekommen. Doch hatte der neue Spitzenkandidat in deren Richtung keine besonderen Integrationsbemühungen gezeigt – und auch nicht zeigen können, um in der Mitte des Spektrums Stimmen gewinnen zu können. Eine Koalition mit der FDP kam weder für die Liberalen noch für die Berliner CDU zu diesem Zeitpunkt in Frage und war zudem noch unpopulärer als eine Große Koalition von CDU und SPD.[34] Daher war es für alle drei Parteien wichtig, wieviele Stimmen auf die Alternative Liste entfallen würden. Alle Stimmprozente unter fünf Prozent würden nämlich aus der Berechnung der Sitzverteilung entfallen.

Erstmals war dank der Neuregelung des Wahlrechts den Berlinern die Möglichkeit des Stimmensplittings eingeräumt worden. Hier gab es noch keinerlei Erfahrung, in welcher Weise Bürger ihr Votum zwischen Direktbewerber und Parteiliste aufteilen würden. Die Zahl der wahlberechtigten Berliner war nochmals gesunken, eine Folge des Bevölkerungsrückgangs, der sich ohnehin nur dank des Zuzugs nichtdeutscher Personen in Grenzen hielt. Fraglich war auch, wie sich das Fehlen einer großen Auseinandersetzung im Wahlkampf auf die Wahlbeteiligung auswirken würde. Die Berliner Demokratie hatte sich in den Jahren der Bedrohung dadurch ausgezeichnet, daß in den fünfziger Jahren die Wahlbeteiligung jenseits der 90-Prozent-Marke lag, also erheblich höher als bei westdeutschen Landtagswahlen. Die bundespolitische Stimmungslage begünstigte eher die Koalition, die Bundes-CDU bot wegen des Streits um den nächsten Kanzlerkandidaten und der angekündigten Abwahl des populären Bundespräsidenten Scheel ein eher negatives Bild.

Das Wahlergebnis vom 18. März 1979: Konsolidierung nur an der Oberfläche

Am Abend des 18. März 1979 konnte sich keine Partei als großer Sieger feiern lassen. Alle drei „Rathausparteien" hatten Stimmengewinne zu verzeichnen und blieben doch im Parlament auch weiterhin unter sich. Die Erbmasse des BFD verteilte sich auf alle drei im Rathaus vertretenen Parteien, die AL scheiterte mit 3,7%. Das politische Ergebnis stand damit sofort fest und ließ keinen Platz für Spekulatio-

[34] 5% stimmten für die CDU/FDP-, 8% für eine Große Koalition, *Politogramm...* (s.o. Anm. 1), S. 71.

nen. Die Koalition aus SPD und FDP hatte erneut den Auftrag zur Regierungsbildung erhalten.

Die SPD hatte mit einem Plus von 0,1 Prozentpunkten auf 44,7% der Zweitstimmen den denkbar kleinsten Zuwachs erzielt. Die Talfahrt der Wahlergebnisse seit 1963 aber schien gestoppt. Dank der FDP, die sich um einen ganzen Prozentpunkt auf 8,1% der Zweitstimmen verbessern konnte, kam die Koalition jetzt auch auf über 50% der Stimmen. Der Berliner CDU gelang es, ihr Rekordergebnis von 1975 nochmals zu steigern: um 0,5% auf nun 44,4% der Zweitstimmen.[35] Damit sollte die CDU – mit 63 Abgeordneten – erneut die stärkste Fraktion im Parlament stellen, doch kamen die SPD mit 61 und die FDP mit 11 Mandatsträgern auf eine deutliche Mehrheit. Richard von Weizsäcker bezeichnete die neue Bestmarke daher am Wahlabend „nicht als einen Sieg, aber als einen Erfolg".[36] Die „Alternative Liste für Demokratie und Umweltschutz" übertraf mit 3,7% der Zweitstimmen zwar noch das Ergebnis des BFD von 1975, doch reichte es auch ihr beim ersten Versuch nicht zu einem Sprung ins Landesparlament.

War also alles beim Alten geblieben? „Nach außen hin ist das Berliner Wahlergebnis sozusagen wertneutral, das heißt, es ist weder geeignet, die Verhältnisse in Bonn zu verändern, noch gehen von ihm besondere Wirkungen nach Osten aus", wurde am Wahlabend kommentiert.[37] Allerdings nur nach außen hin, muß hier betont werden. Der Regierende Bürgermeister Stobbe ging in der ersten Stellungnahme darüber hinaus und äußerte sich im *ZDF* so: „Das Ganze ergibt, wenn man es sich genau anschaut, eine bemerkenswerte politische Konstanz in Berlin."

Genau diese – zugegeben im Trubel des Wahlabends abgegebene – Einschätzung war falsch. Die reinen Prozentzahlen und das politische Ergebnis mochten eine solche Konstanz nahelegen, in Teilen der Bevölkerung hatte zu diesem Zeitpunkt jedoch längst ein Prozeß der Umorientierung eingesetzt. Die Berliner Bevölkerung schickte sich

[35] *Wahlen in Berlin (West) 1979 und 1981*, hrsg. vom Statistischen Landesamt Berlin (= Berliner Statistik, Sonderheft 345), Berlin 1984, S. 96 f.

[36] In der *ZDF*-Sendung „Wahl '79", 18. 3. 1979 (zitiert nach der Kommentarübersicht des Bundespresseamtes).

[37] G. Vetter, *Westdeutscher Rundfunk*, 18. 3. 1979 (zitiert nach der Kommentarübersicht des Bundespresseamtes).

bereits an, die Berliner Demokratie zu verändern, als sich dies in den Hochrechnungen auf den Bildschirmen noch nicht niederschlug.

An erster Stelle muß das Sinken der Zahl der Wahlberechtigten genannt werden. Dabei ist politisch bedeutsam, daß der Anteil der Wahlberechtigten an der erwachsenen Bevölkerung abnahm aufgrund der wachsenden Zahl nicht wahlberechtigter Ausländer bei gleichzeitig sinkender Zahl der deutschen Bevölkerung. Die Wahlbeteiligung ging ebenfalls zurück und erreichte nach 87,8% 1975 mit nunmehr 85,4% den bis dahin niedrigsten Wert in der Nachkriegszeit. Obwohl es überzogen wäre, jeden Nichtwähler zum Gegner des demokratischen Systems zu stempeln, war doch der Grad der Wahlbeteiligung ein Indikator für die aktive Bereitschaft, an der politischen Gestaltung mitzuwirken. Die mangelnde Polarisierung im Wahlkampf, die fortschreitende Angleichung der Programmatik von SPD, CDU und FDP, ließen die Mobilisierung und die Motivation abnehmen. War die Wahlbeteiligung als solche in den Jahren der unmittelbaren Bedrohung durch das kommunistische Umland noch ein Akt freiheitlicher Selbstbestimmung gewesen, so ließ dieser Impuls zusehends nach. In dieser Hinsicht befand sich Berlin tatsächlich auf dem Weg zur „Normalität“ anderer Großstädte in der Bundesrepublik.

Doch politisch barg diese Tendenz auch Brisanz, denn die Aufschlüsselung in Altersgruppen verdeutlichte eine seit dem Abkommen zunehmende Politikverdrossenheit. Unter den jungen Wählern war die Bereitschaft zur Beteiligung an der Wahl am schwächsten ausgeprägt. Die Altersgruppe der 18- bis 25jährigen, die bereits in ein demokratisch verfaßtes Berlin (West) hineingeboren wurde (analog gilt dies auch für zugezogene junge Neu-Berliner, etwa Studenten), beteiligte sich lediglich mit 72,6% der Berechtigten am Wahlgang. Dagegen stimmten von den 55- bis 75jährigen mehr als 92% der Berechtigten ab! Auch die Parteienpräferenz der jungen Berliner verdeutlicht ein Nachlassen der Integrationskraft der drei Parteien SPD, FDP und CDU. Während 98,8% der über 60jährigen Wähler ihre Zweitstimme den drei im Parlament vertretenen Parteien gaben, wollten sich nur 83,2% der 18- bis 25jährigen aktiven Wähler von diesen repräsentiert sehen.

Nicht nur Unterschiede zwischen den Altersgruppen sprangen ins Auge, sondern auch lokale Unterschiede, wenn das Flächenergebnis auf die einzelnen Berliner Bezirke aufgeschlüsselt wurde. Das „Wertausgleichsprogramm“ des Senats hatte hier noch keine Wirkung gezeigt, bewies gleichwohl seine Notwendigkeit. Denn die Wahlbeteiligung stand in unmittelbarem Zusammenhang mit der Sozialstruktur der Bezirke. In den vernachlässigten Innenstadtbezirken, die wegen zu alter und dichter Bebauung, mangelhafter sozialer Infrastruktur und einer hohen Zahl an Ausländern und Sozialhilfeempfängern als Problembezirke galten, lag die Wahlbeteiligung deutlich niedriger als in den bürgerlichen Außenbezirken. Trotz der von Stobbe so vehement vertretenen Stadtpolitik hatten die Wähler dort nicht nur nicht die SPD gestärkt, sondern waren vermehrt zu Hause geblieben oder hatten für Protestparteien votiert. Der Bezirk Kreuzberg stellte den Extremfall eines Trends dar, der das Nachlassen der Integrationskraft der Drei-Parteien-Demokratie in Berlin aufzeigte. Von 147 764 registrierten Einwohnern waren nur 70,9% Deutsche mit Hauptwohnsitz (im Vergleich dazu Spandau: 91,4%). Nach Abzug ihrer Kinder blieben 86 422 wahlberechtigte Kreuzberger Bürger, von denen aber nur 65 262 gültige Stimmen gezählt wurden. Und von diesen Stimmen gingen ganze 9,2% an die nicht im Parlament vertretenen Parteien.[38] (In Spandau waren dies nur 3,1%.) Das Prinzip der repräsentativen Vertretung der Bevölkerung Kreuzbergs im Abgeordnetenhaus von Berlin war also zumindest in Frage gestellt. Das gleichzeitige Auftreten von hoher Wahlenthaltung und hohem Anteil für die Alternative Liste war symptomatisch für die Innenstadtbezirke. 40% ihrer Zweitstimmen erhielt die AL in 18 von insgesamt 75 Wahlkreisen. Ihr Zuwachs war größer als der der drei etablierten Parteien zusammen. In absoluten Zahlen hatten SPD und CDU Stimmen verloren.[39] Betroffen war die CDU besonders vom Generationswechsel. Der Sterbeüberschuß wirkte sich für die bei der älteren Bevölkerung stärker verankerte Union negativ aus. Auch die Wanderungsbewegung durch Ortswechsel traf die CDU stärker als die anderen Parteien. Die neu angekommenen Berliner rechneten sich eher dem sozialliberalen oder dem alternativen Spektrum zu, während unter den Abwanderern der Anteil der Konservativen höher lag. Richard von Weizsäcker konnte zu Recht von einem „politisch halbierten Zuzugsmagnetismus“ sprechen.[40]

[38] AL 6,9%; SEW 2,0% und KBW 0,3%, was für alle drei Parteien das Berliner Spitzenergebnis bedeutete.

[39] Die SPD verlor annähernd 40 000 Stimmen, auch das Rekordergebnis der CDU ging mit einem Verlust von 34 400 Stimmen einher.

[40] Weizsäcker auf dem Landesparteitag, 22. 10. 1978, S. 2 des Manuskripts in der Protokollakte beim Landesverband.

Die neue Wahlgesetzgebung mit zwei Stimmen, die die Bürger selbst erstritten hatten, führte bei der ersten Erprobung zu einer drastisch erhöhten Zahl ungültiger Stimmen. Doch eine größere Zahl nutzte die Gelegenheit, die das neue Wahlrecht bot: das Stimmensplitting. 8,5% der Wähler machten von dieser Möglichkeit Gebrauch. Die CDU-Wähler hielten ihrer Partei am deutlichsten die Treue, da nur die absolute Mehrheit zum Ziel führen konnte. 96,2% der Zweitstimmenwähler gaben der CDU auch ihre erste Stimme, die 33 Direktmandate gewann. Bei der SPD betrug diese Quote immerhin 94,2%, während bei der FDP nur 78,1% der Zweitstimmenwähler auch den liberalen Direktbewerber wählten. 16,4% gaben ihre Stimme dem aussichtsreicheren Kandidaten der SPD, die so 42 Direktmandate errang. Umgekehrt läßt sich sagen, daß ebensoviele der SPD-Erststimmenwähler ihre Zweitstimme der FDP gaben. Der Austausch fand also innerhalb des Koalitionslagers statt. Die Untersuchung des Splittings erbringt darüber hinaus den Beweis für die Affinität der AL-Wähler zum sozialliberalen Milieu: nur 55,3% der Wähler, die der AL ihre Zweitstimme gaben, votierten auch für den Direktkandidaten der Liste. 22,5% wählten den SPD-Bewerber, 7,5% den der FDP. Für den CDU-Direktkandidaten votierten dagegen nur 4% der AL-Wähler mit ihrer Erststimme. Eine wirklich lagerübergreifende Stimmenabgabe kam also nur vereinzelt zustande.

Der Einbruch der Alternativen Liste in das Drei-Parteien-System fand 1979 auf der Bezirksebene statt. Zwar errangen CDU und SPD je sechs Bezirksmehrheiten und damit je sechs Bezirksbürgermeisterposten. Daneben aber erhielt die AL hier 3,8% Prozent der Stimmen landesweit (mit Rücksicht auf die WUB wurde in Zehlendorf auf eine Kandidatur verzichtet). In den Bezirken Tiergarten, Kreuzberg, Wilmersdorf und Schöneberg gelang ihr der Sprung in die Bezirksverordnetenversammlungen. Neben den 13,8% der Wählergemeinschaft Unabhängiger Bürger für die BVV in Zehlendorf war dies ein weiteres Indiz dafür, daß wachsende Teile der Bevölkerung auf neue Impulse und Ideen „von unten“ setzten.

Berlin nach den Wahlen

Die SPD war über das schwächste Ergebnis von 1975 nicht hinausgekommen. Andererseits hatte der seit 1963 andauernde Abwärtstrend gestoppt werden können. Die Haltung der Berliner Sozialdemokraten war dennoch geprägt von Enttäuschung. Die Erwartungen waren groß gewesen, folglich war auch die Enttäuschung groß. Der Landesvorsitzende Löffler versuchte dennoch, die Abwehr des „Ansturms der Opposition" als Erfolg hinzustellen. Mit der Auswechslung des Regierenden Bürgermeisters 1977 hatte die Mehrheit der Mitglieder und Funktionäre geglaubt, den Verlust der absoluten Mehrheit 1975 als einmaligen „Ausrutscher" vergessen zu machen. Der Versuch der Berliner CDU, sich um Wähler der politischen Mitte zu bemühen, also Wähler vom rechtem Rand der SPD abzuwerben, hatte gerade noch abgewehrt werden können. Gleichzeitig aber wurde das Wählerpotential der Regierungskoalition auch von links geschmälert: Die Alternative Liste stieß auf viel Sympathie bei vormaligen Wählern der Koalition. Die SPD geriet so unter einen doppelten Druck an beiden Rändern ihrer Anhängerschaft. Eine eigens eingesetzte Kommission bestätigte der Partei, daß sie gerade bei ihrer bis dahin treuen Klientel, der Arbeiterschaft und der Jugend, Stimmenrückgänge zu verzeichnen hatte.[41] Diese Erkenntnis mußte Verunsicherung erzeugen: Sollte mit betont progressiven Forderungen die AL niedergehalten werden, um den Preis, daß sich bürgerliche SPD-Wähler der CDU zuwandten, oder sollte man, genau umgekehrt, diese zu halten versuchen und dabei vermehrt jüngere Wähler an die neue Liste verlieren? In Berlin stand die SPD als Partei und als stärkerer Partner der Koalition vor der größten Herausforderung, die die Sozialdemokratische Partei in den gesamten achtziger Jahren und darüber hinaus zu bestehen hatte und die sie um die Mehrheitsfähigkeit auch im Bund brachte.

In Berlin stand aber zunächst die Regierungsbildung bevor. Die Tatsache, daß das Wahlergebnis gerade nicht die gewünschte Stabilität erbracht hatte, sondern im Gegenteil den Auftakt zu einer weitreichenden Umgestaltung der Berliner Parteienlandschaft bedeutete, wurde erst nach und nach erkannt.

Die Regierungsbildung: ein Fehlstart

Die Umsetzung des Wählervotums läßt sich in drei Phasen gliedern: Zunächst wurde zwischen den Partnern SPD und FDP eine neue Koalitionsvereinbarung über Inhalte und Sachfragen der Zusammen-

[41] Der Ergebnisbericht der Kommission, *Analyse der Berliner Wahlen vom 18. März 1979*, erschien als Beilage zur *Berliner Stimme* vom 5. 1. 1980.

arbeit im Senat erstellt. Anschließend wurde ein Personalkonzept ausgehandelt. Am 26. April 1979 schließlich stellte sich Dietrich Stobbe mit seiner Mannschaft dem Parlament.

Die Verhandlungen zwischen den beiden Parteien waren geprägt vom Selbstbewußtsein der zukünftigen Partner. Die FPD-Vertreter fühlten sich als die eigentlichen Wahlsieger, ihren Zuwachs an Stimmen wollten sie nunmehr in einen Gewinn an politischem Gewicht in der Koalition ummünzen. Auf der anderen Seite wurde die Verhandlungsmannschaft der SPD angeführt von Gerd Löffler, dem Landesvorsitzenden, der aus Enttäuschung über das Ergebnis noch in der Wahlnacht von diesem Amt hatte zurücktreten wollen und von Stobbe nur mühsam zum Verbleib bewegt werden konnte. So sahen sich die Sozialdemokraten seit dem ersten Treffen am 22. März 1979 in einer Verteidigungsposition, als ihnen der von der FDP vorbereitete Forderungskatalog präsentiert wurde.[42] Dem Bestreben der Liberalen, noch mehr Einfluß auf die Politik des Senates zu nehmen, stand der sozialdemokratische Wunsch nach einer stärkeren Betonung des eigenen Standpunkts entgegen. Da gerade die Stammwählerschaft nicht mehr komplett zu mobilisieren war und etwa die ÖTV erstmals keine Wahlempfehlung mehr zugunsten der SPD abgegeben hatte, erwarteten die Mitglieder der SPD von ihrer Verhandlungskommission ein Regierungsprogramm mit stärkerer sozialdemokratischer „Handschrift“. Während die FDP wegen ihres Stimmenzuwachses noch selbstbewußter als bisher auftrumpfte, verlangte die Basis der SPD, „den auf langfristige gesellschaftliche Veränderung angelegten Zielen“ neues Gewicht zu verschaffen. Dies durchzusetzen, gelang der SPD-Kommission nicht.

Ins Kreuzfeuer dieser beiden gegenläufigen Wünsche geriet Dietrich Stobbe, der auf der Basis der von beiden Parteien auszuhandelnden Koalitionsvereinbarung regieren mußte. Er behauptete, „keine grundlegenden Schwierigkeiten bei der Einigung über Klemmpunkte“ zu erwarten.[43] Doch er war nicht unbeschädigt aus dem Wahlgang hervorgegangen. Die Strategie, die Partei hinter dem Senatschef zu verstecken, die „Aktion Stobbe-Wahl“, war nur durch einen Erfolg zu rechtfertigen. Und in Mitgliederschaft und Fraktion wurde nicht der

[42] Abgedruckt im Geschäftsbericht zum 35. Landesparteitag der Berliner FDP, 29./30. 6. 1979, S. 4.

[43] Im Interview in der *Berliner Morgenpost* vom 25. 3. 1979.

Stand vom April 1977 zum Maßstab genommen, als sich die SPD auf dem Tiefpunkt der Popularität befand, sondern die Hochstimmung, die Stobbe bis zum Frühjahr 1978 erzeugt hatte. Nicht zur Wiedergewinnung der absoluten Mehrheit hatte es gereicht, nicht einmal zur Position der stärksten Fraktion im Parlament.

Während der Verhandlungen stellten insbesondere vier Begehren der Liberalen die „Klemmpunkte" dar.[44] Die Autobahnplanung sollte auf Wunsch der FDP in wesentlichen Teilen geändert und eingeschränkt werden, ein Anliegen, das die seit Jahren planende Tiefbauabteilung in der Bauverwaltung verärgern mußte. Hier retteten sich die Koalitionäre in eine Aussetzung, um weitere Gutachten abzuwarten. Natürlich tauchte auch der FDP-Dauerbrenner wieder auf: die Forderung nach einer Änderung des Bezirksverwaltungsgesetzes, das mit der Praxis des Höchstzahlverfahrens aufräumte, nach der die lukrativen Stadtratsposten allein zwischen den beiden großen Parteien SPD und CDU aufgeteilt wurden. Auch hier wurde eine Kompromißformel gefunden, die der FDP für die Zeit nach den nächsten Wahlen, die 1983 erwartet wurden, *de-facto*-Koalitionen versprachen, eine Abtretung von eigentlich der SPD zustehenden Posten. Konnten schon solche Versprechungen nicht von allen Sozialdemokraten begrüßt werden, so verursachten weitere Themen wirklichen Ärger. Mit der Forderung nach der Kennzeichnung von Polizisten brachte die FDP erneut ein Anliegen vor, das bei der Gewerkschaft der Polizei auf Ablehnung gestoßen war und der SPD schon aus diesem Grunde problematisch erscheinen mußte. Die Einigung auf einen Modellversuch für eine befristete Zeit entschärfte diese Auseinandersetzung. Schwierigster Sachkonflikt blieb die Forderung der Liberalen nach einer Änderung des Berliner Eigenbetriebsgesetzes, die faktisch eine Schwächung der Position der Gewerkschaft im Hinblick auf die Wahl des Verwaltungsrats bedeutete.[45] Die ÖTV forderte die Wahrung des gesetzlichen *status quo*, so daß sich die SPD-Kommission von zwei Seiten unter Druck gesetzt fühlte. Der hier gefundene Kompromiß half beiden Parteien, ihr Gesicht zu wahren: Die FDP bekam ihre Gesetzesänderung. Diese fiel allerdings so aus, daß die ÖTV wegen

[44] Siehe zur Einigung die Protokolle der insgesamt neun Treffen der Verhandlungskommissionen.

[45] Siehe ausführlich das Protokoll des 5. Treffens der Verhandlungskommissionen am 6. 4. 1979, S. 5.

ihres hohen Organisationsgrades in den Eigenbetrieben gleichwohl ihren Einfluß behielt.

Allerdings wurden die Kompromisse in den Reihen der Sozialdemokraten und insbesondere der Gewerkschaften nicht als solche anerkannt, sondern statt dessen dem Regierenden Bürgermeister zum Vorwurf gemacht. Ursache dafür war weniger der sachliche Inhalt als vielmehr das Vorgehen. Die Liberalen hatten es nämlich verstanden, in der Öffentlichkeit den Eindruck zu verbreiten, das gesamte Verhandlungsverfahren habe lediglich dem einen Zweck gedient, neue Forderungen der FDP durchzusetzen. Die *Berliner Morgenpost* verkündete am 20. April „Drei-Punkte-Partei ist Punktsieger", *Die Welt* vom selben Tag meldete: „Senatsbündnis trägt Handschrift der FDP". Erleichtert wurde dies durch einen taktischen Fehler der SPD, der die sozialdemokratischen Profile verwischte. Die SPD-Kommission ging ohne eigenen Forderungskatalog in die Verhandlungen; „sie hielt dies für einen Geniestreich, mit dem sich ein späterer Vergleich zwischen Erreichtem und Angestrebten würde verhindern lassen".[46] Dadurch begab sie sich der Möglichkeit, ihrer eigenen Anhängerschaft Belege ihres Durchsetzungsvermögens vorzuweisen. Stobbe selbst räumte ein, daß die von der FDP durchgesetzten Forderungen für viele Sozialdemokraten und Gewerkschaftler „schwer erträglich" seien.[47] Als Schwerpunkte wurde nichts Neues genannt.[48] Die Wirkung auf das Klima in der Koalition und vor allem auf die Stimmung in der SPD-Fraktion war der bedeutendere Faktor, wie der Verlauf der Legislaturperiode zeigen sollte.

Hatten schon die Sachvereinbarungen die Dürftigkeit der gemeinsamen Programmatik offenbart, so stießen die Abmachungen über den Handlungsspielraum der beiden Fraktionen auf scharfe Kritik. Dabei stellte die weitgehende Bindung und Kontrolle der Fraktionen untereinander und des Senates nur die logische Folge der Rivalitäten im Inhaltlichen dar. Für das Verfahren der Zusammenarbeit wurde

[46] Hans-Jürgen Heß, *Innerparteiliche Gruppenbildung. Macht- und Demokratieverlust einer demokratischen Partei am Beispiel der Berliner SPD in den Jahren von 1963 bis 1981*, Bonn 1984, S. 326.

[47] Zitiert nach: *Parlamentarisch-Politischer Pressedienst*, 30. 4. 1979.

[48] Fortführung der Entspannungspolitik, Stärkung der wirtschaftlichen Leistungsfähigkeit, Verbesserung der Zukunftschancen der jungen Generation, Erhaltung und Erneuerung der Berliner Stadtlandschaft, Steigerung der Ausstrahlungskraft der Stadt und der Ausbau des liberalen Rechtsstaats und der sozialen Demokratie wurden als Schwerpunkte genannt.

nicht nur vereinbart, daß der Koalitionsausschuß weiterhin als Gremium zur Konfliktvermeidung tagen sollte. Festgelegt wurden daneben Pflichten des Senats und der Fraktionen im Verhältnis zueinander: „Initiativen des Senats von grundsätzlicher Bedeutung sind vor Einleitung des Mitzeichnungsverfahrens den Fraktionen zur Kenntnis zu bringen." Die Absprachen gingen noch weiter: „Die Parteien vereinbaren, daß die FDP im Senat nicht überstimmt wird", stand ebenso in der Koalitionsvereinbarung wie der Satz: „Die Fraktionen werden im Abgeordnetenhaus und in den Ausschüssen nicht mit wechselnden Mehrheiten abstimmen." Der Vorwurf der „Einheitsfraktion" wurde da rasch erhoben.[49] Bei aller Plausibilität der Koalitions- und Fraktionsdisziplin mußte eine öffentliche Vereinbarung der Maßregeln als Zeichen des mangelnden Vertrauens und des mangelnden Zutrauens in die eigenen Führungskräfte wirken. Der Unmut über das als Zumutung empfundene Verhandlungsergebnis entlud sich beim Regierenden Bürgermeister, dem vorgeworfen wurde, sozialdemokratische Positionen aufgegeben zu haben.

Bei der FDP freute sich Parteichef Lüder über das Ergebnis: „...alles Erreichbare" sei vereinbart worden, die FDP stehe besser als 1975 da.[50] Interne Kritik, zum Beispiel an der Autobahnplanung, wurde von Hermann Oxfort zurückgewiesen. Er nannte die Alternativen: Erstens konnten die Verhandlungsergebnisse abgelehnt werden, neue Verhandlungen wären dann durchzustehen gewesen. Zweitens konnte die FDP diese Ergebnisse ablehnen und in die Opposition gehen. Und drittes, betonte Oxfort, könne eine Koalition mit der CDU angestrebt werden: „In diesem Falle wäre sicher das gesamte Wahlprogramm durchzusetzen."[51] Der Landesvorstand stimmte daraufhin für die Annahme des Erreichten.

Nach der Osterpause sollte dann in einer zweiten Runde über das Personal der neuen Regierungsmannschaft verhandelt werden. Der Beschluß, die Verhandlungen über Ostern auszusetzen, sollte den Mitgliedern beider Parteien die Möglichkeit zu umfassender Information geben. Doch trotz des edlen Motivs war der Effekt kontraproduktiv. Die Zeit wurde nämlich zur Formulierung von Kritik und zur

[49] Die *Berliner Morgenpost* vom 13. 4. 1979 sprach von der „Blockpartei SPD/FDP".

[50] Protokoll der Landesvorstandssitzung am 10. 4. 1979, S. 1, Akte 10895, Archiv des deutschen Liberalismus.

[51] *A.a.O.*, S. 1 f.

Vorbereitung von Kabalen genutzt. Zwar hatte FDP-Chef Lüder bereits am Wahlabend mit Stobbe vereinbart, daß die FDP ihren Stimmenzuwachs nicht mit einem weiteren Senatorenamt vergoldet sehen sollte, doch wurde Lüder in dieser Frage von Oxfort öffentlich unter Druck gesetzt. Oxfort und die im Jahr zuvor gegründete „Liberale Alternative", eine Gruppierung konservativer Liberaler, äußerten Personalforderungen, die darin gipfelten, den Fraktionsvorsitzenden Horst Vetter zum Senator zu küren und Oxfort selbst ein Comeback als Fraktionschef zu ermöglichen. Auf den Vorwurf, die Fraktion habe absprachewidrig Personalvorstellungen an die Öffentlichkeit gebracht, antwortete Oxfort mit dem Hinweis, die Forderungen der Fraktion an die Deutsche Presse Agentur zu verraten, sei „Notwehr gegen das, was andere Gruppen vorher unternommen hätten", gewesen.[52] Jetzt rächte sich, daß Lüder und die linke Mehrheit im Landesausschuß bei der Nachfolgeregelung seit Oxforts Rücktritt 1976 den rechten Flügel nicht mehr berücksichtigt hatten. Der Disput zwischen Oxfort und Vetter auf der einen, Lüder und dem mehrheitlich linken Landesausschuß auf der anderen Seite wurde von der Berliner Verfassung begünstigt. Unabhängig davon, was die Kommission aushandelte, hatte doch die Fraktion das letzte Wort, denn jeder einzelne Senatoren-Kandidat bedurfte ja der Bestätigung durch das Parlament.

Doch Stobbe entschloß sich in Abstimmung mit Lüder, die Senatorenriege unverändert beizubehalten, um keinerlei Rivalitätskämpfe, Eifersüchteleien oder gar Pressionen aufkommen zu lassen. Nach außen wurde dies als „Stabilität" und „Kontinuität" hingestellt. Im inneren Machtgefüge bedeutete es einen Mangel an Durchsetzungskraft sowohl Stobbes als auch Lüders. Aus Angst, aus Personaldiskussionen beschädigt hervorzugehen, beschlossen beide, an der bisherigen Mannschaft festzuhalten. Stobbe hatte angesichts der Enttäuschung über das Ergebnis der Wahl nicht die Kraft, der Fraktion seine Wunschkandidaten zu diktieren. Deshalb wurde sogar auf die Einführung eines auch von der CDU im Wahlkampf angekündigten neuen Ressorts „Stadtentwicklung und Umweltschutz" verzichtet. Für die Fraktion bedeutete dies, all jene Senatoren im Amt bestätigen zu müssen, die glücklos agiert hatten und auch in den eigenen Reihen auf Kritik gestoßen waren. Das Unbehagen, hier nicht für eine Erneuerung

[52] Protokoll der Landesvorstandssitzung am 27. 3. 1979, S. 2, in der Akte 10895, Archiv des deutschen Liberalismus.

auf einigen Posten gesorgt zu haben, schlug sich in der fraktionsinternen Vorabstimmung nieder.[53]

Hatte Stobbe beim Amtsantritt 1977 nicht die Parteiorganisation gegen sich aufbringen mögen und deshalb nicht mehrere altgediente Kräfte in den Ruhestand geschickt, so war er zwei Jahre später in seiner Bewegungsfreiheit eingeengt, weil ihm eine Debatte über die Kabinettsbesetzung zu gefährlich schien. Der andrängende ehrgeizige Kreis um Oxfort und die nicht minder machtbewußten SPD-Vertreter beider Flügel waren übereinstimmend der Ansicht, daß Stobbes strahlender „Lack angekratzt" war. Im Rückblick räumte Stobbe ein, daß die Beibehaltung der Senatsriege ein Fehler gewesen sein könnte. Er hatte sich aber bei der Regierungserklärung von 1979 bereits erpreßbar gefühlt.[54] Offen sprach Peter Glotz die Erkenntnis aus, „daß man eben nicht lange allein mit der Regierung und ohne Partei regieren kann".[55] Die Unterstützung Erich Pätzolds durch den mitgliederstarken Bezirk Reinickendorf ließ diesen Senator geradezu unantastbar werden, wollte es sich der Regierungschef nicht mit den dortigen Delegierten auf den Landesparteitagen verderben. Schon umstritten ins Amt des Gesundheitssenators gelangt, sollte die Demissionierung Pätzolds im Januar 1981 einer der Gründe für die gescheiterte Senatsumbildung werden. Pätzold konnte seinen Einfluß in der Berliner SPD so festigen, daß er 1989 erneut zu Senatorenwürden kam.

Auf der ersten Sitzung der 8. Wahlperiode am 26. April 1979 wählte das Abgeordnetenhaus zunächst auf Vorschlag der stärksten Fraktion den CDU-Landesvorsitzenden Peter Lorenz ohne Gegenkandidaten erneut in das Amt des Parlamentspräsidenten. Nachdem Stobbe und sein Senat ihren Rücktritt erklärt hatten, verlas Lorenz die Kandidaturen Richard von Weizsäckers und Dietrich Stobbes für das Amt des Regierenden Bürgermeisters. Weizsäcker erhielt alle 63 Stimmen der CDU-Fraktion. Für Stobbe votierten 71 Abgeordnete, einer hatte sich der Stimme enthalten. Dem Auftrag zur Regierungsbildung kam Stobbe umgehend nach, so daß am gleichen Tag eine gemeinsame

[53] So erhielt der zwei Jahre zuvor nach Berlin gekommene Peter Glotz 59 Ja-Stimmen der 61 sozialdemokratischen Mandatsträger, die Importe Sund und Sauberzweig 58 bzw. 54 Stimmen. Dagegen mochten nur noch 41 Genossen Ilse Reichel und nur noch 37 Erich Pätzold im Senat sehen. Protokoll der Fraktionssitzung vom 24. 4. 1979, Akte 542, Bestand SPD-Fraktion, Archiv der sozialen Demokratie.

[54] Stobbe im Gespräch mit dem Verfasser am 30. Juni 1986, Protokoll, S. 4, Sammlung „Personalia" beim Archiv der sozialen Demokratie.

[55] Zitiert nach H.-J. Heß, *Innerparteiliche Gruppenbildung*... (s.o. Anm. 46), S. 325 f.

Wahl der 12 Senatorenkandidaten stattfand. Die Auszählung der Stimmzettel der Listenwahl ergab, daß nur die Hälfte der Kandidaten alle 72 Stimmen der Koalition erhalten hatten: die vier dienstjüngsten Senatoren Sund, Glotz, Sauberzweig und Ulrich sowie die beiden Flügelexponenten Riebschläger und Ristock. Die Jugendsenatorin Reichel erhielt nur 71 Ja- bei 64 Nein-Stimmen, Gesundheitssenator Pätzold gar nur 68 Ja- bei 65 Nein-Stimmen. Auch die liberalen Kandidaten kamen nicht auf die volle Stimmenzahl des Bündnisses: Lüder und Meyer konnten 71, Rasch konnte nur 68 Ja-Stimmen verbuchen. War es schon ein Anzeichen von Illoyalität, daß lediglich die Hälfte der Senatoren von allen Abgeordneten der Koalition gewählt wurde, so versagte die Koalitionsdisziplin im Fall der Kandidatur Horst Korbers völlig. Mit nur 63 Ja-, aber 68 Nein-Stimmen bei vier Enthaltungen fiel er glatt durch. Geschlossen ablehnendes Votieren der 63 Oppositionsabgeordneten vorausgesetzt, mußten also neun Mandatsträger der Koalition ihrem Kandidaten die Zustimmung versagt haben. Die Bedenken seitens der FDP waren zwar bekannt gewesen, schienen aber ausgeräumt, nachdem nicht nur die Verhandlungskommissionen beider Parteien dem Verbleiben aller Senatoren im Amt zugestimmt hatten, sondern auch die FDP-Fraktion mit zehn von elf Stimmen und einer Enthaltung das Koalitionskonzept zwei Tage vor der Abstimmung gebilligt hatte.

Nun war der Eklat da. In aller Öffentlichkeit hatte das Parlament von seinem Recht Gebrauch gemacht, den Vorschlägen des Regierenden Bürgermeisters seine Zustimmung zu erteilen oder eben vorzuenthalten. Zum ersten Mal in der Berliner Nachkriegsgeschichte hatten damit Abgeordnete der Regierungsfraktionen einen Kandidaten aus den eigenen Reihen durchfallen lassen. Stobbe und Lüder mußten erkennen, daß alle Vereinbarungen, alle Zugeständnisse, alle Versicherungen der Geschlossenheit nicht eingehalten worden waren. Die nur ihrem Gewissen verpflichteten Abgeordneten waren ihren Führungspersönlichkeiten nicht gefolgt. Auch SPD-Fraktionschef Ehrke sah sich der Kritik ausgesetzt, seinem Ruf als „Zuchtmeister der SPD-Fraktion" nicht mehr gerecht zu werden. Nun hatte Stobbe allein die Entscheidung zu treffen. Die Berliner Verfassung gab ihm kein Ernennungsrecht. So mußte er abwägen, ob er Korber erneut vorschlagen sollte, um die Reihen zu schließen und die Abstimmung über den bewährten Bundessenator zu einem Votum über sein eigenes Schicksal zu machen, oder ob er einen Alternativkandidaten vorschlagen sollte. Nach eineinhalbstündiger Unterbrechung der Sitzung hatte sich Stobbe entschlossen, der Kraftprobe aus dem Weg zu gehen, die eine erneute Nominierung Korbers bedeutet hätte. Er schlug Gerhard Heimann, den Chef seiner Senatskanzlei, als Kandidaten vor. Heimann wurde mit 70 gegen 65 Stimmen ins Amt gewählt.

Diese Komplettierung des Kabinetts im zweiten Anlauf wurde in vollem Umfang Stobbe persönlich angelastet: „Schlappe für Stobbe", „Böses Omen für Stobbe", „Stobbe drohen magere Zeiten" und „Stobbe verliert seit Wochen an Höhe" überschrieben die Zeitungen ihre Kommentare.[56] Dietrich Stobbe hatte sich auf die Zusagen der Abgeordneten beider Koalitionsfraktionen verlassen, und dies konnte ihm wirklich nicht zum Vorwurf gereichen. Stobbe betonte im Rückblick, daß er die Nominierung eines anderes Kandidaten aus Respekt vor dem Wahlrecht des Abgeordnetenhauses vorgeschlagen habe, schließlich sei es das Recht der Abgeordneten gewesen, Korber abzulehnen.[57] Hätte er an Korber festgehalten, wäre ihm dies als Erpressung der Fraktionen ausgelegt worden. Aber auch mit einer Rücktrittsdrohung hätte er seinen Kandidaten durchbringen können und zugleich Führungsstärke bewiesen. Doch solch autoritäres Gebaren war Stobbes Sache nicht. Vielleicht hätte Korber im zweiten Anlauf sein Ziel erreicht, war doch das Stimmverhalten im ersten Durchgang nicht Ergebnis einer abgesprochenen Aktion. So aber galt Dietrich Stobbe seit diesem Tag als erpreßbar. Einen Fehler hatte er tatsächlich gemacht: Er hatte der Listenwahl der Kandidaten zugestimmt. Bei einer Einzelabstimmung hätten die Liberalen damit rechnen müssen, daß nach einer Ablehnung Korbers postwendend eine Reaktion bei den Wahlen der FDP-Kandidaten gefolgt wäre. Auch die Opposition hatte es versäumt, auf diese Weise der Unlust in den Reihen der Koalitionsfraktionen ein Forum einzuräumen. Dem Urteil des CDU-Landesgeschäftsführers Diepgen, Stobbe habe Korber „wie eine heiße Kartoffel fallen gelassen",[58] schlossen sich auch Mitglieder der Fraktion der SPD an. Sie werteten das Ereignis als einen weiteren Kniefall ihres Regierenden Bürgermeisters vor den Begehrlichkeiten der Liberalen. Dabei stand auch deren Fraktionschef Vetter nun im Zwielicht, hatte er doch die Zusage über das Stimmverhalten „seiner" Abgeordneten nicht einlösen können. Der Stachel des Mißtrauens saß daher

[56] *Berliner Morgenpost* und *Der Tagesspiegel* vom 27. 4. 1979; *Generalanzeiger* vom 28. 4. 1979; *Stuttgarter Zeitung* vom 27. 4. 1979.

[57] Stobbe im Gespräch mit dem Verfasser (s.o. Anm. 54).

[58] Zitiert nach: *Berliner Morgenpost* vom 28. 4. 1979.

tief. Solidaritätsparolen und Schwüren der Zuverlässigkeit konnte nun nicht länger geglaubt werden. Der SPD-Landesvorsitzende Gerd Löffler trat daufhin hin von seinem Posten zurück. Nach dem Wahltag nur unter Mühen zum Verbleiben im Amt bewogen, übernahm er nun die Verantwortung für die unrühmliche Vorstellung der Koalition im Parlament.

Die Ablehnung Korbers, die seinem Festhalten an seiner Position als Präsident des Landessportbundes folgte, stellt im Rückblick den Auftakt zur Demontage der Koalition unter Stobbe und Lüder dar, keine zwei Jahre später sollte deren Regentschaft anläßlich einer weiteren Senatsumbildung zu Ende gehen.

Der Start in die 8. Legislaturperiode fiel also für den Senat und insbesondere die Berliner SPD denkbar ungünstig aus. Der Fraktionsvorsitzende, der Landesvorsitzende, einzelne Senatoren und der Regierende Bürgermeister selbst waren umstritten, zunehmend auch in den eigenen Reihen. Dazu mußte das Verhältnis zu dem zerstrittenen Koalitionspartner FDP nach den Vorfällen im Parlament als belastet angesehen werden. Wolfgang Lüder befand: „Die Zusammenarbeit wird jetzt schwerer. Wir werden es schaffen, aber: Wir müssen jetzt damit leben, daß sich in unseren Reihen U-Boote befinden.“[59] Diese Stimmung schlug sich im Auftreten des Regierenden Bürgermeisters bei der Regierungserklärung nieder. Am 31. Mai 1979 stellte Dietrich Stobbe die Richtlinien seiner Regierungspolitik im Abgeordnetenhaus vor. Sein Programm entsprach in den Grundzügen der im Mai 1977 von ihm eingeschlagenen Politik: „Da ist nichts zurückzunehmen, sondern das, was gewissermaßen als politische Philosophie hinter der Arbeit des Senats steht, gilt uneingeschränkt auch in dieser Legislaturperiode weiter.“

So schlüssig die politische Konsequenz der Fortführung des Weges war, so augenfällig war im Vergleich zu Stobbes Debüt der Mangel an Begeisterung. Nicht nur die Euphorie des Aufbruchs vom Mai 1977 fehlte nun, es war kaum noch von Optimismus zu sprechen. Stobbe selbst räumte im Rückblick ein, daß der Enthusiasmus des „Neuanfangs 1977“ zwei Jahre später verflogen gewesen sei.[60] Diesmal bilanzierte er gleich zu Beginn die Probleme der Stadt. Dieses Vorgehen war politisch lauter, aber unvorteilhaft. Denn die Probleme waren noch dieselben wie zwei Jahre zuvor: Die Stadtflucht und die damit

[59] Zitiert nach: *Berliner Morgenpost* vom 27. 4. 1979.

[60] Im Gespräch mit dem Verfasser (s.o. Anm. 54).

verbundenen Gefahren der Entwicklung der Bevölkerungsstruktur, der Strukturwandel der Industrie, die Gefährdung der Innenstadtbezirke und das Bürokratiesyndrom. Dazu war in den zurückgelegten beiden Jahren noch ein „sich abzeichnender Verlust an Glaubwürdigkeit" getreten, manifestiert in fast 50 000 Proteststimmen für Parteien außerhalb des Rathauses und der stark gewachsenen Wahlenthaltung. Statt neuen Schwung zu verbreiten, begründete Stobbe seine zweite Amtszeit damit, daß die bestehenden Probleme nicht hätten erledigt werden können. Insgesamt bot die Regierungserklärung also wenig Neues. Die sechs Richtlinien zu den Sachpunkten Entspannungspolitik, Wirtschaftsstärkung, Dialogbereitschaft mit dem Bürger, Stadtpolitik, Kulturförderung und demokratischer Solidarität der Bürger erhielten daher von Kritikern das Prädikat „sensationell un-neu".[61]

Mit Spannung erwartet wurde daher weniger eine inhaltliche Auseinandersetzung mit der Regierungserklärung als vielmehr der erste Auftritt des neuen Abgeordneten Richard von Weizsäcker. „Ihre ganze Regierungserklärung ist darauf angelegt, keinen Anstoß zu erregen",[62] mit diesen Worten kritisierte von Weizsäcker beim Regierenden Bürgermeister eine Politik, die er selbst pflegte. Die Kritik entzündete sich daher vielmehr an den Koalitionsvereinbarungen zwischen den Sozialdemokraten und den Liberalen. Weizsäcker bezeichnete diese Abmachungen als „Dokument der Illiberalität" in einer „grauen Verfassungszone". Anschließend setzte der gescheiterte Spitzenkandidat zu einer Art Antrittsvorlesung an. Seine Ausführungen zur Parteienverdrossenheit der Jugend, zur Drogenproblematik und vor allem zur Berlin-Politik, die er parteiübergreifend behandelt zu sehen wünschte, brachte ihm den Zuspruch von Vertretern aller Parteien ein. Damit läutete von Weizsäcker den „Umarmungskurs" der CDU, die Strategie der Annäherung an die Regierungsverantwortung ein, der unten beschrieben wird. Gerade Stobbes blasse Vorstellung erlaubte es von Weizsäcker, Kostproben der allseits so geschätzten „geistigen Führung" zu geben, wenn er etwa das Parlament ermahnte, „wir sollten besser lernen, wenn auch mit verteilten Rollen, derselben deutschen Sache zu dienen". Da konnte dann auch der Regierende Bürgermeister nicht umhin, in seiner Replik zuzugeben: „Das, was Herr von Weizsäcker gesagt hat, ist in vielen Dingen, mißt man es an der Haltung der Berliner CDU in den letzten Jahren, neu;

[61] *Berliner Morgenpost* vom 1. 6. 1979.
[62] *Plenarprotokoll*, 8. W.P., 14. 6. 1979, S. 77.

es ist eine Änderung." Nachdem auch noch Hermann Oxfort der Opposition dafür Anerkennung gezollt hatte, „daß es eine neue Qualität gibt", war das Eingeständnis der Regierungskoalition öffentlich zu Protokoll genommen: Neues war nicht vom Regierungsbündnis zu erwarten.

Das Regierungsprogramm und die Debatte darüber beeindruckten die Bevölkerung nur wenig. Nach dem Verlauf des Wahlkampfs ohne wirklich polarisierende Themen war dies aber nicht überraschend. Die zur selben Zeit fälligen innerparteilichen Personalentscheidungen, die Besetzung des SPD-Landesvorsitzes und die Frage nach der politischen Zukunft des unterlegenen Herausforderers Richard von Weizsäcker erregten mehr Aufsehen als die Richtlinien der Regierungspolitik. Die Koalitionsfraktionen hatten Stimmprozente gewonnen, hatten die 50%-Marke überschritten. Dietrich Stobbe, der 1977 nur von der Partei an die Macht gewählt worden war, verfügte nun über einen Wählerauftrag für vier Jahre Senatspolitik. Und dennoch war seine Position geschwächt. Trotz straffer Disziplin, die die umstrittene Koalitionsvereinbarung diktierte, hatte die Koalitionssolidarität schon in der ersten Sitzung des Parlamentes versagt.

Die Reaktionen der Opposition

Die CDU: Mit Verzögerung auf dem Weg zur Mitte

„Nicht als einen Sieg, aber als einen Erfolg" hatte von Weizsäcker das Wahlergebnis bezeichnet. Doch das Dilemma war deutlich: Trotz des attraktiven Spitzenkandidaten, trotz des hohen Mobilisierungsgrades der Anhängerschaft und des Zuspruchs vom rechtsgewirkten BFD bis zur bildungsbürgerlichen „Wissenschaftsinititative" war die CDU nicht mehrheitsfähig. Anders als bei den Wahlen zuvor, als jeweils ein Zugewinn als Schritt in Richtung absolute Mehrheit begrüßt werden konnte, mußte nun nicht nur über den Weg, sondern auch über das Ziel neu nachgedacht werden. Die wichtigste Einsicht mußte lauten: Ohne Koalitionspartner konnte die CDU nicht siegen. Ideen bezüglich einer vierten Partei wurden in Berlin nach den Erfahrungen mit dem Bund Freies Deutschland nicht verfolgt, die Annäherung an die FDP bot die einzige Perspektive.

Unabweisbar war, daß dem jungen Regierenden Bürgermeister nach knapp zwei Amtsjahren von den Berlinern die Chance zur

Bewährung eingeräumt worden war. Daher verzichtete die Berliner Union in bemerkenswerter Sachlichkeit auf ein Lamentieren oder Schimpfen auf den politischen Gegner. Charakteristikum der Manöverkritik war vielmehr eine durch die gesamte Partei reichende Selbstkritik. Das Wahlergebnis wies deutlich einen Linksruck nach, zeigte aber kein von der CDU nicht erfaßtes Wählerpotential auf der rechten Seite des Spektrums auf. „Diese Tatsache“, so der Chefredakteur der *Berliner Rundschau*, „könnte eigentlich die Berliner CDU nur dazu bewegen, mit einiger Aussicht auf Erfolg sich weiter geduldig und behutsam um bisherige Sozialdemokraten zu bemühen.“[63] Sein Plädoyer für das Image der Großstadtliberalität und sein Aufruf, die Fähigkeit zum Zuhören zu verbessern, die Diskussion mit bisher vernachlässigten Gruppen zu suchen, zeichneten das Konzept der CDU bis zur Regierungsübernahme von 1981 vor. Mit Richard von Weizsäcker war der richtige Vertreter für diese Strategie gefunden. Auf die Frage, ob es „sich gelohnt“ habe, den neuen Spitzenkandidaten nach Berlin zu holen, gab der Abgeordnete Wohlrabe mit sicherem Instinkt die richtige Antwort: „Ich finde, es hat sich auf jeden Fall gelohnt, weil damit eine ganz neue Komponente auch in der Wahlberichterstattung, in der Auseinandersetzung, in der Art und Form, wie wir Politik machen, stattgefunden hat.“[64]

Auch der unterlegene Spitzenkandidat übernahm nun endlich die Aufgabe, die Richtung zu weisen: „Es genügt nicht, einfach so weiterzumachen wie bisher, nur alles noch ein bißchen besser, noch etwas intensiver als 1979, um 1983 zu gewinnen. Damit würden wir trotz großer Anstrengungen wahrscheinlich nur laufende lautlose Verluste ausgleichen. Den Trend aber würden wir so nicht wenden.“[65] Dieser Trend bestand nach von Weizsäckers Analyse vor allem in der Zunahme der Verdrossenheit über die etablierten Parteien und der Abwendung von ihnen bei wachsenden Teilen der Bevölkerung: „Die emotionale Bindung der Wähler an die herkömmlichen Parteien ist stark zurückgegangen.“ Untermauert wurde diese Einschätzung durch die von der Partei veranlaßten Nachuntersuchungen, die vom *Institut für Demoskopie Allensbach* durchgeführt wurden. Wichtigstes Ergebnis

[63] W. Brückmann in: *Berliner Rundschau* vom 22. 3. 1979.

[64] Wohlrabe gegenüber der *ARD*, 18. 3. 1979 (zitiert nach der Kommentarübersicht des Bundespresseamtes).

[65] Richard von Weizsäcker auf dem 63. Landesparteitag, 2./3. 11. 1979, Manuskript in der Protokollakte beim Landesverband, S. 3 f.

dieser Umfragen war für die CDU-Führung die Erkenntnis, daß die Berliner CDU von der Wahlbevölkerung deutlich im rechten Spektrum eingestuft wurde.[66] Während die befragten Wähler sich selbst im Durchschnitt genau in der politischen Mitte ansiedelten, sahen alle(!) Altersgruppen die CDU rechts vom eigenen Standort, wobei sich die Distanz mit zunehmendem Alter verringerte. Eine stärkere Orientierung zur Mitte versprach also positive Auswirkungen. Diese Umfrageergebnisse bestätigten den Verdacht, daß die von Peter Lorenz seit Beginn der siebziger Jahre eingeleitete Politik der Neuorientierung hin zur „liberalen Großstadtpartei" noch nicht überzeugt hatte.

Anfang November 1979 umriß der Geschäftsführende Landesvorstand daher gemäß seiner Funktion ganz geschäftsmäßig die Zielvorgabe: „Verschiedene Entwicklungen in der Parteienlandschaft der Bundesrepublik, z. B. das bemerkenswerte Abschneiden der Grünen bei Wahlen, zwingen zum Nachdenken darüber, ob das äußere Erscheinungsbild der demokratischen Parteien heute genügend an dem orientiert ist, was die Bürger erwarten. Wir werden in unserer Arbeit der nächsten Jahre entscheidend darum bemüht sein müssen, diese Identifizierung des Bürgers mit der Union zu erleichtern und zu verstärken."[67]

Immerhin hatte Peter Lorenz die CDU schon aus der christlich-konservativen Ecke geholt, in der sie in Berlin nicht mehrheitsfähig werden konnte. Die Mitgliederentwicklung beweist dies. Von den 1979 verzeichneten ca. 15 000 Mitgliedern waren mehr als die Hälfte – 8000 – erst nach 1975 in die Partei eingetreten. Als stärkste Fraktion seit 1975 hatte die CDU erstmals ein Erfolgsimage aufzuweisen und war besonders für jüngere Leute attraktiv geworden.

Jetzt aber wurde wertvolle Zeit mit Personalfragen vertan. Die CDU vergeudete das erste halbe Jahr nach den Wahlen mit internen Personalquerelen, die sich auf allen Ebenen der Partei abspielten. Verständlicherweise herrschte unter den Spitzenrepräsentanten Resignation, denn weder das Rekordergebnis noch die Glückwünsche, als einziger Landesverband seit den Bundestagswahlen 1976 auf Länderebene ein Plus für die CDU verbucht zu haben, verbesserten die Situation der einzelnen Politiker. Die Enttäuschung entlud sich in

[66] CDU Berlin (Hrsg.), *Arbeitsplanung der Berliner CDU vom 13. 3. 1980*, o. O. o. J. (Berlin 1980), S. 8.

[67] Bericht in der Protokollakte des 63. Landesparteitages beim Landesverband, vor S. 1.

einer Orientierungslosigkeit, die vor allem den erfolglosen Spitzenkandidaten Richard von Weizsäcker eine erhebliche Einbuße an Prestige kostete. In der Wahlnacht hatte er es kategorisch abgelehnt klarzustellen, wie er sich sein weiteres Engagement in Berlin vorstellte, etwa als Fraktionschef im Abgeordnetenhaus. Weizsäcker, in seinem Neuköllner Wahlkreis seinem SPD-Konkurrenten unterlegen, erlangte seinen Sitz im Abgeordnetenhaus über die Bezirksliste, weigerte sich aber, daraufhin sein rheinland-pfälzisches Bundestagsmandat aufzugeben. Hatte dieses Doppelmandat schon Zweifel an der Ernsthaftigkeit seines Berliner Engagements aufkommen lassen, so trat Verärgerung hinzu, als Anfang April 1979 bekannt wurde, daß von Weizsäcker sich um einen freiwerdenden Sessel eines Bundestagsvizepräsidenten bemühte. Diese „Enttäuschung durch Weizsäcker“[68] erzeugte erheblichen Unmut und Unruhe nicht nur in der Partei, sondern bei der gesamten Anhängerschaft und selbst beim politischen Gegner, da Berlin erneut als zweitrangige Aufgabe eingestuft wurde. Dazu kam Weizsäckers Formel von seiner „Arbeit in und für Berlin“, womit er plausibel zu machen suchte, daß er sich in Bonn noch effektiver für Berliner Belange einsetzen werde als vor Ort. Er war der Ansicht, „daß es Berlin eher zur Zierde gereichen als schaden würde, wenn ein wichtiges Amt in Bonn von einem Berliner Politiker besetzt wird“.[69] Diese Überlegung wurde nicht von vielen akzeptiert, weil er eben noch gar kein Berliner Politiker geworden war. Doch Richard von Weizsäcker strebte nach einem Posten in Bonn, in dem er zum Ansprechpartner für Vertreter aller Parteien werden konnte; ein gewichtiger Platzvorteil für jemanden, der Ansprüche auf das Amt des Staatsoberhaupts bereits mehrfach angemeldet hatte. Neben den Parlamentsmandaten in Bonn und Berlin war er zudem Mitglied des Bundesvorstandes der CDU, Mitglied im Auswärtigen Ausschuß des Bundestages, im Rat der Evangelischen Kirche in Deutschland und würde als Bundestagsvizepräsident dazu in den Ältestenrat des Bonner Parlaments aufrücken. Als wegen dieser Ämterhäufung gerüchteweise sein Verzicht auf das Berliner Mandat ins Gespräch kam, beantragte die SPD-Fraktion im Bundestag, die Wahl von Weizsäckers zum Vizepräsidenten zu vertagen, bis dieser sich zur Niederlegung des Berliner Mandats definitiv verpflichtet hatte. Damit war von Weizsäcker in Berlin unter politischen Zugzwang gesetzt, seine Ent-

[68] *Der Tagesspiegel* vom 3. 4. 1979.
[69] Im Interview in der *Berliner Morgenpost* vom 8. 5. 1979.

scheidung fällte er zugunsten Bonns. Kommentatoren empfahlen der Berliner CDU, sich ernsthaft zu überlegen, ob sie es sich leisten könne, den „Durchgereisten" nochmals als Spitzenkandidaten aufzustellen, da dies eine Spekulation auf das schlechte Gedächtnis der Wähler darstellte. Am 21. Juni 1979 wurde er mit den Stimmen von Regierung und Opposition zum Bundestagsvizepräsidenten gewählt, nachdem er die Aufkündigung seines Abgeordnetenhaussitzes im Verlauf des Jahres in Aussicht gestellt hatte und diesen auch am 17. Dezember 1979 niederlegte.

Solche Absetzbewegungen wurden aber nicht nur beim neuen, nun schon wieder verlöschenden Star der Berliner CDU bemerkt. Meldungen über Amtsmüdigkeit beim Fraktions- und beim Parteivorsitzenden traten hinzu. Heinrich Lummer ließ Ambitionen auf ein Bundestagsmandat erkennen, Peter Lorenz kam als möglicher Intendant des NDR ins Gespräch. Eine solche Entwicklung hätte die Wachablösung auf allen Ebenen bedeutet. Diese Wachablösung wurde indes ausgesetzt, als Lummer, der sich Hoffnungen auf einen Staatssekretärsposten im Kabinett eines Bundeskanzlers Strauß nach erfolgreicher Bundestagswahl 1980 machte, beschloß, Fraktionschef im Wartestand zu bleiben. Nach dem sich die Pläne hinsichtlich des NDR zerschlagen hatten, blieb auch Peter Lorenz weiter in seinen Ämtern, zumindest bis zu dem Zeitpunkt im Oktober 1980, an dem er in den Bundestag einziehen wollte.

Ein solches Lavieren ließ die Parteispitze in denkbar schlechtem Licht erscheinen und mußte die Autorität untergraben. Da mangels Regierungsverantwortung außer dem Parlamentsvorsitz keine Posten zu vergeben waren, wirkte das Verharren der seit einem Jahrzehnt in ihren Ämtern befindlichen Lummer und Lorenz für die Aufsteiger aus der jüngeren Generation besonders verbitternd. Vor allem das Verweilen von Lorenz im Amt des Parteichefs stieß innerparteilich auf Kritik, da Richard von Weizsäcker nun nicht durch Übernahme des Landesvorsitzes in die Berliner Politik eingebunden werden konnte. Konsequenterweise hätte er Lorenz auch in diese Position folgen müssen. Nun gehörte er – und dies auch nur befristet – zur Schar der gemeinen Abgeordneten, ein Umstand, der in der Geschäftsstelle vor allem wegen der protokollarischen Etikette bei gesellschaftlichen Ereignissen in Berlin Sorgen bereitete. Aber auch die Anhängerschaft der CDU sah sich in ihren politischen Hoffnungen getäuscht. Weizsäcker ließ seine Bereitschaft zur Übernahme des Vorsitzes zwar erkennen, lehnte es aber ab, gegen Lorenz zu kandidieren, obwohl in mehreren Kreisen sowie bei der Jungen Union eine – so Weizsäcker selbst – „Welle“ einsetzte, ihn zum Landesvorsitzenden zu machen.[70] Lorenz dachte weiterhin nicht an Rücktritt, denn als zukünftiger Bundestagsabgeordneter konnte er mit attraktiveren Ausschußplätzen und mehr Einfluß in Bonn rechnen, wenn er als Landesvorsitzender im Herbst 1980 an den Rhein kam.

Während der Regierende Bürgermeister Stobbe sich mit allerlei Schwierigkeiten herumzuschlagen hatte – mit den Problemen der Stadt, seiner Partei, mit dem Koalitionspartner – und zunehmend in größere Schwierigkeiten geriet, sorgte die Berliner CDU nicht durch offensive Oppositionspolitik für Spannung, sondern lieferte Schlagzeilen lediglich mit internen Querelen und Postenjägerei. Während die Parteispitze mit sich selbst beschäftigt war, kam es nämlich in den Bezirken zu einem zunächst nur innerparteilich beobachteten grundlegenden Generationswechsel. Nicht weniger als fünf neue Kreisvorsitzende wurden im Sommer 1979 in ihren Bezirken gewählt. Die „junge Garde“ der etwa fünfunddreißig- bis vierzigjährigen, akademisch, meist juristisch ausgebildeten Nachwuchspolitiker hatte bereits vorher vier Kreisvorsitzende gestellt. Diese „ungeheuren Generationsablösungen“, gab Peter Lorenz zu, führten mitunter zu „heftigen personalpolitischen Grabenkämpfen“ und zu „unschönen Auseinandersetzungen“.[71] Die alten Honoratioren, die jahrelang diese ehrenamtlichen Posten versehen hatten, sahen sich dem ungestümen Zugriff auf ihre Parteiämter ausgesetzt. Die jungen Pragmatiker wußten um die Macht, die geschlossen auftretende Kreise auf den Landesvorstand ausüben konnten. So nahmen die Kreisvorsitzenden etwa massiv Einfluß, als die Wahl der von der Berliner CDU nach Bonn zu entsendenden Bundestagsabgeordneten bevorstand.

Auch im Abgeordnetenhaus waren im März 1979 junge Vertreter nachgerückt. Mehr als die Hälfte der 63 CDU-Parlamentarier waren erst 1975 (19 Abgeordnete) oder 1979 (18) ins Parlament eingezogen. Auch die Rivalitäten innerhalb der Nachwuchsreihen änderten nichts am neuen Erscheinungsbild der Partei, das durch neue Gesichter geprägt wurde. Leicht gemacht wurde dieser Generationswechsel in Parlament und Kreisen durch die Mitgliederentwicklung des Berliner Landesverbands. Die neuen Mitglieder schufen neue Mehrheiten für Vertreter ihrer Linie. Und diese Vertreter sahen vor allem in Richard

[70] Zitiert nach: *Berliner Morgenpost* vom 11. 6. 1979.

[71] Peter Lorenz in: *Berliner Rundschau* vom 8. 11. 1979 und 25. 10. 1979.

von Weizsäcker ihren Hoffnungsträger. Der Geschäftsführende Landesvorsitzende Eberhard Diepgen, selbst seit 1971 im Abgeordnetenhaus, sah den Einfluß der neuen Kräfte nach Bildung der Fraktion im April als so stark an, daß er glaubte, eine neue Mehrheit für sich selbst als Fraktionsvorsitzenden bekommen zu können. Diepgen fand für diesen Plan auch das Wohlwollen von Peter Lorenz und Richard von Weizsäcker, die seine Loyalität zu schätzen wußten. Die dazu notwendige Beförderung Lummers auf den Stuhl des Abgeordnetenhauspräsidenten – den Lorenz 1980 nach seiner Wahl in den Bundestag räumen wollte – drohte am Einspruch des Zweiten Landesvorsitzenden Karl-Heinz Schmitz zu scheitern. Diepgen bewarb sich ersatzweise kurzerhand selbst um eines der elf von der Berliner CDU zu vergebenden Bundestagsmandate. Um diese wenigen – auch finanziell lukrativen – von der Partei zu vergebenden Posten hatte bereits ein „Grabenkrieg" eingesetzt, denn fünf der elf Bundesparlamentarier beabsichtigten nicht mehr nach Bonn zurückzukehren. Bei der Zusammenstellung der Liste auf dem 63. Landesparteitag am 2. und 3. November wurden Richard von Weizsäcker, Peter Lorenz und Eberhard Diepgen auf die ersten drei Plätze gewählt. Ein Exodus der Spitzenkräfte kündigte sich so für den Herbst 1980 an. Auch bei diesen Wahlen drängten die jungen Leute nach vorn. Dieser Putsch aus den eigenen Reihen gegen das Establishment war nur möglich, weil Peter Lorenz die Führung vernachlässigt hatte und die „Junge Garde" geradezu übermütig werden ließ. Daß bei diesem Nominierungsverfahren das Präsidium des Parteitags einem Minderheitenantrag auf geheime Abstimmung nachgab, kennzeichnete das Mißtrauen und die Rivalität unter den 358 Delegierten. Nach erheblicher Kritik am Verhalten der Funktionäre durch die von den Mitgliedern entsandten Delegierten wurde mit der Bestätigung des einzigen Kandidaten Peter Lorenz im Amt des Ersten Parteivorsitzenden für zwei weitere Jahre und der Wiederwahl auch des übrigen Parteivorstandes die Rivalität mangels zu verteilender Beute zunächst eingestellt. Geklärt waren die innerparteilichen Fronten damit nicht, der Wachwechsel an der Spitze war nur aufgeschoben. Da Lorenz mit der Kandidatur für Bonn angekündigt hatte, das Amt des Parlamentspräsidenten aufzugeben, gingen die Spekulationen weiter.

Die Führungsriege der großen Berliner Oppositionspartei präsentierte sich also Ende 1979 mit einem abschiedsbereiten Ersten Vorsitzenden und einem noch nicht in der Parteispitze verankerten Richard von Weizsäcker, der die eigentliche Führung übernehmen sollte und wollte – von Bonn aus. Es blieb der Jungen Union überlassen, den Widerspruch dieser Konstruktion treffend zu kommentieren: „Richard von Weizsäcker ist für die Junge Union nicht verzichtbar. Peter Lorenz gilt unsere Anerkennung.“[72] Es handelte sich um eine Verlegenheitslösung, und dies war auch allen Beteiligten bewußt.

Immerhin wandte sich der Landesverband anschließend wieder verstärkt politischen Sachfragen zu. So wurde auf dem 63. Landesparteitag der Beschluß gefaßt, daß der Landesvorstand bis zum 18. März 1980 „die Fortschreibung der Konzeption für die politische Arbeit der Berliner CDU in der achten Wahlperiode“ vorlegen sollte. Diese „Arbeitsplanung der Berliner CDU“, die, basierend auf der Analyse des Wahlergebnisses, die „Schwerpunkte der künftigen Arbeit“ aufzeigte, kann als das Schlüsseldokument für die Analyse der Entwicklung des Berliner Landesverbandes gelten.

Der unterzeichnende Mitautor Eberhard Diepgen schrieb darin die politische Linie öffentlich fest: „Die Berliner CDU soll sich in ihrer Arbeit als liberale Großstadtpartei und sympathische, bürgernahe Berlinpartei darstellen. Bei sachlichen Lösungsvorschlägen müssen die wertbezogenen Motive stärker in den Vordergrund gestellt werden. Insbesondere muß der in der Regel vorhandene soziale und humanitäre Ansatz in der politischen Praxis stärker herausgestellt werden.“[73] Der Überbau für diese Besinnung war Richard von Weizsäcker zu verdanken. Er hatte festgestellt: „Als Partei hatten wir uns von der Sinnfrage der Menschen allzu diskret ferngehalten“, und er nannte „unsere wichtigste Aufgabe zu allererst eine geistige“.[74] Mit solchen Ausführungen wollte von Weizsäcker dem Vorwurf des Opportunismus entgegenwirken, der aufkommen mußte, wenn etwa Peter Lorenz dazu aufrief, den „Gleichklang zwischen den Erwartungen der Bevölkerung einerseits und der tatsächlichen Parteiarbeit wieder herzustellen“.[75] Mit geeinten Kräften sollten so zwei Ziele zugleich erreicht werden: Einerseits sollte der Bürger außerhalb des Parteilebens erreicht werden, andererseits sollten im Parlament die Weichen zur Machtübernahme auch ohne absolute Mehrheit gestellt werden.

[72] *Drucksache* 66, Protokollakte des 63. Landesparteitages, 2./3. 11. 1979, beim Landesverband.

[73] *Arbeitsplanung der Berliner CDU...* (s.o. Anm. 66), S. 15.

[74] Rede auf dem 63. Landesparteitag, Manuskript in der Protokollakte beim Landesverband, S. 19 und 11.

[75] Lorenz in der *Berliner Rundschau* vom 25. 10. 1979.

Der am Erfolg der Alternativen Liste und der Wahlenthaltung erkennbare Ansehensverlust der SPD bei solchen Berlinern, die sich benachteiligt fühlten, sollte für einen Sympathiezuwachs für die Union genutzt werden. „Alternative und Grüne sind ja nicht nur Systemveränderer und Spinner", schlug Lorenz neue Töne an, „sie haben es zum Teil besser verstanden als wir, die kleinen Probleme des sogenannten kleinen Mannes beim Namen zu nennen."[76] Nach der erwünschten Schlagzeile „Berliner CDU lobt die Grünen"[77] wurde das betonte Umweltengagement aber auch in die Tat umgesetzt. So absolvierte der beim Umweltbundesamt tätige Abgeordnete Volker Hassemer einen vielbeachteten Auftritt im Parlament, bei dem er eine für seine Fraktion „vorwärtstreibende, eine aus dem alten Trott herausführende Entscheidung"[78] forderte, nämlich im Winter 1979/80 auf die Verwendung von Streusalz auf Berliner Straßen zu verzichten. Mit solchen Akzenten gelang es der Partei tatsächlich, ihr Ansehen weiter zu erhöhen. Geradezu zwingend war die besondere Zielgruppenarbeit im Hinblick auf Jung- und Erstwähler des erwarteten nächsten Wahlgangs im Jahr 1983, nachdem Diepgen vorgerechnet hatte, daß die Altersgruppe der 18- bis unter 25jährigen bis zu diesem Zeitpunkt gegenüber 1979 um 35 900 wahlberechtigte Berliner auf 173 800 angewachsen sein würde. Die SPD-Fraktion diskutierte die CDU-Analyse intern und bewertete diese als zutreffend.[79] Weitere spezielle Zielgruppen der CDU waren die Frauen, insbesondere die Berufstätigen der Altersjahrgänge zwischen 25 und 35 und die älteren über 65 Jahre. Die Arbeitnehmer, in deren Reihen verstärkt die Industriearbeiter und die Arbeitnehmerschaft der Eigenbetriebe, sollten verstärkt angesprochen werden – in genauer Kenntnis der Schwierigkeiten dieser traditionell gewerkschaftlich-sozialdemokratisch orientierten Gruppen mit der Koalitionsregierung von SPD und FDP. Praktiziert werden sollte diese Vorgabe durch intensivere Vorfeldorganisation, also politische Aktivität außerhalb der Parteiorganisation. „Die Berliner CDU muß eine Partei von Außenvertretern werden. Die Bürger müssen uns anfassen können und nicht nur von uns

[76] Lorenz auf dem 63. Landesparteitag, 2./3. 11. 1979, Manuskript in der Protokollakte beim Landesverband, S. 45.

[77] *Süddeutsche Zeitung* vom 3. 11. 1979.

[78] *Plenarprotokoll*, 8. W.P., 12. 12. 1979, S. 590.

[79] Protokoll der Sitzung am 20. 5. 1980, Akte 542, Bestand SPD-Fraktion beim Archiv der sozialen Demokratie.

bestenfalls in der Zeitung lesen", lautete die Devise.[80] Mit dem Vorwurf: „...die Chance der Bezirkspolitik für die Union wurde aus landespolitischer Sicht in der laufenden Legislaturperiode noch nicht ausreichend genutzt", wurden die neuen Kreisvorsitzenden in die Pflicht genommen. In einer Veranstaltungsreihe „Am runden Tisch" wurde die Diskussion mit den Bürgern gesucht, geladen wurde zu Gesprächen mit Bürgerinitiativen, Gewerkschaftsvertretern und Angehörigen der Alternativen Szene. Auch die Einrichtung von Arbeitsgruppen durfte nicht fehlen, hier wurde versucht, Weizsäckers Werbekraft dahingehend zu nutzen, auch parteilose Fachleute für die Mitarbeit zu gewinnen. Die Taktik der Union, als richtig und wichtig erkannte Politikbereiche der Regierung zu besetzen, wurde hier deutlich, so bei der Berufung eines Drogenbeauftragten oder der Einrichtung von Arbeitsgruppen mit den Aufgabenbereichen „Stadtentwicklung" oder „Ausländerpolitik". Stobbes Hinwendung zur Stadtpolitik war somit auch von der Opposition akzeptiert worden. Der Landesverband der Berliner CDU präsentierte sich als Ersatzsenat im Wartestand.

Auch beim drängenden Problem der Wohnungspolitik hatte die CDU, hier die Fraktion, bereits Zuspruch ernten können. Im Dezember 1979 wurde im Abgeordnetenhaus über den Schutz solcher Mieter beraten, denen nach einer Umwandlung von Sozial- in Eigentumswohnungen durch Eigenbedarfsanmeldung der Eigentümer die Kündigung drohte. In der Debatte verschärfte die CDU die Forderungen eines Allparteienantrages nach einer Schutzfrist von zehn Jahren. Verlangt wurde nun, „daß umwandlungsbetroffenen Mietern ein umfassender Schutz zuteil wird, und spekulativen Umwandlungsgeschäften die öffentliche Förderung entzogen wird".[81] Als der ob dieser neuen Töne verdutzte Bausenator Ristock entgegnete, ein derart sozial geprägter Antrag würde im Bundesrat an der Mehrheit der unionsregierten Länder scheitern, entgegnete der Abgeordnete Landowsky selbstbewußt: „Wir wissen doch selbst, daß wir mit unserem Vorschlag der Bundestagsfraktion – ich sage es mal so – um eine ganze Elle voraus sind."[82]

Solch betont soziales Engagement, das der Fraktion gar die Beurteilung eintrug, sie versuche, die Koalition „links zu überholen",[83] war

[80] Lorenz auf dem 63. Landesparteitag, Manuskript, S. 48.
[81] *Plenarprotokoll*, 8. W.P., 12. 12. 1979, S. 596.
[82] *A.a.O.*, S. 600.
[83] *Süddeutsche Zeitung* vom 2. 2. 1980.

hilfreich und notwendig zur Erreichung des politischen Ziels, als Auffangpartei für all die ursprünglich sozialdemokratischen Wählerschichten im traditionellen Arbeiter- und „Kleine Leute"-Milieu wählbar zu werden. Gerade bei diesen Berliner Bürgern waren die Irritationen über die Unentschlossenheit der Koalitionsregierung in Sachen Mietpreisbindung und Modernisierungspraxis besonders groß. Spektakulär wurden auch die Berührungsängste zwischen den vor einer Erhöhung der Mietpreise bangenden Berlinern und der CDU abgebaut, als im November 1980 auf dem Parteitag mit dem Motto „Wir gestalten die Zukunft" zum Zentralthema Wohnungspolitik sowohl Vertreter des „Verbandes der Haus- und Wohnungs- und Grundstückseigentümervereine" als auch des „Berliner Mietervereins e.V." gehört wurden.[84] Anschließend schloß sich der Parteitag dem Votum der Mietervertreter an, indem er einem Antrag auf Verlängerung der Mietpreisbindung zustimmte. Mit diesem Schritt war die sozialdemokratische Position okkupiert, bestand die eigentliche Leistung nicht in der Entwicklung eigener Alternativen, sondern in der Besetzung vormals verpönter Positionen. Es gab wieder einen Grund weniger, unbedingt die SPD zu wählen.

Nicht nur mit Schlüsselthemen der Berliner befaßte sich die CDU, auch im Parlament sollte ein neues Klima geschaffen werden. Das Ziel mußte hier lauten: „Die CDU wird die Entwicklung in den anderen Parteien sorgfältig daraufhin beobachten, ob eine Koalitionsmöglichkeit besteht oder sich abzeichnet."[85] Ein Rezept wurde gleich mitgeliefert: „Um eine allmähliche Veränderung des politischen Klimas zugunsten der gegenseitigen Koalitionsfähigkeit herbeizuführen, wird die CDU zu Drei-Parteien-Gesprächen einladen." Mit diesem Instrument konnte man sich sowohl staatstragend und regierungsfähig zeigen als auch den amtierenden Senat in die Verlegenheit bringen, entweder Vorschlägen der Opposition folgen zu müssen oder aber deren Anliegen öffentlich zu verwerfen, was etwa beim Vorschlag der CDU, gemeinsam über die Besetzung Afghanistans zu beraten, einen schlechten Eindruck gemacht hätte. Auch bei den Themen Wohnungspolitik, Ausländerfragen, Drogenmißbrauch und mittelfristige Finanzplanung wollte die CDU nicht nur gehört werden, sondern ein Wörtchen mitreden.

[84] Protokollakte des 64. Landesparteitages am 15. 11. 1979 beim Landesverband.
[85] *Arbeitsplanung der Berliner CDU...* (s.o. Anm. 66), S. 23.

Grundvoraussetzung für eine Orientierung zur politischen Mitte hin mußte aber die Annäherung an die Position des Senats auf dem Gebiet der Berlin- und Deutschlandpolitik sein. Die Arbeitsplanung bezog auch hier eindeutig Stellung: Auf „parteipolitische Profilierung" auf diesem Gebiet sollte verzichtet werden. Selbst der ein Jahrzehnt lang gepflegte Vorwurf an die Adresse der Sozialdemokraten, diese würden „Illusionen bei der Entspannungspolitik" anhängen, wurde zurückgenommen. Obwohl dieser Vorwurf durchaus seinen wahren Kern hatte, hielt es die Geschäftsführung der CDU für richtig, auch hier die Frontstellung zu nivellieren. Auf diesem Gebiet richtungweisend war Richard von Weizsäcker persönlich, der am 17. Juni 1980 im Bundestag eine weitbeachtete Rede hielt, die die Haltung zumindest der Berliner CDU neu definierte, als er die Vereinbarungen mit der DDR nicht länger daran gemessen sehen wollte, ob die erbrachten Leistungen beider Seiten ausgeglichen seien, sondern sich statt dessen ausdrücklich zu den politischen Zielen bekannte.[86] Dieses Bekenntnis zu den Ergebnissen der sozialliberalen Ost- und Deutschlandpolitik machte die Union in Berlin salonfähig auch in intellektuellen und überparteilichen respektive parteilich nicht gebundenen Kreisen: „Vielmehr sind wir von der Sache her verpflichtet, alles zu versuchen, um die Deutschlandpolitik kritisch zu würdigen, aber in ihren Grundzügen gemeinsam zu tragen. Das ist schwer, aber möglich und nötig."

Die Koalition aus Sozialdemokraten und Liberalen brauchte nahezu ein Jahr, um die neue Linie der Berliner CDU als Umklammerungstaktik zu erkennen. Der CDU wurde Opportunismus und Populismus vorgeworfen, Stobbe sprach von einem nur am Machterwerb orientierten Wandel „vom Nein zum Schein", um die Unterschiede zwischen Koalition und Opposition zu „verschleiern".[87] In der Tat machte die Arbeitsplanung der CDU deutlich, daß man das große Berliner sozialdemokratische Potential an Wählern nicht verprellen wollte. Im Rückblick sprachen die Sozialdemokraten nicht ohne Respekt von einer „semantischen Eroberungsstrategie gegenüber sozialdemokratischen Wertvorstellungen",[88] die die Einbindung ehemals sozialdemokratischer Wähler ermöglicht habe.

[86] *Stenographische Protokolle des Deutschen Bundestages*, 8. W.P., 222. Sitzung, S. 17.970.

[87] *Plenarprotokoll*, 8. W.P., 11. 12. 1980, S. 1808.

[88] Jürgen Egert, *Berliner SPD nach dem Tiefpunkt. Eine Diskussion*, in: *Neue Gesellschaft/Frankfurter Hefte*, Juni 1985, S. 494.

Ist es ohnehin ein Vorteil jeder Opposition, die vorgeschlagenen Konzepte und Ideen nicht sofort verantwortlich in die Tat umsetzen zu müssen, so kam der Berliner CDU darüber hinaus zugute, daß die Koalitionsregierung zunehmend Angriffsflächen bot.

Die politische Entwicklung der Berliner CDU nach den Wahlen 1979 lief auf zwei Ebenen ab: einer personellen und einer inhaltlichen, die beide einander bedingten. Das Taktieren um Posten und Positionen, vor allem auch der Parteispitze, verzögerte 1979 zunächst die inhaltliche Diskussion, die personellen Neubesetzungen waren aber für den dann eingeschlagenen Kurs unabdingbare Voraussetzung, um diesen glaubwürdig nach außen vertreten zu können. Der „jungen Garde“ konnte die „erfolgreiche Niederlage“ am 18. März 1979 im Grunde nur gelegen kommen, erleichterte sie doch wegen der Resignation der Altgedienten die Übernahme von Positionen und Einfluß. Das Gefühl, sich dauernd „tot zu siegen“, hatte Lorenz zugegeben, „habe Enttäuschung und Frustration“ ausgelöst. Der Generationswechsel fiel deshalb leichter. Peter Lorenz, dessen Impulse die Partei in den siebziger Jahren mitgliederstark gemacht hatten, fiel den Plänen seiner nachrückenden, von ihm selbst an die Aufgaben herangeführten jungen Männern zum Opfer, da diese ehrgeizigen Politikmanager die gemeinsame Politik in Zukunft besser zu verkaufen gedachten.[89] Diesem Interesse kam Richard von Weizsäcker entgegen, dem es gelang, trotz nur dreimaligen Auftretens im Abgeordnetenhaus das Erscheinungsbild der Partei zu prägen, mit Attraktivität auszustatten und ihr das Odium der Entspannungsgegnerschaft zu nehmen. Die Reaktion seiner politischen Gegner machte seinen Erfolg deutlich. Hinsichtlich der Ausstrahlungskraft Richard von Weizsäckers befiel den Regierenden Bürgermeister ein „Weizsäcker-Syndrom“.[90] Bei der SPD wurden Pläne entwickelt, Stobbe die Aura eines „Landesvaters“ zu verleihen. Um gegen von Weizsäckers politischen Stil bestehen zu können, sollte Stobbe versuchen, „an Noblesse gegenüber dem politischen Gegner, in der Fähigkeit, ihm auch Recht zu geben, dem Herausfordere nicht

[89] Im März 1980 forderten Diepgen und Landowsky Lorenz zur möglichst frühen Übergabe des Vorsitzes an von Weizsäcker auf, im Interview *Berliner CDU-Politiker für einen vorzeitigen Rücktritt von Lorenz*, in: *Spandauer Volksblatt* vom 30. 3. 1980, also kein halbes Jahr nach dessen Wiederwahl. Vgl. auch *Scharfer Streit in Berlins CDU: Treibjagd auf Lorenz*, in: *Berliner Morgenpost* vom 4. 4. 1980.

[90] K. H. Gehm, *Der Machtzerfall...* (s.o. Anm. 5), S. 206.

nachzustehen".[91] Nach heftigem Streit um den richtigen Zeitpunkt des Rücktritts von Lorenz vom Amt des Vorsitzenden im März und April 1980 einigten sich die Kreisvorsitzenden mit Diepgen, Lorenz und Weizsäcker auf das Frühjahr 1981 als den Zeitraum, in dem Weizsäcker zum Spitzenkandidaten und Landesvorsitzenden gekürt werden sollte. Zu diesem Zeitpunkt war noch nicht abzusehen, daß es im Frühjahr 1981 sogar Abgeordnetenhauswahlen geben sollte.

Festzuhalten ist also, daß nicht erst die Ereignisse vom Januar 1981 über die Personalien bei der Opposition entschieden. Nach dem von der SPD und der FDP im Oktober 1980 abgewehrten Angriff der CDU/CSU unter Franz Josef Strauß auf das Bundeskanzleramt zog Peter Lorenz als Landesvorsitzender in den Bundestag ein. Am 10. Dezember 1980 wurde daraufhin Heinrich Lummer in das von Lorenz geräumte Amt des Parlamentspräsidenten gewählt. Die Fraktion hatte sich mehrheitlich für die Wahl Eberhard Diepgens zum neuen Chef nach elf Jahren unter Lummer ausgesprochen und der Beförderung konnte sich Lummer nicht versagen, auch wenn er zunächst nicht ohne Rivalen um das prestigeträchtige Staatsamt war. Lummer galt als der profilierteste Vertreter der „alten", auf Konfrontation ausgerichteten CDU, wie es seiner Aufgabe als Oppositionsführer ja auch entsprochen hatte. Seine Kontakte auch zu extrem konservativen Kreisen und seine so häufig zu Protokoll gegebene Ablehnung der Entspannungspolitik von Bundesregierung und Senat veranlaßten die junge Mehrheit der Fraktion, nach einem neuen Chef zu rufen. Lummers Karriere selbst tat die Beförderung auf den repräsentativen Posten keinen Abbruch. Vormals als „Heinrich fürs Grobe" eingeschätzt, versuchte er hier staatsmännisches Format gewinnen und sich als ministrabel zu empfehlen. Bei allem Abstand mochten weder von Weizsäcker noch die jungen Leute um Diepgen auf Lummer und seine populistische Ader verzichten, garantierte er doch die Attraktivität der CDU auch am rechten Rand des politischen Spektrums. Eberhard Diepgen selbst wurde zum Nachfolger Lummers als Chef der Fraktion gewählt. Durch den Weizsäcker politisch wie menschlich näherstehenden Diepgen war nun auch die Fraktionsführung auf den neuen Kurs gebracht.

Die Entwicklung der Berliner CDU nach den Wahlen 1979 kann – abgesehen von der Verzögerung durch die allerdings notwendigen Personalquerelen – als ein Musterbeispiel politischer Planung zur

[91] *A.a.O.*, S. 208.

Erringung demokratischer Macht gelten. Mit politischem Instinkt befaßte sich die Partei zuerst mit denjenigen Problemen, von denen die Wählerschaft am stärksten betroffen war, um so die Stimmen der Unzufriedenen zu erhalten. Auf den Gebieten der Kulturpolitik und des Schul- und Hochschulwesens oder der Handhabung des Radikalenerlasses forderte die CDU den Senat weiterhin politisch heraus, wie Stobbe zugab. In diesem Tagesgeschäft hatten die Mitglieder der Fraktion den Ehrgeiz entwickelt, sowohl mitzusprechen als auch sich auszuzeichnen.[92] Die Hinwendung der Berliner CDU zur Mitte, die optimistische Eroberung sozialliberaler Positionen war wichtigstes Merkmal in diesen Jahren. So wurde im Oktober 1980 mit der Meldung, den populären Experten für Soziales, Norbert Blüm, für die Berliner CDU zu gewinnen, gleich die nächste sozialdemokratische Bastion in Angriff genommen. Im Rückblick bescheinigten auch Sozialdemokraten „den neuen Parteistrategen ein Meisterstück".[93]

Dabei hatten sich die Christdemokraten den Liberalen nicht angebiedert. Weizsäcker wollte die FDP weder öffentlich umwerben noch lautstark beschimpfen. Doch erklärte er auf dem Landesparteitag am 15. November 1980: „Natürlich kämpfen wir bei der nächsten Wahl um die Regierungsverantwortung, sei es durch Mehrheit der Mandate oder durch eine neue Koalition." Und auch etliche Sozialdemokraten trauten schon im Herbst 1980 der Berliner CDU „den eindeutigen Gewinn der Wahlen 1983" zu.[94]

Es lag am politischen Gegner, daß der CDU die Ankündigungen und Planungen, die neuen Gesichter, das neue Image für den Machtwechsel ausreichten. Früher als der Koalition lieb war, sollten sich die Christdemokraten in der Verantwortung wiederfinden.

Die Alternative Liste: Nutznießerin der gesellschaftlichen Entwicklung

Die Alternative Liste für Demokratie und Umweltschutz nahm in den Jahren 1979 und 1980 eine Entwicklung, deren spezifisches Merkmal zugleich den wichtigsten Unterschied zur anderen Oppositions-

[92] Dieses Lob zollte Klaus Riebschläger im Gespräch mit H.-J. Heß am 13. 5. 1981, Protokoll beim Archiv der sozialen Demokratie, S. 2.

[93] Tilman Fichter, *Eine sozialdemokratische Stadt sieht schwarz*, in: *Neue Gesellschaft/Frankfurter Hefte*, 6 (1985), S. 509.

[94] Klaus Riebschläger, *Vor Ort. Einblicke in die Berliner Politik*, Berlin 1983, S. 199.

partei, der CDU, darstellte: Die entscheidenden Impulse kamen von außen.

Der Charakter der Alternativen Liste als Sammlungsbewegung zum Zweck der Wahlbeteiligung bewirkte folgerichtig eine Orientierungslosigkeit nach den Wahlen am 18. März. Die Möglichkeit der Einflußnahme auf die Landespolitik, die Gesetzgebung und die Verteilung der Haushaltsmittel blieb durch die Fünf-Prozent-Hürde verwehrt. Gab es nun noch einen Grund, als Partei zusammenzubleiben? Eines der Gründungsmitglieder resümierte: „Hatten Wahlkampf und Wahlen die Akteure der AL noch fest zusammengeschweißt, so verfielen nach der Wahl viele der aktivsten Mitglieder in Resignation, darunter auch wichtige ehemalige Linke mit Organisationserfahrung.“[95] Es fand ein allgemeiner Rückzug in die Initiativen, Projekte, Betriebe statt, aus denen die Mitstreiter gekommen waren. Mitglied der Alternativen Liste zu sein, war noch nicht identitäts- oder loyalitätsbildend. Die Menschen waren unter dem Dach AL zusammengetreten, um sich um Mandate im Rathaus Schöneberg zu bewerben. Nach dem Scheitern dieses Vorhabens schien alles wieder auf Dezentralisierung hinauszulaufen. Der AL drohte also ein ähnliches Schicksal wie dem Bund Freies Deutschland, der nach einem relativ erfolgreichen Einstand den notwendigen langen Atem verlor.

Die Aktivitäten der Bürger nahmen nicht ab, die bereits geschilderte Einbindung des einzelnen in seinen alternativen Lebensbereich bedingte aber nicht notwendig die Existenz einer Partei. Diese Idee verlor zusehends an Zuspruch. Die selbstbewußte Einschätzung: „Was uns von gestern trennte, war die Lösung von ideologischem Ballast, herausgeklaubt aus den Zeilen von Geschichtsbüchern und Theoretikern“,[96] erwies sich vor der Wahl als Ansporn, danach als Erklärung für den Rückzug. Daß die AL überhaupt überlebte, verdankte sie den alten „Kadern“: „Da waren es gerade die Handvoll KPD-Kader, die ihre Kraft weiter loyal der AL-Organisation widmeten ... Jeder, der damals dabei war, wird bestätigen: hätte es jenen Kaderkern im Apparat, in den Bereichen und Bezirken nicht gegeben – die AL hätte mit Sicherheit nicht überlebt.“[97] Die Kommunisten also retteten

[95] Ernst Hoplitschek, *Partei, Avantgarde, Heimat – oder was?*, in: *Die Grünen*, hrsg. von Jörg Mettke, Reinbek 1982, S. 85.

[96] Dirk Schneider, *Listen sind keine heiligen Kühe*, in: *Perspektiven der Grünen, Bunten und Alternativen*, Berlin o. J. (1980), S. 90.

[97] E. Hoplitschek, *Partei...* (s.o. Anm. 95), S. 85 f.

die neue Partei vor dem Ausbluten, vor dem Auseinanderbrechen, einfach, weil die Mehrheit der meist jungen Leute nicht von der Notwendigkeit einer funktionierenden Parteiorganisation zu überzeugen war. Die Ablehnung des Unvereinbarkeitsbeschlusses machte sich so nachträglich bezahlt.

Die parlamentarische Aufgabe der AL lag bei den zehn Abgeordneten in vier Bezirksverordnetenversammlungen,[98] die nun erstmals praktische Politik auf der Grundlage alternativer Überzeugungen glaubten machen zu können. Doch es gab Enttäuschungen angesichts der schmalen Kompetenzen der Bezirke: „... hinter den Kulissen des bürgerlichen Abstimmungstheaters fanden die alternativen Kundschafter denn kaum etwas Aufregendes."[99] Allerdings konnten hier Erfahrungen gesammelt werden, insbesondere im Umgang mit solch delikaten Überzeugungen wie dem imperativen Mandat oder der Frage nach partieller Zusammenarbeit mit den Vertretern der „etablierten" Parteien. Bisweilen gab es durchaus Konsens, so beim Protest gegen die Auflösung einer Realschule in Kreuzberg oder einer gemeinsamen Stimmabgabe mit CDU-Abgeordneten für ein Tausalzverbot in Wilmersdorf.

Die vom Gesetz vorgeschriebene Gliederung der Berliner Parteien in Bezirke war von der AL zwar bei den Wahlen praktiziert worden, fand aber wegen der besonderen Struktur der Partei als Sammlungsbündnis wenig Anklang bei den Mitgliedern. Ein im Bezirk Tiergarten lebender Alternativer, der sich etwa „gegen Berufsverbote" engagierte, fühlte sich deshalb nicht in erster Linie als „Tiergartener". Die Mitglieder sahen ihr Betätigungsfeld in inhaltlich bestimmten Bereichen, wie „Demokratische Rechte", „Schwule und Lesben" oder „Alternativer Verkehr". Eine an die Vertreter in den Bezirksverordnetenversammlungen gekoppelte bezirklich organisierte Basis entstand daher gar nicht erst.

Dennoch gab es auch jetzt Überlegungen, die das Projekt AL noch nicht verlorengeben wollten. Wenn auch etwas umständlich im Ausdruck, wurde über eine weiterreichende Zielsetzung diskutiert: „Wie soll es weitergehen? Nach fünf Jahren traditionalistischer linker Glo-

[98] Für den Bezirk Tiergarten ist diese Tätigkeit analysiert worden von Burkhard Schaper, *Programmatik, Struktur und politische Praxis der „Alternative Liste" in Berlin (West) zwischen den Abgeordnetenhauswahlen 1979 und 1981*. Unveröffentlichte Diplomarbeit am Fachbereich 15 der Freien Universität Berlin, Mai 1982.

[99] *Der Spiegel* vom 4. 5. 1981, S. 53.

balpolitik und weiteren fünf Jahren alternativer Mikropolitik sollten wir uns bemühen, das Pendel zielstrebig in Synthesestellung zu bringen: Zusammenarbeit zwischen Links und Alternativ.«[100] Über die Praxis dieser Zusammenarbeit wurde kontrovers diskutiert anläßlich des anderen Schwerpunktes neben der Bezirksarbeit, nämlich des Versuchs, auf den Gründungsprozeß der Bundespartei Die Grünen Einfluß zu nehmen. Als Bundespartei wurden Die Grünen am 12. und 13. Januar 1980 in Karlsruhe auch deshalb gegründet, um die Wahlkampfkostenpauschale aus dem Europawahlkampf ausgezahlt zu bekommen. Vor allem aber war der Blick auf die Bundestagswahl gerichtet. Es kam zu heftigen Auseinandersetzungen zwischen Vertretern der Alternativen und Bunten Listen und den sogenannten wertkonservativen Grünen. Hauptstreitpunkt war die Doppelmitgliedschaft bei den Grünen und bei den Listen, die sich nicht einfach als Landesverband verstehen wollten. Die Listen konnten diese Doppelmitgliedschaft durchsetzen, waren ihre Stimmen doch zur Annahme des Parteistatuts nötig. Gemäß § 18 Absatz V der Satzung der Grünen war demnach die Mitgliedschaft in der AL Berlin zulässig. Doch die inhaltlichen Differenzen ließen eine solche Mitgliedschaft bei den Grünen für viele Berliner gar nicht attraktiv erscheinen. Auf dem im März 1980 abgehaltenen Programmkongreß in Saarbrücken flammten die Gegensätze erneut auf, als die AL-Delegierten Forderungen wie die nach der ersatzlosen Streichung des § 218 des Strafgesetzbuches oder der Abschaffung der „Diskriminierung der Homosexualität" nicht gegen die Stimmen der konservativeren Delegierten im Bundesprogramm verankern konnten. Mehr als zwei Drittel der Mitglieder der AL verzichteten angesichts solcher Streitpunkte auf den Eintritt in die neue Bundespartei. Die politischen Ambitionen der AL-Initiatoren reichten deutlich weiter, als es die heterogene Bundespartei in ihrem Programm niederlegen mochte. „Grün statt Rot? Nein danke!" hieß es in Berlin. Für die Mehrheit der aktiven AL-Mitglieder in Berlin konnte folgende Einschätzung gelten: „Die Fundamentalopposition der Bunten und Grünen Listen muß sich mit gleicher Intensität wie gegen die Umweltzerstörung auch gegen die bestehenden Herrschafts- und Machtverhältnisse in der BRD richten. Insoweit unter-

[100] Christian Wend, *Vernetzung – Struktur einer neuen Gesellschaft oder nur Überlebenstechnik?*, in: *Stattbuch* 2, hrsg. von der Arbeitsgruppe Stattbuch, Berlin 1980, S. 16–24 (24).

scheiden sich die Bunten und Alternativen ganz sicherlich von der Mehrheit der Grünen."[101]

Im Jahr 1980 verfiel die Alternative Liste in Lethargie. Ein Jahr zuvor von den ambitionierten Kommunisten gerettet, verdankte sie jetzt ihr Überleben zwei Faktoren, die nicht aus ihrer eigenen Tätigkeit erwuchsen, sondern die sie lediglich nutzte: dem weiteren Anwachsen der Alternativbewegung, die sich keineswegs von der AL repräsentiert sehen wollte oder repräsentiert fühlte, und den Resultaten der Politik der Regierungskoalition. Als Organisationsform mit dem Ziel der Machtpartizipation hatte die AL auch nach der Gründung nicht das gesamte Spektrum sich alternativ einschätzender Berliner für sich gewinnen können. In Berlin breitete sich die alternative Kultur und Lebensform in allen anderen Bereichen wesentlich stärker aus, als sich dies in der Parteiorganisation bemerkbar machte. Viele sahen die AL lediglich als ein „Projekt" unter vielen. Berlin erlebte seit 1978 „eine Art alternativen Gründungsboom und *Stattbuch* verstärkte diesen Boom nochmals beträchtlich", wurde in der zweiten Auflage des *Stattbuches* unter der Überschrift *Auf der Höhe des Regenbogens* resümiert: „Jede Woche wurden neue alternative Projekte gestartet, darunter auch größere Unternehmen wie die Alternative Liste, die Tageszeitung und das Netzwerk Selbsthilfe."[102] Die Zahl der potentiellen Wähler wuchs also erheblich, ohne daß überhaupt eine zweite Kandidatur zu den Wahlen von 1983 beschlossen worden war.

Ohne das augenscheinliche Versagen des Senats auf einem Gebiet der Kommunalpolitik wäre die Alternative Liste nicht dieser wachsenden Zahl von Berlinern als „wählbar" erschienen und wäre es auch gar nicht zum vorgezogenen Termin der für die AL so erfolgreichen Wahlen im Mai 1981 gekommen. Die Wohnungsbau- und Sanierungspolitik des Senats forderte zunehmend eine radikale Protesthaltung heraus: die Hausbesetzungen. Die Radikalisierung dieser Hausbesetzerbewegung führte zu bis dahin nicht gekannten Reaktionen der Regierung, die von Fassungslosigkeit bis hin zu massiven Polizeieinsätzen reichten und eine innerstädtische Polarisierung bewirkten, wie es sie seit den Tagen der Studentenunruhen Ende der sechziger Jahre

[101] A. Schubart, *Perspektiven der Bunten und Alternativen Listen nach der Grünen-Parteibildung*, in: *A.a.O.*, S. 93.

[102] *Stattbuch 2*... (s.o. Anm. 101), S. 13.

in Berlin nicht mehr gegeben hatte. In diesem Konflikt ergriff die AL eindeutig die Partei der Besetzer.

Erst dadurch wuchs die Alternative Liste in den Rang einer politische Identität verheißenden Partei. Junge Leute suchten nach dem Einzug der Partei ins Abgeordnetenhaus ihre ersten politischen Kontakte nicht länger nur bei einer Initiative, sondern zum Teil gleich bei der AL. Dies war nach den Wahlen von 1979 keineswegs abzusehen gewesen. Erst als die Hausbesetzerbewegung die Gesellschaft und damit die übrigen Parteien heraus- und überforderte und die AL ihre Organisationsform und -logistik in den Dienst der Besetzer stellte, etwa bei der Anmeldung von Demonstrationen und der Herstellung von Flugblättern, konnte sich die AL zum Repräsentanten innerhalb der Alternativ-Szene emanzipieren. Die akute Krise und der Sturz des Senats Stobbe sollte der AL den Impuls zum Überleben liefern, die Chance zu Neuwahlen ließ sie dann regelrecht erblühen. Die unzufriedenen Bürger suchten eine Partei, die es ermöglichte, die Ablehnung der bisherigen Senatspolitik deutlich zu machen, ohne gleich die CDU wählen zu müssen. Die negative Abgrenzung von den „etablierten" Parteien war für die AL das Überlebenselixier. Da sie ihren radikal-demokratisch-sozialistischen Charakter, auch in Abgrenzung zu den Grünen, beibehalten hatte, wurde sie nun zum Vertreter eines sich selbst ausgrenzenden Teils der Bevölkerung.

Die sozialliberale Koalition: Vertrauensverluste im Innern und nach außen

Die 8. Wahlperiode des Abgeordnetenhauses war die erste, die frühzeitig beendet werden sollte, und sie erreichte ihr politisches Ende wie sie begann: mit einem unsolidarischen Abstimmungsverhalten bei der Wahl von Senatoren. Das Scheitern Horst Korbers 1979 entpuppte sich lediglich als Auftakt und kann als stilbildend für den weiteren Verlauf der Zusammenarbeit in den Jahren 1979 und 1980 gelten. Der „Korber-Eklat" wirkte wie ein „schleichendes Gift".[103] Die Folge waren wachsende Schwierigkeiten im Umgang zwischen SPD und FDP im Senat, aber auch innerhalb dieser Parteien und ihrer Fraktionen. Gegenseitiges Mißtrauen, der Verlust der Solidarität, der Verlust der Glaubwürdigkeit jedweder Absprache und Zusicherung ließen

[103] K. H. Gehm, *Der Machtzerfall...* (s.o. Anm. 5), S. 116, 120.

Parteien und Fraktionen in schlechtem Licht erscheinen. Auch der Senat verzeichnete überregional einen Ansehensverlust, da gerade der in Bonn so bedeutungsvolle Posten des Bundessenators gegen den Willen des Regierenden Bürgermeisters zum Spielball der Launen innerhalb der Koalition geworden war.

Die SPD benötigte zunächst einen Landesvorsitzenden, der fähig und willens war, nicht wie in den beiden zurückliegenden Jahren die Regierungsbeteiligung als Wert an sich überzubetonen, sondern den „Wunsch des Landesverbandes nach einem stärkeren Eigengewicht der Partei im politischen Kräftespiel“[104] zu verwirklichen. Gerd Löffler war hoch anzurechnen, daß er dies erkannte und noch in der Wahlnacht seinen Posten zur Verfügung stellte. Doch Stobbe wünschte ihm vor den Koalitionsvereinbarungen das, was er sich zumeist von der Partei gewünscht hatte: Ruhe. Nach den Vorfällen im Abgeordnetenhaus anläßlich der Senatswahl trat Löffler doch zurück, obwohl er selbst das unsolidarische Verhalten der beiden Fraktionen nicht zu verantworten hatte. Zu diesem Zeitpunkt dem Freund und Förderer Stobbe den Rücken zu kehren, konnte auch diesen nicht unbeschädigt lassen. Unmittelbar nach der Wahl hätte ein entschlossener Zugriff Stobbes auf den Vorsitz noch eine Zäsur bedeuten können. Das damalige Ausschlagen des Rücktrittsgesuches erwies sich nun als schädlich für das Erscheinungsbild der Partei, die Krise wurde vom Parlament in die Parteiorganisation verlagert. Dietrich Stobbe mußte wegen des Ansehensverlustes, den er seit dem Wahltag in der Partei erlitten hatte, daran gelegen sein, den Stuhl des Parteichefs keinem der beiden Flügelexponenten Ristock und Riebschläger zu überlassen. Einerseits befürchtete er ein Wiederaufflammen der Richtungskämpfe, andererseits kannte er den Ehrgeiz der beiden, ihn auch um den Posten des Regierenden Bürgermeisters bringen zu wollen.

Noch in der Wahlnacht hatte Stobbe deutlich gemacht, daß er den Zangengriff wahrnahm, in dem sich die SPD befand. Er respektiere die jungen Leute und deren „Lebensgefühl in der Stadt, auf das wir in Zukunft sicherlich stärker werden Rücksicht nehmen müssen“. Gleichzeitig warnte er: „Ein einfacher Schwenk hilft da nicht, weil wir ja auch auf andere große Wählermassen Rücksicht nehmen müssen. Der Industriearbeiter, der in Berlin bei der KWU arbeitet, würde bestimmte Sachen nicht verstehen, wenn wir also einfach unsere Posi-

[104] SPD-Landesverband Berlin, *Jahresbericht 1979/80*, hrsg. zum Landesparteitag 4./5. 7. 1980, S. 7.

tion zu den Kraftwerken so definierten, wie das die Alternative Liste tut. Und die Bauarbeiter im Tiefbau, die würden die SPD nicht verstehen, wenn wir Positionen einnehmen würden, wie sie die Alternative Liste zum Stadtautobahnbau einnimmt.«[105]

Die kommenden Aufgaben waren also schwierig, sowohl für den Senat als auch für den neuen Parteichef. Ein Patentrezept kannte Stobbe nicht: „Unter Umständen ist eine scharf durchgefahrene Konfliktstrategie mit der CDU eher geeignet, Wähler von den Alternativen Listen zurückzuholen als eine Politik der Verbeugung."[106]

Ein starker, aber nicht zu ambitionierter, ein loyaler Parteivorsitzender wurde also gesucht. Stobbe schlug Peter Glotz vor. Doch der Geschäftsführende Landesvorstand verwarf diesen Vorschlag wegen Glotz' mangelnden „Stallgeruchs" in der Berliner Organisation. Zwei Jahre zuvor war die Partei Stobbes Wunsch nachgekommen, doch diese Zeiten waren vorbei. Mit der Ablehnung des Kandidaten Glotz mußte Stobbe Anfang Mai 1979 innerhalb einer Woche den dritten Rückschlag hinnehmen – nach der Senatsbildung und dem von ihm nicht gewünschten Rücktritt Löfflers. Angesichts dieser Entwicklung zeigte Stobbe nun Kämpferqualitäten: Er entschloß sich kurzerhand, selbst für den Landesvorsitz zu kandidieren. Damit wollte er Entschlossenheit demonstrieren, keine langen Diskussionen mehr zulassen. Sofort kam er um das Plazet des Landesvorstands ein, der ihn am 7. Mai 1979 nominierte.[107] Stobbe wußte, daß eine Kritik an seinem Verhalten in der Partei auch seine Position als Regierender Bürgermeister schwächen und daher unterbleiben würde. Doch genau diese Rechnung ging nicht auf, die Disziplinierung mißlang. Denn die Kritik kam geballt: Kritik an seiner Person, an der Ämterunion, an der Verhinderung einer Kampfabstimmung zwischen Ristock und Riebschläger, an dem Verfahren, das nicht die Mitglieder entscheiden ließ, sondern den Vorsitzenden von oben einsetzte. Und sie reichte von einzelnen Kreisdelegiertenversammlungen über die Jusos bis in den Senat, aus dessen Reihen gerade Riebschläger und Ristock öffentlich

[105] Am 18. 3. 1979 im ZDF (zitiert nach der Kommentarübersicht des Bundespresseamtes).

[106] Stobbe im Interview in der *Berliner Morgenpost* vom 25. 3. 1979.

[107] Mit 24 Stimmen gegen 2 (der Jusos) bei einer Enthaltung sprach sich der Landesvorstand für Stobbes Kandidatur aus, Protokoll der Landesvorstandssitzung, Akte beim Landesverband.

Mißfallen äußerten.[108] Es entbrannte ein unverhüllter Machtkampf, der die Kräfte der Partei, aber auch des Senats band – nachdem (!) der Regierende Bürgermeister bereits nominiert war. Angesichts dieser Fehleinschätzung der Stimmung in der Mitgliederschaft zauderte Stobbe nun doch, bot seinen Verzicht zugunsten von Glotz an und taktierte so ungeschickt, daß sich der Autoritätsverlust noch verstärken mußte. Und die Gegner der Idee, Senats- und Parteispitze in einer Hand vereinigt zu sehen, mußten nun Stobbe als guten Regierenden Bürgermeister und gleichzeitig als unerwünschten Landesvorsitzenden bezeichnen.

Vor dem Wahlparteitag trieben „drei Sehnsüchte" die Genossen um: die Sehnsucht, als Partei der Regierung programmatisch „einen Schritt voraus" zu sein; die Sehnsucht nach einer inhaltlich fairen, aber harten Rechts-Links-Auseinandersetzung und die Sehnsucht so mancher Mitglieder nach den Oppositionsbänken.[109] Doch wie so häufig zuvor stand nicht die Erfüllung dieser Sehnsüchte, sondern eine Personalentscheidung im Mittelpunkt. Persönliche Angriffe gegen Stobbe wurden durch die scheinbar unpersönliche Frage verbrämt, ob nicht die beiden Spitzenpositionen in Senat und Partei grundsätzlich zwei Personen überlassen werden sollten. Der Antrag, eine solche Unvereinbarkeit zu beschließen, wurde auf dem Landesparteitag am 16. Juni 1979 von den 234 Delegierten mehrheitlich abgelehnt – gegen immerhin 98 Stimmen. Nun traute sich auch Klaus Riebschläger, der bis zuletzt Ambitionen auf den Vorsitz hatte erkennen lassen, nicht, in eine offene Kampfabstimmung mit dem Regierenden Bürgermeister einzutreten, die ihm als Mangel an Loyalität mit dem Chef des Senats ausgelegt worden wäre. Stobbe trat daher als einziger Kandidat an und erhielt 176 Ja- gegen 50 Nein-Stimmen bei acht Enthaltungen. Auch ein großer Teil der Kritiker stimmte nun zu, da eine Niederlage Stobbe als Regierungschef in Bedrängnis gebracht hätte. Dieses Argument aber war gerade keine Empfehlung für die erwünschte Unabhängigkeit des Landesvorsitzenden von der Koalitionsregierung. Stobbe verzichtete darauf, einen Teil der „Sehnsüchte" auf die Schultern eines zweiten Mannes zu laden, um damit keinen zweiten Hoffnungsträger aufzubauen. Nun fand er sich selbst erneut in dieser Rolle wieder. Der

[108] K. Riebschläger, *Nicht die optimale Lösung*, in: *Der Tagesspiegel* vom 6. 5. 1979; H. Ristock, *Falsch,* in: *Die Welt* vom 1. 6. 1979.

[109] Ulrich Rosenbaum, *Wie groß sind die Sehnsüchte der Partei?*, in: *Berliner Stimme* vom 16. 6. 1979.

Eindruck des „Verhinderungsvorsitzenden" aber blieb. Stobbe hatte der Macht- und Meinungskontrolle das zuvor von ihm selbst vertretene Prinzip der Ämtertrennung untergeordnet. Hatte er 1977 den Vorsitz abgelehnt, weil die Regierungsgeschäfte den ganzen Mann erforderten, so blieb die Doppelbelastung 1979 um so unglaubwürdiger, als sich der Regierende Bürgermeister verstärkt von den Problemen der Stadt, aber auch von CDU, AL und der FDP gefordert sah. Die Notwendigkeit, sowohl die Hoffnungen der Genossen in die Regierungspraxis einzubringen als auch die Koalitionskompromisse vor der Partei verantworten zu müssen, schränkte Stobbes Spielraum ein. Die Personalunion in den Ämtern des Chefs der Exekutive und der Partei, die diese Regierung trug, war keine Berliner Besonderheit, sie stellte aber einen prägnanten Unterschied zur Bonner SPD nach 1974 dar. Die Machtbasis Dietrich Stobbes innerhalb der Partei bestand weiterhin in den Delegierten der zum rechten Flügel zählenden großen Kreise Neukölln, Reinickendorf und Spandau. Dieser regional bestimmbare Teil der Parteimehrheit war von Stobbe um Stimmen aus den Reihen der gemäßigten Linken ergänzt worden. Das übrige, außerhalb dieser drei Kreise verbliebene rechte Potential unter der Führung von Klaus Riebschläger entschied vor jeder Abstimmung, ob Stobbes Kurs zu unterstützen sei. Der neue Landesvorsitzende mußte sich daher bei jeder Entscheidung wegen der Beschlußmehrheit entweder mit dem gesamten linken Lager oder mit den Anhängern Riebschlägers verbünden. Diese Balance zu halten und gleichzeitig richtungweisende innerparteiliche Impulse zu geben, war schwierig. Aus Angst vor Flügelkämpfen suchte Stobbe den Ausgleich, der als Kompromiß aber nicht nur beruhigte, sondern auch lähmte.

Die Berliner SPD mußte sich in der Folge den Vorwurf gefallen lassen, den sie selbst an die Adresse der Liberalen (und auch der Opposition) richtete: mit mehreren Zungen zu sprechen. Stobbe gab zu, daß sich seit seiner Amtsübernahme als Parteivorsitzender die Konflikte innerhalb der Koalition verstärkt hätten. Wie leicht ein Interessenkonflikt zwischen einem Regierungschef und einer Parteiorganisation zutage treten konnte, belegt die Diskussion über eine höhere Besoldung für Berliner Spitzenbeamte. Der Senat hatte eine Anhebung der Bezüge für Beamte der Besoldungsgruppe B vorgesehen, um durch diese Attraktivitätssteigerung auch auswärtige Spitzenkräfte für Berlin gewinnen zu können. Als Regierendem Bürgermeister mußte Stobbe daran gelegen sein, die Verwaltungstätigkeit zu optimieren, gerade angesichts des bescheidenen Rufes in der Bevölkerung. Als Parteivorsitzender der SPD stand er dagegen im Kreuzfeuer der Kritik, als ihm seine Genossen vorwarfen, trotz des allseits verkündeten Sparkurses ausgerechnet die hoch besoldeten Beamtenstellen finanziell noch besser ausstatten zu wollen. Auf dem Parteitag am 5. Oktober 1979 beantragten Delegierte eine Ablehnung dieses vorgesehenen Senatsbeschlusses. Vor einer Entschließung wurde dieser Antrag an eine Kommission überwiesen, die Partei verschob also eine Entscheidung, die in den Kompetenzbereich der Exekutive fiel. Der Regierende Bürgermeister appellierte an seine Genossen, daß die Berliner Politik nicht nur aus Parteitagsbeschlüssen bestehen könne und er nicht für jede Entscheidung des Senates dort um Zustimmung bitten könne: „Wir können ja nicht bis zum 26. Januar – dann soll ja der nächste Parteitag sein – die Meinungsbildung im Senat aussetzen."[110]

Doch nicht nur bei solchen Initiativen mischte sich die Partei ein, selbst bei der reinen Pflichterfüllung der Exekutive wurde Stobbe in Entscheidungsnot gebracht. So hatte er als Senatschef dafür zu sorgen, daß die Auflagen, die der Landesrechnungshof den Berliner Straßenreinigungsbetrieben (BSR) auferlegt hatte, erfüllt wurden. Da hier auch Einsparungen im Personalbereich und eine Reduzierung der Sozialleistungen gefordert worden waren, wandten sich die Betroffenen zur Abwendung solcher Opfer an die Gewerkschaft ÖTV. Deren Führung setzte den sozialdemokratischen Regierungschef unter starken Druck, die Auflagen nicht zu erfüllen. Im Dezember 1979 nutzten organisierte Mitarbeiter der Straßenreinigung die Doppelfunktion Stobbes zu einer Nötigung: Mehr als zweihundert Betroffene drohten dem Parteivorsitzenden Stobbe mit einem Austritt aus der SPD, falls dieser seinen „Einfluß" auf den Regierenden Bürgermeister Stobbe nicht in ihrem Sinne geltend mache. Der öffentliche Eindruck war natürlich verheerend. In kurzsichtigem Beharren auf den eigenen Begehrlichkeiten wurde der Senatschef so in aller Öffentlichkeit seiner Autorität entkleidet.

Die Abgeordneten warfen Stobbe vor, nicht genügend an den Entscheidungsprozessen beteiligt zu werden. Doch auch die Parteimitglieder hielten ihren Einfluß noch für zu gering. Hinter Stobbes Rükken wurde ein „Aufruf zur Erneuerung der politischen Kultur in der Berliner SPD" in den Landesvorstand eingebracht.[111] Dort wurden die Beschwerden breiter Parteikreise artikuliert: die größer werdende

[110] Protokoll des Landesparteitags am 5. 10. 1979, beim Landesverband.

[111] Gert Gruner/Hans Kremendahl, *Plädoyer für eine neue Einheit: Das sozialde-*

Kluft zwischen den Erwartungen der Mitglieder und der realen Umsetzung von Politik in die Tat, die mit der „Konzentration der Kräfte" verbundenen Personalentscheidungen und die kleinen Zirkel der Macht, in denen Entscheidungen vorab entschieden würden. Die Reaktion des Landesvorsitzenden Stobbe entlarvte dessen Nervosität. Er verurteilte das Papier in aller Schärfe, ein Anzeichen dafür, daß er sich in diesem „Aufruf zur Erneuerung" persönlich zur Disposition gestellt sah. Dabei enthielt das Plädoyer gar keine grundlegend neuen Erkenntnisse. Die genaue Analyse der SPD-Praxis des „ängstlichen Machtverteilungssystems" erzeugte dennoch Erregung.

Auch die Fraktion der SPD im Abgeordnetenhaus verfolgte jetzt zunehmend eigene Interessen. Nach der Ablösung von Fraktionschef Wolfgang Haus durch Franz Ehrke war es zu Dissonanzen gekommen, da Ehrke nicht länger die rechte Fraktionsmehrheit koordinierte, während die linke Minderheit weiterhin regelmäßige Treffen abhielt und daher einen höheren Informations- und Solidarisierungsgrad aufwies. Auch Ehrke handelte in dem guten Glauben, die Flügelstruktur durch die Abschaffung von Gruppentreffen auflösen zu können, doch das Gegenteil trat ein. Der Unmut erfaßte vor allem die neuen Abgeordneten, die sich nicht dem Kreis der Linken anschließen mochten und auf der Rechten keine Auffangmöglichkeit mehr vorfanden. Daher bildete sich eine Vielzahl kleinerer Gesprächs- und Freundeskreise, die erhebliche Unruhe und Polarisierungen unter den 61 Abgeordneten schufen und die Fraktion spalteten. Die Protokolle der Fraktionssitzungen belegen die Unzufriedenheit vieler Abgeordneter mit dem ambivalenten Verhältnis von Senat und Fraktion, mancher sah die Fraktion gegenüber Senatsbeschlüssen in eine „reaktive Rolle" gedrängt. Auch die „Inhaltslosigkeit einiger Zwischenberichte" wurde beklagt. Umgekehrt war der Senat nicht immer zufrieden mit dem Erscheinungsbild der Fraktion im Parlament. Jahrelang hatte die Fraktion ihre besten Leute in die Kabinette entsandt, so daß jetzt „Sorge um das geistige Profil" der Fraktion herrschte.[112] Die „Ochsentour" durch die Abteilungen war noch immer oberstes Qualifikationskriterium für potentielle Abgeordnete. In den Kreisen, die die Abgeordneten entsandten, konnte diese Voraussetzung weder durch besonderes

mokratische Bündnis der Glaubwürdigkeit. Aufruf zur Erneuerung der politischen Kultur in der Berliner SPD. Ohne Datum (Nov. 1979), Akte Landesvorstandsprotokolle Mai 1979 – Juni 1980, beim Landesverband.

112 K. Riebschläger, *Vor Ort...* (s.o. Anm. 95), S. 197.

Talent noch durch überragende fachliche Qualifikation ausgeglichen werden.

Der Regierende Bürgermeister hielt trotz dieser Dissonanzen zwischen ihm und der Mitgliederschaft an der Ämterunion fest, da er bei einer Abgabe des Parteivorsitzes eine noch größere Schwächung seiner Autorität befürchtete. Klaus Riebschläger hatte ein halbes Jahr nach der Wahl Stobbes erneut seine Bereitschaft zur Übernahme des Parteivorsitzes „angeboten", wie es seine Anhänger nannten, beziehungsweise den Regierungschef „herausgefordert", wie es die Gegner des ehrgeizigen Senators sahen. Öffentlich räumte Stobbe nun ein, daß viele Mitglieder der SPD „unter der Verkürzung der politischen Perspektiven auf das politisch Machbare" litten.[113] Bei den Vorstandswahlen im Frühjahr 1980 hielt die Partei starr am gewohnten Flügelproporz fest, dies „aus Einsicht in die Notwendigkeit der Zusammenarbeit und aus immer stärker um sich greifender Apathie".[114] Die Mandate der Beisitzer und der Kandidaten für die Bundestagsmandate wurden entsprechend vergeben. Das Ausmaß der Unzufriedenheit der Delegierten wurde aber massiv bei der Abstimmung über die Wiederwahl Dietrich Stobbes deutlich. Obwohl einziger Kandidat, verweigerten mehr als ein Drittel der Delegierten Stobbe die Zustimmung.[115] Die Verdrossenheit der SPD-Mitglieder nahm allmählich gefährliche Züge an, denn „wo die Frage gestellt wurde, und dieses geschah vor allem im linken Parteiflügel, welchen Zielen die Regierungsmacht eigentlich noch diente, war die Regierungsfähigkeit der Berliner SPD in ihrem Kern berührt".[116] Erst in der Zeit nach dem Machtverlust erreichte die SPD den Grad an Aufrichtigkeit, nicht länger allen Mißmut und alle Kritik beim Senats- und Parteivorsitzenden abzuladen. Denn auch die oberen und mittleren Funktionäre hatten ihren Teil zur Unbeweglichkeit beigetragen: „Ihre Zukunftsprobleme reduzierten sich weitgehend auf Machterhalt und Postenjagd. Ihre Zukunftsangst schrumpfte zusammen auf das Zittern vor der Schlagzeile am nächsten Tag."[117]

[113] Stobbe im Interview in der *Berliner Stimme* von 12. 1. 1980.

[114] H.-J. Heß, *Innerparteiliche Gruppenbildung...* (s.o. Anm. 46), S. 353.

[115] Er wurde mit nur noch 155 von 244 Stimmen am 5. Juli 1980 gewählt.

[116] H.-J. Heß, *Innerparteiliche Gruppenbildung...* (s.o. Anm. 46), S. 354.

[117] Wilhelm Wiegreffe, Mitglied der SPD-Geschäftsführung, in: *Berliner Stimme* vom 7. 1. 1982.

Die Personalunion von Bürgermeister und Parteichef, bei der SPD im Streit eingeführt, wurde im Berliner Landesverband der FDP von Wolfgang Lüder schon jahrelang praktiziert. Allerdings klagte Lüder zunehmend unter der Bürde der Ämtertrias von Bürgermeister-, Senatoren- und Parteichefposten. Und auch in der FDP wuchs die Kritik an der Ämterhäufung. Im Vorfeld der Vorstandswahlen auf dem Landesparteitag am 29. Juni 1979 war die Fortsetzung dieser Konstruktion in der Diskussion. Doch Lüder stellte klar, daß er zumindest für zwei weitere Jahre den Vorsitz behalten wollte. Da er anders als Stobbe kein Abgeordnetenmandat innehatte, hätte er bei einem Rücktritt vom Parteivorsitz nur noch im Senat Einfluß ausgeübt. Ihm war aber daran gelegen, kritische Töne in der Partei am Koalitionspartner SPD in Berlin wie in Bonn selber aufzufangen. Hermann Oxfort hatte nämlich die Berliner Bühne verlassen und bundesweit eine Vereinigung mit dem Namen „Liberale Gesellschaft" gegründet, deren Aufgabe in „politischer Bildungsarbeit" liegen sollte. Oxfort vertrat hier seine Überzeugung, daß die politische Zukunft der FDP in der politischen Mitte zwischen SPD und CDU liege. Mit dieser Haltung verband sich die kritische Infragestellung des Bündnisses mit der SPD, dessen zeitliche Begrenzung betont wurde. Auch beim Parteinachwuchs wurden neue Wege eingeschlagen. Die Jungdemokraten, die sich selbst als „radikaldemokratischer Jugendverband e.V." bezeichneten, stießen mit ihrer Politik nicht nur bei älteren Mitgliedern der Partei auf Widerspruch. Eine zweite Jugendorganisation, die „Arbeitsgemeinschaft Junger Liberaler in der F.D.P. Berlin", wurde im Juni 1978 gegründet. Programmatisch der Richtung Oxforts zugeneigt, sorgte diese Organisation für scharfe Auseinandersetzungen im Landesverband.[118] Als treue Stütze des Bündnisses mit den Sozialdemokraten und auch wegen seines persönlichen Verhältnisses zum Regierenden Bürgermeister mochte Lüder zu diesem Zeitpunkt den Landesvorsitz nicht aus den Händen lassen. Er betonte seine Rolle als Integrator und ergänzte, „daß ich nicht Exponent eines Flügels sein

[118] So versuchte Parteichef Lüder im Mai 1979 den FDP-Spitzenkandidaten für die Europawahlen, Martin Bangemann, vom Besuch einer Veranstaltung der sich „Julis" nennenden Organisation abzuhalten. Mit Beschluß der 27. Zivilkammer des Landgerichts vom 9. 4. 1980 ließ der Vorstand untersagen, den Zusatz „in der FDP" im Namen der „Jungen Liberalen" zu führen, Dokumente in der Akte „Münter" und „Julis" beim Landesverband.

kann. Ich will es auch nicht sein. Ob ich mal Linksaußen war, das lasse ich dahingestellt. Ich war ein linker Liberaler."[119]

Auf dem Parteitag griff Lüder folglich die „Liberale Gesellschaft" harsch an und wähnte sie auf dem falschen Weg. Diese Position war bei den Delegierten mehrheitsfähig. Lüder erhielt eine hohe Zustimmung bei seiner Wiederwahl: 177 von 211 Delegierten stimmten für ihn. Die Ablehnung der von Oxfort betriebenen Umorientierung der FDP zeigte sich aber noch deutlicher. Nachdem der Vertreter des linken Flügels im Vorstand in seiner Stellvertreterposition bestätigt worden war, lehnten die Delegierten den Wunschkandidaten Oxforts vom rechten Minderheitsflügel ab und wählten statt dessen einen weiteren profilierten linksliberalen Vertreter zum Zweiten Stellvertreter. Für den rechten Flügel bedeutete dieser Durchmarsch der linken Mehrheit eine krasse Niederlage. Oxfort bedauerte das Ergebnis als „großen Schritt weg von der Integration der politischen Kräfte" im Berliner Landesverband.[120] Er betonte, die Delegierten könnten zwar ihren Standpunkt deutlich machen, die Entscheidung über das „politisch Machbare" solle aber der Fraktion überlassen bleiben. Dies war als Kampfansage zu verstehen, wie Lüder und der gesamte Senat postwendend erfahren mußten.

Oxfort und in seinem Gefolge vier weitere Abgeordnete des rechten Flügels verweigerten ihrem Landesvorsitzenden Lüder und ihrem Fraktionschef Vetter die Gefolgschaft, so daß beispielsweise die zwischen der FDP-Fraktion und den Sozialdemokraten vereinbarte Wahl des Datenschutzbeauftragten des Landes Berlin scheiterte. Dieser Racheakt verprellter Liberaler bekam das Gewicht einer Koalitionskrise, die FDP-Fraktion konnte nicht länger als berechenbar gelten. Oxfort bewies damit, daß er auch Vetter, einen seiner treuen Gefolgsleute, zu desavouieren bereit war. Auf wessen Wort sollten sich die Sozialdemokraten noch verlassen? Die Autorität der FDP-Führung litt in den eigenen Reihen und beim Koalitionspartner, die Sozialdemokraten befanden: „Man war es leid, ständig mit mehreren FDP-Meinungen konfrontiert zu werden."[121]

Parteichef Lüder mußte Konzessionen machte, um weiterhin mehrheitsfähig zu bleiben. Als die CDU mit Blick auf die Koalitionsfähigkeit eine Annäherung an die FDP zu suchen begann, schlug Lüder auf

[119] Lüder im Interview in der *Berliner Morgenpost* vom 1. 4. 1979.

[120] Oxfort, zitiert nach: *Süddeutsche Zeitung* vom 2. 7. 1979.

[121] K. H. Gehm, *Der Machtzerfall...* (s.o. Anm. 5), S. 153.

dem Landesparteitag im April 1980 sanftere Töne gegenüber der Opposition an. Um nicht den Rückhalt und die Integrationskraft in der eigenen Partei einzubüßen, betrieb der Vertreter des Regierenden Bürgermeisters die Profilierung gegenüber dem Regierungspartner. Er wählte die Rolle der „Opposition in der Koalition", die an der sozialdemokratischen Basis für viel Murren sorgte. Als Preis für die Zustimmung der Partei zahlte Lüder mit der Bereitschaft, den Konflikt mit dem Senat zu suchen.

Die umstrittene Koalitionsvereinbarung, die ein geschlossenes Auftreten der Koalition garantieren sollte, erwies sich schon vor Ablauf eines Jahres als nicht praktikabel. Im Dezember 1979 kam es zu einer Aufkündigung der Partnerschaft, die bis zum Ende des Bündnisses schmerzen sollte. Den Anlaß bot die Debatte über ein neuentwickeltes Nahverkehrssystem, eine Kabinenbahn. Wirtschaftssenator Lüder setzte sich vehement für sein Lieblingsprojekt ein. Finanzsenator Riebschläger und Bausenator Ristock lehnten das Projekt und damit auch die Bundeszuschüsse aus Kostengründen und wegen des Vorrangs des U-Bahnausbaus ab. Der Regierende Bürgermeister führte daraufhin eine Abstimmung im Senat herbei. Dies war *de facto* ein in der Koalitionsvereinbarung „verbotenes" Überstimmen des kleinen Partners. Hätte sich Stobbe aber an die Vereinbarung gehalten, hätte es ein Diktat der FDP-Senatoren gegeben. Die CDU ließ sich diese publik gemachte Uneinigkeit nicht entgehen. Sie brachte einen Dringlichkeitsantrag im Abgeordnetenhaus ein, um das Parlament das Gegenteilige beschließen zu lassen, den FDP-Abgeordneten also die Möglichkeit zu bieten, ihre Niederlage im Senat an der Seite der CDU-Abgeordneten rächen. Im Rahmen der Debatte über den Haushalt gab es am 12. Dezember ein „wirklich beschämendes Hick-Hack",[122] als Stobbe und Lüder persönlich den Disput um die Kabinenbahn aus dem Senat ans Rednerpult des Abgeordnetenhauses verlegten und ihn damit zum öffentlichen Macht- und Prestigekampf machten. Lüder provozierte mit seinem Festhalten an diesem Projekt – „mag man dagegen sprechen, wer auch immer und was auch immer" –[123] den Regierenden Bürgermeister so sehr, daß dieser sich gleich siebenmal in die Debatte einschaltete. Die Opposition stimulierte das „beklem-

[122] So der CDU-Abgeordnete von Kekulé, *Plenarprotokoll*, 8. W.P., 3. 7. 1980, S. 1422.

[123] *Plenarprotokoll*, 8. W.P., 12. 12. 1979, S. 607.

mende Krisenereignis"[124] und beantragte eine Abstimmung über eine Zurückstellung. Damit stand nicht länger die Kabinenbahn, sondern der Senat selbst zur Abstimmung. Da etliche Abgeordnete das Parlament bereits verlassen hatten, schuf das Handzeichen keine Klarheit, so daß gegen 23.00 Uhr ein Hammelsprung die Mehrheiten klären mußte: 59 Abgeordnete stimmten für den Antrag der Opposition, 62 dagegen und 5 FDP-Abgeordnete um Hermann Oxfort enthielten sich der Stimme. Damit war der Eklat gerade noch abgewendet worden, wegen der abwesenden Mandatsträger aber nur noch mit einer Zufallsmehrheit.

Lüder und Vetter mußten erneut erkennen, daß nicht alle Abgeordneten ihr Wort gelten ließen. Hermann Oxfort hatte aufs Neue einen Teil der Fraktion auf Kollisionskurs geführt. Der von Lüder selbst angezettelte Krach um die Kabinenbahn war ihm zur Koalitionskrise entglitten. Nur mit Mühe hatte er die fünf Abgeordneten, die sich der Stimme enthielten, von einer Zustimmung zum Antrag der CDU abhalten können, die Spaltung der Fraktion war somit offenkundig und auch öffentlich. Nun rächte sich, daß Oxfort weder im Senat noch im Parteivorstand in die Parteidisziplin eingebunden worden war.

Der Senat am Ende des Jahres 1980

Mit dem Streit um die Kabinenbahn trat die Senatskoalition in eine neue Phase. Die Schwierigkeiten traten offen zutage: Beide Parteimitgliederschaften sahen sich von ihren Vorsitzenden nur unzureichend vertreten, beide Fraktionen waren in sich uneinig und beäugten einander mißtrauisch. Und im Senat war die Partnerschaft gegenüber dem Prestigedenken einzelner Vertreter ins Hintertreffen geraten.

Dabei konnte der Regierende Bürgermeister zu diesem Zeitpunkt noch Erfolgsmeldungen verkünden. Das Klima in der Öffentlichkeit war freundlicher als die Stimmung im Regierungslager. Stobbe verkündete ein Sinken der Arbeitslosenzahlen und ein Ansteigen der Zahl der offenen Stellen, er verwies auf die positiven Bilanzen bei den Ausbildungsplätzen für Jugendliche und bei der Wirtschaftsförderungsgesellschaft. Allerdings rührte der Beschäftigungszuwachs hauptsächlich von den neu geschaffenen Stellen im öffentlichen Dienst

[124] *Berliner Morgenpost* vom 14. 12. 1979.

her. Die verminderte Bevölkerungsabnahme ging auf den Zuzug von Ausländern zurück. Und trotz positiver Resultate sorgte die Wirtschaftspolitik für Streit im Senat. Während sich Lüder für „Ruhe an der Förderungsfront" einsetzte und darin von der Industrie- und Handelskammer unterstützt wurde, mußte Stobbe unter dem Druck der Gewerkschaften das Gewicht des Parteivorsitzenden in diese Diskussion einbringen und Reformen der gesetzlichen Regelung fordern, von denen sich die Gewerkschaft die Sicherung von Arbeitsplätzen versprach. In Erwartung der vom Deutschen Institut für Wirtschaftsforschung für das Jahr 1980 prognostizierten Konjunkturabschwächung mußten solche Differenzen im Senat zu Unsicherheit und Unzufriedenheit bei Investoren wie Gewerkschaften führen.

Wichtigstes Aushängeschild einer auf Stadtpolitik bedachten Regierung blieb daneben das eigentliche Erscheinungsbild der Stadt. So konnten 1979 im „Internationalen Congress Centrum" 850 000 Besucher bei einer hohen Zahl von Kongressen und Veranstaltungen gezählt werden, das ICC „hatte einen Start gehabt, der alle Erwartungen übertraf".[125] Allerdings war die Mängelbeseitigung an dem Gebäude noch lange nicht abgeschlossen, auch wartete der Bau auf die offizielle Abnahme. Die Finanzierung blieb ein immergrüner Zankapfel. So wurden im Nachtragshaushalt 1979 30 Millionen DM benötigt, im Jahr 1980 forderte die „Langzeitbombe ICC" sogar weitere 100 Millionen DM. Diese Entwicklung setzte die Bauverwaltung der Kritik aus, und diese Kritik kam nicht nur von der Opposition, sondern auch vom Koalitionspartner und selbst aus den eigenen Reihen. Obwohl auch die Opposition einräumte, die Aufgabe des Wohnungsbausenators sei „vermutlich der härteste Job hier in der Kommunalpolitik", warf sie Ristock „permanente Flickschusterei" vor,[126] da die doppelte Belastung durch die Großprojekte einschließlich der Autobahnplanung einerseits und der Wohnraumbeschaffung andererseits effektive und befriedigende Lösungen verhinderte. Während der Regierende Bürgermeister noch die belebende Wirkung der Mammutprojekte ICC, Bundesgartenschau und Internationale Bauausstellung pries, zeigten sich der Bausenator und seine Verwaltung schlicht überfordert. Finanzsenator Riebschläger ging Ristock in Sachen Finanzierung der Bauvorhaben hart an, sein Senatskollege war schließlich auch

[125] *Jahresbericht der Industrie- und Handelskammer 1979*, Berlin 1980, S. 77.

[126] Der CDU-Bauexperte und spätere Bausenator Rastemborski, *Plenarprotokoll*, 8. W.P., 27. 9. 1979, S. 325.

sein Parteiwidersacher.[127] Stobbe stand solchem Treiben machtlos gegenüber, der innerparteiliche Rückhalt beider Kontrahenten war so groß, daß er es bei Ordnungsrufen belassen mußte. Um nicht selbst die Gefolgschaft und die nötige Mehrheit zu verlieren, sah Stobbe zu, wie sich seine Senatoren gegenseitig der Inkompetenz bezichtigten. Neben dem ICC und der Bauausstellung stand vor allem die Wohnraumbeschaffung zur Debatte. Und diese Debatte nahm bis dahin nicht gekannte Formen an. Die Hausbesetzungen, die sich seit Ende 1979 in Berlin verstärkt ausbreiteten, stellten die spektakulärste Protestform gegen einen Mißstand dar, dessen Ursachen vielfältig waren. Die Berliner Wohnungsnot zu Beginn der achtziger Jahre resultierte aus einer gewandelten Nachfrage, die trotz eines Verhältnisses von einer Million Haushalten zu 1,1 Millionen Wohnungen nicht zu befriedigen war. Zur Zuspitzung trug die Wiederaufbau- und Sanierungspolitik der fünfziger und sechziger Jahre ebenso bei wie die Spaltung des Marktes in Alt- und Neubauten und die nur schleppend vorangekommene Umsetzung der neuen Konzeptionen der siebziger Jahre. Nach dem Krieg hatten die vom Wirtschaftswunder geprägten Planer – eingedenk der Prognosen sinkender Einwohnerzahlen bei gleichzeitig steigendem Wohlstand – begonnen, in großem Stil Altbausubstanz zu vernichten, da man diese in der Zukunft für nicht mehr vermietbar hielt. Diese „Flächen-“ oder „Kahlschlagsanierung“ sollte dem honorigen Ziel der Versorgung der Bevölkerung mit modernem, neu errichtetem Wohnraum dienen. Der Gesichtsverlust der innerstädtischen Bezirke veranlaßte die Politiker zu einer Abkehr – allerdings erst in den siebziger Jahren. Es war Bausenator Harry Ristock, der die Wende von der „Stadterneuerung“ zur „Stadtreparatur“ einleitete. In der Praxis hatte diese Umorientierung allerdings zur Folge, daß die Verbesserungen im Wohnstandard die Mietpreise derart in die Höhe trieben, daß die modernisierten Wohnungen für die angestammten Mieter nicht länger finanzierbar blieben. Die sogenannte Blockentkernung – der Abriß der Hinterhäuser und Seitenflügel der Mietskasernen – war vor dem Hintergrund Zillescher Elendsbeschreibungen ohne weiteres verständlich. Die Administration übersah dabei jedoch, daß so pro Grundstück eine erhebliche Zahl vornehmlich kleiner Mieteinheiten verlorenging und die vormaligen Bewohner umziehen mußten. Dies betraf sowohl Häuser im öffentlichen Eigentum als

[127] Vgl. das Interview Riebschlägers im *Spandauer Volksblatt* vom 6. 1. 1980.

auch Privatbesitz, denn mit einem ausgeklügelten Subventionssystem wurden die Eigentümer angehalten, im Sinne der Erhaltung von Altbausubstanz zu wirken. Die Folge war Unzufriedenheit in der Bevölkerung, die ihre angestammte Nachbarschaft – den „Kiez", wie es in Berlin heißt – verlassen mußte. Die Neubaugebiete in der Gropiusstadt und im Märkischen Viertel stießen auch längst nicht bei allen Berlinern auf Begeisterung. Zu den Folgen dieser Politik bekannte sich selbstkritisch erst die vom Regierenden Bürgermeister Hans-Jochen Vogel im Januar 1981 einberufene „Senatskommission zur Überwindung von Fehlentwicklungen in der Sanierungs- und Modernisierungpolitik": „Die Erneuerung der Baumasse hatte in vielen Fällen einen höheren Stellenwert als die Erhaltung des sozialen Geflechts der betroffenen Menschen."[128]

Die Bauverwaltung und auch die engagierten Bauunternehmer brauchten daneben zuviel Zeit, um auf die sich wandelnden Ansprüche zu reagieren. Statt einer im Aufwand an einen Neubau heranreichenden Luxusmodernisierung mit Aufzug und Balkon wurde vielfach nur noch eine einfache, aber eben bezahlbare Instandsetzung gewünscht. So waren auch 1980 noch Maurer damit beschäftigt, Wände um 15 cm zu versetzen, um ein Wohnzimmer auf die vorgeschriebene Größe zu bringen. Die Dauer der Modernisierungsarbeiten führte ebenso zu Engpässen wie die vorauseilende Räumung. Diese Freimachung alter Wohnungen wurde „in einem Umfang vorangetrieben, mit dem die Förderung von Neubauten und von Modernisierungen weder finanziell noch verfahrensmäßig Schritt hielt".[129] Zu Beginn des Jahres 1981 standen in Berlin 10 000 Wohnungen leer. Einzelne Bestimmungen des Steuerrechts und der Berlinförderung trugen dazu bei, daß die neben den gemeinnützigen Wohnungsbaugesellschaften im sozialen Wohnungsbau engagierten privaten Investoren die höchste Rendite bei Abriß oder Luxusmodernisierung erzielten. Außerdem waren die Eigentümer älterer Bausubstanz nicht verpflichtet

[128] Der Senat von Berlin, *Zwischenbericht der Senatskommission zur Überwindung von Fehlentwicklungen in der Sanierungs- und Modernisierungspolitik, Drucksache*, 8. W.P., Nr. 804, S. 11. Bis dahin hatte der Bausenator erst im Anschluß an erfolgte Sanierungsmaßnahmen Umfragen bei den betroffenen Mietern durchgeführt: H. Becker u. a., Deutsches Institut für Urbanistik (Hrsg.), *Sanierungsfolgen. Eine Wirkungsanalyse von Sanierungsmaßnahmen in Berlin*, Stuttgart 1982, und H. Dieser/A. Kouvelies (Hrsg.), *Die Betroffenheit der Mieter durch die ZIP-Modernisierung in Kreuzberg SO 36*, Berlin 1980.

[129] *Zwischenbericht der Senatskommission*... (s.o. Anm. 128), S. 6.

gewesen, ihre Mietwohnungen instand zu halten, so daß neben der Zahl der teuren modernisierten vor allem die Zahl solcher Wohnungen mit schwerwiegenden Mängeln wuchs.

Dazu trat ein Wandel im Selbstverständnis gerade junger Leute, die, jünger als von allen Planern erwartet, eine eigene „Bude" wünschten und so den Nachfragedruck entscheidend veränderten. Schon 18jährige wollten vermehrt eine billige Unterkunft für eine Person mieten und hätten dabei auf Komfort wie eine Zentralheizung verzichtet. Zwischen 1970 und 1980 stieg der Anteil der Einpersonenhaushalte an der Gesamtzahl der Haushalte in Berlin von 44% auf 53%. Vor diesem Hintergrund ist das Entstehen des Protests zu betrachten, der in der Hausbesetzerbewegung eskalierte. Der Antrieb jener Besetzer, die leerstehenden Wohnraum bezogen, entstand aus zwei Motiven. Zum einen suchte eine große Zahl heranwachsender Alt- und Neu-Berliner einen Platz zum Praktizieren eigener Vorstellungen vom gemeinsamen Leben, namentlich in Wohngemeinschaften. Zum anderen gab es Gruppen wie die „Kreuzberger Bürgerinitiative SO 36", die sich die Erhaltung gewachsener Stadtquartiere zur Aufgabe gemacht hatte.[130] Dem Bausenator gelang es jedoch nicht, seine „Strategien für Kreuzberg" auch den Bezirksverwaltungen verständlich zu machen. So entstand Mißtrauen gegenüber dem Senat, wenn etwa das Bezirksamt in Kreuzberg eine alte Feuerwache abreißen ließ, die in der Planung einzelner Stadtteilgruppen als Bürgerzentrum vorgesehen war. Am 26. November 1979 ergriffen Mitglieder der Initiative „SO 36" zur „Selbsthilfe" und besetzten drei leerstehende Wohnungen. Erstmals tauchte der Begriff „Instandbesetzung" auf, mit dem die Täter signalisieren wollten, daß es ihnen nicht um illegales mietfreies Wohnen, sondern vor allem um die Erhaltung der Häuser ging.

Im Verlauf des Jahres 1980 wuchs das Besetzen zu einer Welle an, und bis zum Amtsantritt Hans-Jochen Vogels Ende Januar 1981 waren die Besetzer in 37 Häuser eingedrungen. Die Bewegung fand zunächst viel Sympathie auch unter bürgerlichen, nicht unmittelbar in Wohnungsnot befindlichen Berlinern, bei denen das jahrelange Leerstehen und vorsätzliche Verfallenlassen von Bausubstanz mit dem Ziel verstärkter staatlicher Förderung ebenfalls auf Unverständnis gestoßen war. Auch die Presse bewertete die Vorgänge zunächst wohlwollend. Die *Süddeutsche Zeitung* sprach von „illegalen Rettungsver-

[130] Vgl. Bernd Sonnewald/Jürgen Raabe-Zimmermann, *Die Berliner Linie und die Hausbesetzer-Szene*, Berlin 1983, S. 47.

suchen an alten Häusern", die *Berliner Morgenpost* stellte die Frage: „Hausbesetzer – Krawallmacher oder Idealisten?"[131]

Problematisch wurde die Situation für den Senat, als er erkannte, daß die Antwort auf diese Frage lauten mußte: Es gibt solche und solche. Zunächst hatte die Staatsgewalt die Rechtsbrüche abwartend hingenommen, angesichts der Vielzahl leerstehender Wohnungen durchaus verhältnismäßig und angemessen, denn an einer Hetzjagd von einem Haus zum nächsten konnte niemandem gelegen sein. Der SPD-Landesvorstand beschloß eine sogenannte Deeskalationsstrategie: Ein Einsatz der Polizei solle „nur dann" in Frage kommen, „wenn absolut klar ist, was im Anschluß mit den betreffenden Häusern geschieht".[132] Diese Politik wurde im Frühjahr von Hans-Jochen Vogel als „Berliner Linie" bezeichnet, gleichwohl nicht erst von ihm ersonnen. Allerdings stellte sich die „Hausbesetzerszene" zunehmend heterogen dar. Drei Gruppen von Teilnehmern kristallisierten sich heraus: eine gewisse Zahl vorwiegend Jugendlicher, deren Protest gegen leerstehenden Wohnraum *quasi* moralischer Natur war; eine zweite, die eher unpolitisch und nur auf alternative Lebensformen aus war, und eine dritte Gruppe von Extremisten, denen es nicht in erster Linie um die Lösung von Wohnraumproblemen, sondern um einen Kampf gegen die „herrschenden Verhältnisse" schlechthin ging.[133] Mitglieder dieser dritten Gruppe zettelten in Kreuzberg am 12. Dezember 1980 bei einer von der Polizei vereitelten versuchten Hausbesetzung eine elfstündige Straßenschlacht an, bei der mehr als 70 Polizisten und eine unbekannte Zahl von Besetzern verletzt wurden. Nach dieser gewalttätigen Auseinandersetzung war die Zeit der mehr oder weniger wohlwollenden Duldung der Besetzungen in der Stadt vorbei. Die Behandlung dieses Themas sollte zu einer der großen Herausforderungen für den Senat im Jahr 1981 werden.

Wurde die Bauverwaltung wegen des Primats der Stadtpolitik besonders kritisch beobachtet, so tat sich der Senat doch auch in den übrigen Ressorts schwer. Die „Gutachteritis" wurde diagnostiziert.[134] Die zwischen Parteienstreit und unbequemen Bürgerinitiativen ver-

[131] 3. 11. bzw. 7. 12. 1980.

[132] Protokoll der Landesvorstandssitzung am 15. 12. 1980, S. 2, in der Akte „Landesvorstand 7. 7. 80 – 20. 3. 81" beim Landesverband.

[133] Vgl. Gerd Langguth, *Protestbewegung. Entwicklung – Niedergang – Renaissance. Die neue Linke seit 1968,* Köln 1983, S. 247.

[134] *Berliner Morgenpost* vom 25. 12. 1979.

unsicherten Verwaltungen pflegten zunehmend eine Politik, die Verantwortung auf auswärtige Gutachter abzuschieben. Trotz ständig erweiterter Stellenpläne in Berlin wurden allein 1980 134 größere Gutachten auswärts bestellt. Solches Vorgehen sollte den Streit zwischen den Koalitionspartnern verhindern, verhinderte aber gleichzeitig auch die zügige Umsetzung, wie im Falle der Autobahntrassenplanung oder der Kabinenbahn. Der Baubeginn des Kraftwerks Reuter-West, ohnehin durch Bürgerproteste und Verwaltungsklagen verzögert, wurde aufgrund verschiedener, einander widersprechender Bedarfsprognosen ständig neu zurückgestellt. Der Kurs des Interessenausgleichs zwischen Bürgerinitiativen und Vertretern der Wirtschaft, die einer expansiven Gewerbeansiedlungspolitik den Vorrang vor der Schaffung von Grün- und Freizeitflächen geben wollten, gestaltete sich zunehmend schwierig und führte zu Verstimmungen zwischen den Ressortchefs. So fühlte sich Finanzsenator Riebschläger zum Buhmann gemacht, als er anläßlich der Besetzung des ehemaligen UFA-Fabrikgeländes durch alternative Gruppen für die Priorität der Industrieansiedlung plädierte. Gleichzeitig begrüßte nämlich Schulsenator Rasch von der FDP das alternative Projekt. Der Regierende Bürgermeister gab zu, daß Entscheidungen wegen der Einmischung von Bürgerinitiativen und dem wachsenden Wunsch nach Mitbestimmung länger dauerten, bekannte sich aber zu diesem Preis für die Beteiligung der Bevölkerung.[135] Dieser Respekt dispensierte ihn jedoch nicht von der Aufgabe, klare Prioritäten zu setzen und auch unpopuläre Maßnahmen durchzusetzen. Noch Ende 1980 forderten ihn Wirtschaftsvertreter auf, endlich „einen vernünftigen Ausgleich zwischen den zum Teil widerstreitenden Interessen von Wohnen, Arbeiten, Freizeit und Verkehr zu schaffen".[136]

Die Versorgung der Bevölkerung mit Wohnraum blieb 1980 das erstrangige Thema. Doch auch hier konnte sich der Senat nicht wirklich durchsetzen. Sowohl Stobbe als auch Lüder stießen in der Frage der Mietpreisbindung auf Schwierigkeiten bei ihrer jeweiligen Parteimitgliederschaft. Dem Senat war von der Bundesregierung bedeutet worden, daß der Bund die kostspielige Bezuschussung nicht länger tragen wollte. Wirtschaftssenator Lüder sprach sich für die vom Bun-

[135] Stobbe vor dem Abgeordnetenhaus am 11. 12. 1980, *Plenarprotokoll*, 8. W.P., S. 1810.

[136] So der Hauptgeschäftsführer der Industrie- und Handelskammer im Interview in der *Berliner Morgenpost* vom 25. 12. 1980.

destag für 1983 anvisierte Freigabe der Mieten aus, um auch den Altbaubereich den „Kräften des Marktes" zu überlassen. Im Landesausschuß seiner Partei wurde er jedoch überstimmt.[137] Die Partei wünschte sich die Beibehaltung der Preisbindung, wie auch die Mitglieder der SPD. Der Landesparteitag im Mai 1980 beschloß einen Kompromiß, der einerseits die Befürworter der Bindung befrieden sollte, andererseits aber schon für kaum noch durchsetzbar beim Bundesgesetzgeber gehalten wurde. Damit war die Entscheidung auf Bonn abgewälzt, es wurde offenbar, „daß in dieser für die Berliner Innenpolitik meinungsprägenden Sachfrage die Kraft zu wirklich klaren Entscheidungen fehlte".[138]

Die nach der Wahl vereinbarten politischen Ziele wurden zu zögerlich angegangen, „von einer übertriebenen Eile bei der Realisierung der Koalitionsvereinbarungen durch die SPD konnte keine Rede sein".[139] Die Fraktion versuchte vielmehr, die Vereinbarungen „durch eine Art Blockadepolitik zu neutralisieren", da eine Umsetzung der Kompromisse aus den Verhandlungen von SPD und FDP als Niederlage der Sozialdemokraten empfunden worden wäre – sei es bei der Autobahnplanung, der Polizistenkennzeichnung oder der Neufassung der Gesetze über die Eigenbetriebe und die Bezirksverfassungen.

Der Bundestagswahlkampf im Herbst 1980, der die Koalition unter dem Motto „Stoppt Strauß" emotional noch einmal hatte zusammenrücken lassen, zeigte nach dem 5. Oktober 1980 eher spaltende Wirkung. Das Ergebnis ließ auch in Bonn Mißgunst und Verstimmung auftreten, die die Sozialdemokratie bundesweit erfaßten. In dieser Situation wurde – dies war zur Halbzeit nicht unüblich – eine Kabinettsumbildung erwogen. Als entgegen den Wünschen Stobbes Wissenschaftssenator Glotz, einer der angesehensten Vertreter des Senats, bekannt gab, Berlin zu verlassen, um in Bonn Bundesgeschäftsführer der SPD zu werden, heizte dies die Gerüchte um ein Revirement weiter an. Es gelang Stobbe, als Ersatz für Glotz den früheren Ständigen Vertreter bei der DDR, Günter Gaus, für das Wissenschaftsressort zu gewinnen. Der Entscheidungsspielraum Stobbes war indes eingeschränkt worden, weil Franz Ehrke, der um seine Position nicht länger bangen wollte, seine umstrittene Wiederwahl als Fraktionsvorsit-

[137] *Berliner Liberale Zeitung*, Sonderausgabe vom 6. 6. 1980.
[138] H.-J. Heß, *Innerparteiliche Gruppenbildung*... (s.o. Anm. 46), S. 339.
[139] *A.a.O.*, S. 162.

zender vor dem turnusmäßigen Termin angesetzt hatte.[140] Damit war eine „Große Lösung", die neben einer Umbesetzung im Senat auch den Fraktionsvorsitz einbezogen hätte, unmöglich geworden. Obwohl der Regierende Bürgermeister als Chef der Exekutive keinen Anspruch auf die Auswahl des Fraktionsvorsitzenden hat, stellte der Wahltermin doch einen Affront gegen den Parteivorsitzenden dar. Da auch die CDU mit der Wahl Diepgens auf diese Position neue, vielversprechende Wege einschlug, hatte ein Teil der Fraktion für Riebschläger als neuen Fraktionschef plädiert. Um den Einfluß dieser Gruppe in der Fraktion geringzuhalten, entschlossen sich die übrigen Parlamentarier aber für die Wiederwahl Ehrkes – manche auch wider bessere Überzeugung. Dieser erhielt am 25. November 1980 nur noch 35 Stimmen der 57 abstimmenden SPD-Parlamentarier.

In einem politischen Klima, in dem die Berliner CDU und die Alternative Liste selbstbewußt ihre politischen Vorstellungen formulierten und vertraten, gefiel es auch den Mitgliedern, mittleren Funktionären und einigen Abgeordneten von SPD und FDP, sich in Opposition zum Senat zu begeben. Die Vertreter der „reinen Lehren" in allen Lagern kümmerten sich zusehends weniger um die Kompromisse, die der Senat anstrebte. Und dieser ließ sich die nachlassende Loyalität gefallen. Sie wurde ihm in Gestalt prominenter Senatoren sogar ins Kabinett getragen. Die Folge dieser Vorliebe für eigene Anliegen mußte die offenkundige Erfolglosigkeit der gesamten gemeinsamen Regierung sein. Dank dieses Mangels an vorzeigbaren Ergebnissen rückten die Personalquerelen und -gerüchte in die Schlagzeilen und verstärkten so das Unbehagen vieler Mitglieder der Regierungsparteien. Dazu traten auch wieder Meldungen über Ämterpatronage, Parteibuchbeförderungen und handfeste Skandale. So wurde ausgerechnet in der Bauverwaltung ein Untersuchungsausschuß tätig, der zu klären hatte, unter welchen Umständen eines der von der Wirtschaft so vehement geforderten Grundstücke für anzuwerbende Führungskräfte aus Westdeutschland über eine gemeinnützige Wohnungsbaugesellschaft zu Vorzugspreisen in den Besitz des Senatsdirektors der Behörde hatte gelangen können. Die Verquickung von Verwaltungs- und Privatinteressen wurde ein weiteres Mal publik und diente als erneuter Beleg für die Verbindung der Interessen der Verwaltung mit denen der SPD.

[140] Vgl. das Protokoll der Fraktionssitzung vom 16. 9. 1980, Akte 542, Bestand SPD-Fraktion, Archiv der sozialen Demokratie. Der Gegenantrag, im Frühjahr 1981 die Führung neu zu wählen, wurde abgelehnt.

Solche Eskapaden führten gemeinsam mit zögernder und kostensteigernder Verwaltungsarbeit zu negativen Schlagzeilen. Überregional wurde darüber diskutiert, ob Berlin „noch seine Prämie wert" sei,[141] und daran erinnert, daß Berlin in der Bundesrepublik nicht mehr in dem Ruf stehe, „daß es sich bei seiner Ausgabenpolitik jederzeit der Verantwortung fremder Mittel bewußt ist".[142] Der Beitrag der Bundeshilfe am Berliner Haushalt übersprang die psychologisch bedeutsame 50%-Marke und erreichte im Haushaltsplan von 1981 die Quote von 54,8%. Diese Subventionierung trübte die Stimmung in der Stadt wie in der Bundesrepublik. Vor diesem Hintergrund bekamen Pressemeldungen einen brisanten suggestiven Charakter: „Woche für Woche muß das Bundesfinanzministerium in Bonn 180 Millionen Mark an die Landeszentralbank Berlin überweisen."[143]

Fazit 1980: Steigende Unruhe im Innern bei äußerer Stabilisierung

Im Herbst 1980 herrschte in Berlin eine politische Atmosphäre, wie sie bis dahin nicht vorstellbar gewesen war. Trotz der Herausforderung durch die sich verschärfenden Konfrontationen zwischen den beiden Militärblöcken und damit zwischen den für Berlin verantwortlichen Siegermächten kam es in Berlin nicht zu einem Burgfrieden.

Die meisten westlichen Offiziellen stimmten darin überein, daß Berlin nach der Invasion der Roten Armee in Afghanistan eine „Oase der Entspannung" darstellte. Die Sowjetunion konnte hier weiterhin am leichtesten Einfluß nehmen, versuchte es diesmal allerdings nicht mit Druck, sondern im Gegenteil mit betont freundlicher Behandlung. Auf internationaler Ebene wurde Berlin nicht zum Opfer des Endes der Entspannungspolitik. Die Sowjetunion befand sich in der zweiten Hälfte der siebziger Jahre in wachsender Auseinandersetzung mit den USA und der NATO, die nach der Invasion in Afghanistan und den Unruhen in Polen im Jahr 1980 zu eskalieren drohte. Doch während die amerikanische Regierung mit harten Gegenmaßnahmen reagierte, mochten sich die Berliner nicht so leicht um die Früchte der

[141] *Die Zeit* vom 28. 11. 1980.

[142] Günter Braun, Geschäftsführer der IHK, im Interview in der *Berliner Morgenpost* vom 25. 12. 1980.

[143] *Der Stern* vom 22. 1. 1981.

Entspannungspolitik bringen lassen. Der Regierende Bürgermeister und der Bundeskanzler versuchten nun, die Entspannungsbemühungen in und um Berlin von der globalen Situation abzukoppeln. Das innerdeutsche Verhältnis sollte nicht zwangsläufig unter dem neuen Kalten Krieg zwischen der Sowjetunion auf der einen und der NATO und den USA auf der anderen Seite leiden. Wegen der harten Haltung Washingtons gegenüber Moskau, die der Senat und die Bundesregierung nicht teilen mochten, entstand ein Konflikt im westlichen Lager.[144] Die sowjetische Führung begrüßte diese Dissonanzen und betrieb daher gemeinsam mit der DDR eine betont freundliche Politik gegenüber Berlin. In dem Wissen, daß Druck auf die Stadt die Reihen sofort schließen würde, setzte die östliche Seite eher auf ein Erstarken des Antiamerikanismus.

Für die Berliner Regierung war das Jahrzehnt der Entspannungspolitik erst mit der Erhöhung des Zwangsumtauschs im Oktober 1980 zu Ende, der Regierende Bürgermeister hoffte selbst da noch, dies möge nur ein „Unterbrechen" sein. Dabei hatte sich der tagespolitische Opportunismus der östlichen Behandlung Berlins bereits als Methode entlarvt. Erich Honecker hatte sich nicht gescheut, seine Drohungen offen auszusprechen: „Alle Zugangswege nach Berlin (West) führen durch die DDR. So ergibt sich, daß gute Beziehungen zu unserem Staat ein Gebot der Vernunft sind."[145] Die DDR leistete sich weiterhin eine Politik des kalkulierten Vertragsbruchs – immer sorgfältig unterhalb der Ebene, die ein Eingreifen der Westmächte provoziert hätte. Der Interpretationsspielraum des Vier-Mächte-Abkommens half ihr dabei ebenso wie das Wissen um die mangelnde Praktikabilität von Sanktionen.

Der Regierende Bürgermeister Klaus Schütz hatte daher stets betont: „Es ist sehr wichtig, daß die westliche Interpretation des Vier-Mächte-Abkommens einheitlich bleibt."[146] Für den Regierenden Bürgermeister hieß dies aber, sich der Ansicht der Alliierten und der Bundesregierung zu beugen. Und Bundeskanzler Helmut Schmidt hatte

[144] „The intra-German relationship is perhaps the most important source of U.S.-West German tensions over East-West relations today", urteilte Angela Stent 1983, *Intra German Relations: The View from Bonn,* in: *The Federal Republic of Germany in the 1980s. Foreign Policy and Domestic Changes*, ed. by R. Gerald Livingstone, New York 1983, S. 19.

[145] Im Interview in der *Saarbrücker Zeitung* vom 6. 7. 1978, Nachdruck in: *Neues Deutschland*, 7. 7. 1978.

[146] Im Interview in der *Berliner Morgenpost* vom 1. 6. 1976.

deutlich andere Akzente gesetzt als der Senat, für den die Devise lauten mußte: „Was nicht verboten ist, ist erlaubt." Schmidt sah die Stadt durch das Abkommen vom „Insulanertum" befreit, warnte vor „Kraftmeierei" und betonte, am Status der Stadt dürfe nicht gerüttelt werden, „und das auch nicht von uns".[147]

Das Scheitern der Errichtung der Nationalstiftung kann als Beispiel für die Diplomatie aller für Berlin zuständigen Regierungen dienen. Auf die Frage, ob die Errichtung nicht letztlich am Einspruch der Sowjetunion gescheitert sei, antwortete Schütz' Amtsnachfolger Stobbe in schönster Offenheit: „Die Sowjetunion und auch die DDR haben keine Rechte, darüber zu entscheiden, was in West-Berlin passiert. Das entscheidet die Bundesregierung im Benehmen mit den drei Mächten. Eine andere Frage ist es, ob man die derzeitige politische Lage für geeignet hält. Das ist also eine Frage an uns, hier eine solche Institution zu errichten. Und dazu kann ich nur sagen, daß die drei Mächte eine Entscheidung darüber nicht getroffen haben, weil es kein deutsches Ansinnen an sie gibt."[148]

Derart mußte das Berliner Stadtoberhaupt vor seinen Bürgern lavieren, sollte doch nicht offenkundig werden, daß der Bundeskanzler nicht nur mit den Westmächten, sondern auch persönlich mit Breschnew übereingekommen war, nach dem Umweltbundesamt keine neuen Bundesinstitutionen in Berlin anzusiedeln. Auch die Außenvertretung funktionierte immer noch nicht; mit dem Bundesreisepaß konnten die Berliner nicht in die Ostblockstaaten einreisen.

Obwohl also weder auf der internationalen noch auf der nationalen Ebene von „Normalität" die Rede sein konnte, hatte sich das Vier-Mächte-Abkommen doch als tragfähig auch in Krisenzeiten gezeigt. Weder Autobahnschikanen noch der Abbruch von Verhandlungen folgten etwa dem Boykott der Olympischen Spiele in Moskau 1980. Doch war sich der Senat bewußt, daß die Einhaltung der Abkommen stets von der „Gnade" der Regierungen in Moskau und Ost-Berlin abhing. Nur eine Möglichkeit sahen Senat und Bundesregierung, unterhalb der weltpolitisch relevanten Stabilität in Mitteleuropa für weiterreichende Kooperation zu sorgen: durch eine für die östliche Seite wirtschaftlich vorteilhafte Verhandlungspolitik. Die partielle

[147] In seiner Rede auf dem SPD-Landesparteitag am 12. 10. 1976, Protokoll beim Landesverband Berlin der SPD.

[148] Stobbe am 8. 2. 1978 im *Deutschlandfunk* (zitiert nach der Kommentarübersicht des deutschen Bundestages).

Interessenübereinstimmung wurde gesucht und mit Zahlung immenser D-Mark-Summen gesichert. Die oben dargelegten Vertragsabschlüsse bewiesen die Bereitschaft sowohl der DDR- als auch der sowjetischen Regierung, zu konkreten Abmachungen (und Zahlungen) zu kommen, trotz aller geäußerter Proteste. Dietrich Stobbe, 1977 als ein Regierender Bürgermeister angetreten, der sich nicht länger als Außenpolitiker verstand, blieb daher gelassen: „Die Propagandamaschine der osteuropäischen Staaten rollt und rollt und rollt. Und das sind wir ja in Berlin gewohnt.“[149]

Der Wechsel im Amt des Regierenden Bürgermeisters war auch eine Folge der sich wandelnden Existenzbedingungen im Berlin des Vier-Mächte-Abkommens. Klaus Schütz war eher Diplomat als Technokrat gewesen. Seine Aufgabe hatte er seit seinem Amtsantritt in der Sicherung der Stadt gesehen. Doch nach der Absicherung durch das Abkommen rückte die innerstädtische Situation in den Vordergrund. Die Probleme in Berlin wurden nun von der Bevölkerung als dringlicher angesehen als das Berlin-Problem. Das Aufkommen von Bürgerinitiativen legte davon ebenso Zeugnis ab wie die wachsende Unzufriedenheit über die Auswirkungen der Anwesenheit der alliierten Schutzmächte. Der Erfolg der Entspannungspolitik hatte ein Schwinden des Gefühls der Bedrohung zur Folge. Die Berliner Parteien reagierten spät auf den Wandel der politischen Prioritäten. Die offizielle „Hinwendung zur Stadtpolitik“ geschah erst unter einem neuen Mann. Der Rücktritt von Klaus Schütz im Frühjahr 1977 war das folgerichtige Resultat, nachdem man die neuen Aufgaben erkannt hatte. Ein neuer Amtschef mußte sich der Aufgabe „Stadtpolitik“ stellen und vor allem deutlich machen, daß die SPD selbst die Zeichen der Zeit erkannt hatte, daß es dazu also nicht eines Machtwechsels bedurfte.

Der Pragmatismus der jungen Generation basierte auf der Anerkennung des geschaffenen *status quo*. Die Stabilität galt als Voraussetzung für Verbesserungen in der Stadt. Doch bedeutete dies zugleich, daß die Überwindung der Teilung als politisches Ziel hinter dem Wunsch nach Verbesserungen in West-Berlin zurücktrat.

Der deutlichste Unterschied zwischen Stobbe und Schütz: Stobbe machte die Kärrnerarbeit, und er machte sie gern. Daneben suchte der neue Regierungschef den Konsens mit der Bundesregierung, auch um

[149] Stobbe gegenüber dem *WDR* am 5. 2. 1978 (zitiert nach der Kommentarübersicht des Bundestages).

den Preis des Hintanstellens von Berliner Interessen. Und Stobbe konnte Erfolge vorweisen, seine Wiederwahl im Frühjahr 1979 bewies, daß die Entscheidung in der SPD, das Stadtoberhaupt auszutauschen, richtig gewesen war. Richtig zumindest unter dem Gesichtspunkt der Machterhaltung für die SPD. Die innerparteilichen Schwierigkeiten und Zwistigkeiten waren nämlich keineswegs ausgeräumt worden, und auch der Vorwurf, die Mitglieder der SPD und der Gewerkschaften in der Verwaltung seien nicht in der Lage, öffentliche und private Interessen auseinanderzuhalten, erhielt neue Nahrung.

Alle drei im Rathaus vertretenen Parteien traten 1979 mit anderen Spitzenkandidaten an als vier Jahre zuvor. Bei allen drei Parteien war dies ein Ausdruck von Schwächen, die hier dargelegt worden sind. Alle drei Politiker – Stobbe, Lüder und von Weizsäcker – waren Vertreter, die nicht in der Phase der Selbstbehauptung Berlins unmittelbar nach dem Krieg ihre ersten politischen Erfahrungen gesammelt hatten, sie zählten nicht mehr zur Gruppe der alten „Kämpfer", die Berlin während Blockade, Ultimatum und Mauerbau verteidigt hatten. Die CDU reagierte auch programmatisch auf die Fakten, die mit der Vertragspolitik geschaffen worden waren. Zum einen erkannte sie die Vorteile der Regelungen für die Berliner, zum anderen mochte sie nicht länger „Schlachten der Vergangenheit" schlagen. Es war Peter Lorenz, der der Berliner CDU eine liberale Ausstrahlung verordnet hatte – zumindest im Vergleich zu anderen Landesverbänden der CDU. Das Image der „liberalen Großstadtpartei" war vom Landesvorstand geprägt worden, lange bevor der neue Spitzenkandidat von Weizsäcker importiert wurde. Unter Lorenz hatte die Berliner CDU ihre Mitgliederzahl mehr als verdoppelt und war 1975 stärkste Partei im Abgeordnetenhaus geworden. Und Lorenz war es auch, der schon auf dem Parteitag im November 1976 die Rolle Berlins als „nationaler Aufgabe" stärker betont sehen wollte. Nachdem die Berliner CDU 1979 erneut stärkste Kraft geworden war und gleichwohl von der Senatsverantwortung ferngehalten wurde, gelang es einer jungen Garde von Nachwuchsleuten, im Zuge der Resignation und Orientierungslosigkeit in das Honoratiorenkorps der Partei einzudringen und pragmatische Zielsetzungen mit Blick auf den Machterwerb durchzusetzen.

In der FDP mehrten sich nach den Wahlen von 1979 die Stimmen derer, die den Abstieg der SPD in Berlin voraussahen und denen weniger an einem Gegensteuern als an einem Abkoppeln der FDP vom Schicksal des größeren Partner gelegen war. Damit wurde allerdings die Senatsarbeit der sozialliberalen Koalition ein ums andere Mal desavouiert. „Ich gehe keine andere Koalition ein“, hatte FDP-Chef Lüder verkündet.[150] Doch seine Stimme zählte 1980 nur noch für ihn selbst. Er bedauerte die Schwierigkeiten Stobbes, die er präzise erfaßte: „Im Koalitionsausschuß oder bei Vorgesprächen des Senats kann die SPD-Spitze im Gegensatz zu früher selten verbindliche Entscheidungen treffen, sondern muß sich erst bei der schwer kalkulierbaren, in Gruppen zerstrittenen SPD-Fraktion rückversichern.“[151]

Was er verschwieg, war der Umstand, daß diese Diagnose auch auf die Fraktion der FDP zutraf. Die Konsolidierung des Regierungslagers bei den Wahlen im März 1979 hatte sich also allein auf das Sitzverhältnis im Abgeordnetenhaus begrenzt. Nicht nur die Parteimitglieder und -funktionäre kündigten mehr und mehr ihren Spitzenrepräsentanten die Gefolgschaft auf. Die Fraktionen im Parlament pochten auf ihre Rechte, nicht nur in Untersuchungsausschüssen und bei Mißtrauensanträgen, sondern auch erstmals bei der Ablehnung eines Senatorenkandidaten durch die Regierungsfraktionen im Frühjahr 1979.

Und auch die Bevölkerung selbst sah sich zunehmend weniger von den drei „Rathausparteien“ vertreten. Mit der Anfechtung der Wahl von 1975 im Bezirk Zehlendorf und den Erfolgen der Wählergemeinschaft Unabhängiger Bürger dortselbst wurde das Zeichen gesetzt für die wachsende Entfremdung zwischen einer Reihe von Berliner Bürgern und den Traditionsparteien. Die weiter sinkende Wahlbeteiligung von 1979 belegte dies. Doch von ungleich weiterreichender Bedeutung sollte die Gründung einer neuen Partei, der Alternativen Liste, werden. Statt des BFD bewarb sich 1979 die AL, auch dies eine Reaktion des demokratischen Parteiensystems auf den Wandel der Probleme Berlins nach dem Vier-Mächte-Abkommen. Der BFD war als Reaktion auf die Ost- und Deutschlandpolitik gegründet worden, um die Unzufriedenheit mit den Ergebnissen der Entspannungspolitik politisch zu bündeln. Die Alternative Liste war dagegen elementarer Ausdruck der Konzentration der Bevölkerung auf den eigenen, überschaubaren Lebensbereich, insoweit also die Reaktion auf die Hinwendung zur Stadtpolitik. Nur eben auch als Protesthaltung gegen die Art und Weise, wie die Rathausparteien diesen Lebensraum gestalteten. Das wichtigste Thema nach dem Vier-Mächte-Abkommen waren

[150] Zitiert nach: *Die Welt* vom 6. 7. 1979.
[151] Zitiert nach: *Die Welt* vom 2. 1. 1980.

die Zustände in Berlin, nicht um Berlin. Und da diese Zustände wesentlich schwieriger zu überwinden waren, brauchte die Alternative Liste nicht das Schicksal des frühen Todes mit dem BFD zu teilen.

Die Berliner sozialliberale Koalition stand Ende 1980 mit dem Rükken zur Wand. Der Regierende Bürgermeister mußte sich von seinen Demoskopen ein schlechtes Image der Koalition bescheinigen lassen.[152] Der Verlust an Solidarität in beiden Parteien, der Verlust an Glaubwürdigkeit auf der Ebene der Fraktionen und der Ansehensverlust des Senats waren dafür ausschlaggebend, weiterhin der wachsende Zuspruch für die Alternativbewegung und die sich erneuernde CDU. Beide Regierungsparteien konnten im Gegensatz zur Opposition keinen Mitgliederzuwachs verzeichnen.[153] Die Zusammenarbeit war von Mißtrauen geprägt. Die Reden, aber auch der Beifall für Oppositionsredner ließen die liberalen Vertreter den SPD-Abgeordneten immer öfter als Gegner erscheinen. Die Sozialdemokraten ihrerseits hatten die Koalitionsvereinbarung nicht nur noch nicht zu verwirklichen geholfen, sondern nicht einmal akzeptiert. Das sozialdemokratische Dilemma lautete: Sollte Solidarität oder Sachbezogenheit im Vordergrund stehen? Finanzsenator Riebschläger machte sich keine Freunde in der Partei, wenn er formulierte, was seinem Amtseid entsprach, von vielen Kurzsichtigen aber nur als Kritik an Bausenator Ristock angesehen wurde: „Ich kann und werde aber nicht akzeptieren, wenn Projekte nicht administrativ in der nötigen Form so aufbereitet sind, daß man die Verantwortung für Millionen oder gar Hunderte von Millionen wirklich tragen kann."[154]

Während sich also die Sorge der Weltöffentlichkeit am Ende des Jahres 1980 auf die Unruhen in Polen und Afghanistan und die wachsende Spannung zwischen NATO und Warschauer Pakt konzentrierte, erwies sich die Berliner Demokratie als gestärkt auch in Krisenzeiten. So wie die Bundesregierung mit Unterstützung des Senats das Verhältnis der Bundesrepublik zu Sowjetunion und DDR von der globalen Ost-West-Beziehung abzukoppeln bestrebt war, koppelte

[152] 49% der befragten Berliner befanden schon im Juni 1980, die SPD wirke als Regierungspartei müde, 51% bezweifelten, daß sie ein klares Konzept für die achtziger Jahre besitze, und 46% glaubten, daß SPD-Politiker Ämter für persönliche Zwecke ausnutzten, Infas, *Berlin Barometer 1980.*

[153] SPD: 31. 12. 1978: 37 159 – 31. 12. 1980: 36 210, *Jahresbericht der SPD Berlin 1980/82,* Berlin 1982, S. 149. FDP: 31. 12. 1978: 2311 – 31. 12. 1980: 2313, *Geschäftsberichte* zu den Landesparteitagen April 1980, S. 25, und Februar 1981, o. S.

[154] Riebschläger im Interview im *Spandauer Volksblatt* vom 6. 1. 1980.

sich auch die kommunale Berliner Demokratie von der politischen Großwetterlage ab. Dank der durch das Abkommen gewonnenen Sicherheit gab es nicht nur keinen Burgfrieden in der Stadt: das Gegenteil war der Fall.

In Zeiten der globalen Krise inszenierten sich der Berliner Senat und die Regierungsparteien ihre eigene, kommunale Krise, die 1981 eskalierte.

ELFTES KAPITEL

Das „Drei-Bürgermeister-Jahr" 1981: Nachholbedarf und Mündigkeit der Berliner Demokratie

Der „Garski-Skandal" und die Selbstdemontage der Koalition am 15. Januar 1981

Dietrich Stobbe und sein Koalitionspartner Wolfgang Lüder sahen ihren Senat zu Beginn des Jahres 1981 unter einem Druck, der nicht nur von der Opposition, sondern auch von den eigenen Fraktionen und Parteien ausgeübt wurde. Der Regierende Bürgermeister hatte sich schon seit 1979 Gedanken über eine Senatsumbildung im Frühjahr 1981 – zur Mitte der Legislaturperiode – gemacht.[1] Jetzt löste das Ausscheiden von Wissenschaftssenator Glotz neue Unruhe und Spekulationen aus. Wenigstens ein neuer Senator mußte nun gewählt werden. Doch seit dem Durchfallen des Kandidaten Korber zum Auftakt der Legislaturperiode hatte Stobbe kein uneingeschränktes Vertrauen zu den Koalitionsfraktionen mehr. Fraglich war nun, ob Stobbe eine „Große Lösung" durchzusetzen vermochte, um nicht nur den Weggang von Glotz auszugleichen, sondern auch das Profil des Senats durch ein umfassendes Revirement insgesamt zu verbessern. Der Vorstand der FDP trat zu einer außerordentlichen Sitzung zusammen und betonte den Willen zum Festhalten an der Koalition. Kein Regierungswechsel, sondern der Austausch von Senatoren wurde vorgeschlagen, wobei die eigenen drei FDP-Senatoren von einem solchen Revirement ausgenommen werden sollten: „Die FDP hofft, daß aus diesem Senatorenaustausch eine Mannschaft hervorgeht, die für die nächsten zweieinhalb Jahre erfolgreich arbeitet, und daß sich die SPD

[1] So Stobbe im Gespräch mit dem Verfasser, Protokoll, S. 6, Sammlung „Personalia", Archiv der sozialen Demokratie.

mehr bewegt.“[2] Stobbe wurde also eine größere Umbildung des Kabinetts empfohlen. Vor allen anderen war Bausenator Ristock in der Diskussion. Doch Ristock aus dem Senat zu entfernen, mußte für den SPD-Vorsitzenden Stobbe zum Kraftakt werden.

Neben die Krise in den Fraktionen, die Krise der Koalition und die Krise des Senats trat jetzt unversehens ein Ereignis, das die Situation entscheidend verschärfte. Das Protokoll der Fraktionssitzung der SPD am 9. Dezember 1980 verzeichnete lapidar: „Genosse Riebschläger äußert sich zu einer möglichen Inanspruchnahme einer Landesbürgschaft. Die Schadensentwicklung für das Land beträgt 90% des Kreditvolumens.“[3] Damit war der „Garski-Skandal“ eingeläutet. Architekt Garski hatte für drei Bauvorhaben im Nahen Osten einen Kredit von 100 Millionen DM erhalten, für den das Land Berlin bürgte. Die historische Bedeutung dieser Affäre liegt – von den über 90 Millionen DM Kosten für die Staatskasse einmal abgesehen – in ihrer Eigenschaft als Katalysator. Die Pleite als solche hätte Stobbe nicht zum Rücktritt veranlaßt, aber die daraus entstehenden Turbulenzen fegten ihn aus dem Amt.

Die Umstände der Kreditgewährung an die Bautechnik AG Garskis wurden auf Antrag aller drei Fraktionen von einem Untersuchungsausschuß unter die Lupe genommen. Ein Bilderbuchfall von Berliner Vetternwirtschaft kam ans Tageslicht. Der Ausschuß kam nach Durchsicht von 42 580 Seiten Akten zu dem Schluß, daß „der offensichtlich ‚gute Ruf‘ des Herrn Garski im Berliner öffentlichen Leben“ von Einfluß war auf die Kontroll- und Überprüfungspraxis des Kreditausschusses der landeseigenen Berliner Bank als beteiligtem Finanzinstitut und des Landesbürgschaftsausschusses des Landes Berlin.[4] Nun kamen zweifelhafte Konstruktionen ans Tageslicht. So gehörte jeder Berliner Finanzsenator und der Bürgermeister schon *qua* Amt dem Aufsichtsrat der Berliner Bank an. Riebschläger und Lüder hatten dort beide der Kreditvergabe zugestimmt. Jeder Finanzsenator war daneben aber auch Mitglied im Landesbürgschaftsausschuß, der alle Kreditzusagen der Berliner Bank zu kontrollieren hat-

[2] Protokoll der Landesvorstandssitzung am 5. 12. 1980, in: Akte „LaVo ab 27. Sitzung am 30. Juni 1980“ beim Landesverband Berlin.

[3] Protokoll, S. 5, in: Akte 542, Bestand SPD-Fraktion, Archiv der sozialen Demokratie.

[4] *Bericht des zweiten Untersuchungsausschusses – 8. W.P. – vom 3. April 1981* (= Drucksache, 8. W.P., Nr. 781), Zitat S. 34.

te. Riebschläger hatte demnach seinen eigenen Entschluß selbst „kontrolliert". Diese Ämterkonstruktion hatte er zwar nicht selbst geschaffen, aber gleichwohl übernommen – jetzt war der Schaden da, und Riebschläger stand im Mittelpunkt der Kritik. Wolfgang Lüder geriet daneben in den Verdacht, die Anträge Garskis gefällig behandelt zu haben, da dieser die CDU verlassen und am 1. Juli 1977 Mitglied der FDP geworden war. Nachdem bekannt geworden war, daß Garski der FDP zwischen 1976 und 1980 insgesamt 33 200 DM an Spenden hatte zukommen lassen, gestand die *Berliner Liberale Zeitung* den Mitgliedern, der Fall Garski „erschüttert diesmal nicht die Sozialdemokraten, sondern die bisher von jedem Skandalgeruch freie FDP".[5] Im ersten Teil dieses Statements irrte sich das Blatt, wie sich bald zeigen sollte. Zunächst geriet aber die FDP wegen dieser Spenden in Bewegung. Auf der Sitzung des Landesausschusses am 17. Dezember 1980 kam es zum Eklat. Zwei Vorstandsmitglieder hatten gefordert, die Spendenbeiträge Garskis an die Staatskasse abzuführen. Nachdem Lüder dies mit einer formaljuristischen Begründung abgelehnt hatte, erklärten diese ihren Austritt aus dem Landesvorstand. Mit diesem Vorgehen hatte Lüder Sympathie auch bei seinen linken Parteifreunden – seiner Hausmacht – eingebüßt.

Kurz vor Weihnachten 1980 ging ein Aufschrei der Entrüstung über „den schwersten Finanzskandal der Nachkriegsgeschichte"[6] durch Berlin und verdrängte die Hausbesetzungen ebenso wie den Ärger über die Erhöhung des Zwangsumtauschs aus den Schlagzeilen. Die Nachricht, daß Garski aus Berlin geflohen war – er konnte erst am 1. April 1983 auf den Antillen festgenommen werden –, nährte den Ruch des Kriminellen. Ohnehin war die Stimmung seit den Straßenschlachten mit einem Teil der Hausbesetzer aufgewühlt. Zum Jahreswechsel begannen die ersten Auguren, Endzeitstimmung zu verbreiten: „Gerät der Stobbe-Senat ins Wanken?", „Garski und Hausbesetzer bringen Stobbe ins Stolpern" und „die sozialliberale Koalition in Berlin ist am Ende" wurde inner- und außerhalb der Stadt kommentiert.[7]

Angesichts dieses verheerenden Echos ging Stobbe in die Offensive. Die Debatte über Rücktritte von Lüder und Riebschläger konnte er

[5] *Berliner Liberale Zeitung* vom 23. 12. 1980.
[6] *Berliner Morgenpost* vom 20. 12. 1980.
[7] *Die Zeit* vom 19. 12. 1980, *Berliner Morgenpost* vom 4. 1. 1981, *Der Stern* vom 23. 12. 1980.

jedoch nicht mehr stoppen. Stobbe war bewußt, daß ein Revirement nicht mehr als Ausdruck politischer Stärke gelten würde: „Wenn es zur Umbildung kommt, dann wird sie als Reaktion auf öffentliche Kritik, auf Versagen und Fehlentwicklung verstanden werden.“[8] Eine solche Reaktion war gleichwohl völlig legitim. Einzige Alternative wäre ein Unterlassen gewesen. Dafür hätte Stobbe zu Recht der Untätigkeit und Führungslosigkeit geziehen werden müssen. Eingedenk der Schwierigkeiten bei der Kandidatur Korbers im Frühjahr 1979 und der weiter abgebröckelten Solidarität, die bei der vorgezogenen Wiederwahl Franz Ehrkes zum Fraktionschef deutlich geworden war, vertraute Stobbe der eigenen Fraktion nicht mehr. Eine Umbesetzung an der Fraktionsspitze wurde daher zur Voraussetzung, um den Senat „macht- und parteigerecht umbauen zu können“.[9] In diesem Zwang lag die Ursache des späteren Scheiterns. Die Verbesserung der Qualität des Kabinetts, die jetzt nötig war, unterlag dem Erfordernis der SPD-internen Befriedung.

Klaus Riebschläger, schon im November 1980 Kandidat der Gegner Ehrkes in der Fraktion, erklärte sich bereit, die Fraktionsführung zu übernehmen und für Geschlossenheit und Stabilisierung im äußeren Auftreten zu sorgen. Die damals nicht energisch genug betriebene Kandidatur Riebschlägers sollte sich jetzt als Fehler erweisen, denn die Garski-Affäre hatte die Situation gegenüber der im November entscheidend verändert: Hätte ein Ausscheiden Riebschlägers aus dem Senat im November noch als Stärkung der Legislative gepriesen werden können, glaubte man nun an einen Rückzug wegen der Vorwürfe. Außerdem setzte sein Ausscheiden auch den Senatorkollegen Lüder unter Druck. Da Stobbe ohne Umbesetzung an der Fraktionsspitze Angst vor einer geheimen Senatorenwahl haben mußte, überredete er am 4. Januar 1981 Franz Ehrke, den Posten zugunsten eines Gesamtpakets an personellen Veränderungen zu räumen. Diese sahen zuallererst das Ausscheiden von Bausenator Ristock vor. Die Schwierigkeiten mit den Hausbesetzern und die durch deren Rechtsbrüche ins Bewußtsein gerückten Mißstände hatten Zweifel an Ristocks Administration auch im linken Lager bei Ristocks Hausmacht ausgelöst. Erst daraufhin wagte Stobbe es nun, Ristock als überlastet zu bezeich-

[8] *Berliner Morgenpost* vom 4. 1. 1981.

[9] Hans-Jürgen Heß, *Innerparteiliche Gruppenbildung. Macht- und Demokratieverlust eines politischen Partei am Beispiel der Berliner SPD in den Jahren von 1963 bis 1981,* Bonn 1984, S. 359.

nen und seinen Rücktritt zu wünschen. Auch die Senatorin für Familie, Jugend und Sport, Ilse Reichel, stand zur Disposition, sie hatte Amtsmüdigkeit erkennen lassen. Gerade das Jugendressort verlangte angesichts des Anwachsens der alternativen Bewegung nach neuen Impulsen und Attraktivität. Stobbe gelang es jedoch nicht, diese sachlich gebotene Entscheidung durchzusetzen. Der stellvertretende Landesvorsitzende Jürgen Egert stellte für den linken Flügel klar, daß ein gleichzeitiges Ausscheiden Harry Ristocks und Ilse Reichels für die Linke „einen Mord an Vater und Mutter" bedeutete und somit nicht hingenommen werden konnte.[10]

Beim Wunsch Stobbes mußte es also bleiben – mehr Macht gestand die Berliner Verfassung dem Kabinettschef nicht zu. Wieder einmal zeigte sich eine Besonderheit der Berliner Demokratie: Jeder Senator konnte zwar vom Parlament per Mißtrauensantrag um seinen Posten gebracht werden, nicht aber vom Regierenden Bürgermeister. Stobbe war also gezwungen, den innerparteilichen Konsens zu suchen. Schließlich konnte ein neuer Kandidat auch nicht ernannt werden, sondern mußte von den Abgeordneten in geheimer Wahl bestimmt werden. Das innerparteiliche Proporzsystem der Konzentration der Kräfte, dem Stobbe seit dem zweiten Wahlgang gegen Wischnewski 1977 sein Amt verdankte, zwang den Regierenden Bürgermeister zum Einlenken: Ilse Reichel verblieb gegen seinen Wunsch auf Druck des linken Flügels im Amt. Überdies hatte dieser ihm abverlangt, bei einem Ausscheiden Ristocks müsse auch ein „rechter Senator" gehen. Mit dem Argument, daß eine Senatsumbildung ohne ein personelles Gleichgewicht zwischen Mehrheit und Minderheit nicht tragfähig sei, wurde nun ein Opfer auf dem rechten Flügel gesucht. Die Wahl fiel auf Erich Pätzold, denn der linke Nachrücker Jürgen Egert hatte sich als Gesundheitsexperte profiliert. Stobbe hatte bis dahin die – umstrittene – Politik Pätzolds gebilligt, das Zugeständnis an die Linke sorgte daher für beträchtlichen Unmut. Immerhin konnte Stobbe nun Ristock unter Druck setzen. Er kündigte ihm eine derart weitreichende Beschneidung seiner Kompetenzen an, daß Ristock, wie er sagte, „aus Gründen der Selbstachtung"[11] am 8. Januar 1981 zurücktrat.

Den linken Anführer Ristock also aus dem Kabinett hinausgeekelt, Pätzold vom rechten Flügel als Bauernopfer gekippt und den eigent-

[10] Zitiert nach Klaus Riebschläger, *Vor Ort – Einblicke in die Berliner Politik*, Berlin 1983, S. 211.

[11] Zitiert nach: *Süddeutsche Zeitung* vom 9. 1. 1981.

lich in Sachen Garski umstrittenen Riebschläger auf den einflußreichen Posten des Fraktionschefs gehievt – dies alles hatte zwar Methode, doch war die Unzufriedenheit progammiert. Am 9. Januar 1981 bestätigte die Fraktion zunächst das Konzept. Stobbe versprach, erst nach der Bestätigung der Kandidaten durch die Abgeordneten mit den Namen an die Öffentlichkeit zu gehen, er tat also alles, um sich nicht noch mehr Unmut zuzuziehen. Nach seinem Rücktritt vom Amt des Finanzsenators wurde Klaus Riebschläger auf dieser Sitzung zum neuen Chef gewählt.[12] Die Nominierung der neuen Kandidaten für die Senatorenämter verlief ebenso reibungslos.[13] Die geplante Umbildung stellte für Stobbe selbst eine große politische Chance dar: Zum einen verließen die Flügelantagonisten Ristock und Riebschläger gleichzeitig den Senat, zum anderen versprach er sich von der Besetzung mit Männern seines Vertrauens eine Stabilisierung, dazu innerparteiliche Beruhigung durch eine Einbindung der Kreisvertreter.[14]

Noch während Stobbe innerhalb der SPD um Zustimmung für seine Pläne rang, wartete der politische Gegner nicht einfach ab. „Neuwahlen wären die ehrlichste Lösung", forderte Richard von Weizsäkker.[15] Die CDU bot sich zum Krisenmanagement an und forderte ein Drei-Parteien-Gespräch in Sachen „Senatskrise" – ein Anliegen, das Stobbe und Lüder ablehnen mußten, um nicht hilflos zu erscheinen. Doch die Gegner des Bündnisses Stobbe/Lüder saßen nicht nur in

[12] Von 58 Stimmen erhielt der Kandidat 41 Ja- gegen 14 Nein-Stimmen bei 3 Enthaltungen, Protokoll der Sitzung in: Akte 542, Bestand SPD-Fraktion, Archiv der sozialen Demokratie.

[13] Jürgen Brinkmeier, als Vorsitzender des größten SPD-Kreisverbandes Neukölln eine der stärksten Stützen Stobbes, sollte das Innenressort von Peter Ulrich übernehmen, der als Leiter der Bauverwaltung vorgeschlagen wurde. Rainer Papenfuß, von hohem Einfluß in Reinickendorf, wurde als Nachfolger im Finanzressort und Jürgen Egert als neuer Mann des linken Flügels für das Amt des Gesundheitssenators nominiert. Absolut unumstritten war die Nominierung von Günter Gaus zum Nachfolger von Glotz, dessen Wahl aber erst für März vorgesehen war. Gaus erhielt alle 58 Stimmen, Brinkmeier 51, Ulrich 57, Papenfuß 55, Egert allerdings nur 38, *a.a.O.*

[14] Im Gespräch mit dem Verfasser nannte Stobbe die neue Riege einen „phantastischen Senat", da gerade Papenfuß, Brinkmeier und Ulrich gestandene Politiker ohne den Hang gewesen seien, Pressionen über ihre Verankerung im Parteiapparat auszuüben. Stobbe bestätigte, daß er die Loyalität gegenüber dem Regierungschef für ein legitimes Qualifikationskriterium hielt. Auch die Berücksichtigung der Kreisverbände sei unerläßlich gewesen, da diese die Abgeordneten ins Parlament entsandten, die jeden Kandidaten wählen mußten, Protokoll, S. 6 f. (s.o. Anm. 1).

[15] *Deutschland Union Dienst* vom 8. 1. 1981.

den Reihen der Opposition. Unter „der Regie des alten Dirigenten Oxfort"[16] kam es in der FDP zu einem Umsturz, der für das weitere Schicksal der sozialliberalen Koalition von weitreichender Bedeutung war. Nach der Ankündigung Riebschlägers, den Senat zu verlassen, war es für Lüder noch schwieriger, seinerseits am Amt festzuhalten. Als Landesvorsitzender berief er eine außerordentliche Vorstandssitzung ein, um sich das Vertrauen aussprechen zu lassen. Machtbewußt verband er seine beiden Posten als Senator und Parteichef: Ein Rücktritt komme nur von beiden Ämtern zugleich in Frage. Damit versuchte er, der Fraktion den Wind aus den Segeln zu nehmen, die durchaus einen neuen Senator aus ihrer Mitte zu wählen fähig war, aber nicht ohne weiteres einen Integrator für die Parteispitze präsentieren konnte. Da auch der Bundesvorstand in Bonn einen Rücktritt in diesem Stadium der Bürgschaftsaffäre als verfrüht ansah, vermochte sich Lüder durchzusetzen. Der Dissens blieb aber virulent und Zweifel wurden laut, ob „der Senat das Schiff überhaupt wieder flott bekommt".[17] Der Vorstand einigte sich darauf, über den Rücktritt vorerst nicht zu befinden. Lüder wehrte sich bis zuletzt gegen einen solchen Schritt, der ihm als Schuldeingeständnis in Sachen Garski erschien. Doch an dieses Präjudiz der Parteigremien mochte sich die Fraktion nicht halten. So wie Stobbe den schwindenden Rückhalt Ristocks im linken Lager genutzt hatte, um diesen zum Ausscheiden zu bewegen, so nutzen die persönlichen Gegner Lüders in der Fraktion jetzt die auch in seiner Anhängerschaft erhobenen Vorwürfe wegen der Bürgschaft. Selbst sein Heimatverband Wilmersdorf hatte ihn zum Rücktritt aufgefordert. In einer fünfstündigen Sitzung der Fraktion am 7. Januar 1981 wurde Wolfgang Lüder zum Rücktritt von seinem Senatsamt veranlaßt. Außer zwei Abgeordneten habe ihm die Fraktion nicht den notwendigen Rückhalt gegeben, äußerte sich Lüder enttäuscht.[18]

Wolfgang Lüder ließ sich aber die Fäden nicht aus der Hand nehmen. Da er der Fraktion nicht den Triumph über seine politische Linie

[16] *Berliner Liberale Zeitung* vom 17. 1. 1981.

[17] Protokoll der Sitzung in: Akte „LaVo ab 27. Sitzung am 30. Juni 1980" beim Landesverband der FDP, S. 5.

[18] So hatte etwa der Abgeordnete Hucklenbroich am 6. 1. als Parteivorstandsmitglied Lüder gestützt und ihn am 7. 1. als Fraktionsmitglied gestürzt. Protokoll der im Anschluß an die Fraktionssitzung stattgefundenen Landesvorstandssitzung, 7. 1. 1981, *a.a.O.*, S. 1.

gönnte, versteifte er sich darauf, selber seinen Nachfolger vorzuschlagen. Er wolle nicht zulassen, daß die Fraktion einen „auf die Westsektoren Berlins beschränkten Suchprozeß" durchführe.[19] Fraktionschef Vetter mahnte zwar, die Fraktion wolle sich nicht vor fertige Rezepte gestellt sehen, doch genau dies war Lüders Ziel. Am 8. Januar 1981 zauberte er nach Absprache mit dem Bundesvorsitzenden Genscher den ehemaligen EG-Kommissar Guido Brunner als Nachfolger für die Ämter des Bürgermeisters und Wirtschaftssenators aus dem Hut. Diese Entscheidung vermochte die Fraktion nicht öffentlich abzulehnen. Aus der seit längerem geplanten „Beförderung" Vetters in den Senat, um den Posten des Fraktionschefs an Oxfort zu vergeben, wurde also nichts. Mit seinem Schachzug hatte Lüder diese Pläne durchkreuzt. Sein bereits schwindender Einfluß reichte dazu noch aus. Den Wunsch des Berliner CDU-Landesvorsitzenden, mit der FDP in Koalitionsverhandlungen zu treten, um den Regierenden Bürgermeister zu stürzen, lehnte Lüder am 8. Januar namens der Partei und der Fraktion ab. Offener Widerstand regte sich dagegen noch nicht.

Am 9. Januar wurde Brunner in Berlin präsentiert, am selben Tage, an dem die SPD ihre Fraktionsspitze und ihre Kabinettskandidaten neu bestimmte. An diesem 9. Januar versicherten beide Fraktionen einander der vollen gegenseitigen Zustimmung zum neuen Konzept. Es hatte den Anschein, als sollte die Umbesetzung des Senats in kurzem, effektivem Krisenmanagement zu bewältigen sein. In Erwartung der unverbrauchten Schaffenskraft der neuen Kabinettskandidaten schöpfte der Regierende Bürgermeister Hoffnung für die zweite Hälfte der Legislaturperiode.

Doch kehrte keine Ruhe ein bis zum 15. Januar, dem Tag der Wahl der Senatoren im Parlament. Ein neues Thema rückte in den Mittelpunkt der innerstädtischen Diskussion, angefacht durch die Zeitungen der Stadt. Während Wolfgang Lüder, der nicht Abgeordneter seiner Partei war, von einem Tag auf den anderen aus dem Spiel war, entzündete sich heftige Kritik an der neuen Position Riebschlägers als Fraktionschef. Richard von Weizsäcker sprach von einem schlimmeren Skandal als den des Verlustes der Bürgschaftsgelder: „Der Betroffene aus der Regierungsebene wird in die nächsthöhere Ebene der Kontrollinstanz gewissermaßen als sein eigener Richter eingesetzt. Damit wird jedem Gedanken der Gewaltenteilung und der Kontrolle der

[19] *A.a.O.*, S. 3.

Regierung durch das Parlament hohngesprochen."[20] Das „bis zur Hysterie aufgeheizte politische Klima"[21] entlud sich in Unmut über die Nachricht, daß Riebschläger nach der Entlassung als Senator auf seinen Vorstandsposten bei der landeseigenen Wohnungsbaukreditanstalt zurückgekehrt war und dort ein höheres Einkommen als zuvor bezog.[22] Vor dem Hintergrund der verlorenen Millionen mußte diese politisch instinktlose Haltung auch etliche Anhänger der SPD gegen ihre Spitze aufbringen.

Noch am Morgen des 15. Januar 1981 gab sich Dietrich Stobbe aber optimistisch, den Plan zur Umbildung auch ohne den ehemaligen Garanten auf seiten der FDP, Wolfgang Lüder, durchsetzen zu können. Nach den Wahlchancen seiner Kandidaten befragt, antwortete er zuversichtlich: „Ich bin da ganz sicher ... Ich glaube, wir kommen aus dem Tief heraus und werden durch Sacharbeit für Berlin dann auch wieder überzeugen können."[23] Die beiden Fraktionsvorsitzenden hatten Stobbe eines geschlossenen Votums für alle Kandidaten versichert. Zwei zweifelnde SPD-Abgeordnete hatte Riebschläger in langen Gesprächen überzeugen können, für das Personalkonzept zu stimmen. Die 44. Sitzung der 8. Wahlperiode des Abgeordnetenhauses von Berlin am 15. Januar 1981 war zunächst geprägt von einem Spektakel von Vertretern der alternativen Szene auf den Zuschauerbänken des Sitzungssaales im Rathaus Schöneberg. Sie protestierten gegen das Vorgehen des Senats gegen die Hausbesetzer. Ihre Störungen mit Transparenten, Flugblättern und Sprechchören konnten erst durch eine Räumung des Saals durch Polizeikräfte beendet werden. In derart aufgeheizter Atmosphäre rief Präsident Lummer als letzten Punkt der Tagesordnung die „Wahl des Bürgermeisters und von Senatoren" auf. Wahlberechtigt waren 61 SPD-Abgeordnete, elf von der FDP und 63 von der CDU. Deren Votum wurden nach der Auszählung der Stimmlisten verlesen: Von 135 Stimmen erhielt Guido Brunner 70 Ja- und 64 Neinstimmen bei einer Enthaltung. Peter Ulrich erhielt 67 Ja- und 68 Nein-Stimmen. Für die übrigen Vorschläge waren jeweils 134

[20] Weizsäcker im *NDR* am 9. 1. 1981 (zitiert nach der Kommentarübersicht des Bundespresseamtes).

[21] H.-J. Heß, *Innerparteiliche Gruppenbildung*... (s.o. Anm. 9), S. 361.

[22] Riebschläger unternimmt in *Vor Ort*... (s.o. Anm. 10) die schlüssige Beweisführung, daß ihm seine vertraglichen Bindungen gar kein anderes Verhalten, das der öffentlichen Hand zudem die Senatorenpension ersparte, ermöglicht hätten.

[23] Stobbe im *Westdeutschen Rundfunk* am 15. 1. 1981 (zitiert nach der Kommentarübersicht des Bundespresseamtes).

Stimmen abgegeben worden. Rainer Papenfuß erhielt 67 Ja- und ebensoviele Nein-Stimmen, Jürgen Brinkmeier 66 Ja- und 68 Nein-Stimmen und Jürgen Egert 60 Ja- und 73 Nein-Stimmen. Alle vier sozialdemokratischen Bewerber waren damit durchgefallen.

„Das war eine Stunde des Parlaments", rief CDU-Fraktionschef Eberhard Diepgen aus. In der Tat hatten einzelne, nur ihrem Gewissen verantwortliche Mandatsträger ihrer politischen Führung die Gefolgschaft aufgekündigt. Dietrich Stobbe schlug seiner Fraktion zwar noch einen zweiten Wahlgang vor, doch Peter Ulrich und Harry Ristock rieten ihm davon ab mit der Begründung, das Schicksal der sozialliberalen Koalition in Berlin und in Bonn sei wichtiger als das Schicksal des Regierenden Bürgermeisters Dietrich Stobbe.[24] Nach dreieinhalbstündiger Unterbrechung der Plenarsitzung erklärte Dietrich Stobbe seinen Rücktritt vom Amt des Regierenden Bürgermeisters.

An diesem Tag zerbrach in Berlin die sozialliberale Koalition. Die nachfolgende Neuauflage blieb ein *Interregnum*. In völligem Einklang mit der Verfassung hatten die Mandatsträger, die gewählten repräsentativen Vertreter des Volkes, ihre eigene Regierungskoalition und den Regierenden Bürgermeister Stobbe desavouiert, indem sie sich über Absprachen der Parteigremien und Koalitionsstrategen hinwegsetzten. Obwohl dieses Verhalten unter Gesichtspunkten der Demokratie nicht zu kritisieren war,[25] herrschte doch Enttäuschung über den Vertrauensbruch und die Aufkündigung der Solidarität. Es hatte sich um eine rein destruktive, negative Mehrheit gehandelt, der Unmut einzelner hatte sich addiert. Weder aus den Reihen der Opposition noch von FDP-Vertretern wurde am 15. Januar 1981 ein politisches Konzept vorgestellt. Demnach hatte es keine auf einen unmittelbaren Machtwechsel spekulierenden Abmachungen gegeben. Das mit dem Rücktritt Stobbes eintretende Machtvakuum blieb ungenutzt. Ein konstruktives Mißtrauensvotum war weder geplant noch konspirativ vorbereitet worden: Richard von Weizsäcker, Aushängeschild der Berliner CDU, war während der Sitzung am 15. Januar nicht einmal in Berlin.

[24] Stobbe im Gespräch mit dem Verfasser (s.o. Anm. 1), S. 8. Vgl. auch das Protokoll der Fraktionssitzung am 15. 1. 1981, abgehalten während der Unterbrechung der Parlamentssitzung, in: Akte 542, Bestand SPD-Fraktion, Archiv der sozialen Demokratie.

[25] Auch Dietrich Stobbe gestand den Abweichlern im Rückblick subjektiv legitime, persönliche Beweggründe zu. Gespräch mit dem Verfasser (s.o. Anm. 1), S. 7.

Weil keine konstruktive politische Motivation erkennbar war, blühten die Spekulationen über die „U-Boote“, die „Schuldigen“, die „Abweichler“ auf. Die SPD betonte, daß allein Brunner, der einzige Kandidat aus den Reihen der FDP, die erforderliche Mehrheit erhalten habe. Fraktionschef Riebschläger unterstrich, die SPD-Abgeordneten hätten wohl nicht Brunner getragen und danach ihre eigenen Kandidaten durchfallen lassen. Allerdings bewies das Ergebnis von Jürgen Egert, daß auch Sozialdemokraten gegen ihren Genossen gestimmt hatten. Hätte auch er die Zustimmung aller Sozialdemokraten erhalten, hätte die FDP schlüssig des „Verrats“ geziehen werden können. FDP-Chef Lüder und der Fraktionsvorsitzende Vetter wurden daher nicht müde, die Treue zur Absprache zu betonen und ihrerseits auf den Unmut in den Reihen der Sozialdemokraten wegen der Umstände des Rücktritts von Pätzold zu verweisen. Offen hat sich keiner der Abweichler seit der Abstimmung zu seinem Votum bekannt. Für die dieser Studie zugrunde liegende Fragestellung sind einzelne Namen auch nicht relevant. Festzuhalten bleibt vielmehr, daß die Solidarität in beiden Fraktionen aufgekündigt wurde. Für Stobbe und Riebschläger, der seinen neuen Posten als Fraktionschef ebenfalls niederlegte, lag der Grund für ihre Rücktritte im zerrütteten Vertrauensverhältnis innerhalb der SPD. Potentielle Abweichler hatten sich bei der Vorabstimmung nicht zu erkennen gegeben, wie es den Gepflogenheiten in der SPD entsprach. Auch das Nein der Fraktion zu Stobbes Wunsch, ein zweites Mal über die Liste abstimmen zu lassen, und die Tatsache, daß Harry Ristock bereits am 14. Januar den Bundesvorsitzenden Willy Brandt ohne Stobbes Wissen in Alarmbereitschaft hatte versetzen lassen, machten Stobbe klar, daß es Stimmungen gegeben hatte, die ihm verheimlicht worden waren.

Nach dem Rücktritt Dietrich Stobbes gab es für die – noch – politisch Verantwortlichen bei SPD und FDP drei Möglichkeiten, die Senatskrise zu beenden: Es konnte eine Neuauflage des Bündnisses unter anderer personeller Führung angestrebt werden. Es konnten mit Zwei-Drittel-Mehrheit Neuwahlen beschlossen werden. Und die FDP-Abgeordneten konnten an die Seite der CDU wechseln und einem Kandidaten von Weizsäcker zum Amt des Regierenden Bürgermeisters verhelfen.[26]

[26] Dies waren die drei politisch plausiblen Konstruktionen, theoretisch wären natürlich auch ein Große Koalition und verschiedene Minderheitssenate möglich gewesen.

Noch am Abend des 15. Januar mahnte FDP-Chef Lüder, die Koalition nicht platzen zu lassen, doch wurde ihm nun offen widersprochen mit der Feststellung, „daß die Hälfte der FDP überhaupt nicht für das Festhalten an der Koalition ist“, das Bündnis sei wegen der gegenseitigen Schuldzuweisung „eigentlich tot“.[27] Neuwahlen zustimmen wollte der Vorstand jedoch nur für den Fall, daß eine neue Senatswahl mit einem neuen Bewerber für das Amt des Regierenden Bürgermeisters scheitern würde. Hier prägte wieder die Angst vor der Fünf-Prozent-Hürde die politische Entscheidung. Die freie Wahl hatten die Liberalen ohnehin nicht. Denn Richard von Weizsäcker erteilte der FDP eine Absage für eine sofortige Koalition ohne Parlamentswahlen.[28] Hermann Oxfort, der öffentlich die „Regierungsunfähigkeit“ der SPD anprangerte,[29] mußte daher die Möglichkeit eines „fliegenden Wechsels“ an die Seite der CDU schnell verwerfen. In der Bevölkerung wäre ein solches Verhalten ohnehin dem Eingeständnis des „Verrats vom 15. Januar“ gleichgekommen. Zu einem konstruktiven Mißtrauensvotum fehlten der CDU der Mut und die Vorbereitung. Die Kraftprobe der beiden Lager innerhalb der FDP wurde somit vertagt.

Gemäß Artikel 39 Absatz 2 der Berliner Verfassung in der damals gültigen Fassung hatte das Parlament das Recht zur Selbstauflösung. Die CDU-Fraktion konnte diesen Wunsch weder allein noch in einer potentiellen „Abstimmungskoalition“ mit der FDP durchsetzen, weil dieser Beschluß der Zwei-Drittel-Mehrheit des Parlaments bedurfte. CDU-Fraktionschef Diepgen hatte bereits am 13. Januar diese Forderung namens des Landesvorstands und der Fraktion der CDU an die SPD-Fraktion gestellt.[30] Er hatte das bessere Gespür für den Unmut

[27] Protokoll der außerordentlichen Landesvorstandssitzung am 15. 1. 1981, in: Akte „LaVo ab 27. Sitzung am 30. Juni 1980“ beim Landesverband.

[28] Vgl. *Weizsäcker: Nicht mit der FDP liebäugeln – Neuwahlen!*, in: *Berliner Morgenpost* und *Der Spiegel*, 19. 1. 1981, S. 20.

[29] Oxfort im Interview in der *Saarbrücker Zeitung* vom 17. 1. 1981. *Bild am Sonntag* vom 18. 1. 1981 zitierte Oxfort mit den Worten: „Ich trete offen für eine neue Regierung aus CDU und FDP in Berlin ein. Viele Parteifreunde wagen allerdings noch nicht, sich dazu zu bekennen.“

[30] Der Brief Diepgens mit der Ankündigung, bei Ablehnung der Selbstauflösung werde die CDU ein Volksbegehren anstrengen, liegt vor in: Akte „VIII. Tagesordnungen, Protokolle, Fraktionsvorstand, Fraktion 1. 1. 1981 – 10. 5. 1981“ bei der SPD-Fraktionsgeschäftsstelle.

in der Koalition gezeigt, doch von Weizsäcker hatte die Chancen der Opposition am 15. Januar schlicht versäumt.

Gegen den Willen der Sozialdemokraten waren Neuwahlen also nicht zu haben. Und die SPD glaubte, mit der Opferung Stobbes schon genug gelitten zu haben. Nun Neuwahlen zuzustimmen erschien Sozialdemokraten wie Liberalen als ein Eingeständnis eigenen Versagens. Obwohl es dies *realiter* war, blieb die Vermeidung einer Wahl zu diesem für beide Parteien denkbar ungünstigen Zeitpunkt politisch plausibel. Die FDP stand hier fest an der Seite der SPD, denn gerade die Abgeordnetenhausfraktion mußte um ihr Überleben bangen, wenn die Berliner ihr Votum abgaben: Die Fünf-Prozent-Hürde war bedrohlich nahe. So blieb also die Neuauflage des Bündnisses, und für diese Entscheidung sprach vor allem auch die Entwicklung auf Bundesebene. Nach den Bundestagswahlen vom 5. Oktober 1980 hatte es bemerkenswerte Paralellen zur Berliner Situation nach dem 18. März 1979 gegeben. Eine selbstbewußterstarkte FDP stand einer mit sich selbst hadernden SPD gegenüber. Die Koalitionsverhandlungen waren in Bonn ebenso mühsam wie zuvor in Berlin verlaufen und hatten mit einem für große Teile der Sozialdemokraten unbefriedigenden Ergebnis geendet. Für die in Bonn gerade mehr schlecht als recht in die Legislaturperiode gestartete Koalition hätte ein Zerbrechen des Bündnisses in Berlin ein weitere, deutliche Schwächung bedeutet, insbesondere für den sozialdemokratischen Partner. Nach der Niederlage von Franz Josef Strauß als Kanzlerkandidat konnte die FDP jetzt nämlich Sondierungen bei der CDU ohne Interventionen des mächtigen bayerischen Parteichefs und Ministerpräsidenten aufnehmen. Der SPD-Bundesvorstand mußte vorrangig daran interessiert sein, die Bastion zu halten, und dies verlangte, sich erneut mit der FDP zu arrangieren. Diskussionen und Schuldzuweisungen an die Adresse der Liberalen mußten daher zurückgestellt werden. Willy Brandt kam selbst nach Berlin, um sofort ein Krisenmanagement einzurichten. Am 16. Januar erhielt der designierte Bundesgeschäftsführer Peter Glotz von Landesvorstand und Fraktion den einstimmigen Auftrag, „in Gesprächen mit beiden Parteien und Fraktionen zu klären, wie die Voraussetzungen für die Erneuerung der sozialliberalen Zusammenarbeit in Berlin geschaffen werden können“.[31] Da der Landesvorsitzende Stobbe und seine bei-

[31] Protokoll der gemeinsamen Sitzung von Fraktion und Landesvorstand am 16. 1. 1981, in: Akte 542, Bestand SPD-Fraktion, Archiv der sozialen Demokratie.

den Stellvertreter Riebschläger und Egert am 15. Januar in ihrer Autorität beschädigt worden waren, war der Landesvorstand handlungsunfähig. Glotz erhielt als „Formateur“ deshalb einen „Blankoscheck außerhalb jeder statutarischen Regelung“.[32]

Glotz brauchte sich also nicht um den Einfluß der beiden gelähmten Parteiflügel sorgen und nahm die Verhandlungen nur mit auswärtigen Kandidaten auf. Das Berliner Personal, auf das sich Stobbe am 15. Januar ausschließlich hatte stützen wollen, mußte als nicht mehrheitsfähig gelten. Folgerichtig waren nur noch auswärtige Genossen im Gespräch für das Amt des Regierenden Bürgermeisters: „Seit Ernst Reuter, der aus der Türkei geholt wurde, ist es das erste Mal, daß die Berliner Sozialdemokraten um einen Führungsmann von außen bitten mußten.“[33] Eine ganze Riege von Bonner Genossen wurde öffentlich gehandelt. Dies machte deutlich, welchen Stellenwert das Rathaus Schöneberg für die Sozialdemokraten hatte. Hier war die SPD früher als im Bund zur echten Volkspartei geworden, hier wurde das sozialliberale Bündnis geprobt und von hier war mit dem Regierenden Bürgermeister Willy Brandt der erste sozialdemokratische Bundeskanzler nach dem Krieg hervorgegangen. Sogar sein Name wurde jetzt erneut genannt, neben Egon Bahr und Horst Ehmke, Hans-Jochen Vogel, Hans Apel und Hans Matthöfer sowie Peter Glotz selbst.

Die Wahl des Hans-Jochen Vogel: Stadtoberhaupt für 100 Tage

Am 19. Januar stellte Glotz den Berliner Parteigremien den Bundesjustizminister und in Bonn als „Kronprinz“ des Kanzlers gehandelten Hans-Jochen Vogel vor. Landesvorstand und Fraktion begrüßten Vogels Bereitschaft, Stadtoberhaupt Berlins zu werden, einstimmig. Vom Präsidium der Bundespartei wurde Vogel zu diesem Schritt durchaus gedrängt. Öffentlich ließ er sich dahin ein, daß „Überlegungen, die man mit dem Wort Pflicht zusammenbringt, auch eine Rolle“ gespielt hätten.[34] Als ehemaliger Bürgermeister von München erfah-

[32] H.-J. Heß, *Innerparteiliche Gruppenbildung*... (s.o. Anm. 9), S. 364.

[33] Dietrich Stobbe in seiner Rede auf dem außerordentlichen Landesparteitag am 21. Januar 1981, Protokoll beim Landesverband.

[34] Vogel im Interview mit dem *SFB* am 1. 2. 1981 (zitiert nach der Kommentarübersicht des Bundespresseamtes).

ren in der Kommunalpolitik, als ehemaliger Bundesminister für Raumordnung, Bau- und Städtewesen mit der Wohnungsbauproblematik vertraut und dank administrativer Fähigkeiten im Justizministerium seit 1974 bewährt, war Vogel eine hochkarätige Wahl. Er selbst konnte nun in Berlin sein Meisterstück erbringen, um ganz an die Spitze rücken zu können: „Crown Prince Vogel is sent into the battle of Berlin", kommentierte der britische *Economist.*[35] Vogels fachliche Kompetenz und seine persönliche Integrität waren in allen Lagern unumstritten. Noch vor seiner Wahl zum Regierenden Bürgermeister legte er sein Amt als Bundesjustizminister nieder, um mit dieser Geste die Ernsthaftigkeit seines Engagements zu unterstreichen. Nicht nur unter dem Gesichtspunkt der Qualifikation war Vogel erste Wahl. Seine Entsendung nach Berlin hatte daneben disziplinierende Wirkung. Der Bundeskanzler hatte auf seinen Minister verzichtet und so den Berliner Notstand zur Bundesangelegenheit erhoben, bei der sein eigenes Prestige auf dem Spiel stand. Auch die Berliner Liberalen waren mit dieser Entscheidung in die Pflicht genommen, denn gegen Vogel gab es nun wirklich nichts einzuwenden. Mit Ausnahme eben des Wunsches nach einem Koalitionswechsel. In Zukunft fand allerdings nur Hermann Oxfort den Mut, diesen Wunsch offen auszusprechen. Wolfgang Lüder trat solchen Verlautbarungen als noch amtierender Parteichef mit der richtigen Einschätzung entgegen: „Diesen Schritt will die Partei nicht gehen."[36]

Die sozialdemokratische Partei in Berlin brachte Vogel blindes Vertrauen entgegen, ihm wurde „das höchstmögliche Maß an Freiheit bei allen Entscheidungen" eingeräumt.[37] Auch dies eine Folge der politischen Orientierungs- und Konzeptlosigkeit: Die Zufallsmehrheit vom 15. Januar hatte die gesamte Führungsriege gekippt. Stobbe, Riebschläger, Egert, dazu Harry Ristock waren nicht mehr in der Position, eigene Vorstellungen anzumelden. Hans-Jochen Vogel hatte noch keine Gelegenheit gehabt, programmatische Impulse zu geben, und schlug zudem Kandidaten für die Kabinettsressorts vor, die in der Stadt völlig

[35] Ausgabe vom 27. 1. 1981. Helmut Schmidt telegrafierte an Vogel nach dessen Wahl zum Regierenden Bürgermeister: „Dein Schritt ist ein Vorbild sozialdemokratischer Pflichterfüllung. Viele Sozialdemokraten und jedenfalls ich werden Dir dies nicht vergessen", zitiert nach: *Die Welt* vom 26. 1. 1981.

[36] Lüder im *Deutschlandfunk* am 21. 1. 1981 (zitiert nach der Kommentarübersicht des Bundespresseamtes).

[37] H.-J. Heß, *Innerparteiliche Gruppenbildung*... (s.o. Anm. 9), S. 365.

unbekannt waren.[38] „Ich habe gesagt, so neu wie möglich, und ich hatte dann ja auch wirklich gute Leute, die sich bereit erklärten“, erinnerte sich Vogel.[39] Allen Beteiligten war bewußt: Angesichts des bewiesenen Mißtrauens und der Zerrüttung konnte es nur noch besser werden. Dieses „Prinzip Hoffnung“ war immerhin mehrheitsfähig: Am 23. Januar 1981 wählte das Abgeordnetenhaus von Berlin Hans-Jochen Vogel mit 73 Ja-Stimmen gegen 60 Nein-Stimmen bei zwei Enthaltungen zum Regierenden Bürgermeister. Richard von Weizsäcker hatte auf eine Gegenkandidatur verzichtet, die es FDP-Abgeordneten erlaubt hätte, ihn ins Amt zu wählen. Mit diesem Ergebnis hatte Vogel auch mindestens zwei Stimmen aus den Reihen der CDU erhalten, da von den 72 Abgeordneten der Koalitionsfraktionen Hermann Oxfort seine Stimmenthaltung angekündigt und wahr gemacht hatte.[40] Als Motiv wurde für die CDU-Abgeordneten die Sorge um die Pensionsberechtigung bei einer vorzeitigen Beendigung der Legislaturperiode nach einem Scheitern Vogels erörtert.[41] Auch solches Versorgungsdenken wurde durch die Gewissensfreiheit des Abgeordneten gedeckt.

Bei den anschließenden Einzelwahlen der Senatorenkandidaten erhielten auch die übrigen Bewerber eine ausreichende Mehrheit.[42]

[38] Ernst Elitz urteilte zutreffend: „Die Vernichtung Stobbes durch die Fraktion war ebensowenig rational wie das ohne vorherige Diskussion zustande gekommene einstimmige Votum für Vogel“, *Die geschlossene Gesellschaft. Ursachen für die Berliner Misere*, in: *Neue Gesellschaft/Frankfurter Hefte* (Februar 1981), S. 100.

[39] Im Gespräch mit dem Verfasser am 10. 12. 1988, Protokoll in der Sammlung „Personalia“, Archiv der sozialen Demokratie, S. 2.

[40] Vogel bestätigte, daß Oxfort ihm vorab erklärte, ihn nicht zu wählen, Gespräch mit dem Verfasser, *ebda.*, S. 3.

[41] Der CDU-Vorsitzende Kohl sprach vom „Menschlich, allzu Menschlichen“, das allerdings in diesem Falle „im höchsten Maße unerfreulich war“, im *ZDF* am 25. 1. 1981 (zitiert nach der Kommentarübersicht des Bundespresseamtes).

[42] Bis auf Guido Brunner bekamen aber alle anderen Kandidaten bis zu drei Neinstimmen aus dem eigenen Lager. Die beiden liberalen Amtsinhaber Rasch und Meyer waren erneut nominiert worden – die FDP versuchte sich so weit wie möglich von der Krise zu distanzieren. Aus dem Berliner Fundus übernahm Vogel nur Peter Ulrich, der – wie es schon Stobbe geplant hatte – zum Bausenator gewählt wurde. Wieder ins Amt gewählt wurden lediglich die 1977 ebenfalls aus der Bundesrepublik importierten Senatoren Sauberzweig und Sund. Günter Gaus wurde auch von Vogel vorgeschlagen. Ganz neu nach Berlin kamen hingegen Anke Brunn, die zur Familiensenatorin gewählt wurde, Konrad Porzner, der das Finanzressort übernahm, Reinhard Überhorst, dem die Gesundheitsbehörde übertragen wurde, und der parteilose Gerhard Konow, der als Bundessenator die Interessen Berlins vertreten sollte.

In seiner Regierungserklärung am 12. Februar 1981 bewies Vogel sein politisches Talent. Mit taktischem Geschick und rhetorischer Raffinesse gelang es ihm, seiner Koalition wieder neue Zuversicht einzuflößen. Er erklärte: „Berlin befindet sich in einer Krise“, in die er seine Partei namentlich einbezog. Doch mit seinen Erklärungen zur „politischen Kultur“ gab er seiner Regierungserklärung den Charakter einer Antrittsvorlesung eines über den Provinzsümpfen schwebenden aufgeklärten Betrachters. Die Verbindung der innerparteilichen Zerrüttung von SPD und FDP und ihres gegenseitigen Mißtrauens mit den übrigen Problemen nicht nur der Stadt, sondern der gesamten westlichen Zivilisation ermöglichte Vogel das Zurückstellen der internen Schwierigkeiten hinter einen Aufruf zu gemeinsamem Handeln, die „menschliche Metropole“ zu schaffen.[43] Obwohl es wahrlich keine politischen Sachprobleme waren, die ihn in das Amt des Regierenden Bürgermeisters hatten gelangen lassen, behauptete Vogel keck: „Die Wahrheit ist: alle Fehlentwicklungen und Mängel, mit denen wir es zu tun haben, gibt es auch in anderen Metropolen.“ Vogel rief das Parlament auf, den Ängsten der Menschen Hoffnungen entgegenzusetzen. Seitens der Opposition trug ihm dies den Vorwurf ein, „zu konfliktfrei“ zu sein und die Verdrossenheit über seine Partei in Staatsverdrossenheit umdeuten zu wollen.[44] Die CDU-Vertreter reagierten gereizt, sahen sie doch hier das bisher so vielversprechende Konzept ihres Spitzenkandidaten von Weizsäcker akzeptiert. Seinen politischen Kurs des Abbaus der Polarisation verfolgte Vogel auch bei der Festlegung der Richtlinien der Regierungspolitik. Die SPD sollte nicht länger in die Ecke gedrängt werden. Er stellte lediglich vier Sachforderungen auf, die der neue Senat „unter Konzentration auf das zeitlich und finanziell bis zum Ende der Legislaturperiode Leistbare“ anzugehen beabsichtigte. Bei dreien dieser Punkte erreichte Vogel einen parteiübergreifenden Konsens. Die Verlängerung der Mietpreisbindung bis 1990, die Verschiebung der Internationalen Bauausstellung auf das Jahr 1986 und die Einbeziehung der S-Bahn in die Planung des West-Berliner Nahverkehrssystems stießen auch bei der CDU auf Interesse, jedenfalls mochten die Abgeordneten sich nicht dagegen aussprechen. Auch mit der vierten Richtlinie demonstrierte Vogel politische Entscheidungskraft. Mit der Unabhängigkeit und dem ihm eingeräumten

[43] *Plenarprotokoll*, 8. W.P., 12. 2. 1981, S. 1990–2000.

[44] So die CDU-Abgeordneten Landowsky und Hassemer während der Aussprache, *Plenarprotokoll*, 8. W.P., 26. 2. 1981, S. 2063, 2073.

Handlungsspielraum des Unbelasteten legte er ein Projekt, das die Koalition jahrelang gequält hatte, *ad acta*: „...die Planung und der Bau der sogenannten Autobahn-Westtangente wird aufgegeben.“ Vogel bestätigte die Lernwilligkeit der Berliner SPD: „Die Partei war damals geneigt, meinen Vorstellungen eigentlich ohne großen Einspruch zu folgen. Das war ja neu für die Berliner Partei, aber es war damals ein Ausnahmezustand. Sie haben damals in Tagen und Wochen Dinge beschlossen, die sie früher in Jahren hin- und hergewendet haben.“[45]

Die Beschränkung auf erreichbar erscheinende Ziele sollte eine erfolgreiche Bilanz ermöglichen. Denn noch bevor Vogel sich eine Position als „Leichenbestatter“, „Nachlaßverwalter“ oder „Hauptkommissar für die sozialdemokratisch besetzten Gebiete der Republik“ – so die spöttischen Vorschläge des *Spiegel* – aussuchen konnte, befand sich der neue Senat bereits im Wahlkampf.

Das demokratische Aufbegehren der Berliner Bürger: Die Einleitung des Volksbegehrens

Anders als beim Krisenmanagement 1967, als mit Klaus Schütz ein neuer Regierender Bürgermeister nach Berlin reimportiert wurde, und anders als 1977, als eben jener Klaus Schütz in der oben dargestellten Weise dieses Amt verlor und von Dietrich Stobbe beerbt wurde, überließen die Berliner die notwendigen Erneuerungen nicht länger der SPD. Nicht nur die Opposition, auch die Bevölkerung besann sich auf ihre in der Verfassung verbrieften Rechte einer demokratischen Mitwirkung.

Seit bekannt geworden war, daß die Senatsbürgschaft in Anspruch genommen werden mußte, hatte sich Unmut in der Bevölkerung angesammelt und war publizistisch noch verstärkt worden. Das Schauspiel fast täglicher Rücktrittsmeldungen – hinausgezögerte Rücktritte, Beinahe-Rücktritte und erzwungene Rücktritte – hatte den maroden Zustand von Exekutive und Legislative offenkundig werden lassen. Die Auseinandersetzungen zwischen Sozialdemokraten und Liberalen und die Diskussion über die finanzielle „Vergütung“ für Riebschlägers Rücktritt hatten die Emotionen weiter geschürt. Eberhard Diepgen hatte bereits am 13. Januar im Parlament die Forderung nach Neuwah-

[45] Im Gespräch mit dem Verfasser (s.o. Anm. 39), S. 6.

len erhoben. Mit Zwei-Drittel-Mehrheit sollte sich das Parlament selbst auflösen, ein Recht, das der Legislative in Berlin anders als dem Bundestag von der Verfassung eingeräumt war. Gleichzeitig hatte Diepgen in demselben Schreiben mit der zweiten Möglichkeit „gedroht", zu Neuwahlen zu kommen: der Einleitung eines Plebiszits. Mit einem Volksentscheid war der wahlberechtigten Bevölkerung das Recht eingeräumt worden, die Auflösung des Abgeordnetenhauses zu verlangen. Oben ist dargestellt worden, wie das Parlament am 22. November 1974 die Berliner Verfassung mit den Stimmen aller drei Fraktionen dahingehend geändert hatte, daß nicht länger Sachthemen, etwa Gesetze, sondern ausschließlich die Auflösung des Abgeordnetenhauses zum Abstimmungsgegenstand gemacht werden durfte. Zur Einleitung des Verfahrens schrieb das Gesetz vom 27. November 1974[46] die Anmeldung durch einen Träger eines Volksbegehrens vor, der 80 000 Unterschriften wahlberechtigter Berliner einzureichen hatte. Als zustande gekommen galt das Volksbegehren, wenn ihm ein Fünftel der Stimmberechtigten zustimmte. Der Volksentscheid sollte erst durchgeführt werden, wenn sich die Hälfte der Stimmberechtigten beteiligte und die Mehrheit für die Auflösung votierte. Die Zahl der Wahlberechtigten belief sich auf 1 514 642 Berliner Bürger,[47] demnach hätten sich ca. 760 000 Wahlberechtigte beteiligen und davon mehr als 380 000 der Auflösung zustimmen müssen. Angesichts der allein für die CDU 1979 abgegebenen 570 174 Zweitstimmen erschien dies nicht unmöglich. Etwa sechs Monate Dauer waren für die gesamte Prozedur vorgesehen, mit auf diesem Wege errungenen Neuwahlen konnten die Berliner also frühestens im August 1981 rechnen.

Während in der CDU die Einleitung eines solchen Verfahrens von Landesvorstand und Fraktion diskutiert und öffentlich seit dem 12. Januar gefordert wurde,[48] verwarf Stobbe das Anliegen ebenso, wie die SPD eine freiwillige Selbstauflösung mit Zwei-Drittel-Mehrheit abgelehnt hatte. Richard von Weizsäcker legte die Möglichkeit des Begehrens so aus: „Immer lauter wird die Klage über eine Parteien-

[46] *Gesetz- und Verordnungsblatt Berlin 1974*, S. 1741, s. auch das *1. Gesetz zur Änderung des Gesetzes über Volksbegehren und Volksentscheid zur Auflösung des Abgeordnetenhauses vom 8. 12. 1977*, in: *Gesetz- und Verordnungsblatt Berlin*, 1977, S. 2337.

[47] Statistisches Landesamt (Hrsg.), *Wahlen in Berlin (West) 1979 und 1981* (= *Berliner Statistik*, Sonderheft 345), S. 11.

[48] So Eberhard Diepgen im *Heute-Journal* am 12. 1. 1981, und Richard von Weizsäcker im *WDR II* am 12. 1. 1981.

herrschaft, die den Bürger ausschließt und nur noch ihren Machtbesitz verwaltet. Jetzt soll der Bürger nicht zur APO werden, sondern seine verfassungsmäßigen Rechte wahrnehmen."[49] Am Morgen des 15. Januar, vor der Abstimmung über seine Kabinettsliste, hatte der Regierende Bürgermeister Stobbe geurteilt: „Dieses Instrument des außerparlamentarischen Weges zur Parlamentsauflösung bekommt ja nur dann einen inneren Sinn, wenn sich ein Parlament als handlungsunfähig erweisen sollte."[50] Keine zwölf Stunden später war genau dieses eingetreten: die Koalition hatte im Parlament ihren Bankrott erklärt. Doch nicht einmal so lange hatten sich alle Berliner mit der Rolle des Zuschauers begnügen wollen. Am Vormittag dieses 15. Januar 1981 wurden je ein Bezirksverordneter der AL und der WUB gemeinsam bei der Verwaltung für Inneres vorstellig und beantragten eine Unterschriftensammlung zwecks Einleitung eines Volksbegehrens. Diese Bezirksvertreter repräsentierten das alternative Spektrum in seiner radikalen und in seiner bürgerlichen Ausprägung. Mit der Inanspruchnahme der Verfassung von Berlin integrierten sich die Alternativen selbst in die Berliner Demokratie. Die Anmeldung erfolgte durch sie als Einzelpersonen, nicht als Vertreter ihrer Parteien, damit nicht unzufriedene SPD-Anhänger bei einer gegnerischen Partei zu unterschreiben genötigt waren. Der Landesausschuß und die Fraktion der CDU beschlossen erst angesichts des Debakels im Parlament am 15. Januar, ebenfalls mit der Sammlung von Unterschriften zu beginnen.

Noch bevor also Hans-Jochen Vogel für die Amtsübernahme im Rathaus Schöneberg gewonnen wurde, hatten die Berliner deutlich gemacht, daß ihnen ein Personenwechsel an der Spitze nicht noch einmal als adäquate Lösung erschien. Schon am Tag seiner Nominierung, dem 19. Januar 1981, hatte Vogel in Kenntnis des Unmuts in der Bevölkerung gefordert, „Verständigung über die Auflösung des Abgeordnetenhauses und Neuwahlen zu dem Zeitpunkt herbeizuführen, in dem die parlamentarische Behandlung des Berichts des Untersuchungsausschusses über die Bürgschaftsangelegenheit Garski abgeschlossen ist".[51] Dieser taktische Kunstgriff wurde vom

[49] Von Weizsäcker im Interview im *Rheinischen Merkur* vom 15. 1. 1981.

[50] Stobbe im *WDR*, *Politik am Morgen* am 15. 1. 1981 (zitiert nach der Kommentarübersicht des Bundespresseamtes).

[51] Tischvorlage, beigeheftet dem Protokoll der gemeinsamen Sitzung von Fraktion und Landesvorstand am 19. 1. 1981, in: Akte 542, Bestand SPD-Fraktion, Archiv der sozialen Demokratie.

Publikum nicht akzeptiert. Vogel wollte sich einerseits nicht den öffentlichen Forderungen verweigern, andererseits aber Zeit gewinnen. Er hätte in Ruhe an die Arbeit gehen können, und eine Parlamentsauflösung hätte sich – an den Bericht des Untersuchungsausschusses gekoppelt – später entweder als sachbegründet oder aber als unnötig erwiesen. Politisch plausibel war diese Absicht, nicht während eines für die Sozialdemokraten peinlichen und peinigenden Volksbegehrens debütieren zu müssen. Da aber mit Wolfgang Lüder und Klaus Riebschläger die von der Garski-Affäre betroffenen Kabinettsmitglieder bereits das Feld geräumt hatten, konnte man von dem Untersuchungsausschuß kein Ergebnis erwarten, das eine Abwahl des Kabinetts Vogel rechtfertigte. „Sofort oder gar nicht" waren also die beiden Möglichkeiten, und weder die Opposition noch die Zeitungskommentatoren mochten Vogel einen Aufschub gewähren.[52]

Bereits am Tag der Amtsübernahme Vogels konnten von den beiden Einzelträgern 32 000 Unterschriften verzeichnet werden. Die CDU zählte am ersten Tag, eben jenem 23. Januar, an dem mindestens zwei ihrer Abgeordneten Vogel mitwählten, schon 41 215 Unterschriften und erreichte bereits am nächsten Tag mit 151 230 das Doppelte der erforderlichen Zahl. Die CDU beendete das Auszählen, nachdem die Viertelmillion überschritten war, die Geschäftsstelle wurde jetzt für den Wahlkampf gebraucht. Diese Zahl und die dazukommenden mehr als 100 000 Unterschriften der beiden Einzelträger aus dem alternativen Spektrum waren ein deutliches Zeichen für die Stimmung in der Bevölkerung. Erstmals hatten die Berliner ein solches Verfahren eingeleitet, organisatorisch unterstützt von den Parteien CDU und AL, die damit ihrem grundgesetzlichen Auftrag, an der politischen Willensbildung des Volkes mitzuwirken, erfolgreich und schnell nachkamen. Die Regierungsparteien waren sichtlich beeindruckt. Hans-Jochen Vogel erkannte die Brisanz des Vorgangs und verließ die bis dahin vertretene Linie, erst den Untersuchungsausschuß tagen zu lassen: „Ich habe dann jedenfalls sehr rasch, als ich sah, welche Zahlen das erreichte, gesagt: Wir müssen jetzt an die Spitze dieser Bewegung

[52] Insbesondere *Die Zeit* tat sich als Unterstützerin der CDU-Forderungen hervor. Marion Gräfin Dönhoff plädierte noch vor Vogels Wahl auf der Titelseite: „Baldige Neuwahlen sind unerläßlich", und ließ auf Seite 3 ein ganzseitiges Interview mit von Weizsäcker folgen, Ausgabe vom 23. 1. 1981, eine Aufmerksamkeit, von der die Berliner CDU zuvor nur hatte träumen können.

treten und ich will jetzt diese Neuwahlen."[53] Dazu hielt ihn auch die FDP an, deren Gremien am 20. Januar Neuwahlen nicht später als im Juni des Jahres forderten.[54] Nach dem Erfolg der Unterschriftensammlung mochten weder SPD noch FDP an ihren Ämtern festhalten, bis durch den Volksentscheid zur Jahresmitte das Parlament aufgelöst wurde. Spekulationen, ob SPD und FDP bei einem späteren Wahltermin besser abgeschnitten hätten, weil durch Vogels gute Arbeit der Garski-Skandal in den Hintergrund gedrängt worden wäre, brauchen hier nicht erörtert zu werden. Etliche Sozialdemokraten haderten aber in den Jahren danach mit diesem Schicksal. Dietrich Stobbe war es schließlich auch gelungen, den Tiefpunkt von 1977 bis zur Wahl im Frühjahr 1979 zu überwinden. Doch ein Verbleiben im Amt bis zum letzten Tag, während vor den Türen des Rathauses der Volksentscheid Unterschrift um Unterschrift verzeichnete, konnte nicht als bessere Alternative gelten, eine absolute Mehrheit der CDU wäre nicht auszuschließen gewesen. Allerdings muß vermerkt werden, daß die nun erfolgende Zustimmung von SPD und FDP zu baldigen Neuwahlen dem Senat keinen Sympathiebonus einbrachte, sich statt dessen aber die Arbeitsbedingungen von einem Tag zum anderen extrem verschlechterten. Nun galt Vogel nur noch als Chef eines „Übergangssenats", der vom Tag seiner Vereidigung an im Wahlkampf stand.

Die Vorsitzenden aller drei im Rathaus vertretenen Fraktionen entschlossen sich gemeinsam, das Verfahren abzukürzen und nun angesichts des Volkszorns doch zur Selbstauflösung mit Zwei-Drittel-Mehrheit zu schreiten.[55] Als Termin für Neuwahlen wurde der 10. Mai 1981 vereinbahrt. Damit stand die nächste Premiere der Berliner Demokratie auf dem Programm. Erst jetzt zeigte sich aber, daß das in der Verfassung verbriefte Recht gar nicht den Anforderungen der Praxis genügte. Bei einer Auflösung gemäß Artikel 39 Absatz 1 der Verfassung in der zu diesem Zeitpunkt gültigen Fassung wäre in dem Zeitraum zwischen der Auflösung des alten und dem Zusammentritt eines neuen Parlaments eine regierungsfreie Zeit entstanden.

[53] Im Gespräch mit dem Verfasser (s.o. Anm. 39), S. 1.

[54] Lüder gegenüber dem *Deutschlandfunk* am 21. 1. 1981, siehe auch *FDP zerstört Vogels Zeitplan: Neuwahlen spätestens im Juni*, in: *Berliner Morgenpost* vom 21. 1. 1981.

[55] In einem Gespräch mit dem Parlamentspräsidenten am 29. Januar 1981 entschieden die drei Fraktionschefs, die Selbstauflösung am 16. März vom Parlament beschließen zu lassen.

In Berlin erstmals 1977 anläßlich des Rücktritts von Klaus Schütz gefordert, hatten die Abgeordneten diese *ultima ratio* noch nicht praktiziert und daher seine mangelnde Praktikabilität nicht erkannt. Auch jetzt hatte es ja eines Anstoßes aus der Bevölkerung bedurft, deren Verdruß sich nach den Ereignissen des 15. Januar auch auf das Parlament erstreckte. Nun mußte zunächst in einer Art juristischer „Flurbereinigung" ein verfassungsänderndes Gesetz verabschiedet werden.[56] Diese Neuregelung hatte den Vorteil, daß das alte Parlament bis zum Zusammentritt eines neuen handlungsfähig blieb und dadurch mit der Übernahme von Bundesgesetzen die Rechtseinheit mit dem Bundesgebiet gewahrt bleiben konnte.

Die Tagesordnung der Parlamentssitzung am 16. März 1981 führte nur einen Punkt auf, den Antrag aller drei Fraktionen mit dem lapidaren Wortlaut: „Gemäß Artikel 39 der Verfassung von Berlin wird die 8. Wahlperiode des Abgeordnetenhauses von Berlin vorzeitig beendet." Präsident Lummer fand passende Worte: „Wir wollen eine Entscheidung treffen, die für uns alle eine große Bedeutung hat ... Sicherlich ist hier auch ein wenig die Einsicht in die Notwendigkeiten im Spiel."[57] Die Redner aller Parteien legten große Betonung auf den Ausnahmecharakter dieses Beschlusses, der anschließend einstimmig vom Berliner Parlament verabschiedet wurde.

Die Herausforderung der Gesellschaft durch die Hausbesetzer

Die Ausgangslage war eindeutig: Der neue Senat hatte einen Regierungsauftrag nur für hundert Tage und mußte bemüht sein, bis zum 10. Mai vorzeigbare Erfolge zu erzielen. Die Opposition von CDU und AL mußte ihrerseits die Unzufriedenheit in der Bevölkerung im selben Zeitraum wachhalten. Das Thema „Filz und Bürokratie" wurde von nahezu allen Berliner Bürgern als wichtig angesehen.[58] Ein

[56] Am 26. Februar 1981 folgte das Abgeordnetenhaus einem Antrag aller drei Fraktionen, dem 20. Gesetz zur Verfassungsänderung stattzugeben, das den Artikel 39 der Verfassung von Berlin dahingehend änderte, daß nicht länger die Selbstauflösung ermöglicht, sondern statt dessen das Recht auf vorzeitige Beendigung der Legislaturperiode eingeräumt wurde. Der Antrag liegt als *Drucksache des Abgeordnetenhauses*, 8. W.P., Nr. 720 (neu) vor.

[57] *Plenarprotokoll*, 8. W.P., 16. 3. 1981, S. 2218.

[58] Bernhard Weßels, *Wählerschaft und Führungsschicht: Probleme politischer Repräsentation. Ein Forschungsbericht*, Berlin 1985, S. 22.

Unsicherheitsfaktor blieb die FDP, da deren Ambivalenz nicht wie bei den Sozialdemokraten mit einem „Ärmelhochkrempeln" überwunden worden war. Hermann Oxfort hatte demonstrativ den neuen Regierenden Bürgermeister nicht gewählt und befürwortete eine Annäherung an die CDU. Der Wechsel von Regierung und Opposition, die Ablösung der SPD war das eigentliche politische Thema im Wahlkampf 1981. Mal mehr, mal weniger staatstragend und demokratietheoretisch verbrämt, wurde für den Machtwechsel plädiert. Die CDU konstatierte kurz und bündig: „Berlin will den politischen Wechsel", die SPD konterte mit „Der Wechsel hat stattgefunden".

Doch das Thema, das die Stadt am meisten bewegte und die Gesellschaft spaltete, waren die Hausbesetzungen und die in ihrem Zusammenhang veranstalteten Krawalle. Der Konflikt, der sich an der Reaktion des Staates auf die Hausbesetzerbewegung entzündete, sollte die Stimmung in der Stadt derart aufheizen, daß die Wahlen am 10. Mai davon bestimmt waren. Dieses Problem war eigentlich ein kommunales, die gesellschaftliche Brisanz allerdings, die zunehmende Gewaltbereitschaft einer wachsenden Zahl von Jugendlichen, bündelte sich in Berlin nur früher und stärker als in der Bundesrepublik. Die Auseinandersetzung fiel in Berlin in eine Zeit des Wahlkampfes – naturgemäß die schwächste Phase einer Legislaturperiode. Noch eine weitere Frage sollte der Konflikt beantworten: War der sich alternativ verstehende Teil der Bevölkerung inzwischen so stark, daß das traditionelle Drei-Parteien-Parlament abgelöst werden würde durch den Einzug einer neuen Partei ins Abgeordnetenhaus, der Alternativen Liste? Die von ihr unterstützte Unterschriftensammlung machte dies früh klar: Neben der CDU-Opposition von rechts griff nun die AL von links das Regierungsbündnis von SPD und FDP an.

Hans-Jochen Vogel hatte als eine der ersten Amtshandlungen eine „Kommission zur Überwindung von Fehlentwicklungen in der Sanierungs- und Modernisierungspolitik" eingesetzt. Diese Probleme waren seit langem bekannt, es bedurfte aber des unbefangenen Administrators von außerhalb, um hier zu klaren Urteilen und auch Schuldeingeständnissen zu kommen. Jedenfalls bis zum Dezember 1980, von vielen Politikern aber auch bis zur Senatsumbildung Mitte Januar 1981, war die politische Sprengkraft der Hausbesetzerbewegung unterschätzt worden. Jetzt sah sich der neue Senat nicht nur mit der Wohnungsmisere konfrontiert, sondern auch mit den rechtswidrigen Methoden zur Behebung. Hans-Jochen Vogel und sein Senat entwarfen die Politik der „Berliner Linie". Damit wurde die administrative

Mitverantwortung für den Wohnungsleerstand anerkannt und die Hausbesetzungen als Reaktion auf dieses Versagen erkannt, den meist jugendlichen Besetzern also nicht kriminelle und verwerfliche Motive unterstellt. Vogel sah in dem Konflikt ein gesellschaftspolitisches Problem.[59] Richtig war die Erkenntnis, nicht den Mißstand des Rechtsbruchs mitten in (West-)Berlin beheben zu können, ohne gleichzeitig den Mißstand des Wohnungsleerstands zu beseitigen. Unter polizeilichen Gesichtspunkten hieß dies: Wie geeignet und verhältnismäßig war die Räumung eines Hauses, wenn dessen Besetzer in der Nachbarschaft dutzende weitere leerstehende Häuser vorfanden?

Der Regierende Bürgermeister plädierte dafür, zwischen zwei Gruppen von Besetzern zu unterscheiden: Auf der einen Seite sah er gewalttätige Randalierer, auf der anderen Seite Beteiligte, „deren Ziel nicht Zerstörung und Gewalt, sondern die Überwindung von Mängeln und Mißständen ist".[60] Er suchte das Gespräch, denn nur durch einen Dialog mit denjenigen, die auf die Misere „in außergewöhnlicher Weise, so durch die friedliche Belegung leerer Wohnungen", aufmerksam gemacht hatten, schien eine Eskalation des Konflikts zwischen dem Rechtsstaat und einer wachsenden Zahl von Bürgern verhindert werden zu können.[61] Die „Berliner Linie" – in Abgrenzung zum harten Durchgreifen der Zürcher Verantwortlichen, die zur selben Zeit schwere Krawalle zu bestehen hatten – sollte die Chance zur schnellstmöglichen Überwindung der Mißstände bieten. In der Dialogbereitschaft lag für Vogel „mehr Prävention und mehr Gefahrenabwehr als in noch so energischer Tätigkeit der Polizei und der Gerichte".[62] Der Senat verabschiedete ein Sofortprogramm, das 20 Millionen DM zur Sanierung sofort freigab und daneben administrative Maßnahmen vorsah, die nicht nur den Abbau des Leerstands, sondern ausdrücklich auch die Gelegenheit zur Erprobung alternativer Lebensmöglichkeiten einräumen sollten.

Der wichtigste Inhalt der „Berliner Linie" neben der Dialogbereitschaft war die Maxime, nach der der Antrag eines Hauseigentümers

[59] Vgl. sein Vorwort zu: *Lokal 2000. Berlin als Testfall*, hrsg. von Heinrich Albertz u. a., Reinbek 1983.

[60] *Plenarprotokoll*, 8. W.P., 12. 2. 1981, S. 1995.

[61] Dokumentation: *Berlin macht einen neuen Anfang. Ein differenziertes Konzept zur Überwindung der Wohnungsmißstände*, in: *Sozialdemokratischer Pressedienst* vom 4. 2. 1981, S. 6 f.

[62] Vogel im Parlament, *Plenarprotokoll*, 8. W.P., 12. 2. 1981, S. 1995.

auf Räumung durch die Polizei an die Voraussetzung geknüpft war, „unverzüglich nach der Räumung“ mit dem Abriß oder den Instandsetzungsarbeiten zu beginnen.[63] Diese Bedingung an ein polizeiliches Eingreifen zu knüpfen, war durchaus richtig und einsichtig. Vom Eigentümer eine sofortige angemessene Nutzung eines Gebäudes zu verlangen, hatte allerdings Verzögerungen zur Folge. Nach der offiziellen Bilanz des Senats wurden seit der Amtsübernahme Vogels bis zum 3. Juni 1981 in Berlin 171 Häuser neu besetzt, 26 Häuser freiwillig verlassen und 17 Häuser im Zuge polizeilicher Einsätze geräumt.

Schwierig wurde die Lage für die politische Führung, als die Berliner erkennen mußten, daß es im Umfeld der besetzten Häuser immer häufiger zu Straftaten und schweren Krawallen kam. Chaoten unter den Besetzern versuchten, den gesamten Rechtsstaat und die Eigentumsordnung herauszufordern. Ein Dach über den Kopf zu bekommen, entsprach nicht ihrem Verständnis vom „Häuserkampf“, die gewalttätige Bekämpfung der Rechtsordnung war ihr Ziel. Der Innensenator zählte unter 10 000 bis 12 000 Sympathisanten der Szene einen harten Kern von einigen hundert Personen, die zur Gewaltanwendung bereit waren. Um Krawalle zu vermeiden, vertrat der Senator daher die Haltung, bloßen Hausfriedensbruch – also friedliche Besetzungen – zunächst zu dulden.[64] Jeder Räumung durch die Polizei waren nämlich schwere Zusammenstöße mit zahlreichen Verletzten auf seiten der Polizei und des gewaltbereiten kleinen Teils der Besetzer gefolgt. Nach dieser Einschätzung der Verhältnismäßigkeit polizeilicher Mittel in Anbetracht der Vielzahl leerstehender Häuser mußte der Regierende Bürgermeister seine Linie gegen den Vorwurf verteidigen, er lasse rechtsfreie Räume zu. Der Vorsitzende des Richterbundes sprach von einer „Suspendierung des Rechtsstaates“ für den Fall, daß richterlich anberaumte Räumungsbefehle von der Polizei auf Anweisung der Innenverwaltung nicht vollstreckt würden.[65] Nach Eintreten dieses Falles meldete die *Berliner Morgenpost*: „Berlin: Besetztes Haus darf nicht geräumt werden“,[66] mit der Folge, daß aufgebrachte Bürger Strafanzeigen wegen „Strafvereitelung im Amt“

[63] Siehe im einzelnen Bernd Sonnewald/Jürgen Raabe-Zimmermann, *Die „Berliner Linie“ und die Hausbesetzer-Szene*, Berlin 1983.

[64] Innensenator Dahrendorf im Interview in: *Die Welt* vom 18. 2. 1981.

[65] Im Interview in der *Berliner Morgenpost* vom 22. 2. 1981.

[66] *Berliner Morgenpost* vom 2. 4. 1981.

gegen Vogel, seine Senatoren Dahrendorf und Meyer sowie gegen den Polizeipräsidenten erstatteten.[67]

Peter Glotz unterstrich das Dilemma: „Wenn Sie hunderte Häuser haben, die leerstehen, in die junge Leute ... dann also da hineingehen, dann wäre es wirklich falsch, junge Leute von einem leeren Haus mit der Polizei ins andere leere Haus zu treiben. Denn: Sie können unmöglich mit der Polizei all diese Objekte bewachen."[68] Daß Vogels Vorgehensweise daher die einzig vernünftige blieb, mußte auch der Spitzenkandidat der CDU bestätigen. Richard von Weizsäcker plädierte keineswegs für eine harte „Law and Order"-Politik. Auch er wollte keine „Räumung um der Räumung willen"[69] und knüpfte die unmittelbare Verwendung eines geräumten Hauses an polizeiliches Eingreifen. Er betonte: „Den Hausbesetzern, denen es um eine Wohnung geht, sollten leerstehende Objekte genannt werden, die sie herrichten können."[70] Dennoch erschienen die Oppositionsparteien CDU und AL den aufgebrachten Bürgern als die Alternativen: die CDU als Gegner, die AL als Befürworter der Besetzungen. Und die Ablehnung der „Berliner Linie" in der Bevölkerung wuchs angesichts der zunehmenden Gewalttätigkeiten. Die Presse versorgte die Berliner, die jetzt vor allem als Wähler gefragt waren, mit Bürgerkriegsberichten und Schlagzeilen wie „Polizei fand gebastelte Bombe in besetztem Haus", „800 Polizisten mit Rammbock und Vorschlaghammer zur Durchsuchung" und der Folgerung „Viele Osterbesucher sagen aus Angst vor Krawallen ab".[71] Viele Bürger waren endgültig nicht mehr bereit, Vogels Politik der Dialogbereitschaft gegenüber Besitzern und Besetzern zu tolerieren, als das Gerücht über den Tod eines hungerstreikenden Terroristen in der Nacht vom 12. zum 13. April 1981 von einer Zahl Randalierer aus der Hausbesetzerszene zum Anlaß für die schwersten Krawalle bis zu diesem Zeitpunkt genommen wurde. In dieser Nacht wurde die Wahl bereits entschieden, da die Polizeiführung und Innensenator Dahrendorf Fehler ein-

[67] *Berliner Stimme* vom 17. 4. 1981. Keine dieses Anzeigen führte zu einem Verfahren.

[68] Glotz im *Deutschlandfunk* am 22. 3. 1981 (zitiert nach der Kommentarübersicht des Bundespresseamtes).

[69] R. von Weizsäcker, zitiert in: *Berliner Morgenpost* vom 24. 4. 1981. Vgl. auch sein Interview in: *Stern* vom 15. 2. 1981.

[70] Im Interview in der *Hamburger Morgenpost* vom 5. 3. 1981.

[71] *Berliner Morgenpost* vom 7. 4., 8. 4. und 15. 4. 1981.

gestehen mußten. Mit den Schaufensterscheiben am Kurfürstendamm zerbrach auch „der Glaube an die Heilkraft des Vogel-Senates“.[72]

Die „Berliner Linie“ scheiterte an zwei Faktoren: der mangelnden Gelassenheit während des Wahlkampfes in einer schon vorher gespannten politischen Atmosphäre und an der wachsenden Bereitschaft zur Gewalt. Während von Weizsäcker Statements über die Verhältnismäßigkeit von Polizeieinsätzen zu Protokoll gab und sich für einen behutsamen Umgang mit dem friedlichen Teil der Besetzer aussprach, ließ er doch zu, daß die Berliner CDU die nämliche Linie des Senates scharf kritisierte, um die eigene Partei als die bessere Wahl hinzustellen. Außerhalb der Verantwortung stehend, hatte die CDU noch keine Fehler machen können. Der zweite Faktor war die ungenügende Abgrenzung eben jenes friedlichen Teils der Besetzer gegenüber gewaltbereiten Chaoten. Die in der Schlacht am Kurfürstendamm gezeigte geistige – oder vielmehr emotionale – Nähe zum Terrorismus kostete die Szene viel kritische Sympathie. Die Dialogbereitschaft wurde hier mit Gewalt unterbrochen. In der Folge standen sich Alternative Liste und CDU als eigentliche Pole der Debatte gegenüber, um die sich die Berliner sammelten. Die AL forderte in ihrem Wahlprogramm die Amnestie für alle im Zusammenhang mit Besetzungen und Demonstrationen Festgenommenen[73] und betonte, daß es in der Frage der Wohnungspolitik zwischen der CDU und ihr keinen Grundkonsens gebe.[74] Angesichts dieser Polarisierung konnte die SPD-Position der Gesprächsbereitschaft weder die konservativen, traditionellen SPD-Wählerschichten noch die radikaleren Ideen zuneigenden Jungwähler für sich gewinnen. Die Alternative war nun deutlich: Wer immer die Haltung des Senats in dieser drängendsten Frage des Frühjahrs 1981 als zu hart oder zu lasch kritisierte, fand einen anderen Ansprechpartner. Die Meinungsfindung in der Berliner Demokratie lief erstmals an der SPD vorbei.

[72] Vgl. Karl Heinz Gehm, *Der Machtzerfall der sozialliberalen Koalition in Berlin*, Berlin 1984, S. 344, und H.-J. Heß, *Innerparteiliche Gruppenbildung*... (s.o. Anm. 9), S. 369.

[73] Programm beim Landesarchiv Berlin, Zeitgeschichtliche Sammlung, Wahl 1981, Mappe AL, Rep. 240, Acc. 2767, Nr. 1.

[74] Eine Umfrage des *Stern* vom 30. 4. 1981 belegte, daß 99% der Anhänger der AL Verständnis für Hausbesetzer zeigten. Nur 33% der CDU-Anhänger mochten dies zeigen, 51% lehnten ein solches Vorgehen dagegen „grundsätzlich ab“.

Der improvisierte Wahlkampf

Vor dem Hintergrund dieser in der Bevölkerung sehr emotional geführten Diskussion wird auch die Stimmung in der Stadt verständlich, die von den Demoskopen ermittelt wurde. 49% der befragten Berliner gaben im April 1981 an, die Stimmung sei schlechter als ein Jahr zuvor. Eine „drastische Klimaverschlechterung" zog sich „durch alle Bevölkerungsgruppen in der Stadt".[75] 55% der befragten Berliner urteilten, daß die Lage Berlins im Frühjahr 1981 ernst sei, damit wurde nach 22% 1979 erstmals wieder ein Wert wie vor dem Vier-Mächte-Abkommen ermittelt. Erstmals aber sahen viele Berliner die Berliner Demokratie von innen bedroht. Andererseits darf die angespannte internationale Lage ebensowenig als mitursächlich übersehen werden wie die wirtschaftliche Entwicklung. Sowohl die Produktion als auch die Beschäftigungslage waren im Frühjahr 1981 in Berlin rückläufig. Damit bestätigte Berlin die wirtschaftliche Gesamttendenz, denn auch in der Bundesrepublik wurde zu Beginn des Jahres 1981 die Wirtschaftslage weit kritischer als ein Jahr zuvor beurteilt.

In einem solchen Klima begannen die Berliner Parteien, ihre Truppen zu formieren. Keiner der drei Spitzenkandidaten der von der AL so genannten Rathausparteien, weder Vogel noch Brunner, noch von Weizsäcker, kam aus Berlin. Der Regierende Bürgermeister war sogar als letzter auf der Berliner Bühne erschienen. Persönliches Verschulden an den Zuständen, die die Bevölkerung nach Neuwahlen hatten rufen lassen, war keinem von ihnen anzulasten. Doch auf der Ebene der Parteiorganisationen sah es schon anders aus. Die Landesverbände von SPD und FDP wurden immer noch von Dietrich Stobbe und Wolfgang Lüder angeführt, deren Namen in jeder Meldung über den Garski-Untersuchungsausschuß auftauchten, der zwischen dem 16. Januar und dem 3. April 1981 sechzehnmal tagte. Um den Berlinern – den (potentiellen) Wählern und den Mitgliedern – den Neuanfang glaubhaft machen zu können, mußten sich die beiden Landesverbände von diesen beiden Exponenten und Garanten der bisherigen Koalition als Vorsitzenden trennen.

Bei den Sozialdemokraten sollte auch die Besetzung des Landesvorsitzes der Befriedung und Konsolidierung dienen. Alle Erwartungen

[75] Institut für angewandte Sozialforschung (Infas), *Politogramm, Infas-Report Wahlen, Berlin 1981, Analysen und Dokumente zur Wahl zum Abgeordnetenhaus am 10. Mai 1981*, Bonn 1981, S. 53.

richteten sich nochmals auf Hans-Jochen Vogel. Doch dieser lehnte es ab, auch noch den Parteivorsitz zu übernehmen und damit sich selbst zu überfordern. Aber er verpflichtete sich früh, in Berlin als Oppositionsführer zu bleiben, wenn es am 10. Mai nicht zur Weiterführung des Senats reichen sollte.[76] Da Peter Glotz in Sachen Senatsspitze so erfolgreich agiert hatte, sollte er nun auch die Partei sanieren. Auf dem Parteitag am 27. Februar 1981 wurde er mit 185 von 233 Stimmen zum Berliner Landesvorsitzenden gewählt. Doch schon auf der nächsttieferen Parteiebene scheiterte Glotz mit seinem Wunsch, das alte Rechts-Links-Strickmuster der „Konzentration der Kräfte“ zu überwinden. Sein Vorschlag, eine Frau und einen Gewerkschaftler zu Stellvertretern wählen zu lassen, überforderte die Parteitagsdelegierten, die noch nicht bereit waren, eingefahrene Machtverteilungsmechanismen außer Kraft zu setzen. Dennoch blieb Glotz auf dem Kurs der Erneuerung. Als Parteichef setzte er sich verstärkt für eine Auswechslung im mittleren Funktionärskorps ein, bei der Aufstellung der Kandidaten für die Abgeordnetenhausmandate wurde eine hohe Quote von erstmaligen Bewerbern erreicht. Angesichts der Senatskrise und der Popularität der Unterschriftensammlungen für das Volksbegehren waren die Mitglieder in Lethargie verfallen. In Berlin war es soweit gekommen, daß die Sozialdemokraten nicht mehr offen zu ihrer Partei stehen mochten. Der Landesparteitag vom 28. März diente zwar noch der offiziellen Verabschiedung der Wahlkampfplattform, doch stand schon der Titel des Wahlprogramms für den ganzen Inhalt: „Sozialdemokraten arbeiten für Berlin.“ Und damit waren in erster Linie Hans-Jochen Vogel und sein neuer Senat gemeint, für den auch Willy Brandt in Broschüren und Anzeigen bat: „Berliner, gebt Vogel mehr Zeit!“[77] Das neue Stadtoberhaupt traf zunehmend auf Sympathie bei der Berliner Bevölkerung. Senatsbeschlüsse wie das Verbot der Annahme von Aufsichtsratsmandaten durch Kabinettsmitglieder und sein Bekenntnis zu Berlin über den Wahltag hinaus wurden honoriert. Bei der Frage nach dem liebsten Stadtoberhaupt bei einer Direktwahl entschieden sich 53% der befragten Berliner für Vogel, 34% für Richard von Weizsäcker.[78] Die positive Aufnahme des Regierenden Bürgermeisters war die einzige Chance für die SPD. Erneut

[76] Im Interview im *Spiegel* vom 2. 2. 1981.

[77] Landesarchiv Berlin, Wahl 1981, Mappe SPD-Landesverband 1, Rep. 240, Acc. 2767, Nr. 1.

[78] *Infas-Politogramm...* (s.o. Anm. 75), S. 78.

sollte wie 1979 der Senatschef den Blick auf die marode Partei verstellen. Trotz aller eingestandenen Fehler wurde auch 1981 der Wechsel von Regierung und Opposition für überflüssig erklärt. „Der Wechsel hat stattgefunden", lautete die Devise, und für Selbstbewußtsein sollte der Slogan sorgen: „Berlin hat wieder guten Grund, SPD zu wählen."

Doch die Berliner mochten dieser Logik nicht einfach folgen. 73% der CDU-Anhänger, 81% der AL-Anhänger und selbst 35% der SPD-Anhänger urteilten bei einer Umfrage, daß der Wechsel an der Koalitionsspitze nur neue Personen, aber keine neue Politik gebracht habe. Dementsprechend war der Optimismus auch innerhalb der Anhängerschaft der SPD nur schwach ausgeprägt. Lediglich 36% der Befragten mochten noch daran daran glauben, daß ihre SPD am 10. Mai als Sieger aus der Wahl hervorgehen würde, 50% der SPD-Anhänger erwarteten einen Erfolg der CDU.[79]

Bei der FDP hatte die Wahl eines neuen Landesvorsitzenden nach Lüder eine viel größere politische Bedeutung. Mit Lüder trat der Garant der sozialliberalen Koalition zurück. Sein Nachfolger mußte sich bekennen: entweder zur Fortsetzung dieses Kurses oder zu einer Politik der gleichen Distanz zu SPD und CDU. Die Wahl des neuen Vorsitzenden bedeutete die Richtungsvorgabe für den Wahlkampf und die Koalitionsaussage. Der von Hermann Oxfort als Wunschkandidat ins Gespräch gebrachte Bundestagsabgeordnete Hans Günter Hoppe hatte sich kritisch über den Zustand der sozialliberalen Koalition in Berlin wie in Bonn geäußert und forderte, die Koalitionsfrage offenzuhalten.[80] Wolfgang Lüder verabschiedete sich als Vorsitzender auf dem Landesparteitag am 20. Februar 1981 mit der Empfehlung, die sozialliberale Partnerschaft fortzusetzen. Die Delegierten stimmten mehrheitlich zu, Hoppe war noch nicht mehrheitsfähig.[81] Hatte schon die Amtseinführung des Senates Vogel/Brunner ein Präjudiz für das Festhalten am Bündnis geschaffen, so machte der betont linksliberale neue Vorsitzende Jürgen Kunze deutlich, daß er jede Regierungsbeteiligung der CDU nach dem 10. Mai verhindern wolle: „Wir sagen klar und deutlich: Eine Stimme für die FDP ist eine Stimme gegen die

[79] *A.a.O.*, S. 70.
[80] Hoppe im *Hessischen Rundfunk* am 9. 2. 1981.
[81] Siehe Lüders Rede „Unsere Chance für sozialliberale Politik in Berlin", Protokoll in: Akte „37. LPT, 20. 2. 1981" beim Landesverband.

Regierungsübernahme durch die CDU."[82] Doch in Sachen Koalitionsaussage mußte das Eigengewicht der Fraktion beachtet werden – schließlich waren es die Abgeordneten, die in geheimer Wahl im Rathaus Schöneberg über den Senat abstimmen sollten. Nach der Betonung, daß grundsätzlich alle Parteien untereinander koalitionsfähig seien, wurde daher beschlossen: „Die FDP wird die sozial-liberale Koalition erneuern, wenn sichergestellt wird, daß die liberalen Programmpunkte verwirklicht werden. Sollte das nicht gelingen, so ist die FDP auch bereit, den Weg in die parlamentarische Opposition zu gehen."[83]

Nach harten Auseinandersetzungen hatte Kunze diesen Kompromiß durchgesetzt, um den Vorstand nicht zu spalten.[84] Der politische Kompromiß lag in dem Wort „auch". Die Parlamentarier nutzten diese Hintertür, um bei einer Niederlage des amtierenden Senats einen dann erst anzuberaumenden Parteitag über den weiteren Weg der FDP-Fraktion entscheiden zu lassen.

Die inhaltlichen Forderungen der Liberalen nach Verhinderung der Autobahn-Westtangente und der Verschiebung der IBA waren bereits von Vogel in der Regierungserklärung demonstrativ erfüllt worden. Die Abgrenzung zur SPD wurde daher mit Forderungen nach marktwirtschaftlicher Umorientierung bei den Eigenbetrieben, nach Verkehrsberuhigung und Umweltschutz betrieben. Der Berliner FDP gelang es in diesem Wahlkampf, den Unmut der Bevölkerung auf den Koalitionspartner zu lenken. „Wir haben reinen Tisch gemacht", warb die Fraktion auf einem Flugblatt.[85] Nach dem Rücktritt Lüders von allen Ämtern wollte die FDP mit „Garski-Filz" und Ineffektivität der Verwaltung nichts mehr zu tun haben. Dies ging so weit, daß auf keinem Werbeblatt der Name SPD auftauchte: gestritten wurde nicht für das sozialliberale Bündnis, sondern „Für den Senat Vogel/Brunner". Die CDU wurde von der harten Auseinandersetzung ausgenommen, wie auch umgekehrt die CDU die FDP merklich schonte. Die FDP sah statt dessen in der Alternativen Liste den Gegner, der ihr das

[82] Manuskript in: Akte „38. LPT, 18. 3. 1981" beim Landesverband.

[83] *Ebda.*

[84] Der damalige Geschäftsführer Heinz Kaschke betonte im Gespräch mit dem Verfasser am 2. 2. 1986, daß eine noch härtere Linie gegenüber der CDU in einer Kampfabstimmung mehrheitsfähig gewesen wäre, der neue Landesvorsitzende aber integrieren wollte.

[85] Landesarchiv Berlin, Wahl 1981, Mappe FDP-Landesverband, Rep. 240, Acc. 2767, Nr. 5. Nur bei der FDP gab es separate Werbeinitiativen der Fraktion.

Überspringen der Fünf-Prozent-Hürde erschweren würde. Nachdem sich die Berliner FDP selbst jahrelang in der umweltpolitischen Debatte hervorgetan hatte, befürchtete sie nun Wählerverluste an die AL und warnte daher lautstark: „Die Forderungen der AL sind eine Gefahr für die Freiheit dieser Stadt."

Angesichts des großen Erfolges der Unterschriftensammlung beraumte diese Alternative Liste eine außerordentliche Mitgliedervollversammlung an. Dort wurden alle Berliner zur Zusammenarbeit aufgefordert, „die an einer alternativen Kandidatur interessiert sind".[86] Im Februar 1981 wurde daraufhin das „Wahlprogramm zu den Neuwahlen am 10. Mai 1981" verabschiedet.[87] Dieses Programm zeigte, verglichen mit dem ersten Programm von 1979, generell die Tendenz „zu stärkerer Ausdifferenzierung der politischen Vorstellungen"[88] und beinhaltete alternative Vorstellungen auf weiteren Feldern, vorrangig zu den Themen „Wirtschaft" und „Frieden". Obwohl der Eindruck eines „aus Partikularinteressen zusammengestoppelten Programms"[89] nicht zu verheimlichen war, blieb das Ergebnis vor dem Hintergrund, daß das Programm in nur zwei Monaten erstellt wurde, ein Beweis für die Ernsthaftigkeit des Anspruchs, eine gesamtgesellschaftliche Alternative zu bieten. Als Direktmaßnahmen forderte die AL ein Amnestiegesetz zugunsten aller in Zusammenhang mit dem „Häuserkampf" festgenommenen Besetzer und Randalierer, die Vermietung leerstehenden Wohnraums, einen Baustopp für das Kraftwerk Reuter-West, die Rücknahme der Fahrpreiserhöhungen im öffentlichen Personenverkehr und die Halbierung der Diäten der Abgeordneten im Rathaus Schöneberg. Mit solch bürgernahen und konkreten Ansprüchen wandte sich die AL an das Potential unzufriedener und enttäuschter ehemaliger Wähler von SPD und FDP. Der Wahlkampf

[86] Beschluß der außerordentlichen Mitgliederversammlung der AL vom 22. 1. 1981, dokumentiert in: *AL – Die Alternative Liste Berlin. Entstehung, Entwicklung, Positionen*, hrsg. von Michael Bühnemann, Michael Wendt und Jürgen Wituschek, Berlin 1984, S. 83.

[87] Landesarchiv Berlin, Wahl 1981, Mappe AL, Rep. 240, Acc. 2767, Nr. 1. Dieses Programm umfaßt mehr als 80 dichtbeschriebene Seiten, auf denen 23 Lebens- und Politikbereiche vorgestellt wurden.

[88] Burkhard Schaper, *Programmatik, Struktur und politische Praxis der „Alternativen Liste" in Berlin-West zwischen den Abgeordnetenhauswahlen von 1979 und 1981*, unveröffentlichte Diplomarbeit am Fachbereich Politische Wissenschaften der Freien Universität Berlin, Mai 1982, S. 35.

[89] *Der Spiegel* vom 4. 5. 1981.

wurde eingedenk des späteren Anspruchs auf die Kostenpauschale sehr offensiv geführt: „Statt einige tausend Mark 1979 wurden jetzt, sehr zum Erschrecken der Basis, um die fünfhunderttausend Mark investiert.“[90] Auch in der Art und Weise der Kandidatenaufstellung ging die junge Partei neue Wege. Der Aufruf, sich um ein Mandat im Abgeordnetenhaus zu bewerben, richtete sich nicht nur an die Mitglieder, sondern an alle „Menschen“, die „die gemeinsame Sache unterstützen wollen“.[91] Drei der neun Abgeordneten, die am 10. Mai ins Parlament einzogen, waren erst im Frühjahr 1981 Mitglieder der Liste geworden.[92] Die Gegner der AL im Wahlkampf waren alle drei „etablierten Parteien“. Obwohl die Kritik von AL und CDU am „Filz“ der Senatskoalition Parallelen aufwies, blieb die CDU aus ideologischen Gründen Hauptgegner der AL. Diese formulierte zwei Wahlziele: die Überwindung der Fünf-Prozent-Hürde und die Verhinderung einer absoluten Mehrheit für die CDU.

Bei der CDU selbst gab es keine Diskussionen über die politische Stoßrichtung: „Berlin will den politischen Wechsel“ lautete ihr Wahlkampfmotto, und unter diesem Titel stand auch der 65. Landesparteitag am 21. März. Hier wurde endlich Richard von Weizsäcker mit 317 von 332 Stimmen zum neuen Landesvorsitzenden gewählt. Nach seiner Wahl erwies Richard von Weizsäcker der Stadt seine Reverenz: „Gehen Sie davon aus: Andere als Berliner Aufgaben wird es in meinem politischen Leben nicht geben.“[93] Als kennzeichnend für sein Programm stellte er anschließend das „Prinzip der Subsidiarität“ vor und plädierte für „Hilfe zur Selbsthilfe“. Seine Positionen waren wenig anstoßerregend. Hier wurde das Bemühen deutlich, den von der SPD enttäuschten Berlinern behutsam einen Wechsel zur CDU zu ermöglichen. Da die Stimmung seit der Unterschriftensammlung von Weizsäcker zum Favoriten gemacht hatte und sich der neue Regierende Bürgermeister neben allen erwarteten Schwierigkeiten auch noch mit den Randalierern unter den Hausbesetzern herumzuschlagen hatte, stand Weizsäcker unter Erfolgsdruck. Da Vogel gut vorankam und

[90] Ernst Hoplitschek, *Partei, Avantgarde, Heimat – oder was?*, in: *Die Grünen. Regierungspartner von morgen?*, hrsg. von Jörg Mettke, Reinbek 1982, S. 86.

[91] Beschluß der Mitgliedervollversammlung vom 22. 1. 1981 (s.o. Anm. 86), S. 84.

[92] Vgl. das *Handbuch des Abgeordnetenhauses von Berlin. 9. Wahlperiode*, Berlin 1981.

[93] In der Rede auf dem Parteitag, Protokollakte des 65. Landesparteitags, beim Landesverband Berlin, Skript, S. 6.

trotz seines Amtes als Herausforderer gelten konnte, behielt die CDU ihn scharf im Visier und versuchte, Vogels hohes Ansehen mit dem der Berliner SPD zu verknüpfen. „Wer Vogel wählt, der wählt die alte SPD" mahnte ein Plakat. Und selbstbewußt lud ein Flugblatt ein: „Werden Sie Mitglied in der Partei der Berliner!"[94] Weizsäcker forderte durchaus massenwirksam: „Wir wollen wieder stolz sein auf unsere Stadt."

Weizsäcker hatte sich noch vor der Festsetzung des Wahltermins bereit erklärt, auf sein Amt als Vizepräsident des Bundestages zu verzichten. Vogels integres Verhalten, sein Amt als Bundesminister noch vor der Amtsübernahme am 23. Januar niederzulegen, hatte ihn unter Zugzwang gesetzt. Diesmal galt es für beide Bewerber, sich ohne Wenn und Aber zu Berlin zu bekennen. Anfang Februar 1981 stellte Weizsäcker die ersten Personen vor, mit denen er im Falle eines Wahlsieges ein Kabinett bilden wollte.[95] Allerdings stieß die hohe Zahl von auswärtigen Amtsanwärtern auch auf Kritik in der Berliner Parteiorganisation. Nach jahrzehntelanger Abstinenz von einflußreichen Positionen, von den „Fleischtöpfen der Macht", wurde mit Weizsäckers Entschlüssen die Selbstachtung des Landesverbandes strapaziert. Diepgen übernahm die Rolle des Fürsprechers der Einheimischen. Doch Weizsäcker war als Wunschkandidat der Partei und Hoffnungsträger in- und außerhalb der Stadt in der guten Position, seine Forderungen diktieren zu können. Ihm gelang es dabei nicht nur, seine Vorstellungen durchzusetzen, sondern die Diskussion über die Kandidaten intern zu führen. Diepgen war Weizsäckers Mann, an Lummer kam er nicht vorbei – mit der Verpflichtung dieser beiden Lokalgrößen konnte er die Funktionäre ruhigstellen.

Die Fronten im Wahlkampf verliefen nicht mehr so eindeutig wie zwei Jahre zuvor. Hans-Jochen Vogel kämpfte um den ersten Wählerauftrag ebenso wie Richard von Weizsäcker. Am 10. Mai sollte sich

[94] Landesarchiv Berlin, Wahl 1981, Mappe CDU-Landesverband, Rep. 240, Acc. 2767, Nr. 56.

[95] Siehe das Interview *Weizsäcker: Das ist meine Mannschaft*, in: *Die Welt* vom 7. 2. 1981. Aus den eigenen Reihen wurden Fraktionschef Diepgen, Parlamentspräsident Lummer und die Abgeordneten Hassemer und Kunz aufgeboten. Mit der Nominierung des Vorsitzenden der CDU-Sozialauschüsse, Norbert Blüm, des Kieler Professors Wilhelm Kewenig, des Bundestagsabgeordneten Elmar Pieroth, der rheinlandpfälzischen Kultusministerin Hanna-Renate Laurien, des Bundesgeschäftsführers der CDU, Ulf Fink, und des parteilosen Münchener Professors Rupert Scholz wurden zudem kompetente Kandidaten aus dem Bundesgebiet vorgestellt.

zeigen, ob die Berliner ein drittes Mal das SPD-Konzept akzeptieren würden, den personellen Austausch an der Spitze des Senats als Neubeginn für die Stadt auszugeben. Da an eine absolute Mehrheit für die SPD nicht zu denken war, wurden die Attacken gegen die FDP auf ein koalitionserhaltendes Maß beschränkt. Einig waren sich alle drei Rathausparteien nur in der Ablehnung der Alternativen Liste. Auffällig war dagegen die gegenseitige Schonung von CDU und FDP. Die CDU setzte weiterhin auf eine absolute Mehrheit und machte der FDP keine Avancen. Obwohl ein Scheitern der FDP an der Fünf-Prozent-Hürde mit ziemlicher Sicherheit eine absolute Mehrheit der Sitze im Parlament für die CDU bedeutet hätte, prangerte die CDU die Verstrickung der FDP in die Bürgschaftsaffäre und die jahrelangen Versäumnisse des Senats nicht deutlich genug an. „Meine Partei wird mit mir in den Wahlkampf im eigenen Namen und für eigene Rechnung ziehen, nicht für Rechnung einer heute nicht erkennbaren koalitionsvertraglichen Bindung zu einer anderen Partei", stellte von Weizsäcker klar, ergänzte aber an die Adresse der FDP: „Wenn sie nicht die Kraft zu neuen Wegen findet, wird sich für sie nur das Risiko erhöhen."[96]

Die Positionen der Parteien waren klargestellt, die Gespräche der Bürger vom Thema Hausbesetzungen bestimmt. Bewegung kam in diese Szenerie erst, nachdem Ende März ein Umfrageergebnis bekannt wurde, das für den 10. Mai ein Patt voraussagte.[97] Dieses Ergebnis überraschte und überforderte viele Politiker. SPD und FDP hatten nach dieser Umfrage den Verlust der Mehrheit zu erwarten, ohne daß die CDU sie gewinnen würde. Für die AL wurden sieben bis acht Prozent prognostiziert, damit würde eine absolute Mehrheit für die CDU verhindert. Zunächst wurde die Verfassung befragt, die in einem solchen Fall dem regierenden Senat eine Ausübung der Geschäfte bis zum Antritt eines neuen Senats ermöglichte. Für Vogel und Brunner ergab sich demnach die Chance, bei unklaren Mehrheitsverhältnissen zunächst solange weiterzuregieren, bis sich eine konstruktive Mehrheit gefunden hätte oder aber Neuwahlen anberaumt worden wären. Vogel schloß daher eine Minderheitsregierung seines Kabinetts nicht

[96] Weizsäcker im Interview mit dem *Deutschlandfunk* am 8. 2. 1981 (zitiert nach der Kommentarübersicht des Bundespresseamtes).

[97] *Der Spiegel* vom 31. 3. 1981. Vgl. auch die Umfrage des *Stern* vier Wochen später mit gleichem Tenor: „Es reicht für keinen", Ausgabe vom 30. 4. 1981.

aus.[98] Diese Konstruktion hätte bedeutet, die potentiellen Stimmen alternativer Abgeordneter als Sperrminorität zu Lasten der CDU zu nutzen, und brachte Vogel den Vorwurf ein, eine „volksfrontähnliche Zusammenarbeit" mit der AL anzustreben.[99] Vogel beeilte sich daraufhin, eine mögliche Koalition mit der AL in Abrede zu stellen, er tat dies sogar im Bundestag.[100] Ein Verbleiben im Amt, wenn ein anderer Kandidat keine Mehrheit finden sollte, wie es sozialdemokratische Länderchefs wenig später in Hamburg und Hessen praktizieren sollten, stieß auch in den Reihen der Sozialdemokraten und bei den Liberalen auf Ablehnung. Unter dem Druck der öffentlichen und der parteiinternen Meinung erklärte der Regierende Bürgermeister daher am 29. April, er werde nach den Wahlen unabhängig vom Ergebnis zurücktreten.

In den Mittelpunkt des Interesses rückte damit die FDP, deren Zerrissenheit in der Frage der Hinwendung zu den großen Parteien ja bekannt war.[101] Vereinzelt kam es zu Unmutsäußerungen wegen der eindeutigen Festlegung des Landesvorsitzenden auf die bestehende Koalition. Mit Spannung erwartet wurde kurz vor der Wahl nicht länger die Antwort auf die Frage, ob die CDU die Wahl gewinnen werde, sondern ob sie die absolute Mehrheit der Mandate erreichen könne.[102]

Der Wahlkampf 1981 stand trotz der gespannten internationalen Lage ganz im Zeichen der Frage nach dem Wechsel von Regierung und Opposition. Unmittelbar vor dem Wahltag griffen Vogel und auch Bundeskanzler Schmidt auf das alte „Argument" zurück, eine CDU-Regierung gefährde das Verhältnis zu Ost-Berlin.[103] Doch die von den Sozialdemokraten initiierte Entspannungspolitik hatte es möglich gemacht, daß mit diesem Thema keine Vorteile mehr zu

[98] Vogel im Interview im *Spandauer Volksblatt* vom 4. 4. 1981.

[99] Eberhard Diepgen, zitiert nach: *Berliner Morgenpost* vom 7. 4. 1981.

[100] Während der Debatte zur Lage der Nation, in der er als Regierender Bürgermeister Rederecht hatte und in direkten Disput mit von Weizsäcker geriet, *Stenographische Protokolle des Deutschen Bundestages*, 9. W.P., 9. 4. 1981, S. 1558 ff.

[101] Vogel erinnerte sich: „Daß die FDP nicht mehr mitmachen würde, das war mir schon vor der Wahl klar geworden. Und daß eine Situation, bei der Weizsäcker nur durch eine Zusammenarbeit mit der AL – also SPD, FDP und AL – hätte verhindert werden können, nicht in Frage kam, hat mir Brunner ziemlich deutlich gesagt." Im Gespräch mit dem Verfasser (s.o. Anm. 39), S. 4.

[102] Horst W. Schmollinger, *Die Wahl zum Berliner Abgeordnetenhaus vom 10. Mai 1981: Einbruch der Sozialliberalen*, in: *Zeitschrift für Parlamentsfragen,* 1983, S. 43.

[103] Vgl. *Berliner Morgenpost* vom 6. 5. 1981 (Schmidt) und 8. 5. 1981 (Vogel).

gewinnen waren. Die Zeiten der deutschlandpolitischen Polarisierung waren auch in Berlin vorbei. Die östlichen Proteste wurden routinemäßig zurückgewiesen. Die sowjetische Botschaft Unter den Linden wollte in der Amtsübernahme Vogels gar einen Verstoß gegen das Vier-Mächte-Abkommen erkennen, da hier ein Bundespolitiker die Macht übernommen habe. Und die *Prawda* warnte vor einem Sieg der „erzreaktionären Partei" CDU. Unbeeindruckt von solchem Getöse ging es den Berlinern am 10. Mai 1981 darum, die außerplanmäßig erstrittene Chance zum Wechsel in die Tat umzusetzen.

Der 10. Mai 1981: Wahlergebnis ohne Sieger

Die Wahlen am 10. Mai waren vom *Tagesspiegel* als „Ergebnis einer außergewöhnlichen, ja in der Geschichte der Stadt einmaligen innenpolitischen Situation" angekündigt worden.[104] Und der Ausgang dieser Wahl bescherte am Abend ein ebenso außergewöhnliches, nie dagewesenes Ergebnis. Schon die ersten Hochrechnungen legten die Entscheidung der Wähler dar: Beide Senatsparteien hatten deutliche Verluste zu verzeichnen, allerdings blieb die FDP auch im neuen Parlament vertreten. Die CDU erreichte erneut ein Rekordergebnis, verfehlte aber die absolute Mehrheit. Und mit der Alternativen Liste kam erstmals seit 1948 wieder eine vierte Partei ins Abgeordnetenhaus.

Die SPD erhielt nur noch 38,3% der Zweitstimmen, die ihr zu 51 Sitzen verhalfen. Die FPD überwand die parlamentarische Hürde knapp und kam auf 5,6%. Sieben ihrer Mitglieder erhielten dafür einen Platz im Abgeordnetenhaus. Die CDU erreichte 48,0% der Zweitstimmen und baute mit 65 Mandaten ihren Vorsprung als stärkste Partei deutlich aus. Neu vertreten war nun die AL, die 7,2% der Zweitstimmen verbuchen konnte und mit ihren neun Mandaten die FDP als drittstärkste Fraktion verdrängte.[105] Die Alternative Liste zeigte sich allein als strahlender Sieger, sie hatte beide Wunschziele

[104] In der Ausgabe des Wahlsonntags, dem 10. 5. 1981.

[105] Daten nach *Wahlen in Berlin (West) 1979 und 1981*, hrsg. vom Statistischen Landesamt Berlin (= *Berliner Statistik*, Sonderheft Nr. 345), Berlin 1984, S. 81. Dies ist das endgültige Ergebnis, ein der SPD am Wahlabend zugestandenes Ausgleichsmandat mußte ihr aberkannt werden, an den politischen Entscheidungen änderte dies jedoch nichts.

erreicht: den Einzug ins Parlament und die Verhinderung einer absoluten Mehrheit für die CDU.

Von liebgewonnenen politischen Konstellationen mußte angesichts dieser Mandatsverteilung am Wahlabend Abschied genommen werden. Die seit 1963 gewohnte Spaltung der Berliner Demokratie in zwei politische Lager und das schon zur Tradition gewordene Drei-Parteien-Parlament wurden vom Wähler am 10. Mai verabschiedet. 55% der Wähler hatten nicht für die Parteien gestimmt, die Hans-Jochen Vogel unterstützten, doch gleichzeitig hatten auch mehr als 51% der Berliner nicht Richard von Weizsäcker wählen mögen. Erstmals erreichte die Berliner CDU mehr Stimmen als SPD und FDP zusammen, doch dieser erste Sieg über die Rivalen verhalf ihr dennoch nicht zur Regierung: Zwei Mandate fehlten der CDU an der absoluten Mehrheit.

Überrascht von dieser neuen Premiere der Berliner Demokratie, konnte am Wahlabend keine neue Regierung gefeiert werden. Die links-alternative *tageszeitung* lästerte: „Klares Ergebnis: Berliner wollen keine Regierung mehr!“[106] Die „Unregierbarkeit“ wurde beschworen, das Wort von den „italienischen Verhältnissen“ kam auf. Auch hier erwies sich die Berliner Demokratie als beispielgebend. Unklare Mehrheitsverhältnisse, die keine sofortige Regierungsbildung zuließen, sollten danach in der Bundesrepublik – bei der Hamburger Bürgerschaftswahl im Juni 1982 oder der hessischen Landtagswahl im September 1982 – zum demokratischen Alltag gehören.

Das Ergebnis in Berlin war in dieser Form von den Demoskopen angekündigt worden. Er war auch folgerichtig, wenn man den Erfolg der Unterschriftensammlungen im Januar berücksichtigt: Beide Oppositionsparteien, die die Neuwahlen zuerst gefordert hatten, profitierten nun von diesem vorgezogenen Votum. Erstaunlich blieb lediglich die weiterhin niedrige Wahlbeteiligung. „Trotz mobilisierender Konfliktsituation“[107] war die Bereitschaft mitzubestimmen weiter gesunken. 85,3% der Berechtigten gaben ihre Stimmen ab. Die Unzufriedenheit mit der bisherigen Regierungskoalition schlug sich im Votum nieder. SPD und FDP mußten in der ganzen Stadt Berlin (West), das heißt in allen Wahlkreisverbänden, und bei allen Berlinern, das heißt in allen Altersgruppen, Stimmenverluste hinnehmen. Für die SPD bedeutete der Rückgang um 4,4 Prozentpunkte auf 38,3% das

[106] Ausgabe vom 12. 5. 1981.
[107] H. W. Schmollinger, *Die Wahl...* (s.o. Anm. 102), S. 45.

bis dahin schlechteste Ergebnis in der Geschichte der Berliner Nachkriegsdemokratie. Der Einsatz Vogels hatte sich gleichwohl bezahlt gemacht. Der Parteitag der SPD sprach Hans-Jochen Vogel den „größten Teil" der 38,3% zu.[108] In Vogels eigenem Wahlkreis war die Zustimmung zu seiner Person größer als die zur SPD. Er erreichte 3,6 Prozentpunkte mehr an Erststimmen für seine Person als an Zweitstimmen für seine Partei.

Die FDP, die sich zwei Jahre zuvor noch als „eigentlicher Sieger" geriert hatte, mußte genauso durchgängige Verluste verbuchen. Sie verlor 31,9% der Wähler von 1979[109] und konnte von Glück sagen, die Fünf-Prozent-Hürde überwunden zu haben. Dies zeigte sich beim Blick auf die Wahlen zu den Bezirksverordnetenversammlungen, bei denen sich der Verdruß über die Koalitionsparteien manifestierte. Die FDP gelangte nur noch in drei der zwölf Bezirke über die Fünf-Prozent-Hürde. Die SPD mußte vier ihrer sechs Bezirksbürgermeistermandate an die CDU abgeben. Statt sechs zu sechs lautete das Verhältnis der Bezirksbürgermeister jetzt zehn zu zwei für die CDU. Beide Oppositionsparteien profitierten von den umfassenden Verlusten. Die CDU hatte die SPD deutlich hinter sich gelassen.[110] Sie erhielt in allen Bezirken gesteigerten Zuspruch, und die Zahl der Direktmandate erhöhte sich von 33 auf 58. Die kleine Alternative Liste konnte zwar kein Direktmandat erringen, doch mit der annähernden Verdoppelung ihrer Stimmenzahl nahm sie die Fünf-Prozent-Hürde im zweiten Anlauf mit Leichtigkeit.[111] Damit erwarb sie auch das Recht, bei der nächsten Bundestagswahl, die 1984 erwartet wurde, einen Abgeordneten nach Bonn zu entsenden. Die AL war jetzt deutlich stärker in der Bevölkerung verankert als die FDP. Sie gelangte in zehn der zwölf Bezirksparlamente und stellte vier Bezirksstadträte.[112] Anders als 1979 bewarb sich die Alternative Liste diesmal auch in Zehlendorf, die

[108] Der Landesvorsitzende Peter Glotz in seiner Rede auf dem Parteitag am 25./26. 6. 1981, Protokoll beim Landesverband.

[109] Die Zahl der Zweitstimmen sank von 103 609 1979 auf 70 529, *Wahlen in Berlin...* (s.o. Anm. 105), S. 28, 32.

[110] Die CDU konnte 605 265 Zweitstimmen verbuchen. Zur absoluten Mehrheit fehlten ihr ca. 20 000 Stimmen.

[111] Die Zahl der Zweitstimmen für die AL wuchs von 47 642 auf 90 653 an, *a.a.O.*, S. 28.

[112] Insgesamt erreichte die AL 8,3% der BVV-Stimmen. Spitzenreiter waren Kreuzberg mit 16,0% und Schöneberg mit 14,2%, in Spandau und Reinickendorf scheiterte sie an der Fünf-Prozent-Hürde.

politische Auseinandersetzung mit der Wählergemeinschaft Unabhängiger Bürger ließ eine Rücksichtnahme wie 1979 nicht mehr zu.[113] Wie bei der Wahl 1979 ließen sich auch bei diesem Wahlgang die Wählergruppen der AL leicht erschließen. Es waren vor allem die Jungwähler bis zum Alter von dreißig Jahren und die Bewohner der innerstädtischen Problembezirke, in denen die Hausbesetzungen und die daraus hervorgegangenen Straßenschlachten stattgefunden hatten. AL und CDU teilten sich die Zugewinne: Die CDU verzeichnete dort um so höhere Gewinne, je niedriger die Gewinne der AL waren und umgekehrt. Die CDU profitierte in bürgerlichen wie in Arbeitervierteln mit unproblematischen Strukturen am meisten. So erreichte die CDU in der SPD-Hochburg Spandau ein Plus von fünf Prozentpunkten, während die AL unter 5% blieb.

Die Analyse ließ nur eine Deutung zu: Die Berliner Wähler waren zur Opposition abgewandert. Doch diese zeigte sich eben nicht einheitlich. Gemeinsam verfügten CDU und AL über eine komfortable Mehrheit im Parlament – doch ihr Selbstverständnis schloß jede Form der Zusammenarbeit von vornherein aus.

Der Weg zur Regierungsbildung

Die FDP in der Zerreißprobe

Richard von Weizsäcker sah in diesem Ergebnis einen „klaren Auftrag" zur Regierungsbildung für sich und die CDU.[114] Die Vertreter der anderen Parteien pflichteten ihm in dieser Ansicht bei. Weizsäcker mußte sich um mindestens zwei Abgeordnete bemühen, die seine Politik mitzutragen bereit waren. Die Lösung konnte in einer Großen Koalition mit der SPD, einer christlich-liberalen Koalition mit der FDP oder einer Unterstützung ohne echte Koalitionsvereinbarung bestehen. Wären von Weizsäcker und die CDU daran gescheitert, so wäre Hans-Jochen Vogel weiterhin im Amt geblieben. Eine solche Konstruktion hätte bis zu regulären oder vorgezogenen Neuwahlen

[113] Die WUB verlor zwei ihrer Mandate in der BVV, blieb zwar mit 9,3% der Stimmen drittstärkste Fraktion, erlangte jedoch nur noch vier Sitze und mußte deshalb den Stadtratsposten abgeben, vgl. *Wahlen in Berlin...* (s.o. Anm. 105), S. 78 ff.

[114] Richard von Weizsäcker am Wahlabend im *ZDF* (zitiert nach der Kommentarübersicht des Bundespresseamtes).

andauern können, da die Berliner Verfassung das konstruktive Mißtrauensvotum nicht vorsah, ein einfaches Mißtrauensvotum gegen den Regierenden Bürgermeister oder einzelne Senatsmitglieder rückwirkend unwirksam geworden wäre, wenn kein anderer Kandidat die notwendige Mehrheit erreichte. Wohlwissend um diesen Amtsvorteil konnte der Regierende Bürgermeister am Wahlabend erklären, seine Partei werde in die Opposition gehen. Damit entzog das noch amtierende Stadtoberhaupt sich und die SPD der Verantwortung für die Umsetzung des Wählerwillens.[115] Da auch Neuwahlen nicht ohne die zur Zweidrittelmehrheit nötigen Stimmen der SPD zu beschließen waren, konnten die Sozialdemokraten den Bemühungen Richard von Weizsäckers gelassen entgegen sehen, soweit angesichts der verheerenden Niederlage Gelassenheit noch geblieben war. Eine Koalition von SPD, FDP und AL war schon vor der Wahl ausgeschlossen worden. Die einzig verbliebene Chance auf Regierungsbeteiligung – die Position des Juniorpartners in einer Großen Koalition mit der CDU – wurde vom SPD-Landesvorstand am Morgen nach der Wahl ausgeschlossen, noch bevor es überhaupt ein Angebot der CDU gegeben hatte. Mit der Ankündigung, einen Amtsbewerber von Weizsäcker auch nicht lediglich dulden zu wollen, verabschiedete sich die SPD aus der Diskussion um eine regierungsfähige Mehrheit.

Viel schwieriger gestaltete sich die Situation für die FDP. Angst mußten die Liberalen vor Neuwahlen haben, auf deren Termin sie keinen Einfluß hatten, wenn sich die beiden großen Parteien dazu entschließen sollten. Nach den eben erstrittenen Neuwahlen die Berliner gleich ein weiteres Mal zu den Urnen zu rufen, erschien vielen Beobachtern und Handelnden aber ohnehin nicht opportun. Schon wurden Erinnerungen an Weimar kolportiert, für den Fall, daß 92% der Stimmen für die bisher staatstragenden Parteien nicht zur Regierungsbildung ausreichen sollten.[116] Die Abgeordneten der FDP sahen sich vor die Alternative gestellt, ins Lager Richard von Weizsäckers überzuwechseln oder bei einer Wiederholungswahl unterzugehen. Mit dem Ausscheiden der FDP wäre das Problem der Mehrheitsbildung im Parlament auf einen Schlag gelöst gewesen. In dieser Schärfe stellte sich die Entscheidung aber nur für die Abgeordneten. Die Mitglieder

[115] Vogel betonte: „Unsere Wahlaussage war: keine Koalition mit der CDU und keine Koalition mit der Alternativen Liste“, im *ZDF* am 10. 5. 1981 (zitiert nach der Kommentarübersicht des Bundespresseamtes).

[116] *Berliner Morgenpost* vom 17. 5. 1981.

konnten ihre linksliberale Politik schließlich auch in der Opposition und ganz ohne Parlamentsfraktion treiben. Eine Koalition mit der CDU mußte der gesamte Landesverband beschließen. Eine Duldung unterhalb eines solchen Bündnisses aber lag allein in der Entscheidung der Abgeordneten: Nur dem eigenen Gewissen unterworfen, hatte jeder Abgeordnete die Möglichkeit, seine Stimme von Weizsäcker, den Senatoren und dem bewilligungspflichtigen Teil der Regierungserklärung zu geben. Politisch hätte dies einen Verstoß gegen die Position des Landesverbandes bedeutet: Das Wort vom „Umfallen" der FDP stand vor einer Wiederbelebung.

Die Ablehnung jeder Zusammenarbeit mit der CDU sicherte aber noch keinen handlungsfähigen Senat. Ein Festhalten an der bestehenden Regierung unter Vogel angesichts einer uneinigen Opposition wurde aber auch von den Liberalen nicht gefordert. Da weder Alternative Liste noch Sozialdemokraten sich an der Suche nach einer Lösung beteiligen mochten, hing die weitere Entwicklung der Berliner Demokratie von den Berliner Liberalen ab. Richard von Weizsäcker hielt sich an die Gepflogenheiten und richtete ein Koalitionsangebot an den Landesvorsitzenden der FDP. Landeschef Kunze unterbreitete seinem Landesvorstand die Vorstellungen von Weizsäckers in der Vorstandssitzung vom 19. Mai.[117] Um eine inhaltlichen Annäherung an die FDP zu erreichen, machte Weizsäcker den Liberalen konkrete Angebote: Mit den Hausbesetzern sollte nach der „Berliner Linie" des bisherigen Senats verfahren werden, die Mietpreisbindung sollte beibehalten werden, die Westtangente nicht gebaut und auch keine Regelanfrage für Bewerber für den öffentlichen Dienst praktiziert werden. Daneben sollte die Bereitschaft zur Förderung freier Gruppen eine liberale Kulturpolitik der CDU signalisieren. Weizsäcker setzte sich also über jahrelange Forderungen der Berliner CDU hinweg.

Während sich die Fraktion der Liberalen bereits für die Aufnahme von Verhandlungen ausgesprochen hatte, geriet der Landesvorstand in eine Zerreißprobe. Neben der Koalition, die – seit langem – von Hermann Oxfort,[118] aber auch vom wiedergewählten Horst Vetter gefor-

[117] Protokoll der Sitzung in: Akte „LaVo 81" beim Landesverband der FDP.

[118] Oxfort äußerte sich am 12. 5. 1981 im *NDR*: „Ich glaube schon, daß die FDP sich in erster Linie am Wohl des Ganzen, am Staatswohl orientieren muß und nicht in erster Linie nach ihrem persönlichen Geschmack fragen darf." In diesem Tenor waren die Aufforderungen auch der CDU und vieler Kommentatoren an die FDP-Parlamentarier gehalten.

dert wurde, und der eindeutigen Oppositionshaltung, wie sie vom linksliberalen Flügel verlangt wurde, erhielt die Variante der Duldung wachsendes Gewicht. Der Bundesvorstand unter Parteichef Genscher hatte bereits unmittelbar nach der Wahl dem Berliner Landesverband die Empfehlung gegeben, eine Regierungsbildung durch von Weizsäkker zu ermöglichen. In der Vorstandssitzung am 19. Mai sprachen sich sowohl der Landesvorsitzende Kunze als auch Bürgermeister Brunner für die Tolerierung eines CDU-Senats und damit gegen eine Koalition und gegen Neuwahlen aus.[119] Der hier angenommene Leitantrag versuchte, diesen politischen Spagat zu erklären: „Um die Oppositionsrolle wahrnehmen zu können, ist – neben der SPD-Fraktion – die FDP-Fraktion aufgefordert, die Neubildung eines Senates möglich zu machen."

Nun hatten die Mitglieder das Wort. Ein eilends anberaumter außerordentlicher Landesparteitag am 22. Mai 1981 bot den Delegierten das Forum für eine Debatte über die verschiedenen Anträge. Der Vorstand befürwortete die mittlere Position der Duldung eines Minderheitssenats der CDU. Parteichef Kunze versuchte, einen Konsens in diesem Sinne herbeizuführen, um den Streit zwischen Koalitionsbeteiligung und Oppositionsrolle nicht eskalieren zu lassen. Außerdem war Kunze natürlich klar, daß ein Parteitagsbeschluß wohl für den Parteivorstand bindend war, aber kein imperatives Mandat für die Abgeordneten darstellte. Der Generalsekretär der Bundespartei Verheugen forderte die Delegierten im Namen des Bundes- und des Landesvorstands auf: „Der CDU eine Chance geben!"[120] Dennoch stimmte auf dem Parteitag, der „mit Gefühlen aufgeheizt und von persönlichen Entgleisungen auf allen Seiten" gekennzeichnet war,[121] die Parteibasis für die „reine Lehre". Mit 134 Ja- gegen 93 Nein-Stimmen bei 3 Enthaltungen der Delegierten wurde der weitestgehende Antrag angenommen:

„1. Die FDP lehnt eine Koalition mit der CDU ab.
2. Die FDP wird sich gegen eine Regierungsbildung durch die CDU unter allen Umständen einsetzen.
3. Die FDP wird in keiner Form einen CDU-geführten Senat unterstützen oder dulden und deshalb
4. keine Koalitionsverhandlungen mit der CDU führen."[122]

[119] Protokoll der Sitzung in: Akte „LaVo 81" beim Landesverband der FDP.

[120] Zitiert nach: *Freie Demokratische Korrespondenz* vom 22. 5. 1981.

[121] *Berliner Liberale Zeitung* vom 27. 5. 1981.

[122] Protokoll in: Akte „außerordentl. LPT am 22. Mai 1981" beim Landesverband.

Diese kompromißlose Haltung des höchsten beschlußfassenden Organs der Berliner Partei brachte den Liberalen schwerste Kritik ein. Nervös und gereizt verfiel von Weizsäcker nun in Polemik. Die klare Haltung und das glaubwürdige und plausible Festhalten an der schon vor den Wahlen vertretenen Politik der FDP-Mitglieder verunglimpfte er als „Gesinnungsfanatismus".[123] Doch auch der eigene Parteisekretär Verheugen sprach vom „kollektiven Selbstmord".[124] Nun wurden das „Wohl der Stadt" und die Staatsraison bemüht, um die Berliner FDP nicht in die „Verweigerungskoalition" mit SPD und AL zu entlassen.[125] Von Weizsäcker „drohte" nun mit baldigen Neuwahlen und verfocht die Konstruktion des geduldeten Minderheitssenats. Als Vogel und Brunner vor der Wahl über das Verbleiben im Amt als Minderheitssenat nachdachten, hatte Weizsäcker dies noch verwerflich gefunden. Der alte und neue FDP-Fraktionschef Vetter erinnerte daran, daß es keine rechtliche Grundlage gebe, die die „Abgeordneten zu einem bestimmten Stimmverhalten verpflichtet".[126] Unterstützung erhielten die potentiell Abtrünnigen aus Bonn. Die auf Machterhaltung bedachten Pragmatiker um Parteichef Genscher befürworteten eine Duldung von Weizsäckers. Der Bundesvorstand der FDP rief am 25. Mai 1981 die Berliner Abgeordneten auf, den Beschluß ihres Landesparteitags zu mißachten.[127] Die Hinwendung zur CDU wurde im Fall Berlins von der Bundespartei also nicht etwa nur geduldet, sondern unter Inkaufnahme starker Proteste eines ganzen Landesverbandes sogar gebilligt und betrieben. Auch Genscher bemühte die Geschichte, er wolle in Berlin nicht durch die Verweigerung der FDP-Stimmen Entwicklungen in Gang gesetzt sehen, „an denen Weimar letztlich gescheitert ist".[128] Nun eskalierte der Disput in Berlin. Am

[123] Im Interview mit dem *WDR* am 23. 5. 1981 (zitiert nach der Kommentarübersicht des Bundespresseamtes).

[124] Verheugen, zitiert nach: *Süddeutsche Zeitung* vom 25. 5. 1981.

[125] Parteichef Genscher, zitiert nach: *Süddeutsche Zeitung* vom 27. 5. 1981.

[126] Im Interview mit dem *WDR* am 23. 5. 1981 (zitiert nach der Kommentarübersicht des Bundespresseamtes). Schon am 12. Mai 1981 war der Parteichef Kunze in einem Interview mit der *tageszeitung* gefragt worden, ob sich die Fraktion an das Votum eines Parteitages halten werde. Er antwortete: „Davon gehe ich aus, das ist ja der Sinn der Veranstaltung. Unsere Satzung gilt auch für die Fraktion. Im übrigen mache ich mir darüber keine Gedanken. Wenn ich anfinge, darüber nachzudenken, wird ja alles völlig beliebig."

[127] Wortlaut der Presseerklärung z. B. in: *Der Tagesspiegel* vom 26. 5. 1981.

[128] Zitiert nach: *Berliner Morgenpost* vom 30. 5. 1981.

zweiten Juni 1981 stimmte die neue Fraktion über eine Tolerierung Weizsäckers ab: Mit vier zu drei Stimmen sprach sie sich mehrheitlich dafür aus.[129] Die Mehrheit war bereit, der Wahl einer reinen CDU-Regierung und sogar der Verabschiedung eines völlig unbekannten zukünftigen Haushaltsgesetzes zuzustimmen: „Die Fraktion erstrebt keine Koalition und auch keine koalitionsähnlichen Verbindungen. Im Interesse der Stabilität und Regierungsfähigkeit der Stadt wird die FDP-Fraktion ihre Oppositionsrolle in konstruktiver Weise wahrnehmen."[130]

Unter Berufung auf die ihnen vom Grundgesetz eingeräumte Gewissensfreiheit gaben sie die Gewährleistung der Regierungsfähigkeit des Gemeinwesens Berlin als Motiv dafür an, den Beschluß der eigenen Partei zu ignorieren. Das „geringste Maß an Zustimmung, die sich jenseits des Neins denken läßt", wollte Parteichef Genscher jetzt realisiert sehen.[131] Richard von Weizsäcker versicherte gleichwohl eine Woche vor der anberaumten Wahl den Liberalen, daß eine spätere Koalition nicht ausgeschlossen sei. Auch ihm war die nie dagewesene-Form des Minderheitssenats nicht ganz geheuer.

Am 2. Juni forderte der Landesausschuß der FDP die eigenen Abgeordneten auf, ihre Mandate an die Partei zurückzugeben. Obwohl keiner der sieben Abgeordneten ein Direktmandat erhalten hatte, sondern alle über die Zweitstimme – also die für die Partei abgegebene Stimme – ins Rathaus gelangt waren, gab es doch keine rechtliche Möglichkeit, den gewählten Abgeordneten die Parlamentssitze zu entziehen. Die Alternative Liste verbreitete angesichts des Unmuts in den Reihen der Mitglieder der FDP die Stellungnahme, daß die AL die Vorgänge in der FDP als weiteren Grund dafür ansehe, ihre eigenen Abgeordneten an ein imperatives Mandat zu binden.

Die Wahl Richard von Weizsäckers und des CDU-Senats

Erst nach dieser Entscheidung der FDP-Abgeordneten stellte Richard von Weizsäcker sein Kabinett vor und beendete damit das

[129] Vetter, Brunner, Rasch und Swinne stimmten dafür. Vgl. das Protokoll der Fraktionssitzung in: Akte „9. Legisl.P. Protokolle Fraktionssitzungen vom 2. 6. 81 bis 8. 5. 85" bei der Fraktionsgeschäftsstelle.

[130] Abdruck des Wortlauts der Erklärung z. B. in: *Der Tagesspiegel* vom 3. 6. 1981.

[131] Zitiert nach: *Berliner Morgenpost* vom 2. 6. 1981.

auch in der CDU mißmutig aufgenommen Taktieren um ein Freihalten von Senatssesseln für etwaige FDP-Senatoren. Auffällig war zunächst, daß Fraktionschef Diepgen in diesem Amt bestätigt wurde und auf ein Senatorenamt verzichtete. Er übernahm die schwierige Aufgabe, nicht nur die eigene Fraktion zusammenzuhalten, sondern vor jeder wichtigen Abstimmung für die notwendigen Stimmen aus den Reihen der Oppositionspartei FDP zu sorgen. Mit dieser Aufgabe machte er sich dem Regierenden Bürgermeister von Weizsäcker unentbehrlich. Es wurde ihm bei der Nachfolgeregelung 1983 gelohnt. Mit einem Einzug ins Kabinett wäre Diepgen nur einer unter mehreren jungen Leuten gewesen. Neben Vertretern „der jungen Garde" rückte auch Heinrich Lummer in die erste Reihe, der als Präsident des Abgeordnetenhauses ministrabel geworden war. Er repräsentierte als letzter die alte Führungsriege der Berliner Union und wurde, um diese nicht zu verprellen, Innensenator und Bürgermeister. Lummer galt „mehr als Mann der Konfrontation als der Integration", so daß diese Bestellung manchem „zu Bedenken Anlaß" gab.[132] Der Sozialexperte Norbert Blüm bekleidete nicht wie erwartet das Amt des Senators für Arbeit und Soziales, sondern hielt sich zum Befremden vieler als Bundessenator in Bonn präsent, um weiterhin seine Aufgaben als Vorsitzender der CDU-Sozialauschüsse in Bonn erfüllen zu können.

Am 10. Juni 1981 endete mit Hans-Jochen Vogels Rücktrittserklärung die fast drei Jahrzehnte währende politische Führungsrolle der Sozialdemokratie in Berlin. Das Parlament der 132 Abgeordneten war daraufhin zur Wahl Richard von Weizsäckers aufgefordert. Von 65 CDU-Abgeordneten, sieben FDP-Vertretern, 51 Sozialdemokraten und neun Abgeordneten der Alternativen Liste stimmten 69 mit Ja, 61 mit Nein, zwei Mandatsträger enthielten sich.[133] Die erforderliche Mehrheit von 67 Stimmen war damit übertroffen: Richard von Weizsäcker wurde neuer Regierender Bürgermeister von Berlin.

Nachdem auch Heinrich Lummer, konservativer Gegenpol zum Regierenden Bürgermeister im Kabinett, 68 Stimmen erhalten hatte, konnte eine CDU-Abgeordnete mit Geburtswehen ins Krankenhaus entlassen werden – der spannendste Teil der Abstimmung war für die

[132] Peter Jochen Winters, in: *FAZ* vom 9. 6. 1981. *Der Tagesspiegel* sprach von „Irreführung" der Wähler durch die Berufung Lummers zum Innensenator und Blüms zum Bundessenator, Ausgabe vom 7. 6. 1981.

[133] *Plenarprotokoll*, 9. W.P., 11. 6. 1981, S. 18.

CDU erfolgreich verlaufen. Bei der Abstimmung über die übrigen Senatsmitglieder kam es dann doch noch zu einem Eklat: Der Kandidat für das Amt des Wirtschaftssenators, Pieroth, fiel durch. 64 Abgeordnete der CDU beteiligten sich an der Wahl Pieroths, er erhielt gleichwohl nur 63 Stimmen. Falls auch er vier Stimmen der FDP erhalten hatte, waren fünf CDU-Abgeordnete ihrem Chef nicht gefolgt. Das Wort von der „rheinland-pfälzischen Mafia" machte die Runde. Zu kurz gekommene Berliner CDU-Abgeordnete wollten ihr Mütchen am neuen Regierenden Bürgermeister kühlen, der so viele Westdeutsche auf die jahrzehntelang anvisierten Senatssessel gehievt hatte. Anders als Stobbe 1979 bestand von Weizsäcker auf seinem Kandidaten und schlug Pieroth ein zweites Mal vor: Nun erhielt dieser die Mehrheit. Gleich bei Amtsantritt bewies Weizsäcker damit, daß er aus dem Fehler Stobbes gelernt hatte. Auch er mußte erkennen, daß in den eigenen Reihen politische Gegner saßen.[134] Jetzt aber hatte erstmals ein reines CDU-Kabinett die Führung der politischen Geschäfte im Rathaus Schöneberg übernommen.

Richard von Weizsäcker in der Verantwortung für die Stadt

Mit dem sogenannten Minderheitssenat kehrte die Stabilität zurück. Ein solcher „Minderheitssenat" ist nämlich dem Gegenteil von dem, was man mit seinem Namen verbindet, verpflichtet: dem Konsens, der Mehrheitsfähigkeit von Entscheidungen. So entstand ein Zwang zur Mäßigung, zum Kompromiß, zur Toleranz – denn das neue Stadtoberhaupt wollte ja selbst toleriert werden. Richard von Weizsäcker wußte dies, und er wußte dies zu nutzen – auch als Disziplinierungsinstrument für die Vertreter seiner Partei, die geglaubt hatten, nun würde es in Berlin ans ganz große Aufräumen gehen. In seiner Regierungserklärung betonte er den Zwang der Situation, die „den Senat im besonderen Maß zu einer offenen, auf Konsens über Fraktionsgrenzen hinauszielenden Politik veranlassen" werde.[135] Der Zwang, auf jede Stimme aus den eigenen Reihen angewiesen zu sein, engte den Spielraum der Fraktion ein. Weizsäcker begann seine Antrittsrede mit kritischen, scheinbar selbstkritischen Tönen. „Politische Führung und

[134] Vgl. *Weizsäckers Heckenschützen – zwischen unsicheren Kantonisten in FDP und CDU muß der Regierende balancieren*, in: *Rheinischer Merkur* vom 19. 6. 1981.
[135] *Plenarprotokoll*, 9. W.P., 2. 7. 1981, S. 115–124 (115).

öffentliche Verwaltung haben an Glaubwürdigkeit verloren. – Provinzialisierung macht sich breit. – Es reicht nicht, daß die Regierung gewechselt wurde. – Glaubwürdigkeit ist Voraussetzung dafür, daß politische Führung in der Demokratie Vertrauen gewinnen kann." Auf dieser konsensfähigen Basis äußerte er sich sodann über seine Vorstellungen: In der Wirtschaft solle „Leistung mehr zählen als Subventionen", die Ausländer sollten entweder in die Heimat zurückkehren oder sich entschließen, „auf Dauer Deutscher zu werden", der Senat wolle die „Sicherheit auf den Straßen wiederherstellen", die Mietpreisbindung solle von 1983 an nicht mehr für Neuvermietungen gelten.[136] „Das Strukturprinzip dafür ist die Subsidiarität", erklärte das Stadtoberhaupt seine Philosophie: „Es verlangt die Vorfahrt für die jeweils kleinere Gemeinschaft. Gemeinde, freie Träger, Initiativgruppen, Nachbarschaft, Familie und soziale Dienste können mehr Bürgersinn und Bürgerverantwortung erzeugen als die große und anonyme Betreuung." Gerade in diesem Punkt aber traf er auf die Kritik der Sozialdemokraten wie der AL. Hans-Jochen Vogel mahnte die Solidarität mit den Schwachen an, er befürchtete einen Abbau staatlicher Leistungen.[137] Der AL-Vertreter konstatierte: „Es bleibt nichts übrig vom Gemeinsinn und der Harmonie Herrn von Weizsäkkers", wenn nicht nur die „Nachteile der staatlichen Sozialpolitik", sondern auch die „gesellschaftlichen Errungenschaften" beseitigt würden. Anders als die AL fand die SPD aber auch zustimmende Worte für Weizsäckers Programm, insbesondere in den Punkten S-Bahn-Integrierung, Mieterschutz und Bezirksverwaltungsreform und ausdrücklich auch in der Deutschlandpolitik. Daraufhin hatte sich auch das *Neue Deutschland* zu Wort gemeldet. *ADN* warf dem Stadtoberhaupt nationalistische Töne vor. Weizsäckers Bekenntnis zur ungeteilten Nation war der Staatsagentur eine Drohung wert: Weizsäcker werde doch hoffentlich rechtzeitig erkennen, „daß man, wenn man auf einer Insel lebt, sich das Meer nicht zum Feind machen darf".[138]

[136] Siehe dort und die Richtlinien als *Drucksache*, 9. W.P., Nr. 63.

[137] Siehe Vogels Beitrag in der Debatte um die Regierungserklärung, *Plenarprotokoll*, 9. W.P., 16. 7. 1981, sowie das Protokoll der SPD-Landesvorstandssitzung am 3. 7. 1981, in: Akte „LaVo 11. 01. 1982 bis 07. 06. 1982" (in der sich auch Protokolle von 1981 finden) beim Landesverband. Die SPD kritisierte die Ausländer-, die Hochschul- und die Verkehrspolitik.

[138] *Den Mund zu voll genommen*, in: *Neues Deutschland* vom 4. 7. 1981.

Zu vermerken gilt auch, was Weizsäcker nicht sagte. Er gab die Frontstellung aus dem Wahlkampf auf und verzichtete auf jede Verdammung seiner Amtsvorgänger. In der Frage des Umgangs mit den Hausbesetzern wurde so ein breiter Konsens erzielt. Ein Antrag der SPD(!) auf Bekräftigung der „Berliner Linie“ bekam eine breite Mehrheit. Bei namentlicher Abstimmung votierten die SPD, die FDP und die CDU geschlossen für diesen Antrag, lediglich die AL mochte sich hier nicht solidarisieren. Schon in seiner ersten Arbeitssitzung hatte das neue Kabinett beschlossen, im Umgang mit den Hausbesetzern keinen schärferen Kurs einzuschlagen. Auch das von Vogel und Brunner zu Beginn des Jahres beschlossene 20-Millionen-Sofortprogramm für eine bessere Wohnraumversorgung, das damals von der CDU verurteilt worden war, wurde vom neuen Senat übernommen.

Richard von Weizsäcker wußte um die Notwendigkeit, die gewalttätigen Chaoten von den Protest übenden, ansonsten friedlichen Hausbesetzern zu trennen. Gedankt wurde ihm – wie auch schon Vogels Senat – dies nicht. Schwere Krawalle Ende Juni 1981 versetzten die Bevölkerung in Aufruhr. Jetzt forderten etliche Berliner die „Wende“ ein: Nicht nur von Filz und Korruption, sondern auch von Randale und Rechtsbruch hatten sie sich mit ihrer Stimme für die CDU befreien wollen. Die Hausbesetzerproblematik blieb virulent während der gesamten Amtszeit Richard von Weizsäckers. Es sollte noch mehrerer Jahre zähen Verhandelns bedürfen, ehe mit einer Zahl von Besetzern Nutzungsverträge geschlossen und die Förderungsrichtlinien so geändert wurden, daß es für Eigentümer attraktiv wurde, auch wieder preiswert hergerichteten Wohnraum anzubieten.

Die gegenseitige Blockierung der Opposition

Das Abgeordnetenhaus wurde nicht nur durch die nie dagewesene Konstruktion des sogenannten Minderheitssenats herausgefordert. Mit dem Einzug der Alternativen Liste ins Berliner Parlament wurde auch dort ein Konsens aufgekündigt, der über alle Parteigrenzen hinweg stets selbstverständlich gewesen war. Die drei Fraktionen von CDU, SPD und FDP änderten den § 32 III der Geschäftsordnung des Abgeordnetenhauses dahin, daß Gesetze nur noch mit der Mehrheit des Parlaments an einen Ausschuß überwiesen werden konnten. Eine Verzögerung durch Verweisung an einen Ausschuß anstelle der unmittelbaren Übernahme von Bundesgesetzen barg das

Risiko, daß es zu einer Rechtsungleichheit zwischen Bund und Berlin zumindest für eine kurze Zeit kommen konnte. Die Rechtseinheit erschien der AL nicht als Wert an sich: Dieser „formale Grund" könne für die AL „nicht das einzige Kriterium" sein.[139] Auch auf die Frage, wie sie mit Geheimakten umzugehen planten, antwortete der Sprecher: „Wir werden damit so umgehen, wie wir es für richtig halten."[140]

Wie vertrug sich solch aufgesetzte Renitenz mit der Analyse der Wählerschaft? „Von allen Berlinern mit Abitur stimmten zwanzig Prozent für die Alternative Liste",[141] erbrachte eine Untersuchung. Zu erklären ist der „Einbruch des jugendlichen Aktionismus in die Politik" in Berlin nur mit den sich ändernden Existenzbedingungen nach dem Vier-Mächte-Abkommen. Das nachlassende Gefühl der Bedrohung und das im Bewußtsein gerade der jüngeren, von Westdeutschland zugereisten Berliner nachlassende Wissen um die Notwendigkeit der Anwesenheit der Schutzmächte bewirkten eine von Emotionen geprägte Haltung gegenüber den Amerikanern. Die Gesinnung der „Aussteiger" und vieler Sympathisanten triumphierte über die Erfahrungen, die viele Berliner in den vorangegangenen Jahrzehnten leidvoll hatten machen müssen. Bei einer Handvoll Radikaler, die sich gleichwohl Gehör zu verschaffen wußten, stand nicht nur eine Äquidistanz zu den USA und der Sowjetunion auf dem Banner – vielmehr wurde gerade den Amerikanern ein Haß entgegengeschleudert, der nicht rational zu erklären war. Die Besuche des amerikanischen Außenministers Haig im September 1981 und des Präsidenten Reagan im Juni 1982 nahmen etliche Berliner zum Anlaß, sich Straßenschlachten mit der Polizei zu liefern.[142] Die SPD geriet darob in eine schwere inhaltliche Auseinandersetzung. Als sich die Jungsozialisten an dem

[139] Zitiert nach: *Der Tagesspiegel* vom 13. 5. 1981.

[140] Zitiert nach: *Berliner Morgenpost* vom 13. 5. 1981. Der Sicherheitsausschuß des Parlaments wurde von den anderen drei Fraktionen aufgelöst, um die AL nicht daran beteiligen zu müssen. *Der Spiegel* behauptete in der Ausgabe vom 14. 12. 1987, dies sei auf Anraten der Alliierten geschehen. Seit ihrer Gründung war die AL bis 1990 von insgesamt 65 V-Leuten (verdeckten Ermittlern) des Verfassungsschutzes überwacht worden, *Der Tagesspiegel* vom 30. 3. 1990.

[141] *Alternative unter demoskopischer Lupe. Die „reinen" Leute für eine bessere Sache*, in: *Die Zeit* vom 29. 5. 1981.

[142] Siehe dazu auch die Erinnerungen Haigs an seinen Berlin-Besuch, in: Alexander M. Haig, *Caveat. Realism, Reagan and Foreign Policy*, New York 1984.

Aufruf gegen den Besuch Alexander Haigs beteiligten, kam es zu erbitterten Diskussionen.[143]

Die Meinungsverschiedenheiten über den richtigen Umgangston des Westens mit der sowjetischen Regierung angesichts der Vorgänge in Afghanistan und Polen und insbesondere die Debatte über die Notwendigkeit der konsequenten Durchführung des NATO-Doppelbeschlusses machten die Situation für die Sozialdemokraten kompliziert. Kritische Meinungen, jede oppositionelle Haltung von Sozialdemokraten gegenüber der NATO oder der amerikanischen Regierung erzeugten den Ruch der Undankbarkeit und der Infragestellung der amerikanischen Präsenz in Berlin. In gewohnt deutscher Dramatisierung wurde diese Haltung im übrigen in Berlin und der Bundesrepublik wesentlich dramatischer gesehen als von den amerikanischen Diplomaten und Militärs. Als etwa in der Auseinandersetzung mit den Gewalttätigen unter den Hausbesetzern die Forderung auftauchte, die alliierten Truppen der Schutzmächte sollten auch zum Schutz der inneren Ordnung in Berlin eingesetzt werden, wurde allein der Gedanke von den Stadtkommandanten als abwegig verworfen. In den Hausbesetzerkonflikt haben sich die Alliierten nicht eingemischt, sie haben nicht einmal einen Rat gegeben.[144]

Die SPD sah sich weiterhin zwischen CDU und AL eingezwängt, ihre Mitglieder neigten entweder der Haltung der Union oder der der AL zu. Die SPD-Führung aber mochte sich nicht in eine Ecke mit der AL stellen lassen. Im September 1981 kam es zu einer großen Diskussion über die richtige Haltung gegenüber dem Senat. Anläßlich der von Innensenator Lummer vorgenommenen polizeilichen Räumung einer Zahl von Häusern war bei den anschließenden Straßenschlachten mit der Polizei einer der Hausbesetzer unter die Räder eines Linienbusses geraten. Der junge Mann starb noch am Unfallort. Die Gewaltbereitschaft wuchs daraufhin bei der Szene, die AL und auch die SPD planten ein Mißtrauensvotum gegen den Innensenator Lummer und den für die Wohnungssituation verantwortlichen Bausenator Ulrich Rastemborski. Hans-Jochen Vogel hatte unmittelbar

[143] Siehe dazu die Protokolle des Landesvorstands, insbesondere die Rüge des Vorstands in der außerordentlichen Sitzung am 7. 9. 1981, in: Akte „Landesvorstand 3. 4. 81 – 14. 12. 81" beim Berliner Landesverband.

[144] Calvert P. Benedict, U.S.-Stadtkommandant 1978–1981, im Gespräch mit dem Verf., 30. 8. 1989. Auch Hans-Jochen Vogel bestätigte im Gespräch mit dem Verf. die gleiche Haltung des französischen Kommandanten, Protokoll, S. 10 (s.o. Anm. 39).

zuvor in einem Schreiben an Weizsäcker ein Räumungsmoratorium erbeten.[145] In langen Diskussionen rückte die SPD-Fraktion dann von dem Mißtrauensantrag wieder ab, da die AL die Konfrontation mit dem Senat suchte, die SPD aber an der Behebung der Mißstände interessiert war. Vogel mußte sich in der Fraktion, aber auch von der Basis belehren lassen, daß die Mehrheit der Berliner Sozialdemokraten den Unglücksfall im Zusammenhang mit der Räumung nicht zu einem Vorgehen gegen den Senat genutzt sehen wollte. Gegen das Versprechen, eine „Friedensrunde" mit allen relevanten Gruppen durch den Regierenden Bürgermeister einberufen zu lassen, zog die SPD-Fraktion ihre Anträge zurück. Diese vernünftige Position brachte ihr wenig Pluspunkte ein: CDU und AL blieben als Antagonisten meinungsbildend. Auf wessen Seite auch immer sich die SPD-Führung schlagen mochte: die Kritik eines Teils der Mitglieder war gewiß. Aus diesem Dilemma sollte sie während der achtziger Jahre nicht mehr herauskommen. Die SPD erlag in den folgenden Jahren der Umklammerung durch die übrigen Parteien. Nachdem Hans-Jochen Vogel am 1. November 1982 seine Berufung zum Kanzlerkandidaten der SPD verkündet hatte, verzettelte sich die Partei zusehends und verfing sich in einer „Position der Regierungsunfähigkeit".[146]

Da Vertreter der Alternativen Liste auch die Gewalttätigkeiten einzelner Randalierer rechtfertigten und sich zu der Kapriole verstiegen, es könne „illegale" Gewalt gleichwohl „legitim" sein, zwangen sie die Sozialdemokraten gleichsam zum Schulterschluß mit der Regierung, die das Gewaltmonopol des Rechtsstaats betonte. Der Verzicht auf jegliche Kompromisse, gleichsam durch Verhandlungen eine Art „Koalition der Oppositionsparteien" gegen die CDU-Fraktion zu erreichen, mußte scheitern. Die Oppositionsparteien konnten sich nicht auf eine Position einigen. Dies war ein wichtiger Überlebensfaktor für den Senat.

[145] Kopie des Schreibens in: Akte „Landesvorstand 3. 4. 81 – 14. 12. 81" beim Landesverband der SPD.

[146] So im Rückblick der Landesvorsitzende Peter Ulrich in der Fraktionssitzung am 21. 3. 1985 nach den verlorenen Wahlen des SPD-Spitzenkandidaten Apel gegen den Regierenden Bürgermeister Diepgen. Auf dieser Sitzung wurde umfassend und offen die eigene Arbeit in den zurückliegenden vier ersten Oppositionsjahren kritisiert. Protokoll in: Akte „Fraktionsvorstandsprotokoll 1. Sitzung – 28. Sitzung" bei der Geschäftsstelle der SPD-Fraktion.

Die FDP zwischen Unterstützung und Opposition

Die Liberalen führten ihren Zwist zwischen dem Landesverband und den „Abweichlern" in der Fraktion nach der Wahl des Senats am 11. Juni weiter. Auf dem außerordentlichen Parteitag am 27. Juni 1981 wurden aus den Reihen der Mitglieder Anträge jeden Tenors gestellt: die fünf Abtrünnigen auszuschließen oder erst gar kein Verfahren gegen sie einzuleiten genauso wie der Antrag, Parteichef Kunze als „unfähig" abzuwählen.[147] „Die Atmosphäre ist von Feindseligkeit getragen gewesen", klagte Fraktionschef Vetter im Anschluß.[148] Die fünf Abgeordneten, die sich der Parteimeinung widersetzt hatten, wurden heftig gerügt, jedoch nicht umgehend ausgeschlossen. Mit einem solchen Beschluß wäre nämlich der letzte Einfluß auf die Mandatsträger verlorengegangen. Statt dessen wurde ein Schiedsverfahren eingeleitet. Dieses Verfahren wurde schon vor Ablauf eines Jahres zurückgezogen.[149]

Wie hatte Walter Rasch schon vor der Wahl Weizsäckers zu Protokoll gegeben? „Ich bin der Ansicht, daß man das nicht vier Jahre lang machen kann, weil für die FDP-Fraktion auch die Möglichkeiten der Darstellung sehr gering sind. Das Ehrlichste ist, zu sagen: Wir machen das für einen Zeitraum x, und dann muß die Partei entscheiden, ob sie immer noch keine Koalition will."[150] Diesen Willenswandel herbeizuführen sollte eine ganz neue Variante helfen: Die Fraktionsspitze versuchte, die Parteimitglieder auszuwechseln! Urheber dieser Aktion war der Fraktionsvorsitzende Vetter. Neue Mitglieder sollten angesprochen werden, die die Duldungslinie der Fraktion mittragen mochten. Die Parteiorganisation sollte mit Sympathisanten der Duldung unterwandert werden. Vetter verschickte vorbereitete Postkarten an ausgesuchte Berliner. Darin begründete er die Aktion damit, es gelte, „die Politik der Abgeordnetenhausfraktion auch innerparteilich zu unterstützen". Mehr als 60 000 dieser Karten ließ Vetter drucken

[147] Die Anträge liegen vor in: Akte „außerordentlicher LPT 27. 6. 81" beim Landesverband.

[148] Im Interview in der *Tagesschau* vom 27. 6. 1981 (zitiert nach der Kommentarübersicht des Bundespresseamtes).

[149] Sämtliche Anträge und Beschlüsse in dieser Angelegenheit, die mit der Erledigungserklärung des Beschlusses 22/81 vom 20. 4. 1982 endete, finden sich in der Akte „Landesschiedsgericht Vetter, Brunner, Rasch, Dittberner, Swinne" beim Landesverband Berlin.

[150] Rasch im Interview im *Spiegel* vom 1. 6. 1981.

mit werbenden Worten, die der Politik der Mehrheit der Mitglieder widersprachen.[151] Der Vorstand beschloß daraufhin, ein Parteiordnungsverfahren gegen Vetter mit dem Ziel des Ausschlusses einzuleiten. Auch Genscher und Lambsdorff distanzierten sich von dieser Postkartenaktion, die die Mitgliederschaft in zwei Lager spaltete. Doch auch in diesem Fall kam es nicht zum Ausschluß. Sein Abgeordnetenmandat hätte Vetter nämlich auch dann behalten. Vetter sprach sein Bedauern aus und traf mit der Partei eine Vereinbarung, mit der die Angelegenheit aus der Welt geschafft werden sollte.[152]

Der Tenor der FDP-Kooperation im Parlament lautete etwas konfus: „Konstruktive Opposition heißt im Grundsatz opponieren und dennoch gestalten bzw. gestaltend opponieren."[153] In der Praxis hieß dies, daß die Beschlüsse des Senats mitgetragen wurden. Die Zeit spielte für die „Abweichler". Noch vor dem Scheitern der sozialliberalen Koalition in Bonn wurde der Versuch gemacht, der FDP auch wieder Senatsposten einzuhandeln. Auf dem Parteitag am 24. April 1982 wurde geheim über einen Antrag abgestimmt, Koalitionsverhandlungen mit der CDU aufzunehmen. Dieser wurde zwar noch mit 166 Nein- zu 32 Ja-Stimmen abgelehnt, aber die Kooperation mit von Weizsäckers Senat wurde schon von 122 Befürwortern gegen 125 Gegner gebilligt. Die Zahl der Austritte erhöhte sich nach dem Abgang der FDP aus der Bundesregierung im September 1982. Ein Drittel des Mitgliederbestandes wurde in den knapp zwei Jahren zwischen der Wahl Weizsäckers und dem Eintritt in die Koalition „in seiner politischen Orientierung grundlegend verändert".[154] Der Parteitag am 12. März 1983 stimmte für die Annahme des Koalitionsangebots von Weizsäckers: 147 Delegierte sprachen sich dafür aus, nur

[151] „Ohne Sie werden die sozialen Kostgänger weiterhin uns allen zur Last fallen. Ohne Sie wird die FDP Berlin weiterhin konstruktive Politik verweigern. Ohne Sie verkümmert die FDP zur AL-Sumpfblüte." Siehe das Material in der Akte „Mitgliederwerbeaktionen ab 22. 5. 1978" beim Landesverband der FDP, Berlin.

[152] Siehe das Protokoll der Landesvorstandssitzung vom 12. 10. 1981, in der Akte „LaVo 81-83" und die „Vereinbarung zur politischen Bewältigung der Postkartenaktion", in: Akte „Landesschiedsgericht... (s.o. Anm. 149).

[153] Geschäftsbericht der Fraktion für den Parteitag im April 1982, S. 3, in: Akte „39. LPT, 24-4-1982", beim Landesverband.

[154] So Jürgen Kunze auf dem 40. Landesparteitag am 12. 3. 1981; nach der Wahl Weizsäckers waren 200 Mitglieder ausgetreten, auf Grund der Vetterschen Postkartenaktion im Winterhalbjahr 1981/82 ca. 500 neue eingetreten. Nach der Wende in Bonn traten 500 Liberale aus dem Landesverband aus, ca. 100 neue kamen hinzu.

noch 93 dagegen.[155] Am 13. März 1983 wurden die Unterhändler für die Koalitionsverhandlungen bestimmt, auch Hermann Oxfort gehörte jetzt wieder zu dieser Gruppe.[156] Als Ergebnis schlossen die Berliner Liberalen am 16. März 1983 eine Koalition mit der CDU.

Hermann Oxfort, *spiritus rector* einer Annäherung der beiden Parteien seit der zweiten Hälfte der siebziger Jahre, wurde nun mit dem Posten des Justizsenators belohnt. Horst Vetter, der in stiller Feinarbeit mit CDU-Fraktionschef Diepgen die Beschlußmehrheit des Senats im Parlament organisiert hatte, erlangte ebenfalls Senatorenehren.

Fazit 1981: Das Jahr demokratischer Premieren

Am Ende des Jahres 1981, das mit so heftigem demokratischen Aufbegehren begann und von außerparlamentarischen, zum Teil gewaltsamen Aktionen aus dem Umfeld der Hausbesetzerszene geprägt war, kehrte in Berlin eine relative Stabilität zurück. Gegründet war diese Beruhigung auf eine Erkenntnis: Zur Senatsführung unter Richard von Weizsäcker gab es keine Alternative.

Die Sorgen der Stadt konnten nicht behoben werden. Die Hausbesetzer und die gewaltbereiten Chaoten sorgten für Unruhe, die wirtschaftlichen Aussichten waren nicht rosig, die Problematik des starken Zuzugs von Ayslbewerbern und die Lösungsansätze auf diesem Gebiet polarisierten die Bevölkerung weiterhin. Und auch das neue Stadtoberhaupt geißelte weiterhin die „unmenschliche und unsoziale Maßnahme“ der Umtauscherhöhung durch die DDR-Regierung.

Aber die hier verfolgte Frage nach dem Funktionieren des demokratischen Systems in Berlin führt gleichwohl zu einer positiven Bilanz des „Drei-Bürgermeister-Jahres“. Während im Frühjahr 1981 in Polen große Manöver mit Beteiligung der Nationalen Volksarmee der DDR, der Roten Armee sowie tschechischen und polnischen Soldaten stattfanden, während die DDR-Regierung mit der Erhöhung

[155] Akte „40. LPT 12. 3. 83“ beim Landesverband.

[156] Protokoll der außerordentlichen Fraktionssitzung am 13. 3. 1983, in: Akte „9. Legisl.P. Protokolle Fraktionssitzungen vom 2. 6. 81 bis 8. 5. 85“ bei der Fraktionsgeschäftsstelle im Rathaus Schöneberg. Die Vereinbarungen sollte auch für eine Zeit nach von Weizsäcker gelten, über dessen Gang nach Bonn schon jetzt diskutiert wurde, Protokoll der Sitzung vom 15. 3. 1983, *a.a.O.*

des Zwangsumtauschsatzes die Besucher aus dem Westen von ihrer Bevölkerung fernhalten wollte, leistete sich Berlin eine Fülle demokratischer Premieren. Die Berliner Bürger mit ihrem Wunsch nach Neuwahlen, der ihnen prompt erfüllt wurde – erfüllt werden mußte; das Parteiensystem, das den sich bis dahin ausgrenzenden, sich „alternativ" verstehenden Bevölkerungsteil integrierte; das Parlament und seine Abgeordneten, das den Sturz des Senats von Dietrich Stobbe genauso erwirkte wie das *Interregnum* Vogels und die Wahl Richard von Weizsäckers; schließlich die drei Regierenden Bürgermeister selbst – sie alle beteiligten sich am „freien Spiel" der demokratischen Kräfte, das nach der Sicherung durch das Vier-Mächte-Abkommen endlich auch in Berlin stattfinden konnte. Gesichert durch die Schutzmächte und deren Abmachungen mit der Sowjetunion und die vertraglichen Bindungen auf der innerdeutschen Ebene, leisteten sich die Berliner ein Jahr lang die Erfüllung eines großen demokratischen Nachholbedarfs. Mit dem ersten Wechsel von Regierung und Opposition bewies die Berliner Demokratie ihre Mündigkeit.

Die Krise der Sozialdemokratie, an deren linkem und rechtem Rand die neue Alternative Liste und die erneuerte CDU erfolgreich für sich warben, und die Zerrissenheit der Berliner FDP, die sich den größten innerparteilichen Streit seit Bestehen des Landesverbandes leistete, müssen trotz aller menschlichen Verfehlungen, trotz aller Illoyalität, Intrigen oder Niederlagen wenn nicht als Fortschritt, so doch als Bewährung der Berliner Demokratie angesehen werden. Die Provokationen der Alternativen Liste, die auch im Parlament dessen Spielregeln nicht ohne weiteres zu akzeptieren bereit war – etwa durch ihr imperatives Mandat –, waren ein ebensolcher Ausdruck des gewandelten politischen Selbstbewußtseins: zumindest in Frage gestellt werden sollten die eingefahrenen demokratischen Wege, die die Berliner Demokratie seit Blockade und Mauerbau eingeschlagen hatte. Und auch den Herausforderungen durch politisch motivierte Gewalttäter konnte mit den Mitteln des Rechtsstaates begegnet werden.

Dietrich Stobbe wurde 1981 das erste Opfer des Aufbegehrens. Noch Ende September 1980 erhielt er große Zustimmung, 59% der Befragten hielten ihn weiterhin für einen „fähigen Regierenden Bürgermeister".[157] Im Rückblick ist zu erkennen, daß er als erster verantwortlicher Sozialdemokrat in den Zangengriff von CDU und AL

[157] *Infratest. Berlin Barometer 1980.* 54% urteilten, von Weizsäcker „wäre ein fähiger Bürgermeister".

geriet. Nach ihm sind – auch auf Bundesebene – viele andere Genossen daran gescheitert, der SPD eine Position zwischen dem bürgerlichen Kurs einer CDU, die die Vertragspolitik anerkannt hatte, und einer radikalen Partei der Alternativen und Grünen zu sichern. Am 15. Januar 1981 herrschte im Abgeordnetenhaus echte Gewaltenteilung: Auch die Koalitionsfraktionen im Parlament fühlten sich für die Kontrolle der Exekutive zuständig. Im Rahmen der Berliner Verfassung demontierte sich die Koalition selbst. Nicht die Bürgschaftsaffäre Garski, sondern Probleme in der SPD und in der FDP waren die Ursache für Stobbes Scheitern. Doch nicht ihm ist hier Versagen vorzuwerfen, er hielt sich noch an die Spielregeln der Berliner SPD, als die Genossen selbst des maroden Machtverteilungssystems überdrüssig waren. Feige Abgeordnete hatten vor der Abstimmung Unzufriedenheit nicht zu erkennen gegeben.[158] Als Landesvorsitzender seiner Partei hatte Stobbe nicht genügend Autorität, im Grunde seit seiner Wahl mit Hilfe Ristocks 1977 gar nicht erst genügend erwerben können. Als dann Anfang Januar 1981 mit Wolfgang Lüder der Garant des soziallliberalen Bündnisses aus dem Kabinett ausscheiden mußte, nahmen auch FDP-Abgeordnete nicht nur politische Zusagen zurück, wozu sie ihr Gewissen durchaus berechtigte, sondern kündigten Gepflogenheiten im Umgang mit dem Partner auf: die Unzufriedenheit mit den Vorstellungen des Regierenden Bürgermeisters wurde nicht länger mit diesem diskutiert, der Kollisionskurs zumindest billigend in Kauf genommen. War Stobbe demnach ein Opfer von Heckenschützen? Wie für Klaus Schütz und wie davor schon für Heinrich Albertz muß auch für Stobbe gelten: Zum Verlust von Rückhalt in den eigenen Reihen trug auch derjenige bei, der dieses Rückhalts bedurfte. Innerparteilich war Stobbe nach der Wahl im Frühjahr 1979 angeschlagen. Seine richtige Weichenstellung, der Primat der Stadtpolitik, hatte eine nicht zu unterschätzende Wirkung gezeigt: Jetzt standen auch die Versäumnisse all seiner Amtsvorgänger im kommunalen Bereich auf der Tagesordnung. Stobbe stellte sich dieser Erblast, aber er mußte auch die Haftung übernehmen. Wenn der Regierende Bürgermeister anläßlich – nicht aufgrund – einer eher gewöhnlichen Firmenpleite zu Fall kam, belegt dies das wenig imponierende Format

[158] Schon Heinrich Albertz hatte 1967 als Grund für seinen Rücktritt angegeben: „Meine Versuche, einen arbeitsfähigen Senat zu bilden, sind gescheitert", zitiert nach: *Die Welt* vom 27. 9. 1967. Damals aber hatte man Albertz mit offenem Visier die Gefolgschaft schon vor der Abstimmung aufgekündigt.

der Berliner Politik zu Beginn der achtziger Jahre. Nicht seiner Person waren die Abgeordneten überdrüssig, geschweige denn die Berliner. Stobbe scheiterte daran, daß der Vorrat an Gemeinsamkeit, an Bereitschaft zur Kooperation in seiner Partei und im Bündnis mit der FDP aufgebraucht war.

Auch Stobbes unmittelbarer Amtsnachfolger Vogel wurde mit einer einmaligen und erstmaligen Situation konfrontiert. Er wurde zum Stadtoberhaupt der 100 Tage. Gewählt wurde er am 23. Januar zum „Regierenden Spitzenkandidaten" von Berlin. Er erhielt nicht nur keine Schonfrist, sondern mußte vom ersten Amtstag an Wahlkampf führen. Zu den ohnehin nicht geringen Problemen der Stadt trat die Herausforderung in bezug auf den innerstädtischen Frieden durch die Hausbesetzer und die Gewalttäter in deren Umfeld. Die SPD mußte sich regenerieren, die wegstrebenden Liberalen im Abgeordnetenhaus mußten bei der Stange gehalten werden. Erschwerende Bedingungen also für einen von auswärts kommenden Politiker, der dazu seine Karriere als Bundesminister beendet hatte. Vogel selbst nannte drei Entscheidungen seiner Amtszeit, die über den Tag hinaus Geltung behalten sollten: die „Berliner Linie" gegenüber den Hausbesetzern, die Wende in der Verkehrsplanung (für die Einbeziehung der S-Bahn und gegen die Autobahnwesttangente) und die Pflege des Zusammengehörigkeitsgefühls durch die Rückgabe der im Westteil der Stadt aufbewahrten Brückenfiguren Schinkels an Ost-Berlin.[159] Dieser Einschätzung Vogels ist zuzustimmen. Seine Wirkung für die Berliner SPD ging weit darüber hinaus. Er machte Schluß mit dem Machtverteilungskartell der „Konzentration der Kräfte". Seine Kärrnertätigkeit brachte für die SPD am 10. Mai 1981 ein achtbares Wahlergebnis, gleichwohl wollte Vogel nicht im Amt bleiben und die Stimmen der AL als Sperrminorität gegen einen Kandidaten der CDU nutzen. Im Verzicht auf diese von der Verfassung gedeckte Konstruktion liegt ein weiterer Beleg für die Reife der Berliner Demokratie. Nicht alles, was erlaubt war, wurde auch ausprobiert, die politische Einsicht herrschte vor. Denn der 10. Mai konnte nur dieses eine Urteil zulassen: Der Senat aus SPD und FDP war abgewählt worden.

Richard von Weizsäcker wurde zum ersten Regierenden Bürgermeister gewählt, dessen Fraktion nicht über die Mehrheit der Sitze im Abgeordnetenhaus verfügte und die dennoch keine Koalition einging.

[159] In einer Presseerklärung, vgl. *Berliner Morgenpost* vom 10. 6. 1981.

Weizsäcker hatte sich mit Erfolg auf die Suche nach Abgeordneten gemacht, die seine Politik zu tolerieren bereit waren. Das liberale Image von Weizsäckers hatte im vermeintlich „roten Berlin“ am Wahltag nicht zur absoluten Mehrheit geführt, doch bei den anschließenden Verhandlungen mit den FDP-Abgeordneten konnte er diese überzeugen. Es war seine Persönlichkeit, die den Ausschlag gab. In der Abgeordnetenhausfraktion der FDP fanden sich fünf Parlamentarier zur Unterstützung des CDU-Kandidaten bereit. Sie verhalfen nicht dem Bewerber mit der Mehrheit, aber dem mit den meisten Stimmen zum Amt, ob aus persönlichen, politischen oder „staatserhaltenden“ Gründen kann dahingestellt bleiben. Zu Richard von Weizsäcker jedenfalls gab es nach den Wahlen keine Alternative. Ihm traute man zu, mit den Mehrheitsverhältnissen zurechtzukommen und die für die Tolerierung nötige Toleranz aufzubringen. Dabei halfen von Weizsäcker zwei Parteifreunde: einmal der umsichtige Eberhard Diepgen, der als Fraktionsvorsitzender vor jeder Abstimmung im Parlament die Mehrheit in Gesprächen mit den Abgeordneten der FDP sicherte. Er machte sich so unentbehrlich, daß er nach Weizsäckers Berufung zum Kandidaten für das Bundespräsidentenamt vom Landesausschuß seiner Partei zu dessen Nachfolger als Stadtoberhaupt nominiert wurde. Der andere war Heinrich Lummer, der als „Heinrich fürs Grobe“ die undankbare Aufgabe der Befriedung der Hausbesetzerszene übernommen hatte. Zahlreiche Verletzte auf seiten der Polizei und bei Gewalttätern ebenso wie bei Besetzer und Demonstranten und ein Todesopfer waren auf diesem Feld zu beklagen. Lummer übernahm es, die CDU-Wähler anzusprechen, die sich von dem Machtwechsel in Berlin eine echte Kehrtwende versprochen hatten.

Der Minderheitssenat war in seinem Bestand nicht gefährdet, die Mehrheit der oppositionellen Abgeordneten von FDP, SPD und AL ließ sich nicht zu einer Position bündeln, die den Senat gefährden konnte. Zehn Jahre nach Abschluß des Vier-Mächte-Abkommens, das zu einer Zeit der absoluten Mehrheit der SPD zustande gekommen war, funktionierte die Berliner Demokratie auch mit einer nur tolerierten Regierung.

wurde geschaffen, sondern das Bestehende geregelt. Die Ausklammerung des Versuchs, jedwede mögliche Entwicklung vorauszusehen und zu regeln, und das Vorgehen, die alltäglichen Probleme den Deutschen beider Lager zu überlassen, entsprach den Intentionen der westlichen Seite. In der Tat wäre eine abschließende Festschreibung sämtlicher denkbarer Komplikationen aussichtslos und damit bald hinfällig gewesen. Der Verzicht darauf hatte allerdings eine wesentliche Folge: Damit wurde der „Schwarze Peter" elegant von der alliierten Ebene an die Deutschen weitergereicht. Es sollten die praktischen Regelungen auf deutscher Ebene sein, die im Berichtsjahrzehnt für Schwierigkeiten sorgten.

Formell hatten die Siegermächte auch die Verantwortung für die Abkommen der deutschen Stellen übernommen, denn im Schlußprotokoll vom 3. Juni 1972 wurde ein Konsultationsmechanismus eingerichtet, der Vier-Mächte-Konsultationen bei Schwierigkeiten mit jedem der Bestandteile des Abkommens vorsah. Diese Regelung blieb aber ungenutzt. Mit dem Abschluß der Verhandlungen begann unter den vier Siegermächten eine „Honeymoon"-Periode, und dieses gute Auskommen wollten die Amerikaner nicht aufs Spiel setzen.[3] Gesichert waren die „Three Essentials", die bereits 1958 im State Department formuliert und von Präsident Kennedy öffentlich proklamiert wurden. Die Amerikaner hielten sich daher bei Vertragsverletzungen der DDR zurück.[4] Dies konnte im Grunde aber keinen Berliner überraschen. Wenn selbst der Mauerbau als interne Maßnahme der östlichen Seite hingenommen worden war, blieben nur die üblichen Protestnoten, um etwa die Erhöhung des Mindestumtauschs zu verurteilen. Ruhe um Berlin blieb oberstes Ziel aller vier Siegermächte in dem analysierten Jahrzehnt.

In Berlin liefen die Interessen der sowjetischen und der DDR-Regierung ebenso auseinander wie die der Berliner und der westlichen Führungsmacht. Daß es keine Konsultationen gab, war dennoch richtig, auch wenn es für die Berliner manchmal schmerzlich war, sich öst-

[3] So William Cobb, Stadtkommandant von 1971 bis 1974, im Gespräch mit dem Verfasser am 27. August 1989 und mit gleichem Tenor sein Kollege Calvert Benedict, Kommandant zehn Jahre später, 1981–1984, im Gespräch am 30. August 1989.

[4] Wegen Verstößen gegen das Abkommen wie der Direktwahl von Ost-Berliner Volkskammerabgeordneten habe man schließlich keinen Dritten Weltkrieg anfangen können, betonte George P. Shultz, US-Außenminister in den achtziger Jahren, im Gespräch mit dem Verfasser, 12. Juli 1989.

lichen Repressionen schutzlos ausgesetzt zu fühlen. Aber hier wurde dargelegt, wie eng das Vier-Mächte-Abkommen mit den übrigen Ostverträgen verknüpft war. Dieses Pfand war aus der Hand gegeben. Der Moskauer und der Warschauer Vertrag hätten ja nicht widerrufen werden können, um zu einer neuen, für Berlin günstigeren Lösung zu kommen. Separate Berlin-Verhandlungen in den siebziger und achtziger Jahren mit dem Ziel der Nachbesserung hätten vom Westen von einer wesentlich schwächeren Position aus geführt werden müssen. Dies wußten die Schutzmächte und auch die Bundesregierung. Einzige Alternative wäre gewesen, die Botschafter der Siegermächte oder Gesandte zu regelmäßigen Treffen einzuladen, um die Praxis des Abkommens zu bewerten und zu überwachen. Ein solches Vorgehen hätte aber spätestens nach dem Treffen zur Vorbereitung des UNO-Beitritts im Herbst 1972 verankert werden müssen. Diese Chance wurde versäumt.

Zu verzeichnen bleibt aber, daß auch die Sowjetunion trotz aller Proteste und Polemik zu keinem Zeitpunkt auf einem Zusammentreffen der vier Siegermächte bestand, wie es das Schlußprotokoll zum Vier-Mächte-Abkommen ermöglicht hätte. Und es gelang ihr ebenfalls nicht, die drei Westmächte zu einer solchen Konsultation zu provozieren, das Verhandlungsergebnis also aufs Spiel zu setzen, um der eigenen Interpretation Vorschub zu leisten. Auf Regelungen bis dahin unbestrittener Praxis wurde verzichtet. Die sowjetische Führung machte sich dieses Versäumnis des Westens nachträglich zunutze, indem sie nach Abschluß etwa das Engagement der EG in Berlin als unrechtmäßig bezeichnete.

Wie dargelegt, bedeutete die Beibehaltung des *status quo* für Berlin einen Fortschritt. Allerdings hatten die Siegermächte die Berliner mit einem Problem alleingelassen: Mit dem Verschwinden der Stadt aus den Schlagzeilen der Weltpresse hatten alle vier Regierungen ihr Ziel erreicht. In der Stadt aber begründete dies eine Diskussion über die Zukunft Berlins. Das Selbstverständnis als „Hauptstadt im Wartestand" bedurfte der Revision. Jetzt wurde das Dilemma der Bundesregierung deutlich, sich gegenüber den Verbündeten und auch der Sowjetunion als Bewahrer des *status quo* zu geben und lediglich auf Erleichterungen der menschlichen Kontakte hinzuwirken, andererseits den eigenen Wählern zu suggerieren, die Wiedervereinigung aktiv zu betreiben.

Die Stadtoberhäupter Berlins versuchten ihrem Amtseid gemäß, das Bestmögliche für ihre Bevölkerung „herauszuholen". Für sie mußte die Devise lauten: „Was nicht verboten ist, ist erlaubt." Die Schutz-

mächte mochten allerdings dieser Lesart nicht folgen, und auch die Bundesregierungen unter den Kanzlern Brandt und Schmidt traten nach Erreichen des Abkommens für eine defensive Haltung ein, um nicht eine weiterreichende Kooperation mit der Sowjetunion zu gefährden. Nur ein Mittel blieb Senat und Bundesregierung, unterhalb der weltpolitisch relevanten Stabilität in Mitteleuropa für weitere Verbesserungen zu sorgen: die für die östliche Seite profitablen Wirtschaftskontakte.

Interessenausgleich war das Ziel, das die drei Westmächte mit Zustimmung von Bundesregierung und Senat 1970 an den Verhandlungstisch gebracht hatte. Doch das Abkommen bewährte sich auch, als die Interessen der beiden Supermächte vor dem Hintergrund weltweiter Krisen wieder auseinanderliefen. Berlin gehörte in den siebziger Jahren nicht länger zu diesen Krisengebieten. Doch lag dies nicht allein am Abkommen. In der Phase wachsender Spannungen zum Wechsel des Jahrzehnts setzte die sowjetische Führung eher auf eine Spaltung des westlichen Lagers. Die Erfahrung der Blockade 1948/49 wurde jetzt im Kreml verstanden: Jeder Druck auf Berlin hätte eine Solidarisierung im Westen zur Folge gehabt.

1980 kam es erstmals auch in Berlin zu Ärger mit den Schutzmächten über den rechten Umgang mit der aggressiven sowjetischen Führung. Das spezifische Berliner Interesse an einer Fortsetzung der Kooperation und Entspannung sorgte für einen Dissens. Die Berliner mochten ihre alltäglichen Errungenschaften der Entspannung nicht internationalen Dissonanzen opfern. Die Entspannungspolitik wurde bis dahin im gleichen Rhythmus angestrebt. 1979 wurde das besondere Interesse der Deutschen an der Entspannung noch von US-Präsident Carter in dessen Auseinandersetzung mit dem amerikanischen Kongreß genutzt. Nicht einmal ein Jahr später kam es zu einer Verstimmung, als ihn die Europäer an dieses Interesse erinnerten. Während der Debatte über angemessene Reaktionen auf den Einmarsch der Roten Armee in Afghanistan und eine drohende sowjetische Invasion in Polen fanden sich die Berliner nämlich in einer bisher nicht gekannten Position: Jetzt wollten sie sich aus allem heraushalten. Der Senat, das Berliner Parlament und die Bevölkerung hatten stets zwei elementare Interessen gehabt, die hier erstmals zu kollidieren drohten: die Solidarität mit den USA und der Wunsch nach weiterer Kooperation und einem guten Auskommen mit der sie umgebenden DDR.

Der Konflikt stellte auch die Amerikaner vor eine neue, doppelte Aufgabe: Neben die Verpflichtung zum Schutz der Stadt trat nun die Sorge, gerade in Berlin den Konsens des gemeinsamen Vorgehens gegen eine aggressive Sowjetunion einzubüßen, weil diese Sowjetunion Berlin sorgsam aus ihrem aggressiven Gebaren ausgespart hatte. Einer Verärgerung der Amerikaner mußte vor allem der erste Mann der Stadt entgegenwirken. Der Regierende Bürgermeister Klaus Schütz hatte sich noch als Außenpolitiker verstanden. Er war der erste prominente Politiker, der offen die Anerkennung der polnischen Westgrenze forderte und der als Stadtoberhaupt gemeinsam mit Bundeskanzler Brandt, Außenminister Scheel und Egon Bahr die Deutschland- und Ostpolitik gestaltete, die Ost und West unter Zugzwang setzte. Zehn Jahre später konnte sein Nachfolger Stobbe froh sein, als Regierender Bürgermeister nicht die Außenpolitik der Bundesrepublik mitbestimmen zu müssen. So konnte er den amerikanischen Präsidenten der uneingeschränkten Solidarität der Berliner versichern, ohne die eigenen Kontakte zu DDR- und sowjetischen Vertretern abzubrechen. Natürlich war die Stadt vom Olympiaboykott ebenso betroffen wie andere Städte, und das Erdgasröhrengeschäft mit der Sowjetunion, das von amerikanischer Seite scharf kritisiert wurde, betraf die Energieplanung der Stadt. Aber insgesamt wuchs der Grad der Bedrohung für Berlin durch die Intervention in Afghanistan nicht.

Die Position Berlins in der Weltpolitik 1980/81 beweist, daß im Jahrzehnt der Entspannungspolitik neue Regeln aufgestellt wurden. Jetzt zeigte sich, daß eben doch eine Abkoppelung der innerdeutschen Kooperation vom globalen Verhältnis der Supermächte zueinander möglich war. Wenn auch nur befristet, wenn auch nur im Einklang mit sowjetischer Strategie, so blieb doch eine Krise um Berlin während der Auseinandersetzungen zwischen den USA und der UdSSR wegen des Einmarschs in Afghanistan aus. Weltpolitisch brachte die Gefahr eines offenen Aufstands in Polen 1981 den Berlinern mehr Schwierigkeiten als der bewaffnete Konflikt in Afghanistan. Und dies nicht wegen der Nähe der Truppenbewegungen in und um Polen, sondern wegen der Abschottungsbestrebungen der DDR-Regierung, die ihre Landesgrenzen nach Polen und zur Bundesrepublik und Berlin durch die Erhöhung des „Eintrittsgeldes“ dicht zu machen suchte, um den „Bazillus“ der freiheitlichen *Solidarność*-Bewegung weder von Ost noch West ins Land zu lassen.

Die Berliner mochten sich nicht – wie viele, aber nicht alle amerikanischen Verantwortlichen – zwischen „Détente“ in Zeiten der Koope-

FAZIT

Das Berlin-Problem und die Probleme Berlins im Wandel des Jahrzehnts: Ergebnisse der Studie

Aus dem Fadenkreuz in den Windschatten: Berlin in der Weltpolitik 1971 bis 1981

Wer Berlin hat, der hat Deutschland, und wer Deutschland hat, hat Europa, wußte schon Lenin. In dieser Einsicht folgten ihm alle vier Siegermächte des Zweiten Weltkriegs, die drei Schutzmächte im Westen genauso wie die Sowjetunion. Keine der vier Regierungen mochte ihre im Krieg erworbenen Rechte betreffend Deutschland und Berlin als Ganzes preisgeben. Für die Berliner im West- wie im Ostteil der Stadt war dies nach dem Mauerbau gleichwohl ein Glücksfall, bestand doch ein Zwang zur Kooperation und zum Kompromiß. Auch nach dem Zerbrechen der Anti-Hitler-Koalition waren die vier Mächte hier noch „Alliierte". Henry Kissinger nannte Berlin die „Trumpfkarte", mit der die Amerikaner die Zügel in den Händen behalten wollten, den Franzosen erschien ihr Mitspracherecht in Berlin als eine Art „Notleine, die im äußersten Fall gezogen werden konnte, falls die Bundesrepublik in ihrer ostpolitischen Öffnung zu weit gehen sollte".[1]

Mit dem Abschluß des Vier-Mächte-Abkommens am 3. September 1971 bestätigten die Siegermächte die bestehende Situation. Mit diesem Regelwerk, zu dem die innerdeutschen Verträge und die Schlußakte der vier Mächte vom 2. Juni 1972 gehörten, wurde das Existenzrecht West-Berlins verbrieft. Allerdings wurden auch Teilung, Mauerbau und Schießbefehl als Realität akzeptiert: Das Vier-

[1] Henry A. Kissinger, *Memoiren 1968–1973*, München 1979, S. 567; Andreas Wilkens, *Der unstete Nachbar. Frankreich, die deutsche Ostpolitik und die Berliner Vier-Mächte-Verhandlungen 1969–1974*, München 1990, S. 89.

Mächte-Abkommen war das erste Dokument der Siegermächte, das die DDR beim Namen nannte. Das Abkommen wurde damals von vielen Bürgern und ihren Repräsentanten als betrübliche Niederlage angesehen, und doch erwies es sich als solide Basis. Verhindert hat das Vier-Mächte-Abkommen die deutsche Einheit nicht. Nach dem hier Dargelegten läßt sich konstatieren, daß das Abkommen die Wiedervereinigung Berlins und die Einheit Deutschlands zum Teil erst ermöglicht hat. Obwohl das Abkommen selbst weder das Berlin-Problem noch die Deutsche Frage lösen konnte, verhalf es doch, die praktischen Alltagsbedingungen zu regeln. Es schuf einen *modus vivendi*, mit dem zwei wesentliche Aufgaben erfüllt waren: der Fürsorgepflicht für die ostdeutsche Bevölkerung nachzukommen und der eigenen Bevölkerung in der Stadt eine Zukunft in Freiheit zu ermöglichen.

Die Forderung nach der Wiedervereinigung, die Idee der deutschen Nation, wurden sie demnach fortgegeben für den verbesserten Komfort der Bewohner des Westteils? Festzustellen bleibt, daß der Erfolg der Entspannungspolitik die Frage nach der Einheit in Freiheit von der Tagesordnung verschwinden ließ. Doch ohne das Vier-Mächte-Abkommen wäre der Zusammenhalt der deutschen Nation nicht so aufrechterhalten worden, wie es der Ruf: „Wir sind ein Volk!" im Dezember 1989 gezeigt hat. Eingebettet in das Paket der Ostverträge hat das Abkommen die unnatürliche Position West-Berlins festgeschrieben. Das machtpolitische Festhalten der Regierung der Sowjetunion an den Sonderrechten als Siegermacht ließ die Wünsche der DDR-Regierung unter Ulbricht unberücksichtigt. Damit stellte das Abkommen auch einen Beleg für die eingeschränkte Souveränität *beider* deutscher Staaten dar. Der Moskauer Vertrag, den die Sowjetunion unbedingt mit Bonn abschließen wollte, zählte mehr als das Prestigedenken der DDR-Regierung. Ihr mußte die Existenz West-Berlins ein Dorn im Auge bleiben, die sie hinzunehmen hatte. Die deutsche Frage wurde durch die Vertragspolitik weiter offengehalten.

Das Abkommen wurde zu einem Zeitpunkt abgeschlossen, als die beiden Supermächte an einem Kompromiß interessiert waren. Wenn sich schon die Siegermächte aufeinanderzu bewegten, wie wären die deutschen Interessen besser zu vertreten gewesen als durch den Coup der Regierung Brandt/Scheel, sich an die Spitze eben dieser Bewegung zu setzen?

Die eigentliche Diplomatie der Verhandlungen verlief in den Bahnen der Tradition des 19. Jahrhunderts. Gleichwohl blieb ein wesentlicher Unterschied evident: Im Zeitalter ideologisch bestimmter Konfrontation galt es, in den Machtbereich des anderen Blockes hineinzuwirken: gesellschaftlich, wirtschaftlich und kulturell. In mehr als zwanzig Jahren seit der Blockade der Westsektoren hatte sich eine Praxis entwickelt, mit der sich die Supermächte arrangiert hatten. Da aber die Deutschen und die Berliner so stark unter der Mauer litten, die weltpolitisch außergewöhnlich stabilisierend gewirkt hatte, sollte die Situation der Stadt einer Entspannungspolitik nicht länger im Wege stehen. Die Ziele des Westens, der von den USA angeführt wurde, waren die Verbesserung der Lebensbedingungen für die Bevölkerung Berlins und die Einleitung von Abrüstungsverhandlungen (MBFR) zwischen den beiden Blöcken. Die sowjetische Regierung wünschte die Ostverträge und die KSZE zur Festschreibung der Grenzen seit dem Krieg. Dies schloß die Anerkennung der DDR ein. Berlin diente auch jetzt – einmal konstruktiv – als Demonstrationsobjekt. Demonstriert werden sollte die Kooperations- und Kompromißbereitschaft. Den Berlinern boten die USA damit seit der „Tatenlosigkeit" vom August 1961 endlich eine echte Initiative – auch wenn diese deutscherseits provoziert worden war. Die sowjetische Führung entschloß sich, das „defensive" Ziel der Konsolidierung und Legitimierung des eigenen Herrschaftsbereichs anzustreben. Darüber gab sie das „offensive" Ziel der Sprengung des westlichen Bündnisses durch Isolierung der Bundesrepublik und Berlins auf. Geleitet wurde Moskau dabei von der Erwartung, daß die Bundesrepublik ihr daraufhin beim Erreichen des ersten Zieles behilflich sein würde.

Der amerikanische Unterhändler bezeichnete die westliche Erlaubnis, ein sowjetisches Generalkonsulat in West-Berlin einzurichten, als einziges echtes Zugeständnis, das der Westen im Vier-Mächte-Abkommen gemacht habe.[2] In der Tat brachten die Westmächte kein großes Opfer. Frankreich und Großbritannien schätzten die schriftliche Abmachung, in Zukunft ihr Mitspracherecht in Sachen Deutschland und Berlin nicht länger von der Sowjetunion in Frage gestellt zu sehen. Diese Bestätigung war das Zugeständnis der sowjetischen Unterhändler an die Westmächte. Die Rückkehr zu den Abmachungen aus der Kriegszeit ging so auf Kosten der DDR, deren Ziel die uneingeschränkte Souveränität gewesen war.

Den eigentlichen Preis entrichteten die beiden deutschen Staaten. Die DDR hatte die Auflagen der Siegermächte weiter zu dulden. Die

[2] „The Berlin Agreement – an Assessment", Address, S. 8, „Kenneth Rush Papers", Box 8, Hoover Institution Archives.

Bundesregierung und der Berliner Senat bezahlten für die Begegnung der Menschen und die Erleichterung der Lebensumstände in Berlin den Preis der Anerkennung der DDR und der Festschreibung der Nachkriegsgrenzen durch die Ostverträge. Ohne die Bereitschaft zu diesen Verträgen hätten die Westmächte dieses Abkommen über Berlin nicht geschlossen. Aber es waren ja auch die Deutschen, die am meisten davon profitierten, daß West-Berlins Fortbestehen in Freiheit gesichert war, daß der Zugang einfacher und sicherer und die Mauer zumindest in einer Richtung durchlässig wurde.

Daher ist das Abkommen nicht als ein der Stadt von den Siegermächten übergestülptes Organisationsstatut anzusehen. Die Einbeziehung der Ostpolitik der Bundesregierung in die Entspannungspolitik der Supermächte und das Beharren des Senates auf einer zufriedenstellenden Berlin-Regelung als *conditio sine qua non* für das Inkrafttreten dieser Ostverträge haben gezeigt, daß die deutschen Vertreter in Bonn und Berlin dieses erste Abkommen der vier Siegermächte über Berlin seit der Aufhebung der Blockade 1949 mitgestaltet haben – von der unentbehrlichen Dienstleistung der Beamten gar nicht zu reden.

Die Analyse der ersten zehn Jahre der Praxis des Abkommen zeigt aber auch: Der Preis der Anerkennung der DDR, manifestiert durch den Beitritt beider deutscher Staaten zur UNO und ihre Teilnahme an der KSZE, und der Preis der Anerkennung der europäischen Grenzen mußten auf einen Schlag entrichtet werden und ließen keine Revision seitens des Westens zu. Die DDR-Regierung hatte ihrerseits lediglich die Zusage zukünftigen botmäßigen Verhaltens gegeben. Und sie verstieß gegen diese Absichtserklärung in den hier ausgewiesenen Fällen, wann immer tagespolitische Opportunitätsüberlegungen ihr dies nahelegten. Die Sowjetunion verfügte im Zusammenspiel mit der DDR-Regierung über ein Instrument der Verschlechterung des bestehendes Zustandes, ohne daß die drei Schutzmächte sich zum Eingreifen provoziert fühlten: Die DDR betrieb eine Politik des kalkulierten Vertragsbruchs. Unterhalb der Schwelle eines Eingreifens der Schutzmächte verfügte die DDR-Regierung über die gezeigten Nadelstiche gegen die Lebensbedingungen der Berliner: Die zweimalige Erhöhung des Zwangsumtauschs 1973 und 1980 ist zuerst zu nennen, vor den vielfachen Schikanen auf den Zugangsautobahnen und den Restriktionen in bezug auf internationale Veranstaltungen im Westteil der Stadt.

Wie der Bau der Mauer veränderte der Abschluß des Vier-Mächte-Abkommens vieles im Alltag der West- und Ost-Berliner, und zwar diesmal zum Besseren, nicht aber den Status der Stadt. Nichts Neues

rationsbereitschaft und Krisenmanagement in Zeiten wachsender Konfrontation entscheiden, denn für die Deutschen hatte auch die Entspannungspolitik bereits ein Stück Krisenmanagement dargestellt. Die Folgen der Teilung der Nation sollten damit gelindert werden. Berlin galt 1970/71 als erste Hürde des gesamten Entspannungsprozesses. Zehn Jahre später hielten die Berliner daran fest, sie wollten zuletzt in das Klima wachsender Spannungen hineingezogen werden. Erst als die Bündnisfrage gestellt wurde, anläßlich der Durchführung des NATO-Doppelbeschlusses, standen Bundesregierung und Senat fest an der Seite der Schutzmächte.

Das Vier-Mächte-Abkommen erwies sich so als Meisterstück der Entspannungspolitik. Diese Politik in und für Berlin war in den Komplex der Annäherung beider die Blöcke anführenden Supermächte eingebettet. Doch das Abkommen bewies seine Tragfähigkeit auch dann noch, als das Klima der Zeit seiner Entstehung längst abgelöst war von neuer Konfrontation. Dieses Ergebnis der Entspannungspolitik taugte auch in Krisenzeiten, keineswegs nur zu Schönwetterzeiten. Daß es in diesem Jahrzehnt keine ernste Krise um die Stadt gab, lag nicht allein am Vier-Mächte-Abkommen. Ausschlaggebend war vielmehr, daß die Sowjetunion kein Interesse an Spannungen in Mitteleuropa hatte. Und dazu trug das Abkommen seinen Teil bei – als Signatarmacht hatte die sowjetische Regierung schließlich ihr Ansehen als Vertragspartner aufs Spiel gesetzt. Das Interesse an weiteren Verträgen – gerade auch mit der Bundesrepublik – bekam Vorrang.

Die Anwesenheit der Schutzmächte in der Stadt war seit dem Abkommen nicht mehr Ziel östlicher Angriffe, unterhalb dieser Ebene aber mußten die Deutschen sehen, wie sie zurechtkamen. Die Siegermächte eröffneten die Chance zum Wandel, aber sie überließen es den deutschen Stellen, diese Chance zu ergreifen.

Zwischen Funktion und Fiktion: Die Rolle Berlins in den innerdeutschen Beziehungen

„Taking into account the existing situation" hatte es im Vier-Mächte-Abkommen geheißen. Damit war auch die Teilung der Stadt akzeptiert worden. Für die Berliner hieß dies, Abschied zu nehmen von der jahrelang gepflegten Hoffnung, in absehbarer Zeit wieder Hauptstadt eines vereinten Deutschland zu werden. Die Ansiedlung der Botschaften auch der drei Schutzmächte im Herzen Berlins 1973/74 machte die *de facto*-Anerkennung des anderen Teils als „Hauptstadt der DDR" deutlich. Dafür aber konnten nun die Berliner aus beiden Teilen der Stadt wieder zusammentreffen – wenn auch nur im Osten. Die Segnungen des neuen *modus vivendi* kamen so allen Berlinern, allen Deutschen in Ost und West zugute. Die innerdeutschen Verhandlungen zwischen dem Senat und der DDR-Regierung beziehungsweise der Bundesregierung und der DDR-Regierung kamen im Zuge der Gesamtregelung von 1971/72 zustande. Darin bestanden für die Berliner die Auswirkungen des Junktims: Das Vier-Mächte-Abkommen gab es nur mit den Ostverträgen und auch nur mit befriedigenden innerdeutschen Verhandlungen. Die DDR-Führung durfte sich nicht länger so destruktiv verhalten, daß der Wunsch ihrer Schutzmacht Sowjetunion nach dem Abschluß von Moskauer Vertrag und Berlin-Abkommen an den innerdeutschen Problemen scheitern konnte.

Der Preis für die Einigung war allseits erkennbar: Die Existenzsicherung Berlins schloß eine Existenzsicherung der DDR mit ein. Hatten sich die Schutzmächte, Bundesregierung und Senat demnach mit den kommunistischen Machthabern eingelassen und das Regime, das sich in der sowjetischen Besatzungszone etabliert hatte, nun salonfähig gemacht? Das Verhandlungspaket hat die DDR ohne Zweifel stabilisiert. Unredliche Vorwürfe erhöbe aber ein Kritiker, der rückblickend insinuierte, die Aufgabe der DDR habe zur Disposition gestanden. Deren Bestehen wurde bereits zehn Jahre zuvor betoniert: mit der Errichtung der Mauer und der Einführung des Schießbefehls. Es waren die von Berlin geprägten deutschen Politiker, die angesichts des Leids in beiden Teilen der Stadt die formaljuristisch so zwingende Logik des „Alles oder Nichts" aufgegeben hatten, zugunsten der Begegnung der Menschen. Hatten die Schutzmächte zwei Wochen nach dem Mauerbau noch die Einrichtung von Büros zur Ausgabe von Besuchserlaubnissen für Ost-Berlin verboten,[5] so wurde die Besuchsregelung zehn Jahre später von den Alliierten gefordert und von den Berlinern – in Ost und West – mit Freudentränen begrüßt.

Die DDR-Regierung mußte sich sogar als Opfer der Einigung der vier Siegermächte fühlen. Ihre Souveränitätsdefizite waren erneut bestätigt worden, die Sowjetunion rückte von den während des

[5] Mit Schreiben BK/D 61/11 vom 25. 8. 1961, Akte 200 des Bestands Berlin-SPD-Fraktion, Archiv der sozialen Demokratie.

Chruschtschow-Ultimatums 1958 vertretenen Standpunkten wieder ab und erkannte die Vereinbarungen aus den Kriegstagen an. Die Interessen der sowjetischen Führung in Sachen West-Berlin stimmten längst nicht derart mit denen der Ost-Berliner Regierung überein, wie diese sich das wünschte. Walter Ulbricht mußte deswegen seinen Hut nehmen.[6] Die Verantwortung für Berlin und damit der Schlüssel zur deutschen Einheit wurde nicht an die DDR übergeben, sondern verblieb in Moskau. Folgerichtig waren bis Ende der achtziger Jahre die Signale der Moskauer Führung unter Gorbatschow entscheidend für die zweite Befreiung Berlins am 9. November 1989.

Unmittelbar nach der Verbriefung ihrer Abhängigkeit im Abkommen beeilte sich die neue DDR-Regierung unter Erich Honecker, die defensive Position rasch zu verlassen. Gegenüber West-Berlin und der Bundesregierung verfolgte sie eine offensive, zeitweise aggressive Politik der Selbstdarstellung und der Anmaßung von Befugnissen, wie etwa bei der Durchführung des Transitverkehrs. Die Behinderungen auf den Autobahnen betrafen die Berliner unmittelbar, ohne daß die Siegermächte Gegenmaßnahmen ergreifen mochten. Die Regierung der Sowjetunion erlaubte der DDR-Führung in dem Jahrzehnt nach dem Abkommen eine Politik des kalkulierten Vertragsbruchs. Die DDR konnte sicher sein, daß die drei Westmächte wegen solcher für die Berliner schmerzhaften Verstöße gegen die Vereinbarungen, insbesondere die Erhöhungen des Zwangsumtauschsatzes, nicht das ganze Abkommen für nichtig erklären würden und die Gesamtheit der Vereinbarungen aufs Spiel setzen wollten. Solche Probleme galten den Amerikanern als „bezahlbar", mit harter D-Mark zu lösen – und sollten deshalb Bundesregierung und Senat überlassen werden. Der im Abkommen installierte Konsultationsmechanismus entwickelte keinerlei Tauglichkeit für die Praxis. Die Begrenzung auf Fälle, in denen das „Abkommen insgesamt in Gefahr sei", ließ der östlichen Seite stets Spielraum für restriktive Auslegungen und Nadelstiche.

Die deutsche Frage wurde gleichwohl nicht zum Problem allein der Deutschen degradiert. Dies war ja ein wichtiges Motiv der Westmächte gewesen, auf die Annäherungsversuche schon der Großen Koalition in Richtung Osten einzugehen. Henry Kissinger unterstrich

[6] Die Aussage des amerikanischen Botschafters Rush im Gespräch mit dem Verf., Hoover Institution Archives, Box 27, Ulbricht sei letztlich wegen seiner starren Haltung in der Frage der Verhandlungen abberufen worden, wird bestätigt durch Peter Pryzbylski, *Tatort Politbüro. Die Akte Honecker*, Berlin 1991.

diese Absicht noch zehn Jahre später mit der Bemerkung, durch das Berlin-Abkommen „eher zu einer westlichen Politik zu kommen als zu einer nationalen, deutschen Politik mit all den damit verbundenen Versuchungen".[7] Die deutsche Frage blieb somit manifest, wenn auch nicht länger ganz oben auf der Tagesordnung.

Die innerdeutsche Politik im Berichtsjahrzehnt war für die Berliner Demokratie noch folgenschwerer als die internationale Entwicklung. Eine Pression seitens der DDR-Regierung konnte stets die Bewegungsfreiheit der Berliner einschränken. Erich Honecker hatte sich nicht gescheut, offene Drohungen auszusprechen: „Alle Zugangswege nach Berlin (West) führen durch die DDR. So ergibt sich, daß gute Beziehungen zu unserem Staat ein Gebot der Vernunft sind."[8] Charakteristisch blieb die doppelte Moral der Politik der DDR, auf der einen Seite selbst die vertraglichen Abmachungen den politischen „Erfordernissen" der Tagespolitik zu unterwerfen, andererseits aber deshalb nicht längerfristige, bedeutende Verhandlungen, die ihr zugute kamen, abzubrechen. Ohne auf die Verwerflichkeit einzelner Aspekte – etwa des „Verkaufs" von Inhaftierten – einzugehen, kann hier festgehalten werden, daß die Führung der DDR in ihrem Umgang mit Berlin und den Berlinern nicht konsequent einer politischen Linie folgte, sondern ihr mangelndes Selbstbewußtsein durch polterndes Auftreten zu kaschieren suchte, während gleichzeitig hinter verschlossenen Türen mehr oder weniger diskret die Hand aufgehalten und der Interessenausgleich gesucht wurde, das heißt der Austausch von D-Mark gegen menschliche Erleichterungen.

Für die Berliner waren die Vereinbarungen mit der DDR eine positive Errungenschaft. Der Vorwurf der Stabilisierung des Unrechtsregimes ginge zu weit, wenn man den Vorkämpfern für menschliche Erleichterungen auf beiden Seiten der Mauer Komplizenschaft mit den Garanten des repressiven Systems unterstellte.[9] Das Management des *modus vivendi* ließ wohl bei manchem Unterhändler in offizieller oder konspirativer Mission die Verpflichtung zur Wiederherstellung

[7] Kissinger in der ARD-Sendung „Auf halbem Weg – Bonn und die Ostpolitik", 7. 8. 1980, dok. auch in: *Deutschland Archiv* (1980), S. 1109 ff.

[8] Im Interview mit der *Saarbrücker Zeitung* am 6. 7. 1978, Nachdruck in: *Neues Deutschland* vom 7. 7. 1978. Kurz darauf folgten die Verkehrsschikanen anläßlich der Begleitung US-Präsident Carters durch den Bundeskanzler.

[9] Vgl. Timothy Garton Ash, *„Im Namen Europas" – Deutschland und der geteilte Kontinent*, München 1993.

der Einheit Deutschlands in den Hintergrund treten. Dabei sollen individuelles menschliches Leid und politische Enttäuschung nicht geringgeachtet werden. Doch die jährlich von den Regierenden Bürgermeistern vorgelegten Daten über die Durchführung des Abkommens beweisen, daß die ganz überwiegende Zahl der Bewohner und Besucher der Stadt von den Vereinbarungen profitiert hat, wenn man die Verhältnisse vor dem Abkommen in Rechnung stellt. Die Erhöhung des Zwangsumtauschs auf 25 DM im Oktober 1980 war ein nicht zu rechtfertigender Verstoß gegen innerdeutsche und internationale Abkommen (KSZE-Akte). Die Berliner waren dadurch in ihrer Bewegungsfreiheit empfindlich eingeschränkt worden. Gleichwohl führte der Weg nicht zurück zu einem generellen Einreiseverbot, wie es bis zum Vier-Mächte-Abkommen vorgeherrscht hatte.

Die Regierenden Bürgermeister und die Bundeskanzler standen vor dem Dilemma, den Kontakt zur Führung der DDR trotz deren Politik des kalkulierten Vertragsbruchs aufrechtzuerhalten. Sie entschieden sich dafür, um ihrer Fürsorgepflicht für alle Deutschen nachzukommen. Dies galt seit 1981 für den CDU-Senat genauso wie nach 1982 für die CDU-geführte Bundesregierung. In Oppositionszeiten waren noch härtere Sanktionen verlangt worden. Heinrich Lummer legte eine zutreffende Analyse vor: „Muß nicht die andere Seite den Eindruck haben, daß aus einem Gewohnheitsunrecht gewissermaßen ein praktiziertes Recht wird? Man gewöhnt sich an das Unrecht, es wird vergessen und man lebt weiter damit.“[10] Genauso war es. Doch war eben das „Weiterleben“ schon ein Erfolg. Denn so begründet diese Einwendungen waren, praktisch hatten die deutschen Stellen keine Alternative, wollten sie sich weiterhin unterhalb der Ebene internationaler Debatten über Berlin, einer Wiederbelebung des „Berlin-Problems“, bewegen. Auch die Regierungskoalitionen aus SPD und FDP erkannten die Gefahren. Allein, sie entschieden sich gegen eine Politik der Konfrontation, da eine solche die Bevölkerung getroffen hätte, nicht die Führung. Die im Rückblick oft verdrängten alltäglichen Lebensbedingungen sind hier so detailliert wiedergegeben worden, um die damaligen Prioritäten deutlich zu machen. Wenn Kinder in der Spree ertranken, weil von West-Berliner Seite keine Retter zu Hilfe eilen durften, mußte konkrete Abhilfe geschaffen werden. Wenn

[10] *Plenarprotokoll*, 8. W.P., 28. 6. 1979, S. 152.

die östliche Seite dabei entgegenkommen sollte, konnten nicht juristische Grundsätze hoch- oder Stasi-Verbrechen vorgehalten werden.

Allerdings waren der Senat und die Bundesregierung in den siebziger Jahren durchaus nicht immer derselben Meinung. Während Bundeskanzler Schmidt sich der defensiven Position der Schutzmächte anschloß, jedwede Aufregung um Berlin zu vermeiden, und deshalb auch auf demonstrative Akte der Entwicklung der Beziehungen Berlins zum Bund verzichtete, versuchte vor allem Klaus Schütz, keinerlei Anmaßungen der DDR-Regierung unwidersprochen zu lassen. Die Auseinandersetzungen über das Umweltbundesamt mündeten in die Rüge des Bundeskanzlers, nicht alles, was rechtlich zulässig sei, sei auch politisch geboten. Die geplante Nationalstiftung wurde letztendlich gar nicht eingerichtet: nicht in Berlin, um eine Provokation der östlichen Seite zu vermeiden, und auch nicht andernorts, um nicht des „Verrats" an der Hauptstadt geziehen zu werden. Auch bei dem Kräftemessen zwischen Senat und Bundesregierung in bezug auf die Forderung nach Sanktionen hinsichtlich des Flugverkehrs mit Bulgarien 1973 hatte Berlin nachgeben müssen. Berlin war in Bonn nicht länger als Schrittmacher der Außen- und Deutschlandpolitik gefragt. Ohnehin das Nadelöhr, durch das jedweder Kontakt mit Ost-Berlin und Moskau gefädelt werden mußte, sollten die Wünsche des Senats Bundeskanzler Schmidt nicht als Maß der Dinge gelten. Er betonte die wirtschaftliche Unterstützung des Westteils, sie galt ihm als meistversprechende, handfeste Hilfe für die Stadt. Doch irrte er sich wie die Berliner Sozialdemokraten in der Frage der Bedürfnisse der Bevölkerung, die neben den hochwillkommenen und benötigten Milliarden aus Bonn auch des Zuspruchs bedurfte, eben nicht als „normal" zu gelten und ihre Stadt in eine Reihe mit anderen bundesdeutschen Großstädten zurückgestuft zu sehen.

Dietrich Stobbe verstand sich mit Schmidt besser als sein Vorgänger. Hatte Schütz als Diplomat alter Schule darauf bestanden, der östlichen Lesart des Abkommens keine Handbreit Raum zu gewähren (ohne diese Interpretation damit entkräften zu können), so wandte sich Stobbe schon vor seiner Bestellung zum Stadtoberhaupt gegen jede „Prinzipienreiterei", womit er die penible Behauptung der westlichen Rechtsposition durch Schütz zu charakterisieren meinte. Stobbes Geschmeidigkeit entsprang gleichwohl begründetem Pragmatismus. In einem Artikel sprach er frank und frei aus, was allzuviele Berliner zu verdrängen gesucht hatten: „Weder die Drei Mächte noch die Bundesrepublik Deutschland haben die Möglichkeit, die Sowjetunion zu zwingen, zu dem ursprünglichen Verständnis des Vier-Mächte-Abkommens zurückzukehren.«[11]

Klaus Schütz hatte noch den Vorwurf einer „senatseigenen Deutschlandpolitik" gewärtigen müssen. Doch blieb dies eher ein Begriff der parteipolitischen Auseinandersetzung. Rein praktisch gesehen hatte der Senat nämlich bei jedem Kontakt mit Ost-Berliner Stellen gleich zwei ausdrückliche, auf einen bestimmten Zweck begrenzte Ermächtigungen bei der Alliierten Kommandantur abzuholen; eine vor Aufnahme der Verhandlungen und eine zweite vor der Vereinbarung von Ergebnissen. „Wir haben sehr eingegrenzte Möglichkeiten. Wir sprechen mit der DDR nur, wenn die Alliierten es gestatten und keine Verhandlungskompetenz der Bundesregierung vorliegt. Das ist der Fall für vier oder fünf innerstädtische Angelegenheiten", mußte Stobbe einräumen.[12] Die Berliner Demokratie blieb eine politische Institution *sui generis*: „Die schicksalhafte geographische Lage bedeutet auch in Zukunft, daß die andere Seite am längeren Hebel ist. Und die Präsenz der Alliierten stellt ebensosehr den notwendigen Schutz dar wie auch die Grenzen eigenen Handelns.«[13]

Während der siebziger Jahre entwickelte sich das Verhältnis Berlins zum Umland zufriedenstellend, selbstverständlich nur relativ zu den Verhältnissen der sechziger Jahre. Die aufgezeigten Verstöße und Nadelstiche seitens der DDR waren nur tagespolitischer Natur. Die große Linie gegenüber Berlin hatte sich gewandelt. Statt den drei Westmächten das Recht auf Anwesenheit in West-Berlin zu bestreiten, sah die Ost-Berliner Regierung in den siebziger Jahren ihr Hauptangriffsziel in den Bindungen der Stadt an die Bundesrepublik. Doch auch hier wich das nach außen Proklamierte von der eigentlichen Interessenlage ab. In den Fällen, in denen große Summen von West nach Ost fließen sollten, etwa beim Ausbau der Autobahn von Berlin nach Hamburg, hatten die DDR-Unterhändler keine Bedenken, diese Berliner Angelegenheit von den Bonner Vertretern mitverhandeln zu lassen.

Das geregelte Neben- und Miteinander, wie es in den Verträgen ausgehandelt worden war, erschien im Laufe des Jahrzehnts auch den ursprünglich kritischen Betrachtern als einzige Möglichkeit. In Berlin

[11] *Bindungen. Das Verhältnis Berlins zum Bund und das Vier-Mächte-Abkommen*, in: *Europa-Archiv*, 10. 8. 1977.

[12] Im Interview mit der *Berliner Morgenpost* am 19. 3. 1978.

[13] Heinrich Lummer, in: *Berliner Rundschau* vom 15. 5. 1975.

wandelte sich die Haltung der CDU, die die Ostverträge so vehement abgelehnt hatte, zuerst. Diese Ablehnung war ihr zwangsläufig als Obstruktion gegen menschliche Erleichterungen ausgelegt worden, und dies konnte sich keine um die Mehrheit ringende Partei in der Stadt leisten. Zehn Jahre nach Vertragsabschluß sprach der christdemokratische Regierende Bürgermeister Richard von Weizsäcker den Schutzmächten seinen Dank aus und betonte: „Der Dank umfaßt auch das Vier-Mächte-Abkommen."[14]

Zum Wechsel des Jahrzehnts bekamen die Berliner die Grenzen eigenen Handelns vorgeführt. Je besser die Bundesregierung und der Senat mit den Regierungen in Ost-Berlin und Moskau im Dialog blieben, desto stärker sollte der Bonner Wunsch werden, nicht in die Sanktionspolitik der Amerikaner in bezug auf die sowjetische Invasion in Afghanistan einzustimmen. Daß die DDR-Regierung eher an der Vereinbarung sie finanziell begünstigender Abkommen interessiert war, konnte den Bundesdeutschen und speziell den Berlinern wenn schon nicht billig, so wenigstens recht sein. Die krisenhafte Unruhe in Mitteleuropa nutzte die DDR-Regierung 1980, um im Wissen um das Berliner Bedürfnis nach Ruhe einen dreisten Angriff auf die Vereinbarungen zu starten, der noch unter der Schwelle eines Eingreifens der drei Westmächte lag. Mit einer Verhinderung des Zugangs oder der Beeinträchtigung der Zufahrtswege wäre sie zu weit gegangen; die abrupte Erhöhung des Umtauschsatzes als Maßnahme des Finanzministeriums (!) aber wurde als – wenn auch unfreundliche – Regelung innerer Angelegenheiten hingenommen. Da die Bundesregierung selbst keine harte Linie der Vergeltung verfolgte, sahen sich die Schutzmächte nicht zu weiteren Schritten veranlaßt.

Zwischen Nachholbedarf und Neuorientierung: Die innerstädtische politische Entwicklung 1971 bis 1981

Die Sicherung der Existenz durch das Abkommen eröffnete innerhalb der Stadt, also unterhalb des Status, die Chance zu Verbesserungen für die Berliner. Verwaltet wurde dieser *status quo* nämlich gerade nicht von denen, die ihn geschaffen hatten, den Siegermächten, sondern von den deutschen Stellen in Bonn und Ost-Berlin, vor allem aber auch vom Senat im Rathaus Schöneberg.

[14] *Plenarprotokoll*, 9. W.P, 2. 7. 1981, S. 123.

Hier wurde der demokratische Nachholbedarf in West-Berlin analysiert, den alle anmeldeten: die Bürger, die sich mit der Wahlanfechtung 1975 und mit der erfolgreichen Forderung nach Neuwahlen 1981 einmischten. Die Berliner modifizierten ihr Parteiensystem nach ihren Wünschen, die Alternative Liste sollte zum Bestandteil des politischen Establishments werden. Auch das Verhältnis zu den Schutzmächten wandelte sich. Im Parlament besannen sich die Abgeordneten auf ihre in der Verfassung verbrieften Rechte – nicht immer zur Zufriedenheit der Exekutive, aber das war ja auch nicht ihre Aufgabe. Die Regierungen im Rathaus Schöneberg wechselten: 1981 gab es drei Regierende Bürgermeister von Berlin. An den Schicksalen dieser Regierenden Bürgermeister lassen sich die Auswirkungen des Abkommens auf die Entwicklung der Kommunalpolitik ablesen.

„Das Amt des Regierenden Bürgermeisters von Berlin ist eine der wenigen Spitzenpositionen, die die freie Welt meiner Ansicht nach zu vergeben hat", verkündete Klaus Schütz voller Stolz anläßlich seiner Amtseinführung im Herbst 1967.[15] Zehn Jahre später, kurz vor seinem Rücktritt, sprach er nur noch von einem ‚traditionellen' Amt des Oberbürgermeisters, zu dem sich der Posten in Berlin immer mehr gewandelt habe.[16] Dieser Wandel des Amtes des Regierenden Bürgermeisters resultierte aus der Sicherung der Stadt durch das Vier-Mächte-Abkommen. Es stellt das bedeutendste Ergebnis der Amtszeit von Klaus Schütz dar: den größten Erfolg und zugleich die Ursache für das Ende der längsten Amtsperiode eines Berliner Stadtoberhauptes nach dem Zweiten Weltkrieg.

Der Außenpolitiker Schütz war mehr Diplomat als Technokrat. Sein Scheitern an der Verwaltung des Molochs Berlin belegt den Wandel der Berliner Demokratie nach dem Vier-Mächte-Abkommen. Ernst Reuter, Willy Brandt, auch Klaus Schütz, der die Verweigerung der Zwangsvereinigung der Berliner SPD im Frühjahr 1946 zum Anlaß des Eintritts in die Partei genommen hatte, waren vorher grundsätzlich anders an die Stadt herangetreten. „Schaut auf diese Stadt!" lautete dieser Anspruch; wenn die Schutzmächte und die Bundesregierung zu Berlin stünden, würde es sich im Inneren schon rich-

[15] Klaus Schütz im Interview mit dem *Rias* am 29. 9. 1967 (zitiert nach der Kommentarübersicht des Bundespresseamtes).

[16] *Deutschlandfunk, Interview der Woche*, am 6. 3. 1977 (zitiert nach der Kommentarübersicht des Bundespresseamtes).

ten lassen. Diese Politik war richtig und notwendig – und doch für das Berlin nach dem Vier-Mächte-Abkommen nicht länger ausreichend.

Der Erfolg der Entspannungspolitik hatte ihren Preis: Der Kompetenzwettstreit der politischen Parteien verlagerte sich auf Gebiete, auf denen die SPD nicht als führend galt. Der Machtwechsel von Berlin 1981 belegt, daß die Verteidiger der Freiheit Berlins zum Opfer ihres eigenen Erfolgs wurden. In Berlin hatten SPD und FDP schon seit 1963 gemeinsam eine Regelung der Beziehungen zum Osten angestrebt. Die Regierungskoalition in Bonn folgte 1969. Der Vorrat an Gemeinsamkeiten zwischen diesen beiden Parteien ging nach dem Erfolg zurück, wurde zunächst mit dem gemeinsamen Willen zum Machterhalt kaschiert, bevor das Bündnis zerbrach. Auch in den siebziger Jahren blieb Berlin so Vorreiter einer Entwicklung, die in der Folge auch auf der Bundesebene vollzogen wurde.

Die Entscheidungen von Klaus Schütz zur Alleinregierung 1971 und zur „Koalition der Verlierer" 1975 traf dieser allein und vorsätzlich – und doch in den von seiner Partei eng gezogenen Grenzen. Der richtige Zeitpunkt zum Rücktritt wäre der Tag nach den Wahlen im Frühjahr 1975 gewesen, angesichts des Verlustes der absoluten Mehrheit. Doch hatte Schütz diese Chance? Sein Ansehen hatte den Verlust an Zustimmung für die SPD begrenzt. So schickte er sich ein weiteres Mal in die Aufgabe, geleitet nicht zuletzt von der Überzeugung, daß er immer noch der beste Mann für diesen Posten war. Schütz scheiterte – wie vor ihm Albertz und nach ihm Stobbe – an einer fälligen Senatsumbildung. Die eigenen Leute mochten ihm nicht länger folgen, anders als Stobbe trat er aber vor einer Niederlage im Abgeordnetenhaus zurück. Als Mann Willy Brandts hatte Schütz die Berliner politische Bühne in den fünfziger Jahren betreten, ihm war er im Amt des Regierenden Bürgermeisters nachgefolgt. Auch sein Scheitern ähnelt dem Brandts: Dem großen Wurf der Vertragspolitik folgte das Verzagen am grauen Alltagsgeschäft, das mehr Verwalten als Gestalten forderte.

Der Wechsel von Schütz zu Stobbe war politisch symptomatisch. Den deutlichsten Unterschied bildete die grundsätzliche Haltung zur Stadt: Stobbe machte die Kärrnerarbeit, und er machte sie gern. Stobbe legte „ein starkes Gewicht auf Fragen, die die Gestaltung der Demokratie und die Gestaltung der gesellschaftlichen Verhältnisse im Inneren Berlins selbst betreffen."[17] Er vertrat den Primat der Stadtpo-

[17] Im *Deutschlandfunk*, 3. 5. 1977 (zitiert nach der Kommentarübersicht des Deutschen Bundestages).

litik glaubhaft und nicht ohne Erfolg. Doch damit verlagerte sich der Wettstreit der Bewerber um die politische Macht im Rathaus Schöneberg auf die kommunale Ebene. Und hier war der Kompetenzvorsprung der sozialliberalen Koalition keineswegs so ausgeprägt wie auf dem Gebiet der Deutschland- und Ostpolitik. Nicht das Berlin-Problem, die Probleme Berlins rückten in den Mittelpunkt. Die Sozialdemokraten in Berlin brauchten lange, um dies zu erkennen. Dann mochte Klaus Schütz es nicht akzeptieren. Doch auch Stobbe hatte mit den psychologischen Folgen der Haltung der SPD zu kämpfen, die eigene Leistung nicht am Erreichten, sondern am Erwünschten zu messen. Seit Jahrzehnten in der Verantwortung für die Stadt, wurden der SPD alle Unzulänglichkeiten zugerechnet.

Stobbe scheiterte nicht durch eigenes Versagen. Im Gegenteil gelang es ihm, nicht nur einen wirksamen Stimmungswandel zu mehr Optimismus in der Stadt herbeizuführen, er selbst fand auch die Zustimmung der Berliner zu seiner Person. Stobbe mußte sein Amt am 15. Januar 1981 niederlegen, weil das Vier-Mächte-Abkommen nicht nur die Aufgaben der Parteien geändert, sondern in den Parteien auch Kräfte freigesetzt hatte, die bis dahin im Zusammenstehen gegen die kommunistische Bedrohung gebunden waren. Das einigende Band der Bewahrung Berlins als oberster Aufgabe ging verloren. Bemerkenswert bleibt der Widerspruch der Berliner Sozialdemokraten, einerseits sich der jahrzehntelangen Tradition, Kontinuität und Erfahrung sozialdemokratischer Führungsverantwortung in Berlin zu rühmen, und andererseits die Amtsantritte von Schütz, Stobbe und Vogel als Neuanfang, Einschnitt, Zäsur auszugeben, um sich von eben jener Tradition zu distanzieren. Bei dieser Politik wirkte sich das sozialdemokratische Prinzip der Solidarität kontraproduktiv aus. Wie sollte mit den Sünden der Vergangenheit gebrochen werden, wenn man die Verantwortlichen nicht vor die Tür zu setzen wagte oder konnte, wegen des verfassungsrechtlich garantierten letzten Wortes der Parlamentarier oder wegen der Verankerung der Genossen im Parteiapparat? 1975 wurde das Versorgungsdenken in der SPD für sakrosankt erklärt. Die offensichtliche Besetzung der Senatorenämter aus parteipolitischen und koalitionstaktischen Gründen, ohne Rücksicht auf Ausbildung oder Erfahrung, bestätigte den Eindruck, daß die Machterhaltung für die SPD oberste Priorität hatte. Stobbe hielt sich an die Spielregeln, die er in der Berliner SPD über Jahre kennengelernt und dann auch mitgeprägt hatte. Ohne ihn hätte sich die Berliner SPD schon früher auf den Oppositionsbänken wiedergefunden. Doch das

Konzept der Konzentration der Kräfte, die Institutionalisierung des Flügelproporzes innerhalb der Partei, verhärtete die Fronten in der SPD derart, daß die Genossen ihrem Regierenden Bürgermeister Stobbe nicht mehr folgen mochten. Aus Angst vor Flügelkämpfen suchte Stobbe den Ausgleich, der als Kompromiß aber nicht beruhigte, sondern lähmte.

Hans-Jochen Vogel folgte als „Regierender Spitzenkandidat“, als letzte Hoffnung der Sozialdemokratie, die alte Bastion Berlin zu halten. Er führte einhundert Tage Wahlkampf und hatte während dieser Zeit nicht nur mit den Problemen der polnischen Unruhen, der aggressiven Abschottungspolitik der DDR und der innerstädtischen Unzulänglichkeiten zu kämpfen. Er mußte der größten gesellschaftlichen Herausforderung seit den Tagen der Studentenbewegung begegnen, den Hausbesetzungen und den damit verbundenen Unruhen und Krawallen, und er hatte eine Koalition zusammenzuhalten, in deren Reihen offen ihr Ende gefordert wurde. Dazu trat die Aufgabe der Sanierung der eigenen Partei. Vogel bewegte viel und konnte doch den Machtverlust bei den Wahlen am 10. Mai 1981 nicht verhindern. Am 10. Mai 1981 stimmten die Wähler allerdings nicht über die Arbeit oder Person Vogels ab. Seinem Nachfolger von Weizsäcker fiel der Auftrag zumindest zum Teil in den Schoß. Nach der Wahlniederlage von 1979 hatte sich Richard von Weizsäcker schon wieder nach Bonn orientiert. Gleichwohl zahlte sich sein Engagement für Berlin aus. Weil er der CSU zu liberal war, war er 1979 nicht für das Bundespräsidentenamt nominiert worden. Dieses Ansehen ermöglichte ihm 1981 die Amtsübernahme als Regierender Bürgermeister eines geduldeten „Minderheitssenats“. Sein Vorgänger Peter Lorenz hatte die Berliner CDU zur stärksten Fraktion und zur Partei mit dem größten Mitgliederzuwachs gemacht. Er anerkannte als einer der ersten in der gesamten CDU die Verbesserungen an, die den Berlinern aus dem Vertragskomplex erwuchsen, und erteilte schon 1972 seine Zustimmung zum *modus vivendi* der Verträge. Berlin hatte also auch bei der CDU, hier aber positiv, eine Vorreiterrolle gespielt. Nicht mehr alles anders, sondern nur noch alles besser machen wollte die Berliner CDU in Zukunft. Lorenz fiel den Plänen seiner nachrückenden, von ihm selbst an die Aufgaben herangeführten jungen Männer zum Opfer. Mit Richard von Weizsäcker an der Spitze war die Forderung der CDU nach einem Machtwechsel erfolgversprechender zu verkaufen, und nur so war die Unterstützung von FDP-Abgeordneten zu gewinnen.

Nach dem Abkommen hatte die Bindungskraft der Parteien nachgelassen. Die Sozialdemokraten hatten in den Zeiten der äußeren Bedrohung die größte Zustimmung durch den Wähler erfahren, im Blockadejahr 1948 wie 1963 bei den ersten Wahlen nach dem Mauerbau. Gleich bei den ersten Wahlen nach den Verträgen hatte die SPD nun ihre absolute Mehrheit und vor allem ihr Image als Bewahrerin der Berliner Demokratie verloren. Der Erfolg ihrer Vertragspolitik läutete zugleich die nachlassende Verankerung der SPD bei den Berlinern ein. Mit ihrem Erfolg hatte sich die SPD selbst entbehrlich gemacht. In den siebziger Jahren warben ihr die CDU, aber auch die neuen Parteien Bund Freies Deutschland und die Alternative Liste, die erst dank des Abkommens hatten entstehen können, Stimmen und Sympathien ab. Gleichwohl erwies sich die Integrationskraft der Parteiendemokratie. Eine Krise der SPD stellte eben keine Krise der Berliner Demokratie dar. Die unzufriedenen Bürger wechselten nämlich entweder zwischen den Parteien ihrer Wahl oder gründeten neue. Die Kandidaturen des Bundes Freies Deutschland und der Wählergemeinschaft Unabhängiger Bürger entstanden als Reaktion auf die Entspannungspolitik. Der BFD manifestierte sich als Ausdruck des Unbehagens an dem gefundenen Kompromiß zwischen West und Ost. Und die Wähler und Vertreter der WUB genossen als erste den Luxus der Sicherheit, sie konnten nun Partikularinteressen in den Vordergrund stellen. Auch die Alternative Liste war ein Kind der Entspannungspolitik – wenngleich ihre Protagonisten in den Garanten dieser Entspannung, den Berliner Schutzmächten, politische Gegner sehen mochten. Die Wähler der AL rekrutierten sich aus der zweiten Generation deutscher Demokraten – so weit war die Weimarer Demokratie nie gekommen. Bei aller Dissoziation des gewohnten Drei-Parteien-Systems in Berlin nach dem Abkommen hat sich also das Parteiensystem als attraktiv auch für die Berliner gezeigt, die sich nicht mehr von den „Rathausparteien“ SPD, CDU und FDP vertreten fühlten. Neben der außerparlamentarischen Opposition wurde auch der Wettbewerb nach den Spielregeln der Berliner Verfassung gesucht.

Diese Verfassung wurde ausgeschöpft, zahlreiche Rechte wurden im Jahrzehnt nach dem Abkommen erstmals in Anspruch genommen. Andere Elemente der Demokratie, vor allem das Wahlrecht, mußten korrigiert werden. In den Jahren der Bedrohung der Stadt hatte sich niemand Gedanken darüber gemacht, ob dieses Wahlrecht mit dem Grundgesetz vereinbar war. Auch dies wurde jetzt nachgeholt. Die Bürger Berlins beanspruchten die Freiheiten, die ihnen die Existenzsicherung ermöglicht hatte. Noch am Abend der Wahlen von 1979 glaubte Dietrich Stobbe, „eine bemerkenswerte politische Konstanz in Berlin" zu erkennen.[18] Dabei hatten sich wachsende Teile der Bevölkerung schon anders besonnen. Nachlassende Wahlbeteiligung und wachsende Stimmenanteile für andere als die drei etablierten Parteien belegten bereits deutlich die schwindende Überzeugungskraft vor allem des Senats, während gleichzeitig die CDU keine absolute Mehrheit erhielt. Das Image der SPD war geprägt von den Versäumnissen und Fehlleistungen in den Verwaltungen. Auch wenn die Bürger sich in den Bezirken über Verwaltungen ärgerten, für die dort auch die CDU Verantwortung trug, und auch wenn die FDP lange Jahre Mitglied des Senates gewesen war, stand doch die SPD im Mittelpunkt der Kritik. In der FDP begannen daraufhin einzelne Liberale, auf die aufstrebende der beiden großen Parteien zu setzen. Auch in der FDP waren es also die Berliner, die einen Trend vorwegnahmen.

In einem politischen Klima, in dem die Berliner CDU und dann die Alternative Liste selbstbewußt ihre politischen Vorstellungen formulierten und vertraten, gefiel es auch den Mitgliedern, mittleren Funktionären und einigen Abgeordneten von SPD und FDP, sich in Opposition zum Senat zu begeben. Die Vertreter der „reinen Lehren" in allen Lagern kümmerten sich zusehends weniger um die Kompromisse, die der Senat anstrebte. Und dieser ließ sich die nachlassende Loyalität gefallen, lud sie in Gestalt prominenter Senatoren sogar ins Kabinett ein. Nur wer unzulässig den Garski-Skandal als Ursache für die *ultima ratio* Neuwahlen im Frühjahr 1981 betrachtet, wird die erfolgreiche Unterschriftensammlung als überzogene oder hysterische Mobilmachung „der Straße" verkennen. Nicht der Bankrott von Garskis Firma „Bautechnik", sondern der Bankrott der sozialliberalen Koalition am 15. Januar machten diesen Schritt notwendig.

Der Austausch des Spitzengenossen, Heilmittel seit Jahrzehnten, reichte den Berlinern nicht länger. Zehn Jahre gesicherter Existenz hatten einen Wandel des Problembewußtseins der Berliner verursacht. Die „Ostpolitik" fand sich in Meinungsumfragen gleichauf mit den Gebieten Gesundheits- und Bildungspolitik. In Berlin wurde dieses Thema immer noch von viermal so vielen Menschen für dringlich erachtet wie im Bundesgebiet. Fast gleichgezogen hatten aber schon die Fragen des Umweltschutzes. Hier wird der Wandel des Verständnisses

[18] In der Fernsehsendung „Wahl '79" (zitiert nach der Kommentarübersicht des Bundespresseamtes).

der Bedrohungen, denen die Berliner ihr Gemeinwesen ausgesetzt sahen, deutlich.

Von diesem Wandel blieben auch die Schutzmächte nicht verschont. Der Rückgang des Gefühls der Bedrohung mündete in Berlin bei vielen, vor allem jüngeren Bürgern in einen Wunsch nach Neutralität, bei etlichen sogar in Antiamerikanismus. Auch die Schutzmächte mußten sich fragen, ob sie nicht in dem Moment, in dem sie die Sicherheit der Berliner mit dem Abkommen stärkten, ihre eigene Position geschwächt hatten. Die Antwort lautete wie bei den Sozialdemokraten: ja.

Und doch konnte Berlin nicht zur „normalen Stadt" werden, wie die SPD es nach dem Abkommen erwartet hatte. Die Besonderheit der Berliner Demokratie blieb bestimmend. Allein die Autobahnplanung zwischen Berlin und Hamburg Ende der siebziger Jahre zeigte die Struktur. So galt in NATO-Kreisen eine nagelneue Autobahntrasse westlicher Qualität als ideale Aufmarschrampe für Warschauer-Pakt-Verbände bei einem Konflikt in Deutschland. Also wurde eine enge Abstimmung mit den Schutzmächten gesucht. Auf innerdeutscher Ebene ging es ums Geld. Die Berliner Belange wurden hier von Bonn aus vertreten, in Erwartung der hohen Zahlungen hatte die DDR dagegen nichts einzuwenden. Kommunal geriet die Trassenplanung in die Kritik der Umweltschützer. Die nicht gerade mit Freizeit- und Naturgebieten verwöhnten Bewohner der ummauerten Stadthälfte protestierten gegen die Absicht der Rodung größerer Waldflächen. Und die Schutzmächte hatten auch hier noch ein Wörtchen mitzureden. Die Franzosen, durch deren Sektor die Autobahn auf Stadtgebiet verlaufen sollte, legten ein Veto gegen die Trassenplanung ein, weil sie sich in ihrer militärischen Bewegungsfreiheit gefährdet sahen.

Und weiterhin wurde ein Regierender Bürgermeister von Berlin mit Tagesordnungen konfrontiert, die von ihm während einer Sitzung Stellungnahmen zur Bedrohung der Stadt durch den Afghanistan-Konflikt und zur Solidarität innerhalb der NATO genauso verlangten wie zu Fragen der Pädagogik an Grundschulen und zur Hundeverordnung.[19]

[19] Vgl. das Protokoll der Fraktionssitzung der SPD am 26. 2. 1980, Akte 542, Bestand SPD-Fraktion, Archiv der sozialen Demokratie.

Die Berliner aber waren wählerischer geworden, wen sie mit solchen Regierungsgeschäften betrauen wollten. Nach dem Vier-Mächte-Abkommen gab es keine absolute Mehrheit mehr.

Bilanz: 1981 – keine Wende, sondern der Höhepunkt der Entwicklung der Berliner Demokratie seit dem Abkommen

„Wir sind auf unseren eigenen Wunsch weiterhin ein besetztes Gebiet und wollen es bleiben. Die oberste Gewalt in West-Berlin haben unsere Schutzmächte und nicht der Bund“,[20] hatte der Regierende Bürgermeister Klaus Schütz anläßlich des Vier-Mächte-Abkommens bekannt und diese Einsicht behielt ihre Gültigkeit.

Unterhalb dieser Ebene aber kam es in dem Jahrzehnt zwischen Existenzsicherung und Machtwechsel zu der gezeigten Ausweitung des demokratischen Spielraums. Wieder war es ein äußerer Anlaß – wie zuvor Blockade und Mauerbau –, der die innere Entwicklung bestimmte. Das Vier-Mächte-Abkommen war ein solcher Katalysator, endlich für eine Entwicklung zum Positiven. Der Machtwechsel im Rathaus Schöneberg und seine besonderen Umstände waren eine unmittelbare Folge des Abkommens.

Druck von außen wurde immer auch im Innern instrumentalisiert. Im Berlin des Kalten Krieges hieß dies Disziplinierung. Das Ausbleiben dieses Druckes beziehungsweise das subjektiv empfundene Nachlassen gerade in den Reihen der jungen Anhänger der Sozialdemokraten und Alternativen hatte die umgekehrten Folgen. Jetzt standen Selbstverständlichkeiten wie die Rechtseinheit mit der Bundesrepublik zur Debatte. Der Status Berlins war durch die Siegermächte gar nicht modifiziert worden, und doch setzte die Festschreibung des *status quo* die Kräfte frei, die eine konkrete Ausweitung des demokratischen Spielraums zur Folge hatten. Die Berliner Demokratie, getragen von der Bevölkerung und ihren Parteien, ihrem Parlament und den Regierungen im Rathaus Schöneberg, konnten sich auf die innerstädtische Situation besinnen, und alle Beteiligten befriedigten ihren demokratischen Nachholbedarf. Der These Otto Hintzes ist zuzustimmen. Erst nach der Existenzsicherung durch das Abkommen wurden die zahlreichen demokratischen Premieren möglich. Gleich-

[20] Klaus Schütz, *Plenarprotokoll*, 6. W.P., 6. Mai 1971, S. 44.

wohl bedarf dieser Gedanke der Modifizierung. Das 20. Jahrhundert kennt neue Dimensionen: Die ideologische Auseinandersetzung wurde weltweit geführt. Die Kommunikations- und Waffentechnologie machte dies möglich. Daher tauchte die neue Form der Auseinandersetzung an Ersatzkriegsschauplätzen auf, wurden „Stellvertreterkriege" geführt, in Afrika, im Nahen Osten, in Afghanistan.

So bitter einzelne die Umstände des Machtwechsels 1981 berührt haben, so kann doch die Entwicklung der Berliner Demokratie positiv bewertet werden. In Zeiten äußerer Bedrohung und Krisenstimmung aufgrund tatsächlicher oder vermeintlicher Bedrohung aus dem Osten hatten sich die Wähler mehrheitlich für die Stabilisierung der bestehenden Mehrheitsverhältnisse ausgesprochen. Im Jahr 1981 wurde dies ins Gegenteil verkehrt: Der Wahlgang wurde von den Berlinern erzwungen, um den regierenden Senat abzulösen. Jetzt leisteten sie sich erstmals den Luxus der „Abrechnung" mit den bestehenden Verhältnissen, mit Sünden, die durchaus auch aus der Zeit des Zusammenhaltens und Durchhaltens stammten, wie etwa die Kontrollmechanismen bei der Vergabe öffentlicher Mittel. Die eruptive Ausweitung bisher nicht genutzter demokratischer Rechte, die sich überstürzenden Ereignisse im „Drei-Bürgermeister-Jahr" aber haben den Bestand der Berliner Demokratie nicht nur nicht gefährdet, sondern im Gegenteil gefördert. In dem ersten Machtwechsel zwischen Regierung und Opposition bewies die Berliner Demokratie ihre Funktionsfähigkeit und Mündigkeit.

QUELLEN- UND LITERATURVERZEICHNIS

1. Archivalien

Zur Berliner CDU

Akten „CDU Bundesländer A–Z“
2/206/1: Berlin 1. 1. 1969 bis 31. 12. 1977 und
2/206/3: Berlin 1. 1. 1978 bis 31. 12. 1983.
Konrad-Adenauer-Stiftung, St. Augustin.
Protokollakten der Landesparteitage beim Landesverband der CDU Berlin.

Zur Berliner SPD

Protokolle
der Landesvorstandssitzungen,
der Fraktionssitzungen,
der Fraktionsvorstandssitzungen,
der Landesparteitage,
des Geschäftsführenden Landesvorstandes,
der Koalitionsverhandlungen.
Archiv der sozialen Demokratie, Bonn, Landesverband der SPD Berlin und Fraktionsgeschäftsstelle der SPD im Rathaus Schöneberg, Berlin.

Interviews von Dr. Hans-Jürgen Heß mit den Sozialdemokraten Kurt Mattick, Klaus Riebschläger, Dietrich Stobbe, Peter Ulrich. Bonn: Sammlung „Personalia“ des Archivs der sozialen Demokratie.

Zur Berliner FDP

Protokolle
der Landesvorstandssitzungen,
der Fraktionssitzungen.
Akten zu den Landesparteitagen und
zu einzelnen Themen.
Archiv des Deutschen Liberalismus, Gummersbach, Landesverband der FDP Berlin und Geschäftsstelle der FDP-Fraktion im Rathaus Schöneberg, Berlin.

Zur Amerikanischen Berlin-Politik

Kenneth Rush Papers, Collection.
German Subject Collection.

Archiv der Hoover Institution on War, Revolution and Peace, Stanford, California/ USA.

Zu den Wahlen

Landesarchiv Berlin, Zeitgeschichtliche Sammlung.
Material zu den Wahlen 1971, 1975, 1979, 1981.

2. *Interviews*

Gesprächspartner

David Anderson, Political Counselor der US-Botschaft in Bonn 1971–1975, ehem. US-Minister in Berlin, 18. Oktober 1989.
General Calvert P. Benedict, US-Stadtkommandant 1978–1981, 30. August 1989.
Ursula Besser, MdA-CDU 1967–1985, 26. März und 10. April 1986.
General George S. Blanchard, Commander in Chief, US-Army in Europe 1975–1979, 24. August 1989.
General James G. Boatner, US-Stadtkommandant 1981–1984, 28. August 1989.
General William W. Cobb, US-Stadtkommandant 1971–1974, 27. August 1989.
Jonathan Dean, Political Counselor der US-Botschaft während der Vier-Mächte-Verhandlungen, 10. August 1989.
Wolfgang Haus, SPD-Fraktionsvorsitzender 1973–1977, 11. Juli 1990.
Hans-Jürgen Heß, MdA-SPD 1971–1981, 4. März 1986.
Martin J. Hillenbrand, Botschafter der USA in der Bundesrepublik 1972–1976, 29. August 1989.
Marten van Hoeven, Political Advisor der US-Botschaft in Bonn Ende der siebziger Jahre, 22. August 1989.
Robert E. Hunter, Director of West European Affairs des Nationalen Sicherheitsrates der USA 1977–1979, 30. August 1989.
Heinz Kaschke, Landesgeschäftsführer der FDP Berlin 1966–1981, 16. Januar und 25. Februar 1986.
David Klein, US-Minister in Berlin während der Vier-Mächte-Verhandlungen, 31. August 1989.
Nelson Ledsky, ehem. Gesandter in Berlin, Deutschlandexperte im State Department, 21. August 1989.
Klaus Rüdiger Landowsky, MdA-CDU seit 1971, 15. Mai 1986.
Peter Lorenz, MdA-CDU 1954–1980, Präsident des Abgeordnetenhauses 1975–1980, 6. März 1986.
Heinrich Lummer, MdA-CDU 1967–1990, Vorsitzender der Fraktion der CDU 1969–1980, Präsident des Abgeordnetenhauses 1980/81, Bürgermeister und Senator für Inneres 1981–1986, 21. Mai 1986.
Hermann Oxfort, MdA-FDP bis 1985, Fraktionsvorsitzender der FDP bis 1975, Bürgermeister und Senator für Justiz 1975/76, 5. Februar 1987.

Klaus Riebschläger, MdA-SPD 1967–1980, Senator für Bauwesen 1971–1975, Senator für Finanzen 1975–1981, stellvertretender Landesvorsitzender der SPD 1971–1981, 17. April 1986.

Kenneth Rush, Botschafter der USA in Bonn 1969–1972, Deputy Secretary of Defense 1972/1973, Deputy Secretary of State 1973/1974, 9. September 1989.

Klaus Schütz, Regierender Bürgermeister von Berlin 1967–1977, 9. und 10. Oktober 1989.

George P. Shultz, Außenminister der USA 1982–1988, 12. Juli 1989.

Hellmuth Sonnenfeldt, Mitarbeiter Henry Kissingers, Mitglied des Nationalen Sicherheitsrates der USA 1969–1974, 18. August 1989.

Dietrich Stobbe, Regierender Bürgermeister von Berlin 1977–1981, Landesvorsitzender der SPD 1979–1981, 30. Juni 1986.

Shepard Stone, amerikanischer Deutschland- und Berlin-Experte, 7. September 1989.

Dietrich Spangenberg, Staatssekretär im Bundespräsidialamt 1969–1974, 4. Mai 1990.

James S. Sutterlin, Director of the Office of Central European Affairs, State Department, 1969–1973, 15. September 1989.

Hans-Jochen Vogel, Regierender Bürgermeister von Berlin 1981, Vorsitzender der Fraktion der SPD 1981–1983, 10. Dezember 1988.

William Woessner, Political Counselor der US-Botschaft in Bonn Ende der siebziger Jahre, 29. August 1989.

3. Literatur

Dokumentationen

Berliner Statistik, hrsg. vom Statistischen Landesamt Berlin, Berlin 1971 ff.

Die Berliner Wahlen 1946 bis 1971, hrsg. vom Statistischen Landesamt Berlin (= *Berliner Statistik*, Sonderheft 233), Berlin 1975.

Die Wahlen am 14. März 1971 in Berlin (West) (= *Berliner Statistik*, Sonderheft 210), Berlin 1973.

Die Wahlen am 2. März 1975 in Berlin (West) unter Berücksichtigung der Wiederholungswahl in Zehlendorf am 25. Januar 1976 (= *Berliner Statistik*, Sonderheft 262), Berlin 1977.

Documents on Germany, 1944–1985, ed. by the US Department of State, Washington 1985.

Dokumente zur Berlin-Frage 1967–1986, hrsg. von Hans Heinrich Mahnke für das Forschungsinstitut der Deutschen Gesellschaft für Auswärtige Politik in Zusammenarbeit mit dem Senat von Berlin, München 1987.

Forschungsgruppe Wahlen e. V., *Wahl in Berlin. Eine Analyse der Wahl zum Abgeordnetenhaus*, Mannheim 1971, 1975, 1981.

Infas-Report Wahlen, Berlin 1975, 1979, 1981. Analysen und Dokumente zu den Wahlen zum Abgeordnetenhaus, Bonn 1975, 1979, 1981.

Jahresberichte, hrsg. von der Industrie- und Handelskammer Berlin, Berlin 1972–1983.

Presse- und Rundfunkdokumentation des Deutschen Bundestages.

Public Papers of the Presidents of the United States, Washington 1971 ff.

Statistische Jahrbücher 1971–1981, hrsg. vom Statistischen Landesamt Berlin, Berlin 1972 ff.

Texte zur Deutschlandpolitik, Reihen I und II, hrsg. vom Bundesministerium für innerdeutsche Beziehungen, Bonn 1970 ff.

Wahlen in Berlin (West) 1979 und 1981, hrsg. vom Statistischen Landesamt Berlin (= *Berliner Statistik*, Sonderheft 345), Berlin 1984.

Zehn Jahre Deutschlandpolitik. Die Entwicklung der Beziehungen zwischen der Bundesrepublik Deutschland und der Deutschen Demokratischen Republik 1969–1979. Bericht und Dokumentation, hrsg. vom Bundesministerium für innerdeutsche Beziehungen, Bonn 1980.

Offizielle Veröffentlichungen

Abgeordnetenhaus von Berlin: *Plenarprotokolle, Drucksachen, Mitteilungen des Präsidenten*, Berlin 1971 ff.

Congressional Hearings, Washington 1970 ff.

Department of State Bulletin, Washington 1971 ff.

Gesetz- und Verordnungsblatt von Berlin, Berlin 1971 ff.

Stenographische Berichte des Deutschen Bundestages, Bonn 1971 ff.

Meinungsumfragen

Allensbacher Jahrbücher der Demoskopie, hrsg. von Elisabeth Noelle-Neumann, Bd. 6: *1974–1976*, Wien-München 1976; Bd. 7: *1976–1977*, Wien-München 1977; Bd. 8: *1978–1983*, Wien-München 1983.

Emnid (Hrsg.), *Aktueller Politischer Dienst*, Bielefeld 1971 ff.

Institut für angewandte Sozialforschung (Hrsg.), *Meinungen und Tendenzen in und über Berlin. Entwicklungen im Meinungsspiegel der Berliner und der Bevölkerung der Bundesrepublik im Jahre 1972 ff.* (= *Berlin-Barometer*), Bonn-Bad Godesberg (Juni) 1973 ff.

Aufsätze und Bücher

Abrassimow, Pjotr A., *300 Meter vom Brandenburger Tor. Erinnerungen eines Botschafters*, Berlin (Ost) 1985.

Abrassimow, Pjotr A., *Westberlin gestern und heute*, Berlin (Ost) 1981.

Adomeit, Hannes, *Die Sowjetmacht in internationalen Krisen und Konflikten. Verhaltensmuster, Handlungsprinzipien, Bestimmungsfaktoren*, Baden-Baden 1983.

AL – Die Alternative Liste Berlin. Entstehung, Entwicklung, Positionen, hrsg. von Michael Bühnemann, Michael Wendt und Jürgen Wituschek, Berlin 1984.

Alternative Liste für Demokratie und Umweltschutz (Hrsg.), *Berlin tut gut. Bevor uns schwarz vor Augen wird. Buntes aus dem Untergrund*, Berlin 1985.

Alternative Liste für Demokratie und Umweltschutz (Hrsg.), *Perspektiven der Grünen, Bunten und Alternativen*, Berlin 1980.

Appell, Günter-Richard, *Das Bundesverfassungsgericht und Berlin. Ein Beitrag zur Zuständigkeit des Bundesverfassungsgerichts*, Köln usw. 1984.

Arndt, Claus, *Die Verträge von Moskau und Warschau. Politische, verfassungsrechtliche und völkerrechtliche Aspekte*, Bonn-Bad Godesberg 1973.

Ash, Timothy Garton, *„Im Namen Europas" – Deutschland und der geteilte Kontinent*, München 1993.

Audland, Sir Christopher, *Das Berlin-Abkommen vom 3. September 1971*, in: *Berlin – Vom Brennpunkt der Teilung zur Brücke der Einheit*, hrsg. von Gerd Langguth, Köln 1990, S. 358–365.

Ausländer in Berlin. Demographische Entwicklung bis zum Jahre 1990, Teil 1: *Ergebnisbericht*, bearbeitet von Ingo Pfeiffer (= Gutachten des Deutschen Instituts für Wirtschaftsforschung im Auftrag der Ausländerbeauftragten des Senats von Berlin), Berlin 1982.

Baker, Kendall L./Dalton, Russell J./Hildebrandt, Kai, *Germany Transformed. Political Culture and the New Politics*, Cambridge, Mass.-London 1981.

Baring, Arnulf (in Zusammenarbeit mit Manfred Görtemaker), *Machtwechsel. Die Ära Brandt-Scheel*, Stuttgart 1982.

Baring, Arnulf, *Die Rolle Berlins nach dem Zweiten Weltkrieg*, in: *Jahrbuch für die Geschichte Mittel- und Ostdeutschlands*, Bd. 34 (1985), S. 21–29.

Bark, Dennis L., *Agreement on Berlin. A Study of the 1970–72 Quadripartite Negotiations*, Washington 1974.

Bark, Dennis L./Gress, David R., *A History of West Germany*, Vol. 2: *Democracy and its Discontents, 1963–1988*, Oxford 1989.

Barzel, Rainer, *Im Streit und umstritten. Anmerkungen zu Konrad Adenauer, Ludwig Erhard und den Ostverträgen*, Frankfurt-Berlin 1986.

Baumeister, Dieter, *Der offenkundige Nutzen des Berlin-Abkommens nach 10 Jahren Vertragsdauer*, in: *Zehn Jahre Berlin-Abkommen 1971–1981. Versuch einer Bilanz*, hrsg. von Gottfried Zieger, Köln usw. 1983, S. 13–25.

Baumeister, Dieter/Zivier, Ernst R., *Die Statusbestimmungen des Viermächte-Abkommens und die Zukunft Berlins*, hrsg. vom Kuratorium Unteilbares Deutschland, 2. Aufl., Berlin 1979.

Beiträge zur Geschichte der Berliner Demokratie, hrsg. von Otto Büsch, Berlin 1988.

Belezki, Viktor N., *Die Politik der Sowjetunion in den deutschen Angelegenheiten in der Nachkriegszeit 1945–1976*, Berlin (Ost) 1977.

Bender, Peter, *Das Ende des ideologischen Zeitalters. Die Europäisierung Europas*, Berlin 1981.

Bender, Peter, *Die Ostpolitik Willy Brandts oder Die Kunst des Selbstverständlichen*, Reinbek 1972.

Bender, Peter, *Neue Ostpolitik. Vom Mauerbau bis zum Moskauer Vertrag*, München 1986.

Bender, Peter, *Zukunftsbedingungen für Berlin*, in: *Berlin translokal*, hrsg. von der Deutschen Gesellschaft für die Vereinten Nationen, Landesverband Berlin, Berlin 1983.

Bentzien, Joachim F., *Probleme des Luftverkehrs von und nach Berlin, Gestern – heute – morgen*, in: *Zeitschrift für Luft- und Raumfahrtrecht. Gedächtnisschrift zu Ehren von Alex Meyer*, Köln 1979.

Berlin-Bibliographie, Bd. 3: *1967–1977.* In der Senatsbibliothek Berlin bearb. von Ursula Scholz und Rainald Stromeyer unter Mitarbeit von Renate Korb und Frances Toma (= Veröffentlichungen der Historischen Kommission zu Berlin, Bd. 58), Berlin-New York 1984.

Berlin – Vom Brennpunkt der Teilung zur Brücke der Einheit, hrsg. von Gerd Langguth, Köln 1990.

Berlin – Bremen – Hamburg. Zur Regierungsstruktur in den Stadtstaaten. Bericht der Untersuchungskommission zur Überprüfung der Regierungsstrukturen in den Stadtstaaten Berlin, Bremen und Hamburg (Stadtstaaten-Kommission), Berlin-New York 1989.

Berlin and East-West Relations, ed. by the Central Office of Information Reference, Pamphlet 157, London 1978.

Berlin im Europa der Neuzeit. Ein Tagungsbericht, hrsg. von Wolfgang Ribbe u. Jürgen Schmädeke, Berlin-New York 1990.

Berlin als Faktor nationaler und internationaler Politik, hrsg. von Hannelore Horn, Berlin 1988.

Berlin-Fibel. Berichte zur Lage der Stadt, hrsg. von Dieter Baumeister, Berlin 1975.

Berlin in Geschichte und Gegenwart. Jahrbücher des Landesarchivs Berlin 1982 ff., hrsg. von Hans J. Reichhardt, Berlin 1983 ff.

Die Berlin-Regelung. Das Viermächte-Abkommen über Berlin und die ergänzenden Vereinbarungen, hrsg. vom Presse- und Informationsamt der Bundesregierung, Bonn 1971.

Berlin translokal, hrsg. von der Deutschen Gesellschaft für die Vereinten Nationen, Landesverband Berlin, Berlin 1983.

Berlin auf dem Weg ins Jahr 2000. Prognosen, hrsg. von Ernst Schmacke, Düsseldorf 1974.

Berlin und seine Wirtschaft. Ein Weg aus der Geschichte in die Zukunft – Lehren und Erkenntnisse, hrsg. von der Industrie- und Handelskammer zu Berlin, Berlin-New York 1987.

Berlin between two Worlds, hrsg. von Ronald A. Francisco und Richard L. Merritt, Boulder-London 1986.

Berlin und die Zukunft Europas, hrsg. von Erich Pohl, Koblenz 1986.

Berliner SPD nach dem Tiefpunkt. Eine Diskussion, in: *Die neue Gesellschaft/Frankfurter Hefte* (Juni 1985), S. 488–501.

Besatzungsrecht in Berlin (West), hrsg. von der Alternativen Liste Berlin, Berlin 1986.

Neue soziale Bewegungen in der Bundesrepublik Deutschland, hrsg. von Roland Roth u. Dieter Rucht, Bonn 1987.

Deutsch-deutsche Beziehungen in den achtziger Jahren, in: *Europa-Archiv* 20 u. 21 (1984), D 567, D 628.

Bibliographie zur Deutschlandpolitik 1941–1974, hrsg. vom Bundesministerium für innerdeutsche Beziehungen, Frankfurt/M. 1975.

Bibliographie zur Deutschlandpolitik 1975–1982, hrsg. vom Bundesministerium für innerdeutsche Beziehungen, Frankfurt/M. 1983.

Blumenwitz, Dieter, *Die Ostverträge im Lichte des internationalen Vertragsrechts,* Bonn 1982.

Blumenwitz, Dieter/Meissner, Boris (Hrsg.), *Das Selbstbestimmungsrecht der Völker und die deutsche Frage,* Köln 1984.

Boldyrew, Viktor N., *Das Vierseitige Abkommen über Westberlin – ein Schritt zu Frieden, Sicherheit und Zusammenarbeit in Europa*, in: *Deutsche Außenpolitik*, 17 (1972), S. 872–899.

Boldyrew, Viktor N., *Westberlin und die europäische Sicherheit*, hrsg. vom Institut für Internationale Beziehungen an der Akademie für Staats- und Rechtswissenschaft der DDR, Potsdam-Babelsberg, Berlin (Ost) 1973.

Borowsky, Peter, *Deutschland 1969–1982*, Hannover 1987.

Bowers, Stephen Reed, *The West Berlin Issue in the Era of Superpower Detente: East Germany and the Politics of West Berlin 1968–1974*, Ann Arbor 1982.

Bracher, Karl Dietrich/Jäger, Wolfgang/Link, Wolfgang, *Republik im Wandel 1969–1974* (= *Geschichte der Bundesrepublik Deutschland*, Bd. 5,1), Stuttgart-Wiesbaden 1985.

Brand, Karl Werner/Büsser, Detlef/Rucht, Dieter, *Aufbruch in eine andere Gesellschaft. Neue soziale Bewegungen in der Bundesrepublik*, Frankfurt/M. 1983.

Brandt, Peter/Ammon, Herbert, *Die Linke und die nationale Frage*, Reinbek 1981.

Brandt, Willy, *Begegnungen und Einsichten. Die Jahre 1960 bis 1975*, Hamburg 1976.

Brandt, Willy, *Die Erinnerungen*, Berlin 1989.

Brandt, Willy, *Über den Tag hinaus*, Hamburg 1974.

Gerard Braunthal, *The West German Social Democrats 1969–1982. Profile of a Party in Power*, Boulder 1983.

Bretschneider, Michael, *Mitgliederzahlen der Parteien und ihre räumliche Verteilung 1977*, Berlin 1978.

Bruns, Wilhelm, *Deutsch-deutsche Beziehungen. Prämissen, Probleme, Perspektiven*, 3. Aufl., Opladen 1982.

Bruns, Wilhelm, *Zehn Jahre Vollmitgliedschaft der beiden deutschen Staaten in den Vereinten Nationen*, in: *Aus Politik und Zeitgeschichte*, Beilage 36 (1983), S. 17–30.

Bruns, Wilhelm, *Die Uneinigen in den Vereinten Nationen. Bundesrepublik Deutschland und DDR in der UNO*, Köln 1980.

Brzezinski, Zbigniew K., *Power and Principle. Memoirs of the National Security Adviser 1977–1981*, 2. Aufl., New York 1985.

Buchheim, Hans, *Deutschlandpolitik 1949–1972. Der politisch-diplomatische Prozeß*, Stuttgart 1984.

Büsch, Otto, *Der Beitrag der historischen Wahlforschung zur Geschichte der deutschen und europäischen Wählerbewegung*, in: ders. (Hrsg.), *Wählerbewegung in der europäischen Geschichte. Ergebnisse einer Konferenz*, Berlin 1980, S. 3–22.

Büsch, Otto, *Probleme und Aspekte der Berliner Geschichte 1945–1971. Eine Retrospektive auf den Zusammenhang von Wirtschaft und Politik in einer Weltstadt zwischen Ost und West*, in: *Revue d'Allemagne* (1982), S. 351–373.

Bundesrepublik Deutschland und Deutsche Demokratische Republik, hrsg. von Eckhard Jesse, Berlin 1982.

Burns, Rob/Will, Wilfried van der, *Protest and Democracy in West Germany. Extra-Parliamentary Opposition and the Democratic Agenda*, Houndsmill-London 1988.

Carstens, Karl, *Zur Interpretation der Berlin-Regelung von 1971*, in: *Festschrift für Ulrich Scheuner zum 70. Geburtstag*, hrsg. von Horst Ehmke u. a., Berlin 1973, S. 67–84.

Carter, Jimmy, *Keeping Faith. Memoirs of a President*, New York 1982.

Catudal, Honoré M., *A Balance Sheet of the Quadripartite Agreement on Berlin. Evaluation and Documentation*, Berlin 1978.

Catudal, Honoré M., *The Diplomacy of the Quadripartite Agreement on Berlin. A New Era in East-West Politics*, Berlin 1977.

Craig, Gordon A./George, Alexander L., *Force and Statecraft. Diplomatic Problems of Our Time*, New York 1983.

Cramer, Dettmar, *Deutschland nach dem Grundlagenvertrag*, Bonn 1973.

Dean, Jonathan, *Berlin: Enduring Stability or Shaky Interim?*, in: *The Washington Quarterly*, Nr. 3 (1987).

Dean, Jonathan, *Berlin gestern, heute und morgen*, in: *Berlin – Vom Brennpunkt der Teilung zur Brücke der Einheit*, hrsg. von Gerd Langguth, Köln 1990, S. 366–381.

Dean, Jonathan, *The Future of Berlin*, in: Edwina Moreton (Hrsg.), *Germany between East and West*, Cambridge 1987, S. 157–179.

Dean, Jonathan, *Watershed in Europe. Dismantling the East-West Military Confrontation*, Lexington, Mass. 1987.

Delbrück, Jost, *Deutschland und die Vereinten Nationen. Vom Feindstaat Deutsches Reich zur gleichberechtigten Mitwirkung beider deutscher Staaten*, in: *Vereinte Nationen*, H. 5/6 (1985), S. 185–190.

Dettling, Warnfried, *Die CDU nach Mannheim*, in: *Aus Politik und Zeitgeschichte*, Beilage 30 (1975), S. 3–19.

Dettling, Warnfried (Hrsg.), *Deutsche Parteien im Wandel. Eine Bestandsaufnahme*, München 1983.

Deutschland Archiv. Zeitschrift für Fragen der DDR und der Deutschlandpolitik, Köln 1970 ff.

Deutschland und die Vereinten Nationen, hrsg. von Gottfried Zieger, Köln usw. 1981.

DGB Landesbezirk Berlin (Hrsg.), *Leben und Arbeiten in Berlin. DGB-Regionalanalyse Berlin*, Berlin 1984.

Diederich, Nils, *Konzepte der Wahlforschung*, in: Büsch, Otto/Wölk, Monika/Wölk, Wolfgang (Hrsg.), *Wählerbewegung in der Deutschen Geschichte*, Berlin 1978.

Dittberner, Jürgen, *F.D.P. – Partei der zweiten Wahl. Ein Beitrag zur Geschichte der liberalen Partei und ihrer Funktion im Parteiensystem der Bundesrepublik*, Opladen 1987.

Doehring, Karl/Ress, Georg, *Staats- und völkerrechtliche Aspekte der Berlin-Regelung*, Frankfurt/M. 1972.

Doeker, Günther, *Berlin und das Viermächte-Abkommen von 1971 – „Modus vivendi" und Rechtslage*, in: *Recht und Politik*, H. 3 (1973), S. 81 ff.

Doeker, Günther/Melsheimer, Klaus/Schröder, Dieter, *Berlin and the Quadripartite Agreement of 1971*, in: *American Journal of International Law* (1973), S. 44–61.

Edler, Klaus Dieter, *Konflikt mit den Jusos – Ausdruck einer Parteikrise?*, in: *Die neue Gesellschaft*, H. 11 (1977).

Elitz, Ernst, *Die geschlossene Gesellschaft. Ursachen für die Berliner Misere*, in: *Die neue Gesellschaft*, H. 2 (1981), S. 96–100.

Elitz, Ernst, *Die Niederlage hat Ursachen. Wahlen in Berlin*, in: *Die neue Gesellschaft*, H. 6 (1982), S. 534–537.

Entspannungspolitik in Ost und West, hrsg. von Hans-Peter Schwarz und Boris Meissner, Köln 1979.

Ermacora, Felix, *Berlin als Symbol der Einheit Deutschlands*, in: Blumenwitz, Dieter/ Meissner, Boris (Hrsg.), *Staatliche und nationale Einheit Deutschlands – ihre Effektivität*, Köln 1984.

Falin, Valentin, *Politische Erinnerungen*, München 1993.

Fastenrath, Ulrich, *Erhöhung des Zwangsumtausches und vertragliche Bindungen*, in: *Deutschland Archiv* (1981), S. 44–49.

Fischer, Alexander, *Berlin (Ost) im östlichen Bezugssystem: Sowjetische Besatzungsmacht, Hauptstadt der DDR und „sozialistische Staatengemeinschaft"*, in: *Berlin im Europa der Neuzeit. Ein Tagungsbericht*, hrsg. von Wolfgang Ribbe u. Jürgen Schmädeke, Berlin-New York 1990, S. 469–480.

Frey, Eric G., *Division and Détente: The Germanies in their Alliances*, New York 1987.

Fritsch-Bournazel, Renata, *Die sowjetische Deutschlandpolitik 1945–1979*, Opladen 1979.

Froment-Meurice, Henri, *Erinnerungen an Berlin*, in: *Berlin – Vom Brennpunkt der Teilung zur Brücke der Einheit*, hrsg. von Gerd Langguth, Köln 1990, S. 382–386.

Frowein, Jochen Abr., *Die Rechtslage Deutschlands und der Status Berlins*, in: *Handbuch des Verfassungsrechts*, hrsg. von Ernst Benda, Werner Maihofer und Hans-Jochen Vogel, Berlin-New York 1984, S. 29–58.

Füsslein, Peter, *Ausgestaltung und Entwicklung des Viermächte-Abkommens bis zum Herbst 1989*, in: *Berlin – Vom Brennpunkt der Teilung zur Brücke der Einheit*, hrsg. von Gerd Langguth, Köln 1990, S. 107–126.

Gehm, Karl Heinz, *Innenansicht einer Stadtpolitik. Der Machtzerfall der sozialliberalen Koalition in Berlin*, 2. Aufl., Berlin 1985.

Gehm, Karl Heinz, *„Die Stunde des Parlaments"*, in: *Die Neue Gesellschaft/Frankfurter Hefte*, H. 6 (1985).

Geppert, Kurt/Lambrecht, Horst, *Berlin im innerdeutschen Handel*, in: *Berlin – Vom Brennpunkt der Teilung zur Brücke der Einheit*, hrsg. von Gerd Langguth, Köln 1990, S. 203–218.

Geschichte Berlins, hrsg. von Wolfgang Ribbe, 2 Bde., München 1987.

Glaeßner, Gert Joachim/Holz, Jürgen/Schlüter, Thomas (Hrsg.), *Die Bundesrepublik in den siebziger Jahren. Versuch einer Bilanz*, Opladen 1984.

Glotz, Peter, *Die Beweglichkeit des Tankers. Die Sozialdemokratie zwischen Staat und neuen sozialen Bewegungen*, München 1982.

Glotz, Peter, *Die Innenausstattung der Macht. Politisches Tagebuch 1976–1978*, München 1979.

Glotz, Peter, *Kampagne in Deutschland. Politisches Tagebuch 1981-1983*, Hamburg 1986.

Görtemaker, Manfred, *Die unheilige Allianz. Die Geschichte der Entspannungspolitik 1943–1979*, München 1979.

Görtemaker, Manfred, *Berlin und die Ostpolitik*, in: *Berlin im Europa der Neuzeit. Ein Tagungsbericht*, hrsg. von Wolfgang Ribbe u. Jürgen Schmädeke, Berlin-New York 1990, S. 503–513.

Görtemaker, Manfred, *Der gebändigte Kontinent. Verteidigung und Entspannung in Europa*, Bonn 1979.

Gradl, Johann Baptist, *Gespalten in den Vereinten Nationen*, in: *Deutschland Archiv* (1973), S. 130–133.

Grewe, Wilhelm G., *Die Deutsche Frage in der Ost-West-Spannung. Zeitgeschichtliche Kontroversen der achtziger Jahre*, Herford 1986.

Griffith, William E., *Die Ostpolitik der Bundesrepublik Deutschland*, Stuttgart 1981 (zuerst London 1978).

Grosser, Alfred, *Geschichte Deutschlands seit 1945. Eine Bilanz*, 13. Aufl., München 1987.

Großstadt und neue soziale Bewegungen, hrsg. von Peter Grottian und Wilfried Nelles, Basel usw. 1983.

Die Grünen – Regierungspartner von morgen?, hrsg. von Jörg R. Mettke, Reinbek 1982.

Der Grundlagenvertrag vor dem Bundesverfassungsgericht, hrsg. vom Presse- und Informationsamt der Bundesregierung in Zusammenarbeit mit dem Bundesverfassungsgericht, Karlsruhe o. J. [1975].

Gusseck, Lutz, *Die internationale Praxis der Transitgewährung und der Berlin-Verkehr*, Frankfurt/M. 1973.

Hacke, Christian, *Die Ära Nixon-Kissinger 1969–1974. Konservative Reform der Weltpolitik*, Stuttgart 1983.

Hacke, Christian, *Die Ost- und Deutschlandpolitik der CDU/CSU. Wege und Irrwege der Opposition seit 1969*, Köln 1975.

Hackel, Wolfgang, *Die Auswahl des politischen Nachwuchses in der Bundesrepublik Deutschland. Die Junge Union als Sprungbrett für politische Karrieren in der CDU*, Stuttgart 1978.

Hacker, Jens, *Die Bindungen Berlins (West) zum Bund als Problem der Ostvertragspolitik der Bundesrepublik Deutschland*, in: *Osteuropa-Recht* (1974), S. 205 ff.

Hacker, Jens, *Der Rechtsstatus Deutschlands aus der Sicht der DDR*, Köln 1974.

Hacker, Jens, *Der neue Rechtsstatus für West-Berlin. Die Ostverträge und das Berlin-Abkommen*, in: *Die politische Meinung* (1972), S. 78–94.

Härth, Wolfgang, *Zur verfassungsrechtlichen Stellung des Regierenden Bürgermeisters von Berlin*, in: *Juristische Rundschau*, H. 6 (1986), S. 221–225.

Haftendorn, Helga, *Das doppelte Mißverständnis. Zur Vorgeschichte des NATO-Doppelbeschlusses von 1979*, in: *Vierteljahrshefte für Zeitgeschichte* (1985), S. 244–287.

Haftendorn, Helga, *Sicherheit und Entspannung. Zur Außenpolitik der Bundesrepublik Deutschland 1955–1982*, Baden-Baden 1983.

Haftendorn, Helga, *Sicherheit und Stabilität. Außenbeziehungen der Bundesrepublik zwischen Ölkrise und NATO-Doppelbeschluß*, München 1986.

Hahn, Walter F., *Die Rolle Berlins in der Weltpolitik der letzten 25 Jahre*, in: *Berlin und die Zukunft Europas*, hrsg. von Erich Pohl, Koblenz 1986, S. 29–41.

Hahn, Walter F., *Between Westpolitik and Ostpolitik. Changing West German Security Views*, Beverly Hills 1975.

Haig, Alexander M., *Caveat. Realism, Reagan and Foreign Policy*, New York 1984.

Hancock, M. Donald, *West Germany. The Politics of Democratic Corporation*, Chatham, N. J. 1989.

Hanrieder, Wolfram F., *Deutschland, Europa, Amerika. Die Außenpolitik der Bundesrepublik Deutschland 1949–1989*, Paderborn usw. 1991.

Heck, Bruno (Hrsg.), *Die CDU und ihr Programm. Programme, Erklärungen, Entschließungen*, St. Augustin 1979.

Heep, Barbara D., *Helmut Schmidt und Amerika. Eine schwierige Partnerschaft*, Bonn 1990.

Held, Joachim, *Ostpolitik der Bundesrepublik Deutschland. Literatur seit 1980*, Ebenhausen 1987.

Henke, Wilhelm, *Gerichtsentscheidungen zum Parteienrecht,* in: *Neue Zeitschrift für Verwaltungsrecht* (1983), S. 397 f.

Hennig, Ottfried, *Die Bundespräsenz in West-Berlin. Entwicklung und Rechtscharakter,* Köln 1976.

Henry, I. D./Wood, Michael C., *The Legal Status of Berlin,* Cambridge 1987.

Herzfeld, Hans, *Berlin in der Weltpolitik 1945–1970.* Geleitwort von Klaus Schütz (= Veröffentlichungen der Historischen Kommission zu Berlin, Bd. 38), Berlin 1973.

Heß, Hans-Jürgen, *Innerparteiliche Gruppenbildung. Macht- und Demokratieverlust einer politischen Partei am Beispiel der Berliner SPD in den Jahren von 1963 bis 1981,* Bonn 1984.

Heyen, Rolf (Hrsg.), *Die Entkrampfung Berlins oder Eine Stadt geht zur Tagesordnung über,* Reinbek 1972.

Hillgruber, Andreas, *Deutsche Geschichte 1945–1986. Die Deutsche Frage in der Weltpolitik,* 6. Aufl., Stuttgart 1987.

Hillenbrand, Martin J. (Hrsg.), *Die Zukunft Berlins,* Berlin usw. 1981.

Hintze, Otto, *Deutschland und das Weltstaatensystem,* in: *Deutschland und der Weltkrieg,* hrsg. von Otto Hintze, Friedrich Meinecke, Hermann Oncken und Hermann Schumacher, 2. Aufl., Leipzig-Berlin 1916, S. 3–52.

Hofmeister, Burkhard, *Berlin. Eine geographische Strukturanalyse der zwölf westlichen Bezirke,* Darmstadt 1975.

Holmsten, Georg, *Die Berlin-Chronik. Daten, Personen, Dokumente,* Düsseldorf 1984.

Hoplitschek, Ernst, *Partei, Avantgarde, Heimat – oder was?,* in: Mettke, Jörg R., *Die Grünen. Regierungspartner von morgen?,* Reinbek 1982, S. 82–100.

Hoppe, Hans-Günter, *1961 (Mauerbau) – 1971 (Viermächte-Abkommen über Berlin) – 1981,* in: *Politik und Kultur,* H. 4 (1981), S. 66–78.

Huber, Joseph, *Wer soll das alles ändern. Die Alternativen der Alternativbewegung,* Berlin 1980.

Hucke, Dietmar, *Die DDR – aktives Mitglied in der UNO,* in: *Deutsche Außenpolitik,* H. 10 (1978), S. 17–21.

Ipsen, Knut, *Völkerrechtliche Probleme östlicher Beteiligungen an internationalen Veranstaltungen in West-Berlin,* in: *Politik und Kultur* (1978), S. 19–30.

Jacobsen, Hans Adolf/Mallmann, Wolfgang/Meier, Christian (Hrsg.), *Sicherheit und Zusammenarbeit in Europa (KSZE). Analyse und Dokumentation 1973–1978,* Köln 1978.

Jäger, Wolfgang/Link, Wolfgang, *Republik im Wandel 1974–1982* (= *Geschichte der Bundesrepublik Deutschland,* Bd. 5.2), Stuttgart-Wiesbaden 1987.

Zehn Jahre Deutschlandpolitik. Die Entwicklung der Beziehungen zwischen der Bundesrepublik Deutschland und der Deutschen Demokratischen Republik 1969–1979. Bericht und Dokumentation, hrsg. vom Bundesministerium für innerdeutsche Beziehungen, Bonn 1980.

Fünfzehn Jahre Vierseitiges Abkommen: Versuch einer Bilanz der Entwicklung von Beziehungen zwischen Berlin und der UdSSR. Mit Beiträgen aus Ost und West, Berlin 1986.

Drei Jahrzehnte Außenpolitik der DDR. Bestimmungsfaktoren, Instrumente, Aktionsfelder, hrsg. von Hans-Adolf Jacobsen, Gert Leptin, Ulrich Scheuner und Eberhard Schulz, München-Wien 1979.

Joetze, Günter, *Der KSZE-Prozeß in geschichtlicher Perspektive*, in: *Elemente des Wandels der westlichen Welt*, Köln 1979, S. 273–286.

Jugend '81. Lebensentwürfe, Alltagskulturen, Zukunftsbilder, hrsg. vom Jugendwerk der Deutschen Shell, Hamburg 1981.

Kaack, Heino/Roth, Reinhold (Hrsg.), *Handbuch des deutschen Parteiensystems*, 2 Bde., Opladen 1980.

Kabel, Rainer/Sönnichsen, Martina/Splanemann, Andreas, *Jugend der Achtziger Jahre. Im Spiegel von Umfragen*, Berlin 1987.

Kaempfer, Yorck, *Berliner Demokratie nach dem Viermächteabkommen. Wandlungen der Berlin-Funktionen 1971/72*, in: Otto Büsch (Hrsg.), *Beiträge zur Geschichte der Berliner Demokratie*, Berlin 1988, S. 273–291.

Kaltefleiter, Werner, *Parteien im Umbruch. Ein Beitrag zur politischen Geschichte der Bundesrepublik Deutschland*, Düsseldorf-Wien 1984.

Kastrup, Dieter, *Stand der für die Deutschlandpolitik zentralen Ergebnisse der KSZE*, in: *Politik und Kultur*, H. 1 (1987), S. 16–32.

Katzenstein, Peter J., *Policy and Politics in West Germany. The Growth of a Semisovereign State*, Philadelphia 1987.

Keiderling, Gerhard, *Berlin 1945–1986. Geschichte der Hauptstadt der DDR*, Berlin (Ost) 1987.

Keithly, David M., *Breakthrough in the Ostpolitik: The 1971 Quadripartite Agreement*, Boulder 1986.

Kewenig, Wilhelm A., *Deutschlands Rechtslage heute*, in: *Europa-Archiv* (1974), S. 71–82.

Kewenig, Wilhelm A., *Entwicklungslinien des völker- und staatsrechtlichen Status von Berlin*, Berlin 1984.

Kissinger, Henry A., *Memoiren 1968–1973*, München 1979.

Kleinfeld, Gerald R., *Die USA und die deutsche Frage*, in: *Berlin und die Zukunft Europas*, hrsg. von Erich Pohl, Koblenz 1986, S. 217–230.

Klotzsch, Lilian, *Programm und Praxis der Wählergemeinschaft Unabhängiger Bürger (WUB)*, unveröffentl. Diplomarbeit am Otto-Suhr-Institut der Freien Universität Berlin, Mai 1979.

Knapp, Manfred, *Zusammenhänge zwischen der Ostpolitik der BRD und den deutsch-amerikanischen Beziehungen*, in: Egbert Jahn/Volker Rittberger (Hrsg.), *Die Ostpolitik der Bundesrepublik. Triebkräfte, Widerstände, Konsequenzen*, Opladen 1974.

Körting, Erhart, *Die Regierungsbildung im Land Berlin. Mit Materialien zur Entstehungsgeschichte und zur Praxis der Verfassung von Berlin*, Berlin 1985.

Koptelzew, Walentin/Dmitri Tultschinski, *Berlin aus Sicht der sowjetischen Politik*, in: *Berlin – Vom Brennpunkt der Teilung zur Brücke der Einheit*, hrsg. von Gerd Langguth, Köln 1990, S. 387–395.

Kotowski, Georg, *Berlin im Spannungsfeld zwischen Ost und West*, in: *Berlin im Europa der Neuzeit. Ein Tagungsbericht*, hrsg. von Wolfgang Ribbe u. Jürgen Schmädeke, Berlin-New York 1990, S. 447–460.

Kotowski, Georg, *Geschichte Berlins seit dem Zweiten Weltkrieg*, in: *Berlin – vom Brennpunkt der Teilung zur Brücke der Einheit*, hrsg. von Gerd Langguth, Köln 1990, S. 48–69.

Kotowski, Georg, *Vom Vorposten der westlichen Demokratie zur Stadt des Vier-Mächte-Abkommens 1963–1985*, in: ders./Hans J. Reichhardt, *Berlin als Hauptstadt im*

Nachkriegsdeutschland und Land Berlin 1945–1985 (= Berliner Demokratie 1919–1985, Bd. 2), Berlin-New York 1987.

Krafft, Herbert, *Marktwirtschaft auf dem Prüfstand. 45 Jahre Berliner Wirtschaft*, Berlin 1984.

Kramp, Horst, *West-Berlin als Wirtschaftsfaktor*, in: *Berlin – Vom Brennpunkt der Teilung zur Brücke der Einheit*, hrsg. von Gerd Langguth, Köln 1990, S. 184–190.

Kuppe, Johannes, *Deutsch-deutsche Beziehungen im Schatten der Weltpolitik*, in: *Deutschland Archiv* (1980), S. 113–117.

Kupper, Siegfried, *Festhalten an der Entspannung. Das Verhältnis der beiden deutschen Staaten nach Afghanistan*, in: *Deutschland Archiv* (1983), S. 1045–1064.

Die außenpolitische Lage der Bundesrepublik Deutschland zu Beginn der achtziger Jahre. Mit Beiträgen von Wilhelm G. Grewe, Jens Hacker, Boris Meissner, Wolfram von Raven, Karl C. Thalheim, Gottfried Zieger (= Studien zur Deutschlandfrage, Bd. 5), Berlin 1982.

Landy, Pierre, *Berlin et son statut*, Paris 1983.

Lange, Eva, *Zehn Jahre Vierseitiges Abkommen über Westberlin*, in: *IPW-Berichte*, Berlin (Ost) 1981.

Langguth, Gerd, *Die Berlinpolitik der DDR und der Sowjetunion*, in: *Berlin – Vom Brennpunkt der Teilung zur Brücke der Einheit*, hrsg. von Gerd Langguth, Köln 1990, S. 142–170.

Langguth, Gerd, *Protestbewegung. Entwicklung – Niedergang – Renaissance. Die neue Linke seit 1968*, Köln 1983.

Lau, Karlheinz, *Berlin – Probleme einer geteilten Stadt*, Frankfurt/M. 1981.

Laufenberg, Walter, *Berlin (West). Nachkriegsentwicklung und Entwicklungschancen. Unter besonderer Berücksichtigung des Reiseverkehrs*, Frankfurt/M. 1978.

Lerche, Peter, *Die Rechtsprechung des Bundesverfassungsgerichtes in Berliner Fragen*, in: *Bundesverfassungsgericht und Grundgesetz. Festgabe aus Anlaß des 25jährigen Bestehens des Bundesverfassungsgerichtes*, hrsg. von Christian Starck, Bd. 1: *Verfassungsgerichtsbarkeit*, Tübingen 1976, S. 715–747.

Living with the Wall. West Berlin 1961–1985, hrsg. von Richard L. Merritt u. Anna J. Merritt, Durham 1985.

Livingston, Robert Gerald (Ed.), *The Federal Republic of Germany in the 1980s. Foreign Policy and Domestic Changes*, New York 1983.

Löwenthal, Richard, *Vom Kalten Krieg zur Ostpolitik*, in: ders./Hans-Peter Schwarz, *Die zweite Republik. 25 Jahre Bundesrepublik Deutschland – Eine Bilanz*, Stuttgart 1974.

Lummer, Heinrich, *Das Berlin-Abkommen im Rahmen einer neuen Ostpolitik – Analyse und Wertung*, Bonn 1971.

Machalet, Eberhard, *Die Berliner Bezirksverwaltung* (= Schriftenreihe des Vereins für Kommunalwissenschaft), Berlin-Stuttgart 1973.

Mahncke, Dieter, *Berlin im geteilten Deutschland*, München-Wien 1973.

Mahnke, Hans Heinrich, *Rechtliche Aspekte des Status von Berlin (Ost)*, in: *Recht in Ost und West* (1979), S. 185 ff.

Mahnke, Hans Heinrich, *Die Konferenz über Sicherheit und Zusammenarbeit in Europa (KSZE) und die deutsche Frage*, in: *Deutschland Archiv* (1975), S. 922–933.

Mahnke, Hans Heinrich, *Der Vertrag über die Grundlagen der Beziehungen zwischen der Bundesrepublik Deutschland der DDR. Anmerkungen zum Urteil des Bundesverfassungsgerichts*, in: *Deutschland Archiv* (1973).

Mahnke, Hans Heinrich, *Der Zugang nach Berlin. Die historische Entwicklung*, in: *Deutschland Archiv* (1972), S. 140 ff. und 364 ff.

Mampel, Siegfried, *Der Status von Berlin (Ost) nach zehn Jahren Viermächteabkommen*, in: *Recht in Ost und West* (1981), S. 225–232.

Martin, Ernst, *Zwischenbilanz: Deutschlandpolitik der 80er Jahre*, Stuttgart 1986.

Matthey, Ferdinand, *Die Entwicklung der Berlin-Frage 1944–1971*, Berlin 1972.

Mayer-Tasch, Peter C., *Die Bürgerinitiativbewegung. Der aktive Bürger als rechts- und politikwissenschaftliches Problem*, 4. Aufl., Reinbek 1981.

McLellan, David S., *Cyrus Vance* (= *The American Secretaries of State and their Diplomacy*, Vol. 20), Totowa, N. J. 1985.

Merritt, Richard L., *Divided Berlin: One Past and three Futures*, in: *Journal of Peace Research*, Oslo 1972, S. 331–344.

Merritt, Richard L., *The Lost Center: Dispersing Berlin's Capital City Functions 1945–1978*, in: Michael C. Romanos (ed.), *Western European Cities in Crisis*, Lexington-Toronto 1979, S. 185–202.

Möhler, Dietmar, *Völkerrechtliche Probleme östlicher Beteiligungen an internationalen Veranstaltungen in West-Berlin*, Berlin 1985.

Moreton, Edwina, *The German Question in the 1980s*, in: dies. (Hrsg.), *Germany between East and West*, Cambridge 1987.

Morgan, Roger/Bray, Caroline, *Berlin in the Post-Detente Era*, in: *World Today* (1982), S. 81–89.

Morgan, Roger, *Die Berlinpolitik der Westmächte*, in: *Berlin – Vom Brennpunkt der Teilung zur Brücke der Einheit*, hrsg. von Gerd Langguth, Köln 1990, S. 126–141.

Morgan, Roger, *West Germany's Foreign Policy Agenda*, Beverly Hills-London 1978.

Müller-Rommel, Ferdinand, *Innerparteiliche Gruppierungen in der SPD. Eine empirische Studie über informell-organisierte Gruppierungen von 1969 bis 1980*, Opladen 1982.

Mutz, Reinhard (Hrsg.), *Die Wiener Verhandlungen über Truppenreduzierungen in Mitteleuropa (MBFR). Chronik, Glossar, Dokumente, Bibliographie 1973–1982*, Baden-Baden 1983.

Myers, Kenneth A., *Ostpolitik and American Security Interests in Europe*, Washington D. C. 1972.

Nauber, Horst (Hrsg.), *Das Berliner Parlament. Struktur und Arbeitsweise des Abgeordnetenhauses von Berlin*, 4. Aufl., Berlin 1982.

Nawrocki, Joachim, *Berlin-Konferenz, Berlin-Hilfe, Berlin-Strategie. Ein langfristiges Konzept wird erst im Ansatz sichtbar*, in: *Deutschland Archiv* (1975).

Nawrocki, Joachim, *Die Beziehungen zwischen den beiden Staaten in Deutschland*, Berlin 1986.

Nawrocki, Joachim, *Brennpunkt Berlin. Politische und wirtschaftliche Realitäten*, Köln 1971.

Nawrocki, Joachim, *Im Ganzen bewährt. Das Berlin-Abkommen nach zweieinhalb Jahren Praxis*, in: *Deutschland Archiv* (1975).

Nawrocki, Joachim, *Schwierigkeiten mit den «drei Z». Die DDR und das Viermächte-Abkommen über Berlin*, in: *Deutschland Archiv* (1974).

Nawrocki, Joachim/Fritz, Gerhard/Riebschläger, Klaus, *Die Zukunft Berlins*, in: *Deutschland Archiv* (1972).

Nevermann, Knut (Hrsg.), *Lokal 2000. Berlin als Testfall*, Reinbek 1983.

Ninkovich, Frank, *Germany and the United States. The Transformation of the German Question since 1945*, Boston 1988.

Noll, Jochen, *Eine Lösung des Berlin-Problems steht noch aus*, in: *Neue Gesellschaft/ Frankfurter Hefte* (1975), S. 11–20.

Nolte, Ernst, *Das geteilte Berlin und die Deutschen nach dem Zweiten Weltkrieg*, in: *Aus Politik und Zeitgeschichte*, Beilage 32 (1987), S. 35–45.

Nolte, Ernst, *Deutschland und der Kalte Krieg*, 2., neubearb. Aufl., Stuttgart 1985.

Die Ostpolitik der Bundesrepublik. Triebkräfte, Widerstände, Konsequenzen, hrsg. von Egbert Jahn und Volker Rittberger, Opladen 1974.

Pestalozza, Christian, *Wandlungen der „Berlin"-Terminologie des Bundesverfassungsgerichts*, in: *Juristische Rundschau* (1972), S. 45 ff.

Pfennig, Gero/Neumann, Manfred J. (Hrsg.), *Verfassung von Berlin – Kommentar*, Berlin-New York 1978 (1. Aufl. hier einschlägig, 2. Aufl. 1987).

Plock, Ernest D., *The Basic Treaty and the Evolution of East-West German Relations*, Boulder-London 1986.

Prowe, Diethelm, *Weltstadt in Krisen. Berlin 1949–1958*, Berlin-New York 1973.

Przybylski, Peter, *Tatort Politbüro. Die Akte Honecker*, Berlin 1991.

Randelzhofer, Albrecht, *Untersuchung über die Möglichkeiten des Rechtsschutzes der Einwohner Berlins gegen Akte der Alliierten*, in: *Die Verwaltung, Zeitschrift für Verwaltungswissenschaft*, Bd. 19 (1986), S. 9–38.

Rexin, Manfred, *Ost-Berlin als DDR-Hauptstadt*, in: *Berlin – Vom Brennpunkt der Teilung zur Brücke der Einheit*, hrsg. von Gerd Langguth, Köln 1990, S. 70–87.

Ribbe, Wolfgang, *Berlin zwischen Ost und West (1945 bis zur Gegenwart)*, in: ders. (Hrsg.), *Geschichte Berlins*, Bd. 2, S. 1027–1124, München 1987.

Ribbe, Wolfgang/Schmädeke, Jürgen, *Kleine Berlin-Geschichte*, Berlin 1988.

Richthofen, Hermann Freiherr von, *Die Berlinpolitik der Bundesrepublik Deutschland*, in: *Berlin – Vom Brennpunkt der Teilung zur Brücke der Einheit*, hrsg. von Gerd Langguth, Köln 1990, S. 171–183.

Riebschläger, Klaus, *Vor Ort. Einblicke in die Berliner Politik*, Berlin 1983.

Riklin, Alois, *Das Berlinproblem. Historisch-politische und völkerrechtliche Darstellung des Viermächtestatus*, Köln 1964.

Röper, Erich, *Prüfstein Berlin. Der Moskauer Vertrag und das Viermächterecht*, in: *Die politische Meinung* (1970), S. 21–35.

Rohloff, Adalbert, *Wirtschaftliche Auswirkungen des Berlin-Abkommens und (wirtschafts-)politische Konsequenzen*, in: *Zehn Jahre Berlin-Abkommen 1971–1981. Versuch einer Bilanz*, hrsg. von Gottfried Zieger, Köln usw. 1983, S. 27–57.

Rotenberg, Dirk, *Klaus Schütz*, in: *Berliner Stadtoberhäupter*, hrsg. von Wolfgang Ribbe, Berlin 1992, S. 543–569.

Rotenberg, Dirk, *Der Regierungswechsel von 1981 im Land Berlin als Ergebnis demokratischer Mündigkeit*, in: Büsch, Otto (Hrsg.), *Beiträge zur Geschichte der Berliner Demokratie*, Berlin 1988, S. 293–330.

Roth, Margit, *Zwei Staaten in Deutschland. Die sozialliberale Deutschlandpolitik und ihre Auswirkungen 1969–1978*, Opladen 1981.

Rush, Kenneth, *The Berlin Agreement – an Assessment*, in: *The Atlantic Community Quarterly* (1972), S. 52–65.

Schaper, Burkhard, *Die Enstehungsgeschichte der AL. Zu den Bedingungsfaktoren für die Entwicklung grün/bunt/alternativer Wahllisten*, in: *AL. Die Alternative Liste Berlin. Entstehung, Entwicklung, Positionen*, hrsg. von Michael Bühnemann, Michael Wendt u. Jürgen Wituschek, Berlin 1984, S. 51–68.

Schaper, Burkhard, *Programmatik, Struktur und politische Praxis der Alternativen Liste in Berlin West zwischen den Abgeordnetenhauswahlen von 1979 und 1981*, unveröffentl. Diplomarbeit am Fachbereich 15 der Freien Universität Berlin, Mai 1982.

Scheel, Walter, *Der Grundvertrag*, in: *Liberal*, H. 6 (1973).

Schenk, Rainer, *Die Viermächteverantwortung für Deutschland als Ganzes, insbesondere deren Entwicklung seit 1969*, Frankfurt/M. 1976.

Schiedermair, Hartmut, *Das Verbot des Rechtsmißbrauchs und die Regelung des Transitverkehrs nach Berlin*, in: *Zeitschrift für ausländisches öffentliches Recht und Völkerrecht* (1978), S. 160–181.

Schmid, Günther, *Entscheidung in Bonn. Die Entstehung der Ost- und Deutschlandpolitik* 1969/70, Köln 1979.

Schmidt, Helmut, *Menschen und Mächte*, Berlin 1987.

Schmollinger, Horst W., *Die Berliner Wahlen zum Abgeordnetenhaus und zu den Bezirksverordnetenversammlungen vom 2. März 1975: Proteststimmen in der Krise?*, in: *Zeitschrift für Parlamentsfragen* (1975), S. 446–464.

Schmollinger, Horst W., *Die Wahl zum Berliner Abgeordnetenhaus vom 18. März 1979. Nur scheinbare Stabilisierung bei Erfolgen der Alternativen?*, in: *Zeitschrift für Parlamentsfragen* (1980), S. 167–181.

Schmollinger, Horst W., *Die Wahl zum Berliner Abgeordnetenhaus vom 10. Mai 1981. Einbruch der Sozialliberalen*, in: *Zeitschrift für Parlamentsfragen* (1983), S. 38–53.

Schönbohm, Wulf, *Die CDU wird moderne Volkspartei. Selbstverständnis, Mitglieder, Organisation und Apparat 1950 bis 1980*, Stuttgart 1985.

Schramm, Hartmut, *Die Einbeziehung Berlins in die Europäischen Gemeinschaften. Unter besonderer Berücksichtigung des Vier-Mächte-Abkommens über Berlin vom 3. September 1971*, Frankfurt/M. 1986.

Schröder, Dieter, *Berlin unter Besatzungsrecht*, in: Hannelore Horn (Hrsg.), *Berlin als Faktor nationaler und internationaler Politik*, Berlin 1988, S. 125–142.

Schröder, Dieter, *Berlin (West) im westlichen Bezugssystem: Westmächte, Bundesrepublik und westliches Bündnis*, in: *Berlin im Europa der Neuzeit. Ein Tagungsbericht*, hrsg. von Wolfgang Ribbe u. Jürgen Schmädeke, Berlin-New York 1990, S. 461–468.

Schröder, Dieter, *Besatzungsgewalt und Rechtsschutz in Berlin*, in: *Recht und Politik*, H. 1 (1985), S. 25.

Schröder, Dieter, *Zweck und Grenzen des Besatzungsrechts in Berlin*, in: *Recht in Ost und West*, H. 4 (1985), S. 181–190.

Schütz, Klaus, *Berlin in the Age of Detente*, in: *The World Today*, Vol. 31 (1975), S. 29–35.

Schütz, Klaus, *Berlin sagt ja!*, in: *Die neue Gesellschaft*, H. 5 (1971).

Schütz, Klaus, *Berlin nach den Verträgen*, in: *Zeitschrift für Politik* (1972), S. 11–19.

Schütz, Klaus, *Berlin-Abkommen und Camp David. Ein Lehrstück zum Frieden*, in: *Ein Buch der Freunde – Shepard Stone zum 80. Geburtstag*, Berlin 1988.

Schütz, Klaus, *Der langfristige Funktionsgewinn*, in: Rolf Heyen (Hrsg.), *Die Entkrampfung Berlins oder Eine Stadt geht zur Tagesordnung über*, Reinbek 1972.

Schütz, Klaus, *Eine Stadt plant für die Zukunft*, in: Ernst Schmacke (Hrsg.), *Berlin auf dem Weg in das Jahr 2000*, Düsseldorf 1974.

Schütz, Klaus, *Stimmungen und Meinungen in der Bundesrepublik – Berlin als Beispiel*, in: *Die neue Gesellschaft*, H. 10 (1975), S. 852–857.

Schütz, Klaus, *Das Viermächte-Abkommen und der 9. November 1989*, in: *Berlin – Vom Brennpunkt der Teilung zur Brücke der Einheit*, hrsg. von Gerd Langguth, Köln 1990, S. 302–308.

Schulz, Eberhard, *Berlin- und Deutschlandpolitik 1961 – 1971 – 1981 – und was weiter?*, in: *Politik und Kultur*, H. 4 (1981), S. 4–10.

Schumacher, Hanns H., *Die Eingliederung von Berlin (West) in den Hoheitsbereich der Europäischen Gemeinschaft*, in: *Europarecht* (1980), S. 183–189.

Schweiger, Gebhard, *West German Foreign Policy. The Domestic Setting*, New York 1984.

Schweißfurth, Theodor, *Zur Frage der Rechtsnatur, Verbindlichkeit und völkerrechtlichen Relevanz der KSZE-Schlußakte*, in: *Zeitschrift für ausländisches Recht und Völkerrecht*, Bd. 36 (1976), S. 681 ff.

Schweißfurth, Theodor, *KSZE und Deutsche Frage*, in: *Deutschland Archiv* (1977), S. 936 ff.

Schweißfurth, Theodor, *Verträge im Zeichen der Einheit der Nation*, in: *Politik und Kultur*, H. 3 (1980), S. 58–68.

Seidelmann, Reimund, *Die Entspannungspolitik der Bundesrepublik Deutschland. Entstehungsursachen, Konzepte und Perspektiven*, Frankfurt/M.-New York 1982.

Seiffert, Wolfgang, *Deutschlandpolitik nach dem UNO-Beitritt. Grundlagen, Ergebnisse, Rückschläge, Perspektiven*, in: *Vereinte Nationen*, H. 5 (1983).

Sendler, Horst, *Berlin*, in: *Deutsche Verwaltungsgeschichte*, Bd. 5: *Die Bundesrepublik Deutschland*, Stuttgart 1987.

Die SEW. Untersuchung zur Frage der Übereinstimmung der politischen Ziele und Tätigkeiten der Sozialistischen Einheitspartei mit der freiheitlichen demokratischen Grundordnung im Sinne des Grundgesetzes und der Verfassung von Berlin, hrsg. vom Senator für Inneres, 3. Aufl., Berlin 1980.

Die SEW zum Westberlin-Problem. Dokumentation zu Aktivitäten, Vorschlägen und Stellungnahmen der Sozialistischen Einheitspartei Westberlins gegen Frontstadtpolitik und Kalten Krieg, für die Normalisierung der Beziehungen Westberlins zur DDR, hrsg. vom Parteivorstand der Sozialistischen Einheitspartei Westberlins, Berlin 1971.

Shell, Kurt L., *Bedrohung und Bewährung. Führung und Bevölkerung in der Berlin-Krise*, Köln 1963.

Sicherheit und Zusammenarbeit in Europa. Dokumentation zum KSZE-Prozeß, hrsg. vom Auswärtigen Amt, Bonn 1984.

Siebenmorgen, Peter, *Gezeitenwechsel. Aufbruch zur Entspannungspolitik*, Bonn 1990.

Sonnefeld, Renata, *West-Berlin und internationale Abkommen*, in: *Osteuropa* 1979, S. 142–154.

Sonnewald, Bernd/Raabe-Zimmermann, Jürgen, *Die „Berliner Linie" und die Hausbesetzer-Szene*, Berlin 1983.

Spittmann, Ilse, *Mit halbem Herzen. DDR-Reaktion auf Helsinki*, in: *Deutschland Archiv* (1975), S. 897–899.

Stattbuch. Ein alternativer Wegweiser, hrsg. von der Arbeitsgruppe Stattbuch, Nr. 1, Berlin 1978; Nr. 2, Berlin 1980.

Stent, Angela E., *From Embargo to Ostpolitik. The Political Economy of West German-Soviet Relations, 1955–1980*, Cambridge, Mass. 1981.

Stent, Angela E., *Western Europe and the USSR*, in: Gerrit W. Gong/Angela E. Stent/ Rebecca V. Strode (ed.), *Areas of Challenge for Soviet Foreign Policy in the 1980s*, Bloomington 1984, S. 1–52.

Stent, Angela E., *Technology Transfer to the Soviet Union. A Challenge for the Cohesiveness of the Western Alliance*, Bonn 1983.

Stern, Herbert F., *Judgement in Berlin*, New York 1984.

Stern, Klaus, *Perspektiven des Berlin-Status seit 1971: Relikt Gesamtdeutschlands, Besatzungsgebiet auf Ewigkeit oder was sonst?*, in: Ingo von Münch (Hrsg.), *Finis Germaniae?*, Frankfurt/M. 1977.

Stobbe, Dietrich, *Berlins Stellung im Machtgefüge* (Rede zur 24. Jahrestagung des Kuratoriums Unteilbares Deutschland), in: *Politik und Kultur*, H. 6 (1979).

Stobbe, Dietrich, *Bindungen. Das Verhältnis Berlins zum Bund und das Viermächte-Abkommen*, in: *Europa-Archiv* vom 10. 8. 1977.

Stobbe, Dietrich, *Deutsche Perspektiven – Berliner Erfahrungen*, in: *Berlin – Vom Brennpunkt der Teilung zur Brücke der Einheit*, hrsg. von Gerd Langguth, Köln 1990, S. 309–320.

Sutterlin, James S./Klein, David, *Berlin. From Symbol of Confrontation to Keystone of Stability*, New York usw. 1989.

Synopse zur Deutschlandpolitik 1941 bis 1971, bearb. von Werner Weber u. Werner Jahn, Göttingen 1973.

Tilford, Roger (ed.), *The Ostpolitik and Political Change in Germany*, Lexington 1975.

Troizsch, Klaus G., *Die Wahlen zum Berliner Abgeordnetenhaus und zu den Landtagen von Rheinland-Pfalz und Schleswig-Holstein*, in: *Zeitschrift für Parlamentsfragen* (1971), S. 434–443.

Vance, Cyrus, *Hard Choices. Critical Years in America's Foreign Policy*, New York 1983.

Versteyl, Ludger A., *Das passive Wahlrecht unabhängiger Kandidaten. Zum Urteil des Wahlprüfungsgerichtes beim Abgeordnetenhaus von Berlin*, in: *Zeitschrift für Parlamentsfragen*, H. 1 (1976).

Das Vierseitige Abkommen über Westberlin und seine Realisierung. Dokumente 1971–1977, hrsg. von den Ministerien für Auswärtige Angelegenheiten der DDR und der UdSSR, Berlin (Ost) 1978.

Viotti, Paul R., *Berlin and Conflict Management with the USSR*, in: *Orbis* (1984), S. 575–591.

Vogel, Hans-Jochen, *Zur Deutschlandpolitik*, in: *Politik und Kultur*, H. 1 (1983), S. 9–21.

Vogt, Erich, *The Role of Berlin and the Four-Power-Negotiations in the Foreign Policy Process of the Nixon Administration*, Diss., Freie Universität Berlin, 1980.

Volkens, Andrea, *Die Berliner Wahlen im Kontext politischer und gesellschaftlicher Entwicklungen. Ein Forschungsbericht* (= Informationen aus Lehre und Forschung der Freien Universität Berlin, Bd. 7 [1985]), Berlin 1985.

Volkshandbuch des Abgeordnetenhauses, 6. Wahlperiode, Berlin 1971; 7. Wahlperiode, Berlin 1975; 8. Wahlperiode, Berlin 1979 und 9. Wahlperiode, Berlin 1981.

Volle, Hermann/Wagner, Wolfgang (Hrsg.), *KSZE. Konferenz über Sicherheit und Zusammenarbeit in Europa in Beiträgen und Dokumenten aus dem Europa Archiv*, Bonn 1976.

Wagner, Wolfgang, *Das Berlin-Problem als Angelpunkt eines Ausgleichs zwischen West und Ost in Europa*, in: *Europa Archiv* (1971), S. 375–382.

Wechmar, Rüdiger von, *Die Bundesrepublik in den Vereinten Nationen. Chancen und Grenzen unserer Mitwirkung*, in: *Vereinte Nationen*, H. 4 (1979).

Wechsel in Berlin. Ein Forum (Mit Beiträgen von E. Diepgen, H.-J. Vogel, H. Vetter, P. Finger und L. Meunier), in: Horst Nauber (Hrsg.), *Das Berliner Parlament. Struktur und Arbeitsweise des Abgeordnetenhauses von Berlin*, 4. Aufl., Berlin 1982.

Weinberger, Marie-Luise, *Aufbruch zu neuen Ufern? Grün-Alternative zwischen Anspruch und Wirklichkeit*, Bonn 1984.

Weizsäcker, Richard von, *Die deutsche Geschichte geht weiter*, Berlin 1983.

Weizsäcker, Richard von, *Deutschlandpolitische Situation aus der Sicht der Opposition*, in: *Politik und Kultur*, H. 5 (1980), S. 72–74.

Well, Günther van, *Berlin und die Vereinten Nationen*, in: *Vereinte Nationen*, H. 5 (1983), S. 142–146.

Well, Günther van, *Berlin-Politik zwischen rechtlichen Ansprüchen und politischen Erwägungen*, in: *Politik und Kultur*, H. 4 (1980), S. 59–69.

Well, Günther van, *Die Teilnahme Berlins am internationalen Geschehen: ein dringender Punkt auf der Ost/West-Tagesordnung*, in: *Europa Archiv* (1976), S. 647–656.

Weßels, Bernhard, *Wählerschaft und Führungsschicht: Probleme politischer Repräsentation. Ein Forschungsbericht* (= Informationen aus Lehre und Forschung der Freien Universität Berlin, Bd. 2 [1985]), Berlin 1985.

Wettig, Gerhard, *Die praktische Anwendung des Berlin-Abkommens durch UdSSR und DDR, 1972–1976*, Köln 1976.

Wettig, Gerhard, *Die Durchführung des Berlin-Transits nach dem Vier-Mächte-Abkommen 1972–1981*, Köln 1981.

Wettig, Gerhard, *Die Ost-Berliner Konferenz der Warschauer-Pakt-Staaten und die Aussichten für eine befriedigende Berlin-Regelung*, Köln 1971.

Wettig, Gerhard, *Das Problem der Bindungen West-Berlins bei der Anwendung des Viermächteabkommens*, in: *Deutschland Archiv* (1979), S. 920–937.

Wettig, Gerhard, *Das Problem des Transits nach West-Berlin*, Köln 1978.

Wettig, Gerhard, *Die Sowjetunion, die DDR und die Deutschland-Frage 1965–1976*, Bonn 1976.

Wettig, Gerhard, *Die Statusprobleme Ost-Berlins 1949–1980*, Köln 1980.

Wettig, Gerhard, *Die Transformation des Berlin-Konflikts seit dem Inkrafttreten des Vier-Mächte-Abkommens*, in: *Deutsche Studien*, 17. Jg. (1979), H. 68.

Wettig, Gerhard, *Die Verwirklichung der KSZE-Schlußakte durch die UdSSR und die DDR*, in: *Deutschland Archiv* (1977), S. 389–415.

Wettig, Gerhard, *Das Vier-Mächte-Abkommen in der Bewährungsprobe. Berlin im Spannungsfeld von Ost und West*, Berlin 1981.

Wetzlaugk, Udo, *Die Alliierten in Berlin*, Opladen 1989.

Wetzlaugk, Udo, *Berlin und die Deutsche Frage*, Opladen 1985.

Wilkens, Andreas, *Der unstete Nachbar. Frankreich, die deutsche Ostpolitik und die Berliner Vier-Mächte-Verhandlungen 1969–1974*, München 1990.

Windsor, Philip, *Germany and the Western Alliance: Lessons from the 1980 Crises* (= Adelphi Paper, Nr. 170, IISS London), London 1981.

Winter, Martin, *Begreifen, was ist! Das Verhältnis von SPD und Alternativen*, in: *Die neue Gesellschaft* (1982), S. 12–16.

Winters, Peter Jochen, *Kurswechsel Ost-Berlins gegenüber Bonn. Zum Stand der innerdeutschen Beziehungen*, in: *Europa-Archiv* (1981), S. 31.

Winters, Peter Jochen, *Das deutsch-deutsche Verhältnis*, in: *Deutschland Archiv* (1981), S. 1233.

Wirtschaftspolitik in Berlin. Vom Notopfer zur Milliardensubvention, hrsg. von der Arbeitsgruppe Berlinförderung, Frankfurt/M. 1979.

Zieger, Gottfried, *Berlin – quo vaditur?*, in: *Deutschland Archiv* (1981), S. 1304–1309.

Zieger, Gottfried (Hrsg.), *Zehn Jahre Berlin-Abkommen 1971–1981. Versuch einer Bilanz*, Köln 1983.

Zivier, Ernst R., *Zur Interpretation von Kompromißformeln im Viermächteabkommen*, in: *Recht in Ost und West* (1975), S. 223 ff.

Zivier, Ernst R., *Der Rechtsstatus des Landes Berlin*, 4., erweit. u. aktual. Aufl., Berlin 1987.

Zündorf, Benno (i. e. Antonius Eitel), *Die Ostverträge. Die Verträge von Moskau, Warschau, Prag, das Berlin-Abkommen und die Verträge mit der DDR*, München 1979.

PERSONENREGISTER

Die Regierenden Bürgermeister Klaus Schütz und Dietrich Stobbe werden aufgrund ihrer Nennung *passim* nicht aufgeführt. Die kursiven Seitenzahlen weisen auf Fußnoten hin.

SACHREGISTER